CLEMENS ALEXANDER WIMMER
GESCHICHTE DER GARTENTHEORIE

CLEMENS ALEXANDER WIMMER

GESCHICHTE DER GARTENTHEORIE

WISSENSCHAFTLICHE BUCHGESELLSCHAFT
DARMSTADT

Umschlagbild: Garten der Villa Palmieri in Fiesole (Toskana). Aus: „Italienische Gärten" von Günther Mader und Laila Neubert-Mader, copyright 1987 Deutsche Verlagsanstalt GmbH Stuttgart.

CIP-Titelaufnahme der Deutschen Bibliothek

Wimmer, Clemens Alexander:
Geschichte der Gartentheorie / Clemens Alexander Wimmer. – Darmstadt: Wiss. Buchges., 1989
ISBN 3-534-01314-X

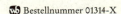
Bestellnummer 01314-X

Das Werk ist in allen seinen Teilen urheberrechtlich geschützt.
Jede Verwertung ist ohne Zustimmung des Verlages unzulässig.
Das gilt insbesondere für Vervielfältigungen,
Übersetzungen, Mikroverfilmungen und die Einspeicherung in
und Verarbeitung durch elektronische Systeme.

© 1989 by Wissenschaftliche Buchgesellschaft, Darmstadt
Satz: Maschinensetzerei Janß, Pfungstadt
Druck und Einband: Wissenschaftliche Buchgesellschaft, Darmstadt
Printed in Germany
Schrift: Linotype Garamond, 9,5/10,5

ISBN 3-534-01314-X

INHALT

Vorwort IX

I. Die Theorien 1
   Marcus Terentius Varro (116–27 v. Chr.) . . . 1
   Gaius Plinius Caecilius Secundus (61/62–um 113) . . 5
   Der St. Galler Klosterplan (um 825) 10
   Der Rosenroman. Guillaume de Lorris und Jean de Meun 15
   Albert Graf von Bollstädt (1193?–1280) 20
   Pietro de' Crescenzi (1233–1321) 24
   Leon Battista Alberti (1404–1472) 30
   Francesco Colonna 34
   Desiderius Erasmus von Rotterdam (1469–1536) . . 47
   Bernard Palissy (um 1510–um 1590) 50
   Charles Estienne (1504–1564) 58
   Justus Lipsius (1547–1606) 65
   Johann Peschel 67
   Olivier de Serres, Sieur du Pradel (1539–1619) . . . 78
   Francis Bacon, Viscount St. Albans (1561–1626) . . 87
   Joseph Furttenbach d. Ä. (1591–1667) 93
   Jacques Boyceau de la Barauderie 106
   Augustin Charles d'Aviler (1653–1701) 112
   Antoine Joseph Dézallier d'Argenville (1680–1765) . . 122
   Noël Antoine Pluche (1681–1761) 135
   Joseph Addison (1672–1719) 142
   Stephen Switzer (1682–1745) 154
   Jean-Jacques Rousseau (1712–1778) 165
   Thomas Whately (gest. 1772) 168
   Sir William Chambers (1723–1796) 181
   William Gilpin (1724–1804) 190
   Friedrich Heinrich Jacobi (1743–1819) 204
   Archibald Alison (1757–1839) 209
   Sir Uvedale Price (1747–1829) 214
   Humphry Repton (1752–1818) 227

Jakob Ernst von Reider (1784–1853) 243
John Claudius Loudon (1783–1843) 253
Nathaniel Bagshaw Ward (1791–1868). 290
Shirley Hibberd (1825–1890) 292
Frederick Law Olmsted (1822–1903) 308
William Robinson (1838–1935) 320
John Dando Sedding (1838–1891) 331
Ernst Rudorff (1840–1916) 338
Willy Lange (1864–1941) 344
Paul Schultze-Naumburg (1869–1949) 355
Leberecht Migge (1881–1935) 362
Martin Wagner (1885–1957) 368
Harry Maaß (1880–1946) 371
Garrett Eckbo (geb. 1910) 381
Louis G. Le Roy (geb. 1924) 393
Michael Andritzky (geb. 1940), Klaus Spitzer (geb. 1932)
u. a. 400

II. Ergebnisse 406
   1. Autoren und Entwerfer 406
   2. Aufgaben 410
      a) Ertrag 410
      b) Wirkung auf Körper, Gefühl und Verstand . . . 411
      c) Transzendenz und Moral 418
      d) Kunst und Natur 421
      e) Ästhetik 431
      f) Wissenschaft 433
      g) Politik und Gesellschaft 435
      h) Repräsentation und Kostenaufwand . . . 441
      i) Geschichte 444
      j) Stile 448
      k) Anwendungsgebiete 451
   3. Gestaltung 455
      a) Lage und Begrenzung 455
      b) Größe 457
      c) Form 458
      d) Zeit, Licht, Farbe 461
   4. Elemente 464
      a) Pflanzen 464

- b) Wasser 467
- c) Wege 468
- d) Bauwerke, Skulptur 469
- e) Tiere 471

Weitere zitierte Literatur 473

Sachregister 483

VORWORT

Konzeption: Die Gartengeschichte hat es einerseits mit Gärten, andererseits mit Gartenideen zu tun.

Zunächst zu den Gärten. Historische Gärten sind kaum je unverändert erhalten. Viele haben überhaupt den von ihren Schöpfern beabsichtigten Zustand nie erreicht. Der Gartenhistoriker muß also Beschreibungen und Abbildungen aus der Entstehungszeit des Gartens sammeln, interpretieren und auf dieser Grundlage seinem Leser, Hörer oder Zuschauer eine Vorstellung von diesem selbst unerreichbaren Garten zu vermitteln suchen. Nur die Schöpfer selbst können, wenn sie es wollen, ihr Werk wirklich erklären. Leider gelingt es nur in den seltensten Fällen, eine solche authentische Erklärung zu erhalten. Beschreibungen und Abbildungen durch andere als die Schöpfer selbst haben schon geringeren Wert, geringer noch, je größer der zeitliche, räumliche und geistige Abstand ist. Häufig genug sieht sich der Gartenhistoriker versucht, eigene Erklärungen zu liefern. Sosehr er sich auch bemühen mag, die Umstände der Schöpfung nachzuvollziehen – immer wird eine Gartengeschichte, die erklären will, höchst unbefriedigend bleiben, solange sie sich auf Gärten in ihrer materiellen Ausprägung beschränkt.

Historische Entwürfe unausgeführter Gärten haben den Vorteil, nicht durch Umgestaltungen verfremdet zu werden. Ihr Wert zur Erklärung der Gartenkunst ist aber, sofern sie von ihren Schöpfern nicht kommentiert wurden, gleichermaßen gering wie der der ausgeführten Gärten, und der Gartenhistoriker muß sich auf ihr Sammeln beschränken, will er nicht selbst fragwürdige Kommentare dazu erstellen.

Der Gartenhistoriker, der wirklich Gartenkunst erklären will, muß sich auf Texte berufen, die die Gartenkunst ihrer Zeit behandeln. Dazu zählen neben eigentlichen Gartentexten viele naturwissenschaftliche, literarische und philosophische Werke. Fast alle Gartenautoren stellen Verbindungen von Gartengrundsätzen und Gartenformen her. Am aufschlußreichsten sind solche Autoren, die eigene Entwürfe ihren Texten hinzufügen und die Begründung bis in die Details nachvollziehbar machen. Weiter können die Autoren in solche unterschieden werden, die eine aktuelle Haltung stützen, solche, die eine noch verbreitete, aber überholte Richtung ausräumen wollen, und solche, die eine kommende Entwicklung abzuwehren versuchen. Der Bezug der Autoren zu den Gartenideen anderer interessiert nicht an sich, wohl aber hinsichtlich der Erklärung ihrer eigenen Ansicht. Denn jede Darstellung vorhandener Gärten oder fremder Gartenideen ist von eigenen Vorstellungen durchtränkt und erlaubt Schlüsse auf diese.

Das Nächstliegende für die Gartengeschichtsschreiber waren immer die Gärten. Die meisten Autoren von Gartengeschichten wählen, wenn sie überhaupt auf theoretische Werke eingehen, nur beliebige Fragmente aus, ohne jedoch in systematischer Inhaltsangabe die Theorien auf möglichst vielen Ebenen vergleichbar zu machen.

Vorliegendes Buch will dem Mangel einer nach Originalquellen systematisch begründeten Gartengeschichte abzuhelfen versuchen, indem es die Gartenliteratur in chronologischer Folge vorstellt und eigene Interpretation möglichst zurückhält. Es enthält die Früchte zweijährigen Lesens. Die gartentheoretischen Werke sind in vielen Bibliotheken verstreut, machmal sogar noch unpubliziert (Crescenzi) und somit auch Wissenschaftlern nur mit Mühe zugänglich. Begrüßt seien hier die Nachdrucke mancher wichtiger Bücher in den letzten zwanzig Jahren, deren durch geringe Auflagenhöhen bestimmter hoher Preis ihren vollständigen Besitz allerdings erschwert.

Der Betrachtungsrahmen ist international, jedoch auf die europäische Kultur und ihre Ableger beschränkt. Die behandelten Werke stammen aus Italien, Frankreich, Großbritannien, den Niederlanden und Deutschland, seit 1850 auch aus den Vereinigten Staaten. Aus Osteuropa und dem iberischen Raum sind mir keine bedeutenden Gartentheorien bekannt geworden. Autoren, die in ihrem Land Ideen aufbrachten, die es in einem anderen schon früher gab, wurden nicht berücksichtigt.

Indem dies m. W. das erste Buch über die Geschichte der Gartentheorie ist, ist es unvollkommen. Es bleibt in der Theorie befangen, ohne sie im einzelnen an der zeitgenössischen Praxis zu messen. Es verweist auf ausgeführte Gärten nur insofern, als sie von den Autoren als wesentliche Beispiele genannt werden oder ihr Verhältnis zu der behandelten Theorie bereits bekannt ist. Die Probe, ob in dem einzelnen theoretischen Werk neue Ideen aufgestellt oder anerkannte nur festgehalten werden, bleibt anderen Forschungen vorbehalten.

Quellenauswahl: Ebenso wie eine übergreifende Geschichte der Gartentheorie fehlt eine internationale und alle Zeiten umfassende Bibliographie der Gartenliteratur. Das bedeutet: Ich mußte die Literatur 1. zusammenstellen – wobei mir möglicherweise Werke entgangen sind, 2. beschaffen – wobei Leihbedingungen und Reisemöglichkeiten Grenzen setzten, 3. unter dem verfügbaren Rest eine dem Rahmen des Buches angemessene Auswahl treffen – die nie ganz objektiv sein kann, und 4. mußte ich die meisten Inhalte kürzen – was ebenfalls subjektiv beeinflußt geschieht.

Hauptauswahlkriterien waren Neuheit und Vollständigkeit. Autoren, die nichts oder wenig Neues zu sagen haben, werden nicht vorgestellt. Dabei spielt ihre künstlerische Qualität keine Rolle. Das heißt, der geschickte Autor, der sich auf ausgetretenen Pfaden bewegt wie Fürst Pückler, scheidet aus, und der ungeschickte, der einen neuen Weg einschlägt wie Reider, wird aufgenommen. Das Kriterium der Vollständigkeit führte zum Ausscheiden derjenigen Autoren, deren Vorstellung ein bis zwei Seiten nicht überschritten hätte. Auch schieden Zeitschriftenaufsätze und Manuskripte aus. Hinsichtlich der ersten kann auf die Arbeiten von Milchert und Drewen sowie auf den Band *Fifty Years of Landscape Design* verwiesen werden.

Im zweiten Teil sind jedoch auch die im ersten Teil aus den genannten Gründen ausgeklammerten Autoren zitiert oder erwähnt, sofern sie neue Aussagen liefern. Außerdem wurde hier auch die Qualität ihrer Darstellung, etwa in brillanten Formulierungen, berücksichtigt.

Eine vollständige gartentheoretische Bibliographie kann und will mein Buch nicht sein. Daß eine solche als Ergänzung dieser Anthologie dringend publiziert werden müßte, sei hier deutlich ausgesprochen.

Aufbau: Ohne meinen Autoren Gewalt anzutun, konnte ich sie nicht unter kulturgeschichtlichen Schlagworten zusammenfassen. Nur die wenigsten verkörpern einen dieser Begriffe so rein, wie es seiner Definition entspricht. Zudem sind die Begriffe und Definitionen in den verschiedenen Disziplinen, Sprachgebieten und Schulen unterschiedlich. Darum habe ich als oberste Einheit das gartentheoretische Werk eines jeden Autors angenommen. Die Kapitelüberschriften sind also die Autorennamen.

Bei mehreren Werken eines Verfassers habe ich die ausführliche Darstellung auf die Werke beschränkt, für die die genannten Kriterien gelten. Aufgeführt sind stets alle Veröffentlichungen eines Autors mit gartentheoretischem Gehalt, in der Regel aber nicht Beiträge zu Periodika und Sammelwerken.

Zu umfangreiche Ausführungen habe ich gekürzt, vorrangig auf der Ebene der Gartenelemente und Beispiele. Von Wiederholungen innerhalb eines Werkes habe ich die deutlichste Fassung ausgewählt. Die Reihenfolge der Aussagen des Originals ist beibehalten, soweit sie einer Absicht zu entspringen scheint. Bei unsystematischen Texten allerdings war eine nachträgliche Ordnung der Gedankengänge unvermeidlich. An alle Texte bin ich mit den gleichen umfassenden Erkenntniszielen herangegangen:

1. Biographie des Autors
2. Veröffentlichungen mit gartentheoretischem Gehalt: Titel, Umfang, Aufbau und Verbreitung
3. Weitere Veröffentlichungen des Autors
4. Entwerfer ⎫
5. Aufgaben ⎬ des Gartens
6. Gestaltung ⎪
7. Elemente ⎭
8. Sekundärliteratur
9. Würdigung.

Die weitere Unterteilung der Rubriken 4–7 entspricht der im Ergebnisteil verwendeten.

Meine Absicht ist, die Theorien soweit wie möglich in ihrem Zusammenhang darzustellen und keine Gesichtspunkte zu unterschlagen. Auf diese Weise können die Theorien direkt miteinander verglichen werden.

Indem die Urtexte Gegenstand meines Buches sind, habe ich auf die Verfolgung ihrer Interpretationsgeschichte weitgehend verzichtet. Nur die bei meiner Vorstellung der Autoren und ihrer Theorien benutzten Quellen findet man jeweils am Ende in der Rubrik „Sekundärliteratur". Vollständigkeit ist hier nicht angestrebt.

Im II. Teil ziehe ich in der gleichen Systematik wie bei der Behandlung der Theorien die Ergebnisse zusammen. Ich binde hier auch alle praktischen und theoretischen Werke ein, die mir sonst zu den Themen bekannt geworden sind, ohne daß ich sie im I. Teil besprochen habe.

Zitierweise: Wichtige Stellen habe ich, sofern sie nicht zu lang sind, in der Originalsprache nach der Erstausgabe zitiert *(kursiv)*. Rechtschreibung und Interpunktion wurden übernommen, eindeutige Druckfehler stillschweigend verbessert. Nicht als Druckfehler anzusehen sind die Abweichungen in der weitgehend willkürlichen deutschen Orthographie der frühen Zeit. Nicht berücksichtigt habe ich den bei ausschließlicher Verwendung der lateinischen Schrift sinnlos gewordenen Wechsel von gotischen und lateinischen Lettern, der zeitweise im Deutschen und Englischen üblich war. Ebenso habe ich die vom Mittelalter bis ins 17. Jh. zur Platzersparnis gebrauchten Abkürzungen unvermerkt ausgeschrieben. Wo es mir zum Verständnis nötig schien, habe ich den Inhalt des Zitats vorweg wiedergegeben. In [ ] stehen meine Zugaben, in erster Linie Begriffsentsprechungen in anderen als der verwendeten Sprache.

Wo die Wiedergabe in der Originalsprache den Leser überfordern würde, war ich bemüht – sofern vorhanden –, aus deutschen Übersetzungen aus der Entstehungszeit des Textes zu zitieren (ebenfalls *kursiv*). Es stellte sich jedoch heraus, daß diese sehr oft unzulänglich waren. Das liegt weniger an dem den heutigen Lesern fremd gewordenen damaligen Sprachstil als an der im Deutschen nicht besonders ausgeprägten gartenkünstlerischen Terminologie. Besonders die französische Sprache verfügte und verfügt hier über einen viel präziseren Wortschatz. Ich mußte daher, sofern auch keine geeigneten modernen Übersetzungen vorlagen – und das war oft der Fall –, selbst übersetzen (ebenfalls *kursiv*).

Was für Textzitate gilt, gilt ebenso für einzelne Fachausdrücke: Wo eine eindeutige, gleichzeitige deutsche Fassung existierte, habe ich diese nach vorangegangener Erläuterung verwendet, sonst die fremdsprachige. Schließlich habe ich dort, wo eine wörtliche Übersetzung wegen Weitschweifigkeit des Textes zuviel Raum erfordert hätte, zusammenfassend paraphrasieren müssen.

Die Primärquellen sind jeweils in der Rubrik „Veröffentlichungen mit gartentheoretischem Gehalt" in möglichster Vollständigkeit mit allen Ausgaben und Nachdrucken angegeben. Nur bei Werken, deren außerordentliche Verbreitung eine zu aufwendige bibliographische Forschung erzwungen hätte, habe ich es bei Hinweisen wie „zahlreiche Ausgaben" bewenden lassen. – Die Bibliographie im Anhang enthält nur die im Text nicht vollständig zitierten Werke, sowohl Primär- als auch Sekundärliteratur. Hier habe ich nur die verwendete Ausgabe und ggf. das Jahr des Erstdrucks angeführt.

Dank gebührt Frau Dr. Liselotte Wiesinger für meine Aktivierung als Autor, meinem Freund Martin Schaefer für zahllose fruchtbare Gespräche sowie Herrn Dr. Gerhard Drude und Herrn Bertram Nagel von der Universitätsbibliothek der TU Berlin für die Bereitstellung wertvoller Bücher und die Erfüllung ausgefallener Fotowünsche. Vom Leser erbitte ich Verbesserungsvorschläge, auf die ich bei der Neuheit des Themas angewiesen bleibe.

I. DIE THEORIEN

Marcus Terentius Varro (116–27 v. Chr.)

Biographie: Feldherr und größter römische Polyhistor. Er schrieb 70 Werke in über 600 Büchern. Vollständig überliefert ist aber nur sein Ackerbauwerk.

Veröffentlichungen mit gartentheoretischem Gehalt: *Rerum rusticarum libri tres*, geschrieben 37 v. Chr. Erstdruck Venedig 1472.

Weitere Veröffentlichungen: Über Geschichte, Literatur, Sprache und Philosophie.

Benutze Ausgaben: Da eine brauchbare deutsche Übersetzung fehlt, übersetze ich nach Bertha Tillys englisch kommentierter Anthologie *Varro the Farmer. A Selection from the Res Rustica*, London 1973, selbst.

Aufgaben – Gestaltung – Elemente: Die Empfehlungen zur Lage des Landguts übernimmt Varro aus dem Ackerbauwerk von Cato: Es soll an einem Südhang in der Nähe einer Stadt liegen, und es soll Wasser und eine Straße geben (Buch I, Kap. 12). Er nennt die vier Einfriedungsmöglichkeiten – lebende Dornenhecke, Flecht- oder Staketenzaun, Wall und Graben sowie Mauer (Buch I, Kap. 14) – und erwähnt die Rasterpflanzung von Bäumen und Reben im *Quincunx* als Beispiel für etwas, *was beim Anblick lieblicher erscheint, folgerichtig auch von größerem Ertrage ist* (Buch I, Kap. 7). In Kapitel 59 des ersten Buches berichtet er von Obsthäusern *(oporotheca)*, die angesichts des südlichen Klimas mit Fenstern nur nach Norden und kühlenden Steinfußböden versehen sind. *Darin pflegen manche auch die Tafel zurecht zu machen, des Essens wegen.* Auch gäbe es Beispiele, daß in den Obsthäusern wie in Pinakotheken Kunst ausgestellt werde.

Im dritten Buch (über Haustierhaltung) spricht Varro von umfriedeten Tiergärten zur Haltung und Beobachtung von Wild (Kap. 12 und 13) und von Vogelhäusern. Lucullus habe auf seinem Tusculanischen Gut Vogelhaus und Tafelzimmer unter einem Dache, *wo er delikat schmausen und eine Partie von seinen Vögeln in der Schüssel gebraten liegen, die andere aber an den Fenstern und im Vogelhaus herumfliegen sehen kann* (Kap. 4). Besonders ausführlich beschreibt er dann sein eigenes Vogelhaus am Fuße des Monte Cassino, das allgemein Beifall gefunden habe (Kap. 5).

Ich besitze unterhalb der Stadt Casinum einen Fluß, der durch das Landgut (villa) fließt, klar und tief, mit steinernen Einfassungen, 57 Fuß breit, und er kann über Brücken von Landgut zu Landgut überschritten werden, auf 950 Fuß ist er begradigt, von einer Insel ganz unten, wo ein anderer Bach zufließt, bis ganz oben, wo ein musaeum [den Musen geweihter Ort] ist; an seinen Ufern ist ein zehn Fuß breiter Spazierweg (ambulatio) unter freiem Himmel, von diesem feldeinwärts ist der Platz des Vogelhauses (ornithonis), der auf beiden Seiten rechts und links von hohen Mauern (maceriis) eingefaßt wird. Der Platz des Vogelhauses dazwischen hat eine Form wie eine Schreibtafel mit Kopf: das Rechteck mißt in der Breite 48, in der Länge 42 Fuß, dazu kommt der runde Kopf mit 27 Fuß. Hierhin führt der Spazierweg, so daß er gleichsam als der unterste Rand der Tafel beschrieben werden kann, parallel zur Schmalseite des Vogelhauses (ambulatio, ab ornithone plumula), in deren Mitte Käfige sind und durch die der Eingang in den Hof (area) führt. An den Längsseiten, rechts und links, sind Kolonnaden (porticus), deren vordere Säulen aus Stein sind, während anstelle einer mittleren Säulenreihe niedrige Bäumchen angeordnet sind; von der Oberkante der Wände bis zum Epistyl ist die Kolonnade mit einem Hanfnetz bedeckt, ebenso vom Epistyl bis zum Stylobat. Die Kolonnaden sind mit Vögeln aller Art gefüllt, denen das Futter durch das Netz gereicht wird und das Wasser in einem schmalen Bächlein zufließt. Längs der Innenseite des Stylobats befinden sich rechts und links bis zum oberen Ende des rechteckigen Hofes, von der Mitte an, zwei nicht breite, oblonge Fischteiche (piscinae) an den Kolonnaden. Zwischen diesen Fischteichen bleibt nur ein Fußweg als Zugang zu dem Kuppelbau (tholus) dahinter, der aus einer Säulenrotunde besteht, wie es beim Haus des [Quintus Lutatius] Catulus ist, nur sind statt der Wände Säulen verwendet. Außerhalb dieser Säulen ist ein von Hand gepflanzter Wald hoher Bäume, der im unteren Teil

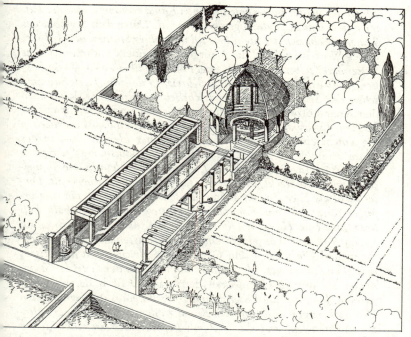

Abb. 1 Rekonstruktionsversuch von Varros Vogelhaus. Aus der Varro-Anthologie von Tilly 1973 (Nachzeichnung eines Aquarells von Georges Seure, 1932).

durchsichtig ist, und das Ganze ist von hohen Mauern eingehegt. Zwischen den äußeren Säulen des Kuppelbaus, die aus Stein sind, und einer inneren Reihe dünnerer Säulen, die aus Tannenholz sind, ist ein Raum von fünf Fuß Breite. Zwischen die äußeren Säulen sind anstelle einer Wand Netze aus Darmsaiten gespannt, so daß man einerseits freie Sicht in den Wald und auf alles, was darin ist, hat und andererseits kein Vogel entweichen kann. Zwischen den inneren Säulen ist anstelle einer Wand ein Vogelnetz. Zwischen diesen und den äußeren ist ein abgestuftes Vogeltheater (theatridon avium): Dicht an dicht sind Vorsprünge (mutuli) an allen Säulen als Zuschauersitze für die Vögel angebracht. Innerhalb des Netzes sind Vögel aller Art, meist Singvögel, z. B. Nachtigallen und Amseln, denen das Wasser durch einen kleinen Kanal zukommt und das Futter unter dem Netz durchgeschoben wird. Unter dem Stylobat der Säulen erhebt sich der Stein 1¾ Fuß über einer Stützmauer [*falere*, dieses Wort ist unklar, da es nirgendwo anders vorkommt]. *Die Stützmauer selbst erhebt sich zwei Fuß hoch über einem Wasserbekken (stagnum) und ist fünf Fuß breit, so daß die Tafelgäste zwischen den Sitzkissen und den Tischchen [columellas, kann auch den Kreis hölzerner Säulen meinen] vorbei ringsherum spazieren können. Unterhalb der Stützmauer liegt einwärts das Wasserbecken mit einem ein Fuß breiten Rand und einer kleinen Insel in der Mitte. Ringsherum sind in die Stützmauer „Bootshäuser" eingelassen als Ställe für Enten. Auf der Insel steht eine kleine Säule, in welcher eine Achse steckt, die ihrerseits ein Rad mit Speichen hält. Dieses dient als Tisch, indem außen, wo sonst die Felge ist, ein ringförmiges [und] wie ein Tambourin (tympanum) zweieinhalb Fuß breit und eine Handbreit (palmum) tief, ausgehöhltes Brett ist. Dieses Rad wird von einem einzigen aufwartenden Diener so gedreht, daß alle Speisen und Getränke zu gleicher Zeit aufgetischt und allen Gästen gereicht werden können. Von der Seite der Stützmauer, wo sonst die Überdecken [der Sofas] sein [d. h. herabhängen] würden, kommen die Enten in das Becken heraus und schwimmen dort umher; von dort führt ein Kanal zu den beiden schon erwähnten Fischteichen, und die Fischlein begeben sich zwischen diesen Orten hin und her; es ist dabei auch so eingerichtet, daß kaltes und warmes Wasser aus dem radförmigen Holztisch, der, wie gesagt, außen an den Speichen angebracht ist, durch Drehen von Hähnen zu jedem einzelnen Gast fließt.*

Innen unter der Kuppel kreisen tagsüber der Morgenstern und nachts der Abendstern auf der Unterseite der Halbkugel und zeigen durch ihre Bewegung an, wieviel Uhr es ist. Weiter innen auf der Halbkugel ist um eine Achse herum der Kreis der acht Winde dargestellt, ganz wie an der Uhr in Athen, die der Kyrrhaer [Andronikus Kyrrhestes – der „Turm der Winde"] schuf; und ein von der Achse zur Peripherie weisender Stab wird hier so bewegt, daß er den Wind anzeigt, der gerade weht, damit man im Innern Bescheid weiß.

Die Rekonstruktion des Vogelhauses macht trotz der Ausführlichkeit von Varros Beschreibung Schwierigkeiten. An Versuchen hat es nicht gefehlt. Ich zähle seit der Renaissance mindestens zwölf. Auf die fragwürdigsten Stellen des Textes sei hingewiesen.

Am problematischsten ist der Satz: *Ad haec, ita ut in margine quasi infimo tabulae descriptae sit, ambulatio, ab ornithone plumula, in qua media sunt caveae, qua introitus in aream est.* Hier sind zahlreiche Deutungen möglich, die eine einwandfreie Rekonstruktion des Eingangsbereiches ausschließen. *Plumula* ist wie *falere* ein Wort, dessen Bedeutung nicht bekannt ist. Andere Wörter wie *mutuli, columellae* und *tympanum* sind mehrdeutig.

Immerhin besteht an den Grundzügen des Entwurfs kein Zweifel. In Varros Vogelhaus sind gebräuchliche Elemente des römischen Gartens in ungewöhnlichen Zusammenhängen und Funktionen verwendet: Wandelgang, Fischteich, Baumgarten und Rundtempel. Der gebräuchliche Wandelgang wird zum Vogelkäfig, in dem Bäume und vermutlich noch andere Gartenpflanzen wachsen. Die *Tholos* erinnert an einen Tempel einer Gartengottheit, außergewöhnlich sind aber das Fehlen einer festen Wand und die Nutzung. Der „Turm der Winde" ist mit seinen technischen Wundern ein schon in der Antike häufig zitiertes Vorbild, das auch Vitruv nennt.

Sekundärliteratur: Zur Vertiefung sei die oben genannte Ausgabe von Tilly empfohlen. Ich verdanke den Zugang zu dieser und weiterer Varro-Literatur Dr. Winfried Schmitz vom Friedrich-Meinecke-Institut der Freien Universität Berlin.

Gaius Plinius Caecilius Secundus (61/62 – um 113)

Biographie: Meist Plinius d. J. genannt. Politiker und Schriftsteller. Neffe von Plinius d. Ä.

Veröffentlichungen mit gartentheoretischem Gehalt: *Epistularum libri decem.* Entdeckt 1419, Erstdruck Venedig 1469.

Der Brief, in dem Plinius seine Villa *Laurentinum* beschreibt (II, 17), umfaßt in modernen Ausgaben vier Seiten, der *Tuscum* betreffende (V, 6) sieben. Gebäude und Gärten sind in der Schilderung eng miteinander verwoben.

Benutzte Ausgaben: Übersetzung von Gustav Meyer in dessen *Lehrbuch der Schönen Gartenkunst,* Berlin 1859/60, Nachdruck Berlin 1985, Sp. 20ff.

Gestaltung und Elemente: Vom Tuscum heißt es: *Allerdings ist die tuscische Seeküste gefährlich und ungesund, allein mein Landgut ist weit vom Meere entfernt, und liegt sogar am Fuße des Apenines, des gesundesten aller Gebirge. [...]*

Diese Landschaft vom Gebirge herab zu sehen, würde Dir großen Genuß gewähren; Du würdest keine wirkliche, sondern eine idealisch schön gemalte Gegend (formam pictam) zu sehen glauben, so sehr wird das Auge, wohin es sich wendet, durch Abwechselung und Gruppirung (varietate, discriptione) erquickt. Mein Landhaus liegt am Fuße eines Hügels, und doch hat es die Aussicht wie auf der Höhe, so sanft und allmälig, gleichsam unmerklich erhebt sich der Hügel, worauf es steht; man glaubt durchaus nicht zu steigen, und doch merkt man, daß man gestiegen ist. Hinter demselben aber in ziemlicher Ferne liegt der Apenin. [...] Es sieht größtentheils gegen Mittag, und ladet [...] die Sonne gleichsam in den breiten und verhältnißmäßig langen Säulengang (porticum) ein. An diesem hin befinden sich mehrere Abtheilungen, auch ein Hof (atrium) nach alter Art. Davor liegt der Xystus, durch Buxus in viele Figuren abgetheilt, dann ein niedriges, sich neigendes Rasenstück, auf welchem der Bux Thiergestalten, die einander gegenüber stehen, eingeschrieben hat; dann zieht sich in der Ebene eine weiche, man könnte fast sagen fließende Akanthuspflanzung hin, welche ein von verschiedentlich beschnittenem Heckenwerk eingeschlossener Spaziergang umgiebt, dann folgt eine Bahn in der Form eines Circus, welche mannigfach geformten Buxus und absichtlich so gezogene Zwergbäumchen einschließt. Das alles wird geschützt von einer Mauer, welche der stufenweise gepflanzte Bux deckt und dem Auge entzieht. Weiterhin kommt eine Wiese, durch Natur ebenso schön als Obiges durch Kunst; hernach Ackerland, und wieder viel andere Wiesen und Gehölze.

Am Anfange des Säulenganges tritt ein Eßsaal vor, durch dessen Thür man das Ende des Xystus, und dann durch die Fenster die Wiese und viel Ackerland sieht. Hier (im Säulengange) hat man die Aussicht auf die Seite des Xystus und auf das, was vor der Villa liegt, auch auf den waldigen Busch des daranliegenden Hippodromes. Fast an der Mitte des Säulenganges liegt einwärts eine Wohnung (diaeta), die einen kleinen Hof (areolam) umgiebt, der von vier Platanen beschattet ist. Zwischen ihnen springt das Wasser aus einem Marmorbecken, und kühlt durch den Wasserstaub die herumge-

pflanzten Platanen und was sonst um dieselben ist. In dieser Wohnung befindet sich ein Schlafzimmer, welches das Tageslicht, das Geräusch und jeden Laut ausschließt, und damit verbunden der tägliche Eßsaal. Ein anderer Säulengang hat die Aussicht auf das Höfchen und alles, was der große Säulengang selbst sieht. Auch befindet sich hier noch ein anderes Zimmer, grünlich von dem zunächst stehenden Platanus beschattet; es hat eine Schnitzung in Marmor, bis auf die Brüstung herab, und dem Schnitzwerk steht die Malerei nicht nach, welche Zweige vorstellt, und auf den Zweigen sitzende Vögel. Darunter ist ein Brünnchen, wo mehrere Röhrchen mit angenehmem Gemurmel das Wasser in einen Krater gießen.

Am Ende des Säulenganges entgegnet dem Speisesaal ein sehr großes Zimmer, was durch Fenster hier die Aussicht auf den Xystus, und durch andere dort auf die Wiese hat, zuvor aber auf den Wasserteich, der unter den Fenstern liegend das Auge, sowie durch sein Plätschern das Ohr ergötzt, indem das Wasser von der Höhe in den Marmorteich stürzend sich in Staub und Schaum auflöset. [Wir überspringen die Beschreibung der Bäder, des Ballspielplatzes, verschiedener Zimmer und die Erwähnung von Weingärten.]

Diese Anlage und Anmuth der Gebäude übertrifft bei weitem der Hippodrom. In der Mitte liegt er offen, und stellt sich dem Auge des Eintretenden ganz dar. Platanen, mit Epheu bekleidet, umgeben ihn, oberwärts mit eigenem Laube prangend, grünen sie unterwärts mit fremdem: denn der Epheu umschlingt den Stamm und die Äste, und verbindet so durch seine Ranken die zunächst stehenden Platanen. Dazwischen ist Buxbaum gesetzt. Die äußeren Buxus umgiebt Lorbeer, welcher seinen Schatten mit dem der Platanen vereinigt.

Diese gerade Grenzeinfassung des Hippodromes wird an ihrem äußersten Ende durch einen Halbzirkel gebrochen, und verändert so die Ansicht; dieser ist von Cypressen umgeben, dunkler und schwärzer durch die dichten Schatten. In den inneren Zirkeln (es sind nemlich deren mehrere vorhanden) bekommt er das reinste Licht wieder. Daher bietet er auch eine Rosenpflanzung an, und scheidet die Kälte der Schatten von der nicht mißbehaglichen Sonne. Nach Beendigung dieser abwechselnden, vielfachen und gekrümmten Grenzeinfassung kehrt diese zur geraden zurück, doch diese nicht allein: denn viele Wege theilen sich vermittelst des Bux. Hier bildet sich ein kleines Rasenstück, da wandelt der Bux selbst sich in tausend Gestalten, zuweilen in Buchstaben, welche bald den Namen des Besitzers, bald des Gärtners verkünden. Kleine Pyramiden erheben sich abwechselnd, und abwechselnd sind Obstbäume dazwischen gesetzt, und beim zierlichsten Stücke ist der mittlere Raum auf beiden Seiten, gleichsam als Nachahmung eines unvermuthet hierher versetzten Ackerfeldes, mit kürzeren Platanen geschmückt. Hiernach breitet sich der weiche und krümmungsreiche Akanthus aus, und dann wieder andere Figuren und Namen.

Am Ende erhebt sich ein Gelage (stibadium), welches von einer Rebe beschattet wird, der vier Säulen von Marmor aus Carystos als Stütze dienen. Aus dem Gelage entspringt in dünnen Röhrchen das Wasser, gleichsam ausgepreßt durch das Gewicht der darauf gelagerten Gäste, das dann von einem ausgehöhlten Steine aufgefangen, und in dem zierlichen Wasserbecken festgehalten wird. Dieses ist unsichtbar so eingerichtet, daß es sich gänzlich füllt, aber nicht überfließt. Ein leichteres oder auch reicheres Mahl wird auf den Rand gesetzt; das leichtere macht auf Figuren von Schiffchen oder Vögeln schwimmend die Runde, während der Brunnen das Wasser in die Höhe spritzt und es wieder aufnimmt, denn mit Gewalt in die Höhe getrieben fällt es in sich zurück, und durch verborgene Schlünde zieht es ein und verschwindet.

Gerade gegenüber giebt ein Ruhegemach (Cubiculum) dem Gelage so viel Zierde wieder, als es selbst von ihm erhält. Es glänzt von Marmor, reicht mit den Thürflügeln bis ins Grüne und steigt aus demselben empor, und durch die oberen und unteren Fenster erblickt man auf- oder abwärts ein anderes Grün. Ein daran liegendes kleines Kabinet (Zothecula) kann als ein Theil dieses Gemaches oder als ein besonderes Gemach angesehen werden. Hierin befindet sich ein Ruhebett und Fenster nach allen Seiten, und doch bleibt das Licht von der starken Beschattung gedämpft, denn eine herrliche Rebe breitet sich ansteigend über den ganzen Bau bis zur Firste aus. Du ruhest hier nicht anders als in der dichtesten Waldung; nur von einem Regenschauer empfindest Du nichts, wie im Walde. Auch hier erhebt sich ein Brunnen, und senkt sich sogleich zurück. An mehreren Orten sind Sitze aus Marmor aufgestellt, wo die Spazierenden, wie im Cabinet selbst, ausruhen können. Springende Wasser liegen den Sitzen nahe, und durch den ganzen Hippodrom rauschen aus Röhrenleitungen Bächelchen, und folgen der Hand welche sie leitete. Hierdurch werden bald diese, bald jene Pflanzen erfrischt, zuweilen auch alle zugleich.

Das Laurentinum des Plinius lag 17 Meilen von Rom am Meer, eingereiht in viele andere Villen. Die Beschreibung des Gartens ist kurz: *Die Bahn (gestatio) ist mit Bux, oder wo dieser fehlt, mit Rosmarin umgeben; denn der Bux wächst, wo er von den Gebäuden geschützt ist, gar sehr, in freier Lage aber verdorrt er, auch durch die entfernteste Besprengung mit Meerwasser. Gegen die innere Umfangsseite der Bahn schließt sich eine weiche und schattige, selbst für den Barfüßler weiche und gangbare Weinlaube an. Maulbeer- und Feigenbäume kleiden zahlreich den Garten, welchen Bäumen der Boden am meisten zuträglich, den übrigen aber ungünstig ist.*

Der Blick aufs Meer wird mehrfach gepriesen. Die Terrasse *(xystus)* ist voller Veilchenduft. Auch gibt es ein weltabgeschiedenes Gartenhaus *(diaeta)* mit einigen Zimmern, Plinius' besondere Liebe.

Würdigung: Über den Wert der Pliniusbriefe schreibt schon Christian Ludwig Stieglitz 1801 in seiner *Archäologie der Baukunst der Griechen und Römer* sehr richtig (zit. nach Marianne Fischer, S. 135): *So ausführlich auch die Plinianischen Beschreibungen in der Angabe aller Theile dieser Villen sind, so ist es doch unmöglich, sich daraus eine ganz bestimmte Vorstellung von diesen Gebäuden zu machen, und die richtige und wirkliche Lage aller ihrer Theile zu finden. Wenigstens geben diese Beschreibungen Anlaß, daß jeder die Anlage des Ganzen sich anders vorstellen, und die einzelnen Theile nach seinen Gedanken und Einfällen anordnen kann, wie dies die angeführten Entwürfe beweisen, die alle voneinander abweichen, und so wenig mit einander übereintreffen, daß man gar nicht glauben mag, daß sie nach einer und eben derselben Beschreibung gemacht sind.* Die lange Reihe der von der jeweiligen eigenen Zeit geprägten Rekonstruktionsversuche beginnt mit Vincenzo Scamozzi 1615, Jean François Félibien 1699 und Robert Castell 1728. Diese drei Rekonstruktionen behandelt Marianne Fischer. Anregungen für die Gartenkunst kamen von Plinius d. J. bis Mitte des 19. Jh. (Meyer).

Sekundärliteratur: MARIANNE FISCHER: *Die frühen Rekonstruktionen der Landhäuser Plinus' des Jüngeren.* Diss. Berlin, FU 1962. Gartenkunst wird nur gestreift.

Die Theorien

Der St. Galler Klosterplan (um 825)

Es handelt sich um eine Pergamentrolle, die nach letzten Forschungen von Reginbert, Bibliothekar auf der Klosterinsel Reichenau, gefertigt wurde. Sie ist an Gozbert, Abt von St. Gallen, adressiert und zeigt den Grundriß einer idealen Klosteranlage, von zwei Personen erläuternd beschriftet. Erstdruck umgezeichnet in Ferdinand Keller: *Bauriß des Klosters St. Gallen vom Jahr 820*. Zürich 1844. Facsimile hrsg. vom Historischen Verein des Kantons St. Gallen, Rorschach 1952, ²1983. Kritische Textedition fehlt.

Entwerfer: Der Gemüsegarten wird von einem angestellten Gärtner betreut, der mit seinen Gehilfen in dem angrenzenden Gärtnerhaus wohnt, der Kräutergarten ist dem benachbarten Arzthaus zugeordnet. Der Baumgarten und der Kreuzgang der Klausur werden offensichtlich von allen Mönchen betreten, die Pflege übernimmt vermutlich ebenfalls der Gärtner.

Aufgaben: Der Gemüsegarten liefert Gemüse und Gewürze zur Verfeinerung der mönchischen Tafel, während der großflächige Anbau gröberen Gemüses nach Sörrensen außerhalb der Klosteranlage zu denken ist. Der zwischen die Beetreihen geschriebene Vers:
Hic plantata holerum pulchre nascentia uernant
(Hier grünen die schön aufwachsenden Gemüsepflanzen)
hat Sörrensen und Berschin zu der Feststellung veranlaßt, das Wörtchen *pulchre* bringe erstmals ein ästhetisches Element in den Nutzgarten.

Der Baumgarten liefert Früchte, nimmt außerdem die Toten auf und wird dadurch eindeutig zur Andachtsstätte. Das inmitten der Bäume errichtete Kreuz wird mit den Bäumen verglichen:
Inter ligna soli haec semper sanctissima crux est in qua perpetuae:
poma salutis olent.
(Unter diesen Hölzern ist das heiligste immer das Kreuz, von dem duften die Früchte des ewigen Heils.)
Und das Kreuz mahnt an die Auferstehung:
Hanc circum iaceant defuncta cadauera fratrum
Qua radiante iterum: Regna poli accipiant.
(Um es herum sollen liegen die Leiber der verstorbenen Brüder.

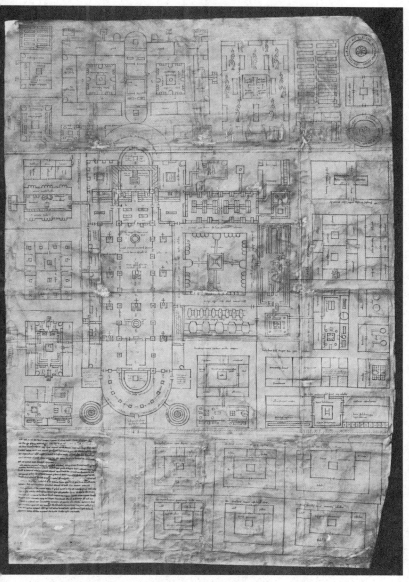

Abb. 2 Der St. Galler Klosterplan. Foto Hildegard Morscher.

Wenn es wieder erglänzt, mögen sie empfangen die Reiche des Himmels.)

Der Kräutergarten schließlich liefert die vom Arzt benötigten Essenzen. Es handelt sich, obwohl Rosen und Lilien vorkommen – auch sie wurden therapeutisch verwendet –, nicht um einen Blumengarten zur Zierde, wie er damals noch unbekannt war, sondern um einen Nutzgarten (Sörrensen, S. 236).

Daß der ganze Plan in einem Modul gezeichnet ist und gewisse heilige Zahlen vorkommen, weist auf eine grundsätzliche Entwurfssymbolik hin, die sich auf göttliche Werte bezieht (Horn/Born I, S. 88). Jedoch müssen solche Aussagen relativiert werden (Germann 1980, S. 32): *Es ist unbestritten, daß eine auf Zahlen gegründete Harmonielehre die Architekturtheorie des Mittelalters beherrschte. Fraglich aber ist es, in welchem Maße theologische Zahlenspekulation den Architekturentwurf strukturierte, und noch fraglicher, nach welchen Methoden wir heute Proportionsregeln aus Baurissen und ausgeführten Bauten herauszulesen vermögen.*

Gestaltung: Maßstab und Maße wurden von Horn/Born überzeugend rekonstruiert. Danach ist der Plan im Maßstab 1:192 gezeichnet, und die ganze rechteckige Klosteranlage mißt 480 × 640 karolingische Fuß (154 × 205 m). Beherrscht wird die Anlage von der Basilika mit der Klausur daneben. Ringsherum stehen Einzelgebäude, und an der östlichen Schmalseite liegen der Geflügelhof und die Gärten, unterbrochen von einem weiteren Gebäudeblock, der Hospital und Noviziat enthält: im Südosten der Gemüsegarten *(hortus)* und der Baumgarten (nicht benannt), im Nordosten der Kräutergarten *(herbularius)*. Der Gemüsegarten mißt 82½×52½ Fuß (26,5×16,7 m), der Baumgarten 80×125 Fuß (25,7×40,0 m) und der Kräutergarten 37½×27½ Fuß (12,0× 8,8 m). Diese drei Gärten haben zu den anderen Klosterteilen keine weitere formale Beziehung, als daß der Gemüsegarten axial dem Gärtnerhaus gegenüberliegt. Sie sind mit Mauern oder Zäunen umschlossen.

Die Lage des Gemüsegartens zwischen Baumgarten und Geflügelhof sowie seine Nähe zur Latrine, bemerken Horn/Born (II, S. 205), zeigen einen ausgeprägten Sinn für funktionale Beziehungen.

Kräuter- und Gemüsegarten zeigen langrechteckige parallele Beete, von Wegen umgeben. Im Gemüsegarten messen die Beete und der Hauptweg 5 Fuß (1,6 m), die Nebenwege 45 Zoll (1,2 m). Im Kräutergarten sind die Beete kleiner, und es laufen hier auch Beete direkt an der Mauer entlang, während im Gemüsegarten an der Mauer ein Weg verläuft. Sörrensen (S. 220 f.) sieht in dieser Abweichung bereits einen Ansatz zur bewußten Schaffung eines Gartenraumes, was ich für übertrieben halte.

Zweifellos bewußt gestaltet ist aber der Baumgarten. Grabfelder von 6¼ × 17½ Fuß (2,0 × 5,6 m) wechseln mit Baumsymbolen ab. Die Hälften der langrechteckigen Anlage rechts und links des Eingangs sind spiegelsymmetrisch. In der nach Osten gerichteten Achse liegt zunächst betont ein Grabfeld, dann folgt in einem großen quadratischen Mittelfeld ein aufgerichtet zu denkendes Kreuz, während dahinter Gräber und Bäume so verteilt sind, daß in die Mittelachse das Baumsymbol kommt. An der hinteren Mauer liegen die Grabfelder ausnahmsweise quer, d. h. in Nord-Süd- statt in Ost-West-Richtung.

Horn/Born legen nahe, daß die Baumsymbole nicht Einzelbäume, sondern Baumgruppen meinen, da eines von ihnen mit zwei Namen (*sorbarius* und *mispolarius*) bezeichnet ist und die Größe der Pflanzfläche zwischen den Grabfeldern manchmal bis zu 12 × 40 Fuß (4,0 × 12,8 m) beträgt (II, S. 211). In jedem der 14 Grabfelder sind nach Horn/Born sieben Mönche zu bestatten, und sie vermuten, daß die Zahl sieben bzw. 14 = 2 × 7 als heilige Zahl der Vollkommenheit bewußt gewählt wurde. Ebenso deute die Zahl der 13 Pflanzflächen auf Christus und die zwölf Apostel (II, S. 210).

Sörrensen und Berschin rechnen wenigstens einen der Höfe, nämlich den Kreuzgang in der Klausur, mit zu den Gärten des Klosters. Dieser quadratische Hof liegt zwischen Kirche, Schlafsaal, Speisesaal und Vorratshaus. Von den vier mittleren Arkadenbögen, die größer sind als die übrigen, gehen Wege aus und kreuzen sich in der Mitte, wo ein Sadebaum *(sauina)* steht. Die verbleibenden Felder sind nach Sörrensen (S. 196) mit Rasen oder Efeu, keinesfalls aber mit Blumen bedeckt zu denken. Ich glaube indessen, daß dieser Kreuzgang, auch wenn er pflanzliche Ausstattung gehabt hat, ebenso wie die anderen im Plan vorkommenden Kreuzgänge des Noviziats und des Hospitals nicht als Garten, sondern eben als Hof betrachtet wurde. In einer Gartentheorie können nur die Gärten behandelt werden, die in der betreffenden Zeit als solche galten, und Hof-Gärten sind aus dem Mittelalter nicht bekannt.

Elemente: Im Gemüsegarten sind verzeichnet (Identifizierung nach Sörrensen): Zwiebel (zwei Arten), Lauch, Sellerie, Koriander, Dill, Mohn (zweimal), Rettich, Mangold, Knoblauch, Petersilie, Kerbel, Lattich, Pfefferkraut, Pastinak, Kohl und Schwarzkümmel. Im Arztgarten sollen stehen: Weiße Lilie, Gartenrose, Stangenbohne, Pfefferkraut, Frauenminze, Griechisches Heu, Rosmarin, Pfefferminz, Salbei, Raute, Schwertlilie, Polei, Krauseminze, Kreuzkümmel, Liebstöckel und Fenchel. An Bäumen werden aufgeführt: Apfel-, Birn-, Pflaumenbaum, NN, Speierling, Mispel, Lorbeerbaum, Eßkastanie, Quitten-, Pfirsichbaum, Haselnuß, Mandel-, Maulbeer- und Walnußbaum.

In der Anordnung der Arten ist kein besonderes System zu erkennen. Sörrensen glaubt, der Verfasser habe die Arten nur so aus dem Stegreif hindiktiert. Berschin aber weist auf bemerkenswerte Parallelen der Pflanzenanordnung im Garten des Arztes und in dem zur gleichen Zeit entstandenen *hortulus*-Gedicht des Walahfrid Strabo hin: Es sei möglicherweise kein Zufall, daß Rose und Lilie an der dem Arzthaus zugewandten Gartenmauer stehen und daß das erste freiliegende Beet am Eingang von Salbei eingenommen wird, da die wichtigsten Symbolpflanzen Rose und Lilie bei Walahfrid durch Behandlung am Schluß und Salbei als Symbolpflanze für das karolingische Herrscherhaus am Anfang ebenfalls herausgehoben werden.

Würdigung: Der St. Galler Klosterplan zeigt erstmals die Aufteilung der Pflanzen in die drei Gartentypen Gemüse-, Kräuter- und Baumgarten, die Grundlage der Gartenentwicklung bis ins 18. Jahrhundert blieb. Aus dem Kräutergarten entwickelte sich später der Blumengarten bzw. das Parterre, aus dem Baumgarten das Boskett. Die Verknüpfung des Baumgartens mit dem Friedhof dagegen scheint eine besondere Idee zu sein, die vor dem 18. Jahrhundert in der Literatur nicht wiederkehrt.

Unklar bleibt, wie wörtlich der Plan zu nehmen ist. Horn/Born weisen einen großen Realismus hinsichtlich der Maße nach. Andererseits muß bezweifelt werden, daß die genannten Pflanzenarten in St. Gallen gedeihen und den Bedarf des Klosters decken konnten. Sörrensen verweist auch darauf, daß die zur Bewässerung erforderlichen Brunnen nicht dargestellt sind.

Sekundärliteratur: Wolfgang Sörrensen: *Gärten und Pflanzen im Klosterplan.* In: Studien zum St. Galler Klosterplan (Mitteilungen zur vaterländischen Geschichte. Hrsg. Historischer Verein des Kantons St. Gallen. 42). St. Gallen 1962; S. 193–277; ²1983. – Walter Horn und Ernest Born: *The Plan of St. Gall. A Study of the Architecture and Economy of, and Life in a Paradigmatic Carolingian Monastery.* 3 Bde., Berkeley, Los Angeles und London 1979. – Walter Berschin: *Karolingische Gartenkonzepte.* In: Freiburger Diözesan-Archiv 104. Bd., 1984, S. 5–18.

Der Rosenroman
Guillaume de Lorris und Jean de Meun

Biographie: Guillaume ist biographisch nicht faßbar; Jean († 1305) ist als Übersetzer lateinischer Werke nachgewiesen und war vermutlich (Ott 1976, S. 40) Magister und Kleriker.

Veröffentlichungen mit gartentheoretischem Gehalt: *Romanz de la Rose.* 21 780 Verse, davon die ersten 4058 von Guillaume. Hierzu Ott (1976, S. 7): *Der Rosenroman, den Guillaume de Lorris um 1230 verfaßt und unvollendet hinterlassen hat und den etwa vierzig Jahre später Jean Chopinel (oder Clopinel) de Meun(g) fortsetzte und beendete, ist das bedeutendste Werk der französischen Dichtung des 13. Jahrhunderts und eines der großen Werke der Weltliteratur überhaupt. Seine außerordentliche Verbreitung im späten Mittelalter bezeugt schon die hohe Zahl der erhaltenen Handschriften und Drucke: Vom 13. bis zum 16. Jahrhundert sind an die dreihundert Handschriften überliefert [...]; seit der ersten Drucklegung des Romans um 1480 in Lyon erschienen bis zum Jahre 1538 insgesamt achtunddreißig verschiedene Editionen und Nachdrucke.*

Benutzte Ausgabe: Französisch/deutsch von Karl August Ott, München 1976, 580 S.

Guillaume erzählt einen Traum, den er vorgibt, in seinem 20. Lebensjahr geträumt zu haben (Vers 37 f.):
Ce est li Romanz de la Rose
Ou l'Art d'Amours est toute enclose.

Er findet eines schönen Maimorgens vor den Toren seiner Stadt einen paradiesisch anmutenden Garten *(vergier)*, der von einer zinnenbewehrten Mauer eingeschlossen wird. Außen an die Mauer sind zehn Personifikationen negativer Eigenschaften gemalt: Haß, Bosheit, Gemeinheit, Habsucht, Geiz, Neid, Traurigkeit, Alter, Heuchelei und Armut. Der Garten gehört dem Vergnügen *(Deduit)*; dessen Freundin Müßigkeit öffnet eine kleine Tür aus Weißbuche. Als erstes erfahren wir von dem Garten, daß in ihm Bäume aus dem Land der Sarazenen gepflanzt sind und daß in ihm viele Vögel singen. Vor allem aber zieht der Garten durch die in ihm versammelte Gesellschaft an (V. 629 f.):

> *Que bele est cele compaignie*
> *E cortoise e bien enseignie.*

Die Gesellschaft besteht aus positiven Personifikationen wie Fröhlichkeit, Höflichkeit, Schönheit, Reichtum, Freigiebigkeit, Edelmut und Jugend. Im besonderen aber ist Amor anwesend. Erst nachdem der Ankömmling die Gesellschaft eingehend betrachtet hat, wendet er sich dem Garten zu (V. 1323–1438):

> *Der Garten hatte durch regelmäßige Abgrenzung*
> *genau die Form eines Vierecks*
> *und war so lang wie breit.*
> *Es gibt keinen Baum, der Früchte trägt,*
> *es sei denn irgendein häßlicher Baum,*
> *von dem es nicht einen oder zwei*
> *und vielleicht auch mehr in dem Garten gegeben hätte.*
> *Apfelbäume gab es dort, ich erinnere mich wohl,*
> *die Granatäpfel trugen:*
> *für Kranke eine gute Speise.*
> *Es gab eine Menge von Nußbäumen,*
> *die im Herbst solche Früchte trugen,*
> *wie es Muskatnüsse sind,*
> *die weder bitter noch geschmacklos sind.*
> *Mandelbäume gab es in Fülle;*
> *und viele stolze und schöne Dattelbäume*
> *waren in den Garten gepflanzt;*
> *wer sie brauchte, fand in dem Garten*
> *auch viele gute Gewürzkräuter:*
> *Gewürznelken und Lakritze,*
> *frische Paradieskörner,*

Safran, Anis, Zimt
und viele andere angenehme Gewürze,
die man gern nach der Mahlzeit ißt.
   In dem Garten gab es auch einheimische Bäume,
die Quitten und Pfirsiche trugen,
Kastanien, Nüsse, Äpfel und Birnen,
Mispeln, weiße und schwarze Pflaumen,
frische rote Kirschen,
Vogelbeeren, Maulbeeren und Haselnüsse.
Auch von großen Lorbeerbäumen und hohen Kiefern
war der Garten erfüllt,
von Olivenbäumen und Zypressen,
die es hierzulande nicht gibt.
Vielästige breite Ulmen waren dort
und daneben Weißbuchen und Rotbuchen,
schlanke Haselsträucher, Espen und Eschen,
Ahorn, hohe Tannen und Eichen.
Warum sollte ich mich aber damit noch länger aufhalten?
Es gab dort nämlich so viele verschiedene Bäume,
daß ich große Mühe hätte,
sie alle aufzuzählen.
Doch wisset, die Bäume waren voneinander
so weit entfernt, wie sie sein mußten:
der eine war vom andern
mehr als fünf oder sechs Klafter entfernt.
Aber die Äste waren lang und hoch
und waren oben, um den Ort vor Hitze zu schützen,
so dicht, daß die Sonne
zu keiner Stunde
zum Boden gelangen
und dem zarten Gras schaden konnte.
   Im Garten gab es Hirsche und Rehe;
und es gab eine große Menge von Eichhörnchen,
die auf den Bäumen herumkletterten.
Kaninchen gab es, die den ganzen Tag
ihre Höhlen verließen
und in mehr als dreißig verschiedenen Weisen
auf dem frischen grünen Rasen
sich umeinander herumdrehten.

Manchenorts gab es klare Quellen,
ohne Mücken und Frösche,
denen die Bäume Schatten spendeten,
doch wüßte ich ihre Zahl nicht zu nennen.
In kleinen Bächlein, deren Kanäle
VERGNÜGEN hatte anlegen lassen,
floß das Wasser zu Tal und verursachte
ein liebliches und angenehmes Geräusch.
An den Bächen und am Rande
der klaren und frischen Quellen
sproß das Gras niedrig und dicht:
da konnte man seine Geliebte
hinlegen wie auf ein Federbett,
denn der Boden war weich und frisch
dank der Quellen, und es wuchs dort
so viel Gras, wie man wünschte.
Aber das Ganze war noch viel schöner,
weil der Ort so beschaffen war,
daß es dort eine Menge Blumen gab
jeden Tag im Sommer wie im Winter.
Wunderschöne Veilchen gab es
und junges frisches Immergrün
weiße und rote Blumen
und wunderbare gelbe waren dort:
Überaus schön war die Erde,
denn sie war geziert und geschmückt
mit Blumen aller Farben,
deren Duft sehr angenehm war. [...]
  Schließlich kam ich
an einen sehr schönen Ort, an dem ich
eine Quelle unter einer Kiefer fand.
Seit Karl und seit Pippin
ward eine so schöne Kiefer nicht mehr gesehen;
sie war so hoch gewachsen,
daß es in dem Garten keinen höheren Baum gab.
In einen Marmorstein
hatte NATUR mit großer Kunst
die Quelle unter der Kiefer eingelassen;
in den Stein waren am oberen Rand

*kleine Buchstaben geschrieben,
die sagten, daß hier
der schöne Narziß gestorben war.*

In der Quelle sieht der Träumende ein von einer dornigen Hecke *(haie)* umgebenes Rosengebüsch aus einer entlegenen Stelle des Gartens sich spiegeln und entbrennt in Verlangen, dieses aufzusuchen. Nachdem er eine besondere, noch nicht erblühte rote Rose erwählt hat, schießt ihm Amor fünf Pfeile durch das Auge ins Herz. Sie heißen Schönheit, Einfachheit, Höflichkeit, Gesellschaft und freundliches Gebaren. *Raison* fordert auf, Amor nicht zu folgen. Der Träumer hat sich ihm aber bereits ergeben, und Argwohn beginnt, gegen seine Annäherungen zusammen mit Widerstand, Angst, Scham und bösem Munde eine Festung um die Rosen zu errichten, auf einem Quadrat von 100 *toises* Seitenlänge. Hier endet Guillaume.

Die Fortsetzung beschreibt Belagerung und Einnahme der Festung. *Nature* tritt auf, die *Art* die Vorbilder *(essemplaires)* liefert. Die Werke von *Art* aber bleiben leblos und schwach, ohne *Nature* je zu erreichen (V. 16005–148). Gott, der über alle Maßen Schöne, legte unergründliche Schönheit in die Natur (V. 16233–238), seine Dienerin und Verwalterin (V. 16768–784). *Nature* klagt bitter über die Menschen, die ihrem Diener Amor und ihrer Freundin Venus nicht folgen. Denn die Fortpflanzung, so predigt der Priester *Genius*, sei Gottes Wille, ebenso wie Beichten und Gutestun, wobei die Ehe nicht Voraussetzung ist. Das Paradies aber, in das Christus führt, sei, wie Genius eingehend nachweist, unvergleichlich schöner als dieser vergängliche Garten. Bemerkenswert ist, daß dieser als *jardin,* jenes aber als *parc* und rund bezeichnet wird (V. 20267–596). Im Anschluß an diese Predigt eröffnet Venus den Sturm auf die Festung, indem sie einen Pfeil durch eine Schießscharte in dem Festungsturm sendet, die die weiblichen Geschlechtsteile symbolisiert. Nachdem sie die Fackel angelegt hat, fliehen die Verteidiger, und der Amant kann zu der Schießscharte gelangen, in die er seinen Pilgerstab steckt, während der Pilgersack draußen bleibt, kann einen Zaun durchbrechen und ein wenig Samen verstreuen. Er pflückt die nunmehr erblühte Rose und erwacht.

Würdigung: Die Vielschichtigkeit des Mammutwerks hat es der Forschung bisher unmöglich gemacht, die Absichten der beiden

Autoren und die Frage, ob und wie sie sich voneinander unterscheiden, allgemein befriedigend zu klären.

Die Hauptschwierigkeit der Interpretation liegt darin, daß Jean de Meun die Forderungen der *Raison* und der *Nature* gegenüberstellt, ohne aber – trotz dem Endsieg der *Nature* – als Autor dazu Stellung zu nehmen.

Uns gibt der Rosenroman vor allem einen Begriff von der Symbolfunktion des Gartens im Mittelalter. Hennebo (1962, S. 41–60) weist insgesamt für das hohe Mittelalter fünf Symbolfunktionen nach: Der Garten ist Sinnbild für die Frau, die Erotik/Unkeuschheit, die Mutter Gottes, die Kirche und das Paradies. *Irdische und himmlische Liebe fließen ineinander über und bedienen sich der gleichen Sinnbilder* (S. 57).

Die typisierende Aufzählung und nahezu beliebige Anordnung der Elemente darf, für sich gesehen, nicht zu einem Trugschluß verleiten. Typisierung und vieldeutige Beschreibung sind der Dichtung eigen auch in Zeiten, da für die Gartenkunst nachweislich Individualität und Präzision galten. Besäßen wir über die Gärten des 19. Jahrhunderts keine anderen Quellen als die lyrische Dichtung, träfen wir schwerlich richtige Aussagen über den Stellenwert und die Anordnung seiner Bestandteile.

In Ermangelung gartentheoretischer Fachliteratur des Mittelalters muß auf Dichtung zurückgegriffen werden. Der Rosenroman ist in dieser Hinsicht wohl das ergiebigste Werk. Ob daraus Erkenntnisse für die Gartentheorie gezogen werden können, bleibt fraglich.

Sekundärliteratur: Einen Überblick über die Interpretationsgeschichte gibt OTT in der Einleitung seiner Ausgabe, außerdem in seinem Buch: *Der Rosenroman*, Darmstadt 1980.

ALBERT GRAF VON BOLLSTÄDT (1193?–1280)

Biographie: Dominikanermönch, Bischof, Philosoph und Naturforscher, bekannt unter dem Namen Albertus Magnus und 1931 heiliggesprochen, gilt als der größte deutsche Denker des Mittelalters.

Veröffentlichungen mit gartentheoretischem Gehalt: *De Vegetabilibus.* Sieben Bücher, geschrieben um 1260 als 18. Teil seiner *Historia Naturalis.*
Im ersten Traktat ist das 14. Kapitel den Lustgärten gewidmet *(De plantatione viridariorum).*

Weitere Veröffentlichungen: Über Naturwissenschaften, Philosophie und Theologie.

Benutzte Ausgaben: Ich übersetze nach der Ausgabe von Ernst Meyer und Carl Jessen (Berlin 1867, Nachdruck Frankfurt a. M. 1982).

Aufgaben – Gestaltung – Elemente: *Es gibt aber gewisse Stellen, die nicht großen Nutzens oder Ertrages wegen, sondern zum Vergnügen (ob delectationem) eingerichtet sind, die eher der Pflege entbehren können und die deshalb keiner der besprochenen Ländereien (agri) zugerechnet werden. Diese aber sind es, welche viridantia oder viridaria genannt werden. Diese aber werden angelegt, weil sie am meisten dem Vergnügen zweier Sinne dienen, das ist, dem Gesichts- und dem Geruchssinn; deshalb werden sie besser unter Verzicht auf die Dinge, welche am meisten der Pflege bedürfen, angelegt.*
Der Gesichtssinn nämlich wird durch nichts so angenehm entzückt wie durch den Anblick zarten und haarfeinen, nicht langen Grases (gramen). [...]
Zu beachten ist aber, daß der Rasen so bemessen sei, daß außen um das Rasenquadrat herum (post caespitem per quadratum in circuitu) Duftkräuter aller Art gepflanzt werden können, wie Raute und Salbei und Basilikum und ähnliche Blumen aller Art, wie Veilchen, Akelei, Lilien, Rosen, Iris usw. Zwischen diesen Kräutern und dem Rasen, am Rande des Rasenquadrats entlang, soll ein etwas erhöhtes Rasenstück sein (in extremitate caespitis per quadrum elevatior sit caespis), das blühend und anmutig ist und gleichsam zur Hälfte als Sitzgelegenheit eingerichtet (quasi per medium sedilium aptatus), damit dort die Sinne (sensus) Erquickung fänden und die Menschen sich niederlassen könnten zu vergnüglicher Ruhe.
Auf den Rasen sollen auch gegen die Bahn der Sonne Bäume

gepflanzt oder Weinreben gezogen werden, damit der Rasen, durch deren Laub gleichsam geschützt, angenehmen und erfrischenden Schatten habe. Doch von jenen Bäumen wird eher Schatten als Obst gefordert, und deshalb soll man sich bei ihnen nicht viel um das Umgraben und Düngen kümmern, wovon der Rasen großen Schaden leiden würde. Auch ist dafür Sorge zu tragen, daß die Bäume nicht gar zu dicht beieinander stehen und zu zahlreich sind; denn das Abhalten des Windes kann das Gedeihen zunichte machen, und deshalb verlangt ein *viridarium* frei wehende Luft und Schatten. Ferner aber ist in Betracht zu ziehen, daß es keine ungenießbaren Bäume gebe, deren Schatten Unpäßlichkeiten hervorruft, wie es beim Nußbaum und gewissen anderen der Fall ist. Vielmehr sollen es süße, im Duft aromatische und im Schatten angenehme Bäume sein, wie es die Weinreben, Birnen, Äpfel, Granatäpfel, Lorbeerbäume, Zypressen usw. sind.

Außerhalb des Rasens aber soll es eine große Vielfalt (*post caespitem vero sit magna* [...] *diversitas*) an Heil- und Duftkräutern geben, so daß sie nicht nur zunächst den Geruchssinn erfreue, sondern daß die Blumen auch mit ihrer Vielfalt den Gesichtssinn erquicken und durch ihre große Verschiedenartigkeit die Betrachter zur Bewunderung verleiten. An diesen Stellen soll viel Raute untergemischt werden, weil sie von schönem Grün ist und auch weil sie durch ihre Bitterkeit die schädlichen Tiere aus dem *viridarium* vertreibt.

In der Mitte des Rasens aber darf es keine Bäume geben, sondern die Fläche erfreut vielmehr selbst durch die freie und unverdorbene Luft, denn jene Luft ist zum einen gesünder, zum andern würden auch, wenn man in der Mitte des Rasens Bäume gepflanzt hätte, von einem Baum zum andern gezogene Spinngewebe die Gesichter der Spazierenden umwinden und infizieren.

Wenn es aber möglich ist, soll eine ganz reine Quelle in die Mitte geleitet und in einem steinernen Becken aufgefangen werden, weil die Reinheit einer solchen viel zur Annehmlichkeit beiträgt. Gegen den Nord- und Ostwind sei das *viridarium* auch wegen der Gesundheit und Reinheit dieser Winde offen. Gegen die entgegengesetzten Winde aber, das heißt, den Süd- und Westwind, sei es wegen der Turbulenz, Unreinheit und Unzuverlässigkeit dieser Winde geschlossen. Obgleich nämlich der Nordwind das Reifen des Obstes verzögert, fördert er doch in erstaunlichem Maße die Atmung (*con-*

servat spiritus) und schützt die Gesundheit. Denn Erquickung (delectatio) sucht man im viridarium, und nicht Obst.

Leider sind gerade die die Gestalt beschreibenden Stellen so mehrdeutig, daß die verschiedenen Übersetzer zu völlig anderen Rekonstruktionen kommen.

Albertus spricht zuerst von der Rasenfläche, dann von der Kräuterfläche und der zwischen den beiden liegenden Rasenbank, von den Bäumen auf dem Rasen, dann wiederum von Kräutern und schließlich von dem Brunnen in der Mitte des Rasens.

Unklar ist zunächst die Lage der Kräuterfläche zur Rasenfläche. Fischer und Hennebo übersetzen *post caespitem per quadratum in circuitu* mit *hinter dem Rasen in einem quadratischen Ausschnitt.* Mit Harvey *(about it in a square)* glaube ich übersetzen zu müssen: *ringsherum entlang dem Rasenquadrat.* Ich halte die Kräuter für die Rahmung des Rasens, nicht für einen besonderen Gartenteil. Ähnlich zeigen es auch viele mittelalterliche Bilder. Crescenzi (s. den folgenden Abschnitt) ändert diese Textstelle und schreibt: *Es sei aber der Platz des Gartens quadratisch und so bemessen, daß er für die Leute, die in ihm stehen müssen, ausreicht; ringsherum aber mögen Duftkräuter aller Art gepflanzt werden.* Auch er, der Albertus zeitlich sehr nahe stand, versteht also die Kräuter als Rahmen.

Die Stelle, wo Albertus später wieder von Kräutern spricht *(post caespitem vero sit magna [...] diversitas)* übersetzt Fischer: *hinter dem Rasen aber...* und nimmt einen dritten Gartenteil an. Hennebo übernimmt diese Übersetzung, glaubt aber, daß es sich um die anfangs genannte Kräuterfläche handle. Crescenzi scheint ebenfalls keinen weiteren Gartenteil anzunehmen, denn er läßt das *vero*, das an ein Übergehen zu etwas Neuem denken läßt, weg. Harvey läßt die Frage, ob es sich um eine oder zwei Kräuterflächen handelt, offen, übersetzt aber wie Fischer *post caespitem* hier mit *behind the lawn.* Ich möchte *post* wie oben mit *zunächst,* d. h. *entlang* übersetzen und glaube mit Hennebo, daß Albertus von derselben Fläche spricht wie vorher.

Während also Fischer drei selbständige Gartenteile erkennt und Hennebo zwei, glaube ich nur einen einzigen zu sehen, nämlich die kräutergerahmte Rasenfläche.

Des weiteren sind Lage und Gestalt der Rasenbank fraglich: *in extremitate caespitis per quadrum elevatior sit caespis... quasi per medium sedilium aptatus.* Fischer übersetzt: *am Ende...,* Harvey:

at the edge ... Es ist also offen, ob die Rasenbank rings um das Rasenfeld läuft oder nur eine Seite einnimmt (welche?). Die Beschreibung der Bank lautet bei Crescenzi: *quasi per modum* [!] *sedilium aptatus* = *gleichsam nach dem Maß von Sitzen eingerichtet.* Fischer und Hennebo schreiben: *ungefähr in der Mitte zum Sitzen geeignet*, und Harvey trennt *aptatus* von *caespis*: *somewhere in the middle provide seats.*

Würdigung: Albertus schreibt als erster über die Anlegung von Lustgärten. Es gilt, was Hennebo (a. a. O., S. 11 f.) sagt: *Bei den Texten, selbst bei ausführlicheren Schilderungen, sogar bei der Gartenanweisung des Albertus Magnus, ist es nicht leicht oder oft sogar unmöglich, eine Vorstellung von der Lage des Gartens, von seiner Form, von der Gesamtheit der Anlage zu gewinnen. Es geht einem ähnlich wie mit den Villenbeschreibungen in den Briefen des jüngeren Plinius. Man hat ein plastisches Bild der Einzelheiten vor Augen, aber ihre Zuordnung zueinander, ihr Zusammentreten zu einem Ganzen, das bleibt mehr oder minder unbestimmt und wird in jedem Rekonstruktionsversuch anders gedeutet.* [...] *Oft sind die Angaben in den Texten auch 'formelhaft' verkürzt.*

Sekundärliteratur: HERMANN FISCHER: *Mittelalterliche Pflanzenkunde.* München 1929, Nachdruck Hildesheim 1967. – JOHN HARVEY: *Medieval Gardens.* London 1981. – DIETER HENNEBO und ALFRED HOFFMANN: *Geschichte der Deutschen Gartenkunst*, Bd. 2. Hamburg 1962.

PIETRO DE' CRESCENZI (1233–1321)

Biographie: Bologneser Gelehrter. Er schreibt in einem dem Erstdruck 1471 vorangestellten Brief, er habe sich als Siebziger von seinen Geschäften als Jurist und Verwalter in der Stadt auf sein Gut zurückgezogen, um das lange zuvor begonnene Werk zu vollenden. Er habe auch, was ihm begegnet, durch eigene Erfahrung geprüft.

Veröffentlichungen mit gartentheoretischem Gehalt: *Ruralia Commodora.* Abgeschlossen zwischen 1304 und 1306, lateinisch. Die zwölf Bücher handeln von Gebäuden, Natur der Pflanzen,

Ackerbau, Weinbau, Obstbau, Küchengärten, Wiesen und Hainen, Lustgärten, Nutztieren, Vögeln, Bauernregeln und einem Arbeitskalender. Das achte Buch *De viridariis et rebus delectabilibus ex arbores et herbis et fructu ipsarum artificiose agendis* zerfällt in acht Kapitel. In den ersten drei bespricht Crescenzi drei Lustgartentypen, in den restlichen die Freuden, die man an Hecken, Äckern, Weinbergen, Bäumen und Küchengärten haben kann. Für die Gartentheorie sind besonders die ersten vier ergiebig, während Crescenzi die übrigen wohl nur der vollständigen Systematik wegen hinzugefügt hat, während er doch hier fast nur Praktisches zu sagen weiß. Widmung an Karl II. von Anjou, den Hinker, König von Sizilien. Zwölf lateinische Drucke, zuerst Augsburg 1471, 212 nicht paginierte Blatt; Französisch 1373, 15 Drucke bis 1540, italienisch 1478, 28 Drucke bis 1852, deutsch 1493, zwölf Drucke bis 1602, polnische Drucke 1549 und 1571, ferner englisch und spanisch. Die einzigen vollständigen modernen Ausgaben tschechisch, Prag 1966, und russisch, Moskau 1973.

Benutzte Ausgaben: *So unwahrscheinlich es klingen mag,* schreibt Prof. Dr. Will Richter (1910–1984), *eines der größten und interessantesten 'wissenschaftlichen' Werke des Abendlandes ist seit vier Jahrhunderten der öffentlichen Verfügbarkeit entzogen, und wenn es auch in zahlreichen Bibliotheken als Frühdruck oder Manuskript existiert, so doch in einem derart verwilderten Zustand des Textes, daß in Wahrheit niemand lesen kann, was der Verfasser wirklich (oder mutmaßlich) geschrieben hat* (1981, S. 225). Ich übersetze nach dem von Richter rekonstruierten Text, den ich der Güte seiner Tochter, Frau Dr. Reinhilt Richter-Bergmeier, Hannover, verdanke. Eine die letzten Verständnisschwierigkeiten beseitigende Übersetzung muß, sofern sie überhaupt möglich ist, einem Berufeneren als mir vorbehalten bleiben. Die von Richter vorbereitete, aber durch seinen Tod unterbliebene Edition kann nicht nachdrücklich genug gefordert werden.

Entwerfer – Aufgaben – Gestaltung – Elemente: *Das achte Buch über Lustgärten und vergnügliche Dinge, die aus Bäumen, Kräutern und den Früchten derselben mit Kunst zu ziehen sind. In den vorangegangenen Büchern wurde von Bäumen und Kräutern im Hinblick darauf gehandelt, daß sie sich dem menschlichen Körper* *als nützlich erweisen. Jetzt aber ist von denselben im Hinblick darauf zu sprechen, daß sie dem vernünftigen Geist (animae rationali) Freude (delectacionem) gewähren und folglich die Gesundheit des Körpers bewahren, da der Zustand des Körpers stets von der Verfassung des Geistes abhängt.*

(I.) Über kleine Lustgärten aus Kräutern
[Hier übernimmt Crescenzi den Text des Albertus bis auf kleine Änderungen und Auslassungen wörtlich.]

(II.) Über große und mittlere Gärten der mittleren Personen
Das für den Lustgarten bestimmte Landstück soll entsprechend den Möglichkeiten und dem Rang der mittleren Personen bemessen werden, z. B. zwei, drei, vier oder mehr jugera [1 jugerum = 0,25 ha] oder Ochsenjoch. Es soll umgeben werden mit Gräben und Schlehen- und Rosenhecken, und oben sei die Hecke aus Granatapfelbäumen an warmen, aus Nuß-, Pflaumen- und Quittenbäumen an kalten Orten gemacht. Weiter soll der Platz mit Hacke oder Egge umgegraben und überall eingeebnet werden. Dann sind mit einer Schnur diejenigen Stellen zu bezeichnen, wo Bäume gepflanzt werden sollen. Hier werden Abteilungen oder Reihen (acies) von Birnbäumen und Apfelbäumen, an warmen Orten auch von Palmen und Citrusbäumen gepflanzt, ferner von Maulbeer-, Kirsch-, Pflaumen-, Feigen-, Nuß-, Mandel-, Quitten-, Granatapfel- und ähnlichen edlen Bäumen, eine jegliche Art aber in ihrer Abteilung oder Reihe. Die Ordnungen oder Reihen sollen einen Abstand von wenigstens 20 oder 40 Fuß und mehr nach Gutdünken des Herrn haben. In der Reihe hingegen sollen die großen Bäume 20, die kleinen zehn Fuß Abstand haben. Zwischen die Bäume können in Reihen edle Reben verschiedener Art gepflanzt werden, die Vergnügen und Nutzen gewähren. Die Reihen werden mit der Hacke bearbeitet, damit die Bäume und Reben besser gedeihen, und die Zwischenräume halte man ganz als Wiesen. Die kleinen oder großen Kräuter müssen auch in diesen oft ausgejätet werden. Die Wiesen des Lustgartens werden zweimal im Jahr gemäht, damit sie immer schön bleiben. Die Bäume mögen gepflanzt werden, wie oben im fünften Buch in der Reihenfolge der einzelnen Arten gesagt wurde. Außerdem errichtet man dort Laubengänge (pergularia) in einem geeigneten Teil, in der Art eines Hauses oder Pavillons (papilio).

Pietro de' Crescenzi

(III.) Über Lustgärten von Königen und andern vornehmen und reichen Herrn

Weil solche Personen ja ihres Reichtums und ihrer Macht wegen in weltlichen Dingen ihrem Verlangen willfahren können und ihnen meist nichts als Fleiß bei der ordentlichen Pflanzung fehlt, mögen sie erfahren, auf welche Weise sie einen Lustgarten, der großes Vergnügen gewährt, anlegen können. Sie mögen also einen ebenen, nicht sumpfigen Platz aussuchen, der nicht gegen die Zufuhr der guten Winde verschlossen ist. Es muß eine Quelle dasein, die den Platz bewässert. Der Platz aber soll 20 jugera [5 ha] groß sein oder nach Gutdünken des Herrn größer. Er werde mit angemessen hohen Mauern umgeben, und auf seiner Nordseite werde ein Hain aus verschiedenen Bäumen gepflanzt, in welchem Waldtiere, die in den Lustgarten versetzt sind, herumlaufen und sich verbergen mögen können. Auf der Südseite aber werde ein schöner Palast errichtet, in dem König und Königin verweilen mögen, wenn sie schweren Gedanken entfliehen und ihre Seele mit Freuden und Erquickungen laben (renovare) wollen.

Von dieser Seite her soll nämlich der Palast dem Lustgarten Schatten geben, und die Fenster desselben gegen den kühlen Garten sollen einen von der Sonnenglut unbeeinträchtigten Ausblick bieten. An einer bestimmten Stelle des Lustgartens mache man den o. g. Tiergarten; in diesem mögen auch Fischteiche entstehen, in denen verschiedene Fischarten ernährt werden; und Hasen, Hirsche, Kaninchen, Rehe und ähnliche nicht fleischfressende Tiere mögen in ihn gesetzt werden. Und auf einigen nahe an den Palast gesetzten Büschen möge oben gleichsam eine Art Haus gemacht werden, dessen Dach und Wände aus einem dicht verflochtenen Zweiggewebe bestehen, in welches Rebhühner, Fasane, Nachtigallen, Drosseln, Distelfinken, Hänflinge und Singvögel aller Art gesetzt werden mögen. Die Baumreihen des Lustgartens vom Palast zum Hain sollen weite Abstände haben, damit vom Palast leichter zu sehen ist, was immer die in dem Lustgarten untergebrachten Tiere tun.

Es soll auch in diesem Lustgarten ein Palast mit Gängen und Kammern ganz aus Bäumen errichtet werden, in dem König oder Königin mit den Rittern und Damen sein können, wenn es nicht regnet. Solch einen Palast aber kann man auf folgende Weise bequem errichten. Alle Flächen für die Gänge und Kammern werden abgemessen und bezeichnet, und anstelle der Wände werden, wenn es gefällt, Fruchtbäume gepflanzt, die leicht wachsen, wie Kirsch- und Äpfelbäume. Oder, was besser ist, es werden dort Weiden, Silberpappeln oder Ulmen gepflanzt. Und durch Propfen sowie mit Hilfe von Pfählen, Latten und Bändern wird ihr Wachstum viele Jahre hindurch so geleitet, daß sich Wände und Dach aus ihnen bilden. Schneller aber und leichter würde es gehen, wenn man den Palast oder das genannte Haus aus Holz errichtet, ringsherum überall Weinreben pflanzt und das ganze Gebäude damit bedeckt. Auch können in diesem Lustgarten große Lauben (tentoria) aus trockenem Holz oder aus grünen Bäumen gemacht und mit Reben bedeckt werden. Außerdem trägt es viel zum Vergnügen bei, wenn im Lustgarten wunderbare Pfropfungen geschehen, auch mehrere an ein und demselben Baum [...]. Ferner sei betont, daß alle Baum- und Krautarten in einem solchen Lustgarten gesetzt sein müssen, eine jegliche von der andern getrennt, damit es an keiner einzigen fehle.

In einem solchen Lustgarten nun soll der König sich nicht ständig belustigen, sondern er soll dann, wenn er sich mit ernsten und notwendigen Dingen beschäftigt hat, in ihm Erholung finden (renovetur), und zwar dadurch, daß er den höchsten Gott verherrlicht, der aller Güter und erlaubten Freuden Urheber und Grund ist.

(IV.) Was zum Vergnügen bei der Einfriedung der Höfe und Gärten
geschehen kann

Um Gräber und Höfe oder um Gärten können zweckmäßig Einfriedungen aus grünen Bäumen, ähnlich den Einfriedungen durch eine Mauer oder einen Plankenzaun, auch mit Türmen oder Bergfrieden bestückt, auf folgende Weise gemacht werden. Am oberen Rand der Gräben, die den Platz umgeben und die vollkommen von allem Gestrüpp und von alten Bäumen befreit sein müssen, pflanze man tief Weiden oder Pappeln, wenn der Boden danach verlangt, oder Ulmen, wenn sie die betreffende Erde lieben. Man setze sie dicht, mit einem Fuß Abstand oder weniger, und in gerader Linie. Wenn sie dann gut gewachsen sind, schneide man sie dicht über dem Boden ab, verflechte die jungen Triebe der Stämme vier Finger breit ineinander (inspissentur), führe sie mit Stangen, Pfählen und Bändern so lange aufwärts, bis sie acht oder zehn Fuß erreicht haben. In dieser Höhe werden sie, wenn sie eine bestimmte Stärke erreicht haben, geschnitten. Etwa fünf Fuß hinter (infra) dieser Einfriedung aber setze man zur selben Zeit wie die anderen ebensolche Pflanzen *im Abstand von zehn Fuß. Diese schneide man, wenn sie die oben genannte Höhe erreicht haben, ab und biege sie mit Hilfe von Stangen gegen die zunächst und gegen die außen stehenden Pflanzen nieder und die außen stehenden wieder gegen sie; und das soll so jedes Jahr geschehen, bis gleichsam eine Art starkes Geflecht (cratis) entstanden ist, auf (super) dem Menschen sicher verweilen können. Dann lasse man den äußeren Teil in der Stärke einer Grenzmauer wachsen. Er könnte in einer nach Belieben bestimmten Höhe alljährlich in Form von Mauerzinnen geschnitten und auf diese Art gehalten werden (teneri). Im Verlauf einer solchen Einfriedung hat man an den Ecken und anderswo, wenn es gefiel, je vier Bäume pflanzen können, sie erst gerade wachsen lassen, dann in zehn Fuß Höhe alle abschneiden, mit Hilfe von Stangen gegeneinanderbiegen und gleichsam Dächer (solaria) aus ihnen machen, sie abermals in die Höhe richten und auf dieselbe Weise formen. Über (super) dem Tor aber wird ein Haus am besten stehen und vor diesem das Dach der oben genannten Bäume. Auch in Höfen oder Gärten kann ein Haus mit Säulen aus Bäumen gemacht werden, am besten, wenn man dieselben in schon ausgewachsenem Zustand verpflanzt, darüber Balken anbringt und sie mit einem Dach (tecto) aus Schilf oder Stroh bedeckt; indessen soll aber ein Zweig aus jeder einzelnen Säule über das Dach hervorragen; das wird diese Säule stets vor Trockenheit bewahren und schützt dieses Haus wunderbar vor der sommerlichen Glut.*

Das Kapitel über die Annehmlichkeiten der Äcker beginnt mit dem Satz: *Bei den Äckern erfreut am meisten eine schöne Lage (pulcer situs) derselben, ferner wenn es nicht lauter unförmige Akkerstückchen sind.* Crescenzi empfiehlt, den Acker durch Kauf und Tausch zu begradigen *(rectificare).* Der Kontext des achten Buches macht deutlich, daß hier nicht nur Freude über die Wirtschaftlichkeit, sondern durchaus auch ein ästhetisches Vergnügen gemeint sein muß.

Würdigung: Während Crescenzis kleine und mittlere Gärten an das erinnnern, was wir sonst als mittelalterliche Gärten kennen, weist sein großer Garten weit in die Zukunft. Größe, Architektur aus Bäumen und Sichtachsen sind bis ins 18. Jh. wesentliche Gartenzüge, die, wie Crescenzi beweist, nicht erst in der Renaissance erfunden wurden.

Sekundärliteratur: ERNST HEINRICH FRIEDRICH MEYER: *Geschichte der Botanik*, Bd. IV. Königsberg 1857, Nachdruck Amsterdam 1965, S. 138–159. – GERTRUD SCHROEDER-LEMBKE: *Petrus de Crescentiis und sein Einfluß auf die frühe deutsche Sachliteratur.* In: Zeitschrift für Agrargeschichte und Agrarsoziologie 19. Frankfurt a. M. 1971, S. 160–169 und in deren *Studien zur Agrargeschichte*, Stuttgart/New York 1978. – *Dizionario Biografico degli Italiani*, Rom 1984. – WILL RICHTER: *Die Überlieferung der Ruralia commoda des Petrus de Crescentiis im 14. Jahrhundert*. In: Mittellateinisches Jahrbuch 16. Stuttgart 1981, S. 223–275.

LEON BATTISTA ALBERTI (1404–1472)

Biographie: Allseitig gebildeter Humanist, u. a. Diplomat und Architekt in Florenz und Rom.

Veröffentlichungen mit gartentheoretischem Gehalt: *De Re Aedificatoria*. Geschrieben zwischen 1443 und 52, Erstdruck Florenz 1485, zahlreiche Ausgaben; Faksimile m. 3 Bdn. Index München 1975–79; hist.-krit. Ausg. Mailand 1966 in 2 Bdn.; italienisch 1546, florentinisch 1550, französisch 1553, spanisch 1582, englisch 1726, portugiesisch 1741, deutsch von Max Theuer, Wien/Leipzig 1912, Nachdruck Darmstadt 1975; russisch 1935–37. Zehn Bücher; im neunten Buch über Privatbauten geht Alberti am Rande auch auf Gärten ein.

Weitere Veröffentlichungen: Über Malerei, Skulptur, Recht; schrieb auch Komödien.

Benutzte Ausgaben: Wien/Leipzig 1912.

Aufgaben: *Wir sollen eine reine Luft atmen, sagen die Ärzte, welche so frei und rein als möglich ist. [...] Daher behaupte ich, daß von allem, was zu angemessenem Zwecke gebaut wird, das erste und gesündeste ein Garten sei, welcher weder von den Geschäften in der Stadt abhält, noch ungeschützt vor der verdorbenen Luft ist. [...] Schön heißt es auch bei Martial: „Fragt man mich, was ich im Land tu, antworte ich: Nur wenig. Frühstücken, trinken und sin-*

gen; spielen, baden und essen. Ruhen, lesen sodann. Apoll weck ich und necke die Musen."

Ein solches Gebäude wird einen Genuß bereiten, welches, sobald Du aus der Stadt herausgetreten bist, Deinem Auge einen vollständig heiteren Blick darbietet, und wenn es jene, die zu ihm hinauskommen, erfreut und sie zu empfangen bereit ist. [. . .] Ich will nicht, daß sich irgendwo etwas zeigt, was durch seinen allzu trüben Schatten beleidigen könnte. Alles lache der Ankunft des Gastes entgegen und juble ihm zu (S. 478f.).

Albertis Gärten sind ausschließlich privat. Wenn er nach sozialem Rang in Fürsten-, Herren- und Hörigenhäuser klassifiziert, wird man das auf die Gärten übertragen dürfen. Das Vorbild hierfür ist Vitruv (6. Buch, 2. Kap.).

Alberti unterscheidet Gärten an Stadthäusern, Landhäusern und in der Nähe der Stadt, welch letztere er vorzieht: *Cicero ließ sich durch Attikus Gärten an einem belebten Orte anlegen. Doch hätte ich sie selbst lieber nicht gar so belebt, daß man niemals ohne Toga vors Tor treten könnte. [. . .] Sicherlich ist die Nähe der Stadt von Vorteil und ein leicht erreichbarer Schlupfwinkel, wo man nach Belieben tun kann, was man will. Belebtheit gibt die Nähe der Stadt, das Ansehen der Straße und die Anmut der Gegend* (S. 478f.).

Gestaltung: *Mitten in einem Gebiete am Fuße eines Berges in wasserreicher, sonniger und gesunder Gegend und im gesunden Teil dieser Gegend soll man bauen. [. . .] Das Landhaus soll dort stehen, wo die Strahlen der Morgensonne den Augen der Ausgehenden nicht schädlich sind und die Abendsonne die Heimkehrenden nicht belästigt. [. . .] Windreiche Orte, sagen die Alten, pflegen des Moders zu entbehren. Taureiche aber und Täler und solche, welche von Winden nicht durchstrichen werden, derartige werden häufig von Schäden heimgesucht. Aus dem gleichen Grunde meidet Alberti besonders dichte Wälder* (S. 263f.).

Ich wünschte es [das Haus vor der Stadt] ein bißchen höher gelegen, und ich wollte, daß die Straße an dieser Stelle in sanfter Steigung sich etwas erhebe, um den Wanderer zu täuschen, so daß er durch nichts anderes merkt, daß er bergangestiegen sei, als durch den Rundblick auf das Gelände infolge der Höhe des Ortes. Blühende Wiesenflächen ringsum, ein durchaus sonniges Feld, der kühle Waldesschatten und klare Quellen und Bächlein, ein erfrischendes

Bad, und nichts von dem, dessen ein Landhaus nicht ermangeln darf, wird fehlen zum Vergnügen und gleicherweise zum Nutzen. Im übrigen möchte ich, daß das ganze Äußere des Gebäudes und dessen Wirkung, was immer wieder bei jeder baulichen Anlage Wohlgefallen erregt, bis ins Kleinste, von allen Seiten und überall so klar und deutlich als möglich sichtbar sei; und daß es, unterm weiten Himmel liegend, dem Lichte der Sonne und der gesunden Luft ungehinderten Zutritt lasse (S. 478f.).

Elemente: Alberti beschreibt die Elemente des Gartens, vom Haus ausgehend. So spricht er zuerst von Wandmalereien, die, wenn sie das Landleben darstellen, am besten für Gärten paßten, dann von Grotten: *Grotten und Höhlen pflegten die Alten absichtlich mit einer rauhen Kruste zu überziehen, welcher kleine Klumpen aus Bimsstein oder aus dem Schaume des tiburtinischen Steines beigemengt waren, den Ovid den lebendigen Bimsstein nennt. Ich habe auch gesehen, daß man grünes Wachs verwendete, um den moosigen Flaum der Grotte nachzubilden. Besonders gefiel mir das, was ich in einer Höhle sah; dort hatte man an der Stelle, wo das Quellwasser hervorbrach, aus allerlei Muscheln und Schnecken des Meeres, die teils verkehrt, teils nach oben lagen, in den verschiedensten Farben auf wirklich gefällige Weise eine Schale gebildet. [...] Hierzu gehören auch die wonnigen Gärten und Pflanzungen und die Gartenhalle, in der man die Sonne und auf gleicher Weise den Schatten aufsuchen kann. Auch eine lachende Ebene wird da sein. Wässerchen werden unverhofft an zahlreichen Stellen hervorbrechen. Die Anpflanzungen werden Gänge bilden, die das ganze Jahr im Schmucke des grünen Laubes prangen. An geschützter Stelle wirst Du den Buchs verwahren, denn unter freiem Himmel und Wind, besonders aber, wenn er vom Meere angespritzt wird, verdirbt er und geht ein. An sonnigem Orte aber pflanzt man die Myrte, weil man sagt, daß sie sich im südlichen Klima wohlbefinde. Theophrast jedoch versichert, daß sich die Myrte, der Lorbeer und Efeu am Schatten erfreuen. [...] Auch efeuumrankte Zypressen werden nicht fehlen. Außerdem werden Kreise und Halbkreise und jene Figuren, welche man bei den Grundflächen der Gebäude gutheißt, aus Lorbeer-, Zitronen- oder Wacholderbäumen mit abgebogenen und sich gegenseitig verschlingenden Zweigen geschlossen werden. Der Agrigentiner Phiteon hatte in seinem Privathause dreihundert Stein-*

gefäße, deren jedes hundert Amphoren faßte. Derartige Gefäße bilden in den Gärten einen Schmuck vor den Quellen. Die Weinrebe zogen die Alten auf Marmorsäulen, um hiemit die Gänge des Gartens zu bedecken. Ihre Dicke betrug nach Korinthischer Weise ein Zehntel der Länge. Die Baumreihen werden in einer Linie, in gleichen Zwischenräumen, und einander entsprechenden Winkeln gesetzt, wie man sagt: nach dem Fünfauge (quincunx). Seltene Pflanzen und jene, welche bei den Ärzten in Gunst stehen, lassen den Garten ergrünen. Gefällig nimmt sich aus, was bei den Alten die Gärtner zu machen pflegten, ihren Herren zu gefallen, indem sie deren Namen in Buchs oder wohlriechenden Kräutern auf die Wiesenfläche schrieben. Die Rose bildet den Zaun verflochten mit Haselstrauch und Granatapfelbaum.

"*Kornel- und Dornstrauch und Pflaume trag' er und zweierlei Eiche.*

Reichliche Frucht nützt dem Vieh, dem Herren reichlicher Schatten"
sagt der Dichter.

Doch dies paßt vielleicht besser zu einem Landgut mit Obstzucht als zu einem Garten. Ja, auch den Ausspruch des Demokrit, daß derjenige nicht klug handle, der sich einen Zaun nicht aus Stein oder einer steinernen Mauer mache, will ich hier nicht mißbilligen, denn man muß sich vor der Schamlosigkeit frecher Leute vorsehen. Lächerliche Statuen im Garten verwerfe ich nicht, nur dürfen sie nicht anstößig sein (S. 486–488).

Würdigung: Albertis Ansichten sind von den Zeugnissen über antike Villen geprägt. Daß er eine neue Gartentheorie begründet hätte, wird man schwerlich behaupten können. Allerdings liest er einige antike Elemente zusammen, die das Mittelalter noch unbeachtet gelassen hat: Grotten, Marmorpergolen, Quincunx und Buchsornamente.

Sekundärliteratur: Zuletzt Giovanni Ponte: *Leon Battista Alberti. Umanista e scrittore.* Genua 1981.

Francesco Colonna

Biographie: Ob es sich bei Colonna, wie ein Zeitgenosse vermerkte, um den Mönch oder um den Fürsten gleichen Namens handelt, oder ob gar ein Autorenkollektiv unter Mitwirkung Leon Battista Albertis das Werk verfaßt hat, ist umstritten und muß hier nicht diskutiert werden.

Veröffentlichungen mit gartentheoretischem Gehalt: *Hypnerotomachia Poliphili*. Venedig 1499, 450 S., mit feinen Holzschnitten, in venezianischer Sprache, Nachdrucke London 1904, 1960, 1963, Farnborough 1969, kritische Ausgaben Padua 1964 und 1980; italienisch Venedig 1545; französisch Paris 1546, Neuausgaben 1554, 1561, 1926, 1963 und 1969, zweite französische Übersetzung Paris 1804, Neuausgabe Parma 1811, dritte Paris 1883, Neuausgabe Genf 1971; englisch unvollständig London 1592, Nachdrucke London 1890 und 1969, Delmar 1973, Amsterdam und New York 1976.

Das Buch hat die Form eines Liebesromans, darin älteren Vorbildern Guillaumes de Lorris, Dantes und Boccaccios verwandt. Daß es in Venezianisch, nicht in Latein, erschien, zeigt, daß ein größerer Leserkreis angesprochen ist. Sein Hauptanliegen ist es, Künstlern die wiederzuerweckende antike Kultur lebendig vor Augen zu führen. So besteht der größte Teil in Schilderungen von Bauwerken, Gärten, Kunstgewerbe und Mode, gelehrten Inschriften und Literaturverweisen. Die meisten späteren Leser ermüdeten angesichts dieser Fülle.

Die Handlung ist kurz folgende: Poliphil, in Liebe zu Polia entbrannt, erzählt seinen Traum: Eine einsame Ebene führt ihn in einen furchterregenden Wald. Um Erlösung betend, entdeckt er eine Ruinenstadt, die Praeneste entspricht. Durch ein von einem Unterweltdrachen bewachtes Tor gelangt er in ein liebliches Gefilde, das von den Personifikationen der fünf Sinne (Nymphen) und der Willensfreiheit (Königin) bevölkert wird. Nachdem diese Poliphil ihr Land gezeigt haben, muß er zwischen drei Toren, *Gloria Dei*, *Mater Amoris* und *Gloria Mundi*, wählen. Er wählt das mittlere und kommt in die Elysischen Felder, wo er Polia wiederfindet. Unter ihrer Führung erlebt er Triumphzüge, ein Fruchtbarkeitsfest im Garten und eine Zeremonie in einem Venustempel am Meer, die die

Vereinigung der Liebenden vorbereiten. Nach der Tempelszene besucht Poliphil eine verfallene unterirdische Gräberstadt, bevor Amor beide über das Meer zur Insel Kythera schifft. In einem Amphitheater inmitten der Insel findet symbolisch die Vereinigung statt, indem Poliphil einen Vorhang namens *Hymen* zerreißt, welcher den Brunnen verhängt, in dem Venus badet. Anschließend läßt man sich in einem mittelalterlichen Garten am Grab des Adonis nieder, wo das Paar den Nymphen die Vorgeschichte seiner Liebe erzählt. Diese füllt das zweite, wesentlich schmalere und unbedeutendere Buch.

In der *Hypnerotomachia* wird offenbar die begehrte Frau mit der Antike gleichgesetzt. Polia selbst, umfassend gebildet, wie die Frau im Humanismus war, führt Poliphil, dessen einzige Bestimmung, wie sein Name sagt, sie ist, an die Zeugnisse der Antike heran und erklärt sie ihm.

Benutzte Ausgaben: Padua 1980.

Gestaltung – Elemente: Die unkultivierte Landschaft am Anfang des Traumes steht möglicherweise für das von den Segnungen des Humanismus noch nicht berührte Mittelalter. Es ist zunächst eine weite, sonnige Ebene, der reichlich duftende Blumen entsprießen. Poliphil stört es aber, daß sie vollkommen still ist und keinerlei Spur von Mensch und Tier zeigt. Im anschließenden wegelosen, dunklen und feuchten Wald befällt Poliphil Furcht (S. 5). Schrittweise wird nun die Landschaft zivilisierter. Im Reich der Willensfreiheit *(Eleutherilida)* sieht Poliphil als erstes eine Ebene zwischen waldbestandenen Bergen mit lockeren Gehölzen, die Stämme von Geißblatt umwunden, schattenliebenden Waldkräutern und blumigen Wiesen (S. 60). Poliphil findet den Ort lieblich *(locus amoenus)* und wie geschaffen für bukolische Hirtenszenen, nur leider wüst und unkultiviert *(deserta et inculta,* S. 62). Auf der Suche nach einem Obdach stößt er in einem Kastanienhain auf eine marmorne Bogenbrücke mit Hieroglyphen sowie auf einen achteckigen Marmorbrunnen, der von regelmäßigen Anpflanzungen von Rosen, Feigen, Bananen, Artischocken und *Colocasia* umgeben ist, ja er findet auch die ersten beschnittenen Bäume, kegelförmige Citrus (S. 66). Der Badetempel *(aedificio di therme)* ist achteckig, und auf der Kuppel sind aus vergoldeter Bronze ein Flügel und ein *tuba* blasender nackter Knabe als Windfahne nach dem Vorbild des Andronikus-Kyrrhestes-Turms in Athen angebracht (S. 72f.).

Zum Palast der Willensfreiheit führt eine 4 Stadien (740 m) lange Allee völlig regelmäßiger Zypressen. Vor der 60 Klafter (90 m) breiten Fassade öffnet sich ein quadratischer Hof, deren drei andere Seiten von Citrushecken – mit sechs Fuß ebenso hoch wie die Zypressen – gebildet werden. Aus der Hecke sind Fenster und ein Tor herausgeschnitten. Wie alle noch vorkommenden ähnlichen Hekken steht sie in Blüte und ist unvergleichlich dicht und sauber beschnitten (S. 80). In der Mitte des Hofes steht ein ausführlich beschriebener Brunnen, dem einer der schönsten Holzschnitte des Buches gewidmet ist.

Vernunft und Wille, Kinder der Eleutherilida, zeigen Poliphil vier runde Gärten an dem Palast. Das Gebäude verlassend, entdeckt er über der Tür noch die Inschrift: Der Reichtum der Natur (ὁ τῆς φύσεως ὄλβος). Der erste Garten ist aus Glas *(viridario vitrino)* und ebenso groß wie der Palast. Ringsum stehen in gläsernen Kübeln Gehölze mit goldenen Stämmen und gläsernen Blättern. Sie stellen abwechselnd einen Klafter hohe, beschnittene Buchsbäume und doppelt so hohe Zypressen dar. Eine Arkade aus Glas und Gold bildet die Einfriedung; vorgestellt sind gebauchte Säulen, von gläsernen Schlingern *(volubilis)* umwunden, die ebenso wie die die Kübel säumenden Blumen einzigartig duften. Der Boden ist eine kunstvolle Einlegearbeit aus Glas (S. 116).

Die Vernunft zeigt von einer Warte herab den zweiten Garten *(horto)*, ein kompliziertes Labyrinth, dessen Wege Kanäle sind und das die sieben Stationen des Lebens symbolisiert. In der Mitte lauert der Tod (S. 116–119).

Ein weiterer Garten *(giardino)* ähnelt dem gläsernen, nur ist statt Glas Seide verwendet. Sie bildet Blätter, Wände und den grünen Boden des Rasens. An der mit Perlen bestickten und mit Pilastern geordneten Einfriedung klimmt Efeu mit goldenem Stamm empor. In der Mitte steht eine gewölbte Rotunde aus goldenen Stangen, berankt mit Rosen, deren Fußboden aus einer spiegelnden Jaspisplatte besteht. Der Wille läßt sich auf einer der roten Jaspisbänke im Innern nieder und singt zur Lyra (S. 119).

Die Vernunft führt in den vierten Garten *(viridario)*, der von einer gemauerten und ganz von Efeu bedeckten Arkadenreihe vom Typ Aerostylos eingefriedet wird. In den Bögen, hundert an der

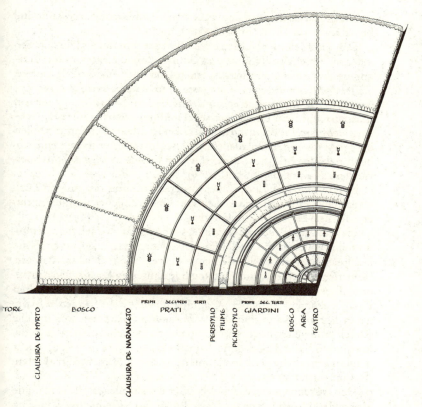

Abb. 3 Rekonstruktion Kytheras (Segment) nach dem Grundriß in der *Hypnerotomachia* (1980, S. 305). Für dieses Buch gezeichnet von Johannes Schwarzkopf.

Zahl, stehen auf roten Porphyraltären goldene Nymphenstatuen und schauen auf eine Plastik in der Mitte: Übereinander sind ein weißer Würfel aus Chalzedon, ein roter Zylinder aus Jaspis und ein schwarzes Prisma geschichtet. Darüber tragen drei Sphingen eine dreikantige Pyramide aus Gold mit der Inschrift: Das Seiende (ὁ ὤν). Hierdurch, erklärt die Vernunft, werde die *harmonia coeleste* ausgedrückt: Das Seiende ist aus drei Grundelementen zusammengesetzt, die als Farben und geometrische Körper dargestellt sind (S. 120f.).

Die Beschreibung Kytheras schließlich nimmt im Original 50 Seiten ein, ohne den Triumphzug Amors und die Deflorationszeremonie. Colonna gibt zunächst einen Überblick: *Es war ein Lustort, bestehend aus reichem Gemüsegarten (horto olitorio), Kräutergarten (herbario), fruchtbarem Obstgarten (pomario), lieblichem Lustgarten (viridario), anmutigem Baumgarten (arborario) und angenehmem Buschgarten (arbustario). Dieser Ort war nicht bergig, wegelos und wüst; alles Gestrüpp war verbannt; es war eine einzige, geglättete Ebene, die sich bis zum Fuß der Stufen um das wunderbare Theater erstreckte* (S. 286). Es gab weder Hitze noch Kälte, keinen Wind, es herrschte beständiger Frühling mit milden Lüftchen. Die Pflanzen waren keinem jahreszeitlichen Zyklus unterworfen, sie blühten ständig und welkten nie.

Ich muß die Beschreibung hier sehr kürzen, wobei viele der genauen Maß-, Form- und Materialangaben wegfallen, ebenso die zahlreichen Vergleiche. Colonna betont nämlich stets, daß die Kunstwerke seiner Erfindung die berühmtesten klassischen Vorbilder, die er dann anführt, überträfen. Auch muß ich auf die meisten Pflanzennamen verzichten. Colonna führt soviel Pflanzen auf, wie er in Plinius' Naturgeschichte und anderswo finden konnte. Die Bezeichnungen sind oft nicht mehr zu entschlüsseln. Auch die architektonischen und gartenkünstlerischen Ausdrücke gebrauchte Colonna noch frei und undefiniert, sofern ihm nicht Vitruv klare Definitionen lieferte.

Der Durchmesser der Insel beträgt eine Meile (fast 1,5 km). Die drei Hauptzonen messen jeweils eine Drittelmeile: Waldring *(bosco)*, Wiesenring *(prato)* und das Inselherz, ein Parterre nach späterer Terminologie, bei Colonna aber nicht ausdrücklich bezeichnet. Die Zonen sind durch verschiedenartige Einfriedungen allseits abgegrenzt und in sich weiter unterteilt. Zwanzig radiale Wege teilen die Insel in Sektoren und durchstoßen die Einfriedungen mit Ausnahme der letzten wie Enfiladen.

Zum Meer hin ist die Insel durch eine beschnittene, anderthalb Klafter (2,25 m) hohe Myrtenhecke abgeschlossen, aus der alle drei Klafter eine Zypresse ragt, deren Krone aber erst zwei Fuß höher beginnt. An bestimmten Stellen sind Eingänge ausgespart.

In den zwanzig Sektoren des ersten Ringes sind auf blumigen

Wiesen zwanzig verschiedene Wäldchen *(nemoruli)* angelegt, die Baumarten nach den ihnen gemäßen Himmelsgegenden verteilt (S. 287). Die Wäldchen tragen z. T. die späteren pflanzensoziologischen Bezeichnungen wie *querceto, pineto, buxeto*. Zwischen ihnen befinden sich Gitter, deren Pfeiler aus weißem, die Zwischenräume aus rotem Marmor bestehen. Das Muster der Gitteröffnungen wechselt. In der Mitte ist jeweils ein bogenförmiges Tor. Verschiedene Schlingpflanzen, nach Arten getrennt, gedeihen an den Gittern (S. 288). Außerdem leben in diesen Wäldchen einträchtig die verschiedensten Tiere, die, merkwürdig genug, aufgezählt werden: Satyrn, Faune, Hirsche, Ziegen, Damwild, Rehe, Hasen, Kaninchen, Hermeline, Wiesel, Eichhörnchen, Siebenschläfer, Einhörner, Steinböcke, Löwen, Giraffen, Gazellen u. a. (S. 292).

Zwischen dem ersten und zweiten Ring befindet sich eine geschnittene Hecke aus Citrusbäumen, acht Klafter (12 m) hoch und einen Fuß stark (S. 291).

Die Sektoren des zweiten Ringes sind von Pergolen eingefaßt, die die Wege beschatten. An den Kreuzungen erheben sich Pavillons *(tuberculati)* auf je vier jonischen Säulen mit rotem Epistyl. Die halbkugeligen Kuppeln sind mit gelben Rosen berankt, die Längswege mit weißen, die Querwege mit roten verschiedener Sorten. In der Mitte zwischen zwei Pavillons sind Tore in den Pergolen, die sich genau gegenüber liegen. Dieser Gartenring ist in drei Ringe unterteilt, so daß sich $3 \times 20 = 60$ rasenbesäte Felder ergeben. In der Mitte eines jeden Feldes des ersten Ringes sieht Poliphil eine herrliche Fontäne in einem Pavillon *(virentio)*. Sie verspritzt duftendes Wasser, teils aus den Mäulern dreier Hydren, teils aus acht Öffnungen einer von ihnen gehaltenen Vase. Diese acht Strahlen benetzen die umliegenden Wiesen. Das untere Geschoß ist aus rotem Jaspis, das obere aber, von den Vasen an, aus Buchsbaum. In den vier Ecken jedes Feldes des ersten Ringes steht ein vierstufiger Jaspisaltar mit quadratischem Grundriß. Die Stufenhöhe beträgt unten zwei Fuß und nimmt nach oben ab. Die Trittflächen sind ausgehöhlt, darin wachsen Küchenkräuter, deren Höhe immer unterhalb der nächsten Stufe bleibt. Oben steht jeweils ein Apfelbaum bestimmter Sorte, dessen Krone in Form eines Kranzes geschnitten ist (S. 293–296).

Inmitten der Felder des zweiten Ringes dieser Zone steht je ein etwa 10 m hohes Buchsgebilde *in artificioso topiario:* Aus einem Chalzedonsockel wachsen zwei Vasen hervor und daraus die Beine

Abb. 4 *Topiarii* in den *Prati*. Aus: *Hypnerotomachia* 1980, S. 295–301.

eines Riesen, der zwei Türme trägt. Die Türme sind oben durch eine Archivolte gebunden, die wiederum eine Schale trägt, aus der eine Lilie aufsteigt usw. Die Altäre in den Ecken sind aus schwarzem Bernstein oder Amber, der so gut poliert ist, daß er Strohhalme anzieht, und haben einen runden Grundriß. Auch die Kräuter sind andere, und oben wachsen kugelig geschnittene Birnbäume (S. 296–298).

Im dritten Ring stehen abermals andere Buchsgebilde, in ausgehöhlten Sockeln aus Lapislazuli. Auf eine sechssäulige Kolonnade folgen sechs geflügelte, wasserspeiende Schlangen; der obere Teil besteht aus drei über einem dreieckigen Grundriß aufsteigenden Buchsstämmen. Die Stufenaltäre sind ebenfalls dreieckig und bestehen aus gelbem Amber *(chrysolectro)*. Die Fruchtbäume verschiedener Gattungen sind halbkugelig geschnitten. Die Wege unter den Pergolen sind kunstvoll gepflastert (S. 299–301).

Diese Zone wird durch ein jonisches Peristyl vom Typ Eustylos nach Vitruv abgeschlossen. Es besteht aus verschiedenen in Plinius' Naturgeschichte erwähnten kostbaren Materialien, darunter Amalgam *(electro)*. In den Vasen zwischen den Säulen wachsen beschnittene Blütensträucher, oben auf dem Gesims abwechselnd beschnittene Buchsbäume und Wacholder (S. 301–303).

Nun folgen zwei Ringe von Kräuterwiesen *(herbescente prato)* mit einem Kanalring dazwischen. Zwischen den Kräutern des äußeren Ringes tummeln sich flinke Vögel, nämlich Nachtigallen, Amseln, Haubenlerchen, Sperlinge, Papageien, Tauben, Phönixe, Grünspechte, Wachteln, Elstern, Buntspechte, Schwalben, Störche, Pirole, Wiedehopfe, Kraniche, Krickenten, Rebhühner, Wasserhühner, Adler, Schnepfen, Rotschwänze u. a. Der Kanal ist mit Marmor eingefaßt, das Wasser duftet nach Moschus, der Boden ist mit goldenem Sand und bunten Kieseln bedeckt. Am Ufer blühen Blumen, leben Eisvögel und Schwäne. Eine Pergola aus Citrusbäumen wölbt sich über das Wasser, gleichzeitig Schlupfwinkel für Nachtigallen. Im Wasser leben einträchtig wunderbare Fische, Biber und Fischotter. Hier beginnt auch das menschliche Treiben. Verführerische Jungfrauen und fröhliche Jünglinge liefern sich in goldenen Booten Seegefechte und reiten auf Fischen. Auf der inneren Kräuterwiese, die durch steinerne Brücken mit der äußeren verbunden ist, singen sie, musizieren, plaudern, umarmen und schmücken sich, dichten usw. (S. 303–308).

Abb. 5 *Peristylio*. Aus: *Hypnerotomachia* 1980, S. 302.

Die Ringe der inneren Zone sind durch ansteigende Treppenringe unterteilt. Jede Treppe besteht entgegen der Regel vom bequemen Schrittmaß aus sieben Stufen von gleicher Höhe und Breite (1 Fuß). Die Stufen der ersten Treppe sind abwechselnd aus rotem und schwarzem Stein. Der anschließende Garten beginnt mit einer doppelten Kolonnade vom Typ Pyknostylos aus Marmor, Jaspis und Chalzedon. Darauf sitzen unzählige weiße und rote und gewöhnliche Pfauen (!). Hinter der Kolonnade kommt ein sechs Fuß breiter Marmorweg, dann eine siebenstufige Treppe und oberhalb derselben eine Buchseinfriedung. Sie besteht aus neun Fuß hohen, fünf Fuß breiten Türmen mit Toröffnungen für die radialen Wege und dazwischen sechs Fuß hohen figürlichen Szenen – Triumphzügen, See- und Landschlachten, Jagden und Liebesgeschichten. Dahinter ist wieder ein Weg wie unterhalb der Treppe. Er ist bunt in geometrischen Mustern gepflastert wie auch die Radialwege. In den Feldern zwischen den Wegen wachsen in Pflasterrauten und -kreisen Fichten, Zypressen, Sadebäume und Blumen (S. 310f.).

Sieben Stufen leiten zum zweiten Gartenring über. Die Einfriedung besteht aus verschiedenen Gehölzen. So sind die Türme, hier rund, aus Citrusbäumen, überwölbt von einem Zypressenbogen, dazwischen steht jeweils eine Fichte, flankiert von Buchsbäumen in Mondsichelschnitt und Wacholdern in Kegelform mit einer Kugel darüber. Die Felder werden abwechselnd von zweierlei Knotenbeeten (*innodatura*) eingenommen. Aus der Rose inmitten des ersten Beetes erhebt sich ein runder Altar aus gelbem Marmor mit einer

Francesco Colonna 43

Abb. 6 *Aare* und *quadranguli* in den *Giardini*. Aus: *Hypnerotomachia* 1980, S. 313–318.

beschnittenen Tanne. Die Figuren am Beetrand stellen Akanthusblätter dar. Alle Figuren dieses Beetes sind aus Blumen gebildet. Das andere Knotenbeet wird von weißen Marmorbändern, 4,5 Zoll breit, durchzogen, zwischen denen die Blumen wachsen. In der Mitte steht jeweils ein Porphyraltar, darauf eine Amphora aus Sardonyx, der ein Buchsbaum in Form von vier Pfauen, die aus einer Schale nippen, entspringt (S. 312–316).

Der dritte Gartenring beginnt wieder mit sieben Stufen und einer Hecke aus Myrten, die Türme und Zypressen wie bei der vorigen, das übrige aber in Form von Segelschiffen geschnitten. Auch hier wechseln zwei Beetformen miteinander ab. Die eine zeigt einen Adler mit der Umschrift *Ales magna dicata optim[o] Iovi* (Der große dem höchsten Gott geweihte Vogel), die andere einen Adler und einen Fasan, gegeneinander auf einer Vase stehend, mit der Umschrift *Supernae alitis benignitas* (Des höchsten Vogels Gnade), will sagen, der Stärkere läßt den Schwächeren an seiner Nahrung teilhaben. Diese Figuren sind ganz aus niedrig bleibenden Kräutern gebildet. Zur Bewässerung sind schmale Röhrchen eingebaut (S. 316–318).

Am oberen Rand der nächsten Treppe steht ein Gitter aus rotem Jaspis, das nur noch einen Durchlaß hat in der Triumphstraße, durch die Amor die Liebenden zum Mittelpunkt führt. Alle Treppen sind übrigens in dieser Straße aus Rampen ausgebildet. Diese letzten Gärten bestehen aus duftenden Sträuchern *(nemore)*. Der Boden ist von Haselwurz (Asarum) bedeckt, es gibt seltene fremde Vögel, die ausschließlich mit Liebesdingen beschäftigt sind, kleine Kanäle und singende, musizierende Nymphen und Jünglinge. Noch einmal folgen sieben Stufen, dann kommt eine Kolonnade gleich der am Anfang der innersten Gartenzone (S. 318f.).

Aus einer weiteren, mosaikartig eingelegten Pflasterfläche erhebt sich das Amphitheater aus kostbaren Steinen. Im Innern befinden sich drei Ränge zu je vier Stufen. Auf jeder Stufe wächst eine andere Art Blumen. Die oberste Stufe des dritten Ranges ist in zehn Abschnitte für verschiedene Blumenarten unterteilt. Zwischen den Rängen laufen Pergolen aus goldenem Gitterwerk um, die erste und dritte mit Myrten, die zweite mit Rosen berankt. Der Wegebelag unter der ersten Pergola besteht aus einem dunklen Estrich, der mit duftenden Essenzen angereichert ist. Außerdem sind Figuren aus weißen Perlen eingelassen. Unter der zweiten Pergola ist ein Estrich aus rotem Korallenmehl mit Figuren aus Smaragd und Saphir, unter

Abb. 7 *Theatro*. Aus: *Hypnerotomachia* 1980, S. 345.

der dritten ein Mosaik aus Lapislazuli. Der dritte Rang schließt oben mit einer Reihe geschnittener Bäume ab: Aus Zypressen sind sich überschneidende Bögen gebildet, unter denen je ein Buchsbaum aus übereinandergeschichteten Rundkörpern steht. Zwischen den paarweise gepflanzten Zypressen erhebt sich je ein Wacholderhochstamm mit kugeliger Form. Blumen füllen den zwischen den Stämmen verbleibenden Boden (S. 347–351).

Die Nymphen ziehen dann mit dem Paar in ihrer Mitte zu einem Baumgarten, dessen Lage unklar bleibt. Innerhalb der regelmäßigen Pflanzung ist ein Kreis von 36 Klaftern Umfang durch Citrusbäume und ein Rosengitter ausgespart. Thymian bedeckt den Boden. In der Mitte liegt ein sechseckiges Wasserbecken aus Marmor von 12 Klaftern Umfang. Fünf Stufen führen an einer Seite des Beckens zu einer goldenen, rosenberankten Pergola hinauf. Unter ihr stehen seitlich zwei Bänke und in der Mitte der Sarkophag des Adonis. Auf dem Deckel sitzt eine Statue der Amor säugenden Venus. Eine gol-

Abb. 8 Grab des Adonis. Aus: *Hypnerotomachia* 1980, S. 372.

dene Schlange am Sarkophag speit Wasser in das Becken. Adonis war ein Geliebter der Venus, den Mars aus Eifersucht tötete. Proserpina, die Göttin der Unterwelt, und Venus beanspruchten ihn nun beide, bis Jupiter entschied, er solle abwechselnd beiden angehören. Seither entsteigt er im Frühling dem Grabe, und während seines Todesschlafs herrscht Winter. Die Nymphen erklären Poliphil, daß Venus alljährlich im Frühling mit ihrem Hof am Grab erscheint. Alle Rosen werden gepflückt und auf den Sarkophag gestreut. Am nächsten Tag haben die Stöcke neu ausgetrieben, aber die Rosen sind weiß. Nach einer Woche werden die Rosen vom Grab in das Becken geworfen und von dem abfließenden Bächlein fortgetragen. Venus badet und weint am Grab, während Amor in einer Muschel das darin verwahrte Blut hervorholt, das Venus vergoß, als sie sich den Fuß an einem Rosenstrauch ritzte. In diesem Augenblick nehmen die Rosen wieder ihre rote Farbe an (S. 363–370).

Würdigung: Sehen wir einmal von diesem altertümlichen Garten des zweiten Buches ab, so ist die *Hypnerotomachia* für die Ideengeschichte der Gartenkunst von unschätzbarem Wert. Sie enthält die Ideen der kommenden Zeit in grandioser Reinheit: mikrokosmische Versammlung der ganzen Natur unter Herrschaft des Menschen, hierarchische Stufung, Axialität und geometrische Durchformung aller Teile. Es hat lange gedauert, bis dieser Ideenstand allgemein erreicht war.

Sekundärliteratur: ALBERT ILG: *Über den kunsthistorischen Wert der H. P.* Wien 1872. – Zur Frage der Autorschaft zuletzt GERHARD GOEBEL: Träume von Polifilo. In: Italienische Studien, 5. Wien 1982, S. 3–21 mit weiteren Quellen.

DESIDERIUS ERASMUS VON ROTTERDAM (1469–1536)

Veröffentlichungen mit gartentheoretischem Gehalt: Erasmus hatte in seiner Jugend lateinische Gesprächsformeln gesammelt, wie sie im täglichem Umgang und bei Tisch gebräuchlich waren. Seine Schüler machten solch starken Gebrauch von dieser Sammlung, daß einer von ihnen sie in einer Bearbeitung, aber unter Erasmus' Namen herausgab, ohne daß dieser davon wußte (*Familiarum colloquiorum formulae et alia quaedam*, Basel 1518). Als der inzwischen seiner Jugendversuche entwachsene Erasmus davon erfuhr, entschloß er sich zu einer *editio recognita*, um die unautorisierte Fassung, die großen Zuspruch fand, abzulösen. Es ging ihm dabei nicht nur um die Lehre lateinischer Eloquenz, sondern auch der Lebensführung *(ad vitam instituendam)*. Dieser Ausgabe (Löwen 1519) folgten zahllose andere, allein zu seinen Lebzeiten an die hundert, denen Erasmus immer neue Teile hinzufügte. 1526 änderte er den Titel in *Familiarum Colloquiorum Opus*. Verschiedene Personen unterhalten sich unter verschiedenen Umständen, wobei der Leser ungezwungen moralische Lehren ziehen soll.

Eines der Gespräche, 1522 erstmals erschienen, heißt *Convivium religiosum*. Ein Gelehrter namens Eusebius lädt eine Gruppe von Freunden auf seinen Landsitz zu Tisch. Ob die Szene frei erfunden ist oder ein wirkliches Vorbild hat, wie einige Erasmusforscher behaupten, ist nicht erwiesen (vgl. Welzig im Vorwort Bd. 6, S. XXI). Vor dem Essen führt Eusebius die Gäste in den quadratisch ummauerten Garten.

48 Die Theorien

Benutzte Ausgaben: Ich zitiere nach der einzigen lateinisch/deutschen Ausgabe von Werner Welzig, Darmstadt 1976, Bd. 6, S. 24–45.

Aufgaben – Gestaltung: Grundsätzlich spricht die Natur von Gott. *Dieser ganze Ort ist dem Vergnügen geweiht, aber einem ehrbaren: die Augen zu erfreuen, die Nasen zu erfrischen, das Gemüt zu erquicken.* Am Tor stehen drei Bibelsprüche in Latein, Griechisch und Hebräisch: *Willst du zum Leben eingehen, so befolge die Gebote* [Mt 19,17]. *Tut Buße und bekehret euch* [Apg 3,19]. *Der Gerechte jedoch bleibt am Leben durch seinen Glauben* [Hab 2,4]. *Und siehe, gleich zur Rechten führt der Gang zu einer überaus hübschen Kapelle. Auf dem Altar steht Jesus Christus. Er blickt gegen den Himmel, von dem der Vater und der Heilige Geist herabschauen, und indem seine Rechte dorthin weist, lädt die Linke den Vorübergehenden gleichsam ein und lockt ihn an.* [...] *Ihn habe ich, anstelle des garstigen Priapus, nicht nur über meinen Garten zum Wächter gesetzt, sondern über alles, was ich besitze, ja sogar gleicherweise über Körper und Seele.* Hier am Tor sind drei weitere Bibelsprüche angebracht, und eine kleine Quelle *(fonticulus)* steht für den 42. Psalm: *Wie der Hirsch schreit nach frischem Wasser, so schreit meine Seele, Gott, zu dir.* In den Beeten *wachsen nur wohlriechende Pflanzen und auch keine beliebigen, sondern nur die erlesensten. Jede Art hat ihr Beet.* [...] *So wie die Pflanzen gleichsam in Schwadronen eingeteilt sind, so hat jede Schwadron ihre besondere Fahne mit einer Inschrift,* die ihre besondere Eigenschaft angibt. Eusebius fordert die Gäste auf, nach Belieben Blumen zu pflücken. In der Mitte des quadratischen Gartens ist eine weitere kleine Quelle *(fonticulus)* mit Kunstmarmor gefaßt. Von ihr fließt das Wasser in die Küche und spült die Abfälle in die Kloake. *Wir sind dann gefühllos,* erklärt Eusebius, *wenn wir jene Quelle, die bei weitem lieblicher ist als diese, die göttliche Schrift, die unserem Geist zur Erfrischung und zur Reinigung zugleich gegeben ist, mit unseren Untugenden und bösen Begierden beschmutzen und so die unaussprechliche Gabe Gottes mißbrauchen.* Der Zaun *(septa)* ist grün, *damit nichts hier nicht grün ist.* Drei Spazierwege *(ambulacra)* umgeben den Garten: *Auf diesem Spazierweg, der sich nach Westen erstreckt, genieße ich den Morgen. Auf dem, der nach Osten führt, sonne ich mich bisweilen. Auf dem, der sich nach Süden erstreckt,* *doch offen ist zum Norden, erhole ich mich von der Sonnen-Hitze. – Auf denen studiere ich entweder, oder ich streife umher, allein oder im Geplauder mit einem Freund, oder ich nehme etwas zu mir, wenn es mir beliebt.* Diese Spazierwege sind eigentlich massive Gebäude, innen von Kunstmarmorsäulen, außen von bemalten Wänden getragen. Auf dem Boden sind Blumen in Mosaik dargestellt. Zum Kunstmarmor bemerkt Eusebius: *Wozu uns die Mittel fehlen, das ersetzen wir durch Kunst. An die erste Wand ist ein Hain mit selteneren wilden Vögeln und Vierfüßlern gemalt, an die zweite offizinelle Kräuter, Reptilien und Ameisen, an die dritte Seen, Flüsse und Meere mit besonderen Fischen und Wassertieren.* Zur Begründung sagt Eusebius: *Ein Garten faßt nicht alle Arten von Pflanzen. Außerdem freuen wir uns doppelt, wenn wir eine gemalte Blume mit einer lebendigen im Widerstreit sehen und bei der einen über die Kunstfertigkeit der Natur staunen, bei der anderen über die Begabung des Malers und bei beiden über die Güte Gottes, der alles das zu unserem Gebrauch beschert, in allem gleich wunderbar und liebenswürdig. Schließlich ist der Garten nicht immer grün, nicht immer leben die Blumen. Dieser Garten dagegen grünt und erfreut auch mitten im Winter.*

Hinter dem Haus gibt es noch *einen recht geräumigen Garten (hortum), der in zwei Teile abgeteilt ist: in dem einen befindet sich, was es an eßbaren Pflanzen* [richtiger: Kräutern] *gibt. Darin herrschen meine Frau und die Magd. In dem anderen ist, was es an besonders hervorragenden Heilkräutern gibt. Zur Linken liegt eine freie Wiese mit nichts als dem Grün der Gräser. Die Einfriedung bildet ein durchlaufender Zaun, der aus lebenden Dornen* [Weißdorn] *geflochten ist. Da spaziere ich bisweilen oder spiele mit Gefährten. Zur Rechten ist der Obstgarten (pomarium), in dem ihr, wenn ihr einmal Zeit habt, sehr viele ausländische Bäume sehen werdet, die ich allmählich an unser Klima gewöhne.*

Die Zuordnung der Gärten und ihrer Teile bleibt unklar.

Würdigung: Mit seiner Darstellungsweise scheint Erasmus den Geschmack der Gebildeten seiner und der folgenden Zeit getroffen zu haben, wie die vielen Auflagen der Kolloquien beweisen, die jedes gärtnerische, landwirtschaftliche oder architektonische Fachbuch übertreffen. Uns zeigt er, wie die mittelalterliche Auffassung des Gartens als Gleichnis göttlicher Wahrheiten mit Formen, die aus der Antike entlehnt sind (Wandelgang mit Säulen und Wandmalereien), verquickt werden konnte.

BERNARD PALISSY (UM 1510 – UM 1590)

Biographie: Keramiker in Saintes, Verfertiger von Grotten, als Hugenotte verfolgt, gestorben in der Bastille.

Veröffentlichungen mit gartentheoretischem Gehalt: *Recepte véritable par laquelle tous les hommes de la France pourront apprendre à multiplier et augmenter leurs thrésors [...]*. La Rochelle 1563. Es ist außerdem enthalten in folgenden Palissy-Werkausgaben: *Le moyen de devenir riche [...]*, Bd. 1, Paris 1636; *Œuvres complètes*, Paris 1844; *Les Œuvres*, Paris 1880, Reprint Genf 1969; *Les Œuvres*, Niort 1888, Bd. 1; *Œuvres*, Paris 1922 und *De l'art de la terre, suivi de la Récepte véritable [...]*, Paris 1930. In der Form eines Lehrer-Schüler-Dialogs geschrieben.

Weitere Veröffentlichungen: Über Medizin, Alchemie und Grotten.

Benutzte Ausgaben: 1880, eigene Übersetzung.

Aufgaben: Palissy schrieb sein *Recepte véritable* unter dem Eindruck der Verfolgungen, denen er als Hugenotte ausgesetzt war (S. 22):
Ich spazierte eines Tages in den Wiesen bei Saintes umher, nicht weit von der Charente, und wie ich die gräßlichen Gefahren bedachte, aus denen mich Gott während der vorangegangenen schrecklichen Unruhen errettet hatte, vernahm ich plötzlich die Stimmen von Jungfrauen, die in einem Gehölz saßen und den Psalm 104 sangen [Lobe den Herrn, meine Seele]. *Und auf diese Weise kam mir der Gedanke, die schöne Landschaft, die der Prophet in dem Psalm beschreibt, in einem großen Bild darzustellen. Indes schlug kurz darauf mein Eifer um, indem ich sah, daß die Gemälde wenig dauerhaft sind, und ich beschloß, einen passenden Ort ausfindig zu machen, um einen Garten nach der Gestalt, Zierde und außerordentlichen Schönheit dessen anzulegen, den der Prophet in seinem Psalm be-*

schrieben hat. Und nachdem ich den Garten schon in meinem Geist entworfen hatte, fand ich, daß ich möglichst bei dem Garten ein großes Gebäude (palais ou amphithéatre) errichten sollte, um die in der Zeit der Verfolgung vertriebenen Christen aufzunehmen.

Ich habe nichts Besseres gefunden, als die Nähe und den Umgang der Menschen fliehen und mich auf die Arbeit mit der Erde zurückziehen, welches eine gottgefällige Sache ist und denjenigen große Erbauung gewährt, die löblicherweise die herrlichen Werke der Natur betrachten (contempler) wollen. Und ich habe in dieser Welt kein größeres Vergnügen gefunden als einen schönen Garten zu besitzen. Auch Gott, der die Erde geschaffen hat, damit der Mensch sie sich untertan mache, wies diesem einen Garten an [...] (S. 107f.).

Ich will auch deshalb diesen wunderbaren Garten bauen, um den Menschen Gelegenheit zu geben, wieder das Bestellen der Erde zu lieben und von allen verderblichen Beschäftigungen und üblen Handlungen abzulassen, um sich der Bestellung der Erde zu erfreuen (S. 77).

Auch im Ackerbau, sagt Palissy, sei eine besonnene Betrachtung der Natur an der Zeit (S. 117): *Die Ignoranz im Ackerbau ist so groß, daß er stets in seinem gewohnten Status verbleibt. – Keine Kunst (art) der Welt erfordert soviel Wissenschaft (philosophie) wie der Ackerbau. Ackerbau ohne Wissenschaft betreiben, ist soviel wie täglich die Erde und die Dinge, die sie hervorbringt, schänden* (S. 24).

Gestaltung – Elemente: Etwa ein Drittel des *Recepte* ist der Beschreibung eines visionären Gartens gewidmet.

Im Gegensatz zu der zu seiner Zeit in Frankreich noch gebräuchlichen Praxis will Palissy seinen Garten im Norden und Westen an Berge angrenzen lassen. Zur Begründung führt er in einem langen naturwissenschaftlichen Exkurs aus, der Boden sei nahe dem Gebirge fruchtbarer als im Tal (S. 43). Außerdem seien die Pflanzen hier besser vor den kalten Nord- und Westwinden geschützt und kämen nachts in den Genuß der warmen Abstrahlung (S. 102). Von Nord nach Süd soll ein Bach verlaufen. Im Süden soll eine Wiese anschließen, *damit man jederzeit vom Garten in die Wiese gehen kann* (S. 77), und im Osten ein Obstgarten mit Abteilungen für Walnußbäume, Kastanien, Haselnüsse, Birnen, Äpfel usw. Im

Norden will er felderweise Hanf, Flachs, *aubiers doux* (?) und Korbweiden anpflanzen, während im Westen Wälder sein sollen (S. 105).

Der Garten ist quadratisch und durch große Alleen in vier gleiche Abschnitte geteilt. In den Ecken stehen vier grottenartige Kabinette, an den Allee-Enden vier grüne Kabinette und in der Mitte ein grünes sog. Amphitheater. Die Flanken der Berge im Norden und Westen sind in zwei Etagen galerieartig ausgehöhlt. Die Räume im unteren Geschoß in der Ebene des Gartens dienen als Winterhaus für Kübel- und Topfpflanzen, Geräteschuppen, Regenunterschlupf für Gärtner und Vorratskammern für Sämereien, Rüben, Zwiebeln, Nüsse, Kastanien, Eicheln usw. Über diesen Räumen verläuft eine Wandelallee, hinter welcher die zweite Reihe höherer Zimmer liegt, die als Bibliothek, Studierstube und Vorratskammern für destillierte Wässer, Essig und Getreide dienen.

Das erste Kabinett liegt im Norden, unten in der Ecke des Gartens und stößt mit dem Fuß an die Berge. Ich errichte es aus gebrannten Ziegeln, die so geformt sind, daß besagtes Kabinett einem Felsen gleicht, den man an Ort und Stelle ausgehöhlt hat. Im Innern sind einige Sitznischen im Mauerwerk, und jeweils zwischen zweien der Sitze befindet sich eine Säule, und unter derselben ein Piedestal, und über den Säulenkapitälen führen Architav, Fries und Gesims rund um das Kabinett. Und entlang dem Fries befinden sich bestimmte antike Buchstaben, um besagten Fries zu schmücken, und entlang besagtem Fries befindet sich auch eine Inschrift: Nichts ist Gott wohlgefällig außer dem Menschen, in dem Weisheit wohnt [Weish. 7,28]. Und so gehen die Fenster meines Kabinetts nach Süden, und diese Fenster und der Eingang besagten Kabinetts sind nach Felsenart. Auch ist besagtes Kabinett auf der Nord- und Westseite gegen die Felshöhlen gebaut, so daß man, wenn man von der oberen Höhle hinabsteigt, in besagtes Kabinett gelangen kann, ohne unten irgendeiner Baulichkeit gewahr zu werden. Und um besagtes Kabinett gefälliger zu machen, lasse ich auf dem Gewölbe desselben einige fruchttragende Sträucher als geeignete Nahrung für Vögel und auch bestimmte Kräuter pflanzen, deren Samen sie mögen, um besagte Vögel daran zu gewöhnen, sich auf diesen Sträuchern zum Vergnügen derer niederzulassen, die in besagtem Kabinett und Garten sind. Und das Äußere besagten Kabinetts ist aus ungeschliffenen und ungeschnittenen groben Felsen erbaut, damit das Äußere besag-

Abb. 9 Schale von Palissy. Aus: Alexandre Sauzay, *Monographie de l'œuvre de Bernard Palissy*. Paris 1862, Tf. 5.

ten Kabinetts ja nichts von der Form eines Gebäudes an sich habe. Und wenn ich das Äußere besagten Kabinetts aufmauere, führe ich eine Wasserleitung in das Mauerwerk hinein, und wenn sie so in die Mauer eingemauert ist, teile ich sie in mehrere Strahlen, die durch die Mauerschale austreten, so daß besagtes Kabinett einem Felsen gleicht. Man wird meinen, daß besagte Springstrahlen ohne jeden Kunstgriff aus besagtem Kabinett kommen, weil dasselbe Kabinett von außen wie ein Felsen aussieht. [...] Und wenn das Kabinett so aufgemauert ist, gehe ich daran, vom Scheitel des Gewölbes bis zum Pflaster des Fußbodens mehrere Emailfarben zu verbergen. Dies getan, entfache ich ein großes Feuer in besagtem Kabinett. Und sogleich schmilzt das Email und wird in besagtem Mauerwerk flüssig. Und so schmelzend, fließt das Email, und fließend vermischt sich's, und sich vermischend bildet es ergötzliche Figuren und Formen. Und ist das Feuer aus besagtem Kabinett verschwunden, findet man die Fugen der Ziegel, aus denen das Kabinett erbaut ist, von Email bedeckt. Und auf diese Weise erscheint besagtes Kabinett im Innern ganz wie aus einem Stück, weil man keinerlei Fugen sieht. Und von solchem Funkeln strahlt besagtes Kabinett, daß die hereinkommenden Eidechsen und Heuschrecken gleichsam in einen Spiegel blicken *und die Figuren darin bewundern werden. Wenn sie aber jemand überrascht, können sie wegen der Glätte nicht am Mauerwerk besagten Kabinetts hochklettern. Und auf diese Weise hält besagtes Kabinett ewig und bedarf keiner Wandbekleidung. Denn seine Zierde ist von einer Schönheit wie gut polierter Jaspis, Porphyr oder Chalzedon* (S. 78–80).

Die drei anderen Kabinette in den Ecken unterscheiden sich nur wenig von dem ersten. Im zweiten tragen bunt emaillierte und wild gestikulierende und Grimassen schneidende Hermen das Gebälk, auf welchem geschrieben steht: *Die Furcht des Herrn ist der Weisheit Anfang* [Spr. 1,7]. Das dritte Kabinett ist *wie zum Spott (comme qui se moyqueroit) en rustique* gehalten, die klassischen Formen des Gebälks sind wie mit groben Hammerschlägen gebildet: *Die Weisheit kommt nicht in eine boshafte Seele und wohnt nicht in einem Leibe, der Sünde unterworfen* [Weish. 1,4]. Der Innenraum des vierten Kabinetts schließlich ist so unregelmäßig geformt, daß keinerlei menschliche Kunstfertigkeit zu erkennen ist. *Die Gewölbe sind derart schief, daß sie den Eindruck machen, einstürzen zu wollen, weil mehrere Höcker (bosses) herabhängen. – Ohne Weisheit ist es unmöglich, Gott zu gefallen* [Quelle?].

Die vier Kabinette an den Enden der Alleen haben die Form klassischer Tempel. Säulen, Architrave, Friese, Gesimse, Tympana und Frontispize sind jedoch ausschließlich aus Ulmen gebildet. Palissy begründet wie folgt (S. 85f.): *Die alten Schöpfer hervorragender Gebäude entnahmen die Vorbilder und Muster ihrer Säulen den Bäumen und menschlichen Gestalten. [...] Und wenn Du die steinernen [Säulen] so schätzen willst, wie Du sie den aus Baumstämmen gemachten vorziehen willst, sage ich Dir: Das ist gegen die göttlichen und menschlichen Gesetze. Denn den Werken des Allmächtigen und Ersten Baumeisters gebührt viel mehr Ehre als denen menschlicher Baumeister. Item, Du weißt, daß, wenn ein Abbild nach dem Muster eines anderen Abbildes hergestellt wird, die Nachbildung eines Abbildes niemals so geschätzt werden wird wie das Original, das man als Vorbild genommen hat. Deshalb können die Steinsäulen gegen die hölzernen nicht bestehen, nicht behaupten: Wir sind vollkommener. Und schließlich haben die hölzernen die steinernen gezeugt oder wenigstens sie zu machen angeleitet. Und seit der Allmächtige Schöpfer und Erste Baumeister hier Hand angelegt hat, muß man sie mehr denn die steinernen schätzen, so* kostbar sie auch sein mögen, selbst wenn sie aus Jaspis oder dergleichen seltenen Steinen wären.

Das Dach der grünen Kabinette soll so aus Zweigen gebildet werden, daß es niemals durchregnen kann (S. 90). Die Friese und die drei Tympana eines jeden grünen Kabinetts tragen, ebenfalls aus Laub geformt, weitere alttestamentarische Weisheitssprüche, *auf daß die Menschen, die Weisheit, Zucht und Lehre verwerfen, selbst durch die Zeugnisse der kreatürlichen, gefühllosen Seelen verdammt werden* (S. 89).

In jedem der grünen Kabinette steht ein Felsen, der sich an die Umschließungsmauer des Gartens anlehnt. Der erste besteht aus gebranntem und bunt emailliertem Ton. *Unten am Fuß des Felsens notabene ist ein natürlicher Wassergraben, der in der Länge ebensoviel einnimmt wie besagter Felsen. Aus diesem Grund mache ich entlang besagtem Graben mehrere Höcker auf meinem Felsen, auf welchen Höckern ich einige Frösche, Schildkröten, Krebse, Hummer und eine große Zahl Muscheln aller Arten anbringe, um die Felsen besser nachzuahmen. Auch gibt es dort einige Korallenbäumchen, die am Fuß des Felsens entspringen, damit selbige Korallen aussehen, als wären sie in besagtem Graben gewachsen. Item, etwas höher an besagtem Felsen liegen einige Schlangen, Nattern und Vipern in einigen Löchern und Höhlungen, schlängeln und winden sich um besagte Höcker und in den Löchern. Und der ganze Rest des Felsenoberteils ist also unregelmäßig, krumm und höckerig; eine Anzahl Kräuter- und Moosarten, die gewöhnlich auf Felsen und feuchten Stellen wachsen, ist eingearbeitet, wie Hirschzunge, Venushaar, Adiantum, Polytrichum und dergleichen Kräuterarten; und auf diesen Moosen und Kräutern kriecht eine große Zahl Schlangen, Nattern, Vipern, Langusten und Eidechsen den Felsen entlang, die einen aufwärts, andere quer und andere abwärts, einige verrückte Gesten und Scherze machend. Und all die besagten Tiere sind so naturgemäß geformt und emailliert, daß die andern, echten Eidechsen und Schlangen oft, sie zu bestaunen, kommen werden.* [...]
Und besagter Felsen entläßt eine große Zahl Wasserstrahlen, die in den Graben, der in dem Kabinett ist, fallen, in welchem Graben eine große Zahl echter Fische und Frösche und Schildkröten lebt. Und weil es in der an besagten Graben anstoßenden Höhle einige meiner künstlichen Fische und Frösche aus Ton gibt, wird jeder, der das Kabinett sehen kommt, glauben, daß besagte Fische, Schildkröten und

Frösche echt seien und besagtem Graben entstiegen, ebenso wie die in besagtem Graben echt sind. Auch ist aus besagtem Felsen eine Art Buffet gebildet, um die Gläser und Schalen zu tragen, wenn in dem Kabinett geschlemmt wird. Und auf die gleiche Art sind aus besagtem Felsen bestimmte Räume und Wasserbehälter geformt, um während der Ruhestunde den Wein zu kühlen, welche Behälter ständig frisches Wasser haben, weil der Überfluß, wenn sie bis zum festgesetzten Inhalt gefüllt sind, in den Graben läuft und also das Wasser in besagten Behältern sich ständig erneuert. In besagtem Kabinett ist auch eine Tafel aus demselben Material wie der Felsen, welche ebenfalls auf einem Felsen steht, und selbige Tafel ist oval und in verschiedenen Emailfarben emailliert, geziert und gefärbt, welche leuchten wie ein Kristall. Und alle, die sich an besagter Tafel zum Schlemmen niederlassen, können frisches Wasser in ihren Wein gießen, ohne besagtes Kabinett zu verlassen, indem sie es den Springstrahlen der Brunnen besagten Felsens entnehmen (S. 83–85).

Die drei anderen grünen Kabinette unterscheiden sich vornehmlich durch die Gestalt des Felsens von dem ersten. Palissy will Kiesel und Mineralien verwenden, die er von weither zusammengetragen hat. In einem Kabinett ist auch eine Wasserorgel, die Vogelstimmen nachahmt, installiert.

Das Kabinett in der Mitte des Gartens liegt auf einer runden, von dem den Garten von Nord nach Süd durchquerenden Bach gebildeten Insel und besteht aus einem Rondell beschnittener Pappeln. *Von der Wurzel bis zum Gesims ist alles gerade, gemäß den Regeln unserer antiken Architekten, aber vom Gesims an aufwärts führe ich besagte Bäume Stück für Stück aufeinander zu, bis sie sich alle an der Spitze treffen.* Das ganze nennt Palissy merkwürdigerweise Pyramide, von der er vielleicht nur eine unvollkommene Vorstellung hatte. An der Spitze bringt er ein Gerät aus verschiedenen Pfeifen an, die je nach Windrichtung ertönen sollen. Auch in diesem Kabinett soll es möglich sein zu tafeln. In der Mitte steht deshalb ein Tisch. Rings um die sog. Pyramide sind Volieren aus Messingdraht angeordnet. *Und auf diese Weise werden die Menschen, die unter und in besagter Pyramide schlemmen, das Vergnügen am Gesang der Vögel, am Quaken der Frösche in dem Bach, am Murmeln des Wassers haben, das an den besagte Pyramide tragenden Säulenschäften vorüberfließt, an der Frische des Baches und der herumstehenden Bäume, an der Frische des milden Lüftchens, das von der Bewe-*

gung der Blätter besagter Pappeln erzeugt wird. Man hat auch das Vergnügen der Musik auf dem Scheitel und der Spitze besagter Pyramide, welche Musik sich im Wind hören läßt (S. 99–101).

An der Brüstung der Wandelallee über dem ersten Höhlengeschoß will Palissy Pflaumen, Süß- und Sauerkirschen aufstellen. *Und siehe, wenn die Menschen, die in den oberen Zimmern zu studieren, zu destillieren oder sonst zu arbeiten haben, sich erholen wollen, treten sie auf besagte Plattform oder Galerie, und bei ihrer Promenade haben sie die Sträucher und Vögelchen über ihren Häuptern. Und weiter, um die ganze Schönheit des Gartens zu betrachten, gehen sie sich über die Brüstung lehnen, die extra und eigens zu diesem Zweck gemacht ist. [. . .] Auch riechen sie dort den Duft von Aurikeln (damas), Veilchen, Majoran, Basilikum und anderen dergleichen Kräutern, die auf besagter Brüstung in bestimmte buntemaillierte Tonvasen gepflanzt sind, welche Vasen, also in gleichen Abständen aufgestellt, die Schönheit des Gartens und vorgenannter Galerie sehr schmücken und zieren. Auch stehen an besagter Brüstung gewisse künstliche Figuren, die aus gebranntem Ton geformt und so nach der Natur emailliert sind, daß jeder, der zum ersten Mal in den Garten kommt, vor besagten Statuen zum Gruß sein Haupt entblößen wird, weil sie wie Personen wirken oder aussehen, die sich da über die Brüstung besagter Galerie und Plattform lehnen* (S. 98). Über dem zweiten Höhlengeschoß will Palissy fruchttragende Sträucher für die Vögel pflanzen und auch im Winter Sämereien in der Allee ausstreuen, *um sie mehr an den Ort zu gewöhnen* (S. 97).

Gewisse Falltüren, welche die Neuankömmlinge im Garten narren und sie zu ihrer Kurzweil ins Wasser fallen lassen, möchte ich an diesem Ort nicht nachahmen. Wohl aber wünschte ich gewisse Statuen zu machen, die eine Vase in der einen und ein Schriftstück in der andern Hand hielten, und zwar also, daß, wenn einer kommen wollte, besagte Inschrift zu lesen, eine Vorrichtung besagte Statue das Wasser aus der Vase über dem Kopf dessen, der besagte Inschrift lesen will, ausschütten ließe. Item, ich möchte auch andere Statuen machen, die einen gewissen Ring an der Hand hängen hätten, so daß, wenn die Edelknaben mit dem Degen nach besagtem Ring stechen, also daß sie besagten Ring aufspießten, die Statue ihnen einen starken Schlag auf den Kopf mit einem wassergetränkten Schwamm verabreiche, derart, daß der Schwamm infolge des Druckes und der Gewalt des Schlages eine große Menge Wasser abgebe (S. 103f.).

Würdigung: Wie Colonna will Palissy durch den Garten auch den Verstand ansprechen. Der Inhalt ist wie bei Erasmus ein christlicher, der Kunstaufwand aber ins Phantastische gesteigert. Grotten, die Alberti nur am Rande erwähnt hat, werden die wichtigsten Bestandteile, die absonderlichen Gartenreize gewinnen die Oberhand (Manierismus).

Sekundärliteratur: Zahlreich. Zuletzt JERAH JOHNSON: Bernard Palissy. Prophet of Modern Ceramics. In: Sixteenth Century Journal 14. Kirksville, Missouri. 1983, S. 389–410.

CHARLES ESTIENNE (1504–1564)

Biographie: Medizinstudium; Reisen; seit 1551 erfolgreicher Pariser Verleger.

Veröffentlichungen mit gartentheoretischem Gehalt: *L'agriculture et maison rustique*. Paris 1564. Es soll sich dabei nach Renouard 1838 um Estiennes eigene Übersetzung seines 1554 lateinisch erschienenen *Praedium rusticum* handeln, welches seinerseits eine Kompilation früher veröffentlichter Traktate sein soll. Ich konnte das nicht prüfen. Estiennes Schwiegersohn, der Arzt Jean Liebault, erwähnt in der Widmung der Ausgabe von 1567 die lateinische Ausgabe nicht und schreibt, er habe das Manuskript 1564 erstmals aus dem Nachlaß herausgegeben. Die zweite Auflage von 1567 hat Liebault durch eigene Zugaben vermehrt. Das Werk fand außerordentliche Verbreitung. Es erschien 1566 holländisch, 1580 deutsch, 1581 italienisch und 1600 englisch, insgesamt bis zum Jahre 1702 mindestens 44mal.

Weitere Veröffentlichungen: Pflanzenbücher, Wörterbücher, Reiseführer, über Geschichte, Anatomie und Beredsamkeit, Übersetzungen.

Benutzte Ausgaben: Ich halte mich an die Ausgabe Paris 1567 und zitiere den Text, soweit möglich, in der 1577 entstandenen Übersetzung des Straßburger Arztes Dr. Melchior Sebitz nach der deutschen Ausgabe von 1598. Zum Vergleich ziehe ich ferner die Ausgabe Venedig 1623 heran.

Aufgaben: Ganz zu Anfang wendet sich Estienne gegen die sklavische Nachahmung der Antike (Buch I, Kap. 1): Zweck des Ackerbaus sei *zu leben von den Früchten der Erden/die von vns erbawet wirdt.* Dieser Zweck verbinde alle Völker und Zeiten. Die Art und Weise ändere sich jedoch *je nach gelegenheit der Gegene/des Himmels/des Bodens/vnd des Orts/da die felder gelegen* [...] *Derhalben hat es mich gar für vngereimbt/vnd zu vnserem gegenwertigen fürnemmen gantz vndienlich angesehen/sich so gantz vnd gar nach der Alten vnterschiedenen/besondern mancherley arten zu bawen/richten wöllen.*

Der Garten ist hauptsächlich Produktionsstätte. So ist auch dem praktischen Gartenbau der meiste Raum gewidmet. Im sechs Bücher umfassenden Gesamtwerk nehmen die Gärten mit zwei Büchern (II und III) einen großen Teil ein. Estienne unterscheidet drei Gartentypen: Küchen- oder Krautgarten *(horto, potager),* Blumen- oder Wurzgarten *(giardino dei compartimenti, parterre ou iardin à fleurs)* und Baum-, Lust- oder Obstgarten *(giardino degli arbori fruttifero, clos ou verger).* Davon hat hauptsächlich einer ästhetische Funktion: *Der Blumgarte wirdt des mehrertheyl darumb gemacht* [...] *damit ein Haußvatter auch sein sondere Lüst und ergötzlichkeit habe* (II, Kap. 120; bei Sebitz III, Kap. 89). Das Erlebnis des Blumengartens wird genau geschildert (II, 77; bei Sebitz III, 77): *Dann wiewvol es ein sonder herrliches vnd löbliches ding ist/wann einer auß seinem eigenen gemach mag vnd kan in das weite Feld sehen/ vnd allda so vil herrlicher vnd schön erbaweter äcker vnd grunde/ so manche liebliche grüne Matten/Förste und Wälde* [...] *mag anschawen/noch ist das viel holdseliger vnd köstlicher/wann ein Haußvatter so kunstreiche außtheilung/holdselige Gesäßlin* [Bänke] *vnd geländer* [Beete]*/sampt ihren lieblichen vmbzäunungen von Lavandel/Roßmarin/vnnd dergleichen schönen Kräutlin gemacht/inn seinem Gärtlin mag ansehen/vnnd die liebliche Music/so mancher schönen Vögel anhören* [...]. *Darnach auch so vil vnd mancherley wolriechender blümlin holdseligen geruch* [...] *vmb sich haben/ vnnd die liebliche vnnd freudenreiche Music der Holdseligen Binlin* [...]*/mag hören vnd haben. Welcher holdseliger anplick allein auch möchte alle Personen erlustigen/vnd sie zu friden stellen.* Estienne möchte nur denjenigen Baumgarten behandeln, welcher *mehr zu der täglichen Nutzbarkeit zu zimlicher lust/dann zu grossem Pracht vnnd vberflüßigem vnnötigem vnkosten gereicht* (III, 1; Sebitz V, 1).

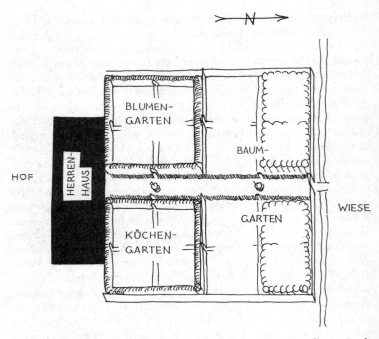

Abb. 10 Rekonstruktion von Estiennes Idealgarten. Für dieses Buch gezeichnet vom Verfasser.

Der Garten ist elitär, denn der Verwalter bekommt einen besonderen Eingang (I, 5; Sebitz I, 11). Liebault widmet das Buch Antoine Duc d'Uzes, Comte de Crussol & de Tonnerre.

Gestaltung – Elemente: Mit einiger Mühe, da er keine Abbildungen gibt, kann Estiennes Entwurf eines Idealgartens nachvollzogen werden: Der Garten liegt nördlich des Hauses und ist in Quadrate unterteilt. (Im Widerspruch hierzu sagt Estienne in dem Kapitel über die Lage des Hauses, dieses müsse mit der Haupt-, d. h. Gartenfassade gegen die Morgensonne des März und September, also Südosten, liegen. I, 5.) Das östliche vordere Quadrat ist der Küchengarten, das westliche der Blumengarten. Dahinter liegt, so groß wie diese beiden zusammen, der Baumgarten. Küchen- und

Blumengarten können um Nebengärten *(giardini particolari, iardins particuliers)* erweitert werden. Die Hauptwege werden als Abgrenzungen zwischen diesen Gartenteilen verstanden. So führt der Garteneingang auch nicht mitten in einen der Gartenteile, sondern in den Hauptweg zwischen den Gartenteilen (I, 2).

Dieser Hauptweg ist drei *toises* (5,8 m) breit und wird von Hecken eingefaßt. In seiner Mitte stehen Brunnen, von denen das Wasser durch hölzerne Kanäle in die einzelnen Gärten geleitet wird, sofern man nicht in jedem einen Brunnen oder eine Regenwasser-Zisterne errichten kann. Ein Brunnen kann auch der Schönheit dienen (I, 4 und 5; II, 1).

Der Küchengarten hat wie der Blumengarten drei Eingänge, vom Haus, vom Brunnen und vom Baumgarten. Im Küchengarten werden die *gemeinen Kräuter/so nötig sind zur Haußhaltung* gezogen, Suppengemüse, auch Lein und Hanf, wenn man sie nicht im Felde anbaut (II, 1; Sebitz III, 1). Dieses Quadrat wird von einem Lattenzaun *(treilles, Gehälde)* eingefaßt, den man gleich zu einem Laubengang *(berceau, pergolato)* ausbauen soll. Die Beschreibung dieses Ganges ist etwas unklar *(La façon des treilles, sera en forme d'auuant (car les berçeaux coustent trop à entretenir) à fin de dresser quelques couches par dessoubs, ou quelques planches d'herbes, qui ne demande grand solage, en y laissant toutesfois vne allee de trois pieds de costé & d'autre pour le labour de la treille, & faudra mettre à la veue du Midy* (II, 4; Sebitz III, 4). An dem Laubengang wird Wein gezogen *zu einem Agrest/oder gemeinen Haußtranck* (I, 2). Der Nebengarten am Küchengarten ist für Safran, Lein, Waid und Hanf geeignet (II, 1; Sebitz III, 1).

Der Blumengarten wird von einem Laubengang eingefaßt, an dem Jasmin, Rosmarin, Buchsbaum, Wacholder, Zypressen, Sadebaum, Zedern oder Rosen wachsen. Diese Pflanzen werden nach der Ordnung an Pfähle und Ruten aus Wacholder- oder Weidenholz gebunden und so in die Form von Gewölben, Nischen und Kuppeln gebracht. *Die Wege oder spatziergäng soll man allwegen entweder mit reinem vnd kleinem sandt/oder mit geröhr von Marmel* [Marmorkies] *oder sonst gehawenen Steinen beschütten: oder aber mit Quaderstein vnnd wolgebranten Zigelsteinen/oder sonst anderem Steinwerck/darauß man die stigen zumachen pflegt/belegen vnd gantz gleich vnd satt mit einem Schlegel schlagen vnnd ebenen lassen.*

Abb. 11 Parterre-Entwürfe. Posthume Abbildungen zu Estiennes *Maison Rustique* aus der Ausgabe von 1600.

Solch Blumgärtlin muß man auch mit einem sechs schuch breiten Spatziergang inn zwey gleiche theil abtheilen/vnnd die eine seiten mit allerley Blumenwerck zu Sträußlin oder Kräntzlin besetzen [...]. *In das ander theil soll man allerhandt wolriechende Kräuter setzen: oder welche keine blumen tragen/oder aber Blumen haben/ aber doch sie für sich selbs nicht allein/sondern mit dem gantzen Kraut müssen zum Sträußlin genommen werden.* Etliche Kräuter mag man in *Gesäßlin* oder *Irrgärtlin* [Labyrinthe] *setzen lassen: dann also sein sie viel lustiger vnd holdseliger anzusehen* (II, 78, 79; Sebitz III, 77). Die *Gesäßlin (sieges)* sind Bänke, die man nicht nur mit Rasen, sondern auch mit Kräutern bepflanzte.

Da die Pflanzen oft viele Funktionen haben, sind sie oft auch beiden Gärten zugeordnet. Die Gewürzkräuter des Küchengartens können ebenfalls in Labyrinthe gepflanzt werden (II, 6; Sebitz III, 6).

Im Blumengarten stehen auch die Bienenstöcke (I, 5; Sebitz I, 2). Die Beete im Küchen- und Blumengarten sollen nicht breiter sein, *denn daß du von einer seiten zu der andern entweder vberschreiten/ oder aber mit deinem Arm vberreichen kanst/damit diejenigen/welche jetten und das unkraut außrupffen sollen/mögen mit den Armen mitten in die Bethlin greiffen.* Die Wege sollen nicht breiter als zwei Schuh sein (II, 5; Sebitz III, 5).

Im Blumengarten ist auch der Platz für die fremdländischen Gehölze, wie sie z. T. den Laubengang bekleiden, aber auch für Lorbeeren, Myrten, Pinien, Palmen, Citrus-, Oliven- und Feigenbäume, Zypressen, Wacholder, Sadebaum, Zedern, Rosen und Buchs. Man setzt diese in Gefäße *(vasi, vaisseaux)*, Scherben *(cassi, casses)* oder besondere *Geländlin* (Beete, *couches*). *Denn dieselbigen vbertreffen nicht allein mit ihrem lieblichen Geruch alle die wolriechende Kräutlin vnd Blümlin/sonder bringen auch vilfältige seltzame Frücht vnd Gewächs* (II, 120; Sebitz III, 89).

Der westliche Nebengarten ist geeignet für *allerhandt Hülsenfrüchte/als Erbsen/Bonen/Wicken/Reyß/Hirß/und dergleichen nohtwendige Speiß fürs Gesind* (II, 1; Sebitz III, 1).

Der Baumgarten zerfällt in vier Abschnitte. Auf der einen Seite werden die jungen Bäume angezogen, auf der andern gepfropft, in der Mitte stehen die ausgewachsenen und die gepfropften Bäume *in der ordnung/grader linien*, dahinter am Ende die Weichhölzer. *(A l'entree de vostre verger à l'endroit du iardin ferés d'vn costé la pepi-*

niere, & de l'autre, la bastardiere, & au milieu l'ordre des arbres parcreus & entez. Et au bout d'en bas planterez par rayons vostre ozeray, qui pourra receuoir pour sa commodité, la fraischeur & humidité du petit ruisseau.) Gegen die Umgebung und die anderen Gärten ist der Baumgarten durch eine Mauer abgegrenzt. Am Ende des Hauptweges befindet sich ein Tor in der Mauer. Dies *soll weiter nichts als mit zween Palcken vnnd ein Capital* [Architrav]/*sampt vier oder fünff Zinnen/vnd einer starcken Thür versehen sein.*

Durch dieses Tor kommt man, einen Bach überschreitend, in die anschließenden Wiesen. Der Bach bewässert auch den Baumgarten und ist gleich den Fischteichen mit Weiden zu bepflanzen (I, 5; III, 2; Sebitz I, 11; V, 1).

Außer der Mauer erwähnt Estienne als Einfriedung des Gutes auch Hecken und Gräben (III, 2).

Am Rande nennt Estienne zwei seinem Thema fremde Gartentypen, die er zu den *vergers* zählt: die römischen Villen, die er mit den Belvedere *(Beauregard)* seiner Zeit gleichsetzt, und den mittelalterlichen Gartentyp, der uns u. a. in der *Hypnerotomachia* als Ort des Adonisgrabes begegnet ist: Man nenne ihn auch *preau (Prato)*, und er bestehe nur aus einer Kräuterwiese *(herbe verte)* mit einem Brunnen in der Mitte unter einer Kuppel oder hohen Nische, die von Holzsäulen mit hölzernen Verzierungen gehalten wird. Darunter kann eine große Personenzahl sitzen *vnd ihr kurtzweil haben* (III, 1; Sebitz V, 1).

Würdigung: Estiennes Gartenbeschreibung ist wenig anschaulich, gar nicht künstlerisch und läßt Fragen offen. Seine theoretischen Aussagen sind dürftig im Vergleich mit reiferen Gartenschriften, wie sie im 17. Jahrhundert aufkamen. Erstmals aber wird der neuzeitliche Garten mit seinen verschiedenen Teilen systematisch für die Praxis aufbereitet. Deutlich wird die rationale Zuordnung von Gebäuden, Gärten und Wirtschaftsflächen. Und aus beiläufigen Angaben konnten wir die zu Estiennes Zeit übliche Aufteilung des Gartens in Quadrate und seine Ausstattung mit Beeten, Obstgehölzen, Laubengängen und Brunnen kennenlernen.

Justus Lipsius (1547–1606)

Biographie: Flämischer Philologe, Altertumswissenschaftler und stoischer Philosoph, mehrfach konvertiert.

Veröffentlichungen mit gartentheoretischem Gehalt: *De Constantia*. Lyon 1584. Bis 1663 16 weitere Ausgaben; deutsch von Andreas Viritz, Danzig 1599, davon Nachdruck Stuttgart 1965. Darin über Gärten 2. Buch, Kap. 1–3.

Weitere Veröffentlichungen: Über Philosophie, Theologie und antike Literaturwissenschaft.

Benutzte Ausgaben: Danzig 1599.

Aufgaben: Lipsius diskutiert mit einem gewissen Langius über die Beständigkeit. Langius ist derjenige, der im Buch einen unerfahrenen Lipsius erkennen lehrt. Er führt ihn in einer seiner Gärten, *derer zwey er mit grosem fleis vnd kosten bawete. Vnter welchen der eine auff einem Hügel/recht gegen seinem Hause vber: der andere aber ein wenig weiter abgelegen war/an einem nidrigern ort/ nahe an der Mosa* [Maas]/*welche mitten durch diese lustige Stadt* [Lüttich] *gantz gemächlich dahinfleust* (S. 71r). In dem letzteren angelangt, verfällt Lipsius in eine über neun Seiten anhaltende Gartenbegeisterung.

Lipsius begeistert sich an Glanz, Verschiedenartigkeit der Farbe und Geruch der Blumen. *Vnd gleich wie fast niemand den Himel vnd die fewrige Sternen/ohn heimliches erschrecken vnnd Gottesdienst ansehen kan: eben also ists nicht wol müglich/das der jenige/ welcher diesen heiligen Schatz der Erden/vnd diese schöne zierde der vntersten Welt ansihet/nicht solte heimlicher weise eine grosse frewde befinden/vnd gleichsam damit gekützelt werden. Frage dein Gemüt: das wird sagen/das es mit diesem ansehen eingenommen/ja geweidet werde. Frage deine Augen vnnd Sinne: die werden bekennen/das sie mit keinem dinge sich lieber zu frieden geben/nirgend lieber ruhen/als auff diese plätze vnd Betten der Gärten* (S. 74v). *O du Brunn aller Frewden vnd reinen Wollust: O du Sitz aller lieblig-keit vnd freundligkeit: wolte Gott/das ich von aller dieser Bürgerlichen Vnruhe vnd Inheimischen Tumult abgesondert/vnter diese*

Kreuter/vnter diesen der bekandten vnnd Newen vnbekandten Welt Blumen/mit frewdigen vnd offenen Augen umbher spatzieren/ vnd bald meine hand vnd Gesicht auff diese verwelckende/ bald auff jene herfür wachsende Blume wenden/vnd mit betrug meiner sorgen vnd Arbeit allhier mein Leben zubringen möchte (S. 75v).

Dem hält Langius entgegen: *Du lobest die Gärten/doch so/das du fast alles/was auswendig vnd eitel ist darinnen/mit verwunderung erhebest: die warhafftigen aber vnnd rechtmessigen frewden/so man an den Gärten haben sol/auslessest* (S. 76r). Er verurteilt die Eitelkeit, mit der teure ausländische Blumen gekauft werden, und die Faulheit derer, die nur schauen und müßig *auff den Krautbetten* liegen. Die geforderte Arbeit ist aber keine körperliche – diese gebührt den Gärtnern –, sondern eine geistige. *Dem Gemüt nemlich zu gut/vnnd nicht dem Leibe/sein anfangs die Gärten erfunden: das man dasselbige ergetzen/nicht aber Leibes wollust darinnen suchen solte: vnd das sie ein heilsamer abtrit von den sorgen vnd dieses Lebens Vnruhe weren. Sein dir die Leute verdrieslich? So wirstu hier bey dir alleine sein. Bistu müde von der Arbeit deines Beruffs? So wirstu dich erquicken können/vnnd wird dir diese reinere lufft gleichsam ein new Leben einblasen. Derhalben sihe an die alten Weisen/die haben in den Gärten gewohnet. Sihe an noch heut zu tage alle geschickte nd gelehrte Leute/die haben jre lust in vnd an den Gärten. Vnd in denselben sein fast alle die fürtreffliche vnd Göttliche Bücher geschmiedet/darüber wir vns verwundern/vnd die keine zeit/kein alter wird abthun können. Woher sein die fürtreffliche Disputationes von der Natur komen/als eben aus dem grünen Lyceo? Woher haben wir die Lehre von guten Sitten/als aus der Schattichten Academia? Vnd aus den Gärten sein die vollen quellen der Weisheit heraus geflossen/darvon wir noch jetzt trincken/vnd die mit jhrem fruchtbarem Vberguß die gantze Welt vberschwemmet haben. Denn das Gemüt kan sich viel mehr vnd besser zu den hohen Sachen erheben vnd auffrichten/wann es frey vngebunden seinen Himmel ansihet: als wann es in dem Gefengnis der Heuser oder der Stadt beschlossen ist. In den Gärten solt jhr Poeten ewre Vers machen/sollen sie anders künfftiger zeit vnd nach ewrem Todt gelesen werden. In den Gärten solt jr Gelehrten meditiren vnd schreiben. In den Gärten solt jhr Philosophi von der Ruhe/von der Bestendigkeit/vom Leben vnd Todt disputieren* (S. 78r–79r).

In einer Laube wird das Gespräch fortgesetzt, nachdem die Gärtner fortgeschickt worden sind. *Welches der Gärten rechter Gebrauch sey* (Überschrift Kap. III), wollte Lipsius zeigen, auf die Gestalt des Gartens geht er nicht weiter ein.

Würdigung: Wie bei Erasmus und Palissy soll Lipsius' Garten nicht die Sinne, sondern den Verstand ansprechen. Er ist jedoch nicht mehr wie bei jenen Sinnbild göttlicher Wahrheiten, sondern Rahmen für eine allgemeine Erhebung des menschlichen Geistes. Die körperliche Gartenarbeit ist Sache der Gärtner.

JOHANN PESCHEL

Biographie: Pfarrer zu Orlishausen in Thüringen, besaß wie jeder Landgeistliche Land zu seinem Unterhalt, darunter auch einen Garten, entwarf selbst Gärten.

Veröffentlichungen mit gartentheoretischem Gehalt: *Garten Ordnung/Darinnen ordentliche Warhaftige Beschreibung/wie man aus rechtem grund der Geometria einen nützlichen vnd zierlichen Garten [...] anrichten sol [...]*. Eisleben 1597, 138 einseitig paginierte, also 286 S., drei Teile: zwei theoretische über Austeilung und Labyrinthe, ein praktischer über Baumbehandlung, der nur 24 (48) S. einnimmt. Viele grobe Holzschnitte. Einzige Auflage; außerordentlich selten.

Aufgaben: Der Garten hat neben dem praktischen Nutzen folgende Aufgaben (S. 3v, 4r): Er ist *denen so mit grossen müheseligen/ vnd beschwerlichen Emptern beladen sind/vnd schwere Kopffarbeit thun müssen/widerumb ein sonderliche erquickung vnd erlustigung. Denn wenn sie nach solcher vielgehabten mühe/sorg/vnd unlust/also in ihrem gemühte auß vnd abgemattet sein/das jhnen aller lust zu Essen vnd Trincken vergehet/wie die so es erfahren hieuon wissen zusagen. Diese erlüstigen sich wieder/wann sie in jre wolerbawte Gärten eingehen/vnd sehen die schöne wolgeordnete ordnung/sambt den herrlichen schönen wolgestalten/von Farben vnd Geruch/die lieblichen gewächse/Vnd die lustige anzusehn wolgeschmückte frücht/da vergessen sie jhres vnmuths vnnd schweren* gedancken. *Vnd jhr betrübter Geist vnd Gemüht/erfrischet sich wider/vnd werden gleich als hetten sie keine beschwerung gehabt. Denn grosser Herrn/gröste erquickung/nach jren beschwerlichen grossen sorglichen vnd mühseligen gescheften/sind Garten vnd Jagen.* [...]

Es sol vns auch der lust der Gärten/vnser ersten erschaffung/vnd wozu Gott die Menschen erschaffen hat/erinnern. Denn ob wol vnd fürnemlich/der Mensch zu Gottes lob vnd ehre erschaffen/das er Gott in seinen wercken erkennen vnnd ewig loben vnnd preisen solle/als ein Almechtiges vnd unentlichs wesen/Vnd Gott seine frewde in ewigkeit an jn haben künne/vnd die ledige stat/darauß die gefallenen Engel verstossen/wider mit erfüllet: So hat er doch auch den Menschen/als bald nach der erschaffung/in das wolgezierte vnd Freudenreiche Paradeiß gesetzt/damit der Mensch alßbald erfahre/das jhn Gott zu lust vnd Freud erschaffen habe/denn der Mensch ist nicht zu diesem Elenden Jemmerlichen vnd Tödlichen Leben erschaffen/Sondern zu dem ewigen vnd Freudenreichen leben. [...]

Nu ist vnter andern Creaturen Gottes/so zur ergetzung des Menschlichen geschlechtes erschaffen/vnnd noch von jhme erhalten werden/die schönen vnd aller ding nützbaren Gartenfrüchte/damit er sich die kümmerliche zeit seines lebens ergetzen solle/nicht die geringste/Vnd ist nicht zweiffel sondern Gott wil vns hierdurch erinnern/erquicken vnd vrsach geben/das wir ein hertzliches verlangen hierdurch nach der ewigen frewde im Himlischen Paradeiß haben/vnd täglich darumb bitten sollen. [...]

Es sind Predigen vnd Garten bawen nicht artes contrariae, denn gleich wie tota philosophia in jhrem rechten brauch/Gottes Wort nicht zu wieder ist: Also ist auch Geometria, so ein species Philosophiae ist/demselben nicht zu wieder/Sondern sind cognata studia, wenn sie allein recht gebraucht werden.

Wie offt hat Gott selbst/im Alten vnd Newen Testament artem Geometricam, gebrauchet/vnd andern zugebrauchen befohlen [...].

Das vnser lieber Gott der Erste vnd Kunstreicheste Gärtner gewest/vnd hat seine Allmechtige Kunst des Garten Wercks/am Paradeiß sehen lassen vnd bewiesen/vnd weil er heut zu tag noch allerley früchte auß der Erden wachsen lest/vnd er doch der vrsprung der gantzen Theologia ist. Vnd welche vnsers lieben Gottes Creaturen helffen zieren/fortpflantzen vnd erhalten/in obberedeter meinung/

die thun solches Gott zu lob/preiß vnd ehre/vnd zur dancksagung gegen jhme [...].
Was haben wir für einen bessern vnd Warhafftigen Prediger auff Erden gehabt/denn den Sohn Gottes Jesum Christum selbest/dennoch hat er sich der Maria Magdalena/nach seiner Aufferstehung in Gärtners gestalt erzeiget/hat sich nun der Sohn Gottes der Gärtnerey nicht geschemet/Sondern vielmehr hiemit anzeigung geben wollen/das er der rechte Gärtner sey/so vns das Himlische Paradeiß Pflantze/der ewigen seligkeit/So sollen wir vns dessen auch nicht schemen/vnd viel weniger verachten (S. 4v, 5r).

Peschel wendet sich an *die vom Adel/vnd andere fürneme Leut*, welche *zu dieser zeit besondere lust vnd begierde haben Garten zu bawen* und sich in dieser Angelegenheit schon vielmals an ihn gewandt hätten (S. 1r). Im Textverlauf nennt er acht sächsische Adlige und drei Bürgerliche, für die er einige der abgebildeten Entwürfe ausgeführt hat, darunter seine Patronatsherren. Sechs dieser Adligen ist sein Buch gewidmet. Peschel will *allein denen/so hieruon keine oder wenige Wissenschafft haben/* dienen (S. 3v) und stellt daher auch das Einfachste ausführlichst und mit vielen Abbildungen erläutert dar. Er betont, daß er nicht für Künstler schreibt, die es besser verstehen (S. 38v f.) und fordert dazu auf, bessere Gartenbücher auf den Markt zu bringen.

Gestaltung: An die Größe des Gartens stellt Peschel keine Anforderungen. Seine Entwürfe reichen vom kleinen Stadtgärtchen eines Erfurter Ratsherrn bis zum riesigen Phantasieentwurf von 230 Ellen (126 m) im Quadrat. Seine Maßeinheit ist die Erfurter Elle (0,55 m). Von Begrenzung und Umgebung der Gärten spricht er nicht. Die Ummauerung war selbstverständlich.

Gartenteile sind die Beetfläche, die Peschel in Ermangelung eines feststehenden Begriffs Gartenordnung nennt, das Labyrinth oder der Irrgarten aus mannshohen Spalieren, die er Staketen nennt, und die *ad Quincuncem* gepflanzten Bäume. Über die Zusammenstellung dieser Teile spricht Peschel nicht. Es gibt offensichtlich keine notwendigen Bezüge. Auch das Wohnhaus wird nicht erwähnt.

Peschel denkt rein zweidimensional. Er geht nicht auf Geländeunterschiede ein, zeichnet nur Grundrisse und erwähnt nur aus technischen Gründen die Höhen der Spaliere. Seine Beetmuster kennen keine Überschneidungen wie die sog. Knotenbeete.

Abb. 12 Peschel, Einfache Beetausteilung (S. 13v).

Abb. 13 Peschel, Komplizierte Beetausteilung (S. 52r).

Elemente: Peschel geht zunächst von einem quadratischen Gartengrundstück zu 26 Ellen aus. An diesem Beispiel erläutert er, wie man das Gelände aufmißt, in einem beliebigen Maßstab nach der Papiergröße verjüngt, aus *blind/ohn einige farbe* gezogenen Linien ein Rasternetz zeichnet, in diesem mit Tusche entwirft und dann das Ganze mit Pflöcken und Schnüren wieder ins Gelände überträgt. Dem Raster liegt eine Beetbreite von zwei Ellen und eine Wegebreite von einer Elle zugrunde, so daß auf 26 Ellen neun Beetstreifen kommen. Von *einfeltigen* Entwürfen schreitet Peschel zu komplizierteren vor. Das Entwurfsraster wird um Kreise und Diagonalen bereichert. Peschel schlägt Radien um Mittelpunkt, Ecken und Seitenmitten, dann zieht er die Diagonalen. Von den idealen Quadraten geht er zu rechteckigen, trapezförmigen, dreieckigen und unregelmäßigen Formen über, wie sie örtliche Einschränkungen erfordern können. Von insgesamt 91 Entwürfen sind 50 quadratisch, 25 rechteckig, zwölf unregelmäßig und vier Labyrinthe kreisrund. Bei den komplizierteren Entwürfen kommen auch Beete von anderthalb und drei Ellen Breite vor. Aber auch die kompliziertesten bleiben vergleichsweise grob, kannte doch Peschel nicht die phantasievollen Vorbilder im Ausland und gab es noch keine gedruckten Gartenmuster.

Die Beete sind gegenüber den Wegen erhöht *(außgesetzet). Sie werden aber nicht mit einerley materi außgesetzet. Dann etzliche nemen zu solchem Bretter oder Delen/die müssen aber mit Pflöchern verwaret werden/damit sie stehen bleiben/zu den ründungen Vaßtauffel* [Faßdauben]*/Andere nemen dünne breite Steine/vnd das ist werhafft.*

Etzliche nemen gebackene Ziegelsteine/vnd die stehen fast am zierlichsten. Wer aber diß willens ist/der möchte jhm eine eigene Form darzu machen/ynd in der Ziegelhütten/sonderlich streichen/ vnd wol brennen lassen/denn Mawerstein sind zu decke/nemen viel raum ein/Pflasterstein sind zu kurtz/Bewerschwentz oder Dachziegel sind zu dünne vnnd schwach/sind auch die gekrümpten hacken daran nichts nütze/Es geben auch die Ziegel eine zimliche feine ründung/Doch möchte man zu solchen/eine runde Form auch machen lassen.

Weil aber holtz mit der zeit verfaulet/vnd die Stein zustossen werden. So were die beste art/die Beet außzusetzen vnd zu verwaren/ wenn dieselben mit dünnen Rasen vmbher besetzet würden/denn diß were ein langwerend thun. Man müste aber zusehen/vnd achtung geben/das der Rasen weder in die Beet/noch in die Gänge wüchse/denn diß zum schaden auch vbel stünde/Were derwegen diesem vorzukommen/Wenn der Rasen offtmals vmb das Beet/aus vnd inwendig/befunden wird. Vund in solchen fall/musten die Beet sampt den Gängen erweitert werden/wegen das der rasen/mehr raum einnimmet/denn holtz vnd Stein.

Es ist auch in einem Garten/durch fleissige Gärtner/wol achtung zu geben/das die genge zwischen den Beeten rein gehalten werden/ vnnd nicht Graß darinnen wachse/noch andere vnreinigkeit/damit man trucken gehen könne/beuoraus das Frawenzimmer mit jhren langen Kleidern/Müssen derwegen dieselben offt geschaufflet/vnd das Graß abgestossen werden.

Weil aber solches viel mühe vnd arbeit wegnimmet/so pflastern etzliche die Genge mit steinen oder ziegeln/Es kan aber durch solche mittel dem Graß zu wachsen nicht gar geweret werden/denn so genaw die nicht wol können zusammen gesetzet werden/daß das Graß nicht sol zum wenigsten an den Beeten herdurch könne kommen/ vnd wenn das gleich oben weg geschnitten wird/so lesset sich doch zu grunde nicht vertilgen.

Darumb meinem bedencken nach/were es besser/das die Genge mit Sandt außgeschüttet würden/denn derselbe in massen sich an die Kleider wenig anhenget/vnnd wenn gleich sich solchs also begebe/ kann er baldt von den Kleidern abgebracht werden/vnd leichter denn ander vnreinigkeit (S. 17r, v).

Diese um ihren Mittelpunkt symmetrisch gestalteten Beetfelder können wie Bausteine aneinandergesetzt werden, so daß aus mehreren Quadraten Rechtecke oder größere Quadrate entstehen. Sie können aber auch mit niedrigen Spalieren *(Stackgeten)*, statt dessen oder außerdem mit *Gengen*, d. h. beidseitig von hohen Spalieren begleiteten und evtl. im Bogen überwölbten Wegen eingefaßt werden.

Solche Stacketen/Gelender/oder Khemerer/wie sie an etzlichen örten genennet werden/sampt den hohen Gengen/sind eine sonderliche zier vnd wolstandt in einem Garten/vnd bringen neben der zier nicht geringen nutz/wenn man derselben recht wartet vnd pfleget. Man findet sie *in vornemer Herrn Gärten.* Die Staketen werden mit Johannisbeeren, Rosen, Berberitzen, Kreusel-(Stachel-)Beeren und dergleichen bepflanzt, die Gänge, welche auch als Regendach die-

Abb. 14 Peschel, Großer Garten mit Beetausteilungen und Laubengängen (S. 44v/45r).

nen, mit Kürbissen, Bohnen, Weinstöcken, Kirschen, Haselnüssen oder Quitten (S. 15r).

Die Staketen stehen unmittelbar neben den äußersten Beeten. *Must aber achtung geben/das du die Beet nicht zu breit machest/damit du ohne versehrung vnd verletzung der Gewechse/in die Beet gepflanzet oder geseet/die Rosen vnd anders so in Stackgeten stehet/auffbinden vnd reinigen kanst/damit solche dir dein Beet nicht gar einnehmen können [...]. Auch mustu zu allen seiten hindurch offene Genge oder thüren lassen/dadurch du in der Gartenordnung kommen kanst/Vnd die magstu zwey oder drey Elen weide lassen.*

Aber besser were es/das solche Stackgeten mit jrem gewechse weid von den Beeten weren/denn man jr durchwachsen in die Beet/auch mit grossem fleiß nicht erweren kan.

Du must auch solch Gewechs/nicht breid vnd fladdernt wachsen lassen/denn wo du jhme nicht werest/wird darauß nichts denn ein dicker Busch. Dem nun zu weren/mustu solch Gewechs zwischen Latten vnd Bönen einfassen/vnd thu dem also.

Setze auff alle ecken der stackget/vnd an den eingengen/schmeidige Seulichen/vnd zwischen denen/jmmer eine nach der andern/

vnnd die auff iiij. Elen von einander/oder wie es sich leiden wil/vnd an dieselben schlage zu beyden seiten Latten/damit du die Rosen vnd ander Gewechse einfassen kanst/das es sich nicht seiner art nach/außbreitten könne. [. . .]

Waß aber die dicke der Seulichen anlanget/wann sie halbviertel elen dicke sein/so ist es genug/Denn vberliche dicke verstellet die gantze ordnung.

Du magst auch oben vber die Seulichen/vmb wolstandes willen/ fein artige runde spitzige knöpffe setzen/die von Holtz drehen/oder solche einen Töpffer von Thon brennen/vnd mit mancherley farben glasieren lassen. Die Höltzer sampt den Latten fein glatt drehen vnd höblen/vnnd auch mit farben dir gefellig/anstreichen lassen/denn diese zwey glat gemacht/vnd mit farben angestrichen/dienen auch zur langwehrung/vnd weniger verfaulung (S. 27r–28v).

Mit drei Ellen Abstand von dem Staket folgt der Weingang. Man pflegt die Weingänge oder Geländer *gemeiniglich/zu eusserst vmbher/ vnd durch die mitte Creutzweiß zu machen.* In der reichsten von Peschel vorgeschlagenen Ausführung, bei der die Gänge um vier Beetordnungen herum und dazwischen verlaufen, ist in der Mitte ein acht Ellen weiter Rundplatz für ein Lusthaus oder einen Springbrunnen ausgespart, und an den äußeren Ecken sind vier *Rundeel/ welche auch können oben vber mit Weinreben/oder andern hohen Gewechs vberzogen werden* (S. 39v). *Die weiten der Genge zwischen beyden rigen der gelegten Weinfexel/sol/wo man den raum hat/fünff Elen breit sein/vnd solchen raum bedarff man sonderlich/ wenn je zween neben einander darinnen vngedrengt gehen sollen* (S. 42v).

Nachdem Peschel 59 teils bloße, teils von Staketen und Gängen umgebene Beetordnungen gezeigt hat, kommt er zu den Labyrinthen, deren er 32 vorstellt. Wieder beginnt er mit einem Quadrat. Es hat die Seitenlänge von 64 Ellen und wird mit blinden Linien in ein Raster aus 18 × 18 kleinen Quadraten aufgeteilt. In diesem Raster werden die Irrgänge entworfen, wobei die Linien Gehölze bedeuten und die dreieinhalb Ellen breiten Zwischenräume Wege.

Damit aber Irrung im Labyrinten gemacht werden/das der leuffer sich verirren könne/mustu jhme die Gänge versetzen/damit er nicht alsbaldt im gantzen Labyrinten herumb kommen kan/vnnd also machen/das/wann er meinet jmmer gleich fort zu gehen/er ehe ers sich versihet/wider zu rücke getrieben wird/vnnd also herumb

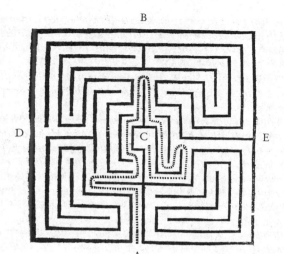

Abb. 15 Peschel, Labyrinth (S. 63v).

schweiffen muß/das er nicht weis wo ein/oder wider der außgang sey [...].

Danach mustu zusehen/das du die Außtheilung des Labyrinten also anstellest/da der Leuffer in allen gengen kan fort vnd weiter kommen/vnd nicht zu rück wider umbkehren muß/dann diß were ein vicium im Labyrinten/Dann es muß der Leuffer vberall fort kommen können/vnd doch gleichwol jrren/Es muß ihm kein Weg versperret sein.

Was folgendt die Größe vnd weite der Gänge anlanget/wie weidt oder breidt die sein sollen/müssen sie nicht zu enge außgetheilet werden/Alldieweil das Gewechse/damit der Labyrint ausgesetzet wird/ sich pfleget weit auszubreiten/Wenn gleich dasselbe in Stackgeten/ Khemrer oder gelender eingefasset/vnd Manneshoch auffgezogen wird/Muß derwegen der graben darein das gewechse gesetzet sampt dem Gang zum wenigsten vierthalb Ellen weit sein/dann der graben zum gewechs/nimbt genau einhalb Ellen ein (S. 62r–64v).

Die Staketen im Labyrinth werden mit Hasel- oder Lambertsnüssen oder mit Liguster besetzt. *Wer aber alle Haselnüs wil aufflesen/ der mag es versuchen/vnd dürfft in grossen Labyrinten wol einem dieweil darüber lang werden.* [...] *Aber die eussersten zweene Genge/pfleget man mit dörnichten gewechse/als Rosen/Berberis, Vua crispa Kreuselbeer/vnd dergleichen außzusetzen/wegen das der leuffer wenn er in dieselben kömet (denn man jhn gern dahin führet/als in die lengsten Gäng damit er zu lauffen hab) nicht durch kriechen noch vbersteigen könne/sondern den rechten ausgang zu suchen mit schmertzen gezwungen wird.*

Die einfassung der gewechs/ist am füglichsten/wenn man dasselb weil es noch jung ist/in einander gitter weise flicht. Denn also helt eines das ander. Aber man mus gleichwol die neben außschüßling mit fleis abwerffen/vnd dauon reinigen. Man könte auch an die ecken vnd zwischen denselben Pflawmen/Kirschen/Mandel vnnd dergleichen bewme setzen/denn die würden an statt der seulen sein/wenn man das gewechse wolte wie einen Stackget/mit Latten einfassen. [...]

Man mag auch wol in einem Gang ein verschlossene thür halten/ dadurch man bald in das mittel kommen kan. Vnnd dienet darzu/ das wenn man vmb frewde vnnd lust willen im mittel ein Sommerhaus hat/vnd darinnen Essen oder Zech halten wolte/die Diener mit Essen vnd trincken balde hinein kommen könten/da man sonsten wol hüngerich vnd durstig werden möchte/ehe sie im Labyrinten den rechten eingang finden. Das auch Herrn selbst nicht viel vmbschweiffens dürffen (S. 64v–65v).

Auf dem Mittelplatz kann ein Lusthaus, Springbrunnen oder dergleichen errichtet werden (S. 61v).

Zuletzt spricht Peschel von den Baumgärten, die *in eine richtige Ordnung/oder ad Quincuncem* zu setzen sind.

Es ist gewiß vnd die erfahrung zeuget/das alles so in ein richtige Ordnung gebracht wird/nicht allein einen zierlichen Wolstand gibt/ sondern auch vielfeltigen nutz schaffet/vnd ist diß Augenscheinlich vnd mercklich zusehen/in zweyen Bawmgerten. In welchen/wenn in einem die Bewme nach Ordnung/im andern hin vnd wieder zerstrewet ohne alle Ordnung gesetzet sind.

Denn allzeit ist eine Ordnung lieblich anzusehen/darnach wenn die Bewme Ordentlich gesetzet werden/so kan man ohne alle hinderung der Bawm/durch den gantzen Garten vnd an alle ort desselben sehen. Es kan auch niemand sich/das wenn der Garten gleich groß/ vorstecken oder verbergen/das er nicht gesehen werden kündte. So jrret auch kein einiger Bawm im gesichte/die/so vnter denen her-

Johann Peschel

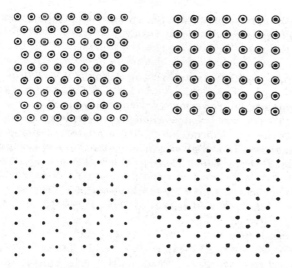

Abb. 16 Peschel, Vier Arten der Quincunxpflanzung.

umb oder spatzieren gehen/sondern sehen allezeit eine gar geraumte gassen zwischen zweyen riegen Bewme/wohin sie sich auch wenden. Man kan auch derselben vielmehr ein bringen/denn wenn sie Confuse vnd schlumpseweise durcheinander gesetzt werden [...] (S. 84 r–v).

Peschel beschreibt dann die vier Möglichkeiten der Quincunxpflanzung. Die eigentliche, im Sinne der Wortbedeutung, ist die zweite (Abb. 16). Man verstand diese Anordnung nicht als Quadratraster im 45°-Winkel, sondern als lotrechtes Quadratraster, bei dem in die Mitte eines jeden Quadrats ein „fünfter" Baum gesetzt wurde, entsprechend dem Bild der Fünf auf dem Würfel. Der beste Abstand der Bäume beträgt nach Peschel 10 Ellen = 20 Schuh (S. 86 r).

Würdigung: Peschel führt in seltener Vollständigkeit die Ideen und Gestaltungsprinzipien des Renaissancegartens vor. Der Garten dient nun ausschließlich dem irdischen Vergnügen ohne Verpflichtung zu religiösen Erwägungen. Peschel beschreibt als erster den Vorgang des Gartenentwerfens und der Übertragung vom Papier aufs Gelände und widmet dem Entwurf als erster Gartenautor mehr Aufmerksamkeit als dem Pflanzenbau.

Olivier de Serres, Sieur du Pradel (1539–1619)

Biographie: De Serres (er selbst signierte des Serres) war wie Palissy Protestant und verbrachte die Zeit der Kriege, wie er im Vorwort schreibt, auf seinem Gut im heutigen Département Ardèche. Dort studierte er die gesamte antike und moderne Ackerbauliteratur und sammelte eigene landwirtschaftliche Erfahrungen.

Veröffentlichungen mit gartentheoretischem Gehalt: *Le Théatre d'Agriculture et Mesnage des Champs*. Paris 1600, [19], 1004 S. mit Kupferstichen. Widmung an Henri IV. Bis zum Tode des Autors sieben Neuauflagen, dann bis 1804 13, zuletzt nach dem Text von 1804 neu gesetzt: Grenoble 1973, 2 Bde. De Serres teilt sein Werk in acht Bücher *(lieux),* von denen das sechste mit 30 Kapiteln auf 240 Seiten die Gärten behandelt. Die beigefügten Parterreentwürfe stammen von dem Tuileriengärtner Claude Mollet.

Benutzte Ausgaben: 1973, eigene Übersetzung.

Aufgaben: Verstreute Hinweise zeigen in seltener Deutlichkeit das Verhältnis von Natur, Kunst und Macht: De Serres lobt, daß der Buchs schnittverträglich, *disposé à volonté* ist (II, S. 95), daß Orangenbäume *s'accordent à tout ce qu'on veut faire d'eux,* und er nennt es wahrhaftes Vergnügen der Fürsten und großen Herrn, diese Bäume zu ziehen *sous aer contrariant à leur naturel: en quoi leur magnificence est plus aisément admirée qu'imitée* (II, S. 216f.).

Der Lustgarten gewährt nicht nur sinnliches, sondern auch geistiges Vergnügen (II, S. 101): *Ce sont les ornemens du jardin de plaisir, destinés au contentement de la veue. Recréent aussi l'esprit, les précieuses et douces senteurs.* Der Garten wird vom *bons sens,* d. h. von der Ratio, beurteilt (II, S. 96). De Serres stellt auch die für den Rationalismus so typische Verbindung zu den anderen Künsten her, wenn er das Entwerfen eines Parterres mit der Tätigkeit eines Malers vergleicht (s. u.) und von den Gärtnern, denen er keine ausreichende Erfindungskraft zutraut, verlangt, daß sie sich nach den

Entwürfen von Malern *(hommes entendues en la pourtraicture)* richten (II, S. 96).

De Serres wendet sich an seinesgleichen, den französischen Grundherrn, dem er künstlerische Ambitionen unterstellt. Angesprochen ist der Gebildete, nicht das gemeine Volk (II, S. 96): *Ensuite, sera besogne avec semblables considérations, où l'homme d'entendement pourveoira par son bon sens, prenant avis de l'œuvre mesme, selon les occurences: car aussi c'est à lui qui telle besogne s'adresse, non aux ignorans et grossiers du vulgaire.*

Gestaltung – Elemente: Hinsichtlich der Lage weiß de Serres stark zu differenzieren. Er gibt den antiken Schriftstellern recht, die die Villa auf halber Höhe an einem Südhang bevorzugen, fügt aber hinzu, daß jede Lage Vor- und Nachteile habe. *So hat man vom Hügel den weiten Blick und kann die Augen nach Belieben wandern lassen, der schwere Aufstieg aber strapaziert die Füße, wie auch der lästige Schlamm das Vergnügen langer Promenaden in der Ebene schmälert.* Nur in kalten Gegenden soll man das Haus nach Süden richten, in heißen nach Norden und in gemäßigten nach Westen oder Osten, kurz man soll *sich des Ortes bedienen, den man hat* (I, S. 32f.).

Die Gärten sollen, eingeschlossen in einem *grand parc*, nahe beim Haus liegen (I, S. 37). Am besten ist die Südseite geeignet, zum Schutz der Gärten vor kalten Winden und wegen der Aussicht aus den Fenstern. Nur in heißen Gegenden empfiehlt sich die Nordseite. Es gibt vier Arten von Gärten, *potager, bouquetier, médicinal* und *fruictier*. *Der potager liefert alle Arten von Wurzeln, Kräutern und Erdfrüchten für die Küche und zum Roh- und Gekochtessen. Der bouquetier besteht aus allerhand Pflanzen, Kräutern und Sträuchern in Kompartimenten und Parterres sowie aus Bogengängen und Kabinetts nach Erfindung und Phantasie des Herrn, mehr zur Lust denn zum Nutzen. Dem Bedürfnis dient der médicinal, indem viele Kräuter und Wurzeln als Arznei gegen Krankheiten gesammelt werden. [...] Der fruictier, auch verger genannt, ist mit allen Arten von Bäumen bepflanzt und bringt neben großer Lust reichlich Früchte unzähliger Sorten ein* (II, S. 11).

Diese vier Gärten sind zusammen mit einer 9–10 Fuß hohen Mauer umgeben, damit *jeder nach seinem Wunsch sicher und geheim sich dort aufhalten kann, allein, in Begleitung von Freunden, promenieren, plaudern, tafeln, lesen oder singen ohne von Passanten gesehen oder beobachtet zu werden.* Statt Mauern kann man auch Zäune *(pallissades)* verwenden, die man gleich jenen innen mit Efeu oder anderen Schlingern beranken läßt. Noch besser sind Weißdornhecken als Einfriedung (II, S. 244f.).

Die Gärten werden voneinander durch Alleen oder Laubengänge *(allées descouvertes ou couvertes en treillages, plats ou voutoyés)* getrennt. Die Alleen sind 12–15 Fuß breit.

Der *potager* ist größer als *bouquetier* und *médicinal* zusammen. Er kann mit Stützmauern terrassiert sein. *In einem ganz ebenen Gelände wird es das beste sein, den Garten nicht genau quadratisch, sondern etwas länger als breit zu machen, damit die Alleen sich in der Länge unterscheiden und so dem Garten hinsichtlich der Vielfalt mehr Anmut verleihen. Es wird gut aussehen, wenn die Alleen sich wie 30:50 verhalten, d. h., daß, wenn die Breite des Gartens 30 beträgt, die Länge 50 ist* (II, S. 11). Die Pflegegänge *(sentiers)* zwischen den Beeten sollen anderthalb bis zwei Fuß breit sein, die Beete sollen in Nordsüdrichtung verlaufen. Zu seinem Vergnügen kann der Familienvater die Beete aber auch in drei-, fünf-, sechs-, sieben- und achteckigen Figuren anlegen, die gewöhnliche rechteckige Form verlassend. Die Beete *(planches* oder *couches)* werden von Lavendel, Wermut, Santolina, Rosmarin, Thymian, Sauerampfer, Petersilie oder Isop als Dekoration eingefaßt, während im Innern die eigentlichen Nutzpflanzen wachsen (II, S. 16f.).

Der bouquetier muß am Haupteingang in die Gärten liegen, denn er ist mit seinen Parterres und schönen Kompartimenten der erste, auf den man stößt, und sein Anblick bereitet viel mehr Vergnügen als der der entfernteren (II, S. 12f.). *Es sei hier gezeigt, wie man sich der Kräuter bedienen und sie nach ihren Möglichkeiten verwenden muß, um das Parterre so zu schmücken, daß es großartig wird. [...] In der Tat kann es nicht anders als wunderbar sein, die durch Buchstaben, Devisen, Monogramme, Wappen und Zifferblätter sprechenden Kräuter zu betrachten, die Gebärden von Menschen und Tieren, die mit wunderbarer Geschicklichkeit und Geduld aus Kräutern und Sträuchern geformten Abbilder von Gebäuden, Segelschiffen, Booten und anderen Gegenständen* (II, S. 93).

Die Vernunft verlangt, daß die größeren und höheren Pflanzen an den kräftigeren Stellen und die kleinen und niedrigen an den zarteren verwendet werden. Erstere dienen zur Einfassung der Quar-

Abb. 17 *Un compartiment de ceux des nouveaux jardins deu roi, aux Tuilleries*. Holzschnitt von Jean Chièze aus: de Serres.

tiere (*quarreaux*) *und der großen Wege und Alleen, letztere zur Bepflanzung der Kompartimente und anderen feineren Teile des Parterres. Durch diese proportionale Verteilung nimmt sich das ganze Parterre sehr gut aus, ähnlich wie ein mit mächtigen Borten geziertes Kleid oder ein mit einem Rahmen geschmücktes Bild, das durch die erhabene Umrandung an Glanz gewinnt. Die Bordüren müssen hoch genug sein, bei sehr großen Flächen bis anderthalb Fuß, und einen Fuß breit, und sie sollen aus der größten Pflanze gemacht werden, die man an der Stelle verwendet. Sie müssen ganz aus einer Sorte bestehen, damit die häßliche Mischung der Pflanzen vermieden wird. Das gilt freilich nur innerhalb ein und derselben Bordüre, denn bei mehreren muß man der Schönheit halber jede aus einer anderen Art machen, damit sich die einen von den andern unterscheiden* (II, S. 94).

Neben den schon beim *potager* genannten Einfassungskräutern empfiehlt de Serres vor allem Buchs. Man kann daraus auch Bänke, Sessel, Gebäude, Pyramiden, Säulen, Menschen und Tiere formen, sagt er, da der den Schnitt verträgt und willfährig *(disposé à volonté)* ist (II, S. 69, 95).

Diese Kräuter, fährt er fort, und ebenso die der Bordüren, dürfen nicht durcheinander, sondern nur nach dem Charakter des Entwurfs (œuvre), nach einzelnen Arten sortiert, gesetzt werden, damit die Kompartimente an ihren Rändern gleichmäßig bleiben, sowohl in der Form wie in der Farbe. Genauso wie der Maler gewissenhaft danach trachtet, eine Seite seines Wappenschildes oder Kompartiments gleich der andern zu machen, muß der Gärtner hier seine Kräuter so gut sortieren, daß sie in passender Zusammenstellung entsprechend ihrer Gestalt, Größe und Farbe verteilt sind. Wenn z. B. ein Horn, eine Rolle, ein Quadrat, Kreis, Oval oder sonstiges Teil des Kompartiments rechts aus Majoran geformt und innen mit Margeriten gefüllt ist, muß es links ganz genauso sein, ohne Vermehrung, Verminderung oder Änderung, damit unser Werk untadelig bleibt. Auch sind die Kräuter in Reihen mit gleichen Abständen zu setzen, die einen in angemessener Entfernung von den andern, um das Durcheinander zu vermeiden, das zu große Nähe in das Werk bringt. Wenn sie einander verdecken, kann man die einzelnen Reihen nicht unterscheiden, wie es ihnen gebührt. Ohne diese Besonderheit mischen sich die Kräuter wild durcheinander, wie auf einer Wiese. Daher sei hier bemerkt: Die Meisterschaft in dieser Kunst zeigt sich im Sichtbarlassen des leeren Grundes. Der Grund muß sorgfältig sauber gehalten werden, es darf sich kein Unkraut dort ansiedeln, und er ist von jedem anderen Kraut zu befreien, das sich aus seiner Reihe entfernt.

[...] Man muß die Erde und die Kräuterreihen klar unterscheiden und dadurch die Anordnung des Werkes beurteilen können. Und damit diese Unterschiede mit noch größerem Vergnügen anzusehen sind, bestreut man zusätzlich den Grund zwischen den Kräuterreihen mit verschiedenfarbigen Erden, wodurch den Kräutern mehr Glanz verliehen wird und das ganze Kompartiment des Parterres einem ausgezeichneten Gemälde von der Hand eines guten Meisters gleicht. [...] Was die Bedeutung des Anblicks der Kompartimente

aus der Ferne angeht, ist es besser, die Reihen in weiten als in engen Abständen anzulegen. Sonst hingegen wird die Ansicht erst wohlgefällig, wenn man näher kommt. Aufgrund der Perspektive verkürzt sich der betrachtete Gegenstand entsprechend der Entfernung. Deshalb verdecken sich die Kräuterreihen des Kompartiments, wenn man sie beim Promenieren in den Alleen aus der Ebene des Gartens sieht. Der Blick wird von den zunächst liegenden Kräuterreihen aufgehalten und kann nicht zu den anderen vordringen. Darum ist zu wünschen, daß die Gärten von oben herab betrachtet werden, sei es aus den benachbarten Gebäuden oder von erhöhten Terrassen, die das Parterre umgeben. [...]
Manche pflanzen in der Mitte oder an den Ecken der Kompartimente höhere Sträucher, wobei sie sich täuschen, denn indem sie meinen, die Kompartimente zu verschönern, verdunkeln sie damit ihren Glanz. Wenn man unbedingt will, so pflanze man weniger belaubte Bäume, deren Stamm hoch und gerade aufsteigt. Dafür ist z. B. vor allem andern die Zypresse am geeignetsten. Sie kann auch gut als Zeiger inmitten einer aus Kräutern gebildeten Sonnenuhr gestellt werden, die im Parterre die Stunden zeigt. Anstelle von Bäumen kann man seltene Antiken verwenden, Statuen, Säulen, Pyramiden, Obelisken und dergleichen Stücke aus Marmor, Jaspis, Porphyr und andern kostbaren Materialien verschiedener Farbe, deren Reichtum dem Garten viel Großartigkeit gibt. Dieselben Gegenstände aus Kräutern gebildet, sehen auch sehr gut aus und zieren den Platz zum Lobe des Gärtners (II, S. 95f.).

Der *médicinal* liegt zu seiten des *bouquetier*s und muß nicht groß sein (II, S. 13). Das Parterre soll so unterteilt werden, daß jede der zahlreichen Heilpflanzen hinsichtlich Klima und Boden den ihr gemäßen Standort hat. De Serres entwickelt zu diesem Zweck eigens terrassierte Erdpyramiden, wobei er an den Turm zu Babel, den Leuchtturm in Alexandria und den *Tourré-magne* in Nîmes denkt. Es sind Mikrokosmoi, die alle denkbaren Kombinationen der Standortfaktoren Boden, Temperatur, Feuchtigkeit und Himmelsrichtung aufweisen. Serres stellt zwei Varianten vor, eine runde und eine quadratische (II, S. 103–106). Die erste beschreibt er so:

Der große Weg soll 15 Fuß breit sein, davon gehören vier den aneinandergereihten Gärtchen für die Kräuter, die restlichen elf Fuß verbleiben als Gang und Promenade. Die Gärtchen sind ganz eben, damit man die Pflanzen dort bequem einquartieren und warten

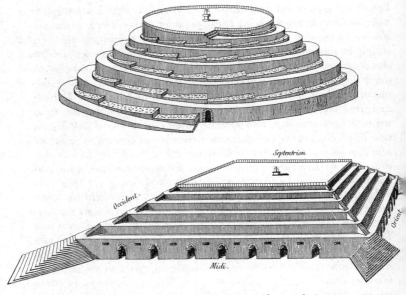

Abb. 18 Zwei *médicinals*. Idealentwürfe aus: de Serres.

kann. *Dazu werden sie auf zwei Seiten von Mäuerchen eingefaßt, die das Erdreich halten, während der Weg leicht ansteigend bleibt. [...] Will man ein Gebäude hinzutun, muß man unten im Hügel ein großes rundes Kabinett aussparen, unter dessen Gewölbe es im Sommer kühl ist und das durch Oberlichter erhellt wird, die man durch das Erdreich führt. Man tritt durch vier Alleen im gleichen Abstand, die ihre Türen in der untersten Mauer im Erdgeschoß haben, in das Kabinett ein.* Aufschlußreich für sein Verständnis des Gartens ist, daß de Serres die Heilkräuter als die *Möbel* des *médicinal* bezeichnet.

Der *fruictier* oder *verger* kann nicht weitläufig genug sein. Er soll so liegen, daß er und das Haus die übrigen Gärten schützen (II, S. 13). Die Fruchtbäume sind für de Serres das Meisterstück der Natur. *An der Kenntnis ihrer ebenso gefälligen wie nützlichen Eigenschaften kann sich der edel gesinnte Mensch erfreuen, wenn er über die Fruchtbäume von ihrer Entstehung an nachdenkt* (II, S. 129).

Besonders geht er auf Spalierobst ein (II, S. 150–155): *Diese Anordnung der Fruchtbäume heißt* espalier *oder* palissade, *bei der die Bäume in Hecken gepflanzt werden, so daß sie sich ineinander verschlingen und miteinander verbinden ohne Rücksicht auf die Art, ihre Zweige, Blüten und Früchte in aller Freiheit vom Boden bis zu der Höhe, die man ihnen geben will, hervorbringen. [...] Diese Anordnung gefällt auch, weil die Bäume sich sehr Mauern und Abgrenzungen anpassen, sie mögen gerade, gebogen oder sonst, wie man wünscht, geformt sein, und weil sie einen heiteren und ausdauernden Teppich hervorbringen, der im Frühjahr mit Blüten, im Sommer und Herbst mit Früchten und Laub geziert ist. Selbst im Winter sind diese Bäume nicht bar der Schönheit, wenn ihr nacktes, kunstvoll verschlungenes Geäst seine große Anmut zeigt.*

Es gibt bei der Anwendung des Spaliers keine Grenzen. Die Freiheit des menschlichen Geistes bestimmt hier beliebig, wie sie die Spaliere zum Schmuck des Ortes zurichtet: In zweireihige Alleen von 12–15 Fuß Breite, die einen gerade, die andern gebogen, um die Gärten herum, quer, sich überkreuzend, wie es sich am besten macht. Auch kann man damit besondere Gärten einschließen von vielerlei Gestalt, dreieckige, viereckige, achteckige, runde, ovale und andere ganz nach der Phantasie. [...] Die Kronen der Bäume werden immer dann beschnitten, wenn man merkt, daß sie das festgesetzte Maß überschreiten, das für die kleinsten 4–5, für die größten 9–10 Fuß betragen kann. [...] Wenn Ihr einige Bäume die andern überragen lassen wollt, könnt Ihr es tun, ein festes Maß vorausgesetzt, so daß Ihr etwa alle drei oder vier toises [6 oder 8 m] einen Baum um ein bestimmtes Maß höher wachsen laßt. Und schneidet sie alle in der gleichen Art, rund, pyramidal oder anders. Denn eine solche Baumreihe als Grundlage des Spaliers macht sich sehr hübsch. Auch kann man am oberen Rand des Spaliers Scharten aussparen, die Oberkante in Wellen formen oder anders, wie man will, kann unten Bogentore machen, in der Mitte viereckige, runde oder ovale Fenster.

De Serres' begeisterte Beschreibung der Orangen kann als klassisch gelten (II, S. 217): *Die große Schönheit dieser kostbaren Pflanzen läßt sich nicht in Worte fassen. Sie rührt her von dem unvergänglichen und glänzenden Grün ihres Blattwerks und von den guten Eigenschaften ihrer Früchte, die entgegen der Neigung aller anderen die längste Zeit des Jahres über am Baum bleiben. Und es vermehrt die Anmut, daß man zugleich, am selben Stamm, kleine, mittlere und große Früchte sieht, daß sogar Blüten sie lange Zeit hindurch begleiten und dem Ort, wo sie stehen, den lieblichsten Duft verleihen. Diese herrlichen Bäume in einem ihrer Natur feindlichen Klima zu ziehen, ist wahrlich die Lust der Fürsten und großen Herren. Darin ihre Großartigkeit zu bewundern ist leichter, als sie nachzuahmen.*

Die Notwendigkeit, die Mutter der Künste, habe für die Orangen die Kübel *(caisses)* erfunden. In diesen können sie *nach den Erfordernissen der Witterung und dem Gefallen der Herren* transportiert werden. Der Ort für die Sommeraufstellung aber *sei dem für den Winter benachbart, damit es weniger Mühe macht, sie vom einen zum andern zu bewegen. [...] Groß oder klein, diese Bäume schicken sich zu allem, was man mit ihnen machen will. Ja, man sieht sie in irdenen Töpfen und kleinen Holzvasen gedeihen und Früchte tragen, die ein Mensch wegen ihrer Leichtigkeit tragen kann, wohin er will, in die Häuser, an den Eingang, in die Säle und an die Fenster* (II, S. 215f.).

De Serres beschreibt auch ein Orangenhaus, für das er allerdings noch keinen Begriff hat, ebenso wie er das Wort Orangerie nicht kennt. Das erste ist eine Mauer, die vor Nordwinden schützt. *Nahe der Südseite der Mauer [...] seien die Bäume gepflanzt. 10–12 Fuß davor soll sich eine Reihe steinerner oder hölzerner Säulen oder Pilaster erheben, 12–13 Fuß hoch und im gleichmäßigen Abstand von 7 bis 8 Fuß. Sie sollen einen Balken als Architrav tragen, der die Säulen um 3–4 Fuß an Höhe übertrifft. [...] Das Dach soll aus leichten Sparren und Brettern bestehen, damit man es nach Bedarf bequem auf- und abschlagen kann. Es ist stets sehr von Nutzen, indem es Regen und Kälte hindert, bis zu den Bäumen in seinem Schutz hinabzufallen. [...] Es wird sich empfehlen, beide Enden des Quartiers dicht zu machen, damit die Bäume nur einer Himmelsrichtung, nämlich Süden, zugewandt sind. [...] In nördlichen, eher kalten Gegenden muß man kunstfertiger vorgehen, das heißt das Quartier auf allen Seiten ganz dicht machen, sogar auf der Südseite. Hier setzt man während der Zeit, da die Sonne den Bäumen nicht dienen kann, große Fenster aus Glas oder Wachstuch ein. Der Raum bleibt dabei ausreichend hell. Um die Bäume, wenn es noch kälter wird, zu wärmen, muß man Feuer anzünden [...]* (II, S. 214f.).

Würdigung: Für de Serres ist der Gartenentwurf eindeutig Sache der bildenden Kunst und damit der obersten Schicht vorbehalten, wie auch die Widmung an den König zeigt. Damit ist die Gartenkunst aus dem Gebiet der Landwirtschaft erstmals in den Rang einer höfischen Kunst eingewiesen, die vom *bon sens* bestimmt wird. Ich sehe darin den Übergang zur Barockzeit. Nur noch durch die Trennung der Gartentypen und den quadratischen Aufbau gehört de Serres' Garten der Renaissance an.

Sekundärliteratur: HENRI VASCHALDE: *Olivier de Serres Seigneur du Pradel. Sa vie et ses travaux.* Paris 1886. – Zuletzt: FERNAND LEQUENNE: *Olivier de Serres, agronome et soldat de Dieu.* Paris 1983.

FRANCIS BACON, VISCOUNT ST. ALBANS (1561–1626)

Biographie: Englischer Philosoph, Begründer der empirischen Wissenschaften.

Veröffentlichungen mit gartentheoretischem Gehalt: *On Gardens.* Nr. 47 in seinen *Essayes or Counsels, ciuill and morall,* London 1625; zahlreiche weitere Ausgaben; lateinisch London 1638; deutsch Breslau, Thorn und Leipzig 1762.

Weitere Veröffentlichungen: Über Wissenschaft, Recht, Philosophie, Utopie.

Benutzte Ausgaben: *The Works,* Bd. 6. London 1861; Nachdruck Stuttgart 1963, S. 485–492, eigene Übersetzung.

Aufgaben: *Gott der Allmächtige pflanzte als erster einen Garten. Und in der Tat ist dieses das reinste der menschlichen Vergnügen. Er ist die größte Erfrischung für die Lebensgeister des Menschen; ohne ihn sind Gebäude und Paläste bloß grobe Handarbeiten, und man wird immer bemerken, daß der Mensch, wo die Zeiten sich zu Zivilisation und Eleganz emporschwingen, eher stattlich zu bauen als zierlich zu gärtnern angefangen hat, weil nämlich die Gärtnerei die größere Vollkommenheit besitzt.*

Gestaltung – Elemente: *Nach meinem Dafürhalten muß es, wenn die Gärten königlich angelegt sein sollen, Gärten für alle Monate des Jahres geben, in denen die Pflanzen, die in dem jeweiligen Monat blühen und gedeihen, einquartiert werden.* [Es folgt eine Aufstellung von Pflanzen für alle Jahreszeiten. Bacon hebt besonders den Duft hervor und fordert, die Wege mit Kräutern zu besäen, die beim Zertreten Düfte abgeben.]

Die Größe der Gärten (ich rede hier nur von fürstlichen [...]) soll nicht weniger als dreißig acres [12 ha] *betragen und soll in drei Abschnitte geteilt werden, ein Rasenstück* (green) *am Eingang, ein Gebüsch oder eine Wildnis* (heath or desert) *am Ausgang und den Hauptgarten in der Mitte, außerdem Alleen zu beiden Seiten. Und ich finde es gut, wenn dem Rasenstück vier* acres, *dem Gebüsch sechs, den Seiten je vier und dem Hauptgarten zwölf* acres *zugeteilt werden. Das Rasenstück hat zweierlei Annehmlichkeiten: zum einen, weil nichts den Augen angenehmer ist als schön kurz gehaltenes grünes Gras; zum andern, weil es in der Mitte eine bequeme Allee abgibt, auf der man in Richtung auf eine stattliche Hecke gehen kann, die die Einfriedung des [Haupt-]Gartens ist. Weil aber die Allee lang sein wird und man bei großer Hitze der Jahres- oder Tageszeit nicht des Schattens im Garten entbehren darf, wenn man in der Sonne durch das Rasenstück geht, deshalb muß man auf jeder Seite des Rasenstücks eine bedeckte Allee pflanzen, mit Hilfe von Lattenwerk, etwa zwölf Fuß hoch, unter welcher man im Schatten in den Garten gehen kann. Was das Anlegen von Knotenbeeten* (knots) *und Figuren aus verschieden gefärbten Erden betrifft, wie sie unter den Fenstern des Hauses auf der Seite, wo der Garten ist, liegen können, das ist nur Spielerei: man kann das häufig auf Torten sehr schön sehen. Der [Haupt-]Garten ist am besten quadratisch, auf allen vier Seiten von einer stattlichen arkadenförmigen* (arched) *Hecke umgeben. Die Bögen, zehn Fuß hoch und sechs Fuß breit, müssen auf hölzernen Säulen ruhen; und die Zwischenräume müssen dasselbe Maß haben wie die Breite des Bogens. Oberhalb der Bögen soll eine geschlossene Hecke von etwa vier Fuß Höhe sein, die ebenfalls von Lattenwerk gestützt wird; und auf der oberen Hecke über jedem Bogen soll ein kleines Türmchen mit einem Hohlraum sein, der groß genug ist, ein Vogelbauer aufzunehmen; und über jedem Raum zwischen den Bögen eine bestimmte andere Figur, die etwa mit kleinen runden Glasstücken vergoldet ist, so daß die Sonne darauf spielt.*

Francis Bacon, Viscount St. Albans

Abb. 19 Rekonstruktion von Bacons Idealgarten. Für dieses Buch gezeichnet vom Verfasser.

Diese Hecke denke ich mir so, daß sie sich auf einem Absatz erhebt, der nicht steil, sondern sanft abgeböscht, etwa sechs Fuß hoch ist und ganz mit Blumen besät. Auch meine ich, daß dieses Gartenquadrat nicht die ganze Breite des Grundstücks einnehmen soll, sondern auf jeder Seite zur Abwechslung genug Platz für Seitenalleen bleiben müßte; zu welchen die beiden bedeckten Alleen des Rasenstücks hinführen mögen. Keine Alleen mit Hecken aber dürfen an den beiden Enden dieses großen Gartenteils sein; am vorderen Ende nicht, damit der Anblick dieser schönen Hecke vom Rasenstück her frei bleibt; am hinteren Ende nicht, damit der Blick von der Hecke durch die Bögen zum Gebüsch frei bleibt.

Die Aufteilung der Teile innerhalb der großen Hecke überlasse ich der Erfindung eines jeden; nichtsdestoweniger erinnere ich, daß die Form, welche immer man ihr geben mag, nicht zu aufdringlich oder überladen (busy, or full of work) sein darf. Wobei ich für meinen Teil in Wacholder oder anderes Gartenmaterial geschnittene Bilder nicht mag; das ist für Kinder. Kleine niedrige Hecken, rund, als Bordüren, mit ein paar hübschen Pyramiden, mag ich gern, und an manchen Stellen schöne von Lattenwerk gestützte Säulen. Ich wünschte auch die Alleen breit und bequem. Schmalere Alleen kann man in den Seitenteilen haben, aber nicht im Hauptgarten. Ich wünsche auch genau in der Mitte einen schönen Berg mit drei Treppen und Alleen, die für vier Personen nebeneinander breit genug sind; welche ich vollkommen kreisförmig, ohne Auskragungen oder Bastionen (bulwarks or embossements) haben möchte; und den ganzen Berg dreißig Fuß hoch; und [darauf] ein hübsches Lusthaus (banqueting-house) mit einigen nett geformten Schornsteinen und mit nicht zuviel Glas.

Fontänen sind eine große Zierde und Erfrischung; aber Teiche (pools) verderben alles und machen den Garten ungesund und voller Fliegen und Frösche. Zwei Arten von Fontänen unterscheide ich: die eine sprüht und spritzt Wasser; die andere ist ein schönes Wasserbecken von etwa dreißig bis vierzig Fuß im Quadrat, aber ohne Fische, Schlamm und Moder. Bei der ersten machen sich vergoldete oder marmorne Bilder als Verzierungen gut; aber die Hauptsache ist es, das Wasser so zu leiten, daß es niemals steht, weder im Becken noch in der Zisterne; damit das Wasser nie durch Stillstand grün oder rot oder ähnlich verfärbt werde oder Algen oder Fäulnis anziehe. Außerdem muß sie täglich von Hand gereinigt werden. Einige Stufen an ihrem Rand und ein zierliches Pflaster rundherum sehen gut aus. Was die andere Art Fontäne betrifft, welche wir bathing pool nennen mögen, läßt sie mehr Besonderheit und Prächtigkeit zu; worüber wir uns nicht den Kopf zerbrechen wollen: z. B., daß der Fußboden zierlich und mit Bildern gepflastert wird, die Seiten ebenso; und gleichfalls mit gefärbtem Glas und ähnlichen glänzenden Materialien verziert; auch mit zierlichen Geländern niedriger Statuen umgeben.

Die Hauptsache aber ist dieselbe, die wir bei der vorigen Fontänenart genannt haben; nämlich, daß das Wasser in ständiger Bewegung sei, der Zufluß von einem höher als der Teich gelegenen Wasser erfolgt und daß es in schönen Strahlen hineinläuft und dann durch einige gleich große Öffnungen unterirdisch abfließt, damit es nicht lange steht. Und was zierliche Erfindungen betrifft, Wasser im Bogen springen zu lassen, ohne daß es ausläuft, und ihm im Steigen verschiedene Formen zu geben (von Federn, Trinkgläsern, Vorhängen usw.), so sind das niedliche Dinge wohl zum Anschauen, aber sie tragen nichts zur Gesundheit und Frische bei.

Das Gebüsch, den dritten Teil unseres Grundstücks, wünschte ich soweit wie möglich als natürliche Wildnis gestaltet. Bäume wollte ich darin keine haben, aber einige Strauchpartien ganz aus Wildrosen und Geißblatt und dazwischen etwas wilden Wein; und den Boden mit Veilchen, Erdbeeren und Primeln bepflanzt. Denn diese duften süß und vertragen Schatten. Und diese sollen hier und dort im Gebüsch sein, nicht in irgendeiner Ordnung. Auch mag ich kleine Haufen in der Art von Maulwurfshügeln (wie sie in wilden Gebüschen sind), einige mit wildem Thymian, einige mit Nelken, einige mit Vergißmeinnicht besetzt, das dem Auge eine angenehme Blüte bietet; einige mit Immergrün, einige mit Veilchen, einige mit Erdbeeren, einige mit Schlüsselblumen, einige mit Gänseblümchen, einige mit roten Rosen, einige mit Maiglöckchen, einige mit roten Nelken, einige mit Nieswurz und dergleichen niedrigen Blumen, die zugleich duften und schön aussehen. Ein Teil dieser Haufen möge oben mit Gruppen kleiner Sträucher gespickt werden und ein Teil nicht. Die Gruppen mögen Rosen, Wacholder, Stechpalmen, Berberitzen (nur hier und da, wegen des Geruchs während der Blüte), rote Johannisbeeren, Stachelbeeren, Rosmarin, Lorbeeren, Wildrosen und dergleichen sein. Aber die Gruppen müssen unter Schnitt gehalten werden, damit sie nicht unförmig werden.

Die Seitenteile muß man mit vielen heimlichen Alleen, damit einige von ihnen immer dichten Schatten geben, wo die Sonne auch stehen mag, bestücken. Einige von ihnen muß man auch geschlossen ausbilden, damit man bei scharfem Wind darin wie in einer Galerie wandeln kann. Und jene Alleen müssen auch an beiden Enden, um den Wind abzuhalten, mit Hecken verschlossen sein; und diese geschlossenen Alleen müssen stets mit feinem Kies und nicht mit Rasen bedeckt sein, damit man nicht im Nassen geht. In vielen dieser Alleen kann man auch Obstbäume aller Art pflanzen, sowohl an den Mauern als auch in Reihen. Und immer wäre zu beachten, daß die Erdstreifen (borders), in die man die Obstbäume pflanzt, fruchtbar und breit und tiefgründig und nicht steil seien und mit zierlichen Blumen besetzt, diese jedoch zerstreut und locker, damit sie nicht den Bäumen ihre Nahrung entziehen. Am Ende der beiden Seitenteile würde ich einen recht hohen Berg haben, der die Mauerkante überragt, damit man weit in die Felder sehen kann.

Im Hauptgarten lehne ich einige hübsche Alleen mit Obstbaumreihen auf beiden Seiten gar nicht ab; und auch einige nette Obstbaumbüsche und Lauben mit Sitzen in schicklicher Anordnung sollen dort sein; sie dürfen aber keinesfalls zu dicht gesetzt werden, sondern sie müssen den Hauptgarten frei lassen, so daß er nicht beengt wird, sondern die Luft offen und unbehindert ist. Denn des Schattens wegen, sage ich, hält man sich in den Alleen der Seitenteile auf, wandelt dort, wenn man will, während der heißen Jahres- oder Tageszeit; dagegen muß gehalten werden, daß der Hauptgarten für die gemäßigteren Teile des Jahres und während der Sommerhitze für den Morgen und den Abend oder bedeckte Tage ist.

Vogelhäuser mag ich nicht, außer solche von derartiger Größe, daß sie mit Rasen ausgekleidet und innen mit lebenden Kräutern und Sträuchern bepflanzt werden können, damit die Vögel mehr Bewegungsraum und natürliche Nistplätze haben und damit kein Kot am Boden des Vogelhauses erscheint.

Nun habe ich ein Programm eines fürstlichen Gartens gemacht, teils durch Richtlinien, teils durch Andeutungen, kein Muster, sondern ein paar Grundzüge davon; und hierbei habe ich keine Kosten gespart. Es ist aber nicht für große Fürsten bestimmt, die meistens Fachleute zu Rate ziehen, mit nicht weniger Kosten ihre Sachen zusammensetzen und manchmal Statuen und dergleichen um der Pracht und Großartigkeit willen hinzutun, was aber zum wahren Gartenvergnügen nichts beiträgt.

Würdigung: Bacon beschreibt einen aufwendigen imaginären Garten in der Tradition Estiennes und Palissys, der, obwohl überwiegend geometrisch, in seinem hinteren Teil eine ungeordnete

Wildnis enthält. Dieser starke Kontrast mag als Ausdruck des Manierismus gewertet werden.

Sekundärliteratur: In den englischen Gartengeschichtswerken hat Bacon von Anfang an seinen Platz, wird jedoch je nach Zeitgeschmack sehr unterschiedlich interpretiert. Spezielle wissenschaftliche Arbeiten über Bacons Garten sind mir nicht bekannt.

JOSEPH FURTTENBACH D. Ä. (1591–1667)

Biographie: Ulmer Architekt und Architekturschriftsteller. Verbrachte sein 16. bis 26. Lebensjahr in Italien. Sein Werk ist von den dort empfangenen Eindrücken geprägt.

Veröffentlichungen mit gartentheoretischem Gehalt: Gärten behandeln vor allem die *Architectura Civilis* (Ulm 1628), die *Architectura Recreationis* (Augsburg 1640), die *Architectura Privata* (Augsburg 1641) und der *Mannhafte Kunstspiegel* (Augsburg 1663). Weitere interessante Erwähnungen von Gärten finden sich in der *Architectura Universalis* (Ulm 1635) und im *Gewerbstatt-Gebäu* (Augsburg 1650). Nachdruck aller Schriften Hildesheim und New York 1971.

Weitere Veröffentlichungen: Erstes Buch: *Newes Itenerarium Italiae*, Ulm 1627 (Reiseführer für Architekten). Weitere Bücher über Kriegsgerät und Schiffsbau.

Welche **Aufgaben** Furttenbach dem Garten zumißt, müssen wir aus den einzelnen Beschreibungen herauslesen, da er als Praktiker sich nirgends grundsätzlich zur Gartenkunst äußert. Als erstes mußte der Garten vor den raubenden Horden geschützt werden, die damals das Land verwüsteten (1640, S. 21). Nutzen und Vergnügen sind stets verbunden. Im Schlußwort einer Gartenbeschreibung sagt Furttenbach (1640, S. 20): *Wann nun die Gebäw vnd Garten außtheilungen jetzt erzehlter massen angestellt werden/so wird man nicht allein darvon den vilerwehnten Zweck einer recreation, Ergötzlichkeit vnd Lust empfinden/sonder auch hierbey nicht wenig Nutzen haben.* Die immer wieder verwendeten Begriffe für das Gartenvergnügen sind *Augenlust, angenehmer Prospect, Recreation, Hertzen Frewd* und *Erquickung*. Im besonderen werden *spatzieren gehn* und *ruhen* unter Laubengängen erwähnt, auch das Scheibenschießen, das Erlegen von Wild und auf dem Tummelplatz zwischen Schloß und Garten auch Turniere, Ringelstechen, Ballspiele usw. (1628, S. 31). Statuen geben *ein angenemen Augenlust und gute historische Considerationen* (1640, S. 23). Bei der Beschreibung einer Grotte wird das natürliche Baumaterial (Muscheln) zum transzendenten Gleichnis (1628, S. 35f.): *Darinnen dann fürnehmlich die allmacht Gottes/vnd der Maister allerding vilfaltig zu spüren/in dem das wilde Meer auß seinem befelch/solche so wol geformierte Corpora, (welches einige menschen hand nachzuthun nit vermag) mit so mancherley schönen farben/vnd dergleichen wunderding/ dem Menschen zur ergötzlichkeit generirt, vnd außwerffen thut/ darauß hernach Er der sterbliche Erdensbesitzer durch den von Gott ihme auß Gnaden eingepflantzten Verstand/allerhand schöne Zieraden zusammen ordnen/vnd endtlich ein solch liebliches wesen componiren thut* [...]. An anderer Stelle heißt es (1641, S. 12), daß man durch die Gärtnerei *zuvorderst den allein weisen Gott/als den Schöpffer aller Dingen/wie herrlich vnd zierlich er dise Gewächs bekleydet vnd ornirt, lernet erkennen/der Mensch hierbey zum eyferigen Gebett angereitzt wird/beneben seines vergänglichen Lebens sich zu erinnern hat.*

Die Gärten werden nach Gesellschaftsklassen unterschieden. So heißt es beim Thema Grotten (1641, S. 59): *Erstlich vnd fürnemblich so hat der Bawmeister in gute Consideration zuziehen/für was Qualiteten der Herren/oder Personen/er zubawen befelcht seye: Ob es Fürstliche/Gräffliche/Herrenstand: oder Adeliche Personen/ oder aber auch nur für ein gemeine Privat Person zu dienen habe/ damit ers nit zu hoch/oder gar zu kostbar anlege/vnd hierdurch der Seckel nit zu wehklagen habe.*

Furttenbach stellt 1628 einen fürstlichen, 1640 vier bürgerliche, je einen adligen, freiherrlich oder gräflichen und fürstlichen und 1641 seinen eigenen Garten ausführlich vor, außerdem 1663 einen öffentlichen Garten, der teilweise für die Schuljugend bestimmt ist. In Grundzügen grob erwähnt werden außerdem ein königlicher Garten (1663, S. 151) und – besonders bemerkenswert – ein Friedhof (1628, S. 75–78), ein Schul- und zwei Lazarettgärten (1635, Nr. 16 und 25) sowie ein Spital- und Findelhausgarten (1650, S. 35).

Joseph Furttenbach d. Ä.

Gestaltung: Von den neun ausführlich dargestellten Privatgärten liegen nur drei bürgerliche in der Stadt, sechs aber frei vor der Stadt, direkt am Wohnhaus. Der öffentliche Garten sowie ein Phantasiegarten ohne zugehöriges Haus, der 1640 als Titelblatt vorangestellt ist, liegen ebenfalls auf dem Lande. Dieser wird von einer massiven Galerie umgeben, deren Dach als Wandelgang dient und die am Ende des Gartens mit einer Aussichtsloggia (vgl. Werner Knopp: *Das Garten-Belvedere*. Berlin/München 1966) gekrönt ist. Bei diesem Entwurf ist vom Galeriedach die Aussicht ins Land möglich. Im Text allerdings wird nur der Blick über den Garten genannt. Aus der Ebene des Gartens selbst ist hier wie bei allen anderen Entwürfen keine Aussicht möglich. Die umgebende Landschaft wird teils schematisch, teils gar nicht dargestellt. Die drei Stadtgärten und der öffentliche Garten sind von Mauern umgeben, die sechs Privatgärten vor der Stadt bis auf einen von Fortifikationen mit Wassergräben.

Die Größe der Gärten läßt sich aus den bemaßten Grundrissen errechnen: Die bürgerlichen Stadtgärten umfassen 343, 433 und 548 m^2, die bürgerlichen Lustgärten vor der Stadt 8433 und 416, der adlige 1925, der freiherrlich/gräfliche 12 511, die fürstlichen 46 704 und 71 447 und der öffentliche 6567 m^2.

Die Gärten liegen möglichst nach Süden und gegen die Westwinde verwahrt (1641, S. 12).

Der wichtigste Teil des Gartens ist der *Blumen- oder Lustgarten*, der direkt am Haus liegt und im beengtesten Fall fast den ganzen Garten ausmacht (1641). Sonst kommen, selbst bei bürgerlichen Stadtgärten, hinter dem Blumengarten *Kuchengarten*, *Baumgarten* und *Pomerantzengarten* hinzu. Freiherr, Graf und Fürst können sich außerdem einen *Thiergarten* leisten.

Der Blumengarten besteht aus Beeten, die *Außtheilungen* genannt und entweder mit Brettern (1641) oder mit Buchs (1628) eingefaßt werden. 1641 zählt Furttenbach die Bepflanzung aus Frühjahrsblühern auf: Kaiserkrone, Tulpe, Türkenbund, Narzisse, Hyazinthe, Iris, Schachblume, Anemone, Krokus, Milchstern und Ranunkel (S. 12–14). Der Blumengarten besteht fast immer aus vier durch ein Wegekreuz getrennten Teilen. In der Mitte steht ein Schalenbrunnen, der, wenn hierfür kein anderer Platz ist, von einem *Fischgrüblin* umgeben wird. Meist auf drei Seiten wird der Blumengarten von einem *Drietter* (Laubengang) umgeben, der meist mit Steinobst besetzt ist, gegen das Haus aber durch ein *Geländer* aus *Postamentlin und Palaustrelli oder Säulen* (Balustrade), auf welcher irdene *Vasi oder Geschirr* mit Nagelblumen oder Rosmarin stehen, mitunter bemalt. In größeren Gärten gibt es seitlich des Blumengartens *Fischweiher,* evtl. mit einer Insel in der Mitte, und *Vogelhäuser* aus Eisenstangen und Messingdraht.

Kuchen- und *Baumgarten* sind schmucklos bis auf einen einfachen Brunnen bei den größeren Anlagen. Laubengänge als Einfassung fehlen hier. Im *Baumgarten,* der nur aus Fruchtbäumen besteht, kann ein *Vogelherd* zum Fangen wilder Vögel untergebracht werden. Der *Pomerantzengarten,* der auch Feigen und Granatäpfel enthalten kann, liegt meist entfernt an einer Südmauer.

Elemente: Oft stehen kleine Häuser im Garten. Furttenbach selbst besaß ein *Salotto oder Säälin,* beim Freiherrn, Grafen und Fürsten spricht er vom *Palazotto oder Garten Pallästlin.* Es sind Miniaturhäuser auf rechteckigem Grundriß mit Übernachtungsmöglichkeit. Zum *Palazotto* gesellen sich Kapelle, Wachtstube für Soldaten zur Aufwartung (1640, S. 27). Das liebste Gartengebäude ist für Furttenbach aber die Grotte, der er viele bis ins kleinste Detail gehende Ausführungen widmet. Besonders begeistert hat ihn die in des Herrn Pavese Garten zu S. Pietro di Arena bei Genua (1627, Tf. 19), die ihn schon in seinem Reiseführer zu einem eigenen Entwurf anregte, der dann 1628 übernommen ist. In die inneren Grottenwände sind Höhlen eingelassen, in welchen Figuren sitzen: in der hinteren Wand in der Mitte Orpheus, umgeben von den durch seine Kunst bezwungenen Satyr und Neptun, in den seitlichen Wänden die vier Erdteile, von denen Europa als Herrscherin ein Zepter trägt. Ein Wassergraben trennt die Figuren vom Betrachter, der vorn in der Mitte auf einer gepflasterten Plattform steht oder auf hingebrachten Sesseln sitzt. Von hier kann man auch die Fische im Graben füttern. Inmitten der Plattform tritt ein Wasserrohr aus, das mit verschiedenen Aufsätzen und Kugeln versehen werden kann. Wände und Decken sind mit Tuffstein, Felsen, vor allem aber mit vielfältigen Muscheln, Schnecken und Korallen aus dem Ligurischen Meer bekleidet, deren Zusammensetzung zu Rosen Furttenbach mehrere Tafeln widmet. Dazwischen sind noch verschiedene Wasserspiele angebracht, jedoch ohne daß der Besucher naß wird (S. 35–48).

Abb. 20 Schnitt durch die Muschelgrotte in Furttenbachs eigenem Garten zu Ulm. Aus: Furttenbach 1641.

Gartenfiguren werden außer bei den Grotten und Brunnen im adligen und im fürstlichen Garten erwähnt. In den Nischen der Umfassungsmauer des ersten stehen elf *Statua von alten Römischen Keysern oder sonsten hochbenanten Helden/die mögen von Letten possiert/hernach wol gebränt* [sic]*/vnd Metalfarb gmahlt werden; die geben in den Creutzgängen ein angenemen Augenlust,* das heißt, sie sind als Blickfänge der Querwege aufgestellt. Der zwölfte Kaiser bekrönt einen Brunnen im Küchengarten (1640, S. 23). Im fürstlichen Garten stehen 16 *von Metall gegossene Statuae* an den Ecken der Blumenbeete (1628, S. 32).

Architektur aus Bäumen finden wir nur im ersten bürgerlichen Garten vor der Stadt. Dort gibt es *Daß vier Schuch breite vnd 6. Schuch hohe grüne Gehäg/welches mit sonderbarem fleiß auffgezogen fein sauber beschnitten/vnd in gutem Wolstand/als ob es ein Maur were/vmb den gantzen Garten herumber geführt wird/darmit dann gleichfalls die Rondöl auch umbzingelt werden.* In dieser Hecke stehen zypressenförmig geschnittene Obstbäume. Innerhalb der genannten sechs Rondelle auf runden Bastionen stehen Rundtempel aus Linden, die Furttenbach so beschreibt (1640, S. 13): *seynd* [je] *sechs fruchtbare Hauptbäum/aber solcher massen ausgebreitet/vnd verlegt (wie man dann etwann die Lindenbäum auffzubinden vnnd zu verlegen pflegt) daß sie hernach als wie ein Cupola anzuschaweens/Alsdann von dem Fußtritt an 8. Schuch in die höhe gemessen/allda ein Bretterner Boden in selbiger höhe gelegt wird/darob man nit allein ein schönes Außsehen/sonder auch Recreation haben kan/nach deme daß etwann der beysammen findende Gemüther diß/oder jenes zu kurtzweilen sich vereinbarn werden.*

In der Mitte des öffentlichen Gartens steht ein achteckiger Pavillon, der ebenfalls *Cupola* genannt wird.

Beispiele: Zwei Gartenbeschreibungen will ich nun im Zusammenhang zitieren. Zunächst die des fürstlichen Lustgartens (1628, S. 31–35):

1. Ist der Eingang/vnd eben das hindere Portal deß Pallasts ... zum Lustgarten/allda/vnd bey

2. hat es ein Rennbahn/oder Tummelplatz/der ist 300. Palmi lang/vnd. 50. Palmi brait/welcher Platz nit allein zum tummeln der Pferden/sonder auch zum Thurnieren/Ringelrennen/Fechten/Schiessen/

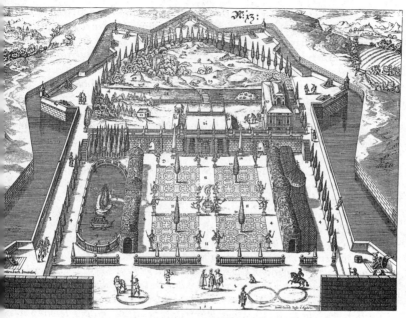

Abb. 21 Fürstlicher Lustgarten aus: Furttenbach 1628.

vnd Ballschlagen/so wol auch zu allen dapfern mannhafften exercitien zu gebrauchen ist.

3. allda/vnd ring vmb disen Lust: vnd Thiergarten wirdt ein fortification, vnd Befestigung mit vmbgebenem Wassergraben geführt/ welche mit grobem Geschütz/vnd Soldatesca nach Notturfft versehen ist. Auff disen Wählen kan man mit sonderbarer Ergötzlichkeit vmb den gantzen Lust: vnd Thiergarten spatzieren gehn/auch darob wa/vnd an welchem ort es einem Herrn beliebig/das Gewild durch den Schuß fällen.

4. Seind. 4. Spatziergäng/jeder ist. 16. Palmi brait/vnd. 126. Palmi lang.

5. Zu beeden seiten wird zwey trietter/oder mit Bäumlin von mancherley steinobs bedeckte Spatziergäng. Jedes ist. 16. Palmi brait/vnd. 126. Palmi lang/dz jenige so zur lincken am Vogelhauß steht/ist dahin angesehen/damit man vor der Sonnenhitz am schatten

darunter spatzieren gehn/vnd die Vögel durch das herabhangend Laub nit erschröckt/sonder daß man jr gesang/vnd freyes Gebahren nach notturfft sehen/vnd vernemmen möge. Vnter disem trietter werden auch hierzu dienliche bänck vnd tischlin gefunden/allda zu ruhen/vnd recreation zu haben. Auff der andern seiten am Teich/ oder am Fischweiher/hat es ein gleichförmig trietter/so auch wie gemeldt/mit 5. bemerckt/vnter welchem nit weniger vor der Sonnenlast spatzieren zu gehn/vnd der im Teich vmbherschwimmenden Fische wesen zu erschawen. So wird vnter diesem tritter ein Schießtafel/ oder auch ein trucho [trucco = Kugelspiel] *zum kurtzweilen zu finden seyn.*

6. Ein Teich/oder Weiher so. 58. Palmi brait/vnd. 126. Palmi in die länge sich erstreckt. Der ist mit zierlichen geländer/wie ein Galleria, mit Postamentlin/vnd Pallaustrelli vmbgeben/vnd wird von mancherley Fischen wol besetzt. Durch das trietter. 5. diser seits/vnd vber die Brucken

7. mag man in die Insul

8. hineinkommen: Ob welcher Insul ein kleines Wäldlin/sampt allerhand springenden Wassern/also daß Sommerszeiten ein grosse recreation allda zu erholen ist. Auff der Brucken 7. werden die Fisch gespeist/vnd ist allda jhrem wesen vnd wimmeln mit lust zuzusehen. Es hat auch gute gelegenheit auff Schifflin in dem Teich spatzieren zu fahren/Gestech/vnd andere Schawspil nach wolgefallen anzurichten.

9. Allhier ist ein Vogelhauß/darinnen von mancherley Arten Vögel zu finden/welche dann wegen jhres lieblichen Gesangs nit allein holdselig zu hören/sonder auch durch jr vmbschwaiffen lustig zu sehen seind. Dises Vogelhauß ist. 20. Palmi brait/vnd. 126. Palmi lang/ sein Corpus wird von eisern Stangen geformirt/mit mössinem geflochtenen Dratt vberzogen/vnd jnnwendig mit Zipressen/oder auß mangel derselben mit Thannenbäum besetzt/an drey Orten aber hat es lustige springende Wasserbrünnlin.

10. Das seind 4. von Buchß modulierte Außthailungen zum Gartenwerck/welche samentlich von allerhand schön Blumwerck besetzt/vnd solcher gestalt geordnet/daß stätigs etwas newes sich sehen läst: Wie dann hierinnen der vernünfftige Gärtner Lob vnd Ruhm zu haben desidirirt, dem Herrn vnd Frawenzimmer fürnemblich in disem wolgefälliges genügen zu schöpffen. Jede dergleichen Außthailung ist. 53. Palmi in die Vierung groß/an den 4. Ecken der-

selben/vnd auff Postumenter stehn 16. *von Metall gegossene/vnd künstlich gearbeite Statuae, welche nit allein den Garten helffen zieren/sonder sie verursachen auch andere der Kunst angenehme gedancken/darmit wirdt das Gemüth erfrewet/vnd die Zeit kurtz geachtet.*

11. Seind 4. Gäng zwischen den Außthailungen/jeder ist. 20. Palmi brait. Dise vnd alle andere gäng im Garten werden mit grobem Sand beschütt/damit kein Graß herauß wachse/der Regen sich darinnen versencke/vnd man also jederzeit mit trucknem Fuß darob zu spatzieren gute Gelegenheit habe.

12. Ein von Marmor/oder andern Steinen sehr künstlich gearbeyter Brunnen/mit dero habenden schönen metallin Figuren/die gar vil vnd zierlich Wasserspiel von sich geben/wie es dann hierinnen der vernünfftige Architetto schon recht anzustellen wirdt wissen.

13. Hier steht ein grosse Grotta, auff die Italianische manier/ welche dann nit allein wegen jhrer ansehnlichen faziata, sonder auch derjnwendigen Wasserspiel/vnd Meergewächß halber/den gantzen Garten zieren thut. [. . .]

14. Allda stehen zu beeden seiten auff Postamenter zwo Pyramides, nach der alten Römer manier auffgericht/welche von ferne dem Garten ein heroisch Ansehen machen.

15. Zu beeden seiten sind zway Portal, durch welche man vom Lustgarten/in den Thiergarten kommen kan.

16. Auch zu beeden seiten/befinden sich stiegen/darüber auff die Wähl vnd fortification zu gelangen ist.

17. Ein Wäldlin von Zipressen/oder aber von andern Bäumen gar dick besetzt/darinnen Sommerszeiten still/einsam/vnd lustig zu verharren ist.

18. Zu beeden seiten stehn zwo von metall gegossne statuae, damit wann man durch die trietter hinunter spatziert/allweg ein dergleichen Statua im gesicht/vnd Prospectivischer Weiß dem Menschen Ergötzlichkeit verursachen thue.

19. Ein Platz zwischen den Außthailungen vnd der Grotta, welcher ist. 30. Palmi brait.

20. ein offene Galleria, oder Spatziergang (der ist. 16. Palmi brait) vnd zu beeden seiten mit Postamentlin/darob kleine Pyramides, vnd darzwischen artige säulen/oder Pallaustrelli, gar zierlich erbawen: vber welchen/vnd auff die Grotta

21. mit sonderm Lust/vnd also über die gantze braite deß

Gebäws zu spatzieren vnd zu gehn ist. Allda dann auff der einen seiten der Pallast vnd Lustgarten: auff der andern seiten aber der Thiergarten zu sehen. [...]

22. *ist ein Capella oder Kirchlin/allda der Gottesdienst in stiller ruhe/vnd an einem einsamen Orth verricht mag werden.*

23. *Das ist ein Vogelfang/oder Vogelherd/zu Herbstzeiten/die wilde Vögel nach Italianischer Art/mit dem visco* [Vogelleim] *oder kleb/oder aber auch nach Teutscher manier/mit dem Deckgarn zu bestättigen* [fangen]*/zu hinderst an disem Vogelherd hat es auch ein Stiegen/darüber man auff den Wahl kommen kan.*

24. *ein wachthauß/allda deß Herrn Leibguardia jr glegenheit zu auffwarten (wann der Fürst vnd Herr im garten sich befind) haben.*

27. *ein kleiner Pallazotto, so in der wildnuß steht/dahin angesehen/daß nach lang getragenem last des Regiments/ein Fürst vnd Herr Sommerszeit allda zu Abends ein stillen ort/vnd absonderliche Wohnung habe/ein gemüth/durch hörung deß Vogelgesangs/vnd besichtigung mancherley gewilds/oder auch in fellung desselbigen die gedancken also zu erquicken/dz sie deß andern Tags desto beraiter/vnd williger widerumben die jhr von Gott auffgetragene Regierung erdulden könden. Es ist aber ermeldter Pallazotto also gebawen/daß bey*

30. *ein runder Thurn auffgericht/der in den wassergraben.* 28. *respondirt, auß welchen man das Gewild nit allein (sonderlichen wann sie samentlich zu morgen vnd abends zum trincken nothwendigkeit halber kommen müssen) wol sehen/sonder auch (nach dem es dem Herrn belieben thut) durch einen schuß solches fellen kan. Vnd nahendt bey ermeldtem Pallazotto ist ein Insul/mit*

26. *bemerckt/welche gantz mit Wasser vmbgeben/allda hat es ein durchlöchert vnd außgehöltes Berglin/in welchem die Külle* [Kaninchen] *ihr gelegenheit haben/die dann mancherley Kurtzweil mit jrer hurtigkeit vnd spielen causiren* [verursachen]*, welches dem Frawenzimmer vil belustigung bringt/vnd mögen dise Külle zum lust vom Frawenzimmer mit Palläster geschossen/aber wol auch mancher fehlschuß bey solcher kurtzweil ein gelächter zu verursachen/gethan werden/hinter dem gedachten Pallazotto hat es abermahlen ein stiegen auff den Wahl zu kommen/Der Sito zwischen dem Portal.* 15. *biß an das geländer deß Wassergrabens/ist.* 60. *Palmi brait.*

25. *ist ein Auffzugbrucken/darüber in Thiergarten zu kommen.*

28. *ein Wassergraben/der ist.* 25. *Palmi brait/vnd also gericht/dz*

*die seiten/oder die jenige maur so gegen dem Pallazotto zustehet/
bey. 15. Palmi in jhrer Höhe habe/damit das Gewild nit hinüber
kommen möge. Auff der andern seiten/vnd gegen den Thiergarten
aber/solle der vfer deß Grabens denselbigen sito wagrecht kommen/
damit die wilde thier zum trincken vnd baden jr gelegenheit haben.
In disem wassergraben mögen allerhand so wol von wasserkugeln/
als nit weniger von Schloß/Drachen vnd Schiffewrwerck angestelt
werden [...]
29. Diß ist der Thiergarten/der mag in der grösse nach eines Herren belieben erbawen werden/darein kan man allerhand wilde thier
lauffen lassen [...].*

Die *Architectura Recreationis* wird mit einem Gedicht eingeleitet,
in welchem sich folgende Beschreibung des Phantasiegartens befindet:

*Das wider auffrecht stehn die Fürstliche Palläste/
Gräff-Adeliche Sitz/all vmbgeißne Läste/
Inn- vnd ausser der Statt/in reparation
Deß verfallnen Teutschlands sey Recreation.*

  *Daß so der liebe Teutsch-Leser nun werd ergötzet/
Welchen der grimmig Mars hat lang gnug vmbgehetzet/
Bieth er gutwillig sein Hand/mit reverenz
Will ich ihn führen an gronende Fridens grentz.*

  *Vnd Erstlich zwar zu eim schön Lebhafften Lustgarten/
Beliebts ihm geh er nein/ich will heraussen warten/
Vnd zuvor sehen recht in acht Nichien stehn/
Adam bey Christo/sampt dem Frühling/Sommer schön;*

  *Bey Eva Mosen/kein allt-zottigen Priapen/
Den Herbst/den Winter auch in warmen Beltz vnd Kappen,
An beeden Seiten doch vnd was vergaff ich vil?
Mein Cameraden drinn verlier? weitter ich will!*

  *Halt! weil all guter Ding drey seynd/auch drey hieraussen
Acht ich erst/in der mitt ein Haupt Portal/zwey aussen*   A.B.C.
*An beeden Ecken/da Gewölbe rings an der kühl
Vnder der Galeerie spatziert man offt vnd vil.*

  *Doch weils noch früh vnd kühl/die kühle Gäng ich lasse
Bschlossen/durchs Haupt Portal wandle die mittel Strasse
Gerader Lini nein/daß ich alles auß eckh
Dem Leser auch dort weiß die schöne Negelnstöck* [Nelken]/
                                             D.D.D.D.

Abb. 22 Idealgarten. Titelblatt zu Furttenbach 1640.

So sampt dem Roßmarin auff vier Gelendern stehen;
Vier Außtheilungen ihn fürbaß auch lasse sehen E.E.E.E.
Mancherley Blumenwercks; Fraw Venus in der mitt/ F.
Sampt ihrem blinden Kind/liebreiche Ström außschütt:
 Damit wir nicht zu nah Jhr gehen/auff die Seiten
In d' Wäldlin von Cypreß wolln wir vns allgemach leiten/ G.G.
Der Waldvöglin Gesang im grünen hören an/
Vnd Fueß für Fueß gehn forth/biß wir kommen hinan:
 Da ein Fiecht/vnd ein Lind außgebreit/vnd verleget H.H.
gleich wie ein Cupola/mit grünem gantz vmbhäget/
Da können rasten wir/vnd all des Gartens zierd
Vbersehn mit sonderm Augenlust vnd begierd.
 Aber es sieht jhm gleich/als wann hier in der höhe/
Vor Hitz vns werden möcht bald ohnmächtig vnd wehe; I.
Orpheus ein offne Grott vnd Teich weist dort/da viel
Fisch vmbwimlen/daß vns schlägt vnders Gsicht das kühl.
 Hergegen sticht die Sonn sehr heiß auff vns von hinden/
Daß wir vornen bald Frost/hinden bald Hitz empfinden:
Drumb jene Principal-Grott zugedeckt alldort K.
Ein temperierten Lufft hat gwiß? wir wollen fort!
 Allda die Wasserwerck vnd seltzam Meergewächse/
Bsehen ich hiencke dran ein Stund drey oder sechse/
In disem Nimpfen Hauß alles recht auß zustüren/
Vnd ein Poetischen Discurs darob zuführen.
 Doch ist die zeit zu kurtz/der Weeg ist noch zu weite/
Dort zwo Stiegen hinauff müssen wir allbereite/ L.L.
In Persianer Saal/in der Götter Lusthauß/ M.
Den Garten vbersehn/zum zweitenmal dortauß.
 Jetz ob der Galeeri drauß ebens Fueß wir können N.N.N.N.
Das gantze Werck vmbgehn/jedes mit Nahmen nennen.
Gott geb zum Drittenmal was wir hier vbersehn/
Daß wolgerath/sich mehr/blüh/vnd fest bleibe stehn!

Würdigung: Zur Bedeutung Furttenbachs sagt Hennebo (1965, S. 97f.): *Seine besondere und wenigstens teilweise zukunftsträchtige Leistung möchte ich in zwei Grundzügen seines Werkes sehen. Einmal darin, daß er den Blick der Deutschen erneut auf die künstlerischen Leistungen Italiens [...] lenkte [...]. Zweitens aber ist Furttenbach überhaupt unter den deutschen Baumeistern der erste, der* *sich mit den Problemen der Gartenarchitektur eingehender beschäftigt hat [...]. Wenn Furttenbach in seinen Schriften Bauwerk und Garten, Architektur und Gartenkunst als gleichwertige Partner behandelt, so war das ein bedeutsamer Schritt auf dem Wege zu ihrer Vereinigung und endlich zu ihrer Verschmelzung im barocken Gesamtkunstwerk.*

Sekundärliteratur: SENTA DIETZEL: *Furttenbachs Gartenentwürfe.* Nürnberg 1928. – DIETER HENNEBO und ALFRED HOFFMANN: *Geschichte der Deutschen Gartenkunst,* Bd. II. Hamburg 1965.

JACQUES BOYCEAU DE LA BARAUDERIE

Biographie: Hugenotte aus dem Kleinadel der Saintonge, Kammerherr und Intendant der königlichen Gärten.

Veröffentlichungen mit gartentheoretischem Gehalt: *Traité du Jardinage.* Posthum Paris 1638, 87 S. mit drei Büchern, die die naturwissenschaftlichen Grundlagen, Bäume und Gestaltung behandeln. Kupfertafeln. Weitere Ausgaben 1640 und 1688 sowie (ohne die Tafeln) 1678, 1689 und 1707.

Benutzte Ausgaben: 1638, eigene Übersetzung.

Entwerfer: In Kapitel 13 des ersten Buches beschreibt Boyceau die nötigen Eigenschaften eines Gärtners: *Ebenso wie wir für unseren Garten junge Bäume mit aufrechtem Stamm, von gutem Wuchs, allseits von Wurzeln gut gestützt und von guter Rasse, auswählen, so nehmen wir auch einen jungen Burschen von gutem Charakter und gutem Verstand, den Sohn eines guten Arbeiters, der nicht schwächlich ist, sondern erwarten läßt, daß er mit dem Alter starke Körperkräfte entwickelt. Während wir diese Kraft abwarten, wollen wir ihn lesen und schreiben lehren, zeichnen und entwerfen (pourtraire & desseigner). Denn von der Zeichnung hängen Kenntnis und Beurteilung der schönen Dinge ab, und sie ist Grundlage der Mechanik. Ich verlange nicht, daß er es bis zum Maler oder Bildhauer bringt, aber daß er sich grundsätzlich mit den Teilbereichen beschäftigt, die seine Kunst betreffen, wie mit Kompartimenten,*

Blattwerk, Moresken und Arabesken usw., aus denen gewöhnlich die Parterres bestehen.

Aufgaben: Bereits der volle Titel ist sehr aufschlußreich: *Traité du Jardinage, selon les raisons de la nature et de l'art.* Raison ist der Schlüsselbegriff der französischen Klassik (Knabe 1972).
Die alte funktionale Trennung in Blumen-, Küchen-, Baum- und Heilkräutergarten sei nur Privatleuten geringen Vermögens angemessen. *Wir aber wollen Gärten machen, die zugleich Vergnügen und Nutzen bringen. Sie sind nicht Leuten niedrigen Standes angemessen, sondern nur Fürsten, Edelleuten und Geldadligen (Princes, Seigneurs & Gentilshommes des moyens). Denn schöne Gärten sind aufwendig herzustellen und zu unterhalten [...]. Ich meine, daß diese verschiedenen Teile, zusammen und gut geordnet, in ihrer Vielfalt eine größere Zierde sind als einzeln. Und doch fordere ich, daß man sie nicht vermischt und wirr durcheinanderwirft, sondern sie, die Harmonie oder Dissonanz der Sachen untereinander abschätzend, nähert oder entfernt und alle Bäume zu den Verschönerungen nimmt, zu denen sie geeignet sind und sich ihrer so bedient, wie es sich gebührt* (III. Buch, Kap. 13).
Nur *um die Früchte nicht den Leuten des Gefolges preiszugeben,* kann eine Trennung von Lust- und Nutzgarten vorteilhaft sein (Kap. 14 u. 15).
Boyceaus Ausführungen lassen nicht zweifeln, daß er in der Gartengestaltung eine Kunst sieht.
Im Vorwort zum dritten Kapitel spricht Boyceau die Funktion des Entwurfs an: *Aus der Zeichnung entnehmen wir die Proportionen der verschiedenen Körper, die verwendet werden können. Wir erfahren aus dem Entwurf, ob die Anordnung gefällig wirkt, ob die Teile untereinander harmonieren, und beurteilen die Arbeit vor der Ausführung, damit wir bei Beginn des Werkes, wenn die Dinge, die wir im kleinen Maßstab entworfen haben, in den großen umgesetzt werden, sicher vorgehen können.*
Das Buch ist Ludwig XIII. gewidmet.

Gestaltung: Im sechsten Kapitel des nun ausschließlich zitierten dritten Buches, *Du Relief,* erweist sich Boyceau als ein dreidimensional denkender Architekt: *Die erhabenen Körper in den Gärten sind auch sehr anmutig und verschaffen als Bedachungen und*

Schattenspender Erleichterung. Sie markieren und teilen die Räume, halten stellenweise den Blick auf, ziehen ihn auf sich und lenken die Aufmerksamkeit auf andere, von ihnen umgebene Werke. Er gedenkt der Alleen, Hecken, Laubengänge, der grünen Architekturen mit Sälen, Zimmern, Suiten, Corps de Logis, Pavillons, Fenstern und Türen, Tonnen- und Spitzbogengewölben, der steinernen und hölzernen Gebäude, die innen und außen mit Gemälden und Statuen geschmückt werden können, der steinernen Fontänen, Bronze- und Marmorfiguren, Säulen, Pyramiden, Balustraden und Treppen und zum Schluß der Bäume und Kübelpflanzen, die alle zum Relief des Gartens beitragen und den Regeln erstklassiger Architektur entsprechen sollen.

Obwohl die ebenen die bequemeren seien, zieht Boyceau die auf mehreren Ebenen vor, da sie es ermöglichen, den Entwurf von oben herab im ganzen zu beurteilen. Alle Teile zusammen verschaffen ihm ein größeres Vergnügen als einzeln (Kap. 2).

Die Hauptanforderungen an die Gestaltung sind Vielfalt *(diversité)*, Harmonie *(convenance)* und Symmetrie. *Denn die Natur beachtet das in ihren so vollkommenen Werken auch. Die Bäume zeigen in ihrem Wachstum oder an den Spitzen ihrer Zweige gleiche Proportionen, ihre Blätter sind auf beiden Seiten gleich, und die Blumen aus einem oder mehreren Teilen sind so harmonisch aufgebaut, daß wir nichts Besseres tun können als versuchen, dieser großen Meisterin nachzueifern.* Die Vielfalt soll sich auf die Lage, auf die Gesamtform, auf die Körper und Flächen und die Pflanzenauswahl nach Form und Farbe erstrecken (Kap. 1). Neben geraden sollen runde und gebogene, neben rechteckigen schräge und neben quadratischen polygonale Formen verwendet werden (Kap. 3).

Elemente: Alleen aus großen Bäumen, die keine verwertbaren Früchte liefern, wie Eichen, Ulmen und Linden, sind für Boyceau wichtige Gliederungselemente. Ihre Breite muß auf die Länge abgestimmt sein: *Die breitesten, die ich gesehen habe, schienen mir am schönsten, wie z. B. die Ulmenallee in den Tuilerien, die 30 Fuß breit und viel schöner ist als die beiden seitlichen aus Platanen, die bei 300 toises Länge nur 20 Fuß messen.* Was er als gut proportioniert empfindet, gibt Boyceau so an:

Die Alleebäume sind so zu pflanzen, *daß ein jeder seine Form behält.* Seitlich kann man die Alleen mit Hecken dicht machen,

Länge in *toises* (m)	Breite in *toises* (m)	Proportion
300−400 (600−800)	6−8 (11, 5−15, 5)	1:50
−200 (400)	5 (10)	1:40
−150 (350)	4 (8)	1:37,5
−100 (200)	3,5 (7)	1:29
− 50 (100)	3 (6)	1:16,6
− 30 (60)	2,5 (5)	1:12

deren Höhe zwei Drittel der Alleebreite betragen soll. Außer den offenen *(découvertes)* gibt es die bedeckten Alleen *(couvertes)*, d. h. Laubengänge. Große, mit Hecken versehene Alleen müssen von Konteralleen begleitet werden, die halb so breit sind oder etwas weniger. Die Alleen für die Feingliederung des Gartens haben schmaler als die Hauptalleen zu sein (Kap. 4).

Über Parterres sagt er wenig, obwohl er viel Beispiele abbildet (Kap. 5): *Die Parterres sind der flache Schmuck der Gärten. Sie sind sehr anmutig, besonders wenn man sie von erhöhtem Standort sieht. Sie bestehen aus Bordüren von verschiedenfarbigen und unterschiedlich gestutzten Sträuchern und Halbsträuchern, aus Kompartimenten, Blattwerk, Tressen, Moresken, Arabesken, Grotesken, Gitterwerk, Rosetten, Glorien, Wappenschilden (targes, escussons d'armes), Monogrammen (chiffres) und Devisen. Oder aber aus Beeten in Gestalt vollkommener Formen oder ähnlicher, in welche man kostbare Pflanzen, Blumen und Kräuter nach der Ordnung pflanzt, wobei dichte Wiesen von einer oder mehreren Farben entstehen wie Teppiche. Man streut auch in die Wege oder in das leere Feld verschiedenfarbige Sande, die sich dort gut ausnehmen.*

Auch das Wasser verschönert den Garten sehr, besonders wenn es fließt und wenn es aus Fontänen hervorsprudelt und springt. Diese Lebhaftigkeit und Bewegung sind gleichsam die lebendige Seele der Gärten.

Man kann in den Gewässern Fische halten, um sie zu zähmen, so daß sie auf Zuruf reagieren und Nahrung aus der Hand nehmen, und für die Küche. Die größten Wasserflächen sind die schönsten (Kap. 7). Kieselsteine und Sand auf dem Grund kleiner Kanäle erhöhen die Schönheit. Man kann die Kanäle auch in Kurven führen, Kompartimente und Gitterwerk daraus bilden (Kap. 8). In spru-

Abb. 23 Broderieparterre. Kupferstich aus: Boyceau 1638.

delnden Fontänen sieht Boyceau etwas sehr natürliches, weniger in den springenden, die er am liebsten von Architekten und Bildhauern mit Figuren geschmückt sieht (Kap. 9).

In Volieren kann man gut Vögel halten, *denn sie lassen sich durch die Gefangenschaft nicht abhalten, sich zu paaren, zu balzen und sich zu vermehren, sich aus Eifersucht zu schlagen und wieder zu versöhnen und andere gewöhnliche Dinge zu tun* (Kap. 12).

Außer Parterres bildet Boyceau auch einige Boskettentwürfe ab.

Jacques Boyceau de la Barauderie 111

Abb. 24 Boskettentwurf. Kupferstich aus: Boyceau 1638.

Würdigung: Hazlehurst faßt die Bedeutung Boyceaus unter mehreren Gesichtspunkten zusammen: [...] *the gardens of Boyceau are so constructed as a closely knit unit that nothing can be substracted from the design without altering the whole.* Neu sei außerdem *the feeling of monumentality in the garden, the elimination or, at least, the drastic reduction of those fantastic elements which* *formed so important an adjunct to the late sinxteenth century French gardens* (extremer Baumverschnitt) und *the element of "relief"*. Boyceau etabliere *landscape design as an Art and as an honoured, respected profession. Both in general theory and actual garden practice his artistic creation marks the end of the gardens of the French Renaissance, and more important, codify the essential attitudes and rules for French formal gardening of the seventeenth century* (S. 84–88).

Sekundärliteratur: Eine gründliche Analyse von Boyceaus Buch findet man in der Monographie des amerikanischen Gartenhistorikers FRANKLIN HAMILTON HAZLEHURST: *Jacques Boyceau and the French Formal Garden*. Georgia 1966.

AUGUSTIN CHARLES D'AVILER (1653–1701)

Biographie: Architekt. Von Seeräubern versklavt, hatte d'Aviler 16 Monate in Tunis verbracht, dort auch eine Moschee entworfen, bevor er sein Studium in Rom beginnen konnte. Er arbeitete dann in Paris bei Mansart, mit dem er jedoch nicht auskam. Deshalb verlegte er sein Tätigkeitsfeld 1685 nach Montpellier.

Veröffentlichungen mit gartentheoretischem Gehalt: *Cours d'Architecture*. Paris 1691, 880 S., von denen 520 auf ein Dictionnaire mit fast 5000 Stichwörtern entfallen; Kupfertafeln; Widmung an den Minister und *Surintendant et Ordonnateur des bastimens de S. M.*, Louvois; über Gärten S. 190–200; Nachdruck Genf 1973; zehn weitere Auflagen bis 1760; deutsch von Leonhard Christoph Sturm, Amsterdam 1699, Augsburg 1725, 1747, 1759 und 1777.

Weitere Veröffentlichungen: Herausgabe von Scamozzi.

Benutzte Ausgaben: 1691, eigene Übersetzung, Sturms deutsche Bezeichnungen in ( ).

Gestaltung: *Die Wissenschaft von der Architektur umfaßt alle Kenntnisse zur Konstruktion und Dekoration der Gebäude. Da die Gärten untrennbar dazugehören und beträchtlich zu deren Verschö-*

nerung beitragen, habe ich gedacht, es könnte nützlich sein, bei der Besprechung des diesem [von d'Aviler vorgestellten Ideal-]Haus angemessenen Gartens die Gartengestaltung (manière de décorer) im allgemeinen zu erörtern.

Die verschiedenen Lagen der Parks (parcs) und Gärten geben durch ihre Größe und Geländeverhältnisse viele Gestaltungsmöglichkeiten. Die größte Kunst aber besteht darin, die Vor- und Nachteile des Orts genau zu kennen, um die einen nutzen, die anderen korrigieren zu können. Nach dieser Regel muß man sein Gelände gestalten, ohne mehr Boden zu bewegen als nötig. Denn dies ist sehr kostspielig und wird von denen, die nicht den vorigen Geländezustand gesehen haben, doch nicht bemerkt.

Weil nun das Gebäude immer höher als alles andere in der Umgebung liegen muß, steht fest, daß man sowohl von vorn als auch seitlich in den Garten hinabsteigen muß.

Nach der Geländeform unterscheidet man drei Gartentypen: ganz ebene, die etwas niedriger als das Gebäude liegen wie der Tuileriengarten, leicht abschüssige, die entstehen, wenn zwei unterschiedliche Ebenen vorgegeben sind, wie das Parterre des Couronnes und die Allée d'eau in Versailles, und schließlich mit Treppen und Böschungen terrassierte wie in Marly. Vor allem muß man darauf achten, daß man die schönsten Ansichten des Gebäudes aus weiterer Entfernung ja nicht aus dem Gesicht verliert. Dazu gibt es zwei Verfahren: Das erste ist, die Alleen so günstig zu führen, daß sich angenehme Ausblicke bieten. Diese sind um so schöner, je entfernter sie sind und je abwechslungsreicher die Gegenstände. Das zweite wichtige Verfahren ist, die Abhänge so anzulegen, daß man trotz der Treppen und Böschungen vom Ende der Hauptallee das gesamte Gebäude erblickt. Das gilt freilich nur für Gärten auf dem Lande, denn bei den in Städten eingeschlossenen Gärten muß man meist mit einem kleinen Grundstück auskommen, weil der Boden teuer ist, und die dichten Nachbarhäuser verstellen den Blick. Solche kleinen Stadtgärten werden meist ganz eben angelegt.

Elemente: *Das Parterre (Luststück) ist der erste Teil, der sich beim Eintritt zeigt. Es muß so breit wie das Gebäude, die seitlichen Alleen nicht mitgerechnet, sein und so lang, daß man vom Ende alle Teile des Gebäudes erkennen kann. Die Broderieornamente (Laubwerkzüge) dürfen nicht verworren sein. Damit man sie deutlich* *erkennt, muß der Grund aus schwarzer Erde bestehen und das Innere der Blattfiguren (feuilles) mit Sand bestreut werden. Ebenso wird es bei Parterres mit zerschnittenen Rabatten (plate-bandes coupées), die ein kleiner Weg von der Broderie scheidet, gemacht. Hingegen muß bei den Parterres mit durchgehenden Rabatten, die kein Weg abgrenzt, das Innere der Blatt- und Blütenfiguren (feuilles & fleurons) der Broderie schwarz und der Grund mit Sand bestreut sein wie die großen Alleen. [. . .] Kleine Parterres werden mit vier, große mit fünf bis sechs Fuß breiten Rabatten eingefaßt. Man besetzt diese mit Blumen und immergrünen Sträuchern wie Fichten, Eiben, Stechpalmen, Feuerdorn usw. Die Ecken werden auf verschiedene Weise mit Einrollungen ausgebildet. Die nahezu unendliche Vielfalt der Parterres läßt sich auf vier Typen zurückführen. Für die Bestimmung der Proportionen kann man nicht so genaue Regeln geben wie in der Architektur. Alles, was man darüber sagen kann, ist, daß sich diese Kunst von der Geometrie ableitet. Die Parterres bestehen nämlich aus geraden Linien und Kurven, Einrollungen, gemischt mit Grotesken, Moresken, Arabesken, Friesen, Tartschen, Gitterwerk und allen übrigen Ornamenten, die einem in den Sinn kommen und auf der Erde erkennbar dargestellt werden können. Ihre Schönheit liegt darin, daß sie sich niemals wiederholen.*

Das erste Parterre besteht aus Broderie, eingefaßt mit einer zerschnittenen Rabatte (platebande), und einem Sandweg zwischen dem Broderiefeld und der Rabatte. Dieses Parterre muß als das schönste und edelste immer unter den Fenstern des Hauses liegen.

Das zweite besteht aus einem Buchsbaumband, in dessen Mitte parallel ein Rasenstreifen (Zug von Wasen oder Graß) von einem Drittel der Breite verläuft. Die verbleibenden großen Flächen zwischen den Bändern sind mit Broderie gefüllt.

Das dritte Parterre enthält in Kompartimente geschnittene Stücke (pièces coupées en compartimens) für die Anpflanzung von Blumen und ist aus eingerollten Geraden und Kurven zusammengesetzt. Auf den entlang diesen Stücken geführten Wegen kann man promenieren. Wie die anderen wird dieses Parterre von einer vielfach geschnittenen Rabatte eingefaßt, die mit Sträuchern und Blumen besetzt ist. [. . .]

Das vierte ist ein Parterre aus Rasenkompartimenten. Es ähnelt dem vorigen, nur müssen die Stücke viel größer und breiter sein, damit man jedes Stück mit einer kleinen, nur zwei Fuß breiten Rabatte

Abb. 25 *Parterre de broderie* und *à l'angloise*. Aus: d'Aviler 1691, neben S. 193.

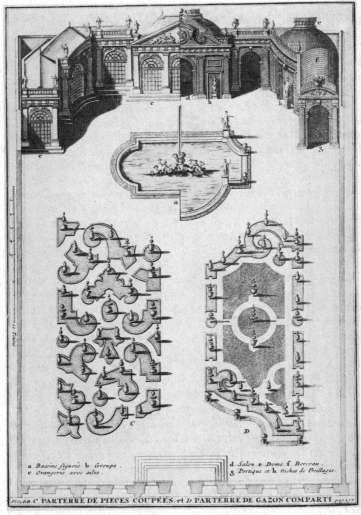

Abb. 26 *Parterre de pièces coupés* und *de gazon comparti*. Aus: d'Aviler 1691, neben S. 197.

einfassen kann. Diese ist mit schwarzer Erde für Blumenpflanzungen gefüllt. Die Buchshecke (trait de buis) der Rabatte muß von den Rasenstücken, an denen sie entlangläuft, Abstand halten. Dieses Parterre hat außen seine Rabatte wie die anderen, aber die Wege sind breiter als die beim Blumenparterre [P. de fleurs, Nr. 3], weil die Kompartimente ausgedehnter sind. Auch darf man es nur auf weiten Plätzen anlegen. Man nennt es Parterre à l'Angloise.

Wenn die Luft mild ist, kann man die Gärten mit Kübeln (caisses) von Orangen- und Granatapfelbäumen, Jasmin, Oleander usw. schmücken. Man macht daraus Alleen oder stellt Vasen mit verschiedenen Blumen im Wechsel mit den Kübeln an die Ecken der Parterrefelder und Beete. Und wenn die Blumen zu welken beginnen, kann man, falls man in der Gärtnerei Töpfe in Reserve hat, die eingegrabenen Töpfe auswechseln, wie es in den Gärten von Trianon geschieht. Dies ist die großartigste Abwechslung, die man sich denken kann.

Die Alleen (Gänge) trennen die Parterres und scheiden die Bosketts voneinander. Sie stehen zu der Linie, die von der Mitte des Gebäudes ausgeht, entweder parallel, im rechten Winkel, schräg oder diagonal. Zwischen den Parterres und um diese herum dürfen die Alleen nicht weniger als 12–15 Fuß haben. Sie dürfen aber auch noch viel größer sein, sofern sie sowohl nach den Parterres als auch nach den andern bestimmenden Nachbarstücken proportioniert sind, die man auf dem Gang durch den Garten sieht. Meist sind die Alleen eben, manchmal auch abschüssig. Sie dürfen aber nicht steil sein. Denn wenn das Gefälle drei Zoll auf eine toise [4 %] übersteigt, werden sie vom Regen verdorben. Das kann man bei größeren Alleen vermeiden, indem man in der Mitte und am Fuße der seitlichen Hecken Rasen anlegt, wie in der Allée Royale zu Versailles. [...]

Avenuen und Hauptalleen, gleich ob längs oder quer, werden oft von Konteralleen begleitet. Diese haben die halbe Breite, sofern die Fassade des Gebäudes nicht eine Abweichung von dieser Regel erfordert. Am schönsten sind Ulmenalleen, wenn sich die Zweige der Bäume in der Hauptallee mit ihren Spitzen berühren und die Konteralleen Berceaux (gedeckte Gänge) bilden. Zu diesem Zweck muß man sie von Zeit zu Zeit auslichten, um ihr Wachstum anzuregen, und muß die Zweige in die genannte Form bringen. In Hainbuchenalleen müssen die Konteralleen ohne Rücksicht auf die Proportion sehr eng sein, damit man dort Schatten und Kühle findet. Die

Hauptalleen und die direkt auf die Schloßfassade führenden bepflanzt man mit Roßkastanien und dazwischen mit Eiben. Denn die Eiben, pyramidal geschnitten, verschönern die nackten Kastanienstämme. Man kann auch Alleen in einem Park machen, die nur 5–6 toises messen, und sogar noch schmalere, ausgenommen die Hauptallee auf das Gebäude, die breiter sein muß, damit die Sicht möglichst weit verlängert wird. Denn so wie es ein Vorteil ist, wenn die Sicht in der Ferne am Horizont endet, so ist es ein Fehler, wenn sie auf eine Mauer läuft. Entlang der Umschließungsmauern muß man Hainbuchenhecken pflanzen, mit deren Hilfe man oft schiefe und krumme Stellen korrigieren kann, so daß gerade Alleen entstehen. Wo mehrere Alleen in einem Punkt zusammentreffen, bilden sie einen Stern und einen runden oder eckigen Platz, von dessen Mitte man die schönsten Aussichten (points de vue) haben soll. Bei zu steilen Wegen, wie sie oft in hügeligem Gelände auftreten, wo weder Rasen, Schotter noch Sand verwendbar sind, muß man, da man ja dort in der Kutsche promenieren will, ein bequemes Gefälle herstellen, indem man mit dem Boden, den man von den Hangrücken abträgt, die Senken ausfüllt, auch wenn dabei seitlich die Bäume etwas eingeschüttet werden sollten. Man muß das Gefälle möglichst ganz glätten, so daß es eine Gerade darstellt. [...] Denn durch solche Profile erreicht man, daß die einzelnen Aussichten (points de vue) sich in keiner Weise gegenseitig schaden und man alles erkennt, was auf einen Blick zu sehen ist.

Die Wälder sind entweder vorhanden oder werden neu gepflanzt. Und da es ein großer Vorteil ist, einen ausgewachsenen Hochwald vorzufinden – man besitzt, was sonst erst in vielen Jahren wachsen muß –, soll man für die Alleen, Wege und Boskett nur so wenig wie möglich heraushauen. [...] Es gibt viele Möglichkeiten der Boskettgestaltung, z. B. mit Theatern, Labyrinthen, Ball- und Festsälen, Belvederen und vielen anderen Dingen, wovon man genug Beispiele sieht. [...]

Man legt auch in den Boskett gewisse Rasenparterres an, die in verschiedene Kompartimente geschnitten sind, mittels rasenbekleideter Böschungen vertieft oder erhöht liegen und von immergrünen Bäumen gesäumt werden. Man nenne sie Boulingrins [bowlinggreens]. Man faßt unter diesem Namen einige mehr oder weniger ähnliche Ausführungen zusammen. Die reichsten sind mit Hainbuchenhecken eingefaßt, die, in Arkaden geschnitten, einen beson-

deren Garten (jardin particulier) daraus machen wie in St. Germain-en-Laye. Die Quincunxe entsprechen so ziemlich den von Vitruv beschriebenen Promenaden der Alten. Es sind regelmäßige, parallele Baumalleen, die schachbrettartig von anderen gekreuzt werden. Man füllt damit gewisse Räume auf, wie sie zwischen den Avenuen eines Fächers (patte d'oie) am Ende entstehen.

So schön die ebenen oder mäßig geneigten Gärten aufgrund der Gleichmäßigkeit des Geländes, das die Promenade und Pflege so erleichtert, auch sind, so haben doch die, wo sich Abstürze und Hänge befinden, wegen ihrer Vielfalt nicht weniger Vorteile. Ihr Anblick ist um so reicher, als es scheint, es seien mehrere, durch Rampen und Treppen kommunizierende Gärten. [...] Der Boden wird mit Böschungen oder Stützmauern gehalten. Die Böschungsneigung muß auf die Höhe abgestimmt sein, und die Mauern müssen mit immergrünen oder Hainbuchenhecken verkleidet werden. Die Böschungen bedeckt man mit Rasen, der den Boden festhält. Das Gefälle muß, um nicht steil zu sein, unter der Diagonalen des Quadrats liegen, weil die Feuchtigkeit nach unten läuft und der Oberteil im Sommer austrocknet. Sind die Terrassen hoch, muß man ein Geländer anbringen, d. h. eine steinerne oder eiserne Balustrade. Wenn sie aber nicht höher als 6-7 Fuß sind, genügt eine flache Mauerabdeckung (tablette) aus harten Steinplatten. Die schönsten Treppen sind so lang wie breit, und sie müssen flach sein und wenig Stufen haben, z. B. können die Stufen 15-16 Zoll breit und 6 Zoll [16:40-43 cm] hoch sein, einschließlich ¼ Zoll Gefälle für jede Stufe, damit das Wasser nicht in die Fugen der Abdeckung eindringt. Die Absätze dürfen kaum mehr als 13-15 Stufen haben ohne ein Podest von zwei Schritten dazwischen, ebenso breit wie die Treppe. Der Perron wird manchmal zwischen zwei Wangen gehalten, die mit Sockeln enden, oder durch Terrassenmauern wie der im Garten von Versailles, über den man zum Latonabrunnen hinabsteigt, oder er ist rechtwinklig abgeknickt wie der große Perron von Marly.

Die Berceaux, die die Gärten nicht nur zieren, sondern auch viel zur Bequemlichkeit beitragen, sind entweder natürlich oder künstlich. Zu den natürlichen verschränkt man die Zweige von Bäumen ineinander. Die künstlichen sind aus Eisen mit Treillage (Binde- oder Nagelwerk) aus gut geglätteten Latten von Eichenkernholz gemacht, welche Pilaster, Pfeiler und andere Architekturglieder bilden. Wenn sie von Grün bedeckt sein und die Kühle halten sollen, dürfen die Berceaux nicht sehr hoch sein. *Es genügt, wenn die Höhe ihre Breite um ein Drittel übertrifft und das Gewölbe gedrückt ist wie bei den gut proportionierten Berceaux in Sceaux. Man beschließt die Berceaux mit architektonisch verzierten Treillageportiken oder -kabinetten, die mit Kuppeln überdacht und z. B. von einer Vase bekrönt werden. Die schönsten Treillagekabinette sind die mit jonischen Säulen geschmückten in Clagny. Man läßt sie mit Geißblatt, Weinreben oder Jasmin beranken. Zum Bekleiden der Mauern nimmt man außer Hainbuchenhecken auch Treillagen, die mit den Berceaux verbunden und mit den gleichen Gehölzen besetzt sind. So läßt sich auch ein mittelmäßiger Stadtgarten durch ein Berceau mit zwei Treillagekabinetten gut abschließen.*

Die Orangenhäuser sind zu d'Avilers Zeit feste Bauwerke, aus denen man die Kübel im Sommer herausträgt: *Man baut Glashäuser, Orangerien genannt, wo man im Winter promenieren kann wie in einer Galerie. Fast in allen auch nur ein wenig ansehnlichen Gärten sieht man solche. Ihre Fenster müssen nach Süden gehen und im Winter innen und außen gut mit Läden verschlossen werden. Die Orangerieparterres müssen einfach sein, denn die alleeweise aufgestellten Orangenbäume sind hier der größte Schmuck. Daher sind keine Broderien und Blumen nötig, sondern lediglich Rasenkompartimente mit verschiedenen Einrollungen wie bei dem Orangerieparterre in Versailles, welches das größte und herrlichste ist, was es bis heute gibt.*

So gut auch die Gärten bepflanzt sein mögen, ohne Fontänen springenden Wassers, die ihre Schönheit erst beseelen, bleiben sie wenig erfreulich. Bei der Verteilung des Wassers ist es geschickt, eine kleine Menge wie eine große erscheinen zu lassen. Und wie ein kleines Bassin in der Mitte eines großen Parterres lächerlich ist, so darf auch nicht ein großes Wasserbecken den Hauptanteil davon einnehmen. Die Größe der Aufsatzröhre und die Höhe des Springstrahls (jet) müssen auf die Beckengröße abgestimmt sein, damit der Wind das Wasser nicht forttreibt. Die runde Form, die gebräuchlichste, ist die schönste. Die Ränder können mit Rasen oder schön profiliertem Marmor oder wenigstens mit einfachen Steinplatten bedeckt werden. Das Wasser im Bassin muß bis an den Rand reichen, und der Grund muß mit Kieseln gepflastert, aus Zement gegossen oder mit Blei verkleidet sein.

In den abschüssigen Alleen kann man Kaskaden machen, die aus mit Rinnen verbundenen Bassins oder aus Wasserstürzen in einem durchgehenden Becken bestehen. Alle diese Teile müssen ausreichend mit Wasser versorgt sein. Bevor das ganze Wasser der Fontänen im Abfluß verschwindet, kann es in einem großen Becken gesammelt werden. Dies kann ein Teich (pièce d'eau) oder auch ein Kanal sein, sofern an der tiefsten Stelle des Gartens genug Platz ist. Und zu diesem Zweck wäre es angebracht, einen Bach oder einen kleinen Fluß, der den Park durchquert, als Kanal zu fassen wie in Chantilly. Die Reservoirs an der höchsten Stelle des Gartens müssen eine Form erhalten, die einem Parterre zur Zierde dient.

[...]

Die Werke der Bildhauerkunst tragen viel zur Herrlichkeit und zum Reichtum der Gärten bei. Es sind dies die Figuren und die Gruppen. In einer Treillagenische oder vor einer Hecke heben sie sich gut ab. Die Vasen, Säulen und Obelisken müssen einzeln stehen, an den Enden der Rampen, an den Ecken der Treppen, Bassins und Broderiefelder und inmitten der Rasenparterres.

Ein besonderes Kapitel widmet d'Aviler den Piedestalen (*Bilderstühlen*, S. 312–317). Die Höhe muß sich nach der Skulptur richten und in der Regel zwei Drittel oder zwei Fünftel davon betragen. Die Figuren werden in Götter, Halbgötter, Fürsten, bedeutende Männer, Sitzbilder (Päpste, Prälaten, Gelehrte und Richter), Liegebilder (Flüsse, Meere, Kleopatra und Nymphen), Gruppen (Frauenraub, Laokoon) und Reiterstandbilder klassifiziert. Der Charakter der Piedestale muß diesen verschiedenen Klassen angepaßt werden, wofür fleißig Beispiele angegeben sind. Das Material soll möglichst Marmor sein, notfalls mit billigen Steinen hintermauert. Aufschriften werden zur Erläuterung empfohlen. Besondere Piedestale sind die *scabellons,* deren Schaft sich nach unten verjüngt, zur Aufstellung von Büsten. Sie sind nicht zu verwechseln mit den Termen, das sind Halbfiguren und Brustbilder, die unmittelbar in einen sich verjüngenden Schaft übergehen (s. *Dictionnaire*).

Würdigung: D'Aviler gibt keine eigenen Ideen; er ist aber der erste, der die Prinzipien des klassischen französischen Barockgartens, wie ihn der um eine Generation ältere Le Nostre vertritt, umfassend niederschreibt.

Sekundärliteratur: WILFRIED HANSMANN: Parterres: Entwicklung, Typen, Elemente. In: DIETER HENNEBO (Hrsg.): *Gartendenkmalpflege*. Stuttgart 1985, S. 141–173.

ANTOINE JOSEPH DÉZALLIER D'ARGENVILLE (1680–1765)

Biographie: Französischer Privatgelehrter und Sachbuchautor.

Veröffentlichungen mit gartentheoretischem Gehalt: *La Théorie et la Pratique de Jardinage*. Paris 1709, anonym. Die Erstausgabe umfaßt 208 Seiten und ist in zwei Teile, eben die Theorie (74 S.) und die Praxis, gegliedert. Neuauflagen erschienen bis 1760 acht. Davon enthalten die von 1713 und 1747 bedeutende Ergänzungen im Sinne des fortgeschrittenen Geschmacks. Englische Übersetzungen kamen 1712, 1728 und 1743 heraus, deutsche des Salzburger Hofgarteninspektors Franz Anton Danreiter Augsburg 1731 (Nachdruck Leipzig und München 1986), ^{2}1741, ^{3}1764, ^{4}1769. 1972 erschienen drei Nachdrucke in Mailand, Genf und Hildesheim/New York, die den französischen Auflagen von 1739, 1747 bzw. 1760 entsprechen. Von den 47 Tafeln der letzten Fassung erschienen Nr. 5, 13, 28, 30 und 38 erstmals 1713, Nr. 6, 14, 16 und 45–47 erstmals 1747. Dreiviertel der ursprünglichen Tafeln hat Architekt J. B. Alexandre Le Blond (1679–1719) angefertigt, unter dessen Namen einige Ausgaben fälschlich liefen. Ingrid Dennerlein hat eingehend über die Autorenfrage und die verschiedenen Auflagen des Werkes berichtet (Das Gartenamt 11. 1962, S. 16f., 37f.).

In der Einleitung beklagt Dézallier, daß Boyceau und Mollet das Thema Lustgärten *(Jardins de propreté ou beaux Jardins)* nur angerissen haben, La Quintinie, Liger, Gentil, Tournefort, Liébault und de Serres es ganz umgangen haben. D'Aviler nennt er nicht, in Wahrheit aber zitiert er ihn oftmals wörtlich.

Weitere Veröffentlichungen: Reiseführer für Paris und Umgebung; Naturgeschichte der Schalentiere.

Benutzte Ausgaben: Ich behandle, sofern nicht anders angegeben, nur den Inhalt der Erstausgabe und zitiere, soweit möglich, unter Umgehung der Ergänzungen nach der Übersetzung von 1731, die der Auflage von 1713 folgt.

Entwerfer: Angesprochen ist *eine reiche privat-Person/welche von der Gärtnerey ein Liebhaber/und zu Anlegung eines schönen Gartens die gehörigen Unkosten machen will.* Der Besitzer soll mit seinem Gärtner und den Arbeitern den Garten ohne weitere Fachleute selbst anlegen (1731, S. 4f.).

Einzige **Aufgabe** des Lustgartens ist das Vergnügen. *Le dessein de l'Auteur dans cet ouvrage est d'écrire des Jardins qu'on peut appeller Jardins de Plaisance ou de Propreté* (S. 2). Diese Aufgabe erfüllen vorrangig Gärten auf dem Lande. *Denn ein Haus auf dem Lande soll von dem in der Stadt unterschieden seyn/allwo die Grösse der Gebäude nöthiger ist/als in denen Gärten/in Betrachtung der gewöhnlichen Wohnung/und Werth des Platzes. So suchet man auch das Land nicht/als nur prächtigere und grössere Gärten allda zu haben* (S. 17; 1731, S. 23). Die Baum- und Küchengärten müssen getrennt vom Lustgarten an abgelegener Stelle neben dem Wirtschaftshof liegen. *Solche Baum- und Kuchen-Garten muß man erst suchen/wenn man sie sehen will/indem sie in denen schönen/oder Lust-Gärten nicht gleich ins Gesicht fallen dürffen* (S. 3/S. 4).

Gestaltung: Für die Lage sind fünf Punkte in folgender Reihenfolge wichtig: 1. Gesunde Exposition, 2. Bodengüte, 3. Wasser, 4. landschaftliche Aussicht, 5. Bequemlichkeit (S. 8). Zu Punkt 4 bemerkt Dezallier 1709 (S. 9/1731, S. 12): *Die sich weit erstreckende Felder/welche durch die Flüsse von einander gesondert werden/die Seen/Bäche/schöne Wiesen/und die mit Gebüsche und Häusern bedeckten Berge stellen sich ohne Unterlaß dem Gesichte dar/und verursachen eine angenehme Vertieffung (fond) und ein natürliches Perspectiv, so man nicht genug aestimiren kan.* Weiter heißt es (S. 13/S. 17): *Denn was findet man wohl vor einen Vortheil dabey/ wenn man einen Garten an einem solchen Ort angeleget/wo man keinen rechten Prospect oder Aussicht hat? Eine solche Situation wäre nicht allein höchst-verdrüßlich, sondern auch sehr ungesund. Die Bäume selbst würden/indem sie allzu viel im Schatten/nicht so schön aufwachsen. Hingegen ist nichts Lustigers und nichts Angenehmers in einem Garten/als ein guter Prospect oder Aussicht nach* *einer schönen Landschafft. Die Lust zu Ende einer Allée, oder von einem aufgeworffenen Erdreich (terrasse)/auf die 4. bis 5. Meilen in der Runde/viele Dörffer/Wälder/Flüsse/Hügel/Wiesen und andere Dinge zu erblicken/so zu einer schönen Landschafft gehören/ übertrifft alles dasjenige/was man allhier davon sagen könnte/und es sind solche Sachen/welche man selbst sehen muß/wenn man von ihrer Schönheit urtheilen will.*

Im Interesse der Aussicht durchbricht man die Gartenmauer am Ende der Hauptalleen mit Gittern oder Öffnungen mit Gräben darunter, um die *enfilade* fortzuführen (S. 19). Der trockene Graben trägt bei Dézallier erstmals den später berühmten Namen Aha (S. 73f.): *Die Gitter sind höchst notwendige Verzierungen in den Enfiladen der Alleen, um den Anblick zu verlängern und die Landschaft zu entdecken. Man macht heute Maueröffnungen, Ahas genannt (claires voies, appellées des ah, ah), die ohne Gitter auf der Ebene der Alleen, mit einem breiten und tiefen Graben darunter, liegen und auf beiden Seiten gemauert sind, damit das Erdreich gehalten wird und keiner hochklettern kann. Das überrascht den herankommenden Betrachter und läßt ihn ‚ah, ah' rufen, wovon sie ihren Namen bekommen haben; solche Öffnungen behindern den Blick weniger als die Gitterstangen.*

Stets muß man die *situation naturelle* in den Entwurf einbeziehen. So muß man, bevor man Bosketts pflanzt, prüfen, ob sich nicht seitlich ein schöner Blick bietet. *Wenn diß ist/so muß man die Lust-Stücke (Parterres) geöffnet behalten/und allda Gras-Vertieffungen (Boulingrins)/oder andere flache Stücke anlegen/damit man sich diese gute Aussicht zu Nutzen mache/und solche ja nicht durch Lust-Gebüsche verschliesse/es wären dann nach Schach-Spiels-Art gesetzte Bäume (quinconces) und niedrige Hecken (Bosquets découvertes)/welche das Auge nicht hindern/und überall eine schöne Aussicht lassen. Hat man aber keine rechte Aussicht/indem solche durch einen nah gelegenen Berg/Hügel/Wald/Gebüsche oder Dorff/ dessen Häuser einen sehr unangenehmen Prospect verursachen/ gehindert wird/so kan man die Blumen-Beete (Parterres) mit Hecken und Büschen umschliessen/damit solche Heßlichkeiten nicht ins Gesicht fallen* (S. 17/S. 26f.).

Ebenso gilt für das Ende des Parterres, das Dézallier mit einem Halbmond aus Hecken zu schließen vorschreibt, der von Alleen in Form eines Fächers *(patte d'oie)* durchstoßen wird, daß man auf die

Hecken verzichten muß, wenn sich in ganzer Breite ein schöner Blick anbietet (S. 19).

1713 fügt Dézallier folgende Ausführungen hinzu, die sein Prinzip verdeutlichen (S. 18f./1731, S. 23f.): *Man hat aber 4. Haupt-Grund-Regeln bey Austheilung eines Gartens zu beobachten. Erstlich/daß man mache/daß die Kunst der Natur weiche (faire ceder l'art à la Nature); zum andern/einen Garten nicht allzu sehr verfinstere; drittens/solchen nicht allzu viel entdecke oder bloßstelle (découvrir); und vierdtens es also veranstalte/daß er allezeit grösser scheinet/als er in der That ist.* [...]

Wenn man einen Garten anlegen will/so muß man betrachten/ daß man sich mehr an die Natur/als an die Kunst zu halten/von welcher letztern nichts mehr zu entlehnen/als was zur Verstärckung der Natur gereichen kan. Es gibt Gärten/in denen man nichts siehet/als gantz ausserordentliche/gewzungene und gar nicht natürliche Sachen/ welche mit grossen Kosten sind verfertiget worden. Dergleichen sind die von Erde sehr hoch aufgeworffene Mauern/grosse steinerne Stiegen/welche wahre Tummel-Plätze (carrières)/die allzu viel gezierte Spring-Brunnen/und die Menge der Nagelwercke (treillage)/Garten-Häuser/vergitterte Bögen/welche mit Statuen/Gefässen/und dergleichen gezieret sind/bey welchen man mehr die Hand des Menschen als der Natur erkennet. Dieses gezwungene Wesen hat gar nichts natürliches/und muß der edlen Einfalt weichen/so man bey denen Stiegen/Vertieffungen und Gras-Wällen (talus et rampes de gazon) findet/wie auch bey denen natürlichen Aushöhlungen (Berceaux)/und schlechten Stacketen (Pallissades)/welche ganz einfältig ohne Nagelwerck/und nur an einigen Orten mit Statuen und andern Sachen von der Bildhauer-Kunst unterstützet und erhöhet sind. Was die Theile eines Gartens anbelanget/so müssen dieselben so wohl angeordnet seyn/daß es scheinet/ als wären sie von der Natur dahin gesetzet worden. Zum Exempel/ ein Gebüsche (Bois) zur Bedeckung einer Höhe/oder Ausfüllung einer Tieffe an denen Flügeln eines Gebäudes; ein Canal an einem tieffen Orte/welcher der Ablauf von einigen benachbarten Anhöhen zu seyn scheinet/daß also die Ausschmückung und Kunst gäntzlich der Natur weiche. Ein schlechter Einwurff ist es/wenn man sagt/ man müsse dasjenige/so von Menschen-Händen gemachet worden/ höher achten/als das von Natur ist/dieweil jenes grosse Summen Geldes gekostet habe/da hingegen dieses davon befreyet sey. Das eine ist weniger an seinen rechten Orte gebracht worden/und gantz ausserordentlich; das andre aber weniger wunderlich/und an seinem rechten Orte.

Die Größe soll 30–40 *arpents* (10–14 ha) nicht überschreiten (S. 16). Die fünf Musterentwürfe der Erstausgabe sind für 50–60, 25, 12 und 6 *arpents*, die beiden von 1713 sogar für nur drei und vier *arpents* (1 bzw. 1,4 ha).

Die wichtigsten Teile des Gartens sind Parterre und Boskett. Das Parterre ist eine *chose plate, il lui faut du relief tels que sont les Bosquets & les Palissades* (S. 17). *Ces Bosquets font le capital des Jardins, faisant valoir toutes les autres parties* (S. 18). *Man muß auch/wenn man die verschiedene Theile eines Gartens anleget und austheilet/ wohl acht haben/daß eines dem andern entgegen gesetzt werde/ zum Exempel/ein Lust-Wald gegen ein Blumen-Stück/oder Gras-Vertieffung/und nicht alle Blumen-Stücker auf der einen Seiten/und alle Lust-Gebüsche auf der andern Seiten anlegen/oder eine Gras-Vertieffung gegen einen Spring-Brunnen/welches eine Tieffe gegen der andern wäre. Dieses muß man allezeit vermeiden/und das so voll/gegen das so leer ist/setzen/wie auch das Niedrige und Ebene gegen das Erhobene* (S. 19f./S. 29). Dieser Gegensatz wird auch im Kapitel über die Parterres angesprochen (S. 33/S. 56): *Zu mercken ist auch/daß man jetziger Zeit den Bux-Baum nicht mehr so hoch wachsen läßt/auch nicht mehr grosse Taxus oder Stauden um die Parterren setzet/denn indem dieselben von denen Spalieren und Gebüschen/welche die Erhöhung (relief) des Gartens machen/völlig unterschieden/so müssen die endeckten Oerter (lieux découverts) gleich niedrig gehalten werden. Denn wenn man die Parterren mit grossen Taxus bekleiden wolte/würden selbige einem Gebüsche gleich sehen/und dem Gesichte hinderlich seyn/mithin die Schönheit der Gebäude/welche gemeiniglich nicht weit davon stehen, verbergen. Also muß man diese Taxus und Gesträuch über 3. bis 4. Schuh hoch nicht wachsen lassen.*

Eine große Rolle spielt die *varieté* im Zusammenhang mit der *symmetrie*. Nicht nur im Gesamtentwurf, sondern auch in den Einzelteilen bedarf es der Abwechslung. *Zum Exempel/wenn 2. Lust-Gebüsche auf der Seiten eines Blumen-Stücks sind/so muß man/ob schon ihre äusserliche Gestalt und Grösse gleich wären/doch nicht deswegen eben diesen Entwurff bey allen beyden wiederholen/sondern in denenselben eine Veränderung zeigen. Denn es wäre nicht* schön/wenn man auf beyden Seiten einerley Entwurff fände/und man kan sagen/daß ein Garten/worinnen eine Sache so offt wiederholet worden/nur vor ein halbes Werck zu achten. Dieser Fehler schliche sich ehemalen offt ein; jetzo aber suchet man ihn zu vermeiden/dieweil man weiß/daß die gröste Schönheit eines Gartens in der Veränderung bestehet. Ferner muß man mit denen besondern Stükken oder Theilen eine Veränderung treffen. Wann die Gestalt eines Brunnens in den Circkel lauffet/so muß die sich um denselben erstreckende Allée oder Gang achteckigt seyn. Eben dieses ist auch bey denen Gras-Vertieffungen und Wasen-Stücken/so mitten in denen Lust-Gebüschen sind/zu beobachten.

Die Gleichheit dieser Stücke ist nirgends zu beobachten/als in denen freyen Plätzen/wo das Auge/indem es dieselben zusammen faßt/von der Gleichheit dererselben urtheilen kan/gleichwie in denen Laubwercken *(Parterres)*/Gras-Vertieffungen/niedrigen mit Wasen getheilten Hecken oder Spalier *(Bosquets découverts à compartiment)* und Schach-Spiels-weise gesetzten Bäumen *(Quinconces)*. Hingegen muß man in denen grossen auf Hecken-Art gepflanzten Gebüschen *(Bosquets formis de Palissades & d'Arbres de Haute-futaie)*/oder hoch aufgewachsenen Bäumen die Zeichnungen derer abgesonderten Stücke jederzeit verändern/ welche/ob schon unterschieden/dennoch stets eine gewisse Gleichförmigkeit und Übereinstimmung haben müssen/so/daß eines mit dem andern in gerader Linie sich verlaufft/um die freye Durchsehung/eine weite Aussicht und andere angenehme Anschliessungen zu erhalten.

Beim Entwurf muß man kleinlichen Flitterkram *(coliflichets)* vermeiden und stets im großen Maßstab arbeiten (S. 20/S. 30f.).

Elemente: Dézallier selbst sagt, es käme mehr auf den Gesamtentwurf *(disposition général)* an als auf die Detailzeichnung eines Parterres (1713, S. 40). Das möge rechtfertigen, daß hier nicht alle seine Definitionen und Regeln im einzelnen wiedergegeben werden.

Nur hinsichtlich der Parterres und Bosketts seien die Ausführungen d'Avilers noch etwas ergänzt. Wie schon er unterscheidet Dézallier Broderieparterres *(P. de broderie)*, Parterres aus Broderie, Rasen- und Blumenbändern *(P. de compartiment)*, Blumenparterres *(P. de pièces coupées)* und Rasenparterres *(P. à l'Angloise)*. Die Blumenparterres sind Relikte aus den Blumengärten der Renaissance. Dézallier schreibt, sie seien nicht mehr gebräuchlich (S. 32) und verwendet sie nur für kleine Sondergärten seitlich des Hauses. Die Broderieparterres, *les plus beaux & les plus riches*, sind die für den Barock charakteristischen Parterres. Die mit Rasen- und Blumenbändern durchsetzten *Parterres de compartiment* sind eine Weiterentwicklung der Broderieparterres. Dézallier erläutert, lange Broderiefelder müßten der Deutlichkeit halber durch Rasenbänder, -kartuschen und -muscheln unterbrochen werden. Zugleich aber klagt er 1713: *Jetzo aber ist gebräuchlich/viel Wasen dahin zu bringen/und es gibt Leute/welche kein Parterre vor schön halten/in der kein Wasen zu finden* (1713, S. 43/1731, S. 56). Reine Rasenparterres schließlich, *les plus simples & les moindres*, anfangs nur in den Außenbezirken des Gartens geduldet, sind die fortschrittlichsten, die Mitte des 18. Jh. die Broderieparterres verdrängen.

Bei Dézallier finden sich auch nähere Angaben zu den Rabatten *(plate-bandes)*, die d'Aviler nur erwähnt. Während die Bordüren bei Boyceau nur niedrige Hecken waren, sind die Rabatten mit Hecken gesäumte Streifenbeete. Sie dienen zur Einfassung der Broderie und verhindern, daß man die Parterrefelder betritt. In ihnen wachsen Blumen und geschnittene Sträucher. Sie sind vier bis sechs Fuß breit, und man häufelt die Erde in der Mitte an *(en dos d'ane), denn wenn sie gar zu platt und flach wären/würden sie gar nicht schön ins Gesicht fallen* (S. 33/S. 57). *Die kleinen Gänge (sentiers) in denen Parterren sind nicht deswegen gemacht/daß man darinnen herum spatzieren soll/sondern vielmehr die Stücke von einander abzusondern und einzutheilen* (S. 35/S. 59). Die neuste Entwicklung war 1709: *Jetziger Zeit pflegt man die Parterren vorne her/das ist/an der mit dem Gebäude gleich lauffenden Linie nicht mehr mit Rabatten einzufangen/damit die Gesträuche und Blumen das Laubwerck und dessen Ursprung nicht verdecken/und man desto besser von der Zeichnung urtheilen kan. Bisweilen lässet man allda etwas von Laubwerck hervor ragen/als kleine Palm-Zweige (palmettes) und Muscheln* (S. 34f./S. 59).

1713 verurteilt Dézallier einen weiteren neuen Brauch (S. 49f./S. 64): *Man wird unterlassen/die Blätter des Laubwercks mit Blumen oder Gewächsen anzufüllen/wie es jetzo der Gebrauch ist. Denn dieses ist wider die Vernunfft/und schicket sich nur vor grosse Stücke/Gänge/Muscheln und Füllungen um eine Veränderung ge-*

gen den Gras-Stücken zu machen. Er fährt dann nach dem Text von 1709 fort: *Man muß aber diese Parterren mit Sand von allerhand Farben bestreuen/welches sehr schön heraus kommt. An statt des rothen Sandes brauchet man zerstossene Ziegel-Steine/an statt des schwartzen Feilstaub/oder Hammerschlag/oder auch wohl zerstossene Kohlen; und dann den ordinairen gelben und weissen Sand.*

Von den Bosketts sagt Dézallier, sie seien *um so viel angenehmer/ weil sie zunächst an dem Gebäude/und man auf einmal Schatten findet/ohne solchen weit zu suchen. So theilen sie auch ihre Kühle denen Zimmern mit/welches man bey grosser Hitze der Sonnen am meisten suchet* (S. 18/S. 27).

Die gewöhnlichen Bosketts bestehen aus Waldstücken, die entlang der Wege von hohen geschnittenen Hecken eingefaßt sind, so daß man nicht hineinschauen kann. Eine Sonderform sind die *Bosquets découverts & à compartiment*, bei der die Hecken nur die Höhe einer Brüstung haben. Im Innern sieht man Rasenkompartimente, die mit symmetrisch gepflanzten Eiben und Blütensträuchern geschmückt sind. Außerhalb des eigentlichen Gartens liegen die Jagdwälder oder Tiergärten, deren Wege nicht von Hecken gesäumt werden. In allen Bosketts und Wäldern werden die Wege so geführt, daß sie rechtwinklige Kreuzungen *(Croisées)*, Sterne *(Etoiles)*, Andreaskreuze oder Fächer *(Pattes d'oye*, wörtlich Gänsefüße) bilden (S. 47–49).

Die Architekturen aus Rasen sind so wichtig geworden, daß Dézallier ihnen ein ganzes Kapitel im Anschluß an die Bosketts widmet (S. 59–66): *Des Boulingrins ou Renfoncemens de gazon, des grandes Rampes, Glacis, Talus, & Tapis de gazon* [...]. Zu Beginn erklärt er die Etymologie des viel verwendeten Begriffs *boulingrin* vom englischen *bowlinggreen*. In Frankreich wird dort nicht gespielt, es handelt sich nur um eine rasenbedeckte Vertiefung. Dézallier wehrt sich gegen die Vermengung des Begriffs mit dem flachen *Parterre à l'Angloise*, wie wir sie bei d'Aviler fanden. *Talus* oder *Glacis* werden die Rasenböschungen genannt. Rasenteppiche *(tapis* oder *pelouses de gazon, rampes de gazon*, wenn sie geneigt sind), erfreuen sich ebenfalls großer Beliebtheit.

Das nächste Kapitel ist den Architekturen aus Treillage (Latten-, Nagel- oder Bindewerk) und lebenden Gehölzen *(verdure)* gewidmet (S. 67–74). Bei beiden gelten die Begriffe und Regeln der Architektur. Hauptglieder sind die Berceaux, Kabinette und Portiken

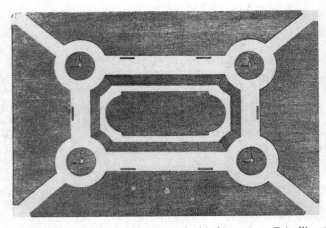

Abb. 27 *Boulingrin*. Beispiel für Rasenarchitektur. Aus: Dézallier 1713, Tf. 1 D.

(S. 68 f.): *On distingue un berceau d'avec un cabinet, en ce qu'un berceau est une grande longueur cintrée par le haut, en forme de galerie; & qu'un cabinet est composé d'une figure quarée, circulaire, ou coupée à pans, formant un Salon qui peut se mettre aux deux extremites, & au milieu d'un long berceau. Les Portiques sont encore differens de tout cela: c'est l'entrée exterieure des cabinets, salons, & berceaux de treillage, [...] ou bien, c'est une longue décoration d'Architecture, placée contre un mur, ou à l'entrée d'un bois, dont les saillies & retours sont peu considérables.* Die Bekrönungen von Treillagen müssen nicht massiv, sondern ebenfalls aus Lattenwerk sein. Darum gab es hier funktionsunfähige Vasen, die folglich mit Blumen aus Holz oder Blei gefüllt wurden. Zur Bekleidung kommen nach Dézallier Rosen, Jasmin, Geißblatt, Flieder und Wein in Frage. Er schreibt aber, daß die Treillagebauten selten geworden seien, weil sie schön und großartig, aber teuer und zu wenig dauerhaft seien. Darum würden die *Berceaux naturels ou de verdure, appellés champêtres,* deren berühmteste Vorbilder sich in Marly befanden, vorgezogen. Sie galten trotz dem Fleiß, der sie in die komplizierten architektonischen Formen bringen mußte, als einfacher und natürlicher.

Am Ende dieses Kapitels spricht Dézallier noch kurz von den

Abb. 28 Beispiele für Architektur aus Bäumen. Aus: Dézallier 1713, Tf. 2 E.

übrigen Ausstattungselementen. Es sind dies die Orangerien, welche bei schlechtem Wetter auch als Galerien (Wandelgänge) dienen, Terrassen, Belveders, Figuren, Vasen, Kübel, Töpfe, Gitter und Bänke, allen voran aber die Fontänen, welche nach den Pflanzen *le principal ornement des Jardins* sind. Gemalte Perspektiven und Grotten sind nach Dézallier *kaum mehr in Mode*.

Beispiele: Als Beispiel möchte ich die Beschreibung des zweiten Entwurfs übersetzen (S. 25f.): *Die zweite Tafel gibt eine Vorstellung von einem Garten, der auf seine Weise kaum weniger schön ist als der vorige. Er ist bei weitem nicht so groß, er umfaßt nämlich nur 25 arpents. Er liegt in einem Gelände, das zur Front des Gebäudes hin terrassiert ist, welches man sich in einem großen Park oder einer Landschaft vorzustellen hat, wo die Enfiladen der Alleen bis in die Wälder und Wiesen hinein verlängert worden sind. Man tritt durch einen schönen Vorhof (avant-cour) ein, der von Rasenteppichen und Schranken begleitet wird. Auf der linken Hofseite kommen Sie in einen großen Küchengarten, der in sechs Teile mit einem Becken gegliedert ist, und auf der rechten Seite in einen von Gebäuden umgebenen Wirtschaftshof (basse-cour), von wo Sie in einen weiteren, etwas höher gelegenen Hof gelangen, wo sich eine Tränke und ein ebenerdiges Vogelhaus befinden: Von diesem Hof, welcher den Wirtschaftshof entlasten soll, kommt man auch aufs Land hinaus. Weiter unten ist ein Orangerieparterre mit einem Becken, das von einem runden Laubengang aus Lattenwerk mit drei laternengekrönten Kabinetten oder Salons begrenzt wird. Dahinter ist ein kleines, sehr niedliches Boskett eingerichtet worden. Am Ende des Vorhofs finden Sie einen großen Hof, der von Galerien, Dienerschaftsgebäuden (offices), einem Pavillon für die Kapelle und einem weiteren für die Bäder gesäumt ist, sowie von einem langen Corps de Logis an der Stirnseite, welche diesem Bauwerk große Regelmäßigkeit verleihen.*

Über ein Perron steigen Sie zu den Gärten hinab, die Ihnen sogleich eine große, um des Blickes willen ganz frei gehaltene Terrasse präsentieren. Diese ist mit zwei Broderieparterres mit isolierten Rabatten versehen, welche wiederum von Boulingrins begleitet werden, deren Grund mit geschnittenen Rasenstücken verziert ist. Seitlich sind zwei Wasserspiegel, die als Reservoirs für die Fontänen im unteren Teil des Gartens dienen. Man steigt von dieser Terrasse

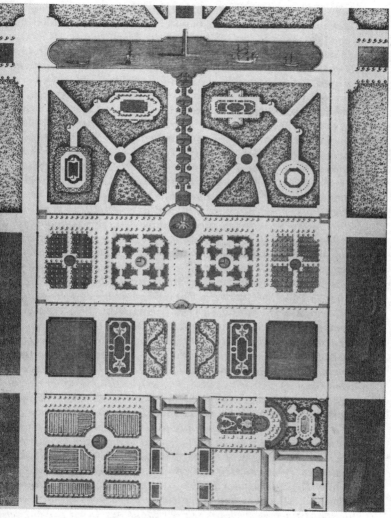

Abb. 29 *Disposition generale d'un grand Jardin dont la pente est en face du Bâtiment*. Aus: Dézallier 1709, Tf. 2 A.

an den beiden Enden oder frontal in der Mittelallee über eine große Hufeisentreppe hinab, welche mit drei Wassersprudlern (bouillons d'eau) geschmückt sind, die sich auf der Ebene der ersten Terrasse befinden und im unteren Becken einen Wasservorhang (nappe d'eau) bilden. Auf der zweiten Terrasse findet man vier Boskets, davon zwei Bosquets découverts à compartiment und zwei en quinconce gepflanzte, die den Blick keineswegs unterbrechen. Ihr durch Becken und Figuren bereicherter Entwurf ist sehr graziös. Die große Mittelallee und die andern sind hier weitergeführt und mit Eiben und Einzelbäumen bepflanzt. Im Verlauf der Mittelallee finden Sie ein großes Becken mit einem Wasserpilz (champignon) und Sprudlern und hinter den Boskets eine mit Kastanien bepflanzte Querallee. Durch die um dieses Becken herumführende Allee springt die Terrasse in Form eines Halbkreises vor, wo zwei doppelläufige Treppen mit Absätzen und Perrons entsprechend dem Wegefächer (patte d'oye) sind, welcher durch den Hochwald im untersten Teil gehauen ist. Der Wald bildet einen Halbmond aus Hecken, der mit Figuren in den Nischen dekoriert ist. Man kann auch über Treppen an den beiden Enden dieser Terrasse hinabsteigen.

Die beiden Läufe der großen Mitteltreppe schließen ein kleines Becken mit drei Sprudlern ein, deren Wasser in ein anderes fällt, wo drei Springstrahlen (jets d'eau) sind, deren Wasser wiederum einen Vorhang in einem noch tieferen Becken bildet, das der Anfang einer bis zu dem großen Kanal unten führenden Kaskade ist, Dieses ganze Wasser fließt durch Rinnen und fällt sich kräuselnd (en moutonnant) in die Becken mit den Sprudlern. Seitlich dieser Rinnen sind kleine Wasserkerzen (chandeliers), welche sich bis unten wiederholen, ebenso wie die Becken und Sprudler. Diese Kaskade reicht bis unmittelbar an den Kanal, in dessen Mitte sich ein großer Springstrahl erhebt; man kann dort mit Gondeln spazierenfahren. Außerdem dient der Kanal als Begrenzung und scheidet den Garten vom Park. Der große, die Kaskade begleitende Hochwald wird von Diagonalalleen durchschnitten und von einer rund geführten Allee, in der man Kreuzungsplätze (carrefours) mit kleinen Rasenstücken findet. Die Diagonalalleen geleiten Sie über winklig abgehende Alleen in vier unterschiedliche Säle oder Boskettes. In den beiden rechter Hand finden Sie ein großes Rund, umgeben von einer in Arkaden geschnittenen Hecke, und einen länglichen Saal mit Figurennischen und zwei Rücksprüngen, welche mit Muscheln und Wasserbuffets *geschmückt sind; in der Mitte sieht man ein mit Blumenrabatten eingefaßtes Stück à l'Angloise. Die beiden Boskette linker Hand bestehen in einem grünen Saal mit einer Reihe aus Einzelbäumen und aus einem rechteckigen Kreuzgang (cloître) aus Bäumen, die in Berceaux naturels gezogen sind, und einem Boulingrin mit Eiben in der Mitte. Man wird bemerken, daß das Niveau der Alleen dieser Boskette mit dem der großen Mittelallee, der Diagonal- und Seitenalleen zusammenpassen muß, darum stelle man sie sich mit einem durch die Kaskade bedingten sanften Gefälle vor.*

Würdigung: D'Avilers Vorarbeiten ausbauend, hält Dézallier die Regeln fest, die den von Le Nostre geprägten Garten seiner Zeit ausmachen, zugleich das bisher umfangreichste Buch über Lustgärten schreibend. Sein Werk, besonders in den späteren Fassungen, enthält außerdem bereits die Forderung nach Natürlichkeit, die das 18. Jh. zunehmend bestimmte. Sie drückt sich in Vereinfachung der Formen und Bevorzugung lebenden Materials aus. Die *Théorie et Pratique* war das in Europa vor dem Sieg des Landschaftsgartens verbreitetste Gartenbuch, die „Gartenbibel".

Sekundärliteratur: INGRID DENNERLEIN: *Die Gartenkunst der Régence und des Rokoko in Frankreich.* Worms 1982. Würdigung. – Biographien Dézalliers befinden sich in der 3. Auflage seines Werkes *La Conchyliologie, ou Histoire Naturelle des Coquilles* (Paris 1780, S. IX–XXIV) und in der neusten Ausgabe der deutschen Übersetzung seines Gartenbuchs (München 1986, S. 514–518). – Eine vollständige Zusammenstellung der Termini des Barockgartens gibt ALFRED ROMMEL: *Die Entstehung des klassischen französischen Gartens im Spiegel der Sprache,* Berlin 1954. – Zu diesem Thema auch HANSMANN (s. bei d'Aviler).

NOËL ANTOINE PLUCHE (1681–1761)

Biographie: Französischer Abbé („Weltgeistlicher").

Veröffentlichungen mit gartentheoretischem Gehalt: *Le Spectacle de la Nature, ou Entretiens sur les Particularités de l'Histoire naturelle.* Bd. 2, Paris 1735, XXIV, 488 S., 35 Tf.; mindestens zwölf weitere französische Ausgaben bis 1789; mindestens zwölf englische Ausgaben 1733–1776; vier spanische Ausgaben 1753–1786; mindestens fünf deutsche (1746–1772), drei holländische (bis 1779) und zwei italienische Ausgaben (1767–1803). In Frankreich ist das Werk so beliebt geblieben, daß noch zwischen 1844 und 1888 mindestens 18 Neubearbeitungen erschienen.

Der Abbé will, wie er in der Vorrede schreibt, ein leicht verständliches Naturkundebuch für junge Leute liefern. Mit Hilfe der Gartenkunst hofft er, Pflanzenkenntnisse zu vermitteln. Eingedenk seines geistlichen Standes fügt er hinzu, er wolle auch die Absicht Gottes bei der Schöpfung erklären. Um der Rokokogesellschaft zu willfahren, ist die Form zwangloser Gespräche gewählt. Zwischen Salon und Garten plaudert ein junger, lernwilliger Chevalier mit Graf und Gräfin und einem Prior. Pluche trägt sein auf Dézallier aufgebautes Fachwissen spielerisch vor, jeden wissenschaftlichen oder gelehrigen Ton vermeidend.

Der Band enthält 16 Unterredungen auf 507 Seiten, die erste von den Aufgaben des Lustgartens, die zweite von der Anlegung eines Parterres, die dritte von der Blumenzucht, die vierte von den *Accompagnemens du Parterre*, die fünfte von den Aufgaben des Küchengartens und die übrigen von der Praxis im Obst-, Gemüse-, Feld-, Wein- und Waldbau.

Weitere Veröffentlichungen: Über Geographie, Mythologie, Sprachen, Philosophie. Bibelharmonien.

Benutzte Ausgaben: Paris 1735 und die freie Übersetzung, anonym Frankfurt und Leipzig o. J. (um 1760).

Aufgaben: Am Anfang bestätigt der höfliche Prior die Ansicht des Chevaliers, daß die Blumen um des Vergnügens des Menschen willen geschaffen sind, *wie sie dann auch sonst niemand Vergnügen erwecken, als ihme allein* (S. 3). Die Geschlechtlichkeit der Pflanzen ist bekannt, aber *der Schöpfer beliebte bey Hervorbringung der Blumen und Blüthen den Nutzen mit der Anmuth zu verbinden* (S. 6). Es ist die Absicht des Schöpfers, *die Zierde unserer Wohnung zu vermehren* (S. 13). Und darum blühen die Blumen auch nicht alle auf einmal, sondern über das Jahr verteilt; *sie verrichten ihre Dienste in einer gewissen Ordnung* (S. 10f.). Die Einsicht, die der

Abbé der Jugend vermitteln will, besteht im Erkennen, daß *die Blumen nicht von ungefähr und ohne gewisse Absicht hervorkämen,* sondern *ausdrücklich deswegen, um mich zu ergötzen.* Sie leiten dadurch zur Erkenntnis Gottes (S. 23f.).

Die Gartenkunst soll nach Pluches Theorie die Natur nicht nachahmen, worunter er Nachbilden lebendiger Gegenstände in toten Materialien versteht, sondern sie soll *die Schönheiten der Natur auf eine anmuthige und geschickte Weise* an einem Ort zusammentragen und vereinigen. Ein Garten ist deshalb *nicht sowohl eine Nachahmung der Natur, als vielmehr die Natur selber, die man uns vor Augen stellet, und durch die Beyhülfe der Kunst in ihrer wahren Schönheit zeiget* (S. 101–103). Durch dieses Zusammentragen wird der Garten eine Welt im kleinen: *Wir geniessen durch eine kluge Anstalt alles, was die Natur trefliches hat; und ein einiger Spatzier-Gang im Garten ist eine Reise, davon man allerzeit mit Nutzen und mit Vergnügen zurücke kommt* (S. 109).

Die bare Natur, das heißt Kulturlandschaft, gilt als weniger anmutig als ein Garten (S. 101). Man macht es mit den Blumen *wie mit einem Diamant. Will man Staat damit treiben, so muß man seine natürliche Schönheit mit einer vorteilhaftigen Stellung verwahren, das ist, man muß ihn einfassen* (S. 26). Wildnis wird abgelehnt. *Wollten wir die Bäume,* sagt der Graf S. 89f., *fortwachsen lassen, wie sie selbst wollen; so wird unsere Wohnung in kurzer Zeit einem Schlupfwinkel der Tyger und Bären ähnlich sehen, wir werden mit düstern Gebüsche und Gehölze umgeben seyn.*

Angesprochen ist der Edelmann mit seinem Landsitz. *Man hat bey dem Landleben,* sagt der Chevalier S. 25, *viele müssige Stunden, die man nicht besser anwenden kan, als die Blumen zu warten,* das heißt, *ein Blumist (fleuriste) zu werden.* Der Blumenbau ist *ein angenehmes Band der menschlichen Gesellschaft* und *versüsset die Einsamkeit,* daher ist er nicht bloßer Zeitvertreib, sondern *eine höchst edle Beschäftigung* (S. 25f.).

Gestaltung: Auf Ausdehnung wird offensichtlich kein Wert mehr gelegt. Die neun beigefügten Gartenentwürfe zeigen eindeutig kleine Gärten. Nur die Hauptallee vom Gebäude aus muß eine Aussicht ins freie Feld erlauben, die übrigen haben *points de vue,* z. B. Klostertürme oder Fassaden (S. 91). Wo keine Alleen sind, wird der Garten mit grünverkleideten Mauern umhegt. *Man*

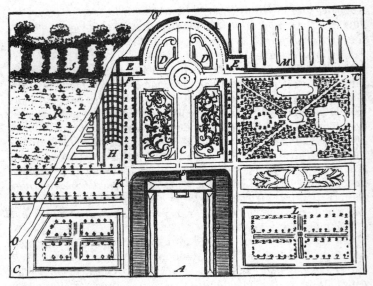

Abb. 30 Idealgarten. Aus: Pluche 1735. A *La cour, & les bâtimens.*
B *Pont sur le fossé.* C *Tous les endroits ponctués sont des allées garnies de gason.* D *Grandes places toutes garnies de fleurs.* E *Sales de verdure.* F *Palissades.* G *Bois.* H *Berceau accompagné d'une terrasse pour jouir de la vûe de la campagne R.* I *Parterre à l'Angloise pour servir d'objet à une deux aîles des bâtiment.* K *Grande allée placée sous les fenêtres de l'autre aîle, & prolongé dans la campagne.* M *Reste de terrain employé en melonière.* O *Grand chemin.* P *Palissade a baissée pour unir l'allée K, avec l'avenue allignée dans la campagne, & marquée* Q.
R *La campagne.* S *Elévation du berceau H. Il est beaucoup mieux de ce caractère simple & champêtre, que d'être taillés & pincé plus regulièrement.*

lässet die Hecken und Lust-Gebüsche nur bis zu einer gewissen Höhe wachsen, damit man die ganze Gegend aus den obern Zimmern des Wohn-Hauses übersehen könne. Allein bey dem Eintritte des Gartens darf diese Aussicht nicht mehr so ungemessen seyn. Es würde unsern Gärten zum schlechten Vortheile gereichen, wenn man sie mit dem prächtigen Garten der Natur ungehindert vergleichen könnte, denn man würde sie gegen diesen für nichts achten. Man hat also mehr Vergnügen davon, wenn man bey dem Ausgange

Noël Antoine Pluche

aus einem Lust-Gebüsche, oder an der Wendung einer Hecke, auf einmal eine Ebene erblicket, die das Auge nicht ausmessen kan (S. 107).

Ein Gestaltungsgrundsatz ist Abwechslung *(changer)*: *Dieses Vergnügen*, sagt die Gräfin S. 17, *suchen wir mit so grossem Eifer in allem, was wir vornehmen. Kleider, Geräth, Music, Sprache, Bau-Art, alle unsere Erfindungen sind in einem unaufhörlichen Flusse: Wir halten uns niemahls an etwas gewisses: Eine Mode vertreibt die andere.* S. 107 ff. heißt es: *Um dieser Ursache willen, wird auch jeder Theil anders angelegt, und ist anders beschaffen. Dieser Platz hat ein prächtiges Wesen, jener hingegen ist zierlicher ausgeschmückt. Hier laufen verschiedene Gänge, die man durch das Gehölze gehauen hat, zusamm (une patte d'oie ou une étoile), und setzen uns in die Ungewißheit, was für einen wir erwählen sollen. Anderswo ist eine Vertiefung, die man nicht ausfüllen wollen, in einen länglichten Gras-Platz (tapis de verdure) verwandelt* [...]. *Die Bogen-Gänge (arcades) von Linden, die ihn umgeben, die Blumen-Töpfe (vases de fleurs), welche jeden Bogen zieren, die frische Luft, so man da schöpfet, der Schatten, den man da geniesset, der Gesang unzähliger Vögel, welche sich daselbst aufhalten, alles dieses reizet uns einen so anmuths-vollen Ort (pelouse) zu besuchen. Ein anderer Platz wird etwas einsames und düsteres (solitaire & sauvage) an sich haben; er schickt sich also vortreflich, seinen eigenen Gedanken nachzuhängen. Wieder ein anderer zerstreuet sie: Sie verliehren sich nebst der Aussicht an den Dörfern der umliegenden Gegend. Ein unfruchtbarer und dem Blasen des Nord-Windes ausgesetzter Hügel (lieu) verwandelt sich in eine Grotte, worinn man sich abkühlet; einen jähen und beynahe unzugänglichen Fels (lieu) gewinnet man durch einen gleichsam unmerklicher Weise aufsteigenden Weg (rampe), und macht ihn zu einen Lust-Platze (belvédère), den niemand unbesehen lässet. Versteht man dergstalt die Beschaffenheit und Lage eines Platzes wohl anzuwenden, und dasjenige, was die Natur bereits angefangen hatte, vollends auszuführen, so ist man auch im Stande, seinem Garten unzählige Abwechslungen an Aussicht und Anmuth zu verschaffen* (S. 107 ff.).

Die großen, bedrohlichen Eindrücke sind allerdings ausgeschlossen. Die Hand Gottes *jaget die fürchterlichen Figuren weit von den Menschen in die Wälder und unwegsame Wüsteneyen, auf daß der Mensch in seinem Lebenskreis nur Ergötzliches sehe* (S. 20).

Im Anschluß an den Lustgarten wird der Küchengarten ausführlich behandelt. Er hat keine besondere künstlerische Gestalt, sondern gerade sein *natürliches, ungekünsteltes Wesen* ist gefragt. *Die Schönheit erhält sodann erst ihr rechtes Leben, wenn sie nichts gezwungenes an sich hat, und diese Eigenschaft lernet man bey einem Küchen-Garten nach ihrem rechten Werthe schätzen.* (Beim Parterre *le désir de plaire s'y laisse trop apercevoir:* [...] *La beauté du potager a quelque chose de plus vrai, de plus solide & de moins recherché.* [...] *La simplicité est le vrai assaisonnement du beau dont elle laisse sentir tout le prix.*) Da für Pluche Natur und Kulturlandschaft dasselbe sind, darf es nicht wundern, wenn er an gleicher Stelle sagt, aus der Ordnung des Küchengartens entspringe seine Schönheit (*c'est de l'ordre même que résulte la beauté*) (1735, S. 105f.). *Natürlich* bedeutet „nicht künstlerisch gestaltet".

Elemente: Das reine Broderieparterre gilt als veraltet; von schlechtem Geschmack zeuge das *Parterre de pièces coupées*. Ungekünstelter sei das mit Rasenbändern gemischte Broderieparterre. Einhellig als bester Geschmack aber wird das Rasenparterre mit einer Vertiefung in der Mitte gelobt. Außer Blumenrabatten kommen Rasenrabatten in Frage, in die man Taxuspyramiden und dazwischen *würfelige Steine (dez de pierre), oder kleine viereckige Rasen-Bänke (quarées de verdure) mit Kasten (caisses) oder grossen Gefässen (vases) setzt, worein man geflochtene Körbgen (mannequins ou paniers d'ozier) mit Nachtviolen, Levcojen, Nelken, Spanischen Jasmin oder andere Blumen stellet.* Solche Rabatten besäßen ungekünstelte und doch prächtige Schönheit, die der Natur am nächsten komme, und erforderten weniger Mühe als Blumenrabatten (S. 28–33). Außerdem können Blütensträucher und Kübelpflanzen, nach Jahreszeit wechselnd, in den Rabatten aufgestellt werden: Lorbeer, Orangen, Zitronen, Granaten, Oleander, Larustinus, Geißblatt, Stechpalme, Wacholder, Zypressen, Lorbeerkirschen, Rosen, Myrten, Rosmarin, Eiben, Schneeball, Flieder (Syringa vulgaris & xpersica), Jasmin (Jasminum officinale, fruticans, grandiflorum & sambac, Plumeria rubra, Spartium junceum), *arbres de Sainte-Lucie* (Prunusart) (S. 86–88).

Man formt auch um die Lindenstämme „Töpfe" aus Eiben oder Rosen, so daß der Eindruck eines Orangenbaums in seinem Kasten entsteht, oder man schneidet Lindenbüsche in Kastenform und

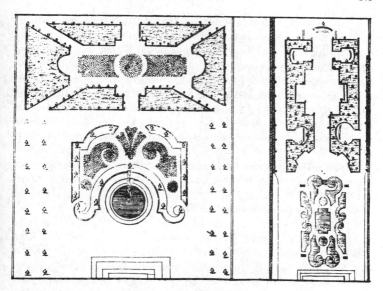

Abb. 31 *Parterres*. Aus: Pluche 1735. *On a ponctué les massifs, les enroulemens & autres pièces de gason. Le parterre par découpés, & le parterre mélangé sont accompagnés de leur bosquèt.*

stellt große Blumenkörbe darauf. Das wirke natürlicher als totes Material (S. 94–96). Stein in Form von Skulpturen und Lustgebäuden wird aus dem Garten verbannt (S. 100; 102).

Würdigung: Derselben Generation wie Addison (s. u.) angehörend, fußt Abbé Pluche gleich diesem auf Dézallier. Er und mit ihm die damalige französische Gartenkunst gehen jedoch nicht so weit, im Garten Landschaften nachzubilden. Sie halten an geometrischen Formen fest und wollen auch keine Moral im Garten ausdrücken. Vergnügen bleibt einziger Gartenzweck. Die Naturannäherung äußert sich in der erneuten Wertschätzung jener kleinen Elemente Blumen, Vögel, Lauben und Küchengärten, die im Barock verpönt waren.

Sekundärliteratur: DENNERLEIN, s. bei Dézallier.

Die Theorien

JOSEPH ADDISON (1672–1719)

Biographie: Englischer Schriftsteller, den *Whigs*, d. h. den gegen die Feudalaristokratie *(Tories)* opponierenden Londoner Bürgerkreisen zugerechnet. Selbst weder Dichter, Philosoph noch Naturwissenschaftler, verstand sich Addison als ein Gentleman mit hohen moralischen Zielen, zu denen er in seinen Essays aufrief und die er als Unterstaatssekretär persönlich zu verwirklichen suchte. Garten und Landschaft spielen in seinem Denken eine bedeutende Rolle.

Veröffentlichungen: Addisons Publikationsorgan war die neueingerichtete moralische Wochenzeitung. Zusammen mit Richard Steele gab er *The Tatler* (1709–11), *The Spectator* (1711–12, 1714) und *The Guardian* (1713) heraus, die Vorbilder aller ähnlichen Periodika des 18. Jahrhunderts. Sie erlebten zahlreiche Nachdrucke. Die jüngsten Ausgaben sind *The Spectator,* Oxford 1965, und *The Tatler,* Hildesheim und New York 1970. Der Spectator erschien auch auf deutsch, das erste Mal schon 1719. Hervorzuheben: *The Pleasures of the Imagination* (Spectator Nr. 411–421, 1712). Addison zielt hierin, wie aus der Zusammenfassung in der letzten Nummer hervorgeht, in erster Linie auf die Dichtkunst ab, der auch die Nummern ab 417 gewidmet sind. Zuvor aber behandelt er die Anwendung in der Landschaft (414) und in der Baukunst (415).

Benutzte Ausgaben: Tatler 1970; Spectator, Bd. 6, Berlin 1782.

Aufgaben: Im Tatler Nr. 120 und 123 (1710) gibt Addison zunächst auf zwölf Seiten ein Vorbild für den frühen Landschaftsgarten und eine sehr wichtige Interpretation durch emblematische Gebäude: Alle Menschen würden von denselben *desires* getrieben; man nenne sie beim Jüngling *lust*, beim Mann *ambition*, beim Greis *avarice*. Zur Erläuterung schildert er eine Vision:

Er wandert durch einen riesigen, mit Alleen und Wegen durchzogenen Wald, in dessen Mitte er auf eine reich belebte Ebene trifft. *I here discovered three great roads, very wide and long, that led into three different parts of the forest.* Die versammelten Menschen teilen sich in drei Gruppen entsprechend ihrem Alter auf diesen Straßen. Obwohl sich selbst zu den Alten rechnend, folgt Addison nacheinander jeder der drei Gruppen. Der erste Weg führt ihn im

Schatten, von Blumen, Vogelsang, Bächen und Wasserfällen begleitet zunächst in ein verworrenes Dornendickicht, wo es auch Rosen, Felsengänge, Grotten gibt, so daß es neben *perplexity* auch *delight* gewährt. Es ist das *Labyrinth of Coquettes*, in das die betörten Jünglinge den Frauen folgen, um dann allein nicht mehr herauszufinden. Erst als Paare – nur der Erzähler bleibt allein – können sie der großen Straße weiter folgen. Am Ende finden sie zwei Tempel, den rechten der tugendhaften Liebe, d. h. Ehe, den linken der *lust* geweiht. In einer Laube aus Geißblatt, Jasmin und Amaranth wacht *Hymen* darüber, daß nur Paare mit Ringen an den Fingern eintreten. Dieser Tempel ist in jonischer, der des Lasters in korinthischer Ordnung erbaut. Aus ihm führt kein Ausgang zurück zum Pfad des Vergnügens usw. Ich verzichte auf die Wiedergabe der zahlreichen Allegorien, soweit sie nicht durch gartenkünstlerische Elemente dargestellt sind.

Am Ende der zweiten Straße sieht Addison den Tempel der Tugend, seitlich Lorbeersträucher und Marmortrophäen, Reliefsäulen, Statuen von Gesetzgebern, Helden, Staatsmännern, Philosophen und Dichtern. Die Wanderer auf diesem Weg sind von dem Gedanken besessen, der Menschheit zu dienen oder das Wohl des Landes zu fördern. Bedeckte Gänge laufen zur Hauptstraße parallel, für die, die im verborgenen Tugend üben. Hinter dem Tempel der Tugend führen Triumphbögen zu dem zunächst nicht sichtbaren Tempel der Ehre, in dem Ewigkeit thront. In Sichtweite steht, von gleichem Aussehen, aber ohne Mörtel auf schwachem Fundament gebaut, der Tempel der Eitelkeit, zu dem Heuchler, Freidenker und unehrenhafte Politiker auf ihren eigenen, gekrümmten Pfaden streben, an denen Figuren mit Inschriften aus dem Machiavell die Richtung weisen.

Endlich schlägt Addison die Straße der Alten ein, die zunächst tagelang ohne Gefühl in einem tiefen Tal verharren, wo sie sich nur aus einem Fluß mit einem Goldsandbett nähren, der sie noch durstiger macht, als sie schon waren. Die *deity of the place* hat ihnen verboten, die Hügel von Gold und Silber anzurühren, die am Fluß liegen, wenn sie nicht verhungern wollten. Am Ende des Tals erhebt sich der fortifizierte Tempel der Habgier. Hinter hundert eisernen Türen tafeln dort die geizigen, korrupten Alten usw. zu Füßen ihres Gottes. Ein Gespenst erschreckt sie regelmäßig. Es ist die Armut. Addison aber, statt der Habgier die erwartete Reverenz zu erweisen, huldigt der Armut mit Worten wie: Laß deine Drohungen mich nicht zu Unrechtem verleiten, mach, daß ich mein Auge nicht vor den Schreien der Not verschließe usw.

In einer anderen Vision (Tatler Nr. 161, 1710, sechs Seiten) träumt er, ein müder Wanderer auf einer schattigen Bank, von der Bergwelt der Schweiz, dem Lande der Freiheit, das er selbst kannte. Mitten zwischen schneebedeckten Bergen erstreckt sich eine paradiesische Ebene. *The place was covered with a wonderful profusion of flowers, that without being disposed into regular borders and parterres, grew promiscuously, and had a greater beauty in their natural luxuriancy and disorder, than they could have received from the checks and restraints of art. There was a river that arose out of the south side of the mountain, that by an infinite number of turns and windings, seemed to visit every plant, and cherish the several beauties of the spring, with which the fields abounded. After having run to and fro in a wonderful variety of meanders, as unwilling to leave so charming a place, it at least throws itself into the hollow of a mountain, from whence it passes under a long range of rocks, and at lenght rises in that part of the Alps* [. . .]. Der Fluß ist die Rhône, die aus dem Land der Freiheit in das Land der Knechtschaft fließt. Die Freiheit selbst sitzt in der Mitte auf ihrem Thron, begleitet von *Commonwealth* und *Monarchie*, mit Künsten und Wissenschaften im Gefolge. Fülle wohnt auf einem Berg voll wuchernder Pflanzen, Handel auf einer Insel, wo Gewürze, Oliven und Orangen reifen usw. Der Ort *was not encumbered with fences and enclosures.*

Der Aufsatz *The Pleasures of the Imagination* beginnt mit der Definition der *Imagination*. Unter den Sinnen sei es allein der Gesichtssinn, *der die Einbildungskraft mit ihren Ideen versorgt; so daß ich unter den Vergnügungen der Einbildungskraft oder der Fantasie (ich werde mich bald des erstern, bald des letztern Ausdrucks bedienen) hier diejenigen verstehe, die von sichtbaren Gegenständen entspringen, es sey nun, daß wir dieselben wirklich vor Augen haben, oder ihre Ideen durch Gemählde, Statuen, Beschreibungen, oder ähnliche Hülfsmittel in uns hervorrufen. Wir können freylich kein einziges Bild in der Fantasie haben, welches nicht durch das Gesicht zuerst hineingekommen wäre; aber wir haben die Macht, diese Bilder, die wir einmahl empfangen haben, zu behalten, zu verändern, zusammenzusetzen, und solcher Gestalt die reizendsten und mannichfaltigsten Erscheinungen nach Belieben in der Einbildungs-*

Joseph Addison

kraft hervorzubringen, so daß, Kraft dieses Vermögens, ein Mensch in einem finstern Kerker fähig ist, sich mit Scenen und Landschaften zu unterhalten, die schöner sind, als alles, was die ganze Natur von dieser Art aufzuweisen hat. [...]

Die Vergnügungen der Einbildungskraft, in ihrem ganzen Umfange genommen, sind nicht so grob, als die Vergnügungen der Sinne, noch so fein und lauter, als die Vergnügungen des Verstandes. Die letztern haben freylich einen größern Werth, weil sie sich auf irgend eine neue Erkenntniß oder Vollkommenheit in der Seele des Menschen gründen; doch muß man gestehen, daß die Vergnügungen der Einbildungskraft eben so groß und entzückend sind, als sie. Eine schöne Aussicht ergetzt die Seele eben so sehr, als eine Demonstration; und eine Schilderung aus dem Homer hat mehr Leser entzückt, als ein Kapitel im Aristoteles. Ueberdem haben die Vergnügungen der Einbildungskraft noch den Vorzug des Verstandes, daß sie uns näher zur Hand liegen und leichter zu erlangen sind. Man darf nur das Auge öffnen, so fällt das Schauspiel hinein. Die Farben mahlen sich selbst in die Fantasie, ohne daß es dazu besonderer Anstrengung des Gedankens oder Aufmerksamkeit der Seele des Betrachters bedarf. Wir werden, ohne zu wissen wie, durch die Symmetrie irgend eines Dinges, das wir sehen, frappirt, und fühlen augenblicklich ein Wohlgefallen an der Schönheit eines Gegenstandes, ohne erst die besonders Ursachen und Veranlassungen derselben zu untersuchen.

Ein Mensch von gebildeter und verfeinerter Einbildungskraft hat Empfänglichkeit für unzählige Vergnügungen, deren der gemeine Haufen nicht fähig ist. Er kann sich mit einem Gemählde unterhalten, und findet in einer Statue einen angenehmen Gesellschafter. Er empfängt eine geheime Erquickung von einer poetischen Schilderung, und empfindet oft größere Freude an einer Aussicht auf Felder und Wiesen, als ein andrer im Besitz derselben. Sie gibt ihm, in Wahrheit, eine Art von Eigenthum an allem, was er sieht, und macht selbst die rohesten, wildesten Theile der Natur seinem Vergnügen dienstbar: so daß er die Welt gleichsam in einem andern Lichte betrachtet, und unzählige Schönheiten und Reize in ihr entdeckt, welche sich vor den Augen des großen Haufens verstecken [...] (S. 78–82).

Diese Vergnügen sind unschuldig, da sie nicht auf Kosten einer Tugend gehen, und sie sind für Körper und Seele gesund.

Ich betrachte nun zuerst diejenigen Vergnügungen der Einbildungskraft, welche die wirkliche Betrachtung äußerer Gegenstände uns gewährt: und diese, dünkt mich, entspringen alle aus dem Anblick dessen was Groß, Ungewöhnlich, oder Schön ist (Great, Strange, Beautiful). Ein Gegenstand kann freylich etwas so Fürchterliches oder Widerliches an sich haben, daß das Grauen oder der Ekel, den er erregt, das Vergnügen, welches aus seiner Größe, Neuheit oder Schönheit entspringt, überwiegt; aber immer wird doch ein gewisses Vergnügen selbst mit dem Widerwillen, den er in uns erweckt, vermischt seyn, je nachdem eine von diesen drey Eigenschaften besonders sichtbar herrschend an ihm ist.

Unter Größe verstehe ich nicht nur die körperliche Größe irgend eines Gegenstandes, sondern den weiten Umfang eines ganzen Anblicks, als ein einziges Stück betrachtet. Dergleichen sind die Aussichten über eine offene Landschaft, eine weit ausgedehnte unangebaute Wildniß von ungeheuren, über einander gethürmten Gebirgen, steilen Felsen und Abgründen, oder eine unabsehliche Wasserfläche; wo uns nicht die Neuheit oder Schönheit des Anblicks, sondern die rohe Größe und Pracht frappirt, die sich in vielen dieser erstaunlichen Werke der Natur offenbart. Unsre Einbildungskraft liebt Gegenstände, die sie ganz ausfüllen, hascht nach allem, was zu groß ist, als daß sie es umfassen könnte. Wir gerathen in eine angenehme Art von Erstaunen bey solchen unbegränzten Aussichten, und fühlen eine wonnevolle Stille und Betäubung in der Seele bei der Wahrnehmung derselben. Der menschliche Geist hasset von Natur alles, was einem Zwange ähnlich sieht, und glaubt sich gewissermaßen gefesselt und eingesperrt, wenn sein Gesicht in einen engen Umfang beschränkt, und von allen Seiten durch nahe Mauren oder Berge verkürzt wird. Ein weit ausgedehnter Horizont hingegen ist ein Bild der Freyheit, wo das Auge Raum hat, umherzuschwärmen, durch die Unermeßlichkeit seiner Aussichten auf und nieder zu wandern, und sich unter Mannichfaltigkeit von Gegenständen, die sich seiner Betrachtung darbiethen, zu verliehren. Solche weit ausgedehnte und unbegränzte Prospekte sind der Fantasie eben so angenehm, als die Betrachtung der Ewigkeit oder des Unendlichen dem Verstande. Ist aber noch Schönheit oder Ungewöhnlichkeit mit dieser Größe verbunden, als in einem stürmischen Ocean, einem mit Gestirnen und Meteoren gezierten Himmel, oder einer großen mit Flüssen, Wäldern, Felsen und Wiesen angefüllten Landschaft, dann steigt unser Vergnügen noch höher, weil es aus mehr als einem Grunde allein entspringt.

Alles, was *neu* oder *ungewöhnlich (uncommon)* ist, erregt ein Vergnügen in der Einbildungskraft, weil es die Seele in ein angenehmes Erstaunen versetzt, ihre Neugier befriedigt, und ihr eine Idee gibt, die sie vorher nicht hatte. In der That müssen wir uns so oft mit einerley Art von Gegenständen abgeben, werden des immer wiederhohlten Anschauens derselben Dinge so müde, daß alles Neue oder Ungewöhnliche ein wenig dazu beyträgt, das menschliche Leben mannichfaltiger zu machen, und uns auf eine Zeitlang durch das Seltsame seiner Erscheinung zu zerstreuen; es dient uns zu einer Art von Erholung und Erquickung, und tilgt die Sattigkeit, worüber wir bey unsern gewöhnlichen Unterhaltungen so gern klagen. Dieß ist es, was einem Ungeheuer und einer Mißgeburt Reize gibt, und uns selbst die Unvollkommenheiten der Natur angenehm macht. Dieß ist es, was die Abwechselung empfiehlt, wo man die Seele mit jedem Augenblick auf etwas Neues abruft, und der Aufmerksamkeit nicht erlaubt, sich zu lange bey irgend einem besondern Gegenstande zu verweilen und zu ermüden. Dieß ist es ferner, was die Größe oder Schöne noch erhöht, und wodurch es der Seele eine doppelte Unterhaltung gewährt. Haine, Gefilde und Wiesen betrachten wir zu jeder Zeit des Jahres mit Vergnügen, nie aber so sehr als im Anfange des Frühlings, da sie noch ganz neu und frisch sind, schimmernd in ihrem ersten Jugendglanz, und dem Auge noch nicht zu gewöhnt und vertraut mit ihm. Aus diesem Grunde belebt nichts eine Aussicht mehr, als Flüsse, Springbrunnen, oder Wasserfälle, wo die Scene sich beständig verändert, und das Gesicht in jedem Augenblick mit etwas Neuem unterhält. Wie bald werden wir nicht müde, Hügel und Thäler zu betrachten, wo alles fest und unverändert an demselben Ort und in derselben Stellung bleibt! dahingegen unsre Gedanken gleich in Bewegung gesetzt und gestärkt werden, beym Anblick solcher Gegenstände, die immer in Bewegung sind, und unter dem Auge des Betrachtenden hinweggleiten.

Nichts aber findet seinen Weg so geradezu in die Seele, als die *Schönheit*, welche unmittelbar ein geheimes Vergnügen und Wohlgefallen durch die Einbildungskraft ergießt, und allem, was groß oder gewöhnlich ist, erst seine letzte Vollendung gibt. [...] Vielleicht besitzt das eine Stück Materie nicht mehr reelle Schönheit oder Häßlichkeit, als das andre, weil wir hätten so gemacht werden können, daß das, was uns jetzt widerlich scheint, uns annehmlich vorgekommen wäre; aber aus der Erfahrung wissen wir, daß es verschiedene Modifikationen der Materie gibt, welche die Seele, ohne alle vorhergegangene Ueberlegung, beym ersten Blick für sehr schön oder häßlich erklärt. [...]

Wie die Fantasie sich an allem, was groß, außerordentlich oder schön ist, ergetzt, und zwar immer mehr, je mehr sie von diesen Vollkommenheiten in demselben Gegenstande findet, so kann dieß Vergnügen noch mehr erhöhet werden, wenn noch ein anderer Sinn dem Gesichte zu Hülfe kömmt. So wird durch einen fortdaurenden Schall, wie die Musik der Vögel, oder das Geräusch eines Wasserfall, die Seele des Betrachtenden beständig geweckt, und auf die verschiednen Schönheiten des vor ihm liegenden Orts aufmerksamer gemacht. So wird auch durch liebliche Düfte und Wohlgerüche das Vergnügen der Einbildungskraft erhöhet, und selbst das Grün und die Farben der Landschaft werden dadurch noch reizender; denn die Ideen beider Sinne empfehlen einander gegenseitig, und sind angenehmer, wenn sie zusammen, als wenn sie für sich allein in die Seele kommen [...] (S. 84–93).

Hier schalten wir zwei Zitate zu Addisons Naturverständnis ein. Im Spectator Nr. 565 (1714) sagt er, Natur sei *the Temple of God, which he had built with his own Hands, and which is filled with his Presence.* Und im Spectator Nr. 387 (1712): *If we consider the World in its Subserviency to Man, one would think it was made for Use; but if we consider it in its natural Beauty and Harmony, one would be apt to conclude it was made for our Pleasure.*

Doch zurück zu *The Pleasures of the Imagination.*

Vergleichen wir die Werke der **Natur** und der **Kunst**, in so fern sie die Einbildungskraft zu vergnügen geschickt sind, so werden wir die letztern, in Vergleichung der erstern, sehr mangelhaft finden; denn ungeachtet sie uns zuweilen schön oder außerordentlich vorkommen mögen, so können sie doch nie etwas von der Größe und Unermeßlichkeit an sich haben, die der Seele des Betrachtenden ein so hohes Vergnügen gewähren. Sie können vielleicht eben so fein und zierlich seyn, als jene, aber nie so erhaben und prächtig (*August and Magnificent*) in der ganzen Anlage. In den rohen und nachlässigen Zügen der Natur ist etwas kühneres und meisterhafteres, als in den feinen Pinselstrichen und Verzierungen der Kunst. Die Schönheiten des prächtigsten Gartens oder Pallasts liegen

in einem engen Bezirk, die Einbildungskraft durchläuft und überschaut sie gleich, und fordert zu ihrer Befriedigung etwas anderes; in den weiten Gefilden der Natur aber wandert das Auge auf und nieder, ohne Schranken, und weidet sich an einer unendlichen Mannichfaltigkeit von Bildern, ohne Maß und Zahl. [...]
Ungeachtet aber verschiedene dieser wilden Scenen uns ein weit größeres Vergnügen gewähren, als alle Vorstellungen der Kunst; so finden wir doch die Werke der Natur immer desto angenehmer, je mehr sie den Werken der Kunst gleichen: denn in diesem Fall entspringt unser Vergnügen aus einer doppelten Quelle; aus der Annehmlichkeit der Gegenstände für das Auge, und aus ihrer Aehnlichkeit mit andern Gegenständen: wir finden ein Vergnügen so wohl an Vergleichung ihrer Schönheiten, als an Betrachtung derselben, und können sie unsrer Seele entweder als Kopien, oder als Originale vorstellen. Daher ergetzen wir uns an einer wohl geordneten Aussicht, in welcher Felder und Wiesen, Wälder und Flüsse mit einander abwechseln; an den zufälligen Landschaften von Bäumen, Wolken und Städten, die man zuweilen in den Adern eines Stücks Marmor findet; an dem sonderbaren Schnitzwerk an Felsen und Grotten; mit einem Wort, an allem, was eine solche Mannichfaltigkeit oder Regelmäßigkeit zeigt, die in diesen so genannten Werken des Ungefährs die Wirkung einer besondern Absicht zu seyn scheint.
Gibt es also den Produkten der Natur einen größern Werth, wenn sie den Produkten der Kunst mehr oder weniger ähnlich sehen, so können wir versichert seyn, daß Werke der Kunst einen noch viel größern Vorzug durch ihre Aehnlichkeit mit den Werken der Natur erhalten, weil hier nicht nur die Aehnlichkeit angenehm, sondern auch das Muster vollkommener ist. [...]

Gestaltung: *Sehen wir diese* [die Natur] *daher einiger Maßen in Lebensgröße nachgeahmt, so gewährt uns das ein viel edleres und erhabneres Vergnügen, als wir bey den feinern und genauer ausgearbeiteten Produkten der Kunst empfinden. Aus diesem Grunde sind unsere Englischen* [Barock-]*Gärten nicht so unterhaltend für die Fantasie, als die Gärten in Frankreich und Italien, wo man oft ein großes Stück Landes mit einem Gemisch von Garten und Wald* [Boskett, gab es in England kaum] *bedeckt sieht, welches allenthalben eine künstliche Wildheit und Rohigkeit darstellt, die viel reizender ist, als die Nettigkeit und Eleganz, die wir in den unsrigen* *erblicken. Es möchte freylich wohl von übeln Folgen für das Publikum, und für Privatpersonen nicht sehr einträglich seyn, wenn in manchen Gegenden eines Landes, das so wohl bevölkert und so ungleich vortheilhafter angebaut ist, ein so großer Theil des Bodens den Viehweiden und dem Pfluge entzogen würde* [der französische Gartenbesitzer lebte am Hof, der englische auf dem Land]; *allein warum ließe sich nicht ein ganzes Landgut, durch Anpflanzungen, die dem Eigenthümer so viel Nutzen als Vergnügen bringen würden, in eine Art von Garten verwandeln. Ein Sumpf mit Weiden bewachsen, oder ein Berg mit Eichen beschattet, sind nicht nur schöner, sondern auch einträglicher, als wenn man sie öde und ungeschmückt liegen läßt. Kornfelder machen einen angenehmen Prospekt, und wendete man auf die zwischen ihnen liegenden Gänge ein wenig Sorgfalt, hülfe man dem natürlichen Stickwerk (Embroidery) der Wiesen durch einen kleinen Zusatz von Kunst fort, und verschönerte man die verschiednen Reihen von Hecken durch Bäume und Blumen, die der Boden zu tragen fähig wäre, so könne man sich eine sehr hübsche Landschaft aus seinen Besitzungen machen.*

Die Reisebeschreiber, welche uns Nachrichten von Sina geben [Addison folgt den Angaben Sir William Temples in dessen *Upon the Gardens of Epicurus, or, of Gardening in the Year 1685*, veröffentlicht 1692], *erzählen, daß die Einwohner dieses Landes sich über unsre Europäischen Pflanzungen, die nach Schnur und Winkelmaß angelegt werden, sehr aufhalten; denn, sagen sie, Bäume in geraden Reihen und gleichförmige Figuren stellen, das kann Jeder. Sie bemühen sich vielmehr, selbst in Werken dieser Art, Genie zu zeigen, und verstehen daher immer die Kunst, nach welcher sie dabey zu Werke gehen. Sie haben, wie es scheint, ein Wort in ihrer Sprache, wodurch sie die besondere Schönheit einer Anpflanzung ausdrücken* [vgl. N. Pevsner: Sir William Temple on Sharawaggi. In: The Architectural Review 106. London 1949, S. 391–393], *welche solcher Gestalt die Einbildungskraft auf den ersten Blick frappirt, ohne zu entdecken, was es eigentlich ist, das eine so angenehme Wirkung thut. Unsre Britischen Gärtner hingegen, statt der Natur nachzugehen, weichen vielmehr so sehr von ihr ab, als sie nur können. Unsre Bäume erheben sich in Kegeln, Kugeln und Pyramiden. Die Spuren der Schere sehen wir an jeder Pflanze und Staude (Bush). Ich weiß nicht, ob ich ein Sonderling in meinem Geschmack bin, aber ich muß gestehen, daß ich lieber einen Baum in aller seiner schwelge-*

rischen Wildheit von Aesten und Zweigen sehe, als wenn er solcher Gestalt in eine mathematische Figur gehackt und geschnitten ist; und ich kann nicht umhin, mich an dem Anblick eines Baumgartens in seiner Blüthe unendlich mehr zu ergetzen, als an allen den kleinen Labyrinthen des künstlichsten Parterre. Aber freylich, da unsre großen Kunstgärtner ihre Vorrathshäuser von Pflanzen haben, die sie gern an den Mann bringen wollen, so ist es sehr natürlich, daß sie alle die schönen Anpflanzungen von Fruchtbäumen ausreißen, und einen Plan erfinden, der ihrem Beutel am zuträglichsten ist, weil sie dabey ihr Immergrün (Evergreens) und andre dergleichen bewegliche Pflanzen, womit ihre Laden im Ueberfluß versorgt sind, absetzen können* (S. 100–107).

Beispiele: Schließlich schildert Addison, der in Wahrheit keinen Garten besaß, im Gewand eines fingierten Leserbriefs seinen Idealgarten (Spectator Nr. 477, 1712, 9 Seiten): *Ich habe einige Morgen Landes neben meinem Hause, die ich meinen Garten nenne; sähe sie aber einer unsrer Kunstgärtner, so würde er nicht wissen, wie er das Ding nennen sollte. Es ist ein Gemisch von Küchen- und Parterre- Baum- und Bluhmengarten, welches alles so verflochten durch einander liegt, daß ein Fremder, der von unserm Lande noch nichts gesehen hätte, und gleich bey seiner Ankunft zuerst in meinen Garten käme, ihn für eine natürliche Wildniß, und für einen von den unkultivirten Plätzen unsers Landes halten würde. Verschiedne Theile meines Gartens sind in schwelgerischem Ueberfluß mit Bluhmen bedeckt. Ich bin aber so weit entfernt, mich in irgend eine besondere Bluhme, wegen ihrer Seltenheit, zu verlieben, daß ich vielmehr jede Bluhme des Feldes, die mir gefällt, in meinem Garten aufnehme. Führe ich daher einen Fremden hinein, so erstaunt er, verschiedne große Plätze mit zehntausend abwechselnden Farben überzogen zu sehen; und mancher hat sich schon Bluhmen, als die schönsten von allen, bey mir ausgesucht, die er unter einer gemeinen Hecke, in einem Felde, oder einer Wiese, eben so gut hätte finden können. Die einzige Ordnung, die ich in diesem Stück beobachte, ist, daß ich die Produkte jeder besondern Jahreszeit auch an einem besondern Orte zusammenbringe, damit sie sich zu gleicher Zeit neben einander zeigen, und ein desto reicheres und mannichfaltigeres Gemählde darstellen. Eben dieselbe Unregelmäßigkeit herrscht in meinen Baumplätzen, die so wild durch einander wachsen, wie ihre*

Natur es nur erlaubt. Ich nehme keine Bäume darin auf, die nicht von Natur den Boden lieben, und es ergetzt mich oft, wenn ich in diesem von mir selbst gezogenen Labyrinth herumwandere, daß ich nicht weiß, ob der nächste Baum, der mir aufstoßen wird, ein Apfelbaum oder eine Eiche, eine Ulme oder ein Birnbaum ist. Meine Küche hat gleichfalls ihre besonders angewiesenen Bezirke; denn außer dem schwelgerischen Ueberfluß heilsamer Gewächse, womit diese Plätze versehen sind, ist ein Küchengarten in meinen Augen immer ein reizenderer Anblick gewesen, als die schönste Orangerie, oder das künstlichste Gewächshaus. Ich sehe gern jedes Ding in seiner Vollkommenheit, und es macht mir mehr Vergnügen, die langen Reihen meiner Kohl- und Krautköpfe zu betrachten, die alle in ihrem vollen natürlichen Grün und Wohlgeruch aufschießen, als die zarten Pflanzen fremder Länder durch künstliche Hitze mühsam am Leben erhalten zu sehen, oder zu sehen, wie sie in einer Luft und in einem Boden verwelken, die ihnen nicht angemessen sind. Ich darf nicht vergessen, daß in der höchsten Gegend meines Gartens eine Quelle entspringt, die einen kleinen schlängelnden Bach formirt, und sowohl die Annehmlichkeit als Fruchtbarkeit des Orts nicht wenig vermehrt. Ich habe den Bach so geleitet, daß er die meisten meiner Baumplätze besucht, und mich besonders bemüht, ihm völlig das Ansehen der ungekünstelten Natur zu geben, so daß er fast immer durch Ufer von Veilchen und Schlüsselbluhmen, durch Gebüsche von Weiden und andern Stauden (Plants) fließt, die er selbst erzeugt zu haben scheint. Noch eines Umstandes muß ich erwähnen, worin ich sehr sonderbar, oder wie meine Nachbarn es nennen, sehr fantastisch bin. Da nähmlich mein Garten alle Vögel der ganzen Gegend anlockt, weil er ihnen Wasser und Schatten, Einsamkeit und Schutz darbeut, so leide ich nicht, daß jemand ihre Nester im Frühlinge zerstöhrt, oder sie, wenn die Früchte reifen, aus ihren gewöhnlichen Schlupfwinkeln verjagt. Ich liebe meinen Garten mehr, weil er voller Amseln, als weil er voller Kirschen ist, und gebe gern einen Theil meines Obstes für ihre Lieder hin. Auf diese Weise habe ich die Musik der Jahreszeit immer in ihrer Vollkommenheit, und es macht mir ein ausnehmendes Vergnügen, wenn ich den Häher oder die Drossel in meinen Baumplätzen herumhüpfen, und in den kleinen Lichtungen und Alleen, welche durch sie hingehen, vor meinen Augen vorbeystreichen sehe. [...]
Indessen habe ich mich oft gewundert, daß die, welche so denken

wie ich, und so gern in Gärten leben, nie auf den Einfall gekommen sind, einen Wintergarten anzulegen, der nur aus solchen Bäumen bestünde, die nie ihre Blätter abwerfen. Wir haben sehr oft kleine Blicke von Sonnenschein und schönem Wetter in den freudenlosesten Theilen des Jahres, und nicht selten Tage im November und Januar, die so angenehm sind, als sie in den schönsten Monathen nur seyn können. [...] *Diese Idee hat so viel Reiz für mich gehabt, daß ich einen ganzen Morgen Landes zur Ausführung derselben ausgesondert habe. Die Mauern desselben sind, statt der Weinstöcke, mit Epheu bedeckt. Lorbeeren, Taxbäume, Stechpalmen, nebst vielen andern Bäumen und Stauden von gleicher Gattung, stehen so dick in demselben, daß Sie sich keine lebhaftere Scene denken können. Die glühende Röthe der Beeren, womit sie um diese Zeit behangen sind, wetteifert mit dem lebhaften Grün ihrer Blätter: ein Anblick, welcher im Stande ist, dem Herzen jene Frühlingswonne einzuflößen, deren Sie in einem Ihrer vorigen Blätter erwähnen. Zugleich ist es sehr angenehm zu sehen, wie die Vögel sich in diesem kleinen grünen Fleck versammeln, und sich es unter den Zweigen und Blättern wohl seyn lassen, wenn mein vorhin beschriebener Garten kein Blättchen zum Obdach darbiethet.*

Sie müssen wissen, mein Herr, daß ich das Vergnügen, welches wir in einem Garten finden, als eine der unschuldigsten Freuden im menschlichen Leben betrachte. Ein Garten war der Wohnsitz unser ersten Aeltern vor dem Fall. Er füllt natürlicher Weise die Seele mit Ruhe und Heiterkeit, und besänftigt alle ihre stürmischen Leidenschaften. Er gibt uns Gelegenheit, die Künstlichen Anordnungen und die Weisheit der Vorsehung kennen zu lernen, und biethet uns unzählige Gegenstände zum Nachdenken und zur Betrachtung dar. Ich kann daher nicht umhin, schon das bloße Wohlgefallen und Vergnügen, welches der Mensch an diesen Werken der Natur findet, für eine löbliche, wo nicht für eine tugendhafte Gemüthsbeschaffenheit, zu halten. [...]

Würdigung: In enger Anlehnung an John Locke: *An Essay concerning Human Understanding* (1690) entwickelt Addison die Theorie des Empirismus und lehrt ihre Anwendung in der Kunst. In seinem Denken spielt die Landschaft eine hervorragende Rolle. Er erfindet den Landschaftsgarten in der Literatur, bevor es ihn materiell gibt. Weitergehend als Dézallier fordert er Naturnachahmung im Garten, ohne jedoch den Garten als Erzeugnis von Kunst, das nicht selbst Natur ist, aufzugeben. Auch einige geometrische Elemente werden gewahrt. Addisons Gartentyp ist der moralische Landschaftsgarten, dessen Aufgabe es ist, ideelle Werte, vor allem Tugend und Freiheit, auszudrücken. Hierzu dienen Embleme, meist in Form von Gebäuden. Im übrigen ruft Addison, um seine Ansichten über Gartengestaltung deutlich zu machen, Landschaftsmalerei und chinesische Gartenkunst zu Vorbildern auf. Sein Einfluß bestimmt die Werke von Pope, Switzer, Kent und Brown. Einige seiner Ideen sind bis ins 19. Jh. hinein lebendig geblieben.

Sekundärliteratur: HANS-JOACHIM POSSIN: *Natur und Landschaft bei Addison*. Tübingen 1965. Gründliche, mit Zitaten belegte Untersuchung.

STEPHEN SWITZER (1682–1745)

Biographie: Englischer Gärtner.

Veröffentlichungen mit gartentheoretischem Gehalt: *Ichnographia Rustica*. 3 Bde., London 1718, insgesamt LXIII, 878 S.; Nachdruck New York 1982. Ein Teil war schon 1715 erschienen; 1742 kam eine veränderte Auflage heraus.
Die Gliederung ist wenig systematisch. Der erste Band enthält Kapitel über Geschichte, die vier Elemente, Baumzucht, Wassertechnik, Statuen und Rasen, der zweite über Geometrie sowie über einzelne Gartenteile und der dritte über Gestaltungsgrundsätze, Musterentwürfe und die Ausführung. Es kommen zahlreiche Wiederholungen vor.
An introduction to a general system of Hydrostaticks and Hydraulicks, philosophical and practical. London 1729; drei weitere Auflagen unter dem Titel *An universal system of water and waterworks* [...].

Weitere Veröffentlichungen: Über Nutzgärten.

Benutzte Ausgaben: *Ichnographia* 1718.

Entwerfer ist der Gärtner, von dem auch Kenntnis der Philosophie gefordert wird (I, S. XXXI). Vitruvs Berufsbild lehnt Switzer teilweise ab: Der *Designer* brauche kaum Jura und Physik, vielmehr Mathematik und Geschichte (III, S. 9).

Die erste **Aufgabe** der Gartenkunst sieht Switzer in der Verbindung des Nützlichen mit dem Angenehmen *(utile dulci)*. Den reinen Lustgarten seiner französischen Vorgänger lehnt er ab (I, S. XVII). Der Garten soll auch der Landwirtschaft dienen. Gleichzeitig bietet er Spaziergänge für den Eigentümer, seine Freunde und Familie. Man betrachtet dabei die Erzeugnisse der Natur und die Segnungen Gottes (III, S. XVI). Speziell sind einige private Gänge und Kabinette für Lesen und Kontemplation vorgesehen, *where the Mind may privately exult and breathe out those Seraphick Thoughts and Strains, by which Man is known and distinguish'd as an Intelligent Being, and elevated above the common Level of Irrational Creatures* (I, S. XXXVI).

Höfische Repräsentation wird abgelehnt. Switzer zitiert den Spectator Nr. 611, wo der genügsame Philosoph gelobt wird, der einsam auf dem Dorfe in Kontemplation von Gottes Werken lebt (II, S. 89 ff.). Gefragt sind edle Einfalt und Bescheidenheit. Dieser Gedanke *(majestic simplicity)* war ebenfalls schon von Joseph Addison im Spectator ausgesprochen worden. Switzer gebraucht die Worte *noble Elegance and Decency* (I, S. XIX) und *Frugality* (I, S. XLI).

Den Gärten Ludwigs XIV. wird höchste Pracht und Großartigkeit nicht abgesprochen. Zugleich aber sieht Addison in den berühmten Gärten dieses mit England politisch konkurrierenden Königs ein Mittel, den Plan zur Weltherrschaft zu befördern (*Therby the easier carry on the Scheme of Universal Monarchy,* I, S. 39f.). Switzer gibt zu, daß England Frankreich in der Gartenkunst noch unterlegen sei, lobt Dézallier (I, S. 7) und fordert die Nation auf, es dem Nachbarn gleich zu tun (I, S. 317). Er betrachtet sein Land nicht mehr als von der Natur benachteiligt, sondern nennt die natürlichen Vorteile Englands denen Frankreichs und aller Nationen überlegen (I, S. XV u. 86).

Der Entwurf soll der Natur angepaßt werden und nicht umgekehrt (*submit Design to Nature, and not Nature to Design,* II, S. 201). Ziel ist die Imitation der Natur (III, S. 2 u. 9). Der

Designer, der nicht auf die *Nature of Scituation* [sic] eingeht wie ein Porträtmaler auf ein Gesicht, bleibt ein *Closet Paper Ingineer* (III, S. 78f.). Auch den zeitgenössischen englischen Gärtnern wirft Switzer vor, sie liebten zu sehr die *elabourate Exactness,* den *Expensive Way* (I, S. LXI), die *Mathematical Stiffness* (III, S. 9) und die Pflanzen als *Pyramids of Conical* (III, S. 2).

Unter Natur versteht Switzer die damalige englische Kulturlandschaft. *Warum gefällt ein bequemer, ebener Kies- oder Sandweg, der von Bäumen überschattet durch ein Kornfeld oder einen Weidegrund führt, nicht ebenso wie der breiteste Weg im großartigsten aller denkbaren Gärten?* Hecken, Gebüsch, Wälder und Felder am Wohnhaus, untereinander gemischt, *sind ebenso angenehm wie der schönste Garten [...]. Ferner, warum sollten wir die großen Kosten, Hügel einzuebnen oder Täler aufzufüllen, auf uns nehmen, wenn gerade sie die Schönheit der Natur ausmachen? Warum sollten wir ausschließlich breite, regelmäßige Wege, ein Hauptmerkmal von Edelsitzen, schätzen? Sollten wir dort nicht lieber zur Abwechslung geschlängelte Wege einfügen, und sollten wir es uns nicht unterhaltsamer vorstellen, statt Hügel einzuebnen und Täler aufzufüllen, manchmal am Abhang eines Hügels zu stehen und um und unter uns alles zu sehen, ein andermal in einer Senke und jene braven Hügel und Theater aus Wald und Feld zu sehen, die über uns sind und sich überall unserem Blick darbieten? Und sollten wir, wenn wir dergleichen nicht von Natur aus haben, es nicht durch Kunst erschaffen, indem wir hier eine Mulde ausgraben, dort einen Hügel anlegen und so das ebenste Land (welches das am wenigsten schöne von allen ist) mit unseren Mitteln und Künsten möglichst so erquicklich machen wie ein Werk der Natur?*

Was Switzer liebt, sind durchaus keine Wildnisse, sondern *Places that are set off not by nice Art, but by luxury of Nature, a little guided in her Extravagancies by the Artists Hand* (III, S. 46f.).

Zur Begründung gibt Switzer ein längeres Zitat aus Addisons Spectator Nr. 412 (III, S. 3f.). Die Empfindungskategorien *Great, Beautiful* und *Strange* zitiert er ebenfalls, weiß sie aber in seinen Entwürfen noch nicht zu unterscheiden (III, S. 7).

Gardening ist für Switzer nicht nur eine Kunst neben Dichtung, Malerei, Plastik und Architektur (III, S. 6f.). Während der praktische Teil des *Gardening* auf Erfahrung beruhe, erfordere das *Design a noble and concret Judgment and Tast of Things*. In Zweifelsfällen sei analog zu Architektur, Natur, ja auch zu Theologie, Moral und Dichtung zu urteilen (I, S. XV).

Höhere Ideale verkörpern auch die Gartenfiguren: Sie dienen nicht nur zur Zierde, *sondern wir lesen dort auch in Hieroglyphen die großen Ideen von Würde und Ruhm, welche insbesondere die Alten vor ihren Nachahmern auszeichnen, und für den ernsthaften Betrachter ist es von dauerndem Nutzen und Vergnügen. Neben den Zügen und Porträts vernünftiger Wesen lesen wir dort die echten Züge von Heldenmut und Tugend und anderen Eigenschaften, welche jene unsterblichen Heroen glorifizieren* (I, S. XIV f.).

Die Geschichte der Gartenkunst von der Genesis bis zur britischen Gegenwart wird auf 97 Seiten breit dargestellt. Switzer zeigt eine gründliche Kenntnis der Gartenliteratur. Er will so seinen *extensive Way of Gardening* legitimieren, den er schon bei den Römern nachweist (I, S. XXXVIII). Er selbst sieht sich nicht als radikalen Neuerer. In Italien habe sich die Gartenkunst wie ein Phönix aus der Asche erhoben, in Frankreich ihre höchste Pracht erreicht. In England habe nun als erste Queen Anne in Kensington Gardens den altertümlichen Buchs ausgerissen und ein *English Model* verwirklicht (I, S. 83).

Switzer trennt streng die Gartenkunst auf dem Lande und in der Stadt. Mit dieser setzt er sich nicht näher auseinander. Lediglich widerstrebend gibt er zu, daß der *Gentleman* auch der *Town-Gardens* bedürfe, wenn er Winter und Frühjahr in der Stadt verbringt. Hier seien dann auch die sonst verpönten geschnittenen Pflanzen, Blumen und den Ausblick verbergende Mauern angebracht (I, S. XXXVIII f.). Switzer behandelt vielmehr, wie schon aus dem Untertitel des Werkes *(The Nobleman, Gentleman, and Gardener's Recreation)* hervorgeht, den Gutsgarten des englischen Grundbesitzers.

Gestaltung – Elemente: Hinsichtlich der Lage möchte Switzer keine unnötigen Regeln aufstellen. Er unterscheidet niedrige, hohe und mittlere Lagen. Die letzteren mit dem Haus in Dreiviertelhöhe des Grundstücks seien die häufigsten. Die hohe Lage *fills the Mind with immense Idea's, and makes the World below us as our own* (III, S. 11–16). Der Garten liegt auf der Südseite des Hauses (II, S. 184).

Die Grundstücksgröße soll beträchtlich sein, sofern es die Pflege-

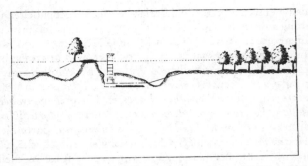

Abb. 32 Erste Darstellung einer Ahamauer. Aus: Switzer, Bd. 2, nach S. 146.

möglichkeiten zulassen (I, S. XXXIV). Switzer verfolgt den *Extensive Way of Gardening (Grand Manier; ingentia Rura)*, seine Pläne sind *vastly enlarged* (I, S. XVII f.). Der Garten soll unmerklich in die Landschaft übergehen: *Das ganze angrenzende Land muß offen vor Augen liegen, und der Blick darf nicht durch hohe Mauern, übel plazierte Wälder und dergleichen Hindernisse begrenzt werden, durch welche der Blick gleichsam eingekerkert und der Fuß inmitten der ausgebreiteten Reize der Natur und der vielfältigen Züge einer schönen Landschaft gefesselt wird* (I, S. XVIII f.). Die angrenzenden Felder und Weiden *werden durch eine leichte, unaffektierte Umzäunung wie ein Teil des Gartens erscheinen und aussehen, als sei das ganze angrenzende Land ein Garten* (I, S. XXXVII). Auch blaue Berge und das Meer gelten als schätzenswerte Ausblicke (II, S. 202).

Die vorgeschlagenen Gartenbegrenzungen sind daher versenkte, und dadurch von innen unsichtbare Mauern (für die Switzer allerdings noch keinen Namen hat, s. Abb. 32) und Wassergräben (II, S. 163–165).

Zur Erläuterung seines *Natural and Rural Way of Gardening* (III, S. XIV) zitiert Switzer aus dem *Essay on Criticism* (1711, Z. 68 ff.) von Alexander Pope:

First follow Nature, and your Judgment frame
By her just Standard, which is still the same [. . .]
That Art is best which most resembles her,
And still presides, yet never does appear (III, S. XX f.).

Der Eigentümer muß vor der Planung alle Gegebenheiten innerhalb und außerhalb seines Grundstücks besichtigen und prüfen, um sie einzubeziehen (III, S. 78).

Ein differenziertes Gartenkunstvokabular wie das französische ist bei Switzer nicht entwickelt. Er benutzt vornehmlich Umschreibungen.

Der Garten zerfällt in einen inneren, hausnahen, und einen äußeren, hausfernen Teil. Der äußere umfaßt bis zu 300 *acres* (120 ha; I, S. XXXVII), der innere etwa ein Zehntel davon, jedoch mit Haus und Hof höchstens 20, meist 5–6 *acres* (2–2,5 ha; III, S. 48 & 51). Dieser enthält die Terrasse und das Parterre, eventuell auch Nutzgärten (*Fruit-Gardens, Orchards, Vineyards etc.*, II, S. 283ff.), an die Switzer jedoch keinerlei künstlerischen Anspruch stellt.

Der innere Teil ist *regular* gestaltet. Hier wird kein Wald geduldet, der als beengend empfunden wird (Addison, s. o. S. 149f.). Auf der Auffahrtseite des Hauses (Norden) soll ein eine Viertelmeile (380 m) langer, freier Rasenplatz sein; erst an seinem Ende dürfen Baumallee und Wald anfangen (II, S. 204). Auf der Südseite muß der Wald einen Abstand von 350–400 Fuß (100–120 m) von kleinen und 500–800 Fuß (150–250 m) von großen Gebäuden einhalten (II, S. 140). Die Terrasse liegt um 2½ bis 3½ Fuß höher als die Umgebung (II, S. 152). Auf der Hof- wie auf der Gartenseite soll das Haus *elevated* erscheinen; daher die Terrassen und möglichst ein ansteigendes Gelände (II, S. 138 u. 186). Der Hof soll *Grandeur* ausstrahlen und ist 1,5- bis 2mal so lang wie breit (II, S. 137). Wegen der Aufstellung von Kutschen bleibt er frei von Fontänen und wird am besten gepflastert, im Viereck, Stern, Kreis usw. mit verschiedenfarbigen Steinen (II, S. 142).

Besonders breit (bis 100 Fuß) und lang soll die Querterrasse auf der Gartenseite sein. Man kann sie teilweise pflastern und Rasenstreifen *(Verges of Grass)* mit Pyramideneiben und Vasen sowie, zu seiten der Fassade, schattige Ulmenreihen und Haine darauf anlegen (II, S. 166f.). Von der Querterrasse gehen Längsterrassen aus, die auf der Nordseite den Hof und auf der Südseite das Parterre einfassen. Diese Terrassen werden mit englischen Ulmen- oder Eichenalleen bepflanzt (II, S. 168), welche (und nicht die Beete wie in Frankreich!) die Hauptausstattung des Parterres darstellen (III, S. 81). Die Höhe der Terrassen soll sich nach ihrer Breite richten:

Abb. 33 Der innere Teil eines Idealgartens. Aus: Switzer, Bd. 3, 1718, neben S. 98. Die Terrasse umgibt ein zweistufiges Rasenparterre auf drei Seiten.

2 Fuß 7–9 Zoll bei 20, 3–3½ Fuß bei 30–40 Fuß (II, S. 153). Zur Überwindung der Höhenunterschiede verwendet man statt Mauern und Treppen Rasenböschungen (*Slopes of Grass,* III, S. 60). In einem der Musterentwürfe legt Switzer drei Querterrassen nacheinander an und umgibt den inneren Garten mit einem achteckigen Fortifikationsstern, offenbar nur, um möglichst viele der geliebten Rasenböschungen anbringen zu können (III, S. 80; 84).

Das somit vertiefte Parterre ist ein Rasenparterre und wird daher auch *Bowling-green* genannt. Immer wieder schwärmt Switzer von der Güte des englischen Rasens, seiner Schicklichkeit und unaffektierten Einfachheit (II, S. 184). Vor allem durch ihre unvergleichlichen Rasen- und Kiesflächen unterschieden sich die englischen Gärten von den französischen (I, S. VII u. XIX; II, S. 319). Man sticht den Rasen auf Weiden ab, und er muß frei von Moos, Gänseblümchen, Wegerich und Habichtskraut sein (II, S. 320). Switzer gibt vier Musterentwürfe für Parterres, die alle dem französischen *Parterre à l'Angloise* entsprechen, aber sogar in den Rabatten keinerlei Blumen enthalten.

Dieser innere Garten ist vom äußeren gegen eindringende Tiere geschützt (I, S. XXXV).

Der äußere Teil besteht aus Kornfeldern und Viehweiden, die durch Feldhecken und Waldstücke getrennt sind (III, S. 82). Es sollen möglichst viele solche unregelmäßigen Flächen sein, so daß man verschiedene Tierarten halten kann und der Boden durch den Gehölzschatten vor extremen Temperaturen geschützt wird (III, S. 49f.). Alte Bäume und Hecken bleiben erhalten, ebenso die Geländeformen außerhalb der Wege (III, S. 58 u. 79). Der Entwurf folgt den so vorgegebenen Linien (III, S. 79). Man ergänzt Gebüsche und Waldstücke durch Aussaat und hält die Umrisse mit einer langen Sense in Form, um die gewünschten Aussichten zu bewahren (I, S. XXXVIf.).

Die Wege sind acht Fuß breit; schmalere fangen den Tau zu sehr (III, S. XVf.). Sie werden bequem und eben angelegt und mit Kies, Sand oder Muscheln bestreut; am Rande mögen Veilchen und Schlüsselblumen wachsen (III, S. 88). Gräben halten das Vieh fern (III, S. 96f.). Da sie innerhalb der schützenden Gehölze verlaufen, sind die Wege entsprechend geschlängelt *(Meanders).* Selbst auf einem kleineren Grundstück kann man fünf Meilen gehen, ohne einen Weg zweimal zu machen (III, S. 95). Nur der Mittelweg bleibt gerade.

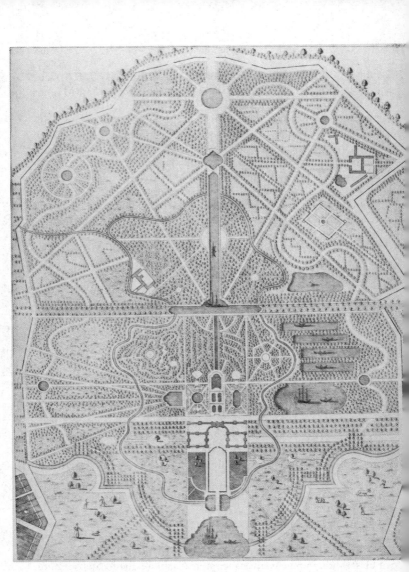

Abb. 34 Idealgarten. Aus: Switzer, Bd. 3, 1718, neben S. 44. Das Haus hat Galerien an den Seiten. Ein Graben hindert das Vieh, in den Garten einzudringen. Außerhalb des Gartens liegen rechts Fischteiche, links Tiergehege, jenseits des Querkanals links das Fasanenhaus, rechts ein Farmhaus und der Küchengarten, außerdem ringsherum Kornfelder (S. 98 f.).

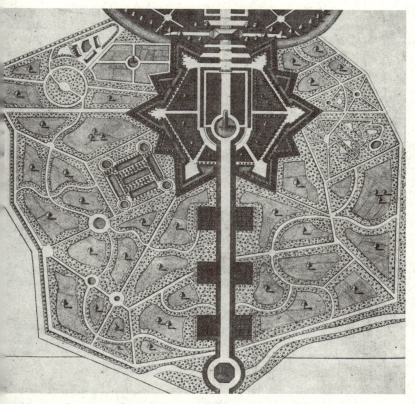

Abb. 35 *The Manor of Paston divided and planted into Rural Gardens*. Aus: Switzer, Bd. 3, 1718, neben S. 115. Der fast 500 Yards (450 m) lange Hauptweg wird von *Platoons or Poletoons* mit regelmäßigen Baum- und Strauchpflanzungen begleitet. *Meanders* führen durch die Kornfelder, abwechselnde Ausblicke bietend.

Die Beschreibung des wechselnden Ausblicks beim Spaziergang spricht schon ganz die Grundlagen des Landschaftsgartens aus (III, S. 84): *denn einen langen Weg zwischen sehr hohen und geschlossenen Seiten entlangzugehen, ist wie in einer einsamen Gasse zu gehen, wo man auf beiden Seiten nichts sehen kann und das Auge zu seinem Verdruß gefangen ist. Wenn ein Wanderer hingegen auf eine niedrige Stelle oder eine Lücke in einer Hecke stößt, ist er erfreut und möchte anhalten, um mit Vergnügen und Befriedigung in das angrenzende Feld zu sehen; und so könnten unsere Entwürfe, wenn es auf den ersten Blick auch geringfügig erscheint, durch Befolgung der Regeln der Natur ganz entschieden verbessert werden.*

Unter die Gehölze stellt Switzer gern Bänke (III, S. 79). Manchmal werden die Wege unterbrochen von Plätzen mit kleinen Gärten, Sitzen und Figuren, die um so überraschender wirken, je weiter sie vom Haus entfernt liegen (II, S. 89).

Als erster Gartentheoretiker geht Switzer auf die Gepflogenheiten bei der Figurenaufstellung ein (I, S. 311–313): Jupiter und Mars gehören auf große, offene Plätze und Rasenflächen, Neptun in die Mitte eines großen Beckens, Venus, Minerva und Vulcanus auf kleinere Plätze, Venus und Diana mit Flora, Pomona, Ceres und Daphne auch in Blumengärten, Pan, Faune und Satyrn auf entfernte, ländliche Waldplätze. Alle Götter sind nach ihrem Rang zu plazieren. Zur Zusammenstellung lesen wir: Merkur gehört zu Jupiter, Fama zu Mars, Cupido zu Venus. Wenn eine Figur in der Mitte und mehrere rundherum in Nischen stehen, passen *Dei minores* zu Jupiter, moderne und antike Kriegshelden zu Mars, Najaden, Tritonen usw. zu Neptun, die Grazien zu Venus, die Musen zu Apoll, die Künste zu Minerva und die Cyclopen zu Vulcanus. Will man grausame Stücke wie Andromeda am Felsen oder Niobe aufstellen, so geschieht es am besten am Wasser, *where she might always weep and lament her sad Fate.*

Für die Wälder erwähnt Switzer auch geschnitzte Hasen, Fasanen und Waldgötter, Grotten mit Wasserfällen und grotesker Malerei (II, S. 201).

Wasseranlagen (I, S. 303–309), Quincunxe (II, S. 212 ff.) und grüne Architekturen (II, S. 233) werden erwähnt, spielen aber keine besondere Rolle. Lustgebäude, Blumen und Kübelpflanzen fehlen ganz.

Würdigung: Switzer ist ein bedeutender, meist vernachlässigter Protagonist unter den Theoretikern des Landschaftsgartens, der die neuen Ideale der Philosophen mit Fachwissen ausfüllte. Freilich ist er ein Mann des Übergangs. Wir können nicht übersehen, daß sein

English Model vieles von Dézallier in Frankreich Vorgeprägte enthält. Die *Ichnographia* ist das bis dahin umfangreichste Gartenbuch und zugleich das erste englische mit nennenswertem kunsttheoretischem Gehalt.

Jean-Jacques Rousseau (1712–1778)

Biographie: Berühmter Aufklärer, Philosoph, Musiker, Idealist und „Aussteiger", bekannt für seine Liebe zur Natur.

Veröffentlichungen mit gartentheoretischem Gehalt: *Julie ou la Nouvelle Héloïse. Lettres de deux amants habitants d'une petit ville au pied des Alpes.* Amsterdam 1761, 6 Bde., insgesamt 1930 S., bis 1800 etwa 100 weitere Ausgaben; deutsch erstmals Leipzig 1761; hiernach modernisiert München 1978; weitere Übersetzungen Berlin 1785/86, Leipzig 1826, 1844, um 1880 und 1920, davon Nachdruck Potsdam 1980. Erzählt wird die nicht realisierbare Liebe zwischen dem Hauslehrer St.-Preux, Rousseaus Identifikation, und Julie, der Tochter des Barons d'Etange, der keine Mesalliance zuläßt. Julie heiratet den edelmütigen Herrn v. Wolmar, der, obwohl er von den vorausgegangenen Beziehungen seiner Frau zu St.-Preux weiß, mit diesem freundschaftlichen Umgang pflegt. Nach langen Annäherungs- und Entfernungsversuchen stirbt Julie. Rousseaus Idealgarten gehört zu der Musterwirtschaft, die das Ehepaar v. Wolmar aus seinem Gut gemacht hat. St.-Preux beschreibt seinen Besuch dort (Buch IV, 11. Brief).

Benutzte Ausgaben: München 1978.

Entwerfer: Julies Gärtner, zwei bis drei von ihren Leuten und Herr v. Wolmar persönlich arbeiten unter Julies Anweisung (S. 493).

Aufgaben: *Beim Eintritt in diesen sogenannten Obstgarten (verger) überkam mich ein so angenehmes Gefühl der Kühle, mit welchem die dunklen Schatten, das frische lebhafte Grün, das Rieseln eines fließenden Gewässers und der Gesang von tausend Vögeln meine Einbildungskraft ebensosehr als meine Sinne erfüllten. Zugleich aber glaubte ich, den wildesten, einsamsten Ort der Natur* *vor mir zu sehen, und es kam mir vor, als sei ich der erste Sterbliche, der jemals in diese Einöde vorgedrungen sei* (S. 492). Julie sagt, nicht die Vögel, sondern sie seien Gäste hier. *Sie sind hier die Herren, und wir bezahlen ihnen Tribut dafür, daß wir zuweilen geduldet werden* (S. 497).

Jedoch klärt Julie auf. *„Allerdings"*, sagt sie, *„die Natur hat alles getan; aber unter meiner Anleitung, und hier ist nichts, was ich nicht angeordnet hätte"* (S. 493). Es ist eine künstliche Wildnis (*désert artificiel*, S. 494), *die nur durch Wartung und Mühe erhalten* werden kann (S. 499). *Die Natur flieht die dichtbewohnten Gegenden. Auf den Gipfeln der Berge, in der Tiefe der Wälder, auf menschenleeren Inseln breitet sie ihre eindrucksvollen Reize aus. Wer sie liebt und doch nicht so weit gehen kann, um sie aufzusuchen, ist genötigt, ihr Gewalt anzutun, sie gewissermaßen zu zwingen, daß sie komme und bei ihm wohne. Das alles aber läßt sich ohne ein wenig Vortäuschung (illusion) nicht erreichen* (S. 500). Herr v. Wolmar sagt (S. 503): *„Der Irrtum sogenannter Leute von Geschmack ist der, daß sie überall Kunst fordern und nie zufrieden sind, wenn sie nicht in Erscheinung tritt, während hingegen wahrer Geschmack darin besteht, die Kunst zu verbergen, zumal wenn es sich um Werke der Natur handelt."*

Die Repräsentation von Reichtum, Eitelkeit und Großartigkeit im Garten wird verurteilt, gefragt sind *wahre, einfache Freuden* (S. 501, 503, 505).

Den *süße*[n] *Anblick der reinen Natur*, die seine Geliebte geschaffen hat, will St.-Preux *alle jene künstlichen gesellschaftlichen Ordnungen, die mich so unglücklich gemacht haben, aus meinem Gedächtnisse vertreiben* lassen (S. 507).

Abgelehnt wird der Barockgarten, ein Ort, *an den niemand gehen und den man stets ungeduldig verlassen wird, um das freie Feld zu erreichen; eine traurige Gegend, wo man nicht spazieren, sondern hindurchgehen wird, um alsdann einen Spaziergang zu machen* (S. 501). Abgelehnt werden aber als zu unnatürlich auch der chinesische Garten und der Landschaftsgarten zu Stowe (S. 505).

Für die Fremden wurde ein altes Parterre beibehalten (S. 495). Der eigentliche Garten ist rein privat. Julie sagt (S. 498): *„Sie sind sogar der erste von unsern Gästen, den ich bis hierher geführt habe. Es gibt nur vier Schlüssel zu diesem Obstgarten, die mein Vater, wir* *beide und Fanchon haben, welche die Aufseherin ist und zuweilen meine Kinder hierherführt [...]."*

Wichtig ist, daß Julies Garten nichts kostet (S. 493) und ihren Pflichten als *Hausmutter niemals im geringsten abträglich* ist (S. 499).

Gestaltung: Der Garten ist sorgfältig gegen die Umwelt abgeschlossen, Tür und Mauern sind hinter Sträuchern verborgen (S. 492; 500). *Die Vorliebe für Ausblicke und Fernsichten (perspectives et points de vue) entspringt der Neigung der meisten Menschen, sich nur dort wohl zu fühlen, wo sie nicht sind. Sie sind stets begierig auf das, was weit von ihnen entfernt ist [...]. Hier [...] hat man keine Aussicht über den Ort hinaus, und man ist sehr zufrieden, daß es so ist. Man stellt sich gern vor, alle Reize der Natur seien hier umschlossen, und ich fürchte sehr, daß der kleinste Seitenblick (échapée), der sich nach außen verlöre, diesem Spazierwege vieles von seiner Annehmlichkeit nähme* (S. 504).

Es gibt keine Ordnung, Symmetrie und Geradlinigkeit; *die Natur pflanzt nichts nach der Schnur* (S. 494, 500). Der Garten besteht aus einem höher gelegenen ebenen Teil, der alte Obstbäume enthält, und senkt sich nach einem tieferen, wo die Vögel wohnen. Hier fließt ein Bach, der von mehreren kleinen Wasserläufen gespeist wird, zwischen zwei Reihen alter Kopfweiden in ein Bassin. Dahinter erhebt sich als Abschluß ein Hügel, der so mit Bäumen verschiedener Höhe bepflanzt ist, daß ihre Wipfel eine fast horizontale Fläche bilden (S. 494).

Von der Form des Grundstücks und der Lage zum Haus ist keine Rede.

Elemente: Die Pflanzen sind nicht exotisch (S. 493), es sind keine kostbaren Tulpen und Ranunkeln (S. 502), sondern gewöhnliche Pflanzen (S. 505). Im Rasen des Obstgartens wachsen duftende Küchenkräuter, tausend Feldblumen, wild vermischt mit Gartenblumen. Die Zweige der Bäume sind bis zur Erde niedergebogen, so daß sie Wurzel fassen, von Baum zu Baum hängen tausend Girlanden von wildem Wein, Hopfen, weißer Winde, Zaunrüben, Waldreben usw. über die Wege, einige Schmarotzerpflanzen wachsen auch auf den Bäumen. Weiter findet man Rosen, Himbeer-, Johannisbeer- und Haselsträucher, Flieder, wilden Jasmin und Ginster.

Man geht auf verschlungenen Mooswegen, die Bachläufe verschiedener Größe, streckenweise auch unterirdisch verborgen, kreuzen (S. 493–495).

In die Köpfe der Weiden im unteren Gartenteil ist Geißblatt gepflanzt. Das Bassin ist mit Gras, Binsen und Rosen eingefaßt. Das Wichtigste hier aber sind die Vögel. Das Bassin ist ihre Tränke, seitlich wird alljährlich ein Gemisch von Korn, Hirse, Sonnenblumen, Hanf, Wicken und anderen Sämereien ausgesät und von den Vögeln geerntet. Außerdem erhalten sie fast täglich Futter. Im Bassin leben Barsche, die die Haushälterin vor der Pfanne gerettet hat (S. 496–499).

Ruinen, Tempel und alte Gebäude wie in Stowe werden als zu aufwendig abgelehnt (S. 505f.).

Würdigung: Rousseau stellt in der *Novelle Héloïse*, dem meistgelesenen Buch im Frankreich des 18. Jh., das Ideal eines Gartens auf, der der sinnlichen Versenkung in die Natur dient, dabei aber ökonomisch ist, welches in seiner Radikalität wohl nie verwirklicht wurde, dennoch bedeutenden Einfluß ausübte, besonders auf die Gartentheoretiker Marquis Girardin und Morel. Rousseau macht deutlich, daß sein gänzlich wild scheinender Garten künstlich ist. Lauterbach erkennt in diesem Zusammenhang: *Dem Betrachter muß die Künstlichkeit des Kunstwerks erst bewußt sein, bevor er dessen „Natürlichkeit" bewundern kann* (S. 241).

Sekundärliteratur: Peter V. Conroy: Le jardin polémique chez J.-J. Rousseau. In: *Jardins et littérature française jusqu'à la revolution*. Paris 1982. – Lauterbach 1987, S. 240f.

Thomas Whately (gest. 1772)

Biographie: Seit 1761 Tory-Parlamentarier, seit 1771 Unterstaatssekretär.

Veröffentlichungen mit gartentheoretischem Gehalt: *Observations on Modern Gardening Illustrated by Descriptions*. London 1770, 257 S.; Nachdruck New York 1982; weitere Auflagen 1770, 1771, 1772, 1777, 1793, 1798 und 1801, deutsch anonym von Johann

E. Zeiher, Leipzig 1771, 318 S.; französisch von François de Paul Latapie Paris 1771. Keine Abbildungen.

Die *Observations* sind eine sehr gründliche, nüchterne und sachliche Arbeit von ausschließlich gartenkunsttheoretischem Gehalt. Der Stoff ist zunächst nach den Materialien, deren sich die Gartenkunst bedient, gegliedert, dann nach den Objekten, bei denen sie angewandt wird. Außerdem gibt es Abschnitte über die Rolle der Kunst und Malerei im Gartenwesen, über den Charakter und über die Jahreszeiten. Whately geht stets deduktiv vor: Erst stellt er Grundsätze auf, dann spricht er ihre Anwendung in allen möglichen Fällen durch und gibt schließlich Beschreibungen berühmter englischer Vorbilder, Gärten sowohl als Landschaften.

Weitere Veröffentlichungen: *Remarks on Some of the Characters of Shakespeare*, posthum 1785; politische Schriften.

Benutzte Ausgaben: Leipzig 1771.

Entwerfer: Der Gärtner.

Aufgaben: *Gardening* ist für Whately zweifellos eine Kunst, die dem Vergnügen, nicht dem Nutzen dient. Die knappe Einleitung ist eine Zusammenfassung der Grundsätze (S. 1 f.): *Das Gartenwesen kann bey derjenigen Vollkommenheit zu welcher es in unsern Tagen in England gebracht worden ist, eine ansehnliche Stelle unter den freyen Künsten behaupten. Es übertrift die Landschaftsmalerey so weit, als das Original die Copie. Es ist eine Beschäftigung der Einbildungskraft; ein Gegenstand des Geschmacks. Da es nunmehr von dem Zwange des Regelmäßigen befreyt, und sich weiter, als auf Zwecke häuslicher Bequemlichkeiten erstrecket: so gehören alle die schönsten, einfachsten und edelsten Auftritte (scenes) der Natur in seinen Bezirk. Denn es ist nicht mehr auf den kleinen Fleck eingeschränkt, von welchem es seinen Namen entlehnt, sondern es beschäftigt sich auch mit der Einrichtung und Verschönerung eines Parks, eines Landguts, oder eines Weges: und ein Gärtner muß seine ganze Sorgfalt darauf richten, alles, was in irgend einem von diesen Gegenständen groß, schön und charakteristisch ist, auszuwählen und anzuwenden; alle Vorzüge der Gegend, die ihm anvertraut ist, zu entdecken, und den Augen darzustellen; das Mangelhafte dersel-*

ben zu ergänzen, das Fehlerhafte zu verbessern, und das Schöne zu erhöhen. Dieses alles zu bewerkstelligen, geben ihm die Gegenstände der Natur allein die nöthigen Materialien an die Hand. Er muß vor allen Dingen die Mittel aufsuchen, durch welche diejenigen Würkungen in der Natur erzeuget werden, die er hervorzubringen Willens ist; und sodann die besondern Eigenschaften in den Gegenständen der Natur ausforschen, die ihn zu der Wahl und Anwendung derselben bestimmen können.

Die Materialien, deren sich die allzeit einfache Natur bey Aufführung ihrer Scenen bedient, sind von viererley Art: Boden, Gehölze, Wasser und Felsen. Durch die Bearbeitung der Natur hat man noch eine fünfte, nämlich, die zur menschlichen Bequemlichkeit nöthigen Gebäude eingeführt. Eine jede von diesen Arten ist verschiedener Abänderungen fähig; und zwar in Ansehung ihrer Gestalt, Ausdehnung, Farbenmischung und Lage. Eine jede Landschaft bestehet einzig und allein aus diesen Theilen; und die ganze Schönheit einer Landschaft beruhet auf der Verbindung ihrer verschiedenen Abänderungen.

Die Aufgaben der Gartenkunst werden nicht besonders aufgeführt. Sie ergeben sich aus der Einreihung der Gartenkunst unter die Freien Künste von selbst. Die Kunst soll auf dieselbe Weise wie die Natur auf das Gemüt des Menschen wirken, indem sie diese nachahmt. Die Gartenkunst *ist vermögend, Originalcharaktere zu schaffen, und vielen Scenen Ausdrücke (expressions) zu geben, welche alle diejenigen übertreffen, die sie von Anspielungen (allusions) erborgen könnte* (S. 188). Whately lehnt Embleme wie Götterfiguren, Texttafeln, Gemälde, Zypressen als Trauersymbole ab. *Alle diese Erfindungen sind vielmehr Sinnbilder als Ausdrücke (All these devices are rather emblematical than expressive)* (S. 185). Einmal vergleicht Whately die Natur mit dem Theater (S. 129): *Die Schrecken eines Auftritts in der Natur gleichen denen, welche auf dem Theater vorgestellt werden* [...] (S. 129). Allein das überall verwendete Wort *Auftritt (scene)* ist bezeichnend. Die Natur gibt *Materialien zu Auftritten an die Hand, die für fast jede Art des Ausdrucks können geschickt gemacht werden. Ihre Würkung ist allgemein; und ihre Folgen sind unendlich. Das Gemüth wird aufgemuntert, niedergeschlagen, oder besänftiget, nachdem Lust, Melancholie, oder Stille in der Scene herrschen. Und man verliert die Mittel, wodurch der Charakter erzeuget worden ist, gar bald aus dem Gesichte.* [...] *Es ist genug, wenn die Auftritte der Natur die Gewalt haben, unsre Einbildungskraft und Empfindsamkeit zu rühren. Denn das menschliche Gemüth ist so beschaffen, daß, wenn es einmal rege gemacht worden, sich die Bewegung oft viel weiter verbreitet, als die Mittel, wodurch sie verursacht wird. Wenn die Leidenschaften einmal aufgebracht worden, so hat ihre Heftigkeit keine Schranken. Wenn die Fantasie einmal im Fluge ist, so läßt sich ihre Geschwindigkeit nicht aufhalten. Und indem man die unbelebten Gegenstände verläßt, die eine so große Würkung verursacht haben, so kan man durch Gedanken, über Gedanken die zwar in Graden weit voneinander unterschieden sind, dennoch aber allezeit im Charakter übereinkommen, so weit geführet werden, bis man sich über alle bekannte Vorwürfe hinauf zu den erhabensten Begriffen schwinget, und in eine geistige Betrachtung alles dessen entzückt wird, was man groß und schön nennen kan, was man in der Natur sieht, im Menschen fühlt, oder der Gottheit zuschreibt* (S. 191 f.).

Genauer definiert und systematisiert werden die *Charaktere* nicht, mit denen im Garten solch weitgehende Wirkungen ausgelöst werden können. Es ist die Rede von *Pracht, Einfalt, Lust, Ruhe, Melancholie, Alter, Ruhm (magnificence, simplicity, chearfulness, tranquility, melancholy, age, frame,* S. 189–191), *Größe* oder *Hoheit* (*greatness*), *Stärke, Schrecken, Würde* und *Anmuth (force, terror, dignity, agreableness,* S. 124–129). Negative Charaktere wie *Wildheit* (*wildness*) und *Einsamkeit* (*solitude,* S. 120) sind zu mildern. Man soll *den Schein einer beständigen Verbannung von Menschen in die Gestalt einer zur Erholung bestimmten Entfernung von der Gesellschaft verwandeln* (S. 119).

Indem die Kunst die Natur nachahmt, muß sie sich selbst verleugnen: *Die Art, etwas zu verbergen, muß selbst versteckt seyn.* [...] *die Kunst aber muß niemals sichtbar werden* (S. 12); *die Kunst aber reizt nicht mehr, so bald sie bemerkt wird* (S. 22); *Ein jeder Anschein der Kunst, der sich an den Gegenständen der Natur äußert, erwecket Eckel* (S. 65).

Als selbständige Kunst kann die Gartenkunst andere Künste nicht zum Vorbild nehmen, sondern nur zum Vergleich heranziehen: Der Gärtner soll *diejenigen Reize in einem einzigen Orte* [...] *vereinigen, welche überall in den verschiedenen Arten der Länder zerstreut anzutreffen sind.*

Jedoch muß bey dieser Anwendung das Eigene des Ortes allezeit besonders in Betrachtung gezogen werden. Dieses nach seiner Absicht zwingen zu wollen, ist verwegen; und ein Versuch, das Gegentheil derselben zu bewürken, gelingt niemals. [...] *Folglich muß man die Gartenkunst niemals blos in denjenigen Gegenden studieren, wo sie in Ausübung gebracht wird. Obgleich die Gärten in unsern Landen sehr zahlreich und mancherley sind; so findet man doch in allen zusammen nur einen kleinen Theil der Schönheiten, mit welchen die Natur pranget. Wenn nicht die Einbildungskraft eines Gärtners mit Vorstellungen, die er von der unendlichen Abwechselung in den weit ausgedehnten Landgegenden entlehnt hat, reichlich versehen ist, so wird er einen gewissen Mangel des Vorraths fühlen, der bey einer jeden Wahl nöthig ist;* [...] *er wird sich genöthiget sehen, eine Copie von einer Nachahmung zu machen.* Darum müssen Gärten und Landschaften gleichermaßen studiert werden (S. 317f.).

Ebensowenig wie Gärten können Gemälde Vorbilder für den Gartenkünstler sein: *Die Werke eines großen Meisters sind* [...] *eine vortreffliche Schule, den Geschmack in Absicht auf Schönheit zu bilden.* [...] *man muß sich ihrer einzig und allein zum Studieren, nicht aber blos zur Nachahmung bedienen. Denn obgleich ein Gemälde und ein Auftritt in der Natur, in vielen Stücken übereinkommen, so sind sie doch in einigen besondern Umständen von einander unterschieden, welche allezeit in Betrachtung gezogen werden müssen, ehe man einen Ausspruch thun kann, welches von dem einen auf das andere anzuwenden ist, oder nicht* (S. 179f.).

Nach Anführung der Unterschiede zwischen Malerei und Gartenkunst kommt Whately zu dem Schluß (S. 183 f.): *Der Ausdruck, malerische Schönheit ist also blos auf solche Gegenstände in der Natur anzuwenden, welche, nach Bemerkung des Unterschiedes zwischen der Malerey und Gartenkunst, geschickt sind, sich in Groupen zu vereinigen, oder in einer Zusammensetzung angebracht zu werden, deren verschiedene Theile in einer Verhältnis gegen einander stehen, im Gegentheil diejenigen* [muß heißen: im Gegensatz zu denjenigen], *welche sich weit und breit herum streuen lassen, und deren Werth sich bloß alsdann zeigt, wenn sie einzeln betrachtet werden.*

Gestaltung: Über Lage und Größe der Gärten äußert sich Whately nicht.

Oberster Grundsatz bei der Gestaltung ist Einheitlichkeit. Whately weist darauf immer wieder bei der Behandlung der einzelnen Materialien mit allgemeinen Sätzen hin. Ich zitiere einige davon aus dem Abschnitt über den Boden: *Wenn man ein Stück Land anlegen will, so verdient unstreitig die Verbindung der Theile die meiste Aufmerksamkeit* (S. 9). *Es müssen solche Figuren an einander gesetzt werden, die sich am leichtesten mit einander vereinigen* [. . .] (S. 11). *Die Verhältniß der Theile zu dem Ganzen erleichtert, wenn man sie genau bemerket, ihre Verknüpfung unter einander. Denn man wird alsdann das gemeinschaftliche Band der Vereinigung eher gewahr, als man Zeit gehabt hat, auf die untergeordneten Verbindungen zu sehen.* [. . .] *Aber ein jeder Theil, der nicht mit den übrigen übereinkommt, ist nicht blos ein Schandfleck an sich selbst: sondern er breitet die Unordnung so weit aus, als sich sein Einfluß erstreckt* [. . .] (S. 13). *Ferner muß auch die Anlage aller Theile mit dem Charakter des Ganzen übereinstimmen. Denn ein jedes Stück Landes unterscheidet sich durch gewisse Eigenschaften: es ist entweder wild, oder bearbeitet; rauh, oder glatt; fortlaufend, oder unterbrochen. Wenn nun eine Abwechselung, die mit diesen Eigenschaften nicht übereinkommt, angebracht wird, so hat sie keine andere Würkung, als daß sie die eine Vorstellung schwächt, ohne eine andere zu erzeugen* (S. 16). *Tausend Beyspiele könnten angeführet werden, um zu zeigen, daß der Hauptbegrif einen jeden Theil durchdringen müsse* [. . .] (S. 17).

Whately gibt zu, daß die Natur imstande ist, *wunderbare Würkungen* hervorzubringen, die ganz diesen Regeln widersprechen. Solche Szenen verlieren aber ihre Wirkung, wenn die Kunst sie *nachäfft* (S. 25–27).

Die in der Gartenkunst anzuwendenden Formen sind andere als in der Architektur. Die Regelmäßigkeit der alten Gärten entspringt einem *Mißbrauch* der Kunst. *Dieses widersinnige Verfahren entstund ohne Zweifel aus der Meinung, als ob einige Aehnlichkeit zwischen der Wohnung und dem Auftritte nöthig wäre, den man unmittelbar aus derselben übersehen könnte. Daher wurden die Figuren von beyden nach einerley Regeln bestimmt* [. . .]. Ebenso falsch ist die Forderung, *daß das Gebäude eine irreguläre Figur haben müsse, um mit der Scene, zu der es gehört, überein zu kommen.* [. . .] *Die*

Baukunst erfordert Symmetrie; die Gegenstände der Natur aber Freyheit [...] (S. 166f.).

Kunst wird also, sofern man darunter *Regelmäßigkeit* versteht, aus dem Garten verbannt. *Will man aber durch gedachten Ausdruck blos Fleiß und Mühe anzeigen, so hat der ganze Streit ein Ende. Wahl, Ordnung, Zusammensetzung, Verbesserung und Erhaltung, sind eben so viele Eigenschaften der Kunst, die sich nach Beschaffenheit der Umstände in verschiedenen Theilen eines Gartens zeigen können, am meisten aber und ohne Zurückhaltung um das Wohnhaus herum ausgedruckt seyn müssen. Nichts sollte hier vernachläßiget zu seyn scheinen. Denn dieses ist ein Auftritt der zur höchsten Vollkommenheit gebrachten Natur. An diesen sollte Reichthum und Zierde in Ueberflusse verwendet werden: der Plan kann ohne Gefahr Erfindung, und die Ausführung Unkosten verrathen* (S. 167f.).

Die *line of beauty,* die im Garten anzuwenden ist, *leidet nichts, was sich mit der Schnur bestimmen, oder mit einem Zirkel beschreiben läßt* (S. 87).

Allgemeine Gegenstände der Gartenkunst sind *Park, Länderey, Garten und Landweg (Park, Farm, Garden, Riding). Schönheit ist der besondere Vorzug eines Gartens; Größe eines Parks; Einfachheit einer Länderey; und Anmuth eines Lustweges* (S. 192). *Die vollkommenste Zusammensetzung einer Gegend, die sich denken läßt, besteht in einem Garten, der sich mit einem Park, vermittelst eines kurzen Spaziergangs durch den leztern nach einer Länderey, und vermittelst einiger längst an den freyen Plätzen desselben hingeführten Wegen nach der Landgegend, verbindet* (S. 224).

Garten und *Länderey* sind auf Nahsicht für den Spaziergänger berechnet. Der *Garten* dient dem *Vergnügen,* die *Länderey* der *Nutzung* (S. 197). Im Garten sind *kleine Schönheiten, Kieswege* angebracht, *Fernsichten* kaum (S. 193f., S. 255). In der Nähe des Hauses ist sogar ein *gewisser Grad von Regelmäßigkeit* erlaubt, der sich in Pflaster, Vasen und Figuren ausdrücken kann (S. 168f.).

Die *Länderey* führt ein *arcadisches Hirtenleben* vor oder die *Lebensart der alten brittischen Bauern* oder einfach ein verschönertes Gut (S. 199–224). *Sie wird dem Eigenthümer besonders werth seyn, wenn sie sich gleich bey seinem Park oder Garten befindet. Die Gegenstände, von denen er beständig umringt ist, erinnern ihn an seinem Stande, und legen ihm also eine Art des Zwanges auf: allein er empfindet in sich selbst eine große Erholung, wenn er bisweilen die*

Pracht seines Pallastes verläßt, und einsam die Natur einer Landschaft besucht. Dieses ist mehr als eine Veränderung des Auftritts: es ist eine Abwechselung auf einige Zeit in Absicht auf die Lebensart, die sich durch alle Reize der Neuheit, der Bequemlichkeit und Ruhe empfehlungswürdig macht. Eine Gegend ist also nicht leicht für vollkommen zu halten, die nicht mit einer solchen Einsamkeit versehen ist; bestände aber die ganze Scene aus einem solchen Auftritte, so würde sie dem Landsitze nicht angemessen seyn. Die Erwartung eines Fremden würde dadurch betrogen werden; und der Besitzer würde nicht damit zufrieden seyn. Denn er würde sich nicht gehörig von seinen Unterthanen unterscheiden; er würde die seinem Stande und Vermögen anhängigen Merkmale vermissen; die Gleichheit seiner Felder mit dem umliegenden Lande würde ihm anstößig seyn. Eine alte oder arcadische Länderey ist ein wenig über die gewöhnlichen Landscenen erhaben. Allein, wenn sie gleich vor dem Thore angebracht werden, so versetzen auch dieselben das Wohnhaus in eine Flur, in welcher es ganz kahl und vernachläßiget zu seyn scheinet. Man erwartet einige Grade der Kunst und Verzierung in seinem unmittelbaren Umfange. Daher muß ein Garten, wenn es auch nur ein kleiner ist, zwischen dem Hause und einer jeden Art der Länderey angelegt werden (S. 217 f.).

Park und *Landweg* sind auf Fernsicht angelegt. Die Aussichten müssen aber immer unterbrochen sein: *sie würden matt werden, wenn man sie beständig vor Augen hätte. Die beste Lage für ein Haus ist nicht diejenige, welche den weitesten und grösten Prospect hat. Eine unterhaltende Aussicht aus den Fenstern ist alles, was der Eigenthümer verlanget: wenn er aber die Größern nur dann und wann siehet, so ist er weit empfindlicher gegen die Reize derselben, und sie werden ihm durch eine beständige Gewohnheit nicht ekelhaft* (S. 196). Ein Landweg dient dazu, *den Begriff von einem Landgut weiter auszudehnen und eine ganze Gegend als das Eigenthum eines Rittersitzes vorzustellen.* Seine Elemente werden aus dem Garten entlehnt, um ihn von den *gewöhnlichen Auftritten der bearbeiteten Natur zu unterscheiden* (S. 280 f.).

Im letzten Abschnitt *Von den Jahreszeiten* spricht Whately vom Licht, von den Laub- und Blütenfarben, von Wintergärten und Gewächshäusern. Diese Themen, gleichsam im Anhang hinzugefügt, scheinen ihm nicht im Vordergrund zu stehen. *Vermittelst der Beobachtung der Farben, welche die Blätter annehmen, indem sie sich* verändern, kann man die Wahl auf die Vervielfältigung ihrer Abwechselung richten: und vermittelst einer genauen Bemerkung der Zeiten, wenn sie abzufallen pflegen, lassen sich alle diese kurzdaurenden Schönheiten, von den zeitigsten bis zu den spätesten in der Jahreszeit, in einer ununterbrochenen Folge nach einander anbringen (S. 313). So wird zum Schluß gezeigt, wie man den Gartenaufenthalt während des ganzen Jahres angenehm macht.

Elemente: Whatelys Ausführungen über die verschiedenen Materialien und Anlagen können wir nicht im einzelnen folgen. Nur wenige Züge seien herausgehoben.

Der *Boden* ist nach *Gestalt, Lage und Ausdehnung* variierbar (S. 19f.). Konkave und konvexe Formen werden ebenen vorgezogen (S. 3–7). Den Charakter einer *gewissen Größe* können Szenen durch die *Proportionen* der Geländeformen erhalten. *Wo im Gegentheil die Schönheit den Boden charakterisirt, da müssen die Theile nicht nur klein seyn, sondern auch überdis durch untergeordnete Ungleichheiten, und kleine, zarte, überall um sie herum zerstreute Züge, abgewechselt. Gewaltsame Würkungen, erzwungene Eindrücke, alles, was viel Mühe zu erfordern scheint, stöhret die Annehmlichkeit eines Auftrits, der nur vergnügen und gefallen soll* (S. 17f.). Zur Bodengestalt gehören auch die Gräben, mit denen man die Sichtverbindung zu Gegenständen außerhalb der Anlage herstellt. Sie müssen durch Dämme, Hügel und Gehölz verborgen werden (S. 9–11).

Whately, der keine Abbildungen gibt, erläutert die kompliziertesten dreidimensionalen Geländeverhältnisse allein mit Worten. Vollkommen räumlich denkend, weist er auf die Austauschbarkeit von Boden- und Gehölzmassen hin: Dieselben Wirkungen des Bodens können *bisweilen durch G e h ö l z e allein [...] erzeuget werden, ohne einige Veränderung in dem Boden selbst zu machen* (S. 28).

Bäume und Sträucher sind von verschiedener G e s t a l t, von verschiedenem G r ü n und W u c h s e (S. 30). Unterscheidungsmerkmale der *Gestalt* sind Laubdichte, Verzweigungsstelle, Proportion Krone/Stamm, Kronenform und Astausrichtung (S. 31f.). Die *Grün*töne bezeichnet Whately als *dunkel- und lichtgrün* und *mit Braun, Weiß und Gelb gemischtes Grün* (S. 33). Im Herbst, glaubt er, komme die Beimischung deutlicher heraus, wenn das Grün schwinde (S. 37f.). Mit *Wuchs* meint er die verschiedenen Höhen der Gehölze (S. 33f.). *Ein Hauptnutzen, welcher aus der Eintheilung dieser charakteristischen Verschiedenheiten entsteht, ist dieser, daß man die Quellen entdecket, aus welchen man zu allen Zeiten einen Stoff zu Abwechselungen schöpfen kann; und daß man die Ursachen findet, aus denen sich oft Ungereimtheiten erklären lassen. Bäume, die nur durch einen von diesen Umständen unterschieden sind, entweder in Ansehung der Gestalt, oder des Grüns, oder des Wuchses, ob sie gleich in den übrigen Stücken überein kommen, sind zur Bewürkung einer Abwechselung hinlänglich unterschieden. Gehen sie in zwey Stücken von einander ab, so wird einer des andern Contrast; thun sie es aber in allen, so sind sie einander entgegengesetzt, und können selten eine gute Groupe zusammen ausmachen* (S. 34). Zu den allgemeinen Regeln gehört ferner, *daß man mehr auf Groupen als einzelne Stücke sehe; und daß man das Ganze als eine Pflanzung nicht aber als eine Sammlung von Gehölzen betrachte* (S. 347). Pflanzungen werden unterteilt in *Wald (wood)*, *Hayn (grove)*, *Klump (clump)* und Einzelbaum (S. 43). *Wald* besteht aus Bäumen mit Unterwuchs, sein Hauptcharakter ist *Größe*; ein *Hayn* besteht nur aus Bäumen, sein Charakter ist *Schönheit*; zwei bis acht Bäume machen einen *Klump* auf.

Wasser ist zwar kein unumgänglich nothwendiges Stück von einem schönen Auftritte, aber doch so allgemein [...], *daß man überall, wo es fehlet, die Abwesenheit desselben bedauret* (S. 73). *Fluß* und *See* sind die Hauptkategorien, die stets genau auseinanderzuhalten sind. Ein Fluß muß lang erscheinen und daher fortlaufende Ufer ohne Buchten haben, ein See groß und deshalb Buchten besitzen, die sein Ende für die Phantasie in weitere Ferne verlegen (S. 76–80). *Als der Gegenstand einer Beschreibung oder Vorstellung kann zwar ein See nicht groß genug seyn: das Auge aber findet ein schlechtes Vergnügen an demselben, wenn es nicht ein gewissen Ziel hat, an welchem es sich erholen kann* (S. 80f.). Darum muß der Blick auf den Ozean seitlich eingeschränkt werden, und ein sehr entferntes Ufer durch hohe dunkle Bepflanzung deutlicher erkennbar gemacht werden. *Es ist aber nicht nöthig; daß der ganze District umgrenzet sey. Wenn nur ein ansehnlicher Theil eine gewisse Gestalt hat, so kann das Auge ohne Ekel verstatten, daß sich ein großes Stück weiter erstrecke, als es sehen kann; es kann so gar ein Vergnügen daran finden, an dem Horizonte eine zitternde Bewegung zu bemerken, welche zu erkennen giebt, daß das Wasser daselbst noch nicht seine Grenzen erreicht habe* (S. 83).

Mit *Brücken* kann man das Gewässerende verbergen. Ein *Brettersteg* wirkt hier glaubhafter als ein *großer Schwibbogen. In wilden und romanhaften Auftritten kann man sich einer eingefallenen steinernen Brücke bedienen, von welcher noch einige Schwibbögen stehen: der Verlust der eingefallenen aber kann durch etliche nebst einer Lehne über die Lücke geworfene Breter ersetzt werden* (S. 91).

Kleine Bäche sollen in entfernten, stillen Gegenden liegen, wo man ihre Reize gebührend beobachten kann. Auch auf die verschiedenen Geräusche des Wassers ist bei der Gestaltung Rücksicht zu nehmen (S. 108–110). Der Reiz eines Wasserfalles besteht in seiner Höhe. Breite Fälle geringer Höhe wirken wie regelmäßige Kaskaden. Ein allmählich abfallendes Bett gibt dem Bach in solchem Fall mehr Abwechslung (S. 111 f.).

Merkmale der Felsen sind *Würde, Schrecken, und seltsames Aussehen (Dignity, Terror, Fancy). Sie drücken allezeit das Wilde aus* (S. 121). *Große Felsen sind dem gemeinen Leben zu unbekannt; sie sind zu unfruchtbar, zu ungesellschaftlich; mehr wüste, als einsam; mehr schauderhaft, als schrecklich.* Man muß ihren Eindruck daher durch Wasser, Gewächse oder *gar Spuren von Einwohnern mildern* (S. 113 f.). Andererseits kann man die Wirkung von Felsen durch Entfernen oder Hinzutun von Gehölz verstärken (S. 122). Zu solchen Szenen passen auch Bergwerke und Eisenhütten (S. 132 f.). Whately meint mit Felsen immer natürlich anstehende, an versetzte oder künstliche denkt er nicht.

Zum Thema *Gebäude* lesen wir: *Allein, obgleich das Innere der Gebäude nicht vernachlässigt werden darf, so macht sie doch nur das äußerliche Ansehen zu Gegenständen: und sie erlangen bald durch das eine, bald durch das andere, bald durch beydes, das Recht, als Charaktere angesehen zu werden.*

Als Gegenstände sind sie bestimmt, entweder die Gegend vorzüglich zu unterscheiden, oder die Aussicht zu unterbrechen, oder die Scene, bey welcher sie gebraucht werden, zu zieren.

Der Unterschied zwischen Wäldern, Wildbahnen, und Gewässern fällt nicht allezeit sehr in die Augen: folglich würden die verschiedenen Theile eines Gartens oft einander gleich zu seyn scheinen, wenn sie nicht durch Werke der Baukunst unterschieden würden. [...] *Hieraus aber folgt keineswegs, daß ein jeder District seine Ge-*

bäude haben müsse. *Der Mangel derselben ist bisweilen eine Abwechselung: und oft sind andere Umstände zu einem charakteristischen Unterschiede zureichend; nur alsdann, wenn diese allzu genau übereinkommen, muß man der Ungleichheit wegen seine Zuflucht zu Gebäuden nehmen.*

Zur Unterbrechung weiter Aussichten eignen sich *Bauerhütten, Ruinen, alte Brittische Denkmale, keine griechischen Tempel; keine türkischen Moscheen, keine egyptischen Obelisken oder Pyramiden* [...]. *In einem Garten aber, wo alle Gegenstände die Zierde zur Absicht haben, kann eine jede Art der Baukunst, von der griechischen bis zur chinesischen, statt finden* [...]. Es sollten aber nicht mehr als drei Gebäude pro Szene sein (S. 143–146).

Weiter vermögen Gebäude *den Charakter ihrer Scene zu bestimmen, zu erhöhen, oder zu verbessern.* [...] *Ein Tempel vergrößert das Ansehen der edelsten, und eine Bauerhütte die Einfalt der ländlichsten Scenen. Das leichte Ansehen eines schlancken Turmes, das Luftige einer offenen Rotunda, die Pracht einer fortlaufenden Säulenordnung, tragen weniger zur Zierde, als der Bedeutung bey. Andere Gebäude verwandeln Anmuth in Lust, Melancholie in Ernsthaftigkeit, und Reichthum in Ueberfluß. Eine abgelegene Gegend, die unbemerkt würde geblieben seyn, fällt wegen ihrer stillen Lage in die Augen, so bald als man ein dem einsamen Aufenthalt gewiedmetes Gebäude daselbst antrifft* [...]. Den vorherrschenden Charakter einer Szene in sein Gegenteil verwandeln können Gebäude allerdings nicht (S. 151–153).

Die Wirkungen der Gebäude sollen unmittelbar einleuchten, nicht erst durch die mühsame Deutung von hinzugefügten Sinnbildern (S. 153).

Zu Ruinen schreibt Whately: *Unvollkommenheit und Dunkel sind ihre Eigenschaften; und die Einbildungskraft zu etwas größern zu führen, als was man sehn kann, ist ihre Würkung. Um irgend eine von diesen Absichten zu erreichen, können sie in verschiedene abgesonderte Stücke vertheilt werden.* [...] *Ruinen erwecken allezeit eine Untersuchung des ehemaligen Zustandes eines Gebäudes, und führen die Seele zu einer Betrachtung des Gebrauchs, für welchen es bestimmt war.* [...] *Das Andenken der Zeiten und Sitten, nach welchen sie* [die Gebäude] *eingerichtet waren, erhält sich blos in der Geschichte und in den Ruinen; und ein gewisses Gefühl der Bedauerung, der Hochachtung, oder des Mitleidens, begleitet die Erinne-*

rung. [...] *Dergleichen Würkungen gehören zwar eigentlich nur für würkliche Ruinen: allein auch erdichtete können dieselben in einem gewissen Grade erzeugen.* [...] *Um aber diese letztere Absicht zu erreichen, so ist es nöthig, daß die ursprüngliche Bestimmung des Gebäudes deutlich ausgedruckt, der Gebrauch desselben nicht unbekant, und die ehemalige Gestalt leicht zu entdecken sey* (S. 160 bis 162).

Künstliche Ruinen werden *vermittelst der Farbe der Baumaterialien; durch Gebüsche von Epheu und andre Gewächse; durch Lükken und Trümmern* [...] *in ihrem Eindruck gehoben. Ein Anhang, der augenscheinlich von einem neuern Bau zeuget, als das Hauptgebäude verräth, wird der Würkung noch einen größern Nachdruck geben: ein Bauerschuppen mitten unter den Ueberbleibseln eines Tempels ist ein Contrast, so wohl für die ehemalige als für die gegenwärtige Beschaffenheit des Gebäudes* [...] (S. 165).

Die beste Lage eines Schlosses ist *auf einer niedrigern Anhöhe, den Gipfel eines Berges hinter sich* (S. 157). Man zeigt es am besten schräg, so daß zwei Seiten zu sehen sind. Der Zugang soll nicht gradlinig sein, aber herausgehoben, so daß man ihn als solchen deutlich erkennt: [...] *die Länge des Weges und die Abwechselung des Landbaues, durch welchen er angelegt ist,* [wird] *den scheinbaren Umfang des Gebietes, und die Vorstellung eines Landgutes viel weiter ausdehnen, als es irgend ein gerader Zugang zu thun vermögend ist* (S. 170f.).

Würdigung: Indem die ersten großen Praktiker des Landschaftsgartens, William Kent (1684–1748) und Lancelot Brown (1715–1783), keine theoretischen Schriften hinterlassen haben, ist Whatelys Buch die erste ausführliche Theorie des Landschaftsgartens. Sie entspricht nach Hunt und Dobai stilistisch den Arbeiten Browns und unterscheidet sich von der Theorie Addisons und seiner Nachfolger darin, daß der nur intellektuell erfaßbare Ausdruck mittels Emblemen durch den emotional erfaßbaren Ausdruck der landschaftlichen Gartenelemente selbst ersetzt wird. Whatelys europäischer Einfluß ist groß (Morel, Hirschfeld, Conte Silva).

Sekundärliteratur: Besonders JOHANNES DOBAI: *Die Kunstliteratur des Klassizismus und der Romantik in England,* Bd. II, Bern 1975, S. 1063, und JOHN DIXON HUNT: Emblem and Expression in the Eighteenth-Century Landscape Garden, in: Eighteenth Century Studies. Bd. 4, Berkeley, California 1971, S. 294–317, sowie desselben: *The Figure in the Landscape: Poetry, Painting, and Gardening during the Eighteenth Century,* Baltimore und London 1976, S. 190.

SIR WILLIAM CHAMBERS (1723–1796)

Biographie: Chambers hatte ausgedehnte Reisen gemacht, bevor er sich 1755 in London als Architekt niederließ. 1757 wurde ihm die Planung von Kew Gardens übertragen, Georg III. ernannte ihn 1760 zum Hofarchitekten und adelte ihn 1771. Chambers machte sich einen großen Namen als palladianischer Architekt und als Ausbreiter des chinesischen Gartenstils.

1745 hatte sich Chambers in Kanton einen gewissen Eindruck von China verschaffen können. In derselben Zeit war in England die chinesische Gartenmode aufgekommen.

Veröffentlichungen mit gartentheoretischem Gehalt: Mit seinem dem Prince of Wales (Georg III.) gewidmeten ersten Buch, *Designs of Chinese Buildings, Furniture, Dresses, Machines and Utensiles* [. . .], (London 1757, Nachdruck Farnborough 1969, 19 S., XXI Tf., französisch London 1757 und Paris 1776) erhob Chambers den Anspruch *to put a stop to the extravagancies that daily appear under the name of Chinese* (S. 1) und stieß damit auf fruchtbaren Boden, besonders was das Kapitel über die Gärten (S. 14–19) betrifft.

1772 erweiterte Chambers diese Ausführungen auf seine 94 Seiten starke *Dissertation on Oriental Gardening* (Nachdruck Farnborough 1972), die zugleich in Französisch erschien, von Johann Hermann Ewald ins Deutsche übersetzt wurde (Gotha 1775) und 1773 in abermals erweiterter englischer Fassung herauskam. Das Original ist Georg III. gewidmet. Chambers' Ansichten werden hier deutlicher als in seiner ersten Veröffentlichung. Die Beschreibung chinesischer Gärten darin ist offensichtlich als Fabel gemeint. Im Anschluß an seine Kritik des zeitgenössischen Gartenstils sagt Chambers (S. 11 f.): *Ungeachtet es aber ungereimt und unnütz wäre, ein neues System aus eigenen Kräften aufzustellen, so kann es doch weder unschicklich noch ganz undienlich seyn, ein fremdes be-*

kannt zu machen [...]. *Es ist eine gemeine Sage, daß aus den schlechtesten Dingen einiges Gute gezogen werden kann; und sollte auch dasjenige was ich abzuhandeln gedenke, geringer seyn als das bereits bekannte, so wird der Leser doch hier und da Winke bekommen, die bemerkt zu werden verdienen. Ich kann daher, ohne meine eigene Gefahr, und, wie ich hoffe, ohne sonst jemand zu beleidigen, nachstehende Nachricht über die Manier der Chinesischen Gartenkunst mittheilen.*

Weitere Veröffentlichungen: Über Kew und Zivilarchitektur.

Benutzte Ausgaben: *Designs* 1757, eigene Übersetzung; *Dissertation*, Gotha 1775.

Entwerfer: Chambers beklagt, daß es in England keine *regular professors* der Gartenkunst, sondern nur Küchengärtner gebe, *die sich allerdings sehr gut auf den Salatbau verstehen, aber sehr wenig mit den Grundsätzen der malerischen Gartenkunst bekannt sind* (1775, S. 5f.). Die neue englische Manier sei nicht besser als die alte symmetrische. Die Gärten seien *sehr wenig von den gemeinen Feldern verschieden, so genau ist die gemeine Natur in den meisten derselben abgeschildert. Es ist durchgängig so wenig Mannichfaltigkeit in den Gegenständen, eine solche Armuth der Einbildungskraft in der Erfindung und der Kunst in der Anordnung, daß diese Zusammensetzungen mehr das Kind des Zufalls als des Vorsatzes zu seyn scheinen* (S. 8). Es folgt eine Beschreibung eines Gartens, der aus einer großen Wiese mit vereinzelten Bäumen, einer Einfassung aus *shrubs* und Blumen, einem der *line of Beauty* folgenden Rundweg und einigen Tempeln und Sitzen an der Grenze besteht. Man hat darin einen boshaften Angriff auf Lancelot Brown und seine Gartenkunst und überhaupt auf die Whigs gesehen. Chambers selbst nennt keine Personen.

Da, wo gedrehte, schlänglichte Wege, hin und wieder zerstreute Gesträuche und unaufhörliche Abwechselungen von grünen Plätzen, kleinen Hainen und Gebüschen, Gartenkunst genannt werden, ist es gleichviel, wer Gärtner ist; [...] *Wo aber eine beßre Manier eingeführt ist, und wo die Gärten, ohne der gemeinen Natur zu gleichen, natürlich, wo sie neu ohne Zwang, und außerordentlich ohne Ausschweifung sind; wo der Anschauer einen angenehmen Zeitver-*

treib hat; wo seine Aufmerksamkeit beständig unterhalten, seine Neugierde rege gemacht, und sein Gemüth durch eine große Abwechselung gegenseitiger Leidenschaften bewegt wird; da müssen die Gärtner Männer von Genie, Erfahrung und Beurtheilungskrafft; sie müssen schnell im Empfinden, reich an Mitteln, fruchtbar an Einbildungskraft, und mit allen Bewegungen des menschlichen Herzens vollkommen bekannt seyn (S. 80).

Aufgaben: *Unter den bildenden Künsten ist keine von so ausgebreitetem Einfluß, als die Gartenkunst. Die Produkte der andern haben ihre eigene Classe von Bewunderern, die nur allein an ihnen Geschmack finden, oder ihnen wenigstens einen großen Werth beylegen, übrigens aber allen andern entweder gleichgültig, oder wohl gar ekelhaft sind. [...] Aber die Gartenkunst ist von einer ganz andern Natur; ihre Herrschaft ist allgemein, ihre Wirkungen auf das menschliche Herz sind gewiß und unveränderlich [...]* (1775, S. 3f.). *Leblose, einfache Natur ist gar zu unbehülflich bey unsern Ausführungen, das meiste müssen wir von uns selbst erwarten; und deswegen sollte uns jede Hülfe, sie mag uns von der Natur oder der Kunst geboten werden, willkommen seyn. Die Vorstellung eines gemeinen Gartens muß von der gemeinen Natur, so wie das Heldengedicht von der prosaischen Erzählung, verschieden seyn. Gärtner sollten gleich den Dichtern ihre Einbildungskraft freyen Lauf lassen, und sogar die Schranken der Wahrheit überfliegen, wenn es nöthig wäre, ihren Gegenstand zu erhöhen, zu verschönern, zu beseelen oder ihm eine neue Wendung zu geben* (S. 21).

Gestaltung – Elemente: Das kurze Gartenkapitel von 1757 soll nicht zerstückelt werden:
Natur ist ihr [der Chinesen] *Vorbild, und es ist ihr Ziel, sie in all ihren schönen Unregelmäßigkeiten zu imitieren. Ihre erste Erwägung ist die Geländeform, mag sie flach, geneigt, hügelig oder bergig, ausgedehnt oder von geringem Umfang sein, trocken oder sumpfig, überfließend von Flüssen und Quellen oder unter Wasserknappheit leidend; auf all diese Umstände achten sie mit größter Sorgfalt, und indem sie solche Anordnungen wählen, wie sie das Gelände erfordert, kann mit den niedrigsten Kosten gebaut werden, die Fehler werden versteckt und die Vorteile ins beste Licht gesetzt.*
Da die Chinesen nicht zu wandern pflegen, finden wir selten

Alleen oder ausgedehnte Spaziergänge wie in europäischen Anlagen: Das ganze Gelände ist durch eine Vielfalt von Szenen gestaltet, und man wird auf gewundenen, in die Haine geschnittenen Gängen zu den verschiedenen Ansichten geführt, welche alle durch einen Sitz, ein Gebäude oder einen anderen Gegenstand ausgezeichnet sind.

Die Vollkommenheit ihrer Gärten besteht in der Anzahl und Vielfalt ihrer Szenen. Die chinesischen Gärtner sammeln wie die europäischen Maler aus der Natur die gefälligsten Gegenstände, die sie so zusammenzustellen streben, daß nicht nur im einzelnen die Vorteile am besten herauskommen, sondern zugleich auch im ganzen ein eleganter Eindruck entsteht.

Ihre Künstler unterscheiden drei Arten von Szenen, welche sie gefällig, schrecklich und zauberhaft nennen. Die zauberhaften Szenen entsprechen großenteils unsern romantischen, und bei ihnen bedienen sie sich mehrerer Kunstgriffe, um Überraschung hervorzurufen. Manchmal machen sie unterirdisch einen reißenden Strom oder Bach, dessen unruhiges Geräusch das Ohr des Ankömmlings erfaßt, welcher außerstande ist, auszumachen, wo es herkommt; ein andermal ordnen sie die Felsen, Gebäude und anderen Gegenstände, die die Komposition bilden, so an, daß der Wind durch die verschiedenen Zwischen- und Hohlräume streicht, die dort eben darum gemacht sind, um seltsame und ungewöhnliche Klänge zu erzeugen. Sie fügen in diese Szenen alle Arten außerordentlicher Bäume, Pflanzen und Blumen ein, bilden kunstvolle und komplizierte Echos und lassen verschiedene Arten ungeheuerlicher Vögel und Tiere frei.

In ihren Szenen des Schreckens verwenden sie überhängende Felsen, dunkle Höhlen und reißende Wasserfälle, die auf allen Seiten von den Bergen stürzen; die Bäume sind verformt und scheinbar von der Gewalt der Unwetter zerrissen; einige sind umgeworfen und halten den Lauf der Sturzbäche auf, als ob sie die Wildheit des Wassers niedergerissen hätte; andere sehen wie vom Blitz zerschmettert und geborsten aus; die Gebäude sind zum Teil in Trümmern, zum Teil halb von Feuer verzehrt, und ein paar erbärmliche, in den Bergen verstreute Hütten sind zugleich dazu da, die Existenz und das Elend der Bewohner zu zeigen. Auf diese Szenen folgen stets gefällige. Die chinesischen Künstler bedienen sich immer plötzlicher Übergänge und heftiger Gegensätze in Form, Farbe und

Sir William Chambers

Schattierung, da sie wissen, wie stark Kontrast aufs Gefühl wirkt. Daher führen sie Sie von begrenzten zu ausgedehnten Prospekten, von Gegenständen des Schreckens zu Szenen des Vergnügens, von Seen und Flüssen zu Ebenen, Hügeln und Wäldern; gegen dunkle und schwere Farben setzen sie leuchtende und gegen komplizierte Formen einfache; sie ordnen die verschiedenen Massen von Licht und Schatten durch angemessene Verteilung, so daß die Komposition zugleich deutlich in ihren Teilen und eindrucksvoll im ganzen wird.

Wenn das Gelände ausgedehnt ist und eine große Zahl an Szenen einzubringen ist, bestimmen sie meist jede für eine einzige Ansicht. Wenn es aber begrenzt ist und keinen Raum für Vielfalt bietet, bemühen sie sich, diesen Fehler zu beheben, indem sie die Gegenstände so anordnen, daß sie, von verschiedenen Standpunkten gesehen, verschiedene Anblicke bieten, und manchmal durch eine kunstvolle Anordnung solche, die einander nicht gleichen.

In ihren großen Gärten erfinden sie verschiedene Morgen-, Nacht- und Abendszenen, indem sie an den geeigneten Blickpunkten zu den einzelnen Tageszeiten passende Gebäude errichten. Und in ihren kleinen Gärten (wo, wie oben bemerkt, ein einzelnes Objekt viele Anblicke bietet) setzen sie auf die gleiche Weise Gebäude an bestimmte Blickpunkte, die durch ihre Verwendung auf die Tageszeit, in der man die Szene am besten genießt, hinweisen.

Da das chinesische Klima überaus heiß ist, verwenden sie viel Wasser in ihren Gärten. In den kleinen setzen sie, wenn die Situation es zuläßt, fast das ganze Gelände unter Wasser, und lassen nur ein paar Inseln und Felsen übrig. In die großen bringen sie ausgedehnte Seen, Flüsse und Kanäle ein. Die Ufer ihrer Seen und Flüsse sind abwechslungsreich in Imitation der Natur gestaltet, nämlich manchmal kahl und kiesig, manchmal mit Wäldern bis an die Wasserkante bedeckt, an manchen Stellen flach und mit Blumen und Sträuchern geschmückt, an andern steil und felsig mit Höhlen, die das Wasser mit Getöse und Gewalt erfüllt. Manchmal sehen Sie viehbedeckte Weiden oder Reisfelder bis an die Seen mit Treidelwegen an den Ufern, und manchmal Haine, in die an einigen Stellen Buchten und Bäche, tief genug für Boot, hineinführen und deren Ufer mit Bäumen bepflanzt sind, die die Zweige ausbreiten und hier und da Lauben, unter denen die Boote durchfahren, bilden. Diese führen gewöhnlich zu einem höchst interessanten Gegenstand, wie zu einem großartigen Gebäude, Plätzen auf dem Gipfel eines terras-

sierten Berges, einem Pavillon inmitten eines Sees, einem Wasserfall, einer Grotte mit vielen Kammern, einem künstlichen Felsen und vielen andern solchen Erfindungen.

Ihre Flüsse sind selten gerade, sondern gewunden und in viele unregelmäßige Abschnitte zerteilt. Manchmal sind sie eng, geräuschvoll und reißend, ein andermal tief, breit und langsam. An den Flüssen und Seen sieht man gleichermaßen Schilf mit andern Wasserpflanzen und -blumen, insbesondere der Lian Hua [Lotus], die sie sehr lieben. Oft errichten sie Mühlen und andere hydraulische Maschinen, deren Bewegungen die Szene beleben. Sie haben auch eine große Zahl von Booten in verschiedenen Formen und Größen. In ihre Seen streuen sie Inseln ein, einige von ihnen kahl und umgeben von Felsen und Untiefen, andere bereichert mit allem, was Kunst und Natur in ihrer Vollendung liefern können. Gleichfalls formen sie künstliche Felsen, und in derartigen Kompositionen übertreffen die Chinesen alle andern Nationen. Ihre Herstellung ist ein besonderer Beruf, und es gibt in Kanton und wahrscheinlich in den meisten andern Städten Chinas zahlreiche Künstler, die ständig mit diesem Geschäft befaßt sind. Der Stein, aus dem sie gemacht werden, kommt von der Südküste Chinas. Er schimmert bläulich und ist durch die Tätigkeit der Wellen unregelmäßig ausgespült. Die Chinesen sind außerordentlich sorgfältig bei der Wahl dieses Steines. Ich habe sogar mehrere Tael [Münzeinheit] für ein Stückchen, nicht größer als eine Menschenfaust, geben sehen, wenn es von schöner Form und lebhafter Farbe war. Aber diese ausgesuchten Stücke benutzen sie in der Landschaft für ihre Wohnungen. Im Garten nehmen sie eine gröbere Art, die sie mit bläulichem Zement zusammenfügen und aus denen sie Felsen beträchtlicher Größe bilden. Ich habe einige erlesen schöne darunter gesehen und solche, die auf ungewöhnliche geschmackliche Eleganz des Erfinders verwiesen. Wenn sie groß sind, machen sie Höhlen und Grotten darin, mit Öffnungen, durch die sie ferne Prospekte entdecken können. Sie bedecken sie an verschiedenen Stellen mit Bäumen, Büschen, Dornsträuchern und Moos und stellen auf die Gipfel kleine Tempel oder andere Gebäude, zu denen sie über rauhe und unregelmäßige, in den Fels gehauene Stufen aufsteigen.

Wenn genügend Wasser und geeignetes Gelände vorhanden ist, versäumen die Chinesen nie, Wasserfälle in ihren Gärten anzulegen. Sie vermeiden bei diesen Arbeiten alle Regelmäßigkeit, indem sie *die Natur hinsichtlich ihrer Wirkungen in diesem Gebirgsland beachten. Das Wasser bricht aus den Höhlen und Windungen der Felsen hervor. An manchen Stellen erscheint ein breiter und starker Katarakt, an andern sieht man viele kleine Fälle. Manchmal wird der Anblick des Wasserfalls von Bäumen aufgehalten, deren Blätter und Zweige nur an einigen Stellen Raum lassen, das Wasser zu erblicken, wie es die Flanken des Berges herunterstürzt. Oft werfen sie rohe Holzbrücken von einem Fels zum andern über die tiefste Stelle des Katarakts. Und häufig halten sie den Durchgang durch Bäume und Steinhaufen auf, die von der Heftigkeit des Sturzbaches niedergerissen zu sein scheinen.*

Bei ihren Pflanzungen variieren sie die Formen und Farben ihrer Bäume, d. h., sie mischen solche, die breite und ausladende Zweige haben, mit pyramidal geformten und dunkelgrüne mit helleren, streuen solche ein, die Blüten hervorbringen, von denen sie manche haben, die einen großen Teil des Jahres blühen. Die Trauerweide ist einer ihrer bevorzugten Bäume, und immer unter denen, die ihre Seen und Flüsse säumen und so gepflanzt werden, daß ihre Zweige über das Wasser hängen. Gleichfalls verwenden sie Stämme verfaulter Bäume, manchmal aufrecht, ein andermal auf dem Boden liegend, welche sehr hübsch durch ihre Formen, und die Farbe der Rinde und des Mooses darauf sind.

Vielfältig sind die Kunstgriffe, die sie zur Überraschung anwenden. Manchmal führen sie einen durch dunkle Höhlen und düstere Gänge, an deren Ausgang man plötzlich von dem Anblick einer lieblichen Landschaft ergriffen wird, die mit allem geschmückt ist, was üppige Natur an Schönem bietet. Ein andermal wird man durch Alleen und Wege geleitet, die sich allmählich verengen und uneben werden, bis der Durchgang zuletzt ganz von Büschen, Dornsträuchern und Steinen aufgehalten ist und sich als unmöglich erweist. Und da öffnet sich unerwartet ein reicher und ausgedehnter Prospekt dem Blick, der um so angenehmer ist, da er unverhofft war.

Ein anderer ihrer Kunstgriffe ist es, einige Teile einer Komposition durch Bäume oder andere dazwischentretende Gegenstände zu verbergen. Das reizt naturgemäß die Neugier des Betrachters, näher hinzusehen, während er von einer unerwarteten Szene oder eine dem gesuchten Ding ganz entgegengesetzte Darstellung überrascht wird. Das Ende ihrer Seen verbergen sie stets, indem sie der Vorstellung Raum lassen zu wirken; und dieselbe Regel beachten sie in andern Kompositionen, wo immer sie angewandt werden kann.

Obgleich die Chinesen nicht gut in Optik unterrichtet sind, hat sie doch die Erfahrung gelehrt, daß Gegenstände im Verhältnis, wie sie vom Auge des Betrachters entfernt werden, kleiner erscheinen und in der Farbe verblassen. Diese Beobachtungen sind Ursprung eines Kunstgriffs gewesen, den sie manchmal anwenden. Das ist das Bilden perspektivischer Prospekte durch den Einsatz von Gebäuden, Schiffen und andern Gegenständen, die entsprechend der größeren Entfernung vom Standpunkt verkleinert sind; und damit diese Täuschung noch eindrucksvoller sei, geben sie den entfernten Teilen der Komposition einen gräulichen Anstrich und pflanzen in den entlegenen Teilen dieser Szenen Bäume schwächerer Farbe und kleineren Wuchses als die, welche im Vordergrund erscheinen; durch diese Mittel erscheint, was in Wirklichkeit klein und beschränkt ist, groß und bedeutend.

Die Chinesen vermeiden gewöhnlich gerade Linien; aber sie verwerfen sie nicht völlig. Manchmal machen sie Alleen, wenn sie ein interessantes Objekt dem Blick auszusetzen haben. Straßen machen sie immer gerade, es sei denn, die Unebenheit des Geländes oder andere Hindernisse liefern wenigstens einen Vorwand anders zu handeln. Wo das Gelände völlig eben ist, sehen sie es für absurd an, eine geschlängelte Straße zu machen, denn sie sagen, daß sie entweder durch Kunst gemacht sein oder durch das ständige Durchlaufen von Passanten ausgetreten sein müssen; in beiden Fällen ist es nicht natürlich, anzunehmen, Menschen würden eine krumme Linie wählen, wenn sie auf einer geraden gehen können.

Was wir clumps *nennen, ist den chinesischen Gärtnern nicht unbekannt, aber sie verwenden sie etwas sparsamer, als wir es tun. Nie füllen sie ein ganzes Geländestück mit* clumps. *Sie betrachten eine Pflanzung immer wie Maler ein Gemälde und gruppieren ihre Bäume in derselben Weise wie diese ihre Figuren, indem sie beherrschende und untergeordnete Massen haben.*

Der Bericht von der chinesischen Gartenkunst aus dem Jahre 1772 ist ein ungegliedertes Kaleidoskop unglaublicher Märchenbilder, gegen die die erste Fassung geradezu nüchtern wirkt. Zum Beispiel läßt er den Reisenden mit folgenden Worten die Szenen des Schreckens in chinesischen Gärten erleben (S. 37f.): *Jetzt führt ihn sein Weg durch dunkle in Felsen gehauene Gänge, an deren Seite man einsame abgelegene Oerter erblickt, die mit kolossalischen Figuren von Drachen, höllischen Furien, und andern gräßlichen Gestalten, die in ihren ungeheuren Klauen eherne Tafeln voll mystischer Sprüche halten, angefüllt sind; ferner mit Anstalten, ein immerwährendes Feuer zu unterhalten, das sowohl den Wanderer führen als auch in Erstaunen setzen soll. Er wird von Zeit zu Zeit durch wiederholte elektrische Schläge, durch künstliche Platzregen oder sich plötzlich erhebende Windstöße und augenblicklich hervorbrechende Feuerflammen überrascht; durch die Macht der zusammengepreßten Luft bebt unter ihm die Erde, und seine Ohren werden allmählich durch viele abwechselnde Schälle, die auf gleiche Weise hervorgebracht werden, betäubt. Einige gleichen dem lauten Wehklagen gemarterter Menschen; andere dem Brüllen der Ochsen, und dem Geheul wilder Thiere; dem Bellen der Hunde und dem Jagdgeschrey der Jäger; andere dem Rabengeschrey der Raubvögel; wieder andere ahmen den Donner, das Brausen des Meers, den Kanonenknall, den Schall der Trompeten und allen Getümmel des Kriegs, nach.*

Würdigung: Chambers ist entscheidender Wegbereiter des sentimentalen Landschaftsgartens, der nicht, wie der bisherige, von William Kent (1684–1748) und Lancelot Brown (1715–1783) praktisch vertretene Landschaftsgarten, den Verstand, sondern intensiv das Gefühl ansprechen soll. Chambers bedient sich dazu des Chinoiseriestils. Seine Nachwirkung reicht bis zum beginnenden 19. Jh.

Die englischen Kritiker, die wußten, daß Chambers in China gewesen war, haben seine ironischen Übertreibungen ernst genommen und auf das heftigste angegriffen, so daß sich Parteien von Chamberisten und Brownisten bildeten, während Franzosen und Deutsche das Buch freudig aufnahmen und selbst der beschränkte Christian C. L. Hirschfeld die Verkleidung erkannte (vgl. John Harris, S. 144–162).

Sekundärliteratur: JOHN HARRIS: *Sir William Chambers.* London 1970. Leben und Werk.

William Gilpin (1724–1804)

Biographie: Pfarrer in Boldre, Hampshire, M. A., Freund Horace Walpoles und William Masons, Landschaftszeichner seit seiner Kindheit, erfolgreicher ästhetischer Schriftsteller.

Veröffentlichungen mit gartentheoretischem Gehalt: *A Dialogue upon the Gardens* [. . .] *at Stow.* London 1748, 60 S., anonym, weitere Auflagen London 1748, 1749, 1751, Nachdruck Los Angeles 1976. Eine Art Führer durch den berühmten Garten von Stowe, in dem zwei fiktive Besucher auf dem Spaziergang ihre Ansichten zu den sich bietenden Szenen austauschen.

Sieben Reisebeschreibungen oder *Tours* unter dem Titel *Observations relative chiefly to Picturesque Beauty* [. . .] (jeweils zuerst London 1782, 1786, 1789, 1798, 1804 und 1809 [2], mehrere Neuauflagen, zusammen Richmond 1973, die ersten drei deutsch von G. F. Kunth Leipzig 1792/93, die vierte ebd. 1805, außerdem vier französische Ausgaben der ersten beiden 1789–1800): Hierin würdigt Gilpin eingehend die malerischen Schönheiten Englands. *The following little work*, heißt es in dem ersten der Bände (S. 1 f.), *proposes a new object of pursuit; that of not barely examining it by the rules of picturesque beauty: that of not merely describing; but of adapting the description of natural scenery to the principles of artificial landscape; and of opening the sources of those pleasures, which are derived from the comparison.* Gilpin schreibt auch über Gegenstände der Kunst, die ihm auf den Reisen begegneten, wie Gemälde und Gärten. Illustriert mit Aquatinten nach seinen Zeichnungen.

Remarks on Forest Scenery, and other Woodland Views, relative chiefly to Picturesque Beauty [. . .] (VII, 340, 310 S., London 1791, 1794, 1808, 1834, 1879, 1887, Richmond 1973, deutsch von G. F. Kunth, Leipzig 1800). Drei Bücher. Im ersten behandelt Gilpin systematisch die malerischen Eigenschaften der Bäume im allgemeinen, nach einzelnen Arten und hinsichtlich der Feinstruktur und berichtet von berühmten Baumindividuen aus aller Welt. Im zweiten bespricht er die Gruppierung der Bäume in Natur, Malerei und Park sowie die Waldgeschichte Englands. Im dritten gibt er eine Beschreibung des New Forest, seiner engeren Heimat, anhand dreizehnjähriger Beobachtung.

Three Essays: on Picturesque Beauty; on Picturesque Travel; and on *Sketching Landscape: to which is added a Poem, on Landscape Painting* (VIII, 88, V, 44 S., London 1792, 1794, 1808, Farnborough 1972, deutsch Leipzig 1800 zusammen mit *Remarks*, französisch Breslau 1800). Das erste der *Essays* bemüht sich um eine Definition des *Picturesque*. Gilpin muß zugeben, daß er zu keiner befriedigenden Begriffsbestimmung kommt, macht die neue Deutung aber durch Beispiele so deutlich, daß man ihn mit Recht als *father of the picturesque* bezeichnet hat. Im zweiten *Essay* geht es um den Zweck der malerischen Reisen, im dritten um praktisches Zeichnen.

Weitere Veröffentlichungen: *An Essay upon Prints; containing Remarks upon the Principles of Picturesque Beauty* [...] (London 1768, XIV, 244 S.; weitere Aufl. 1768, 1792 und 1802, deutsch Leipzig 1768, holländisch Rotterdam 1787, französisch Breslau 1800). Ein Handbuch für Graphiksammler illustriert mit Aquatinten. Der Begriff *the Picturesque* bedeutet hier noch nicht mehr als unser „malerisch" (*a term expressive of that peculiar kind of beauty, which is agreeable in a picture.* – 3. Aufl. S. XII).

Benutzte Ausgaben: *Essays* London 1792; *Observations, Remarks/Essays* Leipzig 1792–1800.

Aufgaben: Der transzendenten Betrachtung gibt der Pfarrer Gilpin wenig Chancen. *Nature is but a name for an effect, whose cause is God* [...]. Der Reisende aber dürfte kaum daran denken; *mehr als eine vernünftige und angenehme Unterhaltung (rational, and agreeable amusement), wagen wir ihm vom malerischen Reisen nicht zu versprechen* (*Essays*, S. 47; Kunth Bd. II, S. 293 f.).
Gilpin geht es ausschließlich um Ästhetik. Im ersten *Essay* von 1792 legt er die Unterschiede des Pittoresken oder malerisch Schönen zum Schönen, wie es Edmund Burke in seinem *An Philosophical Inquiry into the Origin of Our Ideas of the Sublime and Beautiful* [...] (London 1757) definiert hat, dar. Das Schöne nach Burke beruhe auf Glätte oder Nettigkeit (*smoothness or neatness*).
So verhält es sich denn vermuthlich mit der Sache in Hinsicht schöner Gegenstände im Allgemeinen. Allein in malerischer Darstellung scheint es etwas seltsam, und doch werden wir eben so wahr finden, daß das Gegentheil hiervon statt findet; und daß die Begriffe, nett und glatt, anstatt malerisch zu seyn,

Abb. 36 *Ein vertrockneter Wipfel, der den oberen Teil einer Landschaft verdeckt. – Was ist schöner als z. B. ein rauher Vordergrund ein alter Baum mit hohlem Stamm oder mit einem toten Ast [. . .]? Auch der vertrocknete Wipfel kann sehr nützlich sein und bei der Landschaftskomposition zur Schönheit gereichen, wenn wir die Regelmäßigkeit einer kontinuierlichen Linie brechen möchten, ohne sie gänzlich zu verbergen.* Aus: Gilpin, Remarks, Bd. 1, neben S. 8.

wirklich dem Gegenstande, an dem sie sich finden, alle Ansprüche an malerische Schönheit *rauben. – Ja wir gehen noch weiter, und tragen kein Bedenken zu behaupten, daß* Rauhheit *den wesentlichen Unterschied zwischen dem* Schönen *und dem* Malerischen *bestimmt; da sie jene besondere Eigenschaft zu seyn scheint, welche macht, daß Gegenstände in der Malerei vornehmlich gefallen. – Ich bediene mich des allgemeinen Worts* Rauhheit *(roughness), allein eigentlich gesprochen, bezieht sich Rauhheit (roughness) blos auf die Oberflächen der Körper: sprechen wir von ihren Umrissen, so brauchen wir das Wort* Unebenheit *(ruggedness). Indes kommen beide Begriffe auf gleiche Art im Malerischen vor, und beide sind sowohl in den kleinern, als in den größern Theilen der Natur – im Umrisse und in der Rinde eines Baums, so wie im rauhen Gipfel, und in den felsichten Seiten eines Berges zu – bemerken. [. . .]*
Ein Werk Palladischer Baukunst kann äußerst zierlich seyn; das

Verhältniß seiner Theile – das Schickliche seiner Verzierungen – und das Ebenmaaß des Ganzen – können in hohem Grade gefallen. Aber sobald wir es in einem Gemälde darstellen, sogleich wird es ein gezwungener Gegenstand, der uns nicht länger gefällt. Wollten wir es malerisch schön machen, so müßten wir den Schlägel anstatt des Meissels gebrauchen: wir müßten die eine Hälfte davon abschlagen, die andre verunstalten, und die verstümmelten Stücken in Schutthaufen umher werfen: kurz, aus einem glatten *Gebäude müßten wir es in eine* rauhe *Ruine umschaffen; und kein Maler, dem unter beiden Gegenständen die Wahl frei stünde, würde sich bedenken, welchen er sich zu wählen hätte.*

*Ferner, warum nimmt sich ein zierliches Gartenstück auf der Leinwand nicht aus? Die Bildung ist gefällig, die Verbindung der Gegenstände übereinstimmend (*harmonious*), und die Windung des Spazierwegs ist die Schönheitslinie selbst. Alles dieses ist wahr; aber die* Glätte *des Ganzen, ob sie gleich richtig und so ist, wie sie in der Natur seyn würde, beleidigt im Gemälde. Schaffe man die Rasenebene in ein vom Rasen entblößtes Stück Erdboden um; pflanze man rauhe Eichen anstatt blühender Sträuche; breche man die Ränder des Spazierwegs; gebe man ihm das Unebene eines Fahrwegs, bezeichne man ihn durch Wagengleis, streue man etliche Steine umher, und pflanze hier und da Gestrüppe: mit Einem Wort, anstatt das Ganze* glatt *zu machen, mache mans* rauh*; so macht mans zugleich* malerisch*. Alle diese andern Bestandteile der Schönheit besaß es schon* (S. 257–260).

Die Eigenschaften des Pittoresken, Schönen und Erhabenen schließen sich nicht aus. Auch das Erhabene – etwa ein Wald (2. Essay, Kunth, S. 186) – kann malerisch, kann schön sein (S. 289 f.)

Gestaltung – Elemente: Gilpin trennt säuberlich Landschaft, Park und Garten. Kulturlandschaft und „wilde Naturszenen" werden allerdings kaum unterschieden. Zu Beginn der *Lake Tour* (*Observations* 1786; Kunth Bd. I, S. 5–11) charakterisiert er die englische Landschaft: England *gewährt eine größere Abwechselung von Berg und Thal und ebenen Gegenden, als man in irgend einem andern Lande in einem solchen kleinen Umfange antrifft. Seine Flüsse nehmen jeden Karakter an, sie haben Ausbreitung, Krümmung, und schnellen Lauf. Seine Seearme und Küstenansichten haben Mannichfaltigkeit* [...]. *Einer von diesen, ihm eignen Zügen entspringt*

aus der Mischung von Gehölz und Ackerland, die man häufiger in englischen Landschaften, als in ausländischen, bemerkt. In Frankreich, Italien, Spanien, und den meisten andern Ländern haben Ackerland und Waldung ihre gesonderten Bezirke. Die Bäume stehen in eignen Wäldern beisammen, und das Ackerland nimmt sehr große und unbegrenzte Gemeindefluren ein. In unserm England hingegen herrscht die Gewohnheit, das Eigenthum durch Hecken abzutheilen, und zu dieser Absicht Bäume Reihenweise zu pflanzen, so allgemein, daß schier allerwegen, wo Ackerland ist, auch Holzung steht.
Weitere pittorske Vorzüge Englands sind der Nebel und die vielen gotischen Ruinen, vornehmlich von Klöstern. Die Gotik gilt als spezifisch englische Baukunst.

Gewöhnlich sind Reisen nötig, um das Pittoreske und Sublime der *wilden Natur* aufzusuchen. Im *Park* dagegen wird das Schöne ausgedrückt (*Observations* 1786; Kunth Bd. I, S. 8), und noch mehr gilt dies für den *Garten* (*Essays*, S. 29): *There every object is of the neat, and elegant kind. What is otherwise, is inharmonious, and roughness would be disorder.*

Systematisch sind die Unterschiede zwischen Park, Garten und wilden Naturszenen in den *Remarks* (Kunth Bd. I, S. 162 ff.) abgehandelt:

Der Park ist eine außer England wenig bekannte Art von Landschaft, und einer der herrlichsten Zubehöre eines ansehnlichen Wohnhauses. Nichts theilt einem Wohngebäude so viel Würde mit, als eine solche anliegende Länderei, und nichts hilft die Wichtigkeit desselben stärker bezeichnen. Ein ansehnliches Wohnhaus erlangt unfehlbar mit den Jahren Raum um sich; daher ist ein herrlicher Park der natürliche Zubehör eines alten Wohnhauses.

Billig muß der Park mit der Größe und Würde des Wohnhauses im Verhältniß stehen. Schloß Blenheim von einem kleinen Jagdgehäge umgeben, oder eine kleine Villa mitten im Park zu Woodstock, würden jedes auf der unrechten Stelle liegen.

Das Wohnhaus muß beinahe in der Mitte des Parks stehen, das heißt, von allen Seiten muß weiter Raum um dasselbe seyn. [...]

Die eigentliche Stelle hängt gänzlich vom Erdboden ab. Der großen Lagen gibt es mancherlei. [...] Am herrlichsten liegt ein ansehnliches Wohnhaus auf einer Anhöhe, von der es die ferne Gegend überschauen kann, und wobei zugleich die Gehölze des Parks die Regelmäßigkeit der dazwischenliegenden angebauten Ländereien verdecken. Oder es liegt gut am Rande eines Thals, das sich längst seiner Vorderseite hinwindet, und mit Gehölz, oder einem natürlichen Flusse geziert ist, der sich unter den Baumgruppen im Grunde des Thals bald zeigt, bald verbirgt. Oder es steht mit Würde, wie Longleat, mitten in Länderein, die auf allen Seiten sanft gegen dasselbe ablaufen. – Ja sogar auf einer einförmigen Ebene hab' ich ein Haus von Schönheit umgeben gesehen. [. . .]

Am besten wird ohne Zweifel die Schönheit einer Parkszenerei auf einer abändernden Oberfläche in die Augen fallen, – wo der Erdboden bald schwillt, bald sinkt, – wo ablaufende, hinter Gehölz versteckte, Grasebenen und Thäler zusammenhangen, – und wo sich immer eine Partie im Contrast mit der andern verspielet.

Da der Park ein Zubehör des Wohnhauses ist, so folgt auch, daß die Nettigkeit und Zierlichkeit desselben sich ihm mittheilen müssen. Diese schickliche Regel befolgt die Natur in allen ihren weiten Landschaftsstrecken. Selten geht sie von einer Art der Szenerei plötzlich zur andern über; sondern sie verbindet gemeiniglich zwei Arten der Landschaft durch eine dritte, die von den beiden etwas an sich nimmt. Eine gebirgige Gegend sinkt selten sogleich zu einer flachen herab; die Schwellungen und Hebungen des Erdbodens senken sich immer nach und nach. So wie also das Wohnhaus vermittelst des Parks mit der Gegend verbunden wird, so soll er auch billig etwas vom Netten des erstern und vom Wilden der letztern an sich nehmen.

Der Park ist entweder durch Kunst angepflanzt, oder wenn er natürlicher Wald war, durch Kunst vervollkommnet; und da erwarten wir eine Schönheit und einen Abstich (contrast) in seinen Baumgruppen, wornach wir uns in den wilden Naturszenen nicht umsehen; wir erwarten seine Grasebenen mit ihren Zubehören in Größe, Gestalt, und Vertheilung, gegen einander contrastiren, und daraus mannichfaltige Kunstszenen entstehen zu sehen; wir erwarten, daß wenn man Bäume als Einzelheiten stehen gelassen, es die schönste, zierlichsten, und waagerechtesten, ihrer Art seyn werden; wir erwarten, daß kein Tändelwerk das Auge beleidige, und daß alles rauhe, üppig wachsende, Unterholz bis auf die Stellen abgetrieben sei, wo es eine Szene zu verdichten, oder zusammen zu hängen, oder eine vorstarrende Begrenzung zu verstecken, nothwendig ist. In den wilden Naturszenen treffen wir erhabnere Darstellungen, aber auch größere Ungestaltheiten an, als gewöhnlich in den Werken der

Kunst: da wir also solche erhabene Szenen in der verbesserten Landschaft selten zu sehen bekommen, so würd' es unverzeihlich seyn, wenn etwas Widriges sich darstellte.

In einer Parkszene werden keine Kosten erfordernde Auszierungen verlangt. Tempel, Chinesische Brücken, Spitzsäulen (obelisks), und alle mühseligen Werke der Kunst erwecken unharmonische Vorstellungen. Ist wo eine Brücke nöthig, so sei sie niedlich schlicht, – oder eine Wildhütte, – oder eine Försterwohnung, so sey ihre Bauart so einfach als ihre Bestimmung. Nichts verrathe Prahlerei oder Prunk. [...]

Eine Auszierung dieser Art wär' ich gleichwohl geneigt, zu erlauben; und diese ist ein schönes Thor zum Eingange in den Park; es müßte aber an Reichthum, Zierlichkeit, und Bauart, mit dem Wohnhause übereinstimmen: denn es soll die erste Vorstellung dessen, was wir zu erwarten haben, erregen. [...]

Dasselbe Verhältniß hat auch ein durch den Park hinlaufender Fahrweg. Er sei breiter oder schmahler, nachdem es das Wohnhaus ist, auf das er zuführt. Er winde sich, aber nie schweife er ohne zureichenden Grund umher. Um ohne Beschwerde längst einem Thale hin, oder über eine bequeme Brücke, reisen zu können, oder einem Gehölze oder Wasserstücke auszuweichen, wird ein Reisender gewiß gern einen kleinen Umweg nehmen, und da müssen Hindernisse dieser Art, wo's erforderlich ist, durch Kunst in Weg gelegt werden, welches unserm Brown oft sehr gut gelungen ist.

Auf jeder Stelle des Zuganges, und auf den Fahrwegen, und besuchtesten Spaziergängen um den Park herum, müssen alle Begrenzungen dem Auge entzogen werden: eine Ansicht einer Umpfählung kann zwar in einigen Fällen mahlerisch seyn; allein meistentheils misfällt sie doch.

Läuft ein natürlicher Fluß durch den Park, oder liegt eine wahre Ruine darin, so ist jeder ein glücklicher Zufall, der aufs beste zu benutzen ist: allein das Schaffen des ersten oder der andern muß ich mit Behutsamkeit anrathen; wenigstens habe ich selten Ruinen oder Flüsse gut ausgeführt gesehen, und Brown hat, dünkt mich, in seinen künstlichen Flüssen mehr gefehlt, als in irgend etwas, das er unternommen hat. Ein künstlicher See kann wohl bisweilen eine gute Wirkung thun, aber nie wird Schicklichkeit oder Schönheit aus ihm entspringen, es müßten denn sein Anfang und seine äußersten Grenzen vollkommen wohl behandelt und versteckt seyn; und auch dann bleibt der Erfolg noch ungewiß. Man soll ihn immer für einen Theil eines größern Wasserstücks halten, und die Täuschung so weit treiben, ist keine leichte Sache. Ist das Wohnhaus ansehnlich, so wächst ihm aus einem künstlichen Werke dieser Art selten viel Vortheil zu. Grosheit (grandeur) läßt sich nicht hervorbringen. [...]

Die natürlichen Bewohner der Parks sind Dannhirsche; sehr schön sind sie allerdings: allein Rinder- oder Schaafheerden sind nützlicher, und, meiner Meinung nach, schöner. Besonders sind Schaafe eine große Zierde in einem Park. Ihre Farbe hat grade das Matte, das gegen das Grün des Rasens absticht, und das Flockigte ihrer Wolle ist reich und malerisch. [...]

Da der Garten, oder das Luststück (pleasure-ground), wie's gemeiniglich genannt wird, dem Wohnhause näher liegt, als der Park, so erhält es auch eine größere Ausschmückung. Hier sind die Grasebenen geschoren, anstatt abgeweidet zu seyn. Der holprige Fahrweg wird zu einem netten mit Kies bedeckten Spazierwege, und unter Blumenbeete und blühendes Gesträuch, womit das Luststück geziert ist, mischen sich Gruppen von Waldbäumen, und verbinden es dadurch mit dem Park. Auch einzelne Bäume finden hier sehr schicklich ihre Stelle. Die weitästige Eiche und Ulme verunstalten selbst die geschmückteste Szene nicht. Es ist die Eigenschaft dieser herrlichen Bäume, mit jeder Art der Landschaft übereinzustimmen. Sie schicken sich eben so wohl in den Wald, als auf die Rasenebene; nur müssen sie hier schön in ihrer Art, und von üppigem Wuchs seyn: weder die beschädigte, noch die nicht waagerechte, Eiche würde in eine ausgeschmückte Szene passen.

Hier könnte auch, wenns die Lage verstattet, ein Tempel stehen; allein er ist eine kostbare, gewagte, und oft unnütze, Auszierung. Mehr als einer in der nämlichen Ansicht würde die Szene überladen, sie müßte denn sehr ausgedehnt seyn. Ueber zwei sollten auf keinen Fall da stehen. Selbst in der ausgeschmücktesten Landschaft müssen Natur und Einfachheit zu Führerinnen genommen werden, sonst wird das Ganze ungestaltet.

Von den Szenen der Kunst gehen wir nun zu den Hauptgegenständen unsrer Betrachtung, den wilden Naturszenen, – dem Walde, – dem Gebüsch (copse), – der Schlucht, – und dem lichten Haine (open-grove) fort.

Das *Gebüsch* – wir würden sagen der Forst – findet in Gilpins Augen wenig Gnade, da der regelmäßige Holzschlag seine Schönheit

Abb. 37 Richtige und falsche Gestaltung eines Waldrandes. Aus: Gilpin, *Remarks*, Bd. 1, neben S. 238.

Abb. 38 *An ill-balanced clump* und *A well-balanced clump*. Aus: Gilpin, *Remarks*, Bd. 1, neben S. 184.

zerstört. Viele schöne Szenen findet er in der Schlucht; der Hain gilt, zumal wo er künstlich ist, als zu abwechslungsarm, aber gut zum Nachdenken für Philosophen, Beter und Dichter geeignet. Der Wald *(forest)* enthält Gehölz *(wood)*, Weideland und Heide; er ist nicht durch Schönheit, sondern durch *Grosheit und Erhabenheit (grandeur, and dignity)* gekennzeichnet.

Ich beschränke mich auf die Wiedergabe der Stellen, wo Gilpin von der Verschönerung dieser Szenen spricht. *An vielen Orten trift man auch Schluchten an, die unter der Hand des Verschönerers gewesen sind. Wer zufällig eine Szene dieser Art nahe bei seinem Wohnhause hat, dem kann nicht leicht etwas Glücklichers begegnen: aber billig sollte große Sorge getragen werden, sie nicht mit Ausschmückung zu überladen. Solche Szenen verstatten wenig Kunst. Ihre Schönheit besteht in ihrer natürlichen Wildheit; und die beste Regel ist, wenig hinzuzuthun, sondern sich damit zu begnügen, einige Ungestaltheiten und Hindernisse wegzuschaffen. Ein guter Spazierweg oder Pfad muß darin seyn; aber der große Kunstgriff* ist, ihn auf die natürlichste und ungezwungenste Art auf die Stelle hinzuleiten, wo der Wasserfall, der Fels, oder ein andrer Gegenstand, den die Schlucht darstellt, am vortheilhaftesten ins Auge fallen kann. Werden etwan ein Paar Sitze für nöthig erachtet, so mache man sie aus den rohesten Bauzeuge; auch weise man ihnen ja keine gezwungene Stelle an. Ich habe oft halbrunde Flächen zierlichen Sitzen, – die da angebracht waren, wo Oeffnungen sich entweder zufällig darboten, oder wo sie vorsätzlich durchs Gehölz gehauen waren, – zu Gefallen angelegt gefunden. So was ist unschicklich und unangenehm. Keine steife Vorbereitung führe auf eine Ansicht. Eine prunkende Einladung ist allezeit einer Erzählung nachtheilig. Dem Auge machen Gegenstände, die es zufällig von selbst entdeckt, mehr Vergnügen, als vielleicht wirklich schönere, die ihm mit Gepränge und Pralerei aufgedrungen werden (S. 176f.).*

Zuweilen erfodert ein, nahe bei ansehnlichen Wohnhäusern liegender, Hain etwas Verschönerung; und da er in seiner Natur nach nicht so wild als die Schlucht ist, so verträgt er sie auch eher. Ein Sitz oder ein Tempel kann da nach Maßgabe des Umfangs und der Lage des Hains eine passende Zierde seyn. Ist der Rasen sauber und nett, – welches er aber unter Bäumen nicht oft zu seyn pflegt, – oder ist er von den Schaafen oder vom Wilde kurz abgeweidet; so sind künstliche Spazierwege überflüssig. Gewährt die Szene weder eine Aussicht in die ferne Landschaft, noch eine Ansicht eines bedeutenden Gegenstandes in der Nähe, so verlangt sie an sich selbst schon mehrere Auszierung. Aber Einfachheit muß stets dabei zur Richtschnur dienen. – Eins ist schlechterdings nothwendig, den Begriff eines Hains zu vollenden, und dis ist: daß man seine Umgrenzung verstecke. Er soll ein einsamer Ort seyn, und diesem Begriff muß er entsprechen (S. 179f.).

Ausführlich beschäftigt sich Gilpin noch mit Ziergebäuden, vor allem Ruinen. *Würden die Kosten, die in unsern großen Gärten gemeiniglich auf mannichfaltige kleine Gebäude verwandt werden, auf einen oder ein Paar Hauptgegenstände verwendet, der Totaleindruck würde stärker seyn. Eine Menge Gebäude gehört zu den Ausschweifungen des schlechten Geschmacks. Ein Gegenstand ist in jeder Szene eine schickliche Zierde: aber mehrere, wenigstens auf Vordergründen, zerstreuen das Auge* [...] (Observations 1789; Kunth Bd. I, S. 352). [...] *unter allen Gegenständen der Kunst sucht das malerische Auge vielleicht am meisten jene zierlichen (ele-*

Abb. 39 *An Avenue in Perspective terminated with the ruins of an ancient Building after the Roman manner.* Aus: Langley 1728, Tf. 22 unten. Solche Ruinen können auf Leinwand gemalt oder aus Ziegeln gemauert und mit Zement verkleidet sein (ebd., S. XV).

gant) *Ueberreste der alten Baukunst, – den verfallenen Thurm – den gothischen Gewölbebogen – die Ruinen alter Schlösser und Klöster – auf. Diese sind die ansehnlichsten (*richest*) Vermächtnisse der Kunst. Die Zeit hat sie geweiht; und sie verdienen beinahe dieselbe Verehrung, die wir den Werken der Natur selbst zollen* (Essays, S. 46; Kunth Bd. II, S. 292). *Ruinen sind Heiligthümer. Sie sind seit Jahrhunderten in dem Boden befestigt, mit ihm eins geworden, und machen gleichsam einen Theil von ihm aus; und wir halten sie daher mehr für ein Werk der Natur, als der Kunst. Die Kunst vermag sie nicht zu erreichen [. . .]. Welche Ehrfurcht gebührt also nicht diesen heiligen Ueberbleibseln, welche Verwegenheit und Eigensinn mit rauher Hand ohne Schonung zu verstümmeln wagen? Das geringste Versehen ist unersetzlich* (Observations 1789; Kunth Bd. I, S. 347).

Aber auch künstliche Ruinen sind zugelassen (*Observations*

1786; Kunth Bd. I, S. 64–68): *Sollen Ruinen blos in der Ferne und auf einer unzugänglichen Stelle zu stehen kommen, so ists genug, wenn man sorgt, daß sie aus einem oder ein Paar Gesichtspunkten gesehen werden können; bei Anlegung solcher Ruinen ist folglich weniger Genauigkeit nöthig. Es sind Ruinen in einem Gemälde.*

Sollen sie aber auf der Stelle gesehen werden, [...] wo der Betrachter um sie herumgehen, sie von allen Seiten betrachten, vielleicht gar hineingehen kann, da hat ihre Ausführung viel Schwierigkeit.

Und diese entsteht vornehmlich aus der Nothwendigkeit, sie nach einem eben so regelmäßigen und gleichförmigen Plan anzulegen, als wären sie ein wirkliches Gebäude gewesen. Es muß nicht nur die Gestalt eines Schlosses oder Klosters im Allgemeinen, und die Lage desselben beobachtet werden, sondern auch die besondern Theile müssen wenigstens so dargestellt werden, daß das Auge des Kenners aus den stehengebliebenen Stücken leicht die verlohren gegangenen herausbringen kann. Es müssen immer die disjecta membra seyn. Daher sollte, wenn man Ruinen anlegt, kein Theil derselben dargestellt werden, von dem das Auge nicht leicht begreift, daß er nothwendig müßte vorhanden gewesen seyn, wenn das Ganze vollständig gewesen wäre.

Auch der Kostenaufwand, welchen die Aufführung solcher Ruinen erfordert, ist keine geringe Schwierigkeit. Malerische Ruinen müssen keine gemeine Gestalt haben: sie müssen die Idee des Großen erregen; und hierzu schicken sich unter allen mir bekannten Ruinen, keine als die Ruinen eines Schlosses, oder eines Klosters, beide aber kosten viel anzulegen.

Aber, wird man einwenden, es braucht ja nur ein Stück davon angebracht zu werden. Zugegeben. Ist aber die Szene groß, – und in keiner andern wird man es anbringen wollen, so muß das anzubringende Stück auch groß seyn. Aermliche Ruinen sind von keiner Bedeutung; Ruinen aber, die große Wirkung thun sollen, sind ein Werk der Pracht. Ein Gartentempel, oder eine palladische Brücke ist leicht gebaut, aber ein Stück Ruinen, das von einem Schlosse oder einem Kloster irgend eine Idee geben soll, die der Ausführung werth ist, kostet viel auszuführen, als das Haus, das man bewohnt.

Die Ausführung eines solchen Baues erfordert große Kunst, und hat viel Schwierigkeit. Nicht ein jeder, der ein Haus bauen kann, versteht Ruinen anzulegen. Dem Steine das verwitterte Ansehen zu geben, – zu bewirken, daß der immer weiter werdende Riß natürlich durch alle Fugen fortlaufe, – daß die Zierrathen verstümmelt seyen, – und daß die innere Bekleidung der Wände sich gehörig ablöse, – anzudeuten, wie Theile sonst zusammengehängt haben müssen, durch die nun eine weite Spalte bricht, – und Haufen von Trümmern nachläßig und ungezwungen umherzustreuen, – Alles das verlangt eine große Anstrengung der Kunst, die für die Hand des gemeinen Handwerkers zu viel Feines hat. Werke dieser Art sehen wir daher auch sehr selten gerathen.

Und wenn denn die Kunst alles gethan hat, was sie vermag, so müssen wir die Ausschmückung und Vollendung unsrer Ruinen doch zuletzt den Händen der Natur überlassen. Wenn die Moose und Flechten die Mauern nicht recht überziehen wollen, wenn die verwitterten Stellen keine mannichfachen Tinten hervorbringen, – wenn der Epheu die Strebepfeiler nicht bekleiden, oder sich zwischen den Zierrathen des gothischen Fensters nicht recht durchschlingen will, – wenn die Esche sich nicht so ziehen läßt, daß sie zur Spalte heraushängt, – oder wenn auf der eingefallenen Zinne kein langes spitziges Gras wachsen will; so werden unsre Ruinen immer unvollendet bleiben, und wir können eben so wohl über das Thor schreiben: Im Jahr 1772 erbaut. [...]

Auf der *Scotch Tour* denkt Gilpin in Roche Abbey über die Umgebung von Ruinen nach (*Observations* 1789; Kunth Bd. I, S. 100– 103): *Jetzt war Herr Brown mit dem in der Mitte der drey Thälchen liegenden Theile, um die Ruinen selbst herum beschäftigt. Die umherliegenden Schutthaufen hatte er alle wegräumen lassen. Einige davon hatten zur* Zierde, *andre zum* Nutzen *gedient, da sie die beiden Theile der Ruinen mit einander verbanden; und zugleich hatten sie dem* Ganzen *ein wichtigeres Ansehen gegeben, weil sie die Spuren von dem, was vormahls vorhanden war, entdecken ließen. Auch waren viele von diesen zerstreut liegenden Nebenpartien durch die Länge der Zeit mit Erde bedeckt worden, und mit Buschwerk wild bewachsen, und dadurch so hoch geworden, daß sie bis an die Fenster reichten, und* diese Ruinen mit dem Boden, *worauf sie liegen, verbanden. – Alles dies ist nun weggeräumt. Der Boden ist geebnet, und die Ruinen liegen nun, wie ein eben erbautes Haus, auf einer netten Rasenebene, ohne mit dem Boden, worauf sie stehen, im geringsten verbunden zu seyn. Eine solche Art der Verbesserung verräth doch gewiß wenig Beurtheilung. [...] Würde Brown einen Schritt weiter gehen, die Ruinen niederreißen, und an ihre Stelle ein elegantes Wohnhaus aufführen, dann würde alles schicklich, und jedes Ding am rechten Orte seyn. Allein bei Ruinen sind die herrschenden Ideen, Einsamkeit, Vernachläßigung, und Verödung. [...] Im Ganzen [...] muß eine Art von Vernachläßigung herrschen, und wenn die Kunst allemahl verborgen werden muß, so soll sie hier ganz versteckt seyn.*

Würdigung: Dobai bemerkt, daß Gilpin reale Landschaften analysiert, wie wenn sie Landschaftsgemälde wären (S. 308). Es zeige sich *eine zugespitzt „ästhetische", mit anderen Worten „aristokratische" Betrachtungsweise, indem der Kontrast zwischen „Malerisch" und „Praktisch" verschärft wird [...]. Als sich breite Kreise der englischen Aristokratie neuen Unternehmungen hingaben und parallel dazu die industrielle Revolution allmählich begann, bedeutete für sie die malerische Betrachtungsweise eine Art Ausklammerung bestimmter praktischer Lebensbereiche* (S. 303). Wenn Gilpin auch kein eigentlicher Theoretiker des Malerischen gewesen sei, so habe er doch die Anschauungen seiner Zeit mehr als alle anderen zeitgenössischen Autoren geprägt.

Sekundärliteratur: Über Gilpins Werk liegt umfangreiche Literatur vor, die JOHANNES DOBAI: *Die Kunstliteratur des Klassizismus und der Romantik in England*, Bd. II, Bern 1975, zusammenfaßt.

FRIEDRICH HEINRICH JACOBI (1743–1819)

Biographie: Beamter, Philosoph, Freund Goethes in Düsseldorf und München.

Veröffentlichungen mit gartentheoretischem Gehalt: Ein Stück Philosophie des Lebens und der Menschheit. Aus dem zweiten Bande von Woldemar. In: Deutsches Museum 4, Leipzig 1779, Bd. 1, S. 336–341; 2. Auflage u. d. T. *Der Kunstgarten. Ein philosophisches Gespräch.* In dessen *Vermischte Schriften.* Breslau 1781; weitere, leicht veränderte Fassungen in dessen *Woldemar,* Königsberg 1794; Königsberg 1796 und in: *Werke*, Bd. 5, Leipzig 1820, davon Nachdruck Darmstadt 1968 und 1976, S. 142–150.

Das Sturm-und-Drang-Genie Woldemar fordert von seinem älteren Bruder Biderthal und dessen Freund Dorenburg, die mit Töchtern eines reichen Kaufmanns verheiratet sind, mehr Einfalt, Wahrheit und Handeln aus dem Herzen und weniger Nachgeben gegenüber übertriebenem Wohlstand, Moden und öffentlichen Meinungen. Nach vielem Zureden folgen sie ihm. Woldemar aber muß nun bemerken, daß ihr Nicht-mehr-glänzen-Wollen sie eitler mache als vorher, und stellt ihnen vor, daß Übertreibungen nach unten ebenso unwahr seien und daß jeder seinem individuellen Stand gemäß leben soll. Woldemars Welt ist die freie Landschaft; er mag keine Gärten, da sie Beständigkeit und Mühe erfordern. Dorenburgs barocken Garten aber benutzt er als Gleichnis für die diesem angemessene Lebensart.

Weitere Veröffentlichungen: Über Philosophie.

Benutzte Ausgaben: 1779.

Aufgaben – Gestaltung: *Wir haben schon ein paarmal von Dorenburgs und Biderthals Landgütern gehört. Auf dem von Dorenburg hatte das Gebäude mitten einen grossen achteckigen Saal, der mit drei Seiten in den Garten vorsprang und den Haupteingang dazu machte: sechs Tritte von Marmor an den vorspringenden Seiten, dann eine Terrasse mit Oranienbäumen besezt, die sich längst den beiden Flügeln hinzog: so gings hinab. Unten verbreitete sich ein grosses Parterr, mit einem Springbrunnen, und Sizen und Gängen von Bindwerk, das die feinsten Gewächse durchflochten, – Flor an Flor auf Beeten von grünen Gewölben beschattet; – aus grossen Körben von Latten ein Wald von Blumengewächsen, – lieblich beschirmte Amphitheater von Aurikeln und Nelken, – prächtige Stauden, – Rasenausschnitte, – und von allerhand fremdem Gehölz die niedlichsten Arten. Es war ein entzückender Plaz, wunderbar angelegt, um das Auge zu öfnen, und ihm von dem hohen Buschwerk und den Alleen des Gartens den rechten Abstand zu geben. – Nun solte dieses herrliche Stück ausgerottet werden. – Woldemar, da er an einem schönen Herbsttage mit seinen Freunden draussen war, erfuhr es, durch einen Zufall, vom Gärtner, und lief hastig zu Dorenburg, um ihn darüber zur Rede zu stellen. Dorenburg gestand herzhaft die Wahrheit: ja, das sei sein Wille; er wolle nachher bei der Kolla-*

tion, die seine Frau in den Wald habe bringen lassen, seine Gründe angeben.

Die Geselschaft machte sich auf. Es war nur eine halbe Stunde Wegs. Man wandelte einen grossen fruchtbaren Hügel hinan; dann gings unmerklich hinab; – und nun ein sanftes weites Thal, von den mannigfaltigen Eingängen in den Wald auf das herlichste gebildet! – Wie ein Vorhof, lag an der einen Seite ein grüner Plaz mit zerstreuten himmelhohen Eichen, der bald so, bald anders, die schauenden Blicke verschlang; für jede Eiche ein kleiner Hügel oder ein kleines Thal, und die Hügel und Thäler allmählich in einander laufend und auf und ab; dazwischen kurzstämmige, dicht und hochhinauf gekrönte Buchen, – hier einzeln, dort in Haufen und engen Reihen; – Eschen, Pappeln und Weiden; – und um und um ein Zauber von tausendfältigem Licht und tausendfältigem Dunkel. Schwebend in diesem Zauber, kleine Heerden von Kühen und Lämmern, und eine Schaar dahlender Knaben und Mädchen. Nahe bei in dickem Gebüsch, zwischen erhabenen Ulmenwänden, die lustigen Häuserchen, wohinein dies alles gehörte, mit ihren Gärten und Aeckern ... – Woldemar hatte oft ganze Tage hier zugebracht. Besonders war Eine Stelle, dicht an einem der Eingänge in den Wald, von so schauervoller Majestät, daß seine Sinne kaum den Eindruck davon auszuhalten vermogten. – Sie kamen an diese Stelle, und Dorenburg hub an: Lieber Woldemar, ich bitte, laß dir doch jetzt einmal mein schönes Parterr einfallen, mit dem feinen Bindwerk und den Körben von Latten, und den Rasenschnirkeln, und den allerhand Blümchen und Bäumchen; und sag mir – sag mir hier einmal: es sei schön! Ich bin gewiß, der Gedanke davon muß dir widrig und ekelhaft sein!

Woldemar stuzte, antwortete aber den Augenblick, und gab Dorenburg Recht. Nur fügte er hinzu: Dorenburgs Ulmenalleen, seine schönsten Linden, Platanüsse, Liriodender; sein gesamtes Baum- Busch- und Gartenwerk, sei ihm in diesem Augenblick nicht minder ekelhaft als das Parterr: „ist dir nun beständig so," fuhr er fort, „wie mir in diesem Augenblick; so muß ich dir rathen, daß du ganz und gar deinen Garten abschaffest. – – Lieber Bruder Dorenburg, das läßt sich nicht in Mauren ziehen oder mit Zäunen einschliessen, was uns hier so mächtig ergreift. Die fünf Eichen dort alleine, mit ihrem erhabenen Gewölbe, würden deinen halben Garten zu nichte schatten. Und überhaupt, auf solch einem Plaze, was wär' es? Dergleichen Szene will die offene weite Welt zum Gerüst. Ich kenne nichts armseligers als die nachgemachte, in tausend Fesseln sich windende freie Natur. Gewiß weiß der gar nicht was er will, der so etwas auf die Welt sezt. Wo Nachahmung ist, da muß sich Kunst zeigen, schaffende Menschenhand; da muß wenigstens von Einer Seite gethan sein, was kunstlose Natur nicht vermag; denn was kunstlose Natur ganz und allein vermag, daran wird alle Nachahmung zu Schanden. In meinem Garten will ich daher scharf unter der Schere gehaltene Hecken und Bogen; gerad gezogene und regelmässig geschnittene Bäume; Gebüsche, wo möglich von lauter ausländischen Arten, und so geordnet, daß Eine Pflanze sich vor der andern auszeichne; Blumen, Oranienbäume, Bindwerk – und was mehr! – Kurz, mein Garten soll ein Garten sein, und das in hohem Grade; er soll mir an Zierde und Anmut ersezen, was er an Fülle und Majestät nicht haben kan, und gewiß dann am wenigsten hätte, wenn er in abgeschmackter Zwergsgestalt den Riesen agiren wolte. – – Die freien Naturalisten, wenn ich zu befehlen hätte, solten mirs einmal im ganzen Ernst sein, solten mir einmal ihrem System in seinem Umfange nachleben. Anfangs wolte ich sie nur mit Kleinigkeiten plagen; sie kriegten mir z. B. keine Pfirsich, keine Aprikose, nicht einmal Kirschen, Aepfel und Birnen zu kosten; aber Holzäpfel und wilde Kastanien so viel ihnen beliebte. Ich würde ihnen vorstellen, wie so ganz ausser aller Natur hiesigen Landes ein Pfirsichbaum sei. Wie weit hergeholt! Wie erkünstelt! Stamm und Aeste zersägt und zerschnitten; alle Glieder verränkt, in hundert Banden – wie ein armer Sünder – wie ein Schächer am Kreuz! – Ein Schandfleck der Erde, die abscheulichste Naturschänderei! – Kirsch- Birn- und Aepfelbäume nicht viel weniger, wenn schon nicht an Mauer und Latten gezogen; denn was muß nicht dennoch an ihnen alles geschehen, wenn sie gute Früchte und in Menge bringen sollen!

Henriette, die an Woldemars Eifer genugsam merkte, daß er mehr als das Parterr im Sinn hatte, wolte ihm Gelegenheit verschaffen, sein Herz noch besser auszuschütten, und machte ihm daher den Einwurf: – Aber – er habe ja vormals Biederthalen und Dorenburgen den Aufwand, den sie in ihren Gärten gemacht, verwiesen, und sie fast über jede Anlage zu derselben Verschönerung zum Besten gehabt; und nun spräch' er wieder so!

Woldemar antwortete: damals sei von Puppensachen die Rede gewesen für vornehme Kinder, von Aufwand zum Staat, nicht von Aufwand zu eigner Lust, nicht von Gartenbau.

Mit Erlaubniß! fiel Karoline ein, Sie haben sehr allgemein allen Aufwand zu so genanter Vermehrung des Lebensgenusses getadelt; Sie haben unaufhörlich zu beweisen gesucht, daß es mit dergleichen Vermehrungen leeres Blendwerk sei, bei deren Erhaschung nichts gewonnen, wol aber beträchtlich verloren zu werden pflege.

Ganz recht, erwiederte Woldemar. Wenn Sie keinen Garten hätten, und Sie fragten mich, ob Sie viel an Glückseligkeit gewönnen, wenn Sie einen anschaften; so antwortete ich Ihnen wahrscheinlich: „ich weiß nicht!" Haben Sie aber einen Garten, und Sie fragen mich: wie er am besten sei, schön oder häßlich; oder gar: ob Sie ihn schön lassen, oder häßlich machen sollen; so werde ich mich, ohne alles Bedenken, für das Schöne erklären.

Nein, sagte Dorenburg, wer so albern fragen könte, dem soltest du rathen: häßlich! – Ich weiß nicht wie du heute sprichst! Das weiß ich aber, daß ehemals deine ernstliche Meinung war: je näher der Natur, je einfältiger, je beschränkter Menschen lebten, je glücklicher wären sie. – Mit welchem Entzücken priesest du nicht die Sitten der Patriarchen, die Sitten der Homerischen Helden? Hingegen mit welcher Verachtung, mit welchem Grimm – Stille, stille! rief Woldemar; du wirfst mir da alles durcheinander! es komt gar viel auf die Beziehung an, worin etwas gesagt wird, auf den bestimten eigentlichen Sinn, den es dadurch erhält. Nie war ich so thörig um schlechterdings im allgemeinen festzusezen, diese oder jene äusserliche Verfassung mache nothwendig glücklich oder unglücklich; ich getraute mir das nicht einmal, ohne Ausnahme, von innerlichen Verfassungen und von Karakteren zu entscheiden – O, der Mensch ist ein unermeßlicher Abgrund – ein unendliches Labyrinth! – Nur hab' ich immer Euch gerathen, zu lassen, was Euch im Grunde plagte; und allein zu thun, was Euch wirklich Freude machte; nur mit Euch selber einig zu werden; für eigene Rechnung zu leben; kurz, Menschen zu sein, und keine Schimären. – Aber ihr wart zu lange gewohnt, in fremder Rücksicht zu handeln, Euer Wesen in der Einbildung zu haben, zu repräsentiren. Meine Absicht war gut, aber der Erfolg ist mißrathen... – Ihr wolt nun zu einer ganz einfachen Lebensart durchaus herabsteigen, und seht nicht, daß Ihr noch weit mehr aus Eurer Sphäre hinaus schweift, als da Ihr Euch zu hoch hinauf zu winden bemühet waret. Lieben Freunde, man muß sich dem Stande und dem Jahrhunderte, in dem man sich befindet, gemäß verhalten. Wenn Ihr gegenwärtig in die Lebensart der Patriarchen treten woltet, so würdet Ihr nichts als eine todte Komödie spielen, als ein Schattenspiel an der Wand sein: und das war ja vor allen Dingen, was wir nicht wolten; geniessen wolten wir was ist und was wir haben können; nie was nicht ist und uns nicht werden kan: unserer und der gegenwärtigen Zeit wolten wir uns mächtig machen, ohne nach vergangenem und zukünftigem vergeblich zu schnappen. – „Verwendet Euern Reichthum," sagte ich Euch hundertmal, „nach bestem Gefallen, habt schöne Zimmer, schöne Kleider, Kunstwerke, Glanz und Pracht, – nur hütet Euch vor Pralerei und Hoffart, weil Ihr Euch dadurch von Eurem Zweck entfernen und Euch unzählige Kränkungen bereiten würdet; spielt nicht den Luxus; macht nicht daher, was nicht da ist; sucht nicht zu scheinen, was Ihr nicht seid; habt vor allen Dingen für Euch selbst, was Ihr habt, und laßt andre bloß mit Euch geniessen! – Eigene Sinne, eigenen Verstand, eigenen Willen – Wahrheit, Harmonie – nur das; übrigens mögt Ihr frei Eurem Hange folgen!"

Würdigung: Mit bewußter Wendung gegen Rousseau zeigt Jacobi, daß kein Garten die echten Eindrücke der Natur vermitteln kann. Der Natursuchende läßt den Garten hinter sich. Als Ausdruck von Wohlstand aber ist der Garten, der dann Kunst zeigen soll, statt sie zu verbergen, durchaus angemessen. Jacobi äußert diese Gedanken als erster. Ihm folgen zu Racknitz, von Ramdohr, Alison, Price, Repton, Goethe, A. W. Schlegel, Percier/Fontaine, Tieck, Hegel und Loudon.

ARCHIBALD ALISON (1757–1839)

Biographie: Schottischer Ästhetiker.

Veröffentlichungen mit gartentheoretischem Gehalt: *Essays on the Nature and Principles of Taste*, Edinburgh 1790, XIII, 415 S.; Nachdruck Hildesheim/New York 1968; 2., erweiterte Auflage 1810; von 1811 bis 1879 14 weitere Ausgaben; deutsch und kommentiert von Carl Heinrich Heydenreich, Leipzig 1792. Der Band ist der erste von drei geplanten Teilen und enthält die Essays *Of the Nature of the Emotions of Sublimity and Beauty* und *Of the Sublimity and Beauty of the Material World*. Der Gartenkunst ist kein eigener

Abschnitt gewidmet, Alison weist ihr aber einen präzisen Platz in seiner Theorie zu.

Weitere Veröffentlichungen: Moralische Reden.

Benutzte Ausgaben: 1790, eigene Übersetzung.

Aufgaben: Nicht angezweifelt wird, daß die Gartenkunst zu den Künsten gehört. Die Aufgabe der Künste *(fine arts)* ist *to produce the Emotions of Taste* (S. 81). *Taste is that Faculty of the human Mind, by which we perceive and enjoy, whatever is BEAUTIFUL or SUBLIME in the works of Nature or Art. The Perception of these Qualities is attended with an Emotion of Pleasure, very distinguishable from every other pleasure of our Nature, and which is acordingly distinguished by the name of the EMOTION of TASTE. The distinction of these objects of Taste into the Sublime and the Beautiful, has produced a similar division of this Emotion, into the EMOTION of SUBLIMITY, and the EMOTION of BEAUTY* (S. VII).

Alle Künste ahmen die Natur nach, wobei sie teils mehr, teils weniger Möglichkeiten haben. Ihr Stellenwert beruht auf diesen Möglichkeiten: Der Maler hat größere als der Gärtner, der Dichter größere als der Maler. Da Alison nur die *Emotion of Taste* interessiert, nicht der materielle Gegenstand, kann er die Natur als den Künsten unterlegen bezeichnen (S. 85 ff.): [...] *der Hauptgrund für die Überlegenheit ihrer* [der Gartenkunst] *Werke gegenüber den Originalszenen der Natur besteht in der Reinheit und Harmonie ihrer Komposition und in der dem Künstler verfügbaren Macht, aus seiner Landschaft alles zu entfernen, was ihrer Wirkung abträglich oder ihrem Charakter unangemessen ist, und durch Auswählen nur solcher Umstände, die mit dem Hauptausdruck der Szene übereinstimmen, eine reichere und harmonischere Empfindung zu erwekken als wir von den Szenen der Natur selbst je erhalten können.*

Sensualist wie sein schottischer Landsmann Lord Kames (*Elements of Criticism*, 1762) billigt Alison den Dingen nur auslösende Wirkung auf die Empfindungen zu, welche erst in der Seele entstehen (S. 410): [...] *Schönheit und Erhabenheit der* [...] *Gegenstände sind nicht dem Material, sondern den assoziierten Eigenschaften zuzuschreiben, und folglich* [...] *sind die Eigenschaften des Stoffes nicht als erhaben oder schön an sich zu betrachten, sondern als erhaben oder schön dadurch, daß sie die Zeichen oder Ausdrücke von Eigenschaften sind, die Empfindungen erzeugen können.*

Anders als Kames aber erkennt Alison keinen *standard of taste* an. Er betont immer wieder, daß die Dinge je nach Vorbildung und Situation auf die Menschen ganz verschieden wirken und andere Empfindungen auslösen. *Es ist unbestreitbar, daß die Emotions of Taste mit diesem Zustand oder Charakter der Einbildungskraft verbunden sind und daß diese Gewohnheiten oder Beschäftigungen der Seele, welche Aufmerksamkeit erfordern oder welche sie auf die Betrachtung einzelner Dinge beschränken, sehr dazu beitragen, die Sensibilität der Menschheit für die Empfindungen des Erhabenen oder Schönen zu vermindern* (S. 14). Zum Beispiel (S. 25): *Die Reize des Landes gehen einem Bürger, der sein Leben in der Stadt verbracht hat, ganz und gar verloren.* Oder (S. 26): *Die Schönheit einer Szene in der Natur ist für andere selten so beeindruckend wie für einen Landschaftsmaler oder jene, die die Schöne Kunst der Landschaftsgestaltung (laying out grounds) betreiben.*

Geschmack ist demzufolge den höheren Schichten vorbehalten (s. u.).

Die *Emotions of Taste*, d. h. die *Emotions of Sublimity or Beauty*, sind aus *Simple Emotions* zusammengesetzt. Zu diesen gehören *Cheerfulness, Gladness, Tenderness, Pity, Melancholy, Admiration, Power, Majesty, Terror, Solemnity, Elevation* und *Gaiety* (S. 52f., 58). *Simple Emotions* verursachen *Pleasure, Emotions of Taste Delight* (S. 120).

Die ästhetischen Hauptkategorien Alisons sind *the Sublime* und *the Beautiful*.

Das Erhabene, sagt er (S. 225–228), verdankt sein Entstehen entweder einer Gedankenverbindung oder allein der Größe oder Menge, in der der Gegenstand auftritt. Die mit das Erhabene ausmachenden Ideen sind 1. Gewalt oder Gefahr (Kriegsgerät), 2. Stärke (Bäume, Felsen, Gebäude, besonders gotische), 3. Glanz oder Großartigkeit und 4. Ehrfurcht und Feierlichkeit. Im Zusammenhang mit Gartenkunst wird das Erhabene allerdings nicht erwähnt.

Die Aufgabe der Gartenkunst liegt vielmehr auf dem Gebiet des Schönen (S. 331). Schönheit kann verschiedene Quellen haben (S. 395–398): *All forms are either ORNAMENTAL or USEFUL. The Beauty of merely ORNAMENTAL Forms appears to arise from three sources. 1. From the Expression of the Form itself. 2. From the Expression of Design. 3. From Accidental Expression.* [...] *The Beauty of USEFUL Forms, arises either from the Expression of Fitness, or of Utility.*

Das Malerische stellt Alison als Nebenerscheinung dar, die zum Schönen oder Erhabenen hinzutreten kann (S. 29f.).

Die Geschichte der Gartenkunst teilt Alison in drei Perioden und entwickelt folgende Theorie: *Als die Menschen erstmals begannen, den Garten als einen der Schönheit fähigen oder seinem Besitzer zur Ehre gereichenden Gegenstand zu betrachten, war es natürlich, daß sie sich bemühten, seine Form so verschieden von der des umgebenden Landes wie möglich zu machen und dem Betrachter sowohl die Gestaltung (*design*) als auch die aufgewandte Arbeit so deutlich zu zeigen, wie sie konnten.* [...] *Daß dieser Grundsatz die ersten Gartenkünstler natürlicherweise zum Hervorbringen von Einförmigkeit führte, ist leicht zu begreifen, so wie das Volk auch heute noch, wo ein so verschiedener Gartenstil (*system*) herrscht, ausschließlich dem ersten Stil folgt und selbst die Leute von bestem Geschmack das Land bei der Kultivierung wüster oder vernachlässigter Ländereien in gleichförmige Linien und regelmäßige Parzellen einschließen, um desto direkter zu demonstrieren, was ihnen wichtig erscheint: ihren Fleiß oder ihren Geist bei der Verschönerung* (S. 212f.).

In den für Gärten besser geeigneten Ländern, die sich durch mildes Klima und schöne Szenerie auszeichnen, konnten diese Mühen und Kosten in der Tat nicht anders als durch Hervorbringen von Einförmigkeit ausgedrückt werden. Die Schönheit der Natur im kleinen Maßstab eines Gartens zu imitieren, wäre in einem Land lächerlich gewesen, wo die Schönheit im großen Maßstab der Natur zu finden ist. [...] *Die Schönheit, die dem Menschen zu erschaffen blieb, war deshalb die Schönheit des Angemessenen oder des Großartigen (*Beauty of Convienience or Magnificence*).* [...] *In einer solchen Situation scheint es daher nicht natürlich, wenn die Menschen an ein Hinausgehen über die ersten und frühesten Formen, welche diese Kunst angenommen hatte, denken würden oder wenn man sie in irgendeiner anderen Weise verbessern wollte, als bloß in der Ausdehnung und im Maßstab der Gestaltung.*

*Unter diesem Gesichtspunkt muß man wohl oder übel annehmen, daß der moderne Gartengeschmack oder, wie Mr. Walpole sehr betont sagt, die Kunst des Landschaftbildens (*creating Landscape*)* *auf zwei Umstände zurückzuführen ist, welche zunächst paradox erscheinen, nämlich den zufälligen Umstand, daß unser Geschmack für natürliche Schönheit auf fremden Vorbildern gegründet war, und auf die Andersartigkeit bzw. Unterlegenheit der Szenerie unseres eigenen Landes verglichen mit der, die mit der, die wir gewohnt waren, vor allen zu bewundern.* Die Engländer hätten versucht, die der ihren überlegene italienische Landschaft in den Gärten und später auch in den Parks zu kopieren. So erklärt Alison die Herkunft der Statuen, Tempel, Urnen, Ruinen, Kolonnaden usw. in den frühen Landschaftsgärten.

Die Gegenwart aber sei geprägt von den Vorbildern Thomas Whately und James Thomson (*The Seasons*, 1726–30), welche die Entfernung der Embleme aus dem Landschaftsgarten förderten. *By these means, and by the singular genius of some late masters, the Art of Gardening has gradually ascended from the pursuit of particular, to the pursuit of general Beauty* (S. 325–331).

Die **Gestaltungs**grundsätze folgen unmittelbar aus dem Ziel der Kunst, *Emotions of Taste* zu erwecken: Da die *Emotion of Taste* aus verschiedenen einfachen Empfindungen aufgebaut ist, und zwar in einer bestimmten Anordnung, muß auch das Kunstwerk verschiedene einfache Empfindungen hervorrufen, und zwar so, daß die gewünschte *Emotion of Taste* möglichst vollkommen ist (S. 56). *[...] kein Gegenstand an sich ist geeignet, Empfindungen des Erhabenen oder Schönen zu erzeugen, wenn er nicht auch einfache Empfindungen erzeugt. [...] keine Komposition aus Gegenständen oder Eigenschaften erzeugt wirklich solche Empfindungen, wenn nicht Einheit des Charakters in ihr bewahrt wird. [...] Herausragend ist die Komposition, in der die verschiedenen Teile sich am vollkommensten zur Erzeugung einer einzigen, ungemischten Empfindung vereinigen, und am weitesten ausgebildet ist der Geschmack, bei dem die Wahrnehmung dieser Beziehung der Gegenstände im Hinblick auf den Ausdruck am feinsten und genauesten ist* (S. 110f.).

Unstimmigkeiten, wie sie in der Natur auftreten, sind nicht geduldet (S. 86): *In der wilden Natur nehmen wir oft kleine Unstimmigkeiten oder unbedeutende Widersprüche hin oder sind bereit, sie zu übersehen; aber in den Werken der Gestaltung erwarten und fordern wir vollkommene Übereinstimmung.*

Die Einheit des Entwurfs wird durch geschickte Verbindung von Einförmigkeit und Vielfalt erreicht (S. 331 f.): *Jedes Kunstwerk setzt Einheit der Gestaltung oder eine Absicht des Künstlers in der Struktur oder Komposition voraus. Bei Formen indes, die nur die Gestaltung und nichts anderes ausdrücken sollen, ist das einzig mögliche Anzeichen für Einheit der Gestaltung Einförmigkeit oder Regelmäßigkeit. Hierin allein unterscheiden sich die Werke des Zufalls von denen der Gestaltung, und ohne dieses deutliche Anzeichen ist Vielfältigkeit allerdings nur Konfusion.*

Bei einem schönen Kunstwerk wird stets etwas mehr als bloß Gestaltung gefordert, nämlich erlesene oder zierende Gestaltung (Elegant or embellished Design). Das einzige materielle Anzeichen hierfür ist Vielfältigkeit. Sie zeichnet gewöhnlich schöne vor unschönen Formen aus, und ohne sie ist Einförmigkeit gewissermaßen nur Öde und Dumpfheit. Darum müssen schöne Formen notwendig sowohl aus Einförmigkeit und aus Vielfältigkeit komponiert werden, und diese Vereinigung wird vollkommen sein, wenn der Anteil der Einförmigkeit nicht die Schönheit der Verzierung beeinträchtigt und der Anteil der Vielfältigkeit nicht die Schönheit der Einheit.

Würdigung: Alisons Regeln für das einheitliche Gartenkunstwerk bilden die letzte Verfeinerungsstufe des ausgehenden Sensualismus. Im Gegensatz zu den früheren Sensualisten seit Addison stellt er die Gartenkunst über die Natur. Ähnlich Jacobi erkennt er die Berechtigung des geometrischen Stils unter bestimmten Bedingungen an. Am nachhaltigsten wirkte er durch seinen prägenden Einfluß auf Loudon.

Sekundärliteratur: JOHANNES DOBAI: *Die Kunstliteratur des Klassizismus und der Romantik in England*, Bd. II. Bern 1975.

SIR UVEDALE PRICE (1747–1829)

Biographie: Landedelmann und Whig-Parlamentarier. Seine Schriften sind gleichermaßen für die Ästhetik und die Gartenkunst bedeutend. Price war jedoch auch Praktiker, schrieb landwirtschaftliche Aufsätze und entwarf sein Gut Foxley in Herefordshire nach pittoresken Prinzipien.

Veröffentlichungen mit gartentheoretischem Gehalt: *An Essay on the Picturesque, As Compared with the Sublime and the Beautiful, and on the Use of Studying Pictures, for the Purpose of Improving Real Landscape*, London 1794; 2. Aufl. 1796; deutsch ohne Verfasser, Leipzig 1798: *Über den guten Geschmack bei ländlichen Kunst- und Gartenanlagen und bei Verbesserung wirklicher Landschaften*. Enthält neun Kapitel im ersten, allgemein ästhetischen, und drei im zweiten, anwendungsorientierten Teil sowie ein Schlußkapitel. Dieser erste Essayband löste eine lebhafte Diskussion aus (vgl. die Schriften von Knight und Repton), wodurch sich Price veranlaßt sah, seinen Standpunkt noch umfassender darzustellen:
A Letter to H. Repton, Esq., on the Application of the Practice As Well As the Principles of Landscape-Painting to Landscape-Gardening [...], London 1795; Hereford 1798.
An Essay on the Picturesque [...], Vol. II, London 1798. Dieser zweite Essayband enthält drei Essays, *On Artificial Water, On Decorations near the House* und *On Architecture and Buildings as connected with Scenery*.
A Dialogue on the Characters of the Picturesque and the Beautiful, in Answer to the Objections of Mr. Knight [...], Hereford 1801.
Diese Werke erschienen gesammelt mit wenigen Ergänzungen und Änderungen als *Essays on the Picturesque, As Compared with the Sublime and the Beautiful; and, on the Use of Studying Pictures, for the Purpose of Improving Real Landscape* (London 1810, 3 vol., Nachdruck Farnborough 1971). Der erste Band hiervon entspricht dem *Essay* 1794, der zweite dem *Essay* 1798, der dritte enthält die Schriften gegen Knight und Repton. Diese Werke füllen mehr als 1200 Seiten. Abbildungen fehlen. Der Aufbau ist wenig systematisch.
Two Appendixes to an Essay on Design in Gardening by G. Mason, London 1798.

Weitere Veröffentlichungen: Über antike Literatur, *Defense of Property*.

Benutzte Ausgaben: Leipzig 1798 („Übs."); London 1810, eigene Übersetzung.

Aufgaben des Gartens werden nicht formuliert. Wie schon bei Gilpin und Alison sind nirgends praktische oder moralische Ziele genannt, sondern rein künstlerische. Ja, es gilt Price ohne weiteres als menschenfreundlich, wenn der Maler oder Gartenkünstler das Landvolk als Staffage schätzt (Übs., S. 231): *Die Mahlerkunst [...] hat die Absicht, den Geist menschenfreundlicher zu machen: wenn ein Despot jeden, der in sein Gebiet kommt, für einen solchen hält, der sich seines Guths mit Gewalt bemächtigen will, und Bauernhütten und Fußsteige einreißen und allein regieren möchte, so betrachtet ein Liebhaber der Mahlerey die Wohnungen, die Einwohner und die Spuren ihres Verkehrs als Schmuck für eine Landschaft.*

Mein Wunsch ist, schreibt Price zum Beschluß (Übs., S. 228f.), *daß eine edlere, freyere und erweiterte Idee von Kunstanlagen (of improvement) herrschend werden möchte; daß statt der beschränkten mechanischen Praxis einiger weniger Gärtner, die vortrefflichen und mannichfaltigen Werke der größten Mahler aus jedem Zeitalter und Lande, und derselben größten Lehrerin, der Natur, die großen Muster der Nachahmung werden möchten.* Er bestreitet, daß die Gartenkunst Kents und Browns einen wirklichen Fortschritt gegenüber der italienisch-holländischen bedeute (Horazzitat: *Mutat quadrata rotundis*), und wirft jener all das vor, was einst gegen diese eingewandt wurde: *ewige Glattheit und Einerley* (S. 8), *das Glatt- und Gleichmachen des Grundes* (S. 23), Steifheit und Regelmäßigkeit. *[...] von Stund an, als diese mechanische, einem locus communis ähnliche Operation (durch welche Brown und seine Anhänger so viel Ruhm erwarben) ihren Anfang nahm, war es um alles, was der Mahler bewundert, geschehn [...]* (S. 23f.). *Brown ward zu einem Gärtner erzogen, und da er nichts von dem Geiste oder dem Auge eines Mahlers hatte, so bildete er seinen Stil (oder vielmehr seinen Plan,) nach dem Modelle eines Parterre, und trug dessen kleinliche Schönheiten, Baumklümpchen, kleine Blumenbeete von verschiedener Form und fleckweise gepflanzt, den ovalen Gürtel der drum geht, und alle die Verwindungen und das Schnörkelwerk auf den großen Maßstab der Natur über [...]* (S. 157). Die stark polemische Kritik an Brown nimmt breiten Raum in Prices Werk ein. Sie erinnert sehr an Chambers' Angriffe in der *Dissertation*. Da es mit der Gartenkunst nun so schlecht stehe, sei es erlaubt, ihre Werke zu verbessern, was man natürlich mit einem Lorrain-Gemälde nicht tun dürfe (S. 9f.). Zwar ist die

Abb. 40 Der Pittoreske Stil im Vergleich mit dem Brown-Stil. *Man vergleiche die gleiche Szene, einmal im modernen Stil gestaltet (Tafel I), das andere Mal ungestaltet (Tafel II). Damit meine Darstellung der Wirkungen beider vollkommen fair sei, habe ich eine ganz gewöhnliche englische Szenerie gewählt, und damit ich nicht in Versuchung komme, gewisse Licht- und Schattentricks zugunsten meines Systems zu benutzen, habe ich bloß Kupferstiche gegeben, die keinen Effekt vortäuschen. Der Stecher war in der Tat eher zu dem geneigt, was ich verwerfe: der zweiten Tafel mehr von den kleinen Lichtern und Schatten zu geben als der ersten.* Aus: Knight 1794; Text 1795, S. 15.

Natur das gemeinsame Vorbild beider Künste, der Gärtner solle aber von den großen Malern lernen, da diese die Natur viel besser studiert hätten, *damit man nicht den in den Künsten und Wissenschaften so großen wichtigen Vortheil – die häufigen Erfahrungen vergangener Zeitalter – verscherzet* (S. 2–4).

Als wichtigstes Vorbild für pittoreske Landschaftsmalerei gilt Salvator Rosa (1615–1673).

Price bemüht sich (1794), nachzuliefern, was Gilpin in seinem ersten *Essay*, das Price, wie er schreibt (S. 35), erst las, nachdem ein großer Teil seiner Arbeit schon geschrieben war, nicht gelungen sei: eine Definition des Pittoresken. Das Schöne und das Erhabene findet er in Edmund Burkes *A Philosophical Inquiry into the Origin of Our Ideas of the Sublime and Beautiful* [...] (London 1757) treffend definiert. Es fehle aber als eine *selbständige* Kategorie dazwischen das Pittoreske, das sich in allen Künsten, selbst der Musik, nachweisen lasse (S. 32–35).

Während *Glattheit und allmähliche Übergänge (smoothness and gradual variation)* neben Symmetrie, Jugend und Frische das Schöne hauptsächlich ausmachen, sei das Pittoreske vor allem durch *Verwickelung und Mannichfaltigkeit (variety and intricacy)* gekennzeichnet, welche wiederum durch *Rauhheit und plötzliche Übergänge (Roughness and sudden variation)*, durch Unregelmäßigkeit, Alter und gar Verfall hervorgebracht würden (auch S. 90). *Nach dem Begriffe, den ich mir gebildet habe, könnte man Verwickelung definiren, daß sie sey – diejenige Anlage der Gegenstände, welche durch eine partiale und unbestimmte Verbergung Neugierde erregt und unterhält. Mannichfaltigkeit erfodert kaum eine Definition* [...] (S. 14f.).

Das Erhabene sei notwendig groß oder grenzenlos, schauerlich und schreckenvoll, einförmig und unliebenswürdig, das Pittoreske aber gerade nicht (S. 65–71).

Von den drey Characteren stehen nur zwey in jedem Grade in der Gewalt des Anlegers; das Erhabne zu schaffen, ist über unsere eingeschränkten Kräfte, ob wir gleich dessen Wirkungen durch die Kunst bisweilen vermehren und zu jeder Zeit vermindern können. Es kann und muß daher die Kunst, Anlagen zu machen und wirkliche Landschaften zu verbessern, auf das Schöne und auf das Mahlerische ihre gehörige Aufmerksamkeit richten (S. 77). Das Schöne und das Malerische seien *selten völlig unvermischt* (S. 78).

Prices schärfer gezogene Grenzen zwischen pittoresk, schön und sublim machen jedoch Gilpins Begriff der pittoresken Schönheit unmöglich.

Am Beispiel künstlicher Gewässer erläutert Price im ersten der 1798er Essays die harmonische Vereinigung des Pittoresken und des Schönen. [...] *wenn die Mischung von verhältnismäßiger Rauheit und Schroffheit in manchen Fällen [...] mehr zum Schönen beitragen mag als bloß Glätte und fließende Linien, wie wäre dann ein solcher Fluß von einem pittoresken zu unterscheiden? [...] die beiden Charaktere sind in der Natur selten ungemischt und sollen auch in der Kunst nicht ungemischt sein. Beim bewaldeten Fluß habe ich Rauheit und Schroffheit so mit den Bestandteilen der Schönheit vereinigt angenommen und die Roheit so verkleidet, daß sie zusammen jene unmerklichen Übergänge erzeugen, in denen nach meinen Ideen das richtigste und umfassendste Prinzip landschaftlicher Schönheit beruht. Das Ganze bietet dann den weichen, sanften Charakter der Schönheit. Aber sollte eines dieser rauhen, schroffen Teile stärker betont werden, sollten die Felsen und Unebenheiten deutlich erscheinen und ihre Linien so sein, wie ein Maler sie mit festen, bestimmten, kraftvollen Zügen seines Stifts ausdrücken würde – dann würde das Pittoreske die Oberhand gewinnen, und in dem Verhältnis, wie diese deutliche und betonte Rauheit und Schroffheit zunimmt, würde der Charakter des Schönen abnehmen. Würden wiederum die Deutlichkeit und Roheit über einen gewissen Punkt getrieben, würde die Szene wahrscheinlich weder schön noch pittoresk werden, sondern nur zerstreut, nackt, ungestalt oder wüst. Diese Fälle mögen zeigen, daß es nicht weniger absurd wäre, pittoreske Szenen ohne einen Anteil des Schönen zu machen, (und die Warnung für zukünftige Zeiten dürfte nicht unnötig sein,) als zu versuchen, was so lange und so vergeblich versucht worden ist – schöne Szenen ohne einen Anteil des Pittoresken zu machen* (S. 102–104).

Zum Abschluß seines Definitionsversuchs stellt Price die Kategorien des Häßlichen und Ungestalten *(ugly and deformed)* auf. *Ungestaltheit ist gegen Häßlichkeit das, was Malerischheit gegen Schönheit; [...] Häßlichkeit allein ist bloß unangenehm, kommt aber eine auffallende Ungestaltheit dazu, so wird sie scheuslich; wenn aber Schrecken, so wird sie erhaben* (1794, Übs., S. 136). Das Häßliche kann gefallen, wenn es malerisch ist. Hier sieht man zu Recht einen Anfang der Ästhetik des Häßlichen.

Price sieht in einer Natur das Vorbild, die wilder ist als die Natur der bisherigen Gartentheoretiker. Aber er läßt keinen Augenblick daran zweifeln, daß die Landschaftsverbesserung oder Gartenkunst für ihn eine Kunst ist. *In Absicht auf die Kunst, Anlagen zu machen, würde ich das allein Kunst im guten Verstande nennen, das sich damit beschäftigt, daß es von den unendlichen Mannichfaltigkeiten des Zufalls (den man gemeiniglich im Gegensatze dessen, was man Kunst heißt, Natur nennt,) solche Umstände aufsammelt, die man auf eine glückliche Art nach den wirklichen Capabilitäten oder Fähigkeiten des zu verbessernden Platzes anbringen kann [...]. Derjenige wird daher, nach meinem Urtheile, die meiste Kunst in Verbesserung und Verschönerung beweisen, der die größte Mannichfaltigkeit der Gemälde [...] läßt [...] oder hervorbringt [...]* (1794, Übs., S. 237).

1798 beweist Price auf das deutlichste, daß er nicht einseitig bei der Nachahmung der extremen, wilden Natur verharrt, sondern zugleich die bislang verdammten künstlichen Prinzipien der historischen Gartenkunst als etwas Menschenwürdiges rehabilitiert. Kennzeichnend scheint mir Prices eigene Rechtfertigung (1810, S. 143 f.): *Ich werde wahrscheinlich von Browns Bewunderern beschuldigt werden, daß ich nach einer Konterrevolution und einer Wiederherstellung des ancien regime mit seinem ganzen Despotismus gerader Linien und fortwährender Symmetrie strebe. Es ist wahr, daß ich einige Neigung zu der alten Monarchie habe, wenngleich ich sie nicht ohne strenge Einschränkungen wiederhergestellt haben möchte; mein Wunsch in diesem Fall aber ist es, den Despotismus moderner Verbesserer zu bekämpfen, der weitgehend dem religiöser Intoleranz ähnelt; denn sie erlauben kein Heil außerhalb ihrer eigenen Grenzen. Ich würde in diesem Fall wie in den meisten andern lieber dem Beispiel des antiken als des modernen Rom folgen. Die alten Römer tolerierten nicht nur jeden Kunststil, sondern mischten und vereinigten ihn auch mit ihrem eigenen. [...]*

Am deutlichsten wird die Kehrtwendung im zweiten 1798er Essay. *Wo Architektur selbst der einfachsten Art für die Wohnung des Menschen bestimmt ist, muß Kunst offenbar werden; und alle künstlichen Gegenstände sind eindeutig erlaubt und fordern vielfach Kunst zur Begleitung; denn unmittelbar von Kunst zu einfacher, ungeschmückter Natur ist es ein zu plötzlicher Übergang; erwünscht ist jene Art von Stufung und Angemessenheit, die, beson-*

dere Fälle ausgenommen, bei allem, was dem Auge und dem Herz gefallen soll, so nötig ist. Viele Jahre sind vergangen, seit ich in Italien war, aber der Eindruck, den die Gärten einiger Villen bei Rom auf mich gemacht haben, ist keineswegs verblaßt, wenngleich ich ihn hätte erneuern mögen, bevor ich dieses Thema behandelte. Ich erinnere mich an die reiche und großartige Wirkung der Balustraden, Fontänen, Marmorbassins und Statuen, an antike Ruinenblöcke mit Skulpturenresten, das Ganze mit Pinien und Zypressen gemischt. Ich erinnere mich auch an ihre Wirkung sowohl als Begleitung der Architektur als auch als Vordergrund der Ferne (1810, S. 112f.).

Gestaltung: *Man hat richtig beobachtet, daß die Liebe zur Abgeschlossenheit und Sicherheit nicht weniger natürlich ist für den Menschen als die zur Freiheit; und unsere Vorfahren haben kräftige Beweise für die Wahrheit dieser Beobachtung hinterlassen. An vielen alten Plätzen sind fast ebensoviel ummauerte Abteilungen im Freien, wie Zimmer im Hause; und wenn dort auch nicht die Schönheit der Ziegelmauern zu verteidigen ist, so ist dennoch jener Schein der Abgeschlossenheit und Sicherheit, wofern man es einrichten kann, daß die Gesamtschönheit nicht beeinträchtigt wird, ein durchaus erstrebenswerter Gesichtspunkt; und niemand ist eher bereit als ich selbst, zuzugeben, daß die Bequemlichkeit ein Prinzip ist, das nie vernachlässigt werden soll. In dieser Hinsicht sind alle ummauerten Gärten und Abteilungen am Haus, alle warmen, geschützten, sonnigen Wege entlang mit Fruchtbäumen gepflanzten Mauern sehr erwünscht und sollten erhalten werden, wenn sie einmal bestehen* (1810, S. 121f.).

Price bedauert außerordentlich, einen ihm selbst gehörigen Garten des alten Stils beseitigt und durch *Grass, trees, and shrubs only* (S. 124) ersetzt zu haben. *Ich kann nicht die Art von Neugier und Überraschung vergessen, die nach kurzer Abwesenheit sich auch in mir, dem er vertraut war, durch das einfache und gewöhnliche Vorhandensein einer Pforte regte, die von der ersten Abteilung in die zweite führte, und das Vergnügen, das ich immer empfand, wenn ich in den inneren, mehr abgeschlossenen Garten eintrat.* [...]

Das alles gab mir Gefühle in meiner Jugend, von denen ich lange dachte, daß sie nur auf früher Gewohnheit beruhten; aber ich bin jetzt überzeugt, daß dies nicht alles war; sie entsprangen auch aus einer schnellen Folge von verschiedenen Gegenständen, verschiedenen

Formen, Tönen, Licht und Schatten; sie entsprangen aus nicht weniger verschiedenen Graden von Verwicklung und Ungewißheit, die durch die verschiedenen Grade und Arten des Verbergens entstanden, Neugier erregend und nährend, und alle in ihrem Charakter anders als die umgebende Landschaft [...] (S. 123).

Die liebevolle Analyse der alten Gärten führt Price zu dem Ergebnis, daß selbst sie Eigenschaften des Pittoresken, wenn nicht gar des Sublimen haben (S. 131–133): *Terrassen, Treppenfluchten, Brüstungen usw. sind schroff, aber sie sind regelmäßig und symmetrisch; ihre Schroffheit erzeugt kühne und frappierende Licht-und-Schatten-Effekte, weniger kühne und abwechslungsreiche zwar als jene, die durch unregelmäßige Schroffheit wie durch Felsen und Unebenheiten entstehen, aber unendlich kühnere als die, welche von Glattheit und fließenden Linien ausgehen. Diese starken Wirkungen sind vor allem im Vordergrund anwendbar, sowohl weil dort das Auge einen auffälligeren und bestimmteren Charakter verlangt, als auch weil sie die weicheren Linien, Töne und Schattierungen der Entfernung auslösen (throw off). Die alten verzierten Vordergründe waren in der Tat künstlich, und mögen deshalb von modernen Verbesserern formal genannt werden; aber es ist ein großer Unterschied zwischen einer eingestandenen und charakteristischen Formalität und einer nicht weniger realen Formalität, die ungezwungenen und spielerischen Schein vorgibt – zwischen der, die durch die Wirkung von Putz und Schmuck verkleidet ist, und der, deren unverkleidete Kahlheit es nicht nötig hat, ihren Charakter mit Schmuck zu verhehlen oder zu veredeln.*

Um den Vordergründen (unter welchem Gesichtspunkt alle Gärten nahe dem Haus betrachtet werden können) charakterliche Wirkung und Vielfalt zu geben, müssen die Formen, Töne und Massen von Stein oder Holzwerk häufig denen der Vegetation entgegengesetzt werden, die künstlichen Dinge den natürlichen; und das ist, glaube ich, das Hauptprinzip, das vom Palast bis zur Hütte beachtet werden muß (S. 142).

Die großen Maler der italienischen Renaissance, Michelangelo, Giulio Romano und Raphael, müssen von dem gleichen Prinzip ausgegangen sein, schreibt Price, wenn sie, wie er annimmt, Gärten entworfen haben (S. 128 f.).

Stil und Charakter des Gartens am Haus sollen dem des Hauses selbst angepaßt sein (S. 160 f.): *Diese nahen Schmuckformen sollen in jedem einzelnen Stil und Grad und in ihren Verwendungen genau von den Lustgärtnern studiert werden, ebenso wie die entfernteren* **pleasure grounds** *und die noch weiter entfernten Landschaften dieser Stelle.*

*[...] in den höheren Stilen aller Künste – in der Malerei, Dichtung, in allen dramatischen Darstellungen, werden die schlagendsten Wirkungen durch Erhöhung (***heightening***) hervorgebracht, und insofern durch Abweichen von der gewöhnlichen, augenfälligen Natur, und durch Hinzufügen künstlicher Dinge zu solchen, die durchweg einfach und natürlich sind. [...] Die Schwierigkeiten in der Gartenkunst wie in andern Künsten liegen nicht darin, die einzelnen Teile zu bilden, richtige Terrassen und Fontänen oder geschlängelte Wege, Pflanzungen und Flüsse zu machen, sondern eine Vielfalt an Kompositionen und Wirkungen mittels dieser Teile hervorzubringen und sie, welche und in welcher Zusammensetzung sie immer sein mögen, zu einem eindrucksvollen und gut zusammenhängenden Ganzen zu vereinen (S. 166f.).*

Nebenbei verweist Price auf die pittoreske Wirkung der Verwilderung bei geometrischen Gärten. *[...] denn dieselben Gründe, die Gebäuden eine pittoreske Wirkung geben, geben sie auch architektonischen Gärten. [...] Um so gebrochener, verwitterter und verfallener Stein und Ziegel, desto mehr scheinen Pflanzen und Schlinger in ihren Fugen Fuß zu fassen und Wurzeln zu schlagen, desto pittoresker werden diese Gärten. [...]*

Ich bin mir einer sehr naheliegenden Mißinterpretation dessen, was ich eben dargelegt habe, bewußt, und vielleicht kann diese durch Vorwegnahme verhütet werden. Sehr wahrscheinlich wird gesagt werden, nach meinen Ideen und um dem Maler zu gefallen, soll ein neuer Garten nicht nur in Imitation eines alten, sondern gar eines alten ruinösen, mit allen Anzeichen des Verfalls, gemacht werden. Ich möchte hier wiederholen, was ich schon oben bei ähnlicher Gelegenheit bemerkt habe, – daß Lektionen nicht durch Kopieren von Einzelheiten, sondern durch Beachtung der Prinzipien lehrreich werden. Beim Studium der Wirkungen der Vernachlässigung und des Zufalls sowohl in wilden Szenen als auch in kultivierten und verschönerten, denkt der Landschaftsmaler nur an seine eigene Kunst, in der Rauheit und Unordnung häufig Quellen des Entzückens sind; der Landschaftsgärtner aber, der die beiden Künste, wenn nicht Berufe vereint, muß sie beide beachten; und indem er in allen Fällen streng die Hauptprinzipien der Malerei im Kopf behält, darf er weder die Prinzipien noch die Praxis der Gärtnerei vernachlässigen. Er wird deshalb bei der Ausführung viele jener Umstände, die auf der Leinwand allein zu befolgen sind, auslassen oder modifizieren (S. 113–116).

Was vorhanden ist, gereift und geweiht durch Zeit und verändert durch Zufall, ist sehr verschieden von der Grobheit (crudeness) neuer Arbeit; es erfordert nur ein passives oder höchstens eigensinniges Dulden (indolence), einen alten Garten bestehen zu lassen [...] (S. 164).

Elemente: Ein Kapitel des Essay von 1794 handelt von der Gehölzverwendung. *In der Stellung und Behandlung der Bäume besteht die größte Kunst, Anlagen zu machen* (Übs., S. 172). *An Schönheit übertreffen sie nicht allein weit jede Sache der leblosen Natur, sondern ihre Schönheit ist auch an sich selbst vollständig und vollkommen* (S. 173). *Bäume sind bey mahlerischen und schönen Scenen unumgänglich nothwendig* (S. 174).

Zwey der vorzüglichsten Gebrechen bey der Anlage der Landschaften sind die einander entgegengesetzten Extreme, daß die Gegenstände zu gedrängt oder zu zerstreut sind; der Baumklumpen (clump) ist die glücklichste Vereinigung dieser beyden Hauptgebrechen; er ist zerstreut in Rücksicht auf die allgemeine Anlage, und dicht und klumpicht, wenn man ihn für sich betrachtet (S. 197). [...] *man kann kaum etwas Geschmackloseres erfinden, als eine einförmige grüne Fläche, die mit Baumklumpen punktirt und von einem Gürtel umgeben wird. Denkt man sich aber eine Rasenfläche mit auf die glücklichste Manier zerstreuten Bäumen, und mit so viel Verwickelung und Mannichfaltigkeit, als bloßes Gras und Bäume einer Rasenfläche, ohne ihren Character zu zernichten, geben können, – so würde man eine solche Scene, wenn sie von einem Lorrain gemahlt würde, ein sanftes gefälliges Gemälde seyn; es würde ihm aber das aufs genaueste fehlen, was ihm von der Natur fehlt – jene glückliche Vereinigung vom Warmen und Kühlen, vom Glatten und Rauhen, vom Mahlerischen und Schönen, welche den Reitz von Lorrains besten Anordnungen ausmacht* (S. 199f.).

Ich habe in der That oft in Waldungen (diesen großen Magazinen von mahlerischer Anordnung der Bäume) die Bemerkung gemacht, daß einzig und allein von der Eiche, Buche, Dornsträuchern und

Stechpalmen so viele Combinationen entstanden, die in der Wirkung von dem, was man durch eine noch so große Verschiedenheit von Bäumen, die zusammen geklumpt sind, gewinnt, so abgingen, daß man schwerlich mehr Abwechslung wünschte [...]. *Der wahre Endzweck der Mannichfaltigkeit ist, das Auge zu heben, und nicht zu verwirren; sie besteht nicht in der Verschiedenheit einzelner Gegenstände, sondern in der Verschiedenheit ihrer Wirkungen, wenn sie mit einander verbunden sind, in der Verschiedenheit der Zusammensetzung, und des Characters* [...] (S. 195f.).

Es sollen also nur wenige heimische Arten verwendet werden, die ungleichmäßig gemischt, verschieden hoch, in unregelmäßigen Abständen zu pflanzen sind. Auf jeden Fall sind festumrissene, eingezäunte *clumps* aus Hochstämmen ohne Unterpflanzung zu vermeiden.

Ein anderes Kapitel des Essays von 1794 handelt von Ufergestaltung. *Die prächtigsten und einnehmendsten von allen Wirkungen bey einer Landschaft werden durch Wasser hervorgebracht* [...]. *Eine der rührendsten Eigenschaften des Wassers, die es vorzüglich von dem gröbern Elemente der Erde unterscheidet, ist, daß es einen Spiegel abgibt, und zwar einen, der den Farben, die es zurückwirft, eine besondere Frisch- und Zartheit ertheilt; es mildert die stärksten Lichter, obgleich der helle Schleyer, den es über sie zieht, kaum ihren Glanz zu mindern scheint; es gibt den Schatten Tiefe, indeß seine gläserne Oberfläche ihre Durchsichtigkeit erhält, und gar zu vermehren scheint. Diese schönen und mannichfaltigen Wirkungen aber werden hauptsächlich durch die hohen Gegenstände erzeugt, durch die an den Ufern unmittelbar stehenden Bäume und Gebüsche, durch solche, die über dem Wasser hängen, und unter ihren Zweigen dunkle Höhlen bilden, durch die mannichfaltigen Tinten des Erdreichs, wo der Grund gebrochen ist, durch die Wurzeln und alten Baumstümpfe, Binsenbüsche, und großen Steine, die zum Theil durch die Luft geweißt, zum Theil von Moosen, Flechten und Wetterflecken bedeckt sind, indeß die weichen Grasbüsche, und das glatte Grün der Wiesen, mit dem sie untermischt sind, durch solche Contraste tausendmahl weicher, glatter und grünender erscheinen* (S. 204f.).

Krümmungen dürfen nicht regelmäßig wie Menuettschritte wiederholt werden; *es müssen Massen und Gruppen, und mancherley Grade von Oefnungen und Verbergung seyn* (S. 207).

[. . .] *um dem Ganzen einen Character von Alter, Dauer und Geraumigkeit zu geben, ist einige Höhe nöthig, und ein Grad von Abstürzigkeit an einigen Stellen der Ufer – ein Ansehn, als wenn sie durch die Wirkung des Wassers allmählig abgespült und untergraben worden* (S. 209).

Auch die Architektur wird ausschließlich nach malerischer Wirkung untersucht. Darum zieht Price gotische griechischen und verfallene intakten Gebäuden vor (1794, Übs., S. 42–44). Dörfer, Mühlen, Hütten und Schuppen seien oft *in ihrem unversehrten Zustand äußerst pittoresk, und fast alle werden es im Verfall* (1798; 1810, S. 265). Die Fenster des Wohnhauses sollen auf die besten Ansichten ausgerichtet werden (S. 268). Price bespricht die verschiedenen Arten von Brücken usw. Ausschließlich zur Staffage bestimmte Gebäude lehnt er ab. *Das Gemüt fühlt sich nicht ganz befriedigt, wenn das der einzige Zweck ist; es möchte die Verzierung als eine Zutat, nicht als eine Hauptsache, betrachten* (S. 343). Wohnhäuser seien Tempeln vorzuziehen. [. . .] *auf keine Weise kann Wohlstand solch natürliche, unaffektierte Vielfalt und solchen Nutzen hervorbringen wie bei der Ausschmückung eines wirklichen Dorfes und der Beförderung der Bequemlichkeiten und Freuden seiner Einwohner* (S. 344).

Neben Terrassen führt Price 1798 auch die Elemente Treillage, Urne und Parterre auf (1810, S. 142 f.), und besonders eingehend beschäftigt er sich mit Fontänen und Statuen (S. 152–158). Es scheint ihm (S. 156), *daß Kunst in den alten Gärten offenbar werden und Bewunderung auf ihre eigene Rechnung erregen sollte, nicht unter der Verkleidung der Natur; dieser Reichtum, diese Wirkung und Übereinstimmung mit den umgebenden künstlichen Gegenständen waren es, was die Planer und Ausschmücker jener Gärten hervorzurufen beabsichtigten. In dieser Hinsicht sind Fontänen mit Skulpturenschmuck die geeignetsten und auch die glänzendsten Zierden einer solchen Szenerie.*

Würdigung: Prices Theorie verkörpert einen wichtigen Wendepunkt der Gartengeschichte. Er treibt die Naturnachahmung auf die Spitze, so daß es weiter in dieser Richtung nicht mehr geht. Weiter bedeutet jetzt zurück. Price läßt daher wieder Geometrie im Garten zu und öffnet damit dem Eklektizismus des kommenden Jahrhunderts das Tor.

Sekundärliteratur: Stellvertretend für die umfangreiche Literatur zum Pittoresken und Price verweise ich wieder auf JOHANNES DOBAI: *Die Kunstliteratur des Klassizismus und der Romantik in England.* Bd. III, Bern 1977, S. 35–43.

HUMPHRY REPTON (1752–1818)

Biographie: Seit 1788 ausschließlich als Gartenkünstler tätig. Berühmt wurde seine Arbeitsweise: Nach gründlicher Besichtigung des zu begutachtenden Anwesens stellte er jedesmal ein handgeschriebenes und mit Aquarellen illustriertes Buch her, das er in rotes Leder binden ließ (daher *Red Books*). Die Aquarelle zeigen meist die von ihm angestrebte Szene, die in den abzuändernden Partien von einer Klappe *(slide)* mit der gegenwärtigen Ansicht abgedeckt ist.

Seit 1800 arbeitete Repton mit seinem taubstummen Sohn, dem Architekten John Adey Repton, zusammen. Ein Unfall im Jahre 1811, der ihn an den Rollstuhl fesselte, war ein weiterer Grund dafür, daß Reptons Spätwerk mehr den kleinen Villengarten und die Architektur betraf. In den *Fragments* empfiehlt er Hochbeete für Rollstuhlfahrer (S. 561).

Veröffentlichungen mit gartentheoretischem Gehalt: *A Letter to Uvedale Price, Esq.*, London 1794.
Sketches and Hints on Landscape Gardening [...], London 1795.
Observations on the Theory and Practice of Landscape Gardening [...], London 1803; [1]1805.
An Inquiry into the Changes of Taste in Landscape Gardening [...], London 1806, Nachdruck Farnborough 1969.
Designs for the Pavilion at Brighton, London 1808 und
Fragments on the Theory and Practice of Landscape Gardening [...], London 1816, Nachdruck New York 1982.

Diese Werke gab John Claudius Loudon gesammelt heraus unter dem Titel: *The Landscape Gardening and Landscape Architecture* [...], London 1840, 619 S., Nachdruck Farnborough 1969.

Benutzte Ausgaben: 1840, eigene Übersetzung.

Entwerfer ist Repton selbst. *Der (Garten-)Künstler muß hinreichendes Wissen in Feldmessen, Mechanik, Hydraulik, Ackerbau, Botanik und den Hauptgründen der Baukunst besitzen* (S. 30).

Aufgaben: In dem Brief an Price kennzeichnen vor allem zwei Sätze Reptons weiterentwickelte Ansicht (*Letter*, S. 105 Anm.): [. . .] *in whatever relates to man, propriety and convenience are no less objects of good taste, than picturesque effect*. Und: *beauty, and not 'picturesqueness', is the chief object of modern improvement*.

Freilich muß sich *Landscape Gardening* der vereinten Kräfte sowohl des Landschaftsmalers als auch des praktischen Gärtners bedienen (*Sketches*, S. 29). Von der Landschaftsmalerei unterscheide sich die Landschaftsgärtnerei in fünf Punkten: durch wechselnden Standpunkt, größeres Blickfeld, den möglichen Blick nach unten, wechselnde Beleuchtung und Entbehrlichkeit des Vordergrundes (S. 96).

Die Gefühlskultur ist überwunden. *Wahrer Geschmack in der Landschaftsgärtnerei wie in allen andern Schönen Künsten entsteht nicht zufällig als Einwirkung über die äußeren Sinne, sondern beruht auf dem Verstand, der in der Lage ist, die verschiedenen, von äußeren Gegenständen abgeleiteten Quellen des Vergnügens zu vergleichen, zu unterscheiden und zu kombinieren und sie auf gewisse in der Struktur des menschlichen Geistes von vornherein vorhandene Ursachen zurückzuführen* (S. 36–38). *Natürlichen Geschmack wie natürliches Genie mag es in gewissem Grad geben, aber ohne Studium, Beobachtung und Erfahrung führen sie in die Irre* [. . .]. *Die gefährliche Tendenz der folgenden vulgären Ausdrucksweise: „Ich bekenne, diese Sachen nicht zu verstehen, aber ich weiß, was mir gefällt", muß, zumal sie häufig ist, mir zur Entschuldigung dienen, daß ich davon Notiz nehme. Das mag die Richtschnur der Vollkommenheit sein bei jenen, die sich begnügen, ihrem eigenen Geschmack zu willfahren, ohne zu fragen, wie er auf andere wirkt; aber der Mensch mit gutem Geschmack strebt danach, den Gründen des Vergnügens, das er empfindet, auf die Spur zu kommen und zu untersuchen, ob andere auch Vergnügen empfinden. Er weiß, daß dieselben Prinzipien, die den Geschmack in den Schönen Künsten bestimmen, auch in der Moral das Urteil bestimmen; kurz, daß das Wissen, was gut, was schlecht und was gleichgültig ist, gleich ob im Handeln, im Geschäft, in der Sprache, in den Künsten oder*

Wissenschaften, die Basis guten Geschmacks bildet und den Unterschied zwischen höheren Schichten einer guten Gesellschaft und den unteren Klassen der Menschheit ausmacht, deren tägliche Arbeit keine Muße für andere Freuden zuläßt als jene rein sinnlicher, individueller und persönlicher Befriedigung [...]. Das Leitmerkmal guten Geschmacks ist in modernen Zeiten der rechte Sinn für allgemeine Nützlichkeit (Observations, S. 123–125).

Mit Vehemenz richtet sich Repton gegen die Einbeziehung der Landwirtschaft in die Landschaftsgärtnerei (Observations, Kap. VII). Die von dem Dichter William Shenstone (1714–1763) eingeführte *ferme ornée* sei ein Widerspruch in sich, *ornament* und *profit* seien unvereinbar. *Wenn der Bauer (yeoman) sein Gut zerstört, indem er eine ferme ornée anlegt, wird er sinnlos sein Einkommen seinem Vergnügen opfern: Aber der Landedelmann (gentleman) kann sein Anwesen nur schmücken, indem er die Merkmale von Gut und Park scheidet. [...] Die Hauptschönheit eines Parks besteht in gleichmäßigem Grün; Wellenlinien kontrastieren untereinander in der Vielfalt der Formen; Bäume sind so gruppiert, daß sie Licht und Schatten erzeugen, um die wechselnde Geländeoberfläche zu betonen; und die Weideflächen sind ungeteilt. Die in einem solchen Park weidenden Tiere erscheinen frei von Beschränkung in Freiheit ihre Nahrung aus dem reichen Gras des Tals zu sammeln und unkontrolliert die trockneren Böden der Hügel zu durchstreifen. Das Gut dagegen wechselt ständig die Farbe seiner Oberfläche in buntscheckigen und unharmonischen Tönen; es wird durch gerade Linien der Zäune unterteilt. Die Bäume dürfen nur in formalen Reihen entlang der Hecken stehen; und der Bauer hat einen berechtigten Anspruch, diese zu schneiden, abzusetzen und zu entstellen. Anstatt daß das Vieh die Szene durch sein friedvolles Wesen oder seine lustigen Sprünge belebt, sind Tiere unter das Joch gespannt, in enge Gehege geschlossen, zum Mästen eingepfercht, Gegenstände des Profits, nicht der Schönheit* (S. 207f.).

Es ist die Vereinigung, nicht die Existenz von Schönheit und Profit, von emsiger Geschäftigkeit und vergnüglicher Erholung, gegen die ich den Einfluß meiner Kunst geltend machen möchte (S. 210). *Kleine vereinzelte Güter, zu einem nützlichen, arbeitsamen Leben eingerichtet, nicht mit dem Glanz des Reichtums vermischt, aber Stützen des nationalen Wohlstands, sind in der Tat interessante Gegenstände in jeder Hinsicht; sie brauchen nicht die vorteilhafte*

*Unterstützung pittoresker Wirkung, um besondere Aufmerksamkeit auf sich zu lenken; für einen wohlwollenden Geist sind sie mehr als Gegenstände der Schönheit; sie sind ein Segen für die Gesellschaft; auch ist es mit dem Streben nach Vergnügen nicht unvereinbar, zuweilen die Grenzen des Parks zu verlassen und die Übungen löblichen Fleißes zu beobachten oder die Dörfer zu besichtigen. [...]
Nur der Monopolist kann seine 100 acres Weizen in einer einzigen Einfriedung mit Entzücken betrachten; solch ausgebreitete Habsucht mag den Menschen bereichern, aber sie wird die Menschheit arm und elend machen und letztlich verhungern lassen* (S. 212).

Repton setzt seine Schriften zum großen Teil aus seinen *Red Books* zusammen, die für die Besitzer größerer Güter bestimmt sind. Die Veröffentlichungen sind meist dem König, später dem Prinzregenten gewidmet, und Repton stellt ihnen Listen der von ihm verschönerten Landsitze voran, so daß der hohe Rang seiner Ansprechpartner unzweifelhaft ist.

[...] ich glaube, es muß ein Unterschied zwischen dem Gut eines Pächters, der aus jedem Stück seines Landes Nutzen ziehen muß, und dem gemacht werden, das einem gentleman zu Zwecken des Zeitvertreibs oder des Experiments gehört (S. 210).

In diesem Land werden, hoffe ich, für immer verschiedene Klassen und Stände der Gesellschaft existieren, welche meist vom Anteil des von verschiedenen Individuen entweder ererbten oder erworbenen Eigentums abhängen müssen; und so lange wie solche Unterschiede bestehen, wird es angemessen sein, daß der Sitz eines jeden durch solch unterschiedliche Charaktere ausgezeichnet werde, daß sie nicht leicht mißzuverstehen sind. [...] Rang und Wohlstand sind in England keine Verbrechen; im Gegenteil, wir erwarten, einen merklichen Unterschied im Stil, im Aufzug und in der Wohnung wohlhabender Individuen zu sehen; und dieser Unterschied muß sich auch auf das Gelände in der Nachbarschaft ihrer Wohnungen erstrecken; denn Übereinstimmung des Stils und Einheit des Charakters gehören zu den ersten Prinzipien guten Geschmacks (Sketches, S. 94f.).

Die Landschaft vor einem Palast soll überall der Pracht und dem Vergnügen ihrer Bewohner angepaßt erscheinen: das Ganze soll ein grenzenloser und nicht durch jene Teilungs- oder Trennungslinien, die das weite, große Feld eines Milchbetriebes kennzeichnen, einge-

schränkter Park sein oder wenigstens so erscheinen. Ein Park aber hat einen anderen Charakter als ein Wald; denn indem wir die romantische Wildnis der Natur bewundern oder nachahmen, dürfen wir niemals vergessen, daß ein Park die Wohnung von Menschen und nicht bloß den wilden Tieren des Waldes gewidmet ist. [...] Natur muß in beiden gleichermaßen vorherrschen, die [Landschaft] aber, die den Menschen betrifft, soll einen höheren Platz in der Stufenleiter der Künste haben (S. 78).

Die Vollkommenheit der Landschaftsgärtnerei besteht in den vier folgenden Erfordernissen: Erstens muß sie die natürlichen Schönheiten herausstellen und die natürlichen Fehler jeder Situation verbergen. Zweitens soll sie durch sorgfältiges Verkleiden oder Verbergen der Grenzen den Anschein von Ausdehnung und Freiheit erwecken. Drittens muß sie jede wenn auch noch so kostspielige Einmischung von Kunst, durch welche die Szenerie verbessert wurde, geflissentlich verstecken; so daß das Ganze als alleiniges Werk der Natur erscheint; und viertens müssen alle Gegenstände reiner Bequemlichkeit oder Behaglichkeit, wenn sie nicht verziert werden oder eigentümliche Teile der Gesamtszenerie werden können, entfernt oder versteckt werden (S. 84).

Schwerlich kann ein Bewunderer der Natur eine begeistertere Vorliebe für ihre romantische Szenerie haben als ich; aber ihre wildesten Züge sind selten innerhalb des gewöhnlichen menschlichen Wohngebiets. Die rauhen Pfade der alpinen Regionen werden nicht täglich vom Fuße des Wohlstands betreten werden, auch werden die donnernden Niagarafälle nicht häufig die Vergnügungssucht verführen, ihre Wunder aufzusuchen; nur durch eine angenehme Illusion können wir uns selbst jener Mittel bedienen, die die Natur selbst liefert, um auch in zahmen Szenen ihre kühneren Wirkungen zu imitieren; und dieser Illusion wird das Auge echten Geschmacks, wenn sie gut ausgeführt ist, seine Zustimmung nicht verweigern (Observations, S. 163).

[...] es ist 'la belle nature' oder jene gelegentlichen Wirkungen außerordentlicher Schönheit, welche die Natur dem Landschaftsgärtner als Vorbilder liefert (S. 180).

Ich bin mir der gewöhnlichen Ablehnung aller Bemühungen, die für Täuschungen gehalten werden können, bewußt; aber es ist die Aufgabe des Geschmacks in allen Schönen Künsten, Tricks anzuwenden, durch die die Vorstellung getäuscht werden kann. Die Bilder

der Poesie und der Malerei sind interessanter, wenn sie den Verstand verführen, ihre Erfindungen zu glauben; und in der Landschaftsgärtnerei darf alles Täuschung genannt werden, wodurch wir die Vermittlung der Kunst zu verstecken suchen und unsere Werke als reine Naturprodukte erscheinen lassen. Die meisten gewöhnlichen Verbesserungsversuche können in der Tat Täuschungen genannt werden (Sketches, S. 76).

Am Ende der *Sketches* werden Reptons Grundsätze am deutlichsten. *Extremes are equally to be avoided* (S. 101). Die Gartenkunst muß *die beiden gegensätzlichen Merkmale ursprünglicher Wildnis und künstlichen Komforts einschließen, jedes dem Genius und dem Charakter des Orts angepaßt; jedoch auch eingedenk, daß nahe dem Sitz des Menschen Bequemlichkeit und nicht pittoreske Wirkung den Vorrang haben muß, wo immer auch sie im gegenseitigen Wettbewerb eingesetzt werden* (S. 102). Im Anhang führt Repton als offenbar gleichberechtigte Quelle des Vergnügens im Landschaftsgarten auf (S. 111–114): *Congruity, Utility, Order, Symmetrie, Picturesque Effect, Intricacy, Simplicity, Variety, Novelty, Contrast, Continuity, Association, Grandeur, Appropriation, Animation, Seasaons and Times of Day*.

In den *Observations* formuliert er die Grundsätze anders. *Die Vollkommenheit der Landschaftsgärtnerei besteht in der vollsten Beachtung der Prinzipien* **Nützlichkeit, Proportion** *und* **Einheit** *oder Harmonie der Teile mit dem Ganzen* (S. 129). *Wenn einige allgemeine Grundsätze in dieser Kunst aufgestellt werden dürfen, denke ich, daß sie von der zusammenhängenden Erwägung* **relativer Eignung** *oder NÜTZLICHKEIT und* **innerer Proportion** *oder MASSSTÄBLICHKEIT abgeleitet werden müssen; die erstere spricht den Verstand an, die letztere das Auge, aber diese beiden müssen untrennbar sein* (S. 133). Als erster führt Repton die Gesetze des Sehens mit wissenschaftlicher Genauigkeit in die Lehre der Landschaftsgärtnerei ein (*Observations*, Kap. II).

Gestaltung: Über die Aufteilung des Gartens scheibt Repton im ersten Kapitel der *Sketches* (S. 42): *Wo das ganze umgebende Land den schönsten Weidegrund bietet, empfehle ich, anstatt die riesigen Viehherden, die die Szene beleben, auszuschließen, nur eine ausreichende Fläche um das Haus einzuzäunen, um die Ställe, Scheunen, Küchengärten, Wirtschaftsgebäude und die anderen nützlichen,*

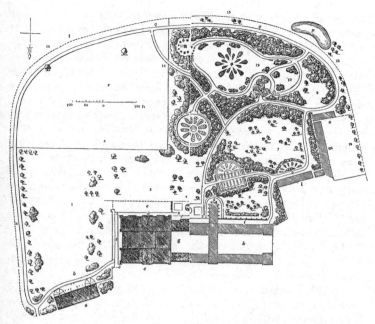

Abb. 41 Reptons Gartensammlung in Asheridge (*Fragments*, nach der Ausgabe 1840). In einen landschaftlichen Rahmen sind zahlreiche geometrische Sondergärten eingebettet.

doch ungefälligen Gegenstände abzuschirmen und zu schützen; und innerhalb dieser Einzäunung, wenn sie auch nicht mehr als zehn oder zwölf *acres* [4–5 ha] umfaßt, schlage ich vor, Wege durch Gebüsch, Pflanzungen und kleine abgesonderte Wiesen zu führen, die sich manchmal in reiche innere Szenerie hineinwinden, manchmal herausweisen auf die gefälligsten Punkte, um entfernte Prospekte zu erschließen: an solchen Stellen sollte die Begrenzung eingesenkt und versteckt sein, während sie sonst massiv aus Pflanzung bestehen möge, damit die so eingefriedeten zwölf *acres* erheblich größer erscheinen als die sechzig *acres*, die ursprünglich von den Parkgrenzen eingeschlossen werden sollten.

Außer diesem Wirtschaftsbereich unterscheidet Repton drei *distances: garden, park* und *forest* oder *open country*.

Es scheint im menschlichen Geist eine natürliche Liebe zu Ordnung und Symmetrie zu geben. Kinder, die zum erstenmal auf einer Schiefertafel ein Haus zeichnen, stellen es gewöhnlich mit korrespondierenden Teilen dar: so ist es mit der Kindheit des Geschmacks [...]. Wenn es so um die Liebe zur Symmetrie im menschlichen Geist bestellt ist, wird die Frage sicher berechtigt, inwieweit diese in der modernen Gartenkunst zugelassen oder verworfen werden soll. [...] Auf [...] kleinen, begrenzten Flächen würde Unregelmäßigkeit affektiert erscheinen. Symmetrie ist auch zulässig und sogar notwendig an oder nahe der Fassade eines regelmäßigen Gebäudes; denn wo dieses korrespondierende Teile aufweist, wird das Haus, wenn die berührenden Linien nicht ebenfalls korrespondieren, selbst schief und krumm erscheinen. Jedoch sollte dieser Grad von Symmetrie nicht weiter als eine kleine Strecke vom Haus reichen und ganz auf die Gegenstände, die offensichtlich Werke der Kunst zum Gebrauch des Menschen sind, beschränkt werden; wie z. B. eine Straße, ein Weg oder ein zierender Holz- oder Eisenzaun; aber es ist nicht nötig, daß sie auf Pflanzungen, Kanäle oder die natürliche Geländeform ausgedehnt wird (S. 86f.).

Wesentlich weiter geht Repton in den *Observations*. Im Kapitel *Pleasure-Grounds* (VIII) stellt er einen vollständig symmetrischen Blumengarten vor (Abb. 43). *Pleasure-ground* ist als *scene of embellished neatness* definiert. Der Garten des 17. Jh. gilt als ein zu großer *pleasure-ground* (S. 213). Aber *variety and contrast* werden auch für den symmetrischen Blumengarten gefordert. *Variety* entsteht durch die Auswahl der Blumen und Sträucher (S. 216).

Besondere Aufmerksamkeit widmet Repton den Dimensionen Licht, Farbe und Zeit.

Gewisse Gegenstände erscheinen am besten im Gegenlicht, und andere im vollen Rückenlicht; und eher sonderbar ist es, daß zu den ersteren alle natürlichen *Gegenstände wie Wälder, Bäume, Wiesen, Gewässer und ferne Berge gehören; während zu den letzteren alle* künstlichen *Gegenstände wie Häuser, Brücken, Straßen, Boote, Äcker und ferne Städte oder Dörfer gehören* (Observations, S. 155).

Zur Farbe äußert er sich im Zusammenhang mit dem Gebäudeschmuck (ebd., S. 262–265): Häuser werden am besten in gebrochenem Weiß gestrichen, Ziegel sind nur für sehr große Gebäude geeignet. Fensterrahmen und -sprossen sollen bei kleinen Häusern grün, bei großen weiß und bei Palästen vergoldet sein. Goldbronze ist die richtige Farbe für Gußeisen. In einem besonderen Kapitel (XV) gibt Repton einen wohl für sein Buch verfaßten Aufsatz von Isaac Milner wieder, der nach Newton den Farbenkreis vorstellt. Repton folgert (S. 318), daß die Farbenwahl nicht der Willkür, sondern bestimmten Naturgesetzen unterliege. Wie in der Musik beruhe Harmonie auf Gegensätzlichkeit, nicht auf Ähnlichkeit. Man müsse also kontrastierende Farben zusammenstellen; benachbarte Farben müßten bei gemeinsamer Verwendung in der Helligkeit kontrastieren.

Elemente: Die ersten eigentlich behandelten Gegenstände sind in den *Sketches* die Gebäude (Kap. II). *[...] wo Gebäude eingefügt werden, offenbart sich Kunst deutlich und sollte darum sehr vorsichtig sein, daß sie keinen Grund hat, ob ihrer Einmischung zu erröten (S. 52). Ich wage es als meine Meinung hinzustellen, daß es nur zwei Gebäudecharaktere gibt; der eine mag s e n k r e c h t , der andere w a a g e r e c h t genannt werden (S. 53).* Darunter versteht Repton Gebäude im gotischen und im griechischen Stil. Chinesische bilden eine dritte Gattung. Es kommt darauf an, griechische mit spitzen, konischen Bäumen wie Fichten oder Zypressen, gotische mit rundkronigen, also Laubbäumen zu kontrastieren (S. 56f.; s. Abb. 42).
Wälder, durch Gebäude bereichert, und Gewässer, durch eine Anzahl Lustschiffe belebt, tragen gleichermaßen dazu bei, einen sichtbaren Unterschied zwischen der prächtigen Szenerie eines Parks und der eines einsamen Waldes zu betonen. [...] Die kontrastierenden Grüntöne von Wald und Wiese reichen nicht aus, das Auge zu befriedigen; andere Gegenstände sind erforderlich und solche von abweichenden Farben wie Felsen, Wasser und Vieh. [...] Ich füge gewöhnlich in die verbesserte Ansicht Boote auf dem Wasser und Vieh auf den Wiesen ein. [...] Es kann wirklich nicht oft genug eingeschärft werden, daß eine öde Wasserwüste und eine weite Wiese ohne Vieh zu den melancholischen Begleiterscheinungen der in den p l e a s u r e - g r o u n d s des vorigen Jh. zu beobachtenden einsamen G r a n d e u r gehören (S. 78–82).
Ein Wohnhaus ist ein Gegenstand des Komforts und der Bequemlichkeit zum Zweck des Wohnens; und nicht bloß der Rahmen (f r a m e) einer Landschaft oder der Vordergrund eines ländlichen Bildes (S. 99).

Abb. 42 Falsche (oben) und richtige (unten) Kombination von senkrechten und waagerechten Formen. Aus: Repton, *Sketches* (nach der Ausgabe 1840).

Ruinen sind Gegenstände, die mit Bewunderung besucht und zusammen mit all ihren wilden und ursprünglichen Reizen geschützt zu werden verdienen; aber sie sind schlechte Gelegenheiten zum dauernden Aufenthalt des Menschen (S. 100).

Repton widmet einen großen Teil der *Observations* (Kap. XII–XIV) den Wohnhäusern, wobei eine Bevorzugung der Gotik deutlich wird; und noch stärker sind die *Fragments* auf Architektur ausgerichtet. *Architektur und Gartenkunst sind untrennbar* (S. 266). Die griechische Architektur sei für englisches Klima und moderne Nutzungen nur mit Abänderungen geeignet. *Und selbst wenn wir vorgeben, die Vorbilder einer gewissen Ära zu kopieren, fügen wir jene Verbesserungen oder Vorteile hinzu, welche moderne Bedürfnisse nahelegen; und so werden die Entstehungsdaten in späteren Zeiten nie verwechselt werden* (S. 294). Für moderne Zwecke eigne sich die Gotik besser. Ihre Unregelmäßigkeit läßt Anbauten zu, die dem Anblick nicht schaden. Im Innern aber soll man nicht versuchen, ebenfalls gotisch zu bauen (S. 310f.).

Die dritte Stilkategorie, in den *Sketches* als „chinesisch" nur nebenbei erwähnt, wird in den *Designs* als „indisch" wichtig. Zur indischen Architektur zählt Repton hier auch hindustanische, chinesische und türkische (S. 390). Nicht ausdrücklich als vierte Architekturkategorie anerkannt ist der ländliche Stil der Bauernhütten, den Repton manchmal wegen der pittoresken Wirkung anwendet.

Der Haupteingang in einen Park sollte so markiert werden, daß niemand ihn verkennen kann (S. 253). Darum empfiehlt Repton, Tore mit Pförtnerhäusern zu verbinden, die vom Wohnhaus nicht sichtbar sein dürfen (S. 252). Darüber hinaus können ganze Dörfer zur Verschönerung des Eingangs dienen (S. 248f.): *Anstatt Dörfer zu entvölkern und Weiler in der Nachbarschaft eines Palastes zu zerstören, wünschte ich lieber, die Bedeutung des Wohnhauses und den Wohlstand seiner Ländereien durch das Sichtbarmachen einer anständigen Fürsorge für seine armen Abhängigen zu betonen; die häufigen Fälle, die ich bezeugen kann, wo der fleißige Arbeiter wegen seiner täglichen Beschäftigung viele Meilen zu laufen hat, haben die Notwendigkeit, um nicht zu sagen die Menschlichkeit heftig geltend gemacht, für bequeme und angemessene Wohnungen jener, die in der Gegend beschäftigt sein mögen, zu sorgen. Es ist so, daß man die wahre Bedeutung eines Anwesens an der Zahl der Hütten oder vielmehr soliden Häuser erkennen soll, die jenen als Wohnung dienen, die zu dem Anwesen gehören; legte man am Eingang jeden Parks ein Dorf an, würde dies wahrlich die Szenerie eines Landes bereichern; nicht von der Anzahl allein, sondern von der Beachtung der Nettigkeit, Bequemlichkeit und einfachen Zierde solcher Gebäude sollten wir dann auf den Stil des benachbarten Palastes schließen [...]. Es gibt keine für einen Blumengarten besser geeignete Zierde als ein Gewächshaus* (conservatory or green-house), *wenn der Blumengarten nicht zu fern von den Häusern liegt; unter die Raffinessen des modernen Luxus aber mag die Anbindung eines Gewächshauses an einen Raum der Wohnung gerechnet werden* [...]. *Aber eine solche Zutat, so sehr sie auch seinen inneren Komfort vermehren mag, wird niemals die äußere Zierde eines regelmäßig gebauten Hauses vergrößern: deshalb ist es gewöhnlich ratsamer, wenn das Gewächshaus im Blumengarten, der Wohnung so nah wie* möglich, ohne ein Teil davon zu sein, errichtet wird; und in diesen Fällen kann großer Vorteil aus der Verwendung von Treillage-Verzierungen gezogen werden, die Licht hereinlassen, während sie die häßliche Gestalt eines schrägen Glasdachs verkleiden (S. 216f.). Repton schlägt ein gotisches Gewächshaus aus Gußeisen vor, da er meint, die Architekten der damaligen Zeit hätten die modernen Materialien auch verwendet, wenn sie ihnen bekannt gewesen wären. Allerdings müsse man das Gußeisen bewußt als Metall einsetzen, also in schlankeren Formen als Holz oder Stein, und es vergolden oder bronzieren (S. 219, Fußnote).

Damit das Vieh aus dem Park nicht in den *pleasure-ground* eindringt, ist eine Abgrenzung erforderlich (S. 199). Man soll dazu keinen Zaun gebrauchen, an dem entlang das Vieh einen schmutzigen Weg austritt, sondern das Gelände am Haus drei Fuß hoch aufschütten und mit einer Stützmauer aus demselben Material wie das Haus abfangen. *Als Ergänzung hierzu ist am Oberrand ein nur drei Fuß hohes Eisengeländer eine ausreichende Abgrenzung und bildet eine Art Terrasse vor dem Haus, die eine deutliche Trennung zwischen dem von der Sense geschnittenen Rasen und dem von Hirschen oder anderem Vieh beweideten Park schafft, während sie in geringer Entfernung eine Basislinie oder niedrige Plinthe bildet, welche dem Haus Höhe und Bedeutung gibt* (S. 202). Solche Zäune aus Draht oder schlankem Eisen werden, damit sie unsichtbar sind, grün gestrichen (S. 198).

Unter den Gewässern zieht Repton fließende stehenden vor (*Sketches*, S. 70): *a large river is always more beautiful than a small lake*. Um bei einem ruhigen Gewässer Bewegung vorzutäuschen, legt man Felsen an die Ufer, und zwar mit einer Neigung, die dem potentiellen Flußlauf entspricht. Auch ist durch gezielte Umleitung von Quellen wirkliche Wasserbewegung zu erzielen (*Observations*, S. 161–168). Weiter muß die natürliche Gestalt eines Flusses mit unterschiedlicher Breite, einem konvexen Prallhang und einem konkaven Gleithang genau nachgeahmt werden (ebd., S. 204).

Von den Wegen behandelt Repton zunächst den *approach, die Straße, auf der ein Fremder durch den Park oder die Wiese zum Haus kommen soll* (*Sketches*, S. 91): *Wenn es von Natur aus nicht möglich ist, den kürzesten Weg zu nehmen, sollte es künstlich unmöglich gemacht werden, einen kürzeren zu nehmen. Das künstliche Hindernis, welches diesen Weg zum kürzesten macht, sollte*

Abb. 43 Werke Reptons. Aus: *Observations* (oben) und *Fragments* (Mitte und unten, nach der Ausgabe 1840).

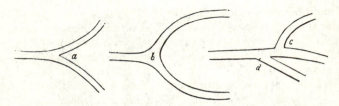

Abb. 44 Die früheste Kanonisierung landschaftlicher Wegekreuzungen. Aus: Repton, *Observations* (nach der Ausgabe 1840). Wenn zwei Wege sich trennen, ist die Lösung a der Lösung b vorzuziehen, wenn sie zusammenführen, ist c besser als d.

natürlich erscheinen. *Wo eine Zufahrt die Hauptstraße verläßt, sollte sie nicht im rechten Winkel oder in einer Weise, die dem Eingang seine Bedeutung raubt, abzweigen; sondern eher im Bogen zu der öffentlichen Straße, von welcher aus ein Pförtnerhaus oder Tor auffälliger wäre; und wo die Hauptstraße eher als Abzweig der Zufahrt denn die Zufahrt als Abzweig der Hauptstraße erschiene. Nach dem Eintritt in den Park soll die Zufahrt nicht an dessen Grenzen entlangführen, welche den Mangel an Ausdehnung oder Einheit des Besitzes verraten. Das Haus, sei es auch groß und prächtig, soll aus keiner so weiten Entfernung zu sehen sein, die es kleiner erscheinen läßt, als es wirklich ist. Das Haus soll zuerst in einer gefälligen Ansicht gezeigt werden. Sobald das Haus von der Zufahrt aus sichtbar ist, darf es keine Versuchung geben, sie zu verlassen; wenn sie ein großer Umweg ist, wird eben das der Fall sein, es sei denn, daß ausreichende Hindernisse wie Gewässer oder unzugängliches Gelände ihren Lauf zu rechtfertigen scheinen.*

In den *Observations* gibt Repton allgemeine, mit Abbildungen erläuterte Regeln für Wegeabzweigungen. *Wenn zwei Wege sich gabeln, ist immer eher zu wünschen, daß sie in verschiedene Richtungen auseinandergehen, wie bei a, als daß sie den Eindruck machen, sich wieder zu vereinigen, wie bei b. Wenn zwei Wege zusammentreffen, ist es gewöhnlich besser, wenn sie sich in rechten Winkeln treffen, wie bei c, als wenn eine scharfe Ecke übrigbleibt wie bei dem spitzen Winkel d* (S. 205 f., Abb. 44). *Überhaupt tragen Wege zur Bereicherung des Anblicks bei; sie sollen wegen des Kontrastes mit Kies, nicht mit Rasen bedeckt sein* (*Sketches*, S. 79).

Die alten Baumalleen, die er *avenues* nennt, fordert Repton auf,

Humphry Repton

nicht grundsätzlich zu verdammen (S. 62-66). Wo sie in kindlicher Weise auf ein Bauwerk führen, den Park zerschneiden oder Aussichten versperren, muß man sie brechen. Wo man aber durch sie in die Landschaft schaut, sind sie zulässig und erfreuen den Ordnungssinn usw.

Von der Gehölzpflanzung handelt Kapitel IV der *Observations*. *[...] wir sind von keiner natürlichen Landschaftskomposition sehr angetan, falls nicht Wald und Wiese so gemischt sind, daß das Auge beider genaue Grenzen nicht ausmachen kann; aber es ist nötig, daß beide ihren ursprünglichen Charakter in breiten Massen von Licht und Schatten behalten; denn obwohl ein großer Wald gelegentlich durch kleine, lichte Öffnungen aufgelockert werden mag, um die Kompaktheit der Masse zu brechen oder die Formalität des Umrisses zu variieren, darf dennoch der schattige Hauptcharakter nicht zerstört werden.*

Gleichfalls muß die zu große Lichtausbreitung auf einer Wiese durch gelegentlichen Schatten gebrochen und abwechslungsreicher gemacht werden, aber wenn zu viele Bäume zu diesem Zweck eingesetzt werden, ist die Wirkung verzettelt, und das Auge wird durch einen Mangel an Komposition, oder, wie der Maler es ausdrücken würde, an g e b ü h r e n d e r M a s s e (b r e a d t h) v o n L i c h t u n d S c h a t t e n beleidigt. [...] keine Baumgruppe, in welcher die Pflanzen geflissentlich in gleiche Abstände gesetzt sind, kann natürlich sein, so unregelmäßig auch immer ihre Formen sind. Jene erfreulichen Baumkombinationen, die wir in Waldszenerien bewundern, werden sich oft als aus Gabelbäumen bestehend erweisen oder wenigstens aus so nah beieinander stehenden Bäumen, daß die Zweige sich vermischen, und durch ein natürliches Streben der Vegetation werden die Stämme der Bäume von selbst von jener senkrechten Richtung, die stets bei in regelmäßigen Abständen voneinander gepflanzten Bäumen zu beobachten ist, abgebracht. Deshalb wird keine Gruppe natürlich erscheinen, falls nicht zwei oder mehrere Bäume ganz nah beieinander gepflanzt werden; die Vollkommenheit einer Gruppe besteht dabei in der Kombination von Bäumen verschiedenen Alters, verschiedener Größe und verschiedenen Charakters (S. 170f.).

[...] alle vor dem Vieh nicht geschützten Bäume werden bis zu einer gewissen Höhe ihres Laubes entkleidet werden, und wo die Geländeoberfläche vollkommen flach ist und eine gerade Linie bil-

det, werden die Stämme der Bäume, auf diese Weise durch das weidende Vieh sichtbar geworden, eine weitere gerade Linie parallel zum Gelände in etwa sechs Fuß Höhe aufweisen, die ich die Weidelinie (browsing line) nennen möchte (S. 174). Die Gruppen müssen daher entweder außen durch Flechtzäune, innen durch Dorngestrüpp vor dem Vieh geschützt werden, oder man muß nachträglich weitere Zweige entfernen, um die Gerade zum Verschwinden zu bringen.

Einzelbäume oder freie Bodenflächen sind Gegenstände großer Schönheit, wenn sie an der Flanke eines steilen Hügels zerstreut sind, weil sie eine Betonung des Neigungsgrads abgeben und die Baumschatten sehr auffallend sind; aber in einer Ebene sind die Schatten wenig zu sehen und Einzelbäume deshalb von geringerem Wert (S. 177).

Wenn ich empfehle, die Hügel zu bepflanzen, meine ich nicht, daß die Gipfel mit einem Flecken oder Klumpen bedeckt werden sollten; die Wälder der Täler sollten vielmehr die Hügel scheinbar in solchen Linien erklimmen, die weder dürftig noch künstlich wirken sollen, sondern, der natürlichen Oberflächengestalt folgend, eine offensichtlich zusammenhängende Waldmasse entstehen lassen, die von den Hügeln in verschiedene Richtungen herabsinkt (S. 180).

Blumen pflanzt Repton bevorzugt in Beete, die mit Weidengeflecht eingefaßt waren, welches Körbe vortäuschte. Solche Beete sehen wir auf mehreren seiner Abbildungen, im Text handelt er jedoch nicht davon.

Würdigung: Repton knüpft an Gilpin und Price an, indem er Geschmacksfragen über Moral und Emblematik stellt. Anders aber als diese Autoren stellt er die Bequemlichkeit in den Vordergrund. Als erster gibt er konkrete Beispiele für die architektonisch-geometrischen Gartenelemente in Hausnähe, während im Park weiterhin das Prinzip der Naturnachahmung gilt. Seine illustrierten Gestaltungsregeln liefern die Grundlagen für die eklektizistische Gartengestaltung des 19. Jh. Insbesondere Fürst Pückler und Eduard Petzold verbreiten seine Ideen in Deutschland.

Sekundärliteratur: Repton ist vielfach in der Fachliteratur behandelt worden, zuletzt von GEORGE CARTER, PATRICK GOODE und KEDRUN LAURIE in dem Ausstellungskatalog *Humphrey Rep-*

ton. *Landscape Gardener,* Norwich 1982. − Außerdem MANFRED UHLITZ' Diss. *Humphrey Reptons Einfluß auf die gartenkünstlerischen Ideen des Fürsten Pückler-Muskau,* Berlin FU 1988.

JAKOB ERNST VON REIDER (1784−1853)

Biographie: Königlich bayerischer Landgerichtsassessor zu Hersbruck, schrieb zwischen 1819 und 1843 ca. 50 Bücher, täglich 16−17 Stunden arbeitend. Während er sich anfangs nur mit Blumengärten beschäftigte, schrieb er seit 1830 auch über andere Gartenthemen in der Bemühung, das ganze gartenkünstlerische Wissen seiner Zeit zu vereinigen.

Veröffentlichungen mit gartentheoretischem Gehalt: *Die Geheimnisse der Blumisterei* [...], Nürnberg 1822, ²Nürnberg und Leipzig 1824, umgearbeitet ³ebd. 1827, 2. Band ebd. 1828, 3. Bd. Nürnberg 1830.
Handbuch der Blumenzucht [...], Nürnberg und Leipzig 1828.
Das Ganze der Blumenzucht [...], Nürnberg 1828, ²1831, ³1847.
Die Mode-Blumen [...], 3 Hefte Nürnberg 1829−1831.
Blumen-Calender [...], Frankfurt a. M. 1829.
Der vollkommene Blumengärtner [...], Leipzig 1831.
Vollständige Anweisung zum zweckmässigen Anlegen von Blumen-, Obst-, Gemüse-, Hopfen-, Schul-, Handels-, Haus- und botanischen Gärten [...], Berlin 1832.
Der vollkommene Stubengärtner, oder Anweisung, die schönsten Blumen im Zimmer und vor dem Fenster zu ziehen [...], Leipzig 1832, ²1838.
Zeitschrift: Annalen der Blumisterei, 12 Bde. Nürnberg und Leipzig 1822−1836, außerdem die Rubrik Das Ganze der Blumisterey in: Allgemeine Deutsche Gartenzeitung 2., Passau 1824.

Weitere Veröffentlichungen: Über Landwirtschaft und Gartenbau.

Entwerfer: Der Garten wird vom Eigentümer eigenhändig hergestellt (Annalen 6. 1830, S. 33).
  v. Reider sieht sich selbst als *Blumisten.* Der *Blumist,* lesen wir

schon in Johann Christoph Adelungs *Wörterbuch* (Leipzig 1793), *[...] ein im gemeinen Leben übliches Zwitterwort, mit einer ausländischen Endung, einen Liebhaber von Blumen, oder jemanden, der sich vorzüglich mit dem Blumenbaue beschäftiget, einen Blumengärtner zu bezeichnen.* Von Reider selbst schöpft das Wort *Blumisterei. Ich halte das Wort am passendsten, die vollkommene, oder höhere Blumenzucht auszudrücken. Wer Blumenzucht als Kunst betreibt, ist mehr Blumenzüchter, Blumist, daher der Name Blumisterei* (*Blumengärtner*, S. 73). Der *Blumist* oder *Kunstgärtner* unterscheidet sich vom *botanischen Gärtner*, vom *Blumenfreund* und vom *Gartenfreund*. *Man muß bei der Blumisterey den Unterschied zwischen dem botanischen und eigentlichen Kunstgärtner wohl unterscheiden. Denn während ersterer nur dahin trachtet, die fremden Gewächse nach ihren Eigenheiten zu erhalten, trachtet der Kunstgärtner darnach, ihnen eine höhere Vollkommenheit beizubringen, und das ist eigentlich der meisten Blumisten Zwek* (Allgemeine Deutsche Gartenzeitung 2. 1824, S. 234) Während der *Blumist* nur Florblumen in seinem Garten haben will, läßt der bloße *Blumenfreund* auch andere *(Landpflanzen)* zu. Für den *Gartenfreund* sind die Blumen nur am Rande interessant (*Blumengärtner*, S. 164ff.).

Aufgaben: *Der ächte Blumist sieht nicht auf die Gartenanlage, nicht auf die Gartenzierden, und in allen, selbst den romantischsten Gartenparthien findet er nur Langeweile, in jedem Falle sucht er keine solche Gartenparthien auf, wo keine Blumen angebracht sind. [...] Der Blumist befindet sich unter den Blumen auf den Beeten, und vor der Stellage erst bewegt, und schwelgt im ersehnten Genusse der Vergleichung unendlicher, nie gesehener Spielarten. Mit solchen wird er sogleich vertraut, er ordnet, er erkennt sie, als wenn sie sich einander von jeher gekannt und verstanden hätten, und kaum, daß er sich sobald losreißen kann. [...] Er genießt im Anschauen gerade so, wie der Verständige eine Musik, oder ein Buch, oder ein Gemälde genießt, das ist, er studiert die Blumen, wenn man sich in solcher Art ausdrücken darf. [...] Der bloße Gartenfreund dagegen findet nur im äussern Anschauen, somit mehr in Behaglichkeit und Ruhe seinen Genuß. Ich glaube aber nicht, daß man so etwas Genuß nennen kann. Denn der Geist bleibt unbeschäftigt, höchstens, daß die Phantasie ihr tändelndes Spiel treibt. [...] Ich rechne die Blumisten als die thätigen, die gewöhnlichen*

Gartenfreunde als die müßigen Blumenfreunde (Annalen 6. 1830, S. 242–245).

v. Reider erlebt Blumen wie beseelte Wesen. *Unsere Blumen sind die freundlichsten Gesellschafter im müßigen und fleißigen Leben. Nicht allein, daß ihre schöne Gestalt, der herrliche Glanz ihrer Farben und Farbenspiel, der liebliche Geruch uns so innig erfreuen, so sind wir auch von ihrem Leben um und mit uns angezogen, in ihrer Nähe und unter ihnen wird's uns wohl. [...] Man stelle nur eine Passiflora und eine Mimosa pudica neben sich, und man fühlet sich in Gesellschaft; denn man sieht ja das Leben in diesen Gewächsen, und wie sie sich bewegen; – somit werden sie mit uns vertraut, gleich den Thieren, die wir zu unserer Unterhaltung neben uns haben* (Allgemeine Deutsche Gartenzeitung 2. 1824, S. 235).

Unterhaltung mit Blumen ist angenehm, hält von vielen theuren Zerstreuungen ab, und erheitert das Gemüth und den Geist, denn Blumen sind nur angenehm. Selten, daß es einen Menschen giebt, der nicht Blumen liebt und ihnen gut ist, und immer veranlassen sie Milderung der Sitten und Beförderung der Sittlichkeit. Blumen lassen eine uns noch ganz unbekannte Welt ahnden, von der wir noch gar nichts wissen [...] Blumen-Calender, S. VI). v. Reider zitiert zahlreiche Blumengedichte und Literatur zur Sprache der Blumen (Allgemeine Deutsche Gartenzeitung 2. 1824; *Mode-Blumen; Blumen-Calender*).

Die Folge hiervon ist, daß eigentliche Blumengärten nur angenehm sich darstellen, indem alle Theile nur dem Vergnügen, der Lust an schönen Blumen gewidmet sind, welche in ihrer Vereinigung dann den Genuß an Blumen erhöhen, weil ein passendes Ganze von größerer Wirkung seyn muß. Daher muß der Garten nur dazu dienen, die Blumen so aufzustellen, daß sie auf die Gefühle des Auges und der Nase einen angenehmen Eindruck machen, und in ihrer Verbindung das Vergnügen hieran befördern (Blumengärtner, S. 164f.).

In der Blumengärtnerei sind wir, was die Einrichtung und Anordnung betrifft, noch weit zurück. Wir besitzen eine Menge der schönsten Blumen, wissen aber nicht, sie sinnig und geschmackvoll anzupflanzen, aufzustellen und anzubieten, um erst sich einen vollkommenen Genuß zu verschaffen. [...] Allerdings ist solches eine Kunst, und wir könnten sie die Aesthetik der Blumisterei heißen. Worin sich solche von der Gartenkunst sowohl, als der Gartenästhetik, der geschmackvollen Gartenanlage, unterscheidet, wird wohl einleuchten. Wir verstehen unter Aesthetik der Blumisterei die Lehre, den Garten mit Blumen zu zieren, daß sie allgemein gefallen, und so genossen werden können durch das Gefühl des Sehens und Riechens (Annalen 7. 1831, S. 11).

Im Blumengarten muß Kunst und Geschmack arbeiten, die Natur zu verschönern. Es wäre daher sehr gefehlt, Alles der Natur zu überlassen. Man vergesse nur nicht, daß die Blumen bewundert seyn wollen, das ist der rechte Genuß von Blumengärten. Daher muß der Gärtner es verstehen, mit seinen Blumen zu prahlen, und nach diesem Zwecke das Ganze anordnen (Blumengärtner, S. 299). *Der Blumist*, schreibt v. Reider, *verlangt mehr, als die Natur giebt. Er wendet alle Potenzen auf eine Pflanze in Zusammenwirkung, ja er reizt sogar den Lebensorganismus (Lebensthätigkeit) der Pflanze, und macht sie geschickt, sich mehr Nahrung anzueignen, als sie zu ihrer Existenz nöthig hat, und erzeugt dadurch eine Vollkommenheit in einer größeren Menge Blumen, und Blumenblätter, welches denn der Zweck seiner angewandten Kunst ist* (Geheimnisse 1824, S. XV). *Welcher Mensch hat nicht eine hundertblättrige Gartenrose lieber, als die im Freien wild wachsende einfache Rose, welche doch die Stammpflanze unserer Gartenrose ist* (Annalen 6. 1830, S. 257)? *Die am weitesten gezüchteten Blütenpflanzen heißen Florblumen. Es sind solche nur Erzeugnisse der vollkommenen Blumenzucht oder einer höheren Gartenkunst, und in dieser Vollkommenheit nur von der Natur erzwungen durch geschickte Benutzung der Naturkräfte, oder Anwendung künstlicher Mittel. [...] jene Florblumen haben sich über das Natürliche erhoben, und die Vernachlässigung führt sie zwar nur auf den natürlichen Zustand zurück, allein solcher ist dem Blumenfreund ungenügend* (Blumengärtner, S. 74 f.).

v. Reider geht so weit, daß er *Gartenkunst* als Pflanzenzucht definiert und das, was wir unter Gartenkunst verstehen, die *Kunst Gärten anzulegen* nennt *(Anweisung).*

Er ist stets bemüht, billige Bücher für einen weiten Leserkreis zu schreiben (z. B. Annalen 1. 1822, S. 4). *Allein wie wenige giebt es, welche für Blumenzucht wissenschaftlich gebildet sind. Daher habe ich mich für die vielen Blumenfreunde bemüht, und ihnen die Zucht und Erhaltung ihrer Blumen durch mitgetheilte treue Erfahrung in Handgriffen und Methoden so erleichtert, daß sie durch keine Mühe und keine Sorge in ihrer Behaglichkeit gestört werden, welcher sie sich in ihren Ruhestunden gerne ergeben mögten (Blumen-Calender, S. 5).*

Heutzutage, schreibt v. Reider (Annalen 6. 1830, S. 32 f.), *wo die Produktion so gar sehr hoch zu stehen kommt, die Auflagen immer noch steigen, dabei der Absatz stets mehr beschränkt wird, vorzüglich der Luxus in Erzeugung edler Gartenfrüchte sich selbst beschränkt, weil er nicht mehr belohnt wird; muß man sich bemühen, das Vergnügen sich möglichst wohlfeil zu verschaffen. Große Gärten rentiren sich nicht mehr, selbst bei der höchsten Intelligenz nicht* [...]. *Nur* der *Garten rentirt sich, welcher eigenhändig vom Eigenthümer bewirtschaftet und bearbeitet wird, wozu also nur ein kleiner Garten paßt.*

Seine Stiltheorie im allgemeinen ist die pluralistische. *Wir Deutsche konnten bei aller Aufmerksamkeit nichts anderes thun, als nur nachahmen, was allgemein belobt wurde, oder eben Mode war, daher der französische, der niederländische, so wie jetzt der englische Gartengeschmack bei uns meist unverändert anzutreffen war.* [...] *Wir können uns gar keines eignen Gartengeschmacks rühmen.* [...] *Kann man daher den englischen, niederländischen und französischen Geschmack in vielen Ideen neben einander auf deutschem Boden anbringen, dabei die bedächtliche deutsche Oekonomie in jeder Idee weislich zu Rathe ziehen, dann darf man allgemeiner Zufriedenheit gewiß seyn.* [...] *Denn der Geschmack der Menschen ist unendlich verschieden.* (Anweisung, S. 4–6; ähnlich schon: Annalen 6. 1830, S. 241)

Für den *Blumisten* aber ist allein der französische Stil angemessen. *Rücksichtlich des Nutzens und des Vergnügens bin ich dem französischen Garten hold, und mit mir gewiß alle Blumisten. Ich habe oft im Würzburger Hofgarten über den Geschmack der Würzburger meine Betrachtungen angestellt. Es ist nämlich der Würzburger Hofgarten zum größten Theil nach französischem Geschmack angelegt, es befindet sich aber auch in dem gegen die Allee in der Stadt entlegenen Theil eine englische Anlage. Ich setzte mich auf eine Bank an einem Wege, wo nothwendig Alles vorbeipassiren mußte, was in der englischen Anlage sich vergnügen wollte. Ich zählte kaum Einzelne, und höchstens manchmal ein junges schwärmerisches Pärchen, oft, vorzüglich an Sonntagen früh, wo doch der Garten mit Menschen angefüllt war, gar Niemanden. Nur manchmal am sehr frühen Morgen oder Abend traf ich einzelne griesgramige*

Herren, und ich selbst mochte mich nur gleich nach Tisch dort aufhalten, um bei Lesung der Zeitung einschlafen zu können.

Dagegen war der Theil des französischen Gartens unausgesetzt mit Leuten aus allen Ständen angefüllt, und an Sonntagen konnte man Hunderte an sich vorbeipassiren sehen. Ja, selbst unter dem hochgewölbten Laubdache, und zwischen den Orangen, las sich ein Buch besser, als im stillen Dunkel jener natürlichen Anlage (Annalen 6. 1830, S. 271).

Will man doch die Annehmlichkeit eines englischen Gartens genießen, so soll man ihn gesondert, gleichwohl nahe an das Blumenfeld, aber nur nicht beide ineinander, anlegen (ebd. S. 248).

Der Garten, der zum Zwecke hat, Blumen zu ziehen, oder an Blumen sich Genuß zu schaffen, heißt ein Blumengarten. Es mögen nun einzelne Arten im Ganzen gezogen, oder es mögen große Sammlungen vorhanden seyn, wenn nur der Genuß an Blumen der Zweck des Ganzen ist. Ein Garten, worin Blumenzucht getrieben wird, ist deshalb noch kein Blumengarten, sondern, wo Blumen der ausschließende Zweck der Anlage ist. Wegen den Blumen muß erst das Uebrige vorhanden seyn. Hierdurch unterscheidet sich der Blumengarten vom botanischen Garten, und vom Garten des Samenhändlers. In beiden ist Wissenschaft und Nutzen der Zweck, im eigentlichen Blumengarten aber ist nur das Vergnügen an Blumen, das, um welches sich das Ganze dreht (*Blumengärtner*, S. 164).

Die Gebiete seiner Blumenästhetik sind für Reider neben dem Blumisten-, Blumenfreunde- und Gartenfreundegarten das Glashaus, die Fensterbank und das Zimmer. *Weil man aber Blumen hat, welche eben nicht vom Garten abhängen, sondern welche nur im Garten oder im Hause gezogen, dabei aber selbst im Zimmer genossen werden können, so muß auch die Aesthetik der Blumisterei verschiedene Anwendung finden, so den Garten im Freien, so das Glashaus im Winter, so die Fenster, so das Zimmer mit den schönsten Blumen in Menge das ganze Jahr über zu zieren* (Annalen 7. 1831, S. 11f.). So beschreibt er auch, wie man Blumensträuße bindet und Tafelaufsätze herstellt (Allgemeine Deutsche Gartenzeitung 2. 1824, S. 236; *Blumengärtner*, S. 304f.).

Gestaltung: *Ein Garten von einem Viertel, höchstens halben Morgen* [638–1276 m^2], *genüget übrig genug. Allein, nicht allein für*

Blumen, sondern für Blumen-, Gemüs- und Obst-Bau und eine Bienenzucht (Allgemeine Deutsche Gartenzeitung 2. 1824, S. 345).

Die allgemeinen Bedingungen für alle Arten von Gartenanlagen sind die harmonische Verbindung des Ganzen nach allen Theilen, und die Anlage nach der zweckmäßigen Richtung.

Die harmonische Verbindung besteht darin, daß von einem Theil des Ganzen zum andern ein angenehmer Uebergang statt finde. Wir bewerkstelligen solchen durch die Blumen und sonstigen Pflanzen, weil wir eigentliche Naturscenen auf einem kleinen Raume nicht aufstellen können. In Blumengärten haben wir daher es nur allein mit Anreihung von Pflanzen aneinander zu thun. Nur Wasser allein kann das Angenehme der Pflanzung erhöhen [. . .] (Annalen 8. 1832, S. 149).

Über die Gestalt des Blumengartens äußert sich v. Reider an vielen Stellen. *Die Lage ist gleichgültig, weil doch manchen Pflanzen Schutz gegen rauhe Luft künstlich verschafft werden kann. Daß eine ganz ebene Lage, ein längliches oder breites Viereck gegen Süden freilich die beste Lage bleibt, ist unbestritten. Aber das Vorhandensein von Wasser ist unentbehrlich* [. . .] (Annalen 8. 1832, S. 146). Fabriken sollen wegen des Rauchs nicht in der Nähe sein (*Das Ganze* 1831, S. 265).

Über den Plan lassen sich keine Vorschriften geben, denn jeder hat einen andern Geschmack. Nur überhaupt merke man sich folgendes: Man bringe so viel Abwechslung als möglich an, regelmäßige Blumenbeete, Rabatten neben zierlichen Gängen, Blumen- und Strauchgruppen auf Rasen und in Gebüschen, so daß überall Blumen in manichfaltigen Farben in die Augen fallen. Dabei vergesse man nicht, das Beschauen möglichst zu erleichtern: In Perspektiven, nach gewisser Ordnung, bald im Schatten, bald im Lichte wandelnd. Das Auge muß stets gefesselt, und Ordnung, Reinlichkeit und Eleganz eng mit einander verbunden seyn. Man sorge ferner dafür, daß von allen Punkten der Garten übersehen werden kann, damit man gleich im Großen überrascht wird. Dabei pflanze man in geeigneten Zwischenräumen Bäume, um in deren Schatten die Uebersicht genießen zu können. Am Zweckmäßigsten sind Obstbäume, welche, so wohl in ihrer Blüte- als Früchtezeit einen gar lieblichen Anblick gewähren, und jeden Garten beleben. Der Eingang sey imponirend geziert, vorzüglich mit Gruppen hoher Bäume (ebd.).

Eine Aussicht aus dem Blumengarten wird nirgends erwähnt.

Vielmehr sind als Windschutz Mauern genannt, die auf verschiedene Weise versteckt werden, mit Spalieren von Obst, Wein, Kürbis, Ipomea, Cobea, Passiflora, Laubengängen, Baumalleen oder bis 6 Fuß hohen Hecken. – Gärten über 5000 *Quadratschuh* (450 m²) sollen mit Obstbäumen, kleinere nur mit hoch wachsenden Blumen umgeben werden (Annalen 8. 1832, S. 148).

Elemente: Der Blumengarten selbst besteht aus Rabatten und den Blumenfeldern oder Quartieren dazwischen, die ihrerseits aus Beeten bestehen. Die vier oder sechs Blumenfelder sind quadratisch und werden durch *Hauptwege*, die in großen Gärten mindestens 6 *Schuh* breit sein müssen, geschieden. *Sind Wege über 6 Schuh breit, so müssen die Rabatten wenigstens 4 Schuh breit seyn; halten aber die Wege unter 6 Schuh Breite, so macht man die Rabatten nur 2 Schuh breit. In kleinen Gärten können sie auch so breit wie die Wege angelegt werden* (Das Ganze 1831, S. 271). *Rabatten machen allerlei Zierrathen; bald sind sie lang, bald haben sie Rundele, bald verzogene Quadrate, bald Sterne* (Blumengärtner, S. 166f.). v. Reiders Gestaltbeschreibungen sind sehr undeutlich und werden nicht durch Abbildungen erläutert. Die Beete des Blumenfeldes sind meist langrechteckig in Richtung der längeren Hauptwege. *Sie sind gewöhnlich 4 Schuh breit, so, daß man bequem auf denselben pflanzen kann, sonst ganz eben, und mit schuhbreiten Wegen abgetheilt, auch damit von den Rabatten geschieden* (Das Ganze 1831, S. 273). Der *Blumenfreund*, nicht der *Blumist*, benutzt aber auch andere Beetformen *(Blumengärtner)*.

Rabatten müssen hoch und gewölbt seyn, und zwar so, daß die hintere Seite etwas höher steht, als die vordere. [...] *Auf die Rabatten gehören alle strauch- und staudenartigen Gewächse, jedoch in gewissen Entfernungen, dazwischen aber alle Arten Bäume, doch das alles in möglichster Abwechslung der Geschlechter und Arten. Es sollen nie 2 Stöcke einer Art neben einander stehen* [...]. *Nur nicht zu dicht dürfen Bäume stehen, weßhalb man nur immer 12 Schuh von dem andern einen Baum setzt, doch mit der Abwechslung, daß zwischen zwei hochstämmigen, ein Obstbaum in Pyramidenform zu stehen kommt. Die Sträucher und hohen Staudengewächse stehen in der Mitte der Rabatten ziemlich nahe aneinander, so weit es ihre Ausdehnung zuläßt* (Das Ganze 1831, S. 271f.). In den *Blumenfeldern* dagegen stehen die *Florblumen*, zu denen *Hya-*

zinthen, Tulpen, Aurikeln, Ranunkeln, Anemonen, Nelken, Levkojen, Balsaminen, Georginen* [Dahlien], *Astern, Eriken, Camelien, Azaleen, Pelargonien, Primeln, Chrysanthemen und Rosen* gezählt werden (*Blumengärtner*, S. 76). Dabei werden, zumindest in den Blumistenbeeten, pro Beet nur Blumen gleicher Art und Blütezeit gepflanzt. *Man kann auch auf einzelnen Beeten exotische Pflanzen sammt den Töpfen eingraben, in solcher Art Blumenkörbe bilden, allein auch in dieser Zusammenstellung muß man darauf sehen, daß nur immer blühende Pflanzen von gleicher Höhe zusammengestellt werden. An den Ecken, und sonst, wo die Uebersicht über die andern Beete nicht gehindert wird, kann man Gruppen hochwachsender, exotischer Sträucher aufstellen, und die Töpfe in die Erde eingraben* (Annalen 8. 1832, S. 152). Die verblühten Pflanzen tauscht man aus, oder man pflanzt *nur immer zweierlei Pflanzen eng hintereinander* [...], *wovon eine im Frühjahre, die andere im Sommer oder Herbste blüht, und dann nach der Blüte der einen die andere deren Platz auch bedeckt* (ebd. S. 158).

Wir stellen die Blumen theils nach ihren Farben, theils untereinander. [...] *Oder wir säen und pflanzen in Reihen* [...], *wo dann die Blumen wie Bänder erscheinen* [...]. *Es ist schwer, hierüber allgemeine Regeln zu geben, indem eines Theils die Farbenzusammenreihung eigensinnig vom Geschmack abhängt, weil einer grelle, der andere sanfte Farben liebt, wieder ein anderer nur Wohlgefallen an bunten Farben hat. Doch kann man hier helfen, wenn man die Blumen so ordnet, daß die sanften Farben in bunte, und so in grelle übergehen. Man entspricht dann jedem Geschmack.* [...] *Allerdings ist es oft schön, grelle Contraste zu erzeugen* [...]. *Aber man soll auch nicht die Blumen, wenn sie nicht recht groß sind, einzeln nach ihren Farben aneinander reihen, sondern immer in Gruppen. So lasse man alle weiße, und immer nach ihren Abstufungen, dann die blauen, die gelben und die rothen aufstellen* (*Blumengärtner*, S. 294f.).

Selbst die bloße Erde soll man weder in Beeten noch in Töpfen vorsehen lassen, denn die Erde giebt nur einen rauhen Anblick. Man bedeckt alle bloße Erde mit Moos (ebd. S. 302).

v. Reider führt viele Arten auf, mit denen die Rabatten, Beete und Einfassungen bepflanzt werden können und auf deren Wiedergabe ich hier verzichte.

Die Wege werden *2–3 Zoll hoch mit Flußsand, Kies oder Loh* beschüttet (*Das Ganze* 1831, S. 269). Weitere Elemente des Blumengartens sind Stellagen für Blumentöpfe (*Geheimnisse*, S. 12), Lauben und Laubengänge, Ruhesitze, Fontänen, Orangeriestellplätze und Statuen. *Aber die passendste Zierde für jeden Blumengarten bleibt eine zierliche Fontaine, welche ein helles Wasserbecken hat, und einen zierlichen Wasserstrahl bildet, z. B. eine Kugel, eine Ananas, oder der Strahl in vielen Röhren wie ein Feuerrad sich darstellt. Aber die Umgebung muß Rasen seyn. Eine Fontaine mit einer Figur, welche Wasser ausspeit, und mit einem aufgemauerten Rande umgeben ist [. . .], ist läppisch und zuwider* (Annalen 8. 1832, S. 156).

Mistbeete und Glashäuser dürfen vom Blumengarten nicht zu sehen sein (ebd.); dagegen sind nützliche Obstbäume gern gesehen (Allgemeine Deutsche Gartenzeitung 2. 1824, S. 361): *Wie angenehm ist es, wenn man sich sein Dessert selbst vom gepflanzten Baume pflüken, und damit auch alle Tage die Kinder erfreuen kann. Wie viel herrlichen Genuß hat der Familienvater, wenn er seine Kinder unter einigen hundert Schatten und Früchte bringenden Bäumen, welche er selbst gepflanzt hat, sich vergnügen und an seinem Fleiße laben sieht!*

Vögel und Schmetterlinge sollen nicht ausgerottet werden, *denn sie schaden nicht, so lange sie nicht in Menge beschwerlich werden* (ebd. S. 366).

Würdigung: Selbst ein minderbemittelter Gartenbesitzer, erschließt v. Reider als erster die ärmeren Schichten als Anleger von Gärten mit künstlerischem Anspruch. Die Ästhetik bezieht sich dabei auf das Pflanzenmaterial, die Blumen, und ihre Zusammenstellung, nicht so sehr auf den Entwurf. Zu den herkömmlichen Aufgabengebieten der Gartenkunst, über die v. Reider auch schrieb, hat er nichts Bedeutendes beigetragen.

Blumenbücher gab es, seit zu Anfang des 19. Jh. die Blumenzucht zum Volkssport wurde, viele. Reider aber ist, knapp vor dem intelligenteren Engländer Loudon, der erste, der die „Blumisterei" zum Aufgabengebiet der Gartenkunst macht, aus der sie seither nicht mehr wegzudenken ist.

Sekundärliteratur: Seinen eigenen Nachruf, der von unerträglichem Selbstlob trieft, ließ v. REIDER mit 52 Jahren drucken: Kurze Lebensbeschreibung und das literarische Wirken von Jakob Ernst von Reider [...]. Ein Beitrag zur Literaturgeschichte des 19. Jahrhunderts (Annalen 12. 1836, S. 209–258).

JOHN CLAUDIUS LOUDON (1783–1843)

Biographie: Schottischer Gutsbesitzersohn, war von einem unglaublichen Arbeitseifer besessen. Zwanzigjährig ging er nach London und begann dort sofort zu publizieren. Er schrieb, die Neubearbeitungen nicht gerechnet, 35 Bücher, gab, zeitweise gleichzeitig, vier Monatsschriften heraus und lieferte ungezählte Beiträge zu fremden Veröffentlichungen. Von Rheumatismus gequält, hatte er seit 1806 ein steifes Bein und mußte 1825 den rechten Arm amputieren lassen. Er arbeitete von 7 Uhr morgens bis 2, 3 Uhr nachts; zwei Nächte in der Woche schlief er überhaupt nicht. Selbst von rastlosem Wissensdrang getrieben, strebte er, breitestes Wissen, enzyklopädisch erfaßt, zu erschwinglichen Preisen breitesten Schichten zu vermitteln. Er lernte die meisten Sprachen und reiste, systematisch Fachwissen sammelnd, durch die meisten europäischen Länder. Im Winter 1813/14 kämpfte er sich auf den Spuren der Großen Armee Napoleons zu diesem Zweck bis nach Moskau vor.

Veröffentlichungen mit gartentheoretischem Gehalt: *Observations on the Formation and Management of Useful and Ornamental Plantations: on the Theory and Practice of Landscape Gardening, and on Gaining and Embaking Land from Rivers or the Sea.* Edinburgh 1804, London 1804;
A Treatise an Forming, Improving, and Managing Country Residences [...], 2 vol. London 1806, Nachdruck Farnborough 1971, 723 S.;
Hints on the Formation of Gardens and Pleasure Grounds, in Various Styles of Rural Embellishment [...], London 1812, ²1813;
Remarks on the Construction of Hothouses, London 1817;
Sketches of Curvilinear Hothouses, London 1818, deutsch von Jutta v. Sartory, in: GEORG KOHLMAIER und BARNA V. SARTORY: *Das Glashaus* [...], München 1981, S. 230–241;
An Encyclopaedia of Gardening. London 1822, 9 meist veränderte Neuauflagen bis zu Loudons Tode, 8 weitere bis 1878, Nachdruck

der Ausgabe von 1835 New York 1982, französisch Paris 1825, 1842, deutsch Weimar, 4 vol. 1823–26, nach der 1. Aufl. mit den Ergänzungen der 2. auf S. 1539 ff.

Die *Encyclopaedia of Gardening* will keine neuen Ideen darstellen – Loudon selbst bezeichnet sie als eine *Compilation* (S. III); ihre Bedeutung liegt vielmehr darin, daß sie das Wissen aller Zeiten zusammenträgt und für die Gegenwart anwendbar macht.

Im ersten der vier Teile behandelt Loudon die Geschichte der Gärtnerei aller Völker und Zeiten und unter gesellschaftlichen und geographischen Verhältnissen, im zweiten den *Gartenbau in wissenschaftlicher Hinsicht* (Botanik, Physiologie, Gerätschaften, Techniken), im dritten die *Gärtnerei in England* (Nutzgärtnerei, Blumenzucht, Baumzucht, Landschaftsgärtnerei) und im vierten die *Statistik des britischen Gartenwesens* (vorhandene Gärten, internationale Bibliographie, Wünsche für die Zukunft).

The Green-House Companion, London 1824, ^{2}1825, 204 S.
Illustrations of Landscape-Gardening and Garden Architecture. 3 vol. engl./frz./dt. London 1830–33.
The Suburban Gardener and Villa Companion [...], London 1836–38, Nachdruck New York/London 1982, 752 S. mit 343 Abb., drei Kapitel, über die Situation (22 S.), über das Wohnhaus (96 S.), über die Gärten (39 S. Theorie und 504 S. Beispiele) sowie ein Anhangskapitel mit ergänzenden Details. Loudon legt hier eine komplette Gartentheorie vor, die gegenüber der *Encyclopaedia of Gardening* bedeutend weiterentwickelt ist. Erwähnt sei, daß diese Theorie im wesentlichen schon in zwei Aufsätzen Loudons im Gardener's Magazine 11, 1835 enthalten ist (S. 611–619, 644–669). Verändert als *The Villa Gardener*. London 1850.
On the Laying out, Planting, and Managing of Cemeteries. London 1840, Nachdruck Redhill/Ilkley 1981.
Vorwort zu Humphrey Repton: *The Landscape Gardening and Landscape Architecture* [...]. London 1840.
Self-Instruction for Young Gardeners, Foresters, Bailiffs, Land-Stewards, and Farmers [...], London 1845, ^{2}1847 und ^{3}1848.
Sein The Gardener's Magazine (1826–43) war die erste die gesamte Gärtnerei umfassende Zeitschrift.

Weitere Veröffentlichungen: Über Gartenbau, Ackerbau, Architektur und Botanik. Seine Zeitschriften The Magazine of Natural

History (1828 ff.) und The Architectural Magazine (1834 ff.) waren ebenfalls die ersten ihrer Art.

Benutzte Ausgaben: *Treatise* 1971; *Sketches* 1981; *Encyclopaedia of Gardening* Weimar 1823–26 (ohne die Ergänzungen nach der 2. Aufl.); *Green-House Companion* 1825; *Suburban Gardener* 1982 und Repton, *Landscape Gardening* 1840. Außer *Encyclopaedia* und *Sketches* eigene Übersetzungen.

Entwerfer: Am Anfang wirbt Loudon selbst um Aufträge. Sein Buch von 1806 macht deutlich, daß er nichts anderes bezweckt, als den um eine Generation älteren und auf dem Gebiet führenden Repton in seinen Schwächen bloßzustellen und dadurch zu verdrängen. Im *Appendix* spricht er seine Kritik in unverfrorener Deutlichkeit aus.

Loudons reifere Schriften zielen darauf ab, den Leser selbst in den Stand zu setzen, seine Gärten zu machen. Auch die Damen lernen, ihren Blumengarten wie ihre Möbel und Häuser selbst zu entwerfen und werden *her own landscape-gardener* (*Suburban Gardener*, S. 7). *Every one must have felt the infinitely greater pleasure which is enjoyed from the contemplation of what we have planned and executed ourselves, to what can be experienced by seeing the finest works belonging to, and planned by, another* (S. 9). Die Gärtner sollen *durch Aufklärung und durch Erhöhung ihrer intellectuellen Stellung am besten in den Stand gesetzt werden, in ihrem Fache Fortschritte zu machen und größern Werth für die Patrone des Gartenwesens zu erlangen* (*Encyclopaedia*, S. IV). *Das Streben nach Verbesserung ist dem civilisirten Menschen eigenthümlich und beruht auf immer weitern Fortschritten. Die Menschen sind zufrieden mit dem, was sie haben, so lange sie nichts Besseres kennen; und deßwegen ist Vermehrung der Kenntnisse eine der ersten Quellen der Verbesserung des Geschmacks bei den Patronen des Gartenwesens* (S. 1483). Seinen geradezu manischen Wissensdrang fordert Loudon auch von andern, wenn er etwa (S. 1485–98) eine jedes Detail regelnde Anweisung zur *Erziehung* und *Selbstbildung* des Gärtners gibt.

Aufgaben: *Gartenbau (Gardening)* [...] *ist, mit dem Ackerbau verglichen, das Bebauen eines begränzten Stück Landes für* *eßbare und zierende Gewächse, und zwar durch Handarbeit; bei dem jetzigen verfeinerten Stand der Kunst muß man ihn die, durch Handarbeit bewirkte Bildung und Cultur einer mehr oder weniger ausgedehnten Landschaft, benennen, die zu verschiedenen Zwecken, als dem des Nutzens, der Zierde und des Vergnügens, eingerichtet wurde.*

Der Gartenbau hat, gleich den meisten Künsten, seinen Ursprung im Abhelfen eines Mangels; als die Mängel zu Wünschen wurden, die Wünsche sich vermehrten, luxuriöser und verfeinerter wurden, wird auch sein Bereich ausgedehnter [...] (*Encyclopaedia*, S. 1).

Als Funktionen des Hausgartens nennt Loudon an erster Stelle die körperliche Arbeit, Quelle von Freude und Gesundheit (*Suburban Gardener*, S. 2): *To labour for the sake of arriving at a result, and to be succesfull in attaining it, are, as cause and effect, attended by a certain degree of satisfaction to the mind, however simple or rude the labour may be, and however unimportant the result obtained.* Die einzelnen Tätigkeiten werden liebevoll beschrieben: umgraben, hacken, harken, beschneiden, pfropfen, säen, wässern. Weiteres Vergnügen gewährt die Beobachtung der Insekten, *an entirely new field of exertion and interest* (S. 3) und der endlosen Vielfalt der Pflanzenwelt im Laufe der Zeiten. Der Garten verschafft *a scientific and practical knowledge of plants* und macht den Besitzer zu einem *man of taste, and, consequently, a critic, both in landscape-gardening and rural architecture.*

Die Lehrer sind aufgefordert, auch den Kindern anhand des Gartens praktische Kenntnisse zu vermitteln (S. 7). Die Kinder dürfen auf dem Gras spielen (S. 181 f.).

Beim Friedhof unterscheidet Loudon wie beim Hausgarten sanitäre und geistige Aufgaben: *Die Hauptaufgabe eines Friedhofs ist die Aufnahme der sterblichen Überreste in einer solchen Weise, daß ihre Verwesung und Rückkehr zu der Erde, der sie entsprungen sind, die Lebenden nicht belästigt durch Schädigung ihrer Gesundheit oder Schockierung ihrer Gefühle, Ansichten oder Vorurteile.*

Eine zweite Aufgabe ist oder sollte sein die Verbesserung der moralischen Empfindungen und des allgemeinen Geschmacks aller Klassen, ganz besonders der breiten Masse der Gesellschaft (Gardener's Magazine 1843, S. 93).

Friedhöfe sollen das Wissen von Architektur, Skulptur, Landschaftsgärtnerei, Baumzucht, Botanik und Geschichte fördern, den

Geschmack und die Sitten bessern, besonders bei den armen Landleuten, die keine anderen Bildungsquellen haben (Gardener's Magazine 1843, S. 104f. u. 475). Nur am Rande erwähnt Loudon einmal, daß sie auch *an impressive memento of our mortality* sein sollen (ebd. S. 142).

Metaphysische Verknüpfungen liegen Loudon ganz fern. Er spricht nicht von Gott, Transzendenz und Tod, wenig auch von der Natur, sondern hauptsächlich von der Beziehung des Gartens zum Menschen und zur Gesellschaft.

Die Gartenkunst *(landscape-gardening)* wird unter die Künste eingereiht, jedoch unterschiedlich, je nachdem, ob sie sich im geometrischen oder natürlichen Stil bewegt. Man darf sich nicht irreführen lassen, indem man *landscape-gardening* als Gartenkunst in landschaftlichem Stil versteht (*Suburban Gardener*, S. 162): *The words landscape-gardening are evidently applicable to the geometrical style, as well as to the natural style; because landscapes are produced by both.* Die geometrische Gartenkunst gehört mit der Architektur zu den erfindenden Künsten, die die Kunst eingestehen, und gleichzeitig zu den gemischten Künsten, die sowohl angenehm als auch nützlich sind. Die Gartenkunst im natürlichen Stil dagegen gehört mit Malerei und Poesie zu den nachahmenden Künsten, die Natur nachahmen und Kunst verbergen. *Man kann diese Künste,* sagt Loudon, *deren Wesen so verschieden ist, durchaus nicht mit einander vergleichen, und zu sagen, daß die Landschaftsgärtnerei eine Verbesserung der geometrischen Gartenkunst sey, ist ein gleicher Mißbrauch der Sprache, als sagte man, die Wiese sey eine Verbesserung des Kornfelds, weil sie an dessen Stelle getreten. Es ist albern, den alten Styl zu verachten, weil er nicht dieselben Schönheiten hat, wie der neue, wornach er nie strebte. Er besitzt Schönheiten ganz verschiedener Art, eben so willkommen in ihrer Art, als die des neuen Styls* (*Encyclopaedia*, S. 128).

Derjenige aber, der bloß die Natur täuschend echt nachahmt, wird nicht als Künstler anerkannt. Kunst entsteht nur, wenn entweder die Formen oder die Materialien so verändert werden, daß sie sich in auffallender Weise von der Natur unterscheiden (*Suburban Gardener*, S. 137f.). Loudon folgt hier Quatremère de Quincys Überlegungen zum Begriff der Imitation (1823, S. 93, vgl. Turner 1982).

In der Rangzuweisung der Gartenkunst innerhalb der Künste

folgt Loudon seinem schottischen Landsmann Alison: *Der Unterschied zwischen einer natürlichen Landschaft und einer Gartenlandschaft ist viel geringer als der zwischen einer Gartenlandschaft und ihrer gemalten Darstellung; daraus folgt, daß die Kunst der Landschaftsgärtnerei in der Rangordnung der nachahmenden Künste viel niedriger als die Landschaftsmalerei anzusiedeln ist. Sie hat indessen denselben Vorzug vor der Landschaftsmalerei, den die Architektur vor der Skulptur hat, nämlich das Nützliche mit dem Angenehmen zu verbinden (Suburban Gardener, S. 163).*

Alle Wirkungen, die die Landschaftsgärtnerei als Kunst hervorbringt, rechnet Loudon unter *Schönheiten*. Im *alten Styl*, als *erfindende Kunst*, bringe sie hauptsächlich *relative Schönheit* (Kames) hervor, die auf dem *Planmäßigen, Angemessenheit* und *Nützlichkeit (design, fitness and utility)* beruhe, im *neuen Styl*, als *nachahmende Kunst*, vor allem *natürliche oder unabhängige Schönheit*, die auf dem *Malerischen (Picturesque)* beruhe. *Es giebt aber noch eine dritte Quelle der Schönheit, sowohl für die erfindenden als für die nachahmenden Künste, nämlich die zufällige Schönheit, die durch örtliche, willkührliche oder vorübergehende Zusammenstellungen und Verknüpfungen entsteht.* Hierzu rechnet Loudon *classische* und *historische*, *volksthümliche* und *persönliche Verbindungen; sie gehören nicht der Menschheit im Ganzen, sondern bloß dem Individuum zu. Sie entstehen als Folge der Erziehung, der eigenthümlichen Denkweise, und die Schönheit, welche sie erschaffen, wird nur von denen gefühlt, welche aus gleichen Ursachen auf die Bildung gleicher Verknüpfungen geriethen.* Auch der *Ausdruck von Größe, Verfall, Schwermuth u.s.w.* gehöre hierher (*Encyclopaedia*, S. 1351–1361).

Geschmack muß das *leitende Prinzip* beim Entwurf sein, wobei der Geschmack nicht allgemein ist, sondern *sehr verschieden* (S. 1052). Auch hierin folgt Loudon Alison.

Loudon glaubt, daß der *wahre Geschmack auf Wissenschaft oder Verstand gegründet seyn muß, und bei weitem nicht so vag und unbestimmt ist, als sich viele einbilden* (ebd. S. 443).

Für ihn kann jeder Kunst erzeugen, wenn er die feststehenden Grundsätze systematisch befolgt. Es gibt keinen *unerklärbaren Rest*, den zu schaffen dem Künstler vorbehalten ist. *Alles, was bei einem Gebäude oder in einem Garten nicht aus grundlegenden Prinzipien heraus rechtfertigt werden kann, muß ohne Zweifel falsch sein, und alles, was nicht auf zuvor aufgestellte Regeln zurückgeführt werden kann, muß notwendig neu sein und mag entweder richtig oder falsch sein je nach seiner Übereinstimmung mit grundlegenden Prinzipien. Deshalb dürfen alle Werke der Schönen Künste ebenso wie die der Mechanischen Künste der Vernunft unterworfen werden, und folglich muß jedes an einem Gebäude oder in einem Garten erzeugte Teil überflüssig oder fehlerhaft erscheinen, wenn dafür keine ausreichende Begründung angegeben werden kann* (*Suburban Gardener*, S. 133).

Das Gartenwesen, so ist Loudon überzeugt, hänge von den Regierungs- und Gesellschaftsformen ab (*Encyclopaedia*, S. 120f.): *Unter den väterlichen Regierungsformen wird der Geschmack des Monarchen im Allgemeinen streng von denen seiner Unterthanen, welche die Mittel dazu besitzen, befolgt werden, und so die Mode sich das Gebiet der Vernunft anmaßen. Solch' eine Regierung muß den Künsten günstig, oder ungünstig seyn, jenachdem der Geschmack des Oberhauptes ist. Im Allgemeinen lieben Monarchen den Glanz mehr, als die Eleganz und den Nutzen, und sind also auch weniger geneigt, die nützlichen Erzeugnisse der Gartenkunst für ihre Unterthanen gemeinnützig zu machen, als die luxuriösen Genüsse einiger begüterter Hofleute zu vermehren. Dieß bestätigte sich bei Ludwig XIV, der die Mode nicht bloß in Frankreich, sondern in Europa bestimmte, aber, aller Wahrscheinlichkeit nach, niemals den Garten eines Landmannes nur um einen Fuß breit erweiterte, oder ihm eine Kohl- oder Kartoffelsorte mehr für seinen Tisch verschaffte. Unter einer republikanischen Regierung ist die öffentliche Gesinnung alsbald auf Gleichheit und Wirthlichkeit gerichtet, und daraus entspringt Abneigung gegen solche Künste, oder deren Zweige, die dem Luxus dienen. Die Gärtnerei wird, unter solchen Umständen, mehr als eine nützliche, denn als eine planmäßige und geschmackvolle Kunst getrieben werden, mehr wegen ihrer wesentlichen Wohlthaten, und wissenschaftlichen Gegenstände, als wegen ihrer außerordentlichen Erzeugnisse und ausgesuchten Geschenke. Zu Anfang der Revolution hielten die Herausgeber der Encyclopädie (man siehe die Theile, worin über den Acker- und Gartenbau gehandelt wird) die Erzeugnisse der Treibhäuser und den Geschmack an gefüllten Blumen für geringfügig. In Amerika und der Schweiz herrscht dieselbe Einfalt des Geschmacks.*

Die endliche Richtung jeder freien Regierung oder Gesellschaft ist jedoch das Eigenthum in unregelmäßige Massen, wie die Natur alle ihre Besitzthümer vertheilte, zu vereinigen; und diese Unregelmäßigkeit ist für die Gärtnerei, als nothwendige, den Lebensgenuß erhöhende, und elegante Kunst, höchst günstig; denn sie kann nur in einem solchen Lande zur Vollkommenheit getrieben werden, wo sie in allen ihren Zweigen, und zu allen für sie zugänglichen Zwecken ausgeübt wird. [...]

Im gemischten Zustande der Gesellschaft, wo das Eigenthum in wenig Händen ist, und die Bevölkerung größtentheils aus Grundherren und Sclaven besteht, kann der unermeßlich Reiche große Pläne ausführen, die durch die Pracht in Erstaunen setzen; aber der Geschmack eines solchen Volks ist selten verfeinert; Kunstwerke werden bloß als Zeichen der Wohlhabenheit geschätzt; ihre Verdienste erkennt man nicht, und eben weil nach dem ersten Ausbruch des Erstaunens die Theilnahme an ihnen sich verringert, werden sie bald mit Gleichgültigkeit betrachtet, vernachlässigt, oder zerstört. Das Gartenwesen kann, unter solchen Verhältnissen, in keinem seiner Zweige gefördert, noch der Besitz von Gärten bei irgend einer Classe der Bevölkerung allgemein werden. Rußland und Polen gelten hier für Beispiele.

In Freistaaten, wo der Handel ein leitendes Streben, und Eigenthum unregelmäßig unter alle Classen vertheilt ist, wo es begüterte, reiche und noch auf den Erwerb bedachte Bürger giebt, wo von jeder Classe die Annehmlichkeiten des Lebens gekannt und genossen werden, da wird auch das Gartenwesen in allen seinen Zweigen gedeihen. Die Gärten ersten Ranges der sehr Begüterten werden dem Reichen ein Muster seyn, als Belohnung für ausübende Gärtner und Künstler dienen, und ein Sporn für den unabhängigen Mann, der zu einsichtig ist, um bei seinen Verbesserungen auf einem Punkt stehen zu bleiben. Der sich von den Geschäften zurückziehende Krämer wird nach derselben Vortrefflichkeit, wie der Kaufmann streben, und ihn seinerseits wieder anspornen. Hausgärten werden dem Lande zur wahrhaften Zierde gereichen, und die arbeitende Classe mit gesunder Nahrung und angenehmen Früchten versorgen, welche bei größerer Aufklärung es vorziehen wird, ihre Mußestunden mit Gartenbau, statt mit gröbern Vergnügen und Zeitverkürzungen, auszufüllen. So stand es ehedem in Holland, und so steht es gegenwärtig einigermaaßen in Großbritannien.

1806 spricht Loudon noch die herkömmlichen Auftraggeber des

Gartenkünstlers, nämlich reiche Grundbesitzer, an. Später (1822) geht er alle Arten von Gärten durch bis zum *Häuschen und Garten des Tagelöhners* (S. 1381 f.): *Man könnte diesen ländlichen Wohnplatz für zu demüthig halten, als daß er von dem Landschaftsgärtner berücksichtigt werden dürfte; aber für das Wohl des Ganzen ist es höchst wichtig, daß auch diese Wohnungen und der Zustand ihrer Bewohner verbessert werde. Was wir darüber vorzubringen gedenken, stützt sich auf den Grundsatz, daß Alles, was das häusliche Wohlbefinden des Landmanns fördert, ihn auch zu einem bessern Diener und Unterthanen, und in jeder Rücksicht zu einem schätzbarern Glied der Gesellschaft macht. Außerdem ist die Hütte des Tagelöhners eine Sache, die auf dem Lande stets in's Auge fällt [. . .].*

Soweit wie irgend möglich, will Loudon dem Individualismus Rechnung tragen. *In Bezug auf die Gewohnheiten der Familie ist es nicht allein die Pflicht eines Gärtners, solche Gemüsarten, Früchte und Blumen zu ziehen, welche die Familie am meisten zu consumiren oder zu lieben pflegt, sondern er muß auch noch auf andere Gewohnheiten des Genießens Rücksicht nehmen, z. B. ob die Glieder der Familie gern im Garten spazieren gehen, zu welcher Zeit und an welchen Orten, damit er alles in der Beschaffenheit und Ordnung erhalte, die sich am besten hierzu eignet. Manche lieben die Wohlgerüche [. . .]. Andere ergötzen sich mehr am Gesange der Vögel [. . .]. Manche lieben es nicht, auf ihrem Spaziergange von den Tagelöhnern gesehen zu werden, oder begegnen ihnen nicht gern auf den Pfaden, wo sie sich diese Erholung machen. Andere sehen gern der fleißigen Arbeit zu, richten wohl auch gern Fragen an die Arbeiter.*

In allen Familien giebt es zu dieser oder jener Zeit Patienten, und dann ist es wünschenswerth, daß ihnen der Garten eine Erleichterung ihrer Leiden gewähre. Manche Patienten, die an den unteren Extremitäten leiden, können bloß auf Rasenpfaden gehen; andere, die an Engbrüstigkeit leiden, können sich nicht bücken, um an den Blumen zu riechen, Stachelbeeren und Rosen zu pflücken; noch andere müssen vielleicht in einem Sessel um die Warmhäuser herumgetragen oder liegend und mit einem Glaskasten überdeckt in den Wegen gefahren werden. [. . .] Ein kranker Gartenliebhaber, der das Zimmer hüten muß, wird dadurch erfreut werden können, wenn man ihm Pflanzentöpfe einige Minuten lang zur Betrachtung bringt und ihre Fortschritte zeigt; wenn man ihnen erzählt, welche Arbeit jetzt begonnen wird, und welche Gartengewächse jetzt in der höchsten Vegetation stehen. [...]

Auch ob eine Familie gern zurückgezogen lebt oder nicht, ist ein Umstand, den der Gärtner in's Auge fassen muß. Eine in der Zurückgezogenheit lebende Familie legt besonderes Gewicht auf nützliche Erzeugnisse und auf die Erholung, welche der Garten ihren Gliedern, für sich allein betrachtet, gewährt. Eine Familie, die in vielfachen Verbindungen mit andern steht, legt dagegen großen Werth auf die Schönheit, höchste Ordnung und gute Unterhaltung eines Gartens. [...] (ebd. S. 1399f.)

Der *Suburban Gardener* ist *intended for the instruction of those who know little of gardening and rural affairs, and more particularly for the use of ladies* (Titelseite). Die Bestimmung für weniger bemittelte Bürger wird in der Einführung noch deutlicher: *Wir haben in der Encyclopaedia of Cottage, Farm, and Villa Architecture, S. 8 gezeigt, daß alles, was bei der Einrichtung eines Haushalts für den Lebensgenuß wesentlich ist, in einem Häuschen mit drei oder vier Räumen ebensogut erreicht werden kann wie in einem Palast* (S. 8); *Der Unterschied in der Zufriedenheit der Klassen wird* [...] *meist ganz vom Unterschied in ihrem Eifer abhängen, denn in jeder anderen Hinsicht sind sie gleich* (S. 9). *Lange haben wir beobachtet, daß der Arme durch Zusammenarbeit und Selbstbildung sich alles verschaffen kann, was zum Vergnügen der mehr Begüterten wünschenswert ist, und wir haben selber viele Jahre lang studiert, um den Weg herauszufinden, wie all die Verbesserungen in der Architektur, Gartenkunst, Land- und Hauswirtschaft auf den Besitztümern der Arbeiter- und Mittelklasse der Gesellschaft nutzbar gemacht werden können* (S. 11).

Definition und Bewertung der Stile haben sich im Laufe von Loudons Entwicklung gewandelt. 1806 unterscheidet er den geometrischen von London, Wise (Zeitgenossen Le Nostres) und Switzer, den modernen landschaftlichen Lancelot Browns, dem Repton nahestehe, und den *Characteristic or Natural Style*, den er selbst vertrete. Es handelt sich dabei um eine radikale Form des Pittoresken. Ohne Übergang soll der pittoreske Garten bis ans Haus heranreichen.

1822 unterscheidet Loudon nur den alten geometrischen und den modernen landschaftlichen Stil, dem Pope ebenso wie Price und Repton zuzuordnen seien (S. 1353f.). Während er 1806 den geometrischen noch abgelehnt hatte, rehabilitiert er ihn jetzt (S. 128): *Wir glauben genug gesagt zu haben, um zu beweisen, daß das Gartenwesen als eine planmäßige Kunst, als auf Clima und Lage des Landes, auf Sitten und Gebräuche des Volkes bezüglich, betrachtet werden muß, und daß, aus diesem Gesichtspunkt angesehen, der alte und neuere Styl vollkommen natürlich, und der Annahme gleichwürdig sind, und zwar mehr der obwaltenden Umstände wegen, als wegen einer bestimmten Schönheit oder Vortheils der einen oder der andern Manier. Wir sind also der Meinung, daß der alte Styl, von einigen, auf warme Himmelsstriche sich beziehenden Eigenschaften entkleidet, und von den fratzenhaften Ausschweifungen in den Decorationen gereinigt, sich zu einem weit bessern Geschmack für die Schottischen Hochlande und Südireland, als der neuere Styl eignet; und daß dieser letztere noch eine lange Reihe von Jahren hindurch, keine andere Befriedigung auf dem festen Lande gewähren kann, als die, welche aus dem vorübergehenden Reiz der Neuheit, und zufälligen Verknüpfungen entspringt. Er wird bei den nächstfolgenden Einrichtungen nie ganz aus den Augen verloren werden, aber wenn der Einfluß der Mode aufhört, werden die Schönheiten des alten Styls gewünscht werden, da sie besser den fraglichen Gegenstand ausfüllen, so lange das Grundeigenthum in diesen Ländern noch nicht, wie in England, eingeschlossen, mit Zwischenhecken versehen und eben so cultivirt wird* (vgl. Alison).

1832 distanziert sich Loudon vom pittoresken Stil und stellt eine neue Stilkategorie, die des *gardenesque*, auf, als deren Schöpfer er gilt (The Gardener's Magazine 8. 1832, S. 701): *Mere picturesque improvement is not enough in these enlightened times: it is necessary to understand that there is such a character of art as the gardenesque, as well as the picturesque. The very term gardenesque, perhaps, will startle some readers; but we are convinced, nevertheless, that it is a term which will soon find a place in the language of rural art.*

Im *Suburban Gardener* wird der gardeneske Stil wie folgt vom pittoresken abgegrenzt (S. 164 ff.): *Wo der gardeneske Stil der Naturnachahmung angewendet werden soll, müssen die Bäume, Sträucher und krautigen Pflanzen getrennt werden, und statt zusammen wie in der Waldszenerie gruppiert zu sein (wo zwei Bäume oder ein Baum und ein Strauch häufig aus derselben Wurzel zu entspringen scheinen und die Stämme unten von üppig wuchernden Kräutern begleitet werden), muß eine gardeneske Gruppe aus Bäumen beste-*

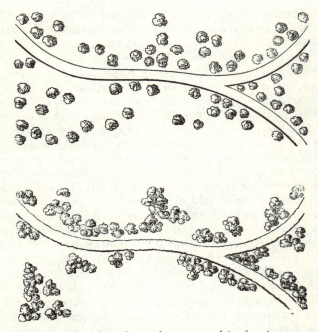

Abb. 45 *Trees arranged in the gardenesque and in the picturesque style.* Man beachte auch die unterschiedlich gestalteten Wegekanten. Aus: Loudon, *Suburban Gardener* 1838, S. 165.

hen, die einander nicht berühren, und die Gruppen nur insofern bilden, als sie so nah beieinanderstehen, wie es ohne Berührung möglich ist, und fern von großen Massen oder von Einzelbäumen oder Baumreihen stehen. Das heißt nicht, daß alle Bäume, die im gardenesken Stil eine Gruppe bilden, gleiche Abstände haben sollen. In diesem Fall würden sie kein Ganzes bilden, wie das Wort Gruppe stets impliziert. Vielmehr sollen die Abstände, obwohl alle Bäume in einer gardenesken Gruppe so weit voneinander entfernt sein müssen, daß sie sich nicht berühren, so verschieden sein, wie der Gestalter möchte, sofern nur die Idee der Gruppe nicht aus dem Auge verloren wird.

[...] Derselbe Charakter wird auch den Wegen mitgeteilt, d. h.,

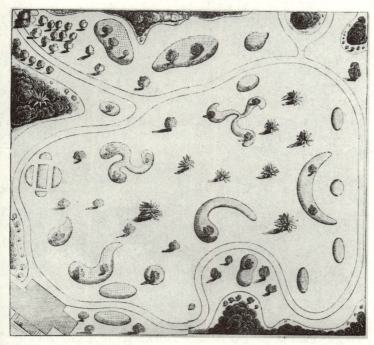

Abb. 46 Einsendung auf einen von Loudon ausgeschriebenen Wettbewerb zur Bepflanzung eines vorgegebenen Blumengartens. Loudon nennt das Beispiel abscheulich und prinzipienlos, wenngleich die meisten Gärten in dieser Art angelegt würden. Aus: Gardener's Magazine 1835, Abb. 29.

im gardenesken Stil haben sie deutliche und glatte Begrenzungen, während der pittoreske Weg eine undeutliche und rauhe Kante hat. [...]

Beim Pflanzen, Auslichten und Schneiden ist, um gardeneske Wirkung hervorzubringen, die Schönheit jedes Baum- und Strauchindividuums als Einzelobjekt in Betracht zu ziehen, ebenso die Schönheit der Masse, während beim Pflanzen, Auslichten und Schneiden zwecks pittoresker Wirkung die Schönheit der Baum- und Strauchindividuen von geringer Bedeutung ist, weil in einer pittoresken Pflanzung oder Szene kein Baum oder Strauch isoliert stehen soll

Abb. 47 Eine andere Lösung, die Loudon als sehr gut beurteilt, aber selbst nicht empfehlen würde. Um die Form *1* erkennen zu können, müßte die Augenhöhe im Wohnzimmer beträchtlich sein. Aus: Gardener's Magazine 1835, Abb. 31.

und jeder nur als ein formender Teil der Gruppe oder Masse betrachtet werden soll. [...]

Es gibt jetzt, 1838, für Loudon vier gleichberechtigte Stile, den geometrischen, den pittoresken, den gardenesken und den rustikalen. Der letztere allerdings ist eine bloße *fac-simile imitation* der Natur und kann deshalb keinem Kunstwerk eigen sein (S. 166–168).

Der geometrische Stil paßt für kleine, rechteckige und ebene Gärten, der pittoreske für große, unebene Gärten, der gardeneske für *botanists* und der rustikale *für Personen mit romantischer oder sentimentaler Denkweise, die es lieben, sich mit Szenerien zu umgeben, die mit Lebenssituationen assoziiert werden, welche der, in der sie sich wirklich befinden, ganz entgegengesetzt sind, oder die durch*

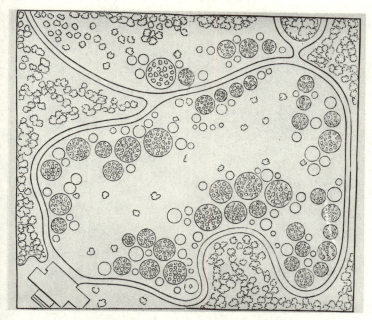

Abb. 48 Loudons eigener Vorschlag für Gärtner, die nicht Künstler sind. Die kreisförmigen Beete sind leicht zu bepflanzen und wirken wie Blumensträuße. Für Abwechslung sorgt ihre unterschiedliche Größe. Grundsatz ist, daß alle Beete vom Weg und untereinander mindestens drei Fuß Abstand einhalten. Die großen werden mit Blumensträuchern, die kleinen mit Blumen bepflanzt, doch immer nur von einer Art oder Gattung. Die Schönheit des Entwurfs besteht darin, daß höchste Abwechslung mit einfachsten Elementen erreicht wird. Aus: Gardener's Magazine 1835, Abb. 51.

Hervorbringen eines auffälligen Gegensatzes zu verfeinerter oder künstlicher Szenerie Aufmerksamkeit erregen wollen, sei es im unregelmäßigen oder im geometrischen Stil (Suburban Gardener, S. 169).

Loudon geht am Ende seines Lebens so weit, Gärten im Stil des 16. Jh. zu entwerfen und Entwürfe von André Mollet und Dézallier zur Nachahmung wiederzugeben (Gardener's Magazine 19. 1843, S. 171, 371, 547, 635, 687, 705).

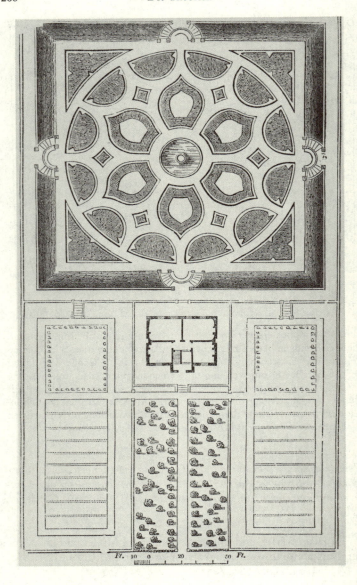

Auf der letzten Stufe seiner stilistischen Entwicklung stellt Loudon die vier historischen Stile, den Geometrischen, Kents, den Pittoresken und Reptons gleichberechtigt neben seinen neuen, den Gardenesken. Er plant fünf Bände, in denen er diese fünf Stile zur Anwendung empfehlen will. Es gelang ihm nur noch, einen dieser Bände zu veröffentlichen, welcher die gesammelten Schriften seines ehemaligen Feindes Repton enthielt. In dem 1839 geschriebenen Vorwort sagt er (S. X f.): *Der große Vorteil dabei, die verschiedenen Schulen getennt und so zu behandeln, daß sie sich fest dem Geist des jungen Gärtners einprägen, ist der, daß er dadurch lernen wird, wie ein und derselbe Gegenstand in den verschiedenen Systemen wirkt, und somit wird er in der Praxis befähigt, die für die Situation, das Klima und die vorgefundenen Umstände am besten geeigneten Stile oder Schulen anzuwenden oder bestimmte Teile verschiedener Stile und Schulen so zu kombinieren, daß der gewünschte Erfolg an gegebenem Ort aufs beste eintritt. Dies halten wir für die wirkungsvollste Art, Manierismus oder die Anwendung einzelner Stile, Schulen oder Systeme, die man als besser denn alle anderen unterschiedslos in jeder Situation, obgleich unter äußerst verschiedenen Umständen verwendet, zu verhindern.*

Gartenbau wird zum Nutzen und zum Vergnügen des Privatmanns getrieben, bei Hütten, Landhäusern und in Hausgärten; – zur öffentlichen Belustigung, in schattigen und grünen Spaziergängen, in Parken in und bei großen Städten; – zum öffentlichen Unterricht, in botanischen und ökonomischen Mustergärten; zur allgemeinen Belehrung, in National- und Königlichen Gärten, – und für Handelszwecke in Gemüse-, Obst-, Saamen-, Arzeneipflanzen-, Blumengärten und Baumschulen (Encyclopaedia, S. 1 f.).

Abb. 49 London: *Suburban Residence* von 10 *acres* (4 ha) im geometrischen Stil. Vorne zwei Küchengärten und in der Mitte ein Baumgarten aus Obstbäumen, untermischt mit Ilex, Taxus und Buxus. Die Terrassenmauer ist mit Schlingern oder Sträuchern abgepflanzt. Hinten liegt versenkt ein amerikanischer Blumengarten. Die Böschung ist mit Rasen bedeckt. Die vier Eckbeete enthalten Rasen oder Buxus, die zwölf halbkreisförmigen Sommerblumen und Chinarosen, die sechs viereckigen Magnolien und die sechs zwiebelförmigen Rhododendren, Kalmien, Azaleen u. a. amerikanische Blütensträucher. Die Wege sind asphaltiert, um Pflegekosten zu sparen. Aus: Gardener's Magazine 1841, S. 350–353.

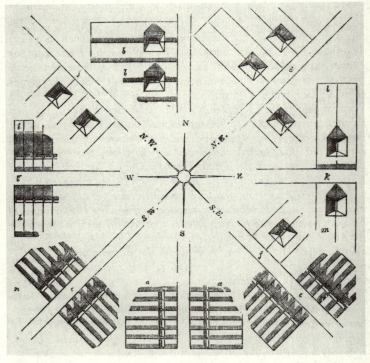

Abb. 50 Loudon: Besonnungsdiagramm für Reihenhausgärten. Aus: *Suburban Gardener* 1838, S. 178.

Die Blumengärten behandelt er 1822 vor den Gehölzpflanzungen und dem *landscape gardening*, damit ihren damaligen Stellenwert verdeutlichend.

Im *Suburban Gardener* sind etwa 50 Beispiele für Hausgärten ausführlich beschrieben. Loudon ordnet sie in vier Klassen ein. Die Vorstadtgärten 1. Klasse, die *villa-gardens* (>10 *acres* = 4 ha), umfassen *park*, *lawn* und *pleasure-ground*, die 2. Klasse (>2 *acres* = 0,8 ha) nur *pleasure-ground* und *kitchen-garden*, bei der 3. Klasse (>1 *acre* = 0,4 ha) sind *lawn*, *kitchen-garden* und *pleasure-ground* kombiniert, die Dorf- und Reihenhausgärten 4. Klasse (1 *perch* bis

John Claudius Loudon

1 *acre* = 100–4000 m²) lassen nur beschränkte Nutzung zu (S. 170f.). Die kleinsten Gärten werden zuerst besprochen. Hier gibt es auch Beispiele für gemeinschaftliche Reihenhausvorgärten für bis zu 20 Anlieger (S. 294–306). Unter den Vorstadtgärten 2. Klasse sind u. a. Pfarrgärten und Kirchhöfe genannt (S. 590 bis 611).

Loudon schreitet von den kleinsten zu den größeren Hausgärten vor. Sehen wir, was er zu den kleinsten schreibt. Hier muß mehr als sonst auf die Himmelsrichtung Rücksicht genommen werden. Deshalb gibt Loudon als erstes ein Diagramm, das die Beschattung kleiner Gartengrundstücke durch Wohnhaus und Gartenmauern in allen möglichen Lagen zeigt, und beschreibt, wie mit der Bepflanzung diesen Verhältnissen zu folgen ist (S. 177–180). Für ein Reihenhausgrundstück von 150×30 *ft*. (46×9 m) entwickelt er dann, ohne das Wohnhaus zu verändern, neun Möglichkeiten, den Garten vor und hinter dem Haus zu gestalten. Er hält sich dabei an neun mögliche Hauptzwecke des Besitzers: Sparsamkeit bei der Anlegung, Sparsamkeit bei der Unterhaltung, Ertrag, Erholung *(exercise and recreation)*, Gemüse- mit ein wenig Blumenbau, Ziergärtnerei, Gärtnerei unter Glas, Anbau von Floristenblumen und Schaufrüchten sowie Pflanzensammlung nach botanischen Gesichtspunkten (S. 181–284).

Weitere Anwendungsgebiete der Gartenkunst sind Gewächshäuser und Friedhöfe.

Als Aufgabe des *Hothouse*s bezeichnet es Loudon in *Sketches* (Sartory, S. 230), *die verschiedenen tropischen Früchte und Blumen zur Schau* [zu] *stellen und die Fröhlichkeit und Schönheit des Frühlings und Sommers inmitten der fröstelnden Kulisse des Winters* [zu] *bekräftigen*. Den Wandel in der Auffassung des Gewächshauses vom Nutzobjekt, das – wie die barocken Orangenhäuser – höchstens bei festlichen Anlässen auch ästhetische Bedeutung hatte, zum Gegenstand der Gartenkunst macht er im *Green-House Companion* (S. V) deutlich: *Das Grünhaus, das vor 50 Jahren ein selten anzutreffender Luxus war, ist jetzt ein Zubehör jeder Villa und vieler Stadthäuser geworden – kein sehr dringlicher freilich, aber einer, den man für angemessen und höchst wünschenswert hält und den man als Kennzeichen eleganten und verfeinerten Genusses betrachtet.*

Die Freuden, die ein noch so kleines Grünhaus dem weiblichen Teil der Familie gewährt, sind beträchtlich; und wo es Kinder gibt,

272 Die Theorien

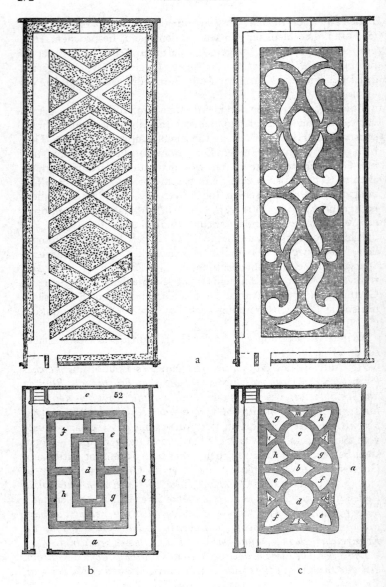

a

b

c

können die Freuden mit nützlicher Unterweisung verbunden werden, wenn man sie die Namen und die Natur der Pflanzen, ihre Kultur und ihre Behandlung im Lauf der Jahreszeiten lehrt, zumal während der Zeit, wo man es nicht vor den Türen tun kann (Suburban Gardener, S. 109).

Unter den Gewächshäusern *(Hothouses)* sind es die *Greenhouses* und *Conservatories,* die überwiegend dem Vergnügen dienen. Der Unterschied beider ist *(Encyclopaedia,* S. 1077): *Das Conservatorium nennen die Gärtner, in der Regel, ein solches Pflanzenhaus, in welchem die Pflanzen im Beet oder in der Rabatte, ohne Töpfe anzuwenden, gezogen werden. [...] Die Grundsätze ihrer Anlegung sind in aller Hinsicht dieselben, welche für das Grünhaus aufgestellt worden sind, nur mit dem einzigen Unterschied, daß eine Grube das Beet oder die Stellage ersetzt, und an die Stelle des ringsumlaufen-*

Abb. 51a Loudon: Zwei rückwärtige Hausgärten für Blumenfreunde, 50 × 200 *feet.* Auf dem linken Entwurf sind die Beete (punktiert) durch gepflasterte Wege getrennt, auf dem rechten sehen wir die von Loudon bevorzugte Art, Beete (weiß) im Rasen (schraffiert) anzulegen. Die südexponierte Mauer kann mit halbharten seltenen Gehölzen bepflanzt werden, und als besondere Zierde schlägt Loudon vor, auf den Mauern lange Holzkästen mit in Kies und Sand eingebetteten Alpenpflanzentöpfen aufzustellen. Aus: *Suburban Gardener* 1838, S. 234.

Abb. 51b Loudon: Vorgarten für Blumistenblumen, 30 × 45 *feet.* Die seitlichen Mauern und das vordere Gitter sollen mit Efeu berankt werden, die Fassade mit Rosen. Die Rabatten *a* und *b* sind mit Frühjahrsblühern und Dahlien zu bepflanzen, die Rabatte *c* mit Chrysanthemums. Beet *d* ist für ausdauernde Nelken bestimmt, während die Bepflanzung der Beete *e–h* wechselt. Man kann im Frühjahr Tulpen, Hyazinthen, Ranunkeln und Anemonen blühen lassen und im Sommer einjährige, im Gewächshaus gezogene Blumen. Aus: *Suburban Gardener* 1838, S. 230.

Abb. 51c Loudon: Vorgarten mit *symmetrical Masses of Colour,* 30 × 45 *feet.* Der Rasen ist schraffiert. Beet *a* wird mit Rhododendren und anderen immergrünen Blütensträuchern bepflanzt, die Mauer wird als dunkler Hintergrund mit Efeu berankt. Die Beete *b* usw. sind mit je einer Art und in einer Farbe zu bepflanzen. Loudon gibt verschiedene Möglichkeiten mit Zwiebelpflanzen, Sommerblumen und Gewächshauspflanzen an. Im Beet *b* steht eine Sonnenuhr, in *c* und *d* sollen bepflanzte Vasen mit berankten Piedestalen aufgestellt werden. Aus: *Suburban Gardener* 1838, S. 227.

274 Die Theorien

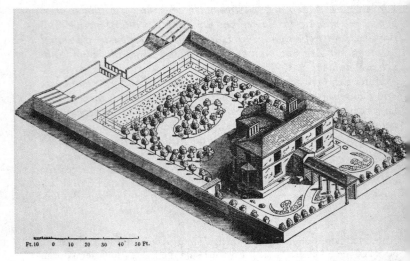

Abb. 52 Loudon: Villa 4. Klasse auf 1¾ *acre* (0,7 ha). Zu dem *single detached house* führt eine *veranda* durch den mit Blumen geschmückten Vorgarten. Ein *green-house* ist mit dem Wohnhaus verbunden (nicht sichtbar). Pavillons mit Sitzplätzen bilden die Grenze zwischen dem vorderen und hinteren Garten. Dieser kann wahlweise in gardenesker oder pittoresker Manier mit Bäumen und Sträuchern bepflanzt werden. An den Mauern ziehen sich Blumenrabatten vor Strauchpflanzungen oder Obstspalieren entlang. Weiter hinten liegt ein Obstgarten. Spaliere umgeben Beete für Beerensträucher und Erdbeeren. Ganz am Ende folgen Treibhäuser und Frühbeete. Aus: *Suburban Gardener* 1838, S. 408.

den Heizcanals eine schmale Rabatte tritt. Der kleinste Warmhausersatz ist das Blumenfenster, und: *An enthousiast might, indeed have the roof of his house entirely of glass, and train vines or creepers under it* [...] (*Suburban Gardener*, S. 109f.).

Gestaltung – Elemente: Der erste Grundsatz ist Künstlichkeit der Erscheinung: *Jedes Werk muß, um als Kunstwerk erkannt zu werden, so sein, daß es keinesfalls als Werk der Natur mißverstanden werden kann. Es stimmt, daß die Kunst ein Werk schaffen kann, das als Natur mißverstanden wird, aber in diesem Fall würde der geschaffene Gegenstand kein Gefallen als Kunstwerk finden, weil ihm*

John Claudius Loudon

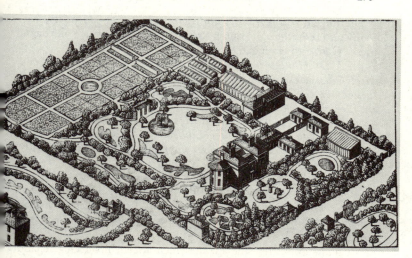

Abb. 53 Isometrie von Robertson nach einem Entwurf von T. Rutger, Villa 3. Klasse auf 3 *acres* (1,2 ha). Das Grundstück erstreckt sich von der Straße (rechts) nach Westen. Man erreicht das Haus über einen ovalen Vorplatz, an den links ein Blumengarten mit Leseraum und *shrubbery* und rechts ein *conservatory* anschließt. Der Garten hinter dem Haus schließt mit einer Fontäne vor einem Sommerhaus ab. Die schraffierten Flächen sind bis auf das Fontänenbecken Beete für Blumen und Sträucher. Am Ende des Grundstücks liegt ein Küchengarten. An der Nordgrenze sind, durch eine besondere Einfahrt zu erreichen, Wirtschaftsgebäude, Ställe, Treibhäuser und Frühbeete angeordnet. Aus: Loudon, *Suburban Gardener* 1838, S. 518.

die erste Bedingung, nämlich Künstlichkeit, oder mit anderen Worten jenes Aussehen, wodurch Kunst sofort erkannt wird, fehlt (*Suburban Gardener*, S. 137). Im Anschluß weist Loudon nach, wie der Landschaftsgärtner durch Pflanzenwahl und -anordnung, Gelände-, Wegeformen und Gebäude Künstlichkeit erzeugt.

Der zweite Grundsatz ist *agreeableness*. Damit diese auftritt, muß der Gegenstand zunächst verständlich sein. Das heißt, da man mit Auge oder Ohr immer nur einen Gesamteindruck auf einmal wahrnehmen kann, müssen alle Linien, Formen, Farben oder Klänge zusammen ein Ganzes bilden. *The expression "a group of objects" merely implies that these objects form a whole* (S. 144 f.).

Die Regeln von *regularity and symmetry, variety, intricacy, harmony* und *imitation*, die nun besprochen werden, dienen alle dazu, dieses Ganze zu erzeugen.

[...] das Hauptprinzip der Symmetrie ist die Vereinigung von zwei Teilen, die einzeln kein Ganzes bilden, zu einem Ganzen, im Gegensatz zur Einförmigkeit, bei der jeder Teil, da er regelmäßig ist, für sich ein Ganzes bildet (S. 149).

Vielfältigkeit [...] muß als wichtige Zutat zur Symmetrie oder zu einem Ganzen, in dem völlige Einheit des Ausdrucks besteht, bezeichnet werden, gleich ob dieses Ganze nun unregelmäßig oder symmetrisch ist (S. 150).

Harmonie [...] kann für unseren gegenwärtigen Zweck als höherer Grad von Vielfältigkeit betrachtet werden, eine Vielfältigkeit komplexerer Art, in die eine größere Zahl verschiedener Formen, Linien und Farben eingebracht ist als bei der gewöhnlichen Vielfältigkeit (S. 159).

Style and character sind es, die einen angenehmen Gegenstand vor einem andern gleicher Art *(extent)* auszeichnen (S. 160).

Die Stile sind rein und unvermischt auszuführen (*Encyclopaedia*, S. 1052). Hier klingt Alisons Einheitsgebot nach.

Die Form eines kleinen Gartens wird am gefälligsten seyn, wenn man dazu irgend eine regelmäßige Figur, z. B. einen Cirkel, ein Oval, ein Achteck, einen halben Mond u.s.w. wählt; wo aber der Umfang so groß ist, daß er nicht leicht mit einmal überblickt werden kann, paßt, in der Regel, eine unregelmäßige Gestalt besser (S. 1052).

Unerwünschtes wird verdeckt (S. 1271): *Der Wunsch, die Häuser, und besonders unserer ärmern Nachbarn, auszuschließen, entsteht nicht sowohl aus dem Grunde, daß uns die Häuser und ihre Bewohner mißfällig werden, als vielmehr aus Liebe für eine malerische Gesinnung, und um einen Landsitz zu haben, der der ländlichen Natur so nahe als möglich kommt. Manufacturen, Dampfmaschinen, Kohlenwerke, Zuchthäuser u.s.w., schließt man noch weit lieber aus, weil diese Gegenstände Ideen in Anregung bringen, die mit ländlicher Ruhe keineswegs im Einklange stehen.*

Die *Umfriedung* des Blumengartens geschieht durch immergrüne Hecken oder Gebüsch (S. 1052).

Die Wege macht man in *den meisten Stylen von Blumengärten aus Kies; aber in dem modernen Styl, wo die Gartenfläche mit*

Rasen bedeckt ist und mit wogenartig gegrabenen Beeten abwechselt und mit Gebüsch umgeben ist, da läßt man zuweilen den Kies weg. [...] *Scheint der mit Gras bewachsene Raum zwischen den Blumenbeeten zu groß zu seyn, so kann man ihn durch Körbe von immerblühenden Rosen, Nelken und andern Blumen schmälern, und diese Blumenkörbe bildet man durch runde Beete, die man mit Gußeisen umgiebt, welches so geformt ist, daß es den offenen Rändern eines Korbes gleicht und mit sehr dunkelgrüner Farbe überstrichen ist.*

In großen und unregelmäßigen Blumengärten muß ein Kiesweg, von breiten Rasenrändern eingeschlossen, auf denen solche gehen, die den Rasen den Kieswegen vorziehen, so angelegt werden, daß er durch alle Theile des Gartens läuft. Es muß auch noch andere interessante Nebenwege, von derselben Breite und mit Kies beworfen, geben, und wiederum kleinere Wege, auf welchen man zu einzelnen Puncten des Gartens gelangt (S. 1056).

Die Blumen teilt Loudon in *Blumistenblumen (Florist's Flowers)*, *Rabattenblumen (Border-Flowers)* und *Blumen für besondere Zwecke*. *Blumistenblumen* sind die, *welche vorzugsweise den Namen Blumen verdienen und deren Hauptformen eine lange Zeit fast ausschließlich die Aufmerksamkeit des Blumengärtners in Anspruch nehmen,* nämlich Hyazinthe, Tulpe, Ranunkel, Krokus, Narzisse, Iris, Kaiserkrone, Lilie, Amaryllis, Gladiole, Tuberose, Päonie, Dahlie, Aurikel, Primel, Nelke, Nachtviole, Lobelia, Campanula pyramidalis, Chrysantheme, Hortensie, Balsamine und Reseda (S. 1093).

Rabattenblumen sind harte Pflanzen mit prächtigen Blumen und von leichter Cultur. Sie dienen dazu, den Blumengarten und das Lustgebüsch zu verzieren, auch andere Stellen oder Rabatten, mit welchen der Garten verschönert werden soll (S. 1154).

Für jede dieser Blumenklassen, ebenso für Gehölze und Grünhauspflanzen, stellt Loudon Tabellen nach Blütezeit, Größe, Blütenfarbe und Lebensform zusammen. Er macht es jedem Laien ohne Pflanzenkenntnis und Kunstverstand möglich, sein eigener Gärtner zu sein, indem er mechanisch den Tabellen und Pflanzhinweisen folgt.

Zur Lage der Gewächshäuser sagt Loudon (*Encyclopaedia*, S. 1055): *Einige wollen, daß man die botanischen Warmhäuser im Blumengarten oder im Lustgebüsch vertheilen solle; wir sind aber*

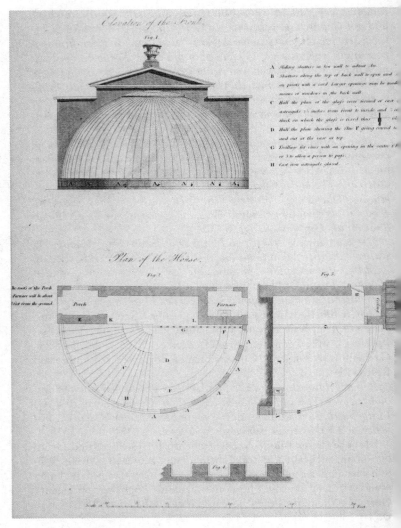

Abb. 54 Erster Entwurf eines Gewächshauses mit gebogener Front, von Sir George Stewart Mackenzie. Diese Form soll optimale Belichtung und Eleganz gewährleisten, die Innenseite kann mit Wein berankt werden. Aus: Transactions of the Horticultural Society of London, 2. London 1815.

der Meinung, daß der beste Effect erlangt wird, wenn sie an einem Ort mit einander in Verbindung stehen. Auf die andere Weise können sie wohl auch dem Auge äußerlich einen angenehmen Anblick gewähren; aber um die volle Wirkung ihrer innern Schönheit zu empfinden, muß man sie, wie es uns bedünkt, in einer Reihenfolge und ohne Unterbrechung untersuchen können. Keine Einrichtung scheint, unserer Meinung nach besser zu seyn, als die sämmtlichen botanischen Warmhäuser mit dem Wohnhaus so zu verbinden, daß sie die Einleitung zum Blumengarten machen.

Doch kennt Loudon auch freistehende Häuser (S. 1075): *Aber ein vollständiges Grünhaus, das von allen Seiten frei liegt, muß auch auf allen Seiten Glasfenster haben. Es kann rund, oval, sechseckig, achteckig seyn, oder es kann 2 gradlinige Seiten und 2 runde Endseiten haben, welches, meiner Meinung nach, die beste Form unter allen ist. Demnächst am besten ist ein achteckiges Haus, dessen Seiten sich nicht gleich sind, sondern das zwei gegenüberliegende längere und sechs kürzere Seiten hat, wodurch, so zu sagen, ein winkliges Oval gebildet wird, indem die Enden, statt rund zu seyn, winklig sind. In jedem dieser letztgenannten Häuser kann man die Stellagen und Pflanzen, meiner Meinung nach, wenigstens geschmackvoller ordnen, als in jedem andern.*

In jedem Falle muß das Haus 36 oder 40 Fuß lang, 18 oder 20 Fuß breit und 10, oder höchstens 12 Fuß hoch seyn, von seinem Fußboden aus gerechnet.

Loudon hat auf die Gestalt von Gewächshäusern des 19. Jh. entscheidenden Einfluß gehabt. Nachdem er den Entwurf zu einem *quarter-sphere hothouse* von Sir George Mackenzie (Abb. 54) gesehen hatte, baute er auf seinem Grundstück in Bayswater westlich von London die ersten Gewächshäuser mit gebogenem Dach und mit Falt- oder Rippendach *(ridge and furrow)*. Darüber schreibt er in Sketches: *Die mangelhafte Konstruktion von Gewächshäusern, sowohl hinsichtlich der Schönheit ihrer Form als auch ihrer Lichtdurchlässigkeit, wurde schon vor langer Zeit erkannt [...]. Kann ein Gebäude abstoßender für das Auge sein als jene freitragenden Glas-Sägedächer, die – obwohl sie überdecken, was man mit Recht als Schauplätze des größten Luxus bezeichnen kann – durch ihre äußere Verunstaltung nach übereinstimmender Ansicht nur als geeignet erachtet wurden, im Küchengarten versteckt zu werden? [...] Es ist wahr, daß zahlreiche Versuche unternommen wurden [...]. Damit sie [...] gedul-*

Abb. 55 Blumenständer und Beeteinfassung aus Eisen; italienisierende Brunnen; *vegetable sculpture*. Aus: Loudon, *Encyclopaedia of Gardening*, Nachstiche der deutschen Ausgabe.

det wurden, versteckte man ihr Shed-artiges Aussehen mit Steinpfeilern und Brüstungen. Aber die Konstruktion solcher Gebäude ist absolut falsch: in dem Maße, wie sie durch architektonische Formgebung ausgezeichnet sind, leiden die Pflanzen, die behütet werden sollen, unter dem Verlangen nach Licht, das durch das Mauerwerk ausgeschlossen ist. [. . .] Kann denn ein Gebäude von einwandfreiem architektonischen Geschmack sein, dessen Architektur im Wider-

John Claudius Loudon

Abb. 56 *Rustic Fountain*. Aus: Gardener's Magazine 1843, S. 463.

spruch zu seiner Nutzung steht, das, indem es schöner geworden ist, weniger brauchbar wurde? Wir können davon ausgehen, daß unser Zeitalter zu aufgeklärt und zu liberal ist zu leugnen, daß die Form von Gebäuden schön sein kann, ohne jedwede Ordnungsprinzipien der griechischen oder gotischen Architektur aufzuweisen. [...]
Können [...] Glasdächer nicht besser Ideen von höherer und geeigneter Natur wiedergeben, als sie durch reine Sheds oder verglaste Arkaden hervorgerufen werden? Stellen Sie sich anstelle einer Reihe verglaster Sheds eine Reihe von einzelnen sphärischen Körpern vor von beinahe vollkommener Tranparenz – innen freundliches Klima und Früchte von mannigfaltiger Farbigkeit, die während des ganzen Tages den ungehinderten Einfluß der Sonnenstrahlen erlangen – und die Konstruktion des Gebäudes, die größte Strenge mit Dauerhaftigkeit verbindet – wie wird Ihr Eindruck sein? Anstelle der üblichen Wintergärten, die den Herrenhäusern direkt angegliedert sind, mögen Sie sich ein leicht gewölbtes, völlig transparentes Dach vorstellen und damit verbunden, gemäß dem Stil und der Größe des Herrenhauses, kugelartige Vorsprünge, hohe runde Türme, die von orientalischen Glaskuppeln oder anderen schönen und charakteristischen Formen bekrönt werden – alle transparent und von bleibender Dauer. [...]

Eine aufmerksame Prüfung der Verbesserungen [es folgen einige Literaturangaben zum Gewächshausbau]; *weiterhin die Erfahrung, die aus der fünfzehnjährigen Praxis als Gartenarchitekt stammen sowie die Besichtigung aller wichtigen Gewächshäuser in Großbritannien und auf dem europäischen Kontinent in jener Zeit haben den Autor dieser „Hinweise" in die Lage versetzt, solche Verbesserungen für Gewächshäuser vorzuschlagen, die jeder Idee von Schönheit, Vielfältigkeit oder Eleganz der Form entsprechen und die blühendsten Erwartungen hinsichtlich der Dauerhaftigkeit und Lichtdurchlässigkeit befriedigen. Die wesentliche Quelle für diese Verbesserungen sind massive Walzeisensprossen von großer Festigkeit und Eleganz, die in alle Richtungen gekrümmt werden können, wobei die Festigkeit nicht vermindert wird* (Sartory, S. 230f.).

Die Innenausstattung von Grünhäusern besteht aus Stellagen, d. h. *stufenartigen Bänken, die sich vom Fußpfade nach der Mitte des Hauses hin erheben; aber in einem Hause mit einem einfachen Dache erhebt sich die Stellage in der Regel, von vorn nach hinten zu* [...]. *In Grünhäusern für sehr große oder hochwachsende Pflanzen, z. B. für Camelien oder neuholländische Pflanzen, braucht man keine Stellage.* [...] *In manchen Fällen stellt man unter die Dächer der Grünhäuser, in regelmäßigen Abständen, Spalierstäbe, um Wein daran zu ziehen. Dieß verträgt sich aber nicht mit einem hohen Grad der Cultur und Schönheit der Grünhauspflanzen, weil das Licht dadurch ausgeschlossen wird etc. Zieht man unter den Dächern Kletterpflanzen, so müssen sie zur Classe der Zierpflanzen gehören* (*Encyclopaedia*, S. 1074).

Die Regeln der Pflanzenzusammenstellung ähneln denen im Freien: Niedrigere Pflanzen sollen vor höhere gesetzt werden. Jede Gattung und Art soll für sich stehen, die gleichmäßige Mischung der Arten wird verworfen. Diese Ordnung soll möglichst nach dem natürlichen System von Jussieu erfolgen. Bei der Staffelung der Wuchshöhen soll keine ganz glatte, geneigte Laubfläche, sondern eine eher unregelmäßige entstehen. Den laubabwerfenden Arten sollen immergrüne zugesellt werden. Beschilderung ist wünschenswert, ebenso ein Pflanzenverzeichnis in Buchform zum Studium für junge Leute (*Green-House Companion*, S. 135–142).

Zu den *Ziergebäuden, deren Bestimmung mehr ist, einen malerischen Effect hervorzubringen, als einem nothwendigen Bedürfniß abzuhelfen,* zählt Loudon 1. *nützliche Ziergebäude,* 2. *wünschens-*

Abb. 57 Loudon: Vorschläge für Treillage-Pavillons (unten, *Encyclopaedia of Gardening* 1822) und ihre Vorbilder (oben, Dézallier 1709, Tf. 1 E, Ausschnitte).

werthe Decorationen und 3. *characteristische Decorationen.* In die erste Gruppe fallen *Häuschen (cottages), Brücken, Grabmäler* und *Tore,* in die zweite *Wartthurm, Kiosk, Tempel, Portikus, Alkoven, Sommerlauben, Höhlen, Grotten, bedeckte Sitze, Schaukeln, Wasserkünste, Sonnenuhren* und *Wetterfahnen* und in die dritte die reinen Verzierungen wie *Felsen, Ruinen, Alterthümer, Curiositäten (Walknochen, Basaltsäulen, Lavablöcke, Steinsalzpfeiler, Korallen),*

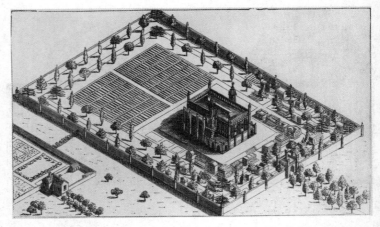

Abb. 58 Loudon: *Isometrical View of a Churchyard adapted for an agricultural Parish.* Aus: *Suburban Gardener* 1838, fig, 106.

Obelisken, Säulen, Pyramiden, Skulpturen, vegetabilische Bildnereien und *Inschriften.* Alle sind zugelassen (*Encyclopaedia*, S. 438 bis 442).

Zuletzt behandeln wir das Thema Friedhof bei Loudon. Die von Loudon angeklagten Mißstände auf britischen Friedhöfen sind Überbelegung, Planlosigkeit und Vernachlässigung. Bis zu zwölf Leichen würden in einem Grab übereinander beerdigt, die Ruhezeit ende nach vier bis fünf Jahren (Gardener's Magazine 1843, S. 94), die Gräber lägen wild durcheinander, es gäbe keine Wege, die Grabmäler neigten sich nach kurzer Zeit, da Fundamente fehlten, das Gras wachse hoch, Schafe, Kühe, Schweine hätten Zugang (ebd. S. 475–480). Der Friedhofskult sei bei den Briten im allgemeinen weniger ausgeprägt als auf dem Festland, was sich besonders im regelmäßigen Besuch der Gräber und der Bepflanzung mit Blumen zeige, wie Loudon es in Deutschland gesehen hatte (S. 485).

Alte, voll belegte Friedhöfe empfiehlt Loudon, unter Beibehaltung aller Grabmäler, Auffüllung der Vertiefungen zwischen den Grabhügeln, Anlegung von Wegen und Bepflanzung mit Bäumen in einen *Cemetery Garden* zu verwandeln (S. 477).

Von der Neuanlegung von Friedhöfen hat er eigene Vorstellungen, die ganz von der allgemeinen Praxis, die aus Friedhöfen Lustgärten machte, abweichen (S. 149).

Kirchhöfe sollen wie alle Hof- und Gartentypen mit Rücksicht auf ihren Zweck entworfen, gepflanzt und unterhalten werden, und die hervorgebrachte Szenerie soll in ihrem Ausdruck und in ihrer allgemeinen Wirkung ihre Aufgabe anzeigen oder zumindest mit ihr übereinstimmen. Ein Kirchhof darf nicht so gestaltet sein, daß man ihn mit einem Pleasure-ground, einer Shrubbery oder einem Blumengarten verwechseln kann; andererseits darf er auch nicht völliger Vernachlässigung anheimfallen, ohne reguläre Wege und von Unkraut und Gras überwuchert. [...] Seine ganzen Zwecke sind ernster und bedeutender Natur, und darum ist er als würdige und feierliche Szene aufzufassen. [...] Das Gefühl des Feierlichen ist eher passiver als aktiver Natur; es erfordert weder große Bildung noch große Anstrengung der Einbildungskraft. Es sind keine starken Gegensätze nötig, um dieses Gefühl zu erregen und auch keine abwechslungsreiche, verwickelte Szenerie, um es wachzuhalten. Im Gegenteil werden Formen- und Farbengleichheit und ihre Wiederholung bestimmter diese Wirkung haben. Die Feierlichkeit eines Kirchhofs hat ihren Ursprung in den Aufgaben des Ortes und wird nur durch die Einbeziehung von Gegenständen, die diesen Aufgaben widersprechen, beeinträchtigt oder geschwächt werden. Darum soll Einfachheit in allem, was Kirchhöfe betrifft, ein leitendes Prinzip sein; und weil die Erscheinung von Vernachlässigung und Schlamperei immer Mangel an Achtung impliziert, sind als nächstes Ordnung und Sauberkeit von Bedeutung. Mit Ordnung meinen wir Vermeiden von allem Konfusen in der Anordnung der Gräber, Denkmäler und Grabsteine und in der Verteilung der Bäume; und mit Sauberkeit spielen wir besonders darauf an, daß der Rasen kurz und glatt, die Wege fest, eben und unkrautfrei, die Grabsteine aufrecht und die Denkmäler instand gehalten werden sollen (Suburban Gardener, S. 591).

Der Entwurf soll, gemäß der Form der Särge, auf rechten Winkeln aufbauen, die zu *grandeur and solemnity* beitragen. Geschwungene Wege kommen nur auf hügeligem Gelände in Frage. Immer muß der Hauptweg vom Eingang zur Kapelle gerade sein, um nicht den *character of an approach-road through a park to a country residence* anzunehmen (Gardener's Magazine 1843, S. 146f.). Vom Hauptweg führen Kieswege ins Innere der Kompartimente, und von diesen wiederum zweigen schmale Graswege ab, so daß man zu jedem Grab gelangt, ohne ein anderes zu betreten (S. 143f.). Die Gräber liegen in Doppelreihen und sind jedes mit einem zwei bis vier Fuß breiten Grasweg umgeben (S. 146).

Die Begrenzung *soll Sicherheit vor Diebstahl bieten und durch Ausschluß des geschäftigen Alltagslebens Feierlichkeit fördern; der Anblick einer entfernten Szenerie ist indessen zulässig, um einen gewissen Grad Freundlichkeit zu gewähren und absolute Trübseligkeit zu zerstreuen. In einem offenen Landesteil, wo es wenige Gebäude und öffentliche Straßen gibt, mag ein Eisengitter als Umzäunung verwendet werden, in einer dicht besiedelten Umgebung aber dürfte eine 10–12 Fuß hohe Mauer, durch Pfeiler, die über die Abdeckung hinausragen, verstärkt, um ihr einen architektonischen Charakter zu geben, vorzuziehen sein* (S. 143). Entlang der Mauer sind Gräber anzuordnen, es darf kein *belt* wie in einem Brownschen Landschaftsgarten gepflanzt werden (S. 219).

Die einzelnen Grabfelder werden mit Buchstaben und Zahlen (A1, A2 usw.) an den Wegekreuzungen bezeichnet, damit jedes Grab leicht zu finden ist (S. 144f.). Im *Suburban Gardener* schlägt Loudon noch besondere Abteilungen für Gräber mit und ohne Grabmäler vor (Abb. 58). Später kommt er ganz von der sozialen Differenzierung ab. *Nie sollte man vergessen, daß die sogenannten Armen und Mittellosen Mitmenschen sind und daß der Unterschied zwischen diesen und jenen sehr oft Sache des Zufalls ist. Jeder arme Mann, so ehrenhaft, fleißig und gar begabt er sein mag, ist in Gefahr, ein mittelloser zu werden. [...] und deshalb sehen wir von der Bereitstellung eines besonderen Friedhofsteils für Mittellose ab und würden sie ohne Unterschied in den für Gräber ohne Monumente bestimmten Teilen bestatten, ja sogar innerhalb der Teile mit Monumenten, weil durch Umgeben der letzteren mit ebenen Flächen diese eine bessere Wirkung haben können* (S. 297).

Auf die Grabmalgestaltung will Loudon keinen Einfluß nehmen. Es gibt *common graves*, die nur aus einem Rasenhügel mit einer Nummer bestehen, und *private graves*, auf denen *mausoleums, square tombs, ledger-stones, sarcophagi, pedestals, vases, urns, columns, obelisks, pillars, crosses,* Gußeisentafeln oder Eisengitter stehen (S. 156f.). Allerdings lehnt Loudon solche Grabformen, bei denen der Sarg nicht mit der Erde in Berührung kommt (S. 217), und teure Grabmäler (S. 219) ab. *Wir sollten die Errichtung hüb-*

scher Monumente und ihre Beschriftung mit moralischen Empfindungen fördern, dieses um den Geschmack zu verbessern, jenes um das Herz und die Liebe zu kultivieren. In beiden Fällen würden wir die Entfaltung individuellen Geschmacks gestatten, würden aber gleichzeitig die Individuen dazu auffordern, ihre Entwürfe einem kunsterfahrenen Mann zu unterbreiten und seinen Verbesserungsvorschlägen Gehör zu schenken (S. 217).

Die Kapelle oder die Kapellen sollen an einer zentralen und auffälligen Stelle so plaziert werden, daß sie möglichst von allen wichtigen Punkten entlang der Straßen und Wege zu sehen sind. Außerdem ist ein Pförtnerhaus erforderlich (S. 147).

Die Bepflanzung soll aus einzelnen immergrünen und dunkellaubigen Bäumen und Sträuchern mit schmalen Kronen bestehen, die den Luftaustausch nicht behindern, wenig Platz wegnehmen und von jeher mit Begräbnisplätzen assoziiert werden. *Jede Art, Bäume und Sträucher einzubeziehen, wie man bei der Bepflanzung von Parks und Pleasure-grounds verwendet, ist zu vermeiden, da die Gefahr besteht, daß der Charakter oder Ausdruck von Szenen, die grundverschieden sind oder sein sollen, gestört wird.* An den Hauptwegen sollen jeweils zwei Reihen Fichten oder Tannen stehen, an Ostwest-Wegen Bäume in weiteren Abständen oder mit kleineren Kronen, wie Zypresse, Irische Eibe, Schwedischer Wacholder oder Lebensbaum, an den Kreuzungen zur besseren Orientierung auffällige Bäume und zwischen den Grabreihen kleine Bäume und Sträucher (S. 148). Loudon gibt ausführliche Pflanzlisten (Gardener's Magazine 1843, S. 512–533). Laubbäume mit hängenden Zweigen soll man den Privatpersonen auf den Gräbern zu pflanzen überlassen, sie stören die *uniform grandeur and solemnity of expression* der Hauptpflanzung. Blumen wünscht Loudon ebensowenig auf dem Friedhof wie Fontänen, Statuen, bedachte Sitze, hübsche Singvögel und Kräuter. *Nach unserem persönlichen Geschmack würden wir überhaupt keine Blumen haben und auch kein Stück Erde innerhalb des Friedhofs, die aussieht wie umgegraben oder überhaupt zum Zweck der Kultivierung bewegt. Stille und Ruhe sind wesentliche Begleitumstände des passiv Erhabenen; und Bodenbewegung zum Zweck der Kultur macht, zumal auf einem Grab, die Ruhe zunichte.*

Da trotzdem der Brauch, auf Gräbern Blumen zu pflanzen, in ganz Europa verbreitet ist und auf den Friedhöfen bei London häufig Blumen in Beete gepflanzt werden, müssen zu diesem Zweck geeig-

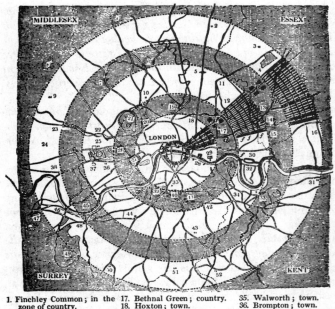

1. Finchley Common; in the zone of country.
2. Tottenham; in the zone of town.
3. Walthamstow; town.
4. Forrest House; town.
5. Stoke Newington; town.
6. Highgate; country.
7. Hampstead; country.
8. Kingsbury; country.
9. Wilsdon; town.
10. Kentish Town; town.
11. Clapton; town.
12. Hommerton; town.
13. Stratford; country.
14. West Ham; country.
15. West Ham Abbey; country.
16. East Ham; town.
17. Bethnal Green; country.
18. Hoxton; town.
19. Islington; country.
20. Somers Town; country.
21. Regent's Park; country.
22. Paddington; town.
23. Paddington canal; town.
24. Six Elms; town.
25. Bayswater; town.
26. Hyde Park; country.
27. Green Park; country.
28. Southwark; town.
29. London Docks; town.
30. West India Docks; town.
31. Woolwich; town.
32. Isle of Dogs; town.
33. Greenwich Park; country.
34. Deptford; town.
35. Walworth; town.
36. Brompton; town.
37. Kensington; town.
38. Hammersmith; town.
39. Lambeth; country.
40. Kennington; country.
41. Camberwell; country.
42. Peckham; town.
43. Dulwich; town.
44. Clapham; town.
45. Fulham; country.
46. Putney; town.
47. Roehampton; country.
48. Wandsworth; town.
49. Wimbledon Park; country.
50. Tooting; town.
51. Norwood, town.
52. Sydenham; town.

Abb. 59 Loudon: Schema für eine künftige Einteilung des Großraums London in abwechselnde Ringe von je einer Meile Bebauung und einer halben Meile Grünzone. Aus: Gardener's Magazine 1829, S. 687.

nete Einrichtungen vorgesehen werden. Wir würden Blumen oder Blütensträucher nie an den Rand von Massen oder Grenzen pflanzen oder in Beete oder Flecken, die als Beete in einem Zierrasen oder Blumengarten mißverstanden werden können. Um ihnen einen besonderen Charakter zu geben, würden wir sie nur in Beete von

John Claudius Loudon

Grab- oder Sarggestalt pflanzen, die etwas über die allgemeine Geländehöhe erhaben oder abgesenkt sind, und auch nur in Situationen und an Stellen, wo in absehbarer Zeit Gräber ausgehoben werden (S. 149).

Loudon tritt mit seiner Friedhoftheorie bewußt in Gegensatz zu Sckell, dessen Lehrbuch er für The Gardener's Magazine (1841–42) ins Englische übersetzen ließ. Allerdings geriet die Veröffentlichung ins Stocken, bevor Sckells Abschnitt über Friedhöfe an der Reihe war.

Würdigung: Den von Repton eingeschlagenen Weg eifrig weitergehend, vertritt Loudon den allen persönlichen Bedürfnissen gerecht werdenden, d. h. funktionalen Gartenstil, der sich als totaler Eklektizismus äußert. Loudon bringt den gardenesken Stil in das Stilrepertoire neu ein, welcher dem Bedürfnis nach Kultur einzelner Pflanzensorten entgegenkommt, auf das v. Reider mit weniger nachhaltigem Erfolg bereits einzugehen versucht hatte. Neu ist weiter die soziologische Erklärung der Gartenkunst und die nachdrückliche Aufnahme des Armen in den Kreis der gartenkünstlerisch Schaffenden, die dem städtischen Hausgarten erstmals Berücksichtigung schenkt.

Wir halten außerdem fest, daß Loudon den Gewächshausbau bis zum Beginn des 20. Jh. entscheidend geprägt hat. Die Einbeziehung des Gewächshauses in die Gartenkunst, die er vollzieht, deutete sich schon bei Repton an. Den Ruhm, der Erfinder des *curvilinear hothouses* zu sein, muß sich Loudon mit Mackenzie teilen. Viele, darunter die bekannten, von Joseph Paxton entworfenen Glashäuser in Chatsworth und Sydenham (der *Crystal Palace* der Weltausstellung von 1851) folgen Loudons Prinzipien.

Sekundärliteratur: Die frühesten Biographien in: Gardener's Magazine 19. 1843, S. 679–681 und in *Self-Instruction* 1845, Neuausgabe in: *John Claudius Loudon*, 1980.

Loudons gigantisches Werk ist in Ansätzen erforscht. Ich verweise auf GEOFFREY TAYLOR: *Some Nineteenth Century Gardeners*, London 1951, S. 17–67, und JOHN GLOAG: *Mr. Loudon's England: The life and work of J. C. L., and his influence on architecture and furniture design*, Newcastle upon Tyne 1970.

Die Bedeutung Loudons für den Gewächshausbau ist ausführlich gewürdigt bei GLOAG, a. a. O. S. 45 ff.; JOHN HIX: *The glass house*, London 1974, und in dem bereits zitierten Mammutwerk von GEORG KOHLMAIER und BARNA VON SARTORY: *Das Glashaus: ein Bautyp des 19. Jahrhunderts*, München 1981.

Außerdem war Loudon das Thema des 6th Dumbarton Oaks Colloquium on the History of Landscape Architecture 1978. Die Vorträge sind u. d. T. *John Claudius Loudon and the Early Nineteenth Century in Great Britain*, Washington 1980, gedruckt worden.

Einen guten kritischen Überblick bietet T. H. D. TURNER: Loudon's Stylistic Development, in: Journal of Garden History, 2. London 1982, S. 175–188.

NATHANIEL BAGSHAW WARD (1791–1868)

Biographie: Arzt und Botaniker. Dr. med., im Ruhestand auf Clapham Rise gärtnernd. Erfinder des Wardschen Kastens *(Wardian Case)*.

Veröffentlichungen mit gartentheoretischem Gehalt: Nachdem ihm durch Zufall ein Farn in einer Flasche gekeimt war, experimentierte Ward seit 1829 mit geschlossenen Glasgefäßen als Pflanzenbehältern. Seine Erfahrungen und Vorschläge legte er als *On the Growth of Plants in closely glazed Cases* (London 1842, 95 S., keine Abb.; ^{2}London 1852, 143 S. m. Abb.) nieder.

Dieses Büchlein ist in sechs Kapitel gegliedert, die die Lebensbedingungen der Pflanzen in der Natur und in Großstädten, die Nachahmung der natürlichen Bedingungen in geschlossenen Glasgefäßen und die Anwendung der Erfindung beim Pflanzenversand zu See und zum Wohl der Menschen, besonders der Armen, behandeln.

Benutzte Ausgabe: 1842.

Aufgaben: Die Großstädte sind durch Lichtmangel, Lufttrockenheit, Ruß und giftige Gase aus den Fabriken gekennzeichnet (S. 11). Davon trägt nach Ward der Ruß vor allen andern dazu bei, daß Pflanzen wie Koniferen, Moose und Farne in London nicht mehr wachsen. Er führt Versuche an, die den tödlichen Einfluß von

Schwefelsäure in der Atmosphäre auf die Pflanzen erwiesen haben (S. 14–16). Die Hauptaufgabe seiner Erfindung besteht darin, die giftige Atmosphäre auszuschließen (S. 39): *The advantages of this method of growing plants consists, first in the power we possess of freeing or sifting the air from all extraneous matters; – then of imitating the natural condition of all plants, as far as the climate we are living in will enable us so to do; and of maintaining this condition free from those disturbing causes to which plants are often-times subjected from sudden variations of weather..*

Die zweite Funktion des Glaskastens macht jede Illusion möglich (S. 38): *We shall be enabled in this manner, as with the wand of a magican, to turn a desert into a paradise.* Weitere Vorteile ergeben sich für den Pflanzenversand zur See (S. 45ff.), für Pflanzenexperimente (S. 67ff.) und die Gesundheit von Mensch und Tier. Ward hofft, daß die Sterblichkeit in den Großstädten sinkt, wenn die Kranken in geschützten Glasräumen gepflegt werden (S. 71 f.). Die Glaskästen können die Straßen und Wohnungen verschönern und sind besonders für Arme geeignet (S. 60): *These cases form the most beautiful blinds that can be imagined, as there is not a window in London which cannot throughout the year show the most luxuriant verdure. [...] Nothing can be conceived more cheerful than the appearance of rooms thus furnished. As the cases become more general among the higher and middle classes, a new field of healthful industry will thus be opened to the poor [...].*

Unter den neuen Nöten des Menschen in der Großstadt wird eine lang vergessene Funktion der Gartenkunst wieder ausgesprochen: Sie leitet zu Gott. *There is possible no study which leads the mind of the pursuer more directly to the "Author and Giver of all good things," and fills the heart of man with joy and thankfulness, than the study of that branch of Natural History which comprehends the vegetable kingdom.* So schreibt Ward seinen Kästen auch *moral effects* zu (S. 62).

Es sind elf Anwendungsbeispiele vorgeführt, von der Farnflasche des ersten Versuchs bis zu einem Haus von 24mal zwölf Fuß bei elf Fuß Höhe (7,3 × 3,7 × 3,4 m).

Gestaltungsgrundsatz ist (S. 41): *whether the plant be grown in a closed case or in the open air, the natural conditions must be fulfilled to ensure success.*

Elemente: Die ersten Elemente der Kästen sind Farne und Moose, mit denen Ward seine Versuche begann. Er bezog sie aus der Heimat, aber auch aus Nordamerika. Die meisten der genannten Pflanzen sind einheimische. Ward nennt zunächst Linnaea borealis, Oxalis acetosella, Primula vulgaris, Digitalis purpurea, Cardamine flexuosa, Lonicera periclymenum, Meconopsis cambrica, Geranium rupertianum var. flore albo, Dentaria bulbifera, Paris quadrifolia, Mimulus moschatus, Linaria cymbalaria und Lamium maculatum (S. 31). Hochgezüchtete Blumen, *fancy flowers*, lehnt er ab (S. 61): *So far from the love of God, and the good of his fellow creatures, being the end and aim of the fancy florist, he values everything in proportion as it is removed from Nature, and unattainable by the rest of mankind.* Die Wälder um London liefern geeignete Pflanzen im Überfluß (S. 59). Allerdings ist Ward noch lange kein Verfechter der Wildflora. Er läßt auch Palmen und Kamelien, Alpenpflanzen, Kakteen und Aloen zu. Besondere Kästen sind nur für Frühjahrsblüher oder Rosen eingerichtet (S. 31 ff.). Um den Kasten herum kann Efeu ranken (S. 59).

Als Zierelemente sind zugelassen *various models of old towers, ruins, &c., in sand-stone, chalk, or other suitable material, which, as the same time that it served to ornament the case, would afford a suitable place for the growth of little Sedums and any plants that require less moisture than those which are planted in the mould* (S. 60 f.). Ward selbst baute in seinem Treppenhausfenster ein Glashaus mit einem Modell des Westfensters von Tintern Abbey in der Mitte. *The sides are built up with rock-work to the height of about five feet, and a perforated pipe runs round the top of the house, by means of which it can rain upon the plants at pleasure.* Es enthielt 50 Farnarten und die anfangs genannten Pflanzen (S. 30 f.).

Würdigung: Wards Erfindung war ein entscheidender Beitrag zu der in der zweiten Hälfte des 19. Jh. um sich greifenden Zimmergärtnerei. Gleichzeitig macht sich Ward zum ersten Theoretiker des Zimmergartens und erkennt, wie sich der Städter, besonders der arme, hier seinen von den Gefahren der industrialisierten Welt abgekoppelten Garten schafft. Ward stellt auch eine neue Beziehung der Gartenkunst zu Gott her.

Shirley Hibberd (1825–1890)

Biographie: Begann als Buchhändler und Buchbinder, widmete dann aber sein Leben dem Schreiben und Gärtnern.

Veröffentlichungen mit gartentheoretischem Gehalt: *Brambles and Bay Leaves: Essays on the Homely and the Beautiful.* London 1855, ²1862, ³1873.
The Town Garden; a Manual for the Management of City and Suburban Gardens. London 1855, 172 S. o. Abb., ²1859.
The Book of the Aquarium [. . .]. London 1856, 148 S. m. Abb. in drei auch einzeln verbreiteten Teilen, ²1860, ³1869, ⁴1875, ⁵1884.
Rustic Adornments for Homes of Taste [. . .]. London 1856, VII, 353 S., ²1857, 15, 508 S. m. Abb., 8 Tf., ³1870, ⁴1895.
The Fern Garden. London 1869, VII, 148 S. m. Abb., ⁸1879, ⁹[1894].
The Amateur's Flower Garden. London 1871, V, 284 S. m. Abb., Nachdruck London, Sydney und Portland 1869, ²1878, ³1883, ⁴1892, ⁵1897.
The Amateur's Greenhouse and Conservatory. London 1873, 272 S. m. Abb., 6 Tf., ²1875, ³1880, ⁴1883, ⁵[1897].
Außerdem gab Hibberd zwei Gartenzeitschriften mit dem Schwerpunkt auf Blumenzucht heraus und schrieb zahlreiche Zeitschriftenaufsätze.

Weitere Veröffentlichungen: Lieder, Tieranekdoten, Vegetarier- und Kriegsliteratur sowie zahlreiche Bücher über die englische Flora und praktisches Gärtnern.

Benutzte Ausgaben: *Town Garden* 1855, *Rustic Adornments* 1857, *Flower Garden* 1871. Eigene Übersetzung.

Entwerfer: Ausdrücklich schreibt Hibberd für die untere Klasse, *plain people* (1855, S. 3), *the poor man* (1857, S. 4). Er setzt, wie Loudon, voraus, daß jeder *taste* habe und *art* schaffen könne. Die Anleitungen in seinen Schriften ersetzen das Eingreifen eines Fachmanns bei der Gestaltung von Heim und Garten (1855, S. 11 f.).

Aufgaben: Auf Ertrag kommt es nicht an (1855, S. 20): *If kitchen vegetables be grown, they should be placed at the extreme end, as to grow them properly does not admit of pictorial arrangement.* Im Vordergrund steht die Wirkung des Gartens auf die Seele. *Von allen Plätzen der Welt muß gerade in der finsteren Stadt die Gegenwart von Blumen dazu dienen, uns dann und wann von der Fieberhast des Geschäfts zurückzurufen und uns an unsere Kindheit und unser Elternhaus, an unsere erste Liebe, unsere erste Wanderung, an das Lächeln und die Küsse unserer Mutter und an das goldene Kalifornien zu erinnern, das wir damals in einer Butterblumenwiese fanden. Oder wenn wir unser ganzes Leben von Kindheit an zwischen diesen schmutzigen Mauern zugebracht haben, dann ist das Bedürfnis, beständig daran erinnert zu werden, daß es eine Welt dauernder Lieblichkeit gibt, noch größer* [...] (1857, S. 12f.). Den Pflanzen im Haus gelten gleiche Gefühle wie den Kindern (1855, S. 88), und Haustiere einschließlich Fischen werden vermenschlicht (1857, S. 105f.): *Bald wird man entdecken, daß unsere aquatischen Freunde fähig sind, Stimmen und Gesichtszüge zu erkennen, daß sie Leidenschaften und den Gefühlen der Freude, des Kummers und der Furcht unterliegen; daß sie so zähmbar wie Hunde, so schlau wie Füchse, so liebenswürdig wie Tauben sind* [...].

Wie im 16. Jh. wird wieder Gott als Stifter des Ackerbaus genannt, der Adam nach dem Fall dieses Vergnügen als Milderung der Strafe läßt (1857, S. 328f.).

Gardening bessert auch die Sitten (1857, S. 32f.): *Es ist gewiß, daß unsere Seelen sich, je mehr wir in die Mitte des Grüns gerufen und zur Beobachtung und Pflege von Dingen, die mit den Jahreszeiten wachsen und sich verändern, aufgefordert werden, desto mehr der Wahrnehmung des Wahren, Guten und Schönen öffnen und daß die besseren Züge unseres Menschseins sich ausweiten und allmählich alles Harte und Rauhe, was in uns steckt, vertilgen.*

Gardening als Kunst ist den anderen Künsten in manchem überlegen: *Gardening is now one of the completest of the arts, for it is an art, as well as a pursuit, subject to roles as definite as these which control its sister arts of painting, sculpture, and poetry; and to which indeed it furnishes innumerable materials, and acts at once as nurse, teacher, and standard of comparison* (1857, S. 329). Aquarien und Wardsche Kästen haben vor Möbeln und Bijouterie den Vorzug lebendigen Materials (S. 122, 146). Die Pflege von Pflanzen ist lohnender als das Studium der höheren Künste, *because they keep us nearer to nature, and compel us to students of the great out-door world* [...] (S. 5).

Im Zimmer und im Garten entstehen von der Außenwelt unabhängige Mikrokosmoi, die die für den Besitzer sonst unerreichbare Natur versinnbildlichen. Ich zitiere dazu Stellen aus den Kapiteln *Marine Aquarium, Fresh-water Aquarium, Wardian Case* und *Fernery* (1857).

Zum Seewasseraquarium paraphrasiert Hibberd (S. 10): *Nicht länger müssen die Najaden einsam in Wäldern leben, ihre weißen Füße in Bäche tauchen, die nur vom Rotkehlchen und von der Hummel besucht werden. Jetzt dürfen sie ihr Wesen treiben in heiteren Salons, in gemütlichen Wohnzimmern, im Studio des Einzelgängers oder in der Kammer des Kränklichen. Nicht länger müssen sie Winterstürme und Märzunwetter fürchten, sondern hinfort werden sie innerhalb geschützter Mauern heimisch sein, sicher vor Frost und beschattet von Vorhängen, wo die Liebe flüstert und kleine Kinder spielen.*

Das Süßwasseraquarium versetzt die Grotte der Egeria ins traute Heim. *Hier sind unsere Lieblinge aus Bächlein und Teich, die Moose unserer Moore, die Farne, die unter ihren heimischen Wasserfällen wogen zu sehen, wir meilenweit wandern mußten* [...] (S. 93f.).

Der Gipfel des Erfolges ist das Erreichen eines vollkommenen Gleichgewichts zwischen den tierischen, pflanzlichen und flüssigen Bestandteilen des Aquariums (tank); das eine reinigt und erneuert das andere in einem wunderbaren Zyklus geheimnisvoller Vorgänge: der ausdauernde Charakter seiner Schönheit ist nicht der letzte Vorteil des Aquariums; jede Jahreszeit drückt dem kleinen Ensemble so deutlich ihren Stempel auf wie in der großen Welt draußen (S. 121).

Wo Blumen von so vielen geliebt und überall als Notwendigkeit des moralischen Lebens erkannt werden, muß alles als Wohltat betrachtet werden, was getan werden kann, um in der Nähe oder innerhalb des Haushalts ihre Kultur leicht zu machen und zu vervollkommnen. Der Städter mag sich am Anblick einer Wiese erquicken, indem er hinfährt, auch mag er hier und da inmitten der Stadt ein paar alte Bäume über den schwarzen Dächern hervorschauen sehen, die sich eher durch ihre Form als durch ihre Farbe von Schornsteinen unterscheiden; und er mag mit großer Mühe etwas Freundliches in seinem engen Garten inmitten von Finsternis und Rauch bewahren;

um aber wirkliches Grün in der Frische seiner echten Kraft und Lebendigkeit zu haben, gibt es nur ein Mittel, und das ist die Kultur in Wardschen Kästen (S. 135).

Unter *Fernery* sagt Hibberd: Die Originalszenen, wo Farne wachsen, können wir nicht haben, aber *wir können die Farne haben, um solche Dinge zu suggerieren und die Erinnerung an Freuden und Szenen aufrechtzuerhalten, die etwas Kühle im Kopf und etwas Frische im Herz bleiben läßt* [...] (S. 427).

Was das Verhältnis von Natur und Kunst betrifft, spitzt Hibberd Loudons Theorie zu. *It should be born in mind by every cultivator of taste in gardening, that a garden is an artificial contrivance, it is not a piece scooped out of a wood, but in some sense a continuation of the house. Since it is a creation of art, not a patch of wild nature; a part of the house or the town, not a slip form the moorland –*

"God made the country, and men made the town;"
so it should everywhere show the evidence of artistic taste, in every one of its gradations from the vase on the terrace, to the "lovers" walk in the distant shrubbery. True nature is not to be shut out of the scene, but nature is to be robed, dressed, and beautified, and made so conform to our own ideas of form and colour; and while we delight in some amount of picturesqueness, we are to consider art rather than nature as the basis of every arrangement (1857, S. 330f.).

Hibberd benutzt (1857) die Begriffe *art* und *taste* ausgiebig, aber ohne sie zu definieren. In die Diskussion um Ästhetik und Wissenschaft einzusteigen, ist seine Sache offenbar nicht.

Gemeinsamer Gegenpart von Natur und Kunst ist die industrialisierte Stadt (London). *Ruß in der Luft, Ruß im Regen gelöst, Ruß in Schichten dicker als Farbe auf jedem Sims, auf jeder Mauer; Ruß an den Kleidern und in gut sichtbaren Partikeln an der Nase und am Hemd; Ruß an jedem Blatt und an den Stämmen und Ästen aller Bäume und Sträucher; Ruß überall, auch in unsern Lungen, wo er die Bronchen verstopft und seinen schwarzen Namen in die Totenlisten schreibt* (1855, S. 14f.). Als Gegenmittel will Hibberd *rustic life in towns* fördern – *Rus in urbe* (1857, S. IV). So, und nicht im engeren Sinne Loudons als Stilbezeichnung, ist der Begriff *rustic* im Titel zu verstehen, Der Städter sucht, der Natur entfremdet, seinen Trost im *Home of Taste. Therefore we build up Homes of Taste wherein to find anchorage when life becomes a hurricane, and where, secure from jar and dust that prevail without, we may cherish the affections*

that lie deepest in our nature [...] (1857, S. 3). Wo die Notwendigkeiten des Lebens die Menschen zwingen, sich inmitten von
"*The dust, and din, and steam of town*"
einzuschließen, finden wir hundert Mittel und Wege zu dem Zweck, die Seele in ihrem Durst, ihre Liebe an etwas Lebendiges zu verschwenden, zu erquicken. Blumentöpfe, Resedaschalen, Wardsche Kästen, Aquarien, zahme Vögel und herzige Spaniels sind vor allen auserlesen, dem Gemüt in seinem stetigen Bemühen zu helfen, den ewigen Stein, die Ziegel, den Rauch und Lärm, die seiner angeborenen Liebe zum Leben und zur Schönheit so fremd sind, zu ignorieren (1857, S. 327 f.).

Trotz seinem Streben, den Armen zu dienen, ist Hibberd nicht frei von Repräsentationsgedanken. Heim und Garten sollen durch Einfachheit und Sauberkeit glänzen (1855, S. 29). Des weiteren feiert er das geschmackvolle Heim als Symbol gesellschaftlichen Fortschritts und englischer Größe (1857, S. III f.): *Die letzten zwanzig Jahre sind von einem solchen Fortschritt in häuslicher Ästhetik geprägt gewesen, daß man sie wahrlich als eine neue Ära im sozialen Leben bezeichnen kann.* [...] *Glücklicherweise ist in diesem Land das geschmackvolle Heim nicht nur eine Idee; unser häusliches Leben ist eine Garantie unserer nationalen Größe, und solange wir fortfahren werden, dieses Leben mit Emblemen und Andeutungen höherer Dinge zu umgeben, solange werden die höchsten Lehren der Wissenschaft, Schönheit und Tugend am häuslichen Herd sich verwirklichen lassen.*

Als *modern* gilt der englische Garten, der auf dem antik-römischen oder dem altenglischen beruht. *Our modern terraces, vases, sculptures, fountains, glowing parterres, refreshing lawns, and bright grave paths, formal and artistic, near the house and verging by degrees towards the scenery of the surrounding country; all so nobly worked out at Sydenham* [dem Standort des *Crystal Palace*], *are the several features of a Roman Garden, which was always regarded as a work of art, and now as a work of art retains its place, after the schemes of many Browns, and Langleys, and Kents, and Le Nôtres, and Watelets have been long exploded to the winds, as pervertive of good taste, and obnoxious to the mind of that has come to regard a garden as a choice appendage to a house, rather than to a toy-shop, a gingerbread stall, or a receptacle for mole-hills land way-side rubbish. If the old Italian, and French, and Dutch, and English Gar-*

Abb. 60 *Grand Parterre de Compartiment*. Aus: Dézallier 1709, Tf. 3 B. Rabatten aus Blumen, Broderie aus weißem, rotem und schwarzem Kies, bei den Muscheln tritt Rasen hinzu.

Abb. 61 *Garden in Geometric Style*. Aus: M'Intosh 1853, Bd. I, Tf. 28. Rote, gelbe und blaue Blumenbeete liegen, gerahmt von Rasen, in einer Kiesfläche. Vgl. die vorhergehende Abb.

dens had their several good features, the modern English Garden admits of the combination of them all, without it being necessary to jumble them together, or to crowd into a small space a number of incongruous elements (1857, S. 333f.).

Was alles unter *Rustic Adornment for Homes of Taste* fällt, geht aus der – wenig systematischen – Kapiteleinteilung hervor: *Aquarium, Wardian Case, Floral Ornaments for the Table and the Window, Aviary, Apiary, Pleasure Garden, Flower Garden, Garden Aquarium and Water Scenery, Rockery and Wilderness, Fernery and Embellishments of the Garden.* Wie weit sich das Gebiet der Gartenkunst erstreckt, legt Hibberd nicht fest. Von *Gardening* spricht er nur im Kapitel *Pleasure Garden,* im Kapitel *Floral Ornaments* benutzt er den Begriff *in-door gardening* (S. 188). Dennoch glaube ich unterstellen zu dürfen, daß er Aquarien, Vogelhäuser und Zimmergärtnerei als neue Bereiche der Gartenkunst betrachtet.

Gestaltung, Elemente: Wir gehen nun die einzelnen Bestandteile von Hibberds *Home of Taste* in der Reihenfolge der Kapitel durch, ohne freilich mehr als Schlaglichter der breiten Erörterungen wiedergeben zu können.

Das Aquarium *takes the first place among the Adornments of the Home* (S. 10). Es ist am besten rechteckig in Form eines Doppelkubus mit Ständer oder achteckig, manchmal auch aus Glas glockenförmig geblasen (S. 20–23). Es steht im Wohnzimmerfenster oder im Gewächshaus (S. 10, 21) und enthält Pflanzen, Fische und Schnecken, die für einen geschlossenen Stoffkreislauf sorgen (S. 13f.). Gewöhnlich ist es mit einer Fontäne und mit Höhlen, Bögen oder Pyramiden aus Stein verziert (S. 95f.). Das Seewasseraquarium mit Korallen, Muscheln, Quallen, Krebsen, Seeanemonen und Seesternen ist, wie wir erfahren, 1842 erstmals vorgestellt und seit 1853 durch Ausstellungen in England populär gemacht worden, während auf dem Kontinent solche Übungen noch kaum Anklang gefunden haben (S. 13–16).

Aquarium und Wardscher Kasten lassen sich kombinieren, indem man ein Zinkbord am Rande des Aquariums mit Farnen bepflanzt, indem man das Felswerk zum Bepflanzen 3–4 Zoll über den Wasserspiegel ragen läßt oder indem man einen Felsenbogen bildet, der halb unter und halb über Wasser ist. Schließlich kann man auch in das Becken gestellte Gefäße, etwa Blumenvasen, oberhalb des Wasserspiegels bepflanzen (S. 124–128).

Der Wardsche Kasten ist nach Hibberd *a greenhouse on a small scale* (S. 137). Die Form ist die eines Doppelkubus mit abgeschrägtem Dach (im Beispiel [15+8]×32×15 Zoll) auf einem vierbeinigen Ständer (S. 138f.), auch sechs- oder achteckig (S. 142) bis hin zur Miniaturimitation des *Crystal Palace* (S. 165). Für Farne sind auch geschlossene Glasglocken und Florentiner Flaschen geeignet. Hibberd fügt stets Listen mit geeigneten Pflanzen hinzu. Hervorgehoben werden außer Farnen Oxalis, Drosera, Gesneria, Gloxinia, Achimenes, Lycopodium, Aeschynanthus, Hoya, Torenia, Mesem-

Abb. 62 Wardscher Kasten mit Aquarium kombiniert. Aus: Hibberd, *Adornments* 1857, S. 127.

bryanthemum und Orchideen (S. 267f.). Tempel, Villen und Puppenhäuser einzufügen, hält Hibberd für kindisch (S. 139f.). Als Blumenfenster verwendet, ermöglicht der Wardsche Kasten, unerwünschte Aussichten zu verbergen (S. 141): *In many town localities it is very desirable to extinguish the prospect; the daily view of factory chimneys, grimy walls, and sooty roofs, is by no means cheering or ministrant to the sentiments, and a Wardian Case of a peculiar construction may be adapted to give cheerfulness to a room which*

Abb. 63 Wardscher Kasten in Form *Crystal Palace*. Aus: Hibberd, *Adornments* 1857, S. 168.

otherwise would present but few suggestions of the beauties of nature.

Zum Blumenschmuck im Zimmer gehören Glasstürze für Sträuße, der *Pyramidal Boquet Stand* (ein durchlöcherter Metallzylinder für Blumen), eiserne Blumentopfständer, hängende Drahtkörbe nach einem Vorbild im *Crystal Palace*, Baldachine und Parasole aus Efeu über Sitzbänken, Übertöpfe und Rankgerüste. Zwischen den hängenden Körben kann man lebende Festons ziehen (*aerial gardening*, S. 184f.). Das Fenster kann von innen mit einem Rankgerüstbogen gerahmt werden, an den man Passiflora, Mandevillea, Cobea, Bignoica, Jasminum, Tacsonica, Maurandya usw. setzt (S. 190f.). Auf dem Balkon gibt es Blumenkästen am Fuße des Brüstungsgitters, die an den Seiten stufenartig ansteigen. An den Enden zur Mauer hin pflanzt man Buchsbaum. Die Mauer selbst wird mit Rankgerüsten für Schlinger verkleidet. Sommerblumen, Stauden, Sträucher, Zwiebel- und Gewächshauspflanzen können gleichermaßen auf dem Balkon verwendet werden (S. 192–194).

Abb. 64 Balkongestaltung. Aus: Hibberd, *Adornments* 1857, S. 193.

Das Kapitel über Vogelhäuser beginnt Hibberd mit langen schamhaften Windungen über die Freiheitsberaubung der Vögel. Jedoch ist er mit seinen Zeitgenossen der Ansicht (S. 207): *An Aviary should certainly be an ornamental object, and in its construction there is every opportunity offered for a display of good taste.* Die Gefangenschaft der Vögel muß möglichst versüßt werden. Man kann im Vogelhaus Stangen, tote Bäume, lebende Sträucher in Kübeln und Fontänen anbringen (S. 206).

Hibberds Idealgarten hat eine unebene Oberfläche, enthält Wasser und fällt vom Haus nach Süden ab. Südlich und westlich des Hauses erstreckt sich eine italienische Terrasse, halb so breit wie das Haus hoch, mit Balustraden, Vasen, Statuen und Schlingpflanzen, von der man die schönsten Szenen des Gartens überblicken kann. Auf einer zweiten, doppelt so breiten Terrasse ist ein Blumengarten auf Rasen mit Fontänen, Statuen, Vasen, Papageien und eisernen oder bronzenen Tischen und Sitzen. Ganz unten liegt ein Rasenplatz mit Blumenbeeten, immergrünen Gehölzen und Alleen angelegt. *At every opening point in the shrubberies you will place some object to arrest the eye–a statue, a pile of rock, a fine acacia, an orange or azalea in a tub, a trained pyrus or weeping ash* [...]. Die Blumenbeete sollen von den Fenstern aus gesehen werden. *Even where the garden slopes away to a splending prospect of open country, I would still have flowers in the foreground, and around them works of high art should cluster, not to dram the eye from natural scenes, but to combine happily the efforts of art and nature in the production of a living picture.* Weiter umfaßt Hibberds Idealgarten zahlreiche Sondergärten: Rosen-, Rhododendron-, Koniferen-, Amerika- und Küchengarten, ein grottenartiges Sommerhaus, Gewächshäuser, Vogel- und Bienenhaus (S. 334–338).

Die Pflanzen soll man in Höhe, Farbe, Blütezeit und Habitus kontrastieren (1855, S. 42). Hibberd gibt entsprechende Listen (1855, S. 104–155). Er warnt davor, die Blumen als Hauptsache zu betrachten (1855, S. 76) und erklärt (1871, S. 4f.): *Before flowers are thought of, a garden should be provided for the sustenance of a suitable extent of shrubbery, grass-turf, and other permanent features* [...]–*flowers alone do not constitute a garden* [...]. Rasen muß vorzüglich gepflegt sein (1855, S. 17), Unkraut ist der Hauptfeind des Gartens (1855, S. 98).

Bei der Bepflanzung muß die Zeit berücksichtigt werden, so daß der Garten immer ein angenehmes Bild bietet (1855, S. 15). Für das Teppichbeet wünscht Hibberd vier Bepflanzungen im Jahr, die es zwölf Monate lang zieren (1871, S. 34). Auch entwickelt er das *Plunging System*, den Austausch fertig bepflanzter Töpfe in den Beeten (1871, S. 238).

Sinnlos geschlängelte Wege findet Hibberd lächerlich. Für kleine Gärten empfiehlt er einfache, gerade Kieswege: *a simple division of the soil into parterres and gravel paths–without any attempt at the country lane or lover's walk–accomplishes all that it professes, by enabling the visitor to reach any object that attracts him, the path itself remaining a convenience, not a feature* (1855, S. 16).

Der Blumengarten wird im folgenden Kapitel (1857) noch eingehender behandelt. Der Entwurf muß geometrisch und symmetrisch sein, *and whatever the shapes of the several beds, the whole, when viewed collectively, must present a distinct and decided pattern of*

Abb. 65 *Rocky bank*, Beispiel für *Rockery*. Aus: Hibberd, *Adornments* 1857, neben S. 411.

some kind, and that kind must be one that will please the eye (S. 347). An die Beetpflanzen werden folgende Anforderungen gestellt (S. 371): *As a rule, we require plants of a decisive character; they must either bloom profusely and gaily, or must give us a showy foliage to compensate for poverty of blossoms. A close dwarf habit is another esential, and where this is combined with a free habit of flowering, some of the desiderata are supplied.*

Die Grenze des Gartens soll sichtbar sein. *If a boundary is essential why should it not be visible, and in its way ornamental. [...] just imagine a couple of ladies to be rambling in a lovely garden, and suddenly [...] they see half-a-dozen oxen starring them in the face, from what appears to be one of the lawns of the garden.* Darum ist das alte *Aha* als Grenze zwischen Garten und Park ungeeignet (S. 359).

Mit *Garden Aquarium* meint Hibberd ein Wasserbecken, das von Fischen, Fröschen, Schnecken und Wasservögeln bevölkert wird. Um unterschiedliche Wasserpflanzen in Töpfen darin aufzustellen, stuft man den Boden des Beckens ab (S. 389). Ein rundes Becken für einen Platz von z. B. nur acht oder zehn Fuß Durchmesser mißt fünf Fuß mit einem Rand aus Felswerk von 12 oder 14 Zoll und einem Rasenring herum (S. 384 f.). Fontänen sind als Zielpunkte von Wegen geeignet (S. 388). Um Marmor zu sparen, gießt man sie aus Eisen oder Kunststein in allen figürlichen Formen (S. 395 f.). Auf standortgerechte Bepflanzung kommt es offensichtlich nicht an, wenn Hibberd für die Beckenränder rein nach ästhetischen Gesichtspunkten neben Weiden auch Koniferen als Kontrast oder Rhododendron usw. empfiehlt (S. 393). Teiche, die höher liegen als das Haus, werden nicht abgelehnt, weil Teiche von Natur aus an der tiefsten Stelle liegen, sondern weil sie eine feuchte, ungesunde Lage des Hauses suggerieren (S. 192).

Ein weiteres wichtiges Element sind die Felsen geworden. Hibberd unterscheidet *rock-work* und *Rockery*. *Rock-work* kann überall, selbst in Blumengärten, verwendet werden, in symmetrischer Anordnung der rauhen Blöcke, *strictly as ornaments to set-off the beauties of other objects*. *Rockery* dagegen, in wilden und fantastischen Formen, *may be a most fantastic, gloomy, romantic, or savage scene* [...] (S. 404 f.).

Am besten paßt *Rockery*, zur Not auch aus Schutt und Ziegeln mit Zementverkleidung hergestellt, zu rustikalen Szenen, *Fernery, Garden, Aquarium* und *Wilderness* (S. 411 f.). Als Beispiel beschreibt Hibberd eine dunkle Grotte, in der Moose, Farne und Schlinger herabhängen und wo man Eulen halten kann. Außen ist der Fels mit Farn, Eriken, Oxalis, Veilchen, Thymian und Orchideen bepflanzt, darauf steht ein Borkenhaus vor einem undurchdringlichen Dickicht, zwei riesige Eichen zu seinen Seiten. Vom Dach baumeln Moose, Flechten, Efeu und Geißblatt, die Eichen mitumschlingend, unter einem Vordach stehen Bienenkörbe, Vögel nisten im Geäst. Vor dem Eingang auf dem Rasen gibt es eine Sonnenuhr, das Innere ist mit Tisch, Bank und Schränkchen im rustikalen Stil möbliert, man kann hier picknicken oder sich einer Burgunderflasche, einer Kiste Zigarren oder auserlesener Bücher bedienen, die namentlich aufgeführt werden. Licht fällt durch ein Fenster bunten Glases ein (S. 413–418).

Zu Hibberds Zeit gab es schon mehrere Monographien über Farne, und er widmet der *Fernery* ein eigenes Kapitel. Man pflanzt Farne demnach auf schwarzes Felswerk, unter tote Baumstümpfe, die zarteren in Gewächshäuser und in Töpfe.

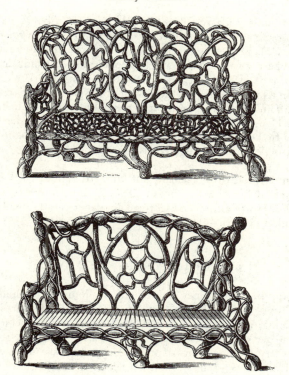

Abb. 66 Knüppelholzbänke *(rustic style)*. Aus: M'Intosh 1853, Bd. I.

Im letzten Kapitel über Gartenausstattung kommt Hibberd nochmals auf Rankgerüste *(trellis work)*, Vasen, Eisenmöbel, tote Baumstämme, Lauben, Körbe und Sitze zurück. *Wherever there is terrace work, or architectural lines, or ornamental masonry, or formal gravel, parterre, and lawn, vases are appropiate embellishments.* Ein Vorbild befindet sich wiederum am *Crystal Palace*. Zur Bepflanzung sind als *the best terrace plants* Humea elegans, Agapanthus, Yucca, Hydrangea, Fuchsia und Geranium geeignet (S. 474 f.). *Handsome wire architecture are now prepared at low prices by manufactures of horticultural ornaments, and these, when made to span paths, break angles, or heighten the interest of an object seen through them, are extremly useful* (S. 478).

Würdigung: Richard Gorer (1975) bezeichnet Hibberd zu Recht als *the key figure for the mid-century as Loudon was for the earlier part* (S. 115). Die oben angeführten Stellen machen überdeutlich, daß Hibberd zwar in allem auf Loudon aufbauen kann, dennoch ein ganz anderes Bild gibt: Die letzten Reste von Natürlichkeit sind aus dem Garten verbannt, der Landschaftsgarten wird erstmals offen diffamiert, und an seine Stelle treten kleine und kleinste Gärten, der Haus- und der Zimmergarten als Naturersatz für den Großstädter. In Deutschland verkörpert etwas später Hermann Jäger diese Stufe, ohne aber bedeutendes Eigenes beizusteuern.

Sekundärliteratur: Nachrufe auf Hibberd befinden sich in The Gardener's Chronicle 8, London 1890, 2. Bd., S. 596 f., und in Journal of Horticultural and Cottage Gardener, and Home Farmer 21, London 1890, S. 441 f.

Frederick Law Olmsted (1822–1903)

Biographie: Sohn eines Kaufmanns in Connecticut, Lehre bei einem Topographen, Reisen nach Europa, in die Südstaaten und nach China, Eintritt für die Sklavenbefreiung, maßgebliche Beteiligung an der Verwirklichung des Central Park, New York, Sekretär der Sanitary Commission, schuf als Landschaftsarchitekt weitere Parks u. a. in Brooklyn, Washington, Chicago und Boston.

Veröffentlichungen mit gartentheoretischem Gehalt: *Public Parks and the Enlargement of Towns.* Cambridge, Mass. 1870, 36 S., keine Abb.; Nachdruck New York 1970; ²New York 1871. Am 25. Februar 1870 in Boston vor der von Olmsted mitbegründeten American Social Science Association gehaltene Rede. Sein gartentheoretisches Bekenntnis. Keine Kapiteleinteilungen.
Description of a Plan for the Improvement of the Central Park, "Greensward". New York 1858, Nachdruck 1868. Zusammen mit Calvert Vaux verfaßte Erläuterung zu dem preisgekrönten Wettbewerbsbeitrag. Mit Zeichnungen.

Weitere Veröffentlichungen: Verschiedene kleinere Beiträge. Reisebeschreibungen. Die Gesamtausgabe: *The Papers of Frederick*

Law Olmsted. Baltimore und London 1977 ff. umfaßt derzeit 4 Bde. mit den Schriften bis 1863.

Benutzte Ausgaben: *Public Parks* 1970; *Description* nach *The Papers,* Bd. 3, S. 118–175. Eigene Übersetzung.

Aufgaben: Das Bändchen *Public Parks* ist die erste Monographie über öffentliche Gärten.

Geschickt schildert Olmsted zuerst den unaufhaltsamen Zug vom Land in die Stadt, den er, obgleich er die nachteiligen Folgen wie schädliche Luft kennt, insgesamt wegen der Vorteile der Stadt gerechtfertigt sieht. Vorsichtig schlägt er dann vor, bei der Planung in einigen städtischen Straßen Bäume vorzusehen. Von hier kommt er auf die Erholungsbedürfnisse der Städter und ihre mangelnde Befriedigung. Auf S. 22 taucht dann erstmals das Wort Park auf. Ohne ins Detail zu gehen, behandelt Olmsted Aufgaben und Grundsätze des Parks, um dann beispielhaft zur Geschichte des New Yorker Central Park überzugehen, an der er von den Anfangsschwierigkeiten bis zum inzwischen eingetretenen allgemeinen Erfolg maßgeblich beteiligt war.

Es gibt zwei Arten von Erholung, aktive und passive (S. 17): *One will include all of which the predominating influence is to stimulate exertion of any part or parts needing it; the other, all which cause of mental skill, as chess, or athletic sports, as baseball, are examples of means of recreation of the first class, which may be termed that of exertive recreation; music and the fine arts generally of the second or receptive division.*

Auf die aktive Erholung geht Olmsted nur kurz ein. Rennen, Scheibenschießen, Schwimmen, Cricket, Ballspiele für Schüler beanspruchen viel Platz, und: *It is considered that the advantage to inviduals which would be gained in providing for them would not compensate for the general inconvenience and expense they would cause* (S. 17). Die Vernachlässigung der aktiven Erholungsarten in seinen Planungen wird Olmsted von seinen Kritikern bis in die Gegenwart vorgeworfen. Er denkt vielmehr hauptsächlich an passive Erholung, welche er weiter untergliedert in Erholung in großen und kleinen Gruppen, *gregarious* und *neighborly recreation.* Der ersteren schreibt Olmsted eine verbrüdernde Wirkung zu: *Bedenkt man, daß New York und Brooklyn Park die einzigen Stellen in*

Die Theorien

Abb. 67 Pastoralszenerie im *Central Park*. Aus: Clarence Cook, *A Description of the New York Central Park*. New York 1869, S. 91.

diesen vereinigten Städten sind, wo man in diesem 1870. Jahr nach Christus eine Christengemeinde mit offensichtlicher Freude auf das Zusammenkommen zusammenkommen sieht, alle Klassen breit repräsentiert, mit einem gemeinsamen, durchaus nicht intellektuellem Ziel, um nichts konkurrierend, zu keinerlei geistigem oder intellektuellem Hochmut geneigt, wo jedes Individuum durch seine bloße Gegenwart das Vergnügen aller anderen vermehrt, wo alle zum größeren Glück eines jeden beitragen. Oft kann man so eine Vielzahl von Personen, Arme und Reiche, Juden und Heiden, eng aneinandergerückt sehen. [...]

Gibt es Zweifel, daß es den Menschen guttut, auf diese Weise in frischer Luft unter dem Licht des Himmels zusammenzukommen und daß dies einen direkten, dem der gewöhnlichen, harten Arbeitsstunden des Stadtlebens entgegenwirkenden Einfluß hat (S. 18f.)?

Die *neighborly receptive recreation* beschreibt Olmsted so (S. 19f.): *Um klarer zu machen, was ich meine, benutze ich ein Beispiel aus einer häuslichen Familienversammlung, wo das Geplapper der Kinder sich mit der behaglichen Unterhaltung der Gesetzteren mischt und wo die körperlichen Bedürfnisse mit guter Küche, frischer Luft, angenehmem Licht, gemäßigter Temperatur, mildem Schatten sowie Möbeln und Ausstattungen Genüge getan wird, die geeignet sind, das Auge zu erfreuen, einerseits ohne großartige Bewunderung herauszufordern, andererseits ohne zu Ermüdung oder Ekel zu führen. Die Umstände sind alle einer angenehmen Wachheit des Geistes günstig, ohne Anstrengung zu erfordern; und die engen Beziehungen des Familienlebens, die Vereinigung von Kindern, Müttern, Liebhabern oder angehenden Liebhabern, fördert die zarteren Gefühle, hält sie wach und setzt Möglichkeiten frei, die sonst bei der Arbeit oder auf dem Spaziergang schlafen mögen; während gleichzeitig die verschiedenen Sorgen für die zahlreichen Bedürfnisse der Familie wie Anleitung, Belehrung, Tadel und die artige Hinnahme von Anleitung, Belehrung und Tadel als Dinge bewußter Anstrengung möglichst beiseite gelassen werden.*

Es sollte möglich sein, daß sich die Familie am Abend an der Quelle unter dem Kastanienbaum bei Butterbrot, Salat, Tee und Milch versammelt. Ein Park soll Tausenden von Familien diese Gelegenheit bieten (S. 21). Sie können auch Fiedeln, Flöten oder Harfen mitbringen (S. 22).

What we want to gain is tranquillity and rest to the mind (S. 23).

Die Promenade dagegen, die um den Park herumführen kann, dient dazu *to see congregated human life under glorious and necessarily artificial conditions* (S. 23).

Weitere Wirkungen des Stadtparks sind: Er wird zu einem neuen Zentrum für die Stadt (S. 24), Ärzte schicken Kranke zur Genesung hierher statt aufs Land, Fremde werden bewogen, sich in der Stadt anzusiedeln, die Grundstückspreise steigen, Arme, die keine Reisen bezahlen können, finden hier Erholung, kurz: *The addition thus made to the productive labour of the city is not unimportant* (S. 32f.).

Bei der Stadtplanung müssen rechtzeitig Reserveflächen für den Park bereitgestellt werden (S. 25); *the Park is not planned for such use as is now made of it, but with regard to the future use, when it will be in the centre of a population of two millions hemmed in by water at a short distance on all sides,* heißt es prophetisch vom Central Park (S. 31).

Gestaltung: Für aktive Erholung sind mehrere kleine, durch Alleen verbundene Flächen wünschenswerter als eine große (S. 17), während für die passive Massenerholung eher große geeignet sind (S. 19).

Weite ländliche Prospekte sind erwünscht, eine halbe Meile oder länger und ungestört von Verkehrsstraßen (S. 22); insbesondere die Promenade soll durch Öffnungen Einblicke in den Park ermöglichen (S. 23).

Die Verbindung von Stadt und Park muß durch *routes of communication* berücksichtigt werden, die bereits ihrerseits *recreative* wirken. *It is a common error to regard a park as something to be produced complete in itself, as a picture to be painted on canvas. It should be rather be planned as one to be done in fresco, with constant consideration of exterior objects* [...] (S. 25). Der Park ist auch mit der Eisenbahn erreichbar (S. 22).

In den Straßen der Stadt fehlt zumeist etwas *which is adapted to bring into play a spark of admiration, of delicacy, manliness, or tenderness*. Die Enge der Wohnungen treibt die jungen Menschen auf die Bordsteine oder in die Destillen. Im Park sollen dagegen alle städtischen Elemente ausgeschlossen sein: *Wir brauchen einen größtmöglichen Gegensatz zu den Straßen, Geschäften und Stuben der Stadt [...]. Was wir am meisten brauchen, ist, genauer gesagt, ein einfacher, weiter, offener und sauberer Rasenplatz mit ausreichender Bewegungsfläche und ausreichender Anzahl von Bäumen darauf, damit Abwechslung von Licht und Schatten geboten wird. [...] Wir brauchen einen ausreichend breiten Waldgürtel ringsherum, nicht nur zur Bequemlichkeit bei heißem Wetter, sondern auch, um die Stadt von unseren Landschaften gänzlich auszuschließen* (S. 20–22).

Olmsted betont, daß die herkömmlichen Stilkategorien im Stadtpark unbrauchbar sind. Er verwirft den pittoresken und den gardenesken Stil, subtropische und Warmhauspflanzen. Er kritisiert am Hyde Park (S. 24): *Da wird Kunst bemüht in Form langer schwarzer Reihen abweisender Eisengitter und Beeten aus Warmhauspflanzen dahinter, zwischen denen das Publikum wie Patienten im Krankenhaus umhergeht, die in den Hof geschickt werden, um sich die Beine zu vertreten, während ihre Betten gemacht werden. Wir sollten nichts in einem Park unternehmen, was eine Behandlung des Publikums wie Gefangene oder wilde Tiere mit sich bringt. Ein Hauptzweck all dessen, was im Park zu tun ist, ein Hauptzweck der ganzen Parkkunst ist es, die menschliche Seele über ihre Vor-*

stellungskraft zu beeinflussen, und der Einfluß eiserner Gitter kann niemals ein guter sein.

Elemente: Gefragt ist *beautiful or simply pleasing scenery, the beauty of the fields, the meadow, the prairie, of the green pastures, and still waters* (S. 24). Als Ausstattungselemente sind Tische, Sitze, Schaukeln und Springbrunnen erwähnt (S. 22); Schafe und Kühe dürfen sich mit den Menschen den Platz teilen (S. 23). An den Tischen werden Erfrischungen gereicht (S. 34).

Beispiele: Da Olmsted in dem Vortrag nicht tiefer in Details geht, ziehe ich statt dessen die Erläuterungen zu den Wettbewerbsentwürfen für den Central Park heran, die er zusammen mit dem Architekten Calvert Vaux (1824–1895) im Jahre 1858 verfaßte.

Zwei Vorbemerkungen sind vorauszuschicken: Der Anteil Vaux' an dem Wettbewerbsbeitrag kann nicht klar von dem Olmsteds geschieden werden, und beide mußten gewisse Forderungen der Auslober berücksichtigen. Vorgegeben waren: 1) mindestens vier den Park von Ost nach West kreuzende Straßen, 2) ein *parade ground,* 3) drei *play grounds,* 4) eine Veranstaltungshalle, 5) eine große Fontäne und ein Aussichtsturm, 6) ein Blumengarten und 7) eine Eislauffläche. Die Parkfläche umfaßt 776 acres (314 ha).

Die Realität New Yorks soll optisch ausgeschlossen werden (S. 124): *Zwecks Verbergung der Häuser auf der dem Park gegenüberliegenden Straßenseite und um eine schattige Horizontlinie zu sichern, wird vorgeschlagen [...], rings um den ganzen Park zwischen äußerem Weg und Fahrbahn eine Reihe Bäume zu pflanzen.* – Freilich konnten die Verfasser nicht ahnen, daß die Häuser die Bäume einmal weit überragen sollten. Auch die den Park kreuzenden Straßen sollten, indem sie wie Hohlwege versenkt werden, verborgen sein. Über Brücken sollten die Parkwege über sie hinwegführen (S. 122). Diese selbst werden getrennt in Fahr-, Reit- und Fußwege, die sich wiederum untereinander möglichst wenig kreuzen. Die Fahrwege sind 60 Fuß (18 m) breit wie im Wiener Prater und im Pariser Bois de Boulogne und werden von Fußwegen begleitet, die durch einen vier Fuß breiten Rasenstreifen abgesetzt sind. Kein Weg ist gerade, denn: *Die volkstümliche Vorstellung vom Park*

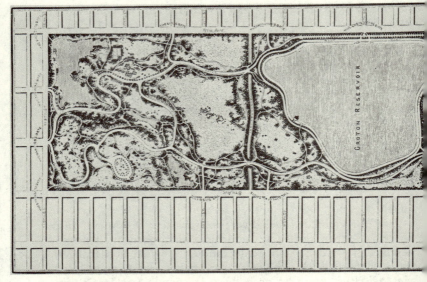

Abb. 68 *Central Park*, New York. Aus: Third Annual Report of the Bord of Commissioners of the Central Park. New York 1860.

ist eine schöne, offene Grünfläche mit ruhigen Fahr-, Geh- und Reitwegen. Eine solche kann nicht gewahrt werden, wenn eine Rennbahn oder eine Straße, die leicht als Rennbahn zu benutzen ist, zu einer Hauptattraktion gemacht wird (S. 151).

Der Haupteingang liegt im Südosten an der Fifth Avenue. Er führt, an einem künstlichen See vorbei, auf ein Plateau, das eine *open air hall of reception* (S. 126) trägt: eine *avenue, promenade* oder *grand mall*. *Although averse on general principles to a symmetrical arrangement of trees, we consider it as an essential feature of a metropolitan park, that it should contain a grand promenade, level, spacious, and thoroughly shaded* (S. 125). An erhöhter und zentraler Stelle gelegen, vertritt die Promenade das Schloß herkömmlicher europäischer Parks (S. 126): *it should occupy the same position of relative importance in the general arrangement of the plan, that a mansion should occupy in a park prepared for private occupation.* Die Promenade hat einen Aussichtsfelsen als point de vue. An

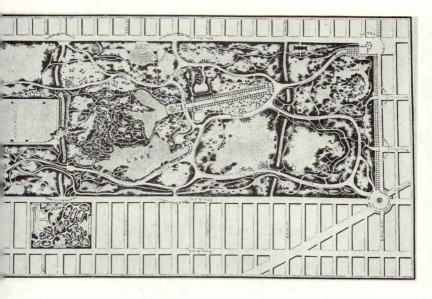

ihrem Ende breitet sich in zwei Ebenen eine Terrasse im italienischen Stil mit einer großen Fontäne aus. Die Terrasse stößt an einen weiteren künstlichen See, der im Winter als Eisbahn zu benutzen ist. Seitlich der Promenade, also nicht in beherrschender Stellung, ist die *Music Hall* untergebracht, die noch mit einem Palmenhaus verbunden werden soll (S. 128).

Auf der anderen Seite der Promenade liegen der *parade ground* und ein *playground* für Cricketspiele. Für Zuschauer und Spieler sind Gebäude *of moderate dimensions* vorgesehen (S. 127). Ein vorhandenes Arsenalgebäude soll als Museum genutzt werden.

Am Rand des Parks ist der Blumengarten geplant. Er liegt ein Stockwerk tiefer als die angrenzende Fifth Avenue, und ein dreistöckiges Arkadengebäude auf dieser Seite soll ermöglichen, ihn von oben zu betrachten. *Der Grundriß des Blumengartens selbst ist geometrisch, und er wird von einer unregelmäßigen und weniger*

Abb. 69 Überquerung der *Transversal Road* durch einen *Park Drive*. Aus: Third Annual Report of the Board of Commissioners of the Central Park. New York 1860.

formalen Strauchpflanzung umgeben, die dazu dient, ihn mit dem eigentlichen Park zu verbinden. In der Mitte wird ein großes Fontänenbecken mit einem hohen Springstrahl vorgeschlagen; andere, kleinere Strahlen sind entsprechend der Darstellung vorgesehen (S. 128f.).

Weiter unten distanzieren sich Olmsted und Vaux von diesen geometrischen Einschüben (S. 160): *Buildings are scarcely a necessary part of a park; neither are flower-gardens, architectural terraces or fountains. [. . .] we consider them [. . .] as entirely subordinate to the main idea, and in our plan the music hall, Italian terrace, conservatory, flower garden and fountains, are but accessories of a composition in which the triple promenade avenue is the central and only important point.*

Ein felsiges Gelände zwischen Eislaufsee und Aussichtsfelsen soll in Anlehnung an den aktuellen Zustand mit Ericaceen bepflanzt werden.

Abb. 70 Blick auf *Terrace* und *Mall* im *Central Park* von Norden. Aus: Clarence Cook, *A Description of the New York Central Park*. New York 1869, S. 105.

Abb. 71 Wettbewerbsentwurf von Olmsted und Vaux für den Blumengarten am Ostrande des *Central Park* bei der 74. Straße. Museum of the City of New York. Nach: *The Papers of Frederick Law Olmsted*, Bd. 3, Baltimore und London 1983, S. 150.

In der Mitte des Parks liegen zwei ummauerte Reservoirs, die die Wettbewerber übernehmen mußten. In dem verbleibenden nördlichen Parkteil fanden sie ein hügeliges Gelände vor, das ganz Olmsteds Parkideal entsprach (S. 119): *As this character is the highest ideal that can be aimed at for a park under any circumstances, and as it is most decided contrast to the confined and formal lines of the city, it is desirable to interfere with it, by cross-roads and other constructions, as little as possible.* Es sind hier weitere *play grounds*, ein Aussichtsturm und ein Arboretum amerikanischer Bäume vor-

Frederick Law Olmsted

Abb. 72 *Curling*, ein Spiel auf dem Eis im *Central Park*. Aus: Clarence Cook, *A Description of the New York Central Park*. New York 1869, S. 70.

gesehen. *This arboretum is not intended to be formally arranged, but to be so planned that it may present all the most beautiful features of lawn and wood-land landscape, and at the same time preserve the natural order of families, so far as may be practicable* (S. 133).

Die Bäume für das Arboretum sind in einer langen Liste angefügt. Eine weitere, kurze Pflanzenliste ist für das Südufer des Eislaufteichs bestimmt. Um eine *Pseudo-tropical*-Wirkung zu erzielen, will Olmsted Sassafras, Magnolien, Catalpa, Ailanthus, Paulownia, Morus, Liquidambar etc., kombiniert mit breitblättrigen Uferstauden, pflanzen (S. 175).

Würdigung: Olmsted, der verschiedentlich als größter Landschaftsgestalter Amerikas bezeichnet wird, wurzelt gestalterisch im England der Wende zum 19. Jh. Beveridge 1977 weist nach, daß er sich selbst auf Bücher von Gilpin, Price und Repton berief. Gänzlich neu aber ist bei Olmsted der sozialhygienische Aspekt. Erstmals widmet ein Landschaftsgestalter sein Lebenswerk dem öffentlichen Großstadtgrün.

Sekundärliteratur: Die amerikanische Literatur über Olmsted ist sehr umfangreich. Die letzte Biographie schrieb ELIZABETH STEVENSON (*Park Maker. A Life of Frederick Law Olmsted,* New York 1977). Sein Werk wird hier nicht gewürdigt, aber es ist eine umfassende Bibliographie beigegeben, auf die verwiesen sei. – Später erschienen: CHARLES E. BEVERIDGE: Frederick Law Olmsted's Theory on Landscape Design. In: Nineteenth Century. 3, Nr. 2, Philadelphia 1977, S. 38–43. – STEPHEN RETTIG: British Influences on Frederick Law Olmsted and Calvert Vaux. In: Landscape Design 135. London 1981, H. 8, S. 13–15. – BRUCE KELLY, G. GUILLET und M. E. HERN: *Art of the Olmsted Landscape,* 2 Bde. New York 1982.

WILLIAM ROBINSON (1838–1935)

Biographie: Sohn eines nordirischen Gutsverwalters, Gärtnerlehre, Reisen in Europa und Amerika, lebte als Publizist in London, seit 1885 auf dem Landsitz Gravetye Manor, Sussex. Befreundet u. a. mit John Ruskin und Gertrude Jekyll. Seit 1909 im Rollstuhl.

Veröffentlichungen mit gartentheoretischem Gehalt: *The Wild Garden.* London 1870, 236 S., Frontispiz. Davon Nachdruck London 1983. 6 weitere, meist veränderte Ausgaben bis 1929, Nachdruck der 4. Ausg. (1894) London 1977.
Hardy Flowers. London 1871, 314 S. m. Abb., 5 weitere Aufl. bis 1900.
The Subtropical Garden. London 1871, VII, 241 S. m. Abb., ^{2}1879.
Public Gardens. The Pathway to Noble National Gardens. In: The Garden 1. London, Nov. 25, 1871, S. 1.
God's Acre Beautiful: or the Cemeteries of the Future. London 1880, VI, 128 S. m. Abb., ^{2}1882, ^{3}1889 u. d. T. *Cremation and Urn Burial.*
The English Flower Garden. London 1883, XII, CXXIV, 303 S. m. Abb., 15 weitere, meist veränderte Ausg. bis 1956; Nachdruck der 15. Aufl. (1933) New York 1984 und London 1985.
Garden Design and Architect's Gardens. London 1892. XVIII, 73 S. m. Abb.
The Garden Beautiful. Home Woods and Home Landscape. London 1906, XI, 394 S. m. Abb.; ^{2}1907.

Gravetye Manor: or, Twenty Years' Work round an old Manor House. London 1911, XII, 155 S. m. Abb.; Nachdruck Millwood, N. Y. 1984.
Home Landscape. London 1914, XII, 78 S. m. Abb.; ²1920.

Weitere Veröffentlichungen: Monographien über Pflanzen und über Pariser Gärten, Herausgeber von acht Zeitschriften, darunter *The Garden* (seit 1871) und *Gardening Illustrated* (seit 1879).

Benutzte Ausgaben: *Wild Garden* 1870, *Subtropical Garden* 1879, *English Flower Garden* 1883, *Garden Design* 1892.

Ungeachtet des großen Umfangs seiner Schriften läßt sich Robinsons in den 70 Jahren seiner Publikationstätigkeit unveränderte Theorie recht kurz zusammenfassen.

Aufgaben: Vom Menschen und von der Gesellschaft spricht Robinson nur an untergeordneter Stelle. *Flower gardening* sei (1883, Vorwort S. VIII) *an art that in all stages of life might afford men infinite pleasure and work at once innocent, healthy, and refining.* Spät erst gibt er die kompensierende Aufgabe des Gartens zu (1892, S. 22): *To-day the ever-growing city, pushing its hard face over the one beautiful land, should make us wish more and more to keep such beauty of the earth as may be still possible to us. The horror of railway embankments, where were once the beautiful suburbs of London, cries to us to save all we can save of the natural beauty of the earth.* Ertrag und körperliche Tätigkeit im Garten gibt es für Robinson nicht (1892, S. 17): *If a garden has any use, it is to treasure for us beautiful flowers, shrubs, and trees.*

Robinson schreibt, ohne es besonders zu erwähnen, für mehr oder weniger wohlhabende Privatgartenbesitzer. Da die Mittel knapper würden, soll allerdings, wie es in den USA schon lange geschehe, unnötiger Aufwand vermieden werden (1883, S. XCIV). Geld und Mühe sind zu sparen, indem man auf jährlich zu erneuernde Sommerblumenbepflanzung, Topfpflanzen, Umgraben, ausgedehnte Rasenflächen und unnötige Wege verzichtet.

In dem kurzen Aufsatz *Public Gardens* macht Robinson deutlich, daß es ihm auch in den öffentlichen Gärten der Großstädte, deren Aufgabe *health* und *delightful instruction* seien, nur darum geht, *distinct types of vegetation* zu schaffen, die die botanischen Gärten

Abb. 73 Teppichbeete. Aus: Wörmann 1864. Die dunkleren Streifen bestehen aus Kies.

in der *worthy expression of the vegetation* übertreffen, und um keine anderen Nutzungen.

Die Entwicklung der Gartenkunst seit 1850 wird scharf kritisiert. Man habe *all our sweet border flowers* (1870, S. 6) zugunsten von Sommerblumen und subtropischen Pflanzen für Teppichbeete *(carpet bedding)* verdrängt. Robinson erinnert an die ausdauernden Rabattenpflanzen aus der Zeit Shakespeares, Miltons und Bacons (1870, S. 3), verweist aber gleichzeitig auf den unvergleichlichen Artenzuwachs seitdem, der ein Anknüpfen an die damaligen, geometrischen Gartenformen verbiete (1883, S. III f.). *The views of old writers will help us little, for a wholly different state of things has arisen in those mechanical days* (1892, S. 2).

Formal Gardening sei nur in jenen Zeiten, da Wald und Wild noch eine Bedrohung für das Haus darstellten, berechtigt gewesen (1892, S. 21 f.). Robinson vertritt den *modern English Garden* (1892, neben S. 70) und stellt sich damit in bewußten Gegensatz zu den Verfechtern des *Formal Revival*, Barry, Nesfield, Paxton, Hibberd, Sedding und Blomfield.

Vom Gärtner verlangt er einerseits umfassende Pflanzenkenntnis, wie sie dem Architekten abgehe (1892, S. 17), andererseits Verständnis von *artistic arrangement* (1883, Vorwort S. VI). Robinson versteht seine Tätigkeit weiterhin als Kunst (1883, S. XXX; 1892, S. 48), verwendet aber die Ausdrücke *art, taste* und *design* überwiegend nur floskelhaft. Der Geschmack, sagt er, bestehe im Befolgen der Naturgesetze, soll heißen: der Ökologie (*True taste based on law* – 1883, S. 1; *all true and great art can only be based on the eternal laws of Nature.* – 1892, S. 39), und die Schönheit liege in den natürlichen Formen der Pflanzen, nicht in entworfenen Linien (1883, S. XXXVI). Damit ist die Kunst im herkömmlichen Sinne zugunsten der Wissenschaft aufgehoben.

Zum Verhältnis zu anderen Künsten lesen wir, der Entwerfer eines Gartens soll wie ein Maler vorgehen (1883, S. CX), und der Garten soll den Maler zum Malen reizen (1892, S. 3). In Abwehr der Konkurrenz Blomfields schreibt Robinson (1892, S. 16): *The architect can help the gardener much by building a beautiful house! That is the work*.

In seinem Naturverhältnis kehrt Robinson zum 18. Jh. zurück. Der Garten soll *in communion with nature* sein (1870, S. 16), *a reflex of Nature in her fairest moods* (1883, S. XXXII). Die Pflanzungen sollen einerseits aussehen *as if Nature had planted them* (1883, S. CXXXV), andererseits darf man aus allen Weltteilen die schönsten Arten im heimatlichen Garten sammeln (1870, S. 16). *Nature in puris naturalibus we cannot have in our gardens, but Nature's laws should not be violated* (1879, S. 5).

Gestaltung: Robinson lehnt die bisherigen Kategorien (vgl. Hibberd) *Subtropical Garden, Leaf Garden, Colour Garden, Rockery, Fernery, Rosery* usw. ab. Sein Grundsatz ist, daß Pflanzen aller Gruppen im Garten vereint werden können, sofern sie dem jeweiligen Standort entsprechen.

Es gebe nur zwei Stile, den geometrischen und den natürlichen. Jener sei nur manchmal, vor allem bei stark abfallendem Gelände gerechtfertigt, aber nie notwendig, dieser dagegen sei immer richtig (1883, S. I–III).

Für große und kleine Gärten gelten dieselben Grundsätze (1883, Vorwort S. VI). Gerade in kleinen Gärten, wo bislang Geometrie gefordert wurde, wünscht Robinson den natürlichen Stil *securing an absolute contrast between the garden vegetation and its unavoidable formal surroundings* (1883, S. VI).

Es muß so gepflanzt werden, daß jede Pflanze ihre natürliche Schönheit voll entfalten kann (vgl. Loudons *gardenesque*). Die Vegetation ist so abzustufen, daß die niedrigen Pflanzen vorn, die höheren hinten wachsen (1870, S. 36). Die Natur habe niedrige Pflanzen, um von oben, höhere, um von der Seite betrachtet zu werden, entworfen (1883, S. XLIX). Großblättrige Arten sind mit feinlaubigen zu kontrastieren (ebd.). Die Exemplare einer Art sind in unregelmäßigen Gruppen anzuordnen oder einzeln, wenn ihr besonderer Ausdruck es fordert. Nie dürfen Pflanzen in regelmäßigen Abständen stehen. Mischungen sind nur in besonderen Fällen anzustreben, wobei aber nicht zu viele Arten auf einem kleinen Fleck konzentriert werden dürfen (1883, S. XXVII). Regelmäßige Grenzen dürfen nicht in Erscheinung treten. Die Beetumrisse müssen durch überhängende Pflanzen gebrochen werden, und man darf nicht parallel zum Umriß pflanzen (1883, S. XLIX). *The contents, and not the outlines of the beds, are what we should see* (1883, S. XXV).

Am meisten verabscheut Robinson bunte Teppichbeete. Rabatten *(borders)* läßt er, entlang von Mauern und Hauswänden, zu, sie

Abb. 74 Frontispiz zu Robinson, *The Wild Garden* 1870.

müssen aber unregelmäßig bepflanzt sein. Ihre Breite beträgt 9–15 *feet* (2,7–4,5 m; 1883, S. XXV).

Großen Wert legt Robinson auf Zeit und Farbe. Er tadelt an den herkömmlichen Gärten, daß sie nur im Sommer blühen, und fordert stärkere Berücksichtigung der Frühjahrs- und Herbstblüher. Ziel ist der *permanent garden* (1883, S. XXXIV f.).

Ein ausführliches Kapitel im *English Flower Garden* heißt *Colour in the Flower Garden* (1883, S. CX–CXVIII). Von den bekannten

326 Die Theorien

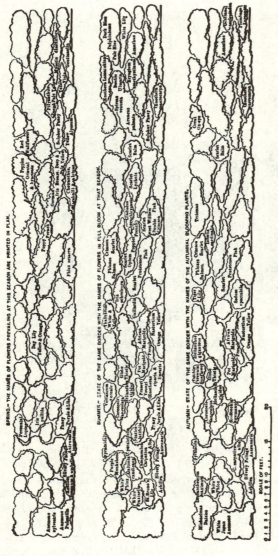

Abb. 75 Pflanzplan für eine Staudenrabatte mit Angabe der im Frühling, Sommer und Herbst blühenden Pflanzen, die jeweils eine harmonische Farbzusammenstellung geben. Aus: Robinson, *English Flower Garden* 1883, S. CXIV.

Farbgesetzen (vgl. Repton) ausgehend, fordert er *a definite plan of colouring*, nicht nur für die Blüten, sondern auch für ihren Zusammenklang mit Gras, Laub und Mauerfarben. Er zieht sanfte Kontraste heftigen und wenige Farben vielen vor und stellt auch eine Beziehung zwischen Farbe und Standort her, indem er warme Farben für sonnige Plätze, gebrochene, Blau, kaltes Weiß, blassestes Gelb und frisches Grün für schattige empfiehlt.

Elemente: Grundsätzlich sollen nur solche Pflanzen verwendet werden, die im englischen Klima ausdauern (1870, S. 10). Darunter werden bei Auswahl der schönsten die fremdländischen die heimischen überwiegen (1892, S. 23). Züchtungen haben bei Robinson kaum Bedeutung. Er wählt aus den Wildfloren *ornamental kinds,* keine Unkräuter (1870, S. 160). Diese sind zu entfernen (1883, S. XXVI f.).

Im Mittelpunkt stehen Stauden. Doch auch alle anderen Gruppen sollen einbezogen werden: Frühjahrsblüher, Zwiebelpflanzen, Schlinger, Blütensträucher, Rhododendren, Rosen, Koniferen, Alpenpflanzen, Farne, subtropische Pflanzen und Kürbisse. Der Begriff *subtropical* wird nicht zur Bezeichnung einer Herkunft, sondern einer Form gebraucht (1879, S. V): *Subtropical gardening means the culture of plants with large and graceful or remarkable foliage or habit* [...]. Hierunter fallen Pampasgras, Yucca, Arundo, Rheum, Ferula, Crambe, Tritomas und Polygonum sieboldi. Der Baum Ailanthus kann durch regelmäßiges Beschneiden wie eine „subtropische" Blattpflanze verwendet werden.

Nirgends darf nackter Boden sichtbar sein. Darum soll man auf Umgraben verzichten und die freien Stellen mit niedrigen Pflanzen wie Reseda, Nolanas, Lobelia, Petunia, Sedum, Saxifraga, Tradescantia discolor und Lycopodium denticulatum bepflanzen (1879, S. 27; 1883, S. XXVII).

Neu ist auch Robinsons Vorschlag, kahle Rasenflächen mit Frühjahrsblühern wie Schneeglöckchen, Krokus, Scilla, Muscari, Leberblümchen und Winterling zu besetzen (1870, S. 22 f.).

Berauscht von den unendlichen neuen Pflanzenkombinationsmöglichkeiten, ruft Robinson auf (1879, S. 28): *Make your garden as distinct as possible from those of your neighbours.* Den größten Teil seiner Bücher nehmen Listen mit Beschreibungen von Pflanzen für bestimmte Zwecke und Standorte ein.

Abb. 76 *Geschütztes Tälchen mit Baumfarnen und während des Sommers ausgepflanzten Warmhauspflanzen.* Aus: Robinson, *The Subtropical Garden* 1871.

Gewächshäuser läßt Robinson nur zur Früchteerzeugung und als winterlichen Gartenersatz gelten, sie sollen nicht Hauptsache werden, eine Entwicklung, die wir bei Repton, Loudon und Hibberd beobachten konnten, und insbesondere dürfen sie nicht zur Anzucht von Pflanzen benutzt werden, die nur kurz im Sommer den Garten zieren (*bedding-out*; 1883, S. XXXIII).

Wasser im Garten liebt Robinson nicht. Kleine *duck-ponds* müßten ständig gesäubert werden, und es sei in England feucht genug. Nur große Wasserflächen fern vom Haus und kleine Bächlein sind zulässig (1883, S. XXII). Die Künstlichkeit von gebauten Wasseranlagen stört ihn nicht. Er stellt gemauerte Becken für Sumpfpflanzen und Leitungen zur Bewässerung von bepflanzten Mauern vor (1883, S. LVIIIf.).

Architektonische Elemente werden abgelehnt, besonders Terrassenmauern, die Robinson, von außen gesehen, an Gefängnismauern erinnern. Der Rasen soll bis an das Haus reichen (1883, S. VIf.),

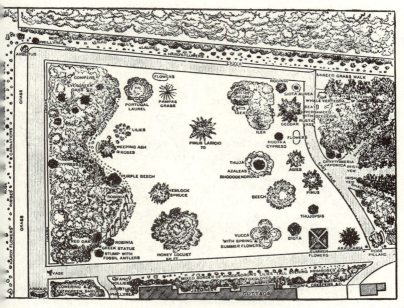

Abb. 77 Eines der seltenen Planbeispiele von Robinson. Garten für Sir Richard Owen (1804–1892) in Sheen Lodge, Richmond Park. Aus: Robinson, *English Flower Garden* 1883, S. XXXI.

dessen unterer Teil voll sichtbar bleiben muß (S. X). Vorhandene Mauern sollen berankt werden (1892, S. 287). Robinson ist auch gegen regelmäßige Böschungen, in denen er bezeichnenderweise Bahndämme sieht (1883, S. IX).

Neben dem geschorenen Rasen soll man auch blühende Wiesen schätzen (1883, S. XCIV). Der Rasen darf nicht von Stützmauern und Teppichbeeten unterbrochen werden.

Wege sind auf das notwendige Maß zu beschränken. Man soll sie möglichst verbergen oder durch Rasen ersetzen. Der Entwurf von Wegen, betont Robinson, sei nicht, wie bisher angenommen (vgl. Repton, Thouin), wesentlicher Bestandteil der Gartenkunst. In den wenigen Grundrissen, die er zeigt, ist nur ein Rundweg ohne Rücksicht auf ornamentale Wirkung zu sehen (1883, S. XCIV).

Robinson haßt den Schnitt von Bäumen, da die natürliche Schönheit eines Baumes (er zeigt einen Taxus) unübertrefflich sei (1892, S. 54–56).

Bemerkt sei aber auch, daß Robinson stets hinzufügt, in zurückhaltendem Maß seien die Elemente, die er ablehnt, zulässig, ja er gibt sogar Muster für Teppichbeete.

Beispiele: Zur Erläuterung stellt Robinson stets vorhandene englische Gärten in Wort und Bild vor. Bis auf die Veröffentlichung Gravetye Manors sind es nicht erkennbar eigene Arbeiten, auch die Abbildungen scheinen ausschließlich von anderen gefertigt zu sein. Grundrisse sind sehr selten, das meiste sind Pflanzendarstellungen.

Würdigung: Robinsons Einfluß bis in die Gegenwart ist beträchtlich. Mea Allan bezeichnet ihn gar als größten aller britischen Gärtner (S. 16). Er führte den Garten aus dem Historismus heraus, schon ehe die Arts-and-Crafts-Bewegung gegen den Historismus im allgemeinen Stellung bezog. Er besann sich auf das ursprüngliche Handwerk des Gärtners als Pflanzenhegers und -arrangeurs, akzeptierte aber das neue (importierte) Pflanzenmaterial. Damit stand er im Gegensatz zu den Arts-and-Crafts-Architekten, die eine Rückkehr nicht nur zum alten Handwerk, sondern auch zu dessen Formen und Materialien forderten. Beiden gemeinsam war die Ignorierung der wirtschaftlichen und körperlichen Bedürfnisse ihrer Zeit, das Ausweichen in Welten, die die Wirklichkeit überholt hatte. Robinson benutzte die Naturwissenschaften, um im Garten Ersatz für die verlorene Natur zu schaffen, hierin Wards und Hibberds Ziele aufnehmend. Er fand viele Nachfolger, darunter Gertrude Jekyll, Willy Lange, Karl Foerster und Rudolf Borchardt.

Sekundärliteratur: MEA ALLAN: *William Robinson 1838–1935*. London 1982. Biographie ohne Quellennachweise und ernstzunehmende Würdigung. – GEOFFREY TAYLOR: *Some Nineteenth Century Gardeners*. o. O. 1951, S. 68–115. Leben und Werk, ohne Quellennachweise.

John Dando Sedding (1838–1891)

Biographie: Britischer Architekt, baute hauptsächlich Kirchen. Vertreter des *Catholic Revival* und der *Arts-and-Crafts*-Bewegung, Mitbegründer der *Art Workers Guild*. Entdeckte, seit er 1888 auf dem Landsitz West Wickham, Kent, wohnte, Neigung zum Gärtnern und zur Gartenkunst.

Veröffentlichungen mit gartentheoretischem Gehalt: *Garden-Craft Old and New.* Posthum London 1891, 215 S., 16 Tafeln; fünf weitere Auflagen bis 1903. Nicht wissenschaftlich, sondern in leidenschaftlichem Stil abgefaßt. Sedding zitiert viele Gedichte, findet für einen Gedanken immer neue Formulierungen, und die neun Kapitel bringen kaum Systematik in das Buch.

Benutzte Ausgaben: 1891.

Entwerfer, Ausführer und Besitzer des Gartens sind für Sedding eins (S. 15 f.).

Die am häufigsten genannte **Aufgabe** des Gartens ist es, schön zu sein und durch Kunst idealisierte Natur zu zeigen. Außerdem schreibt Sedding dem Garten mystische Wirkungen zu. Nur einmal nennnt er als Funktion den Ausgleich zum Stadtleben. *A garden is made to express man's delight in beauty and to gratify his instincts for idealisation* (S. 13). *It is the memorial of Paradise lost, the pledge of Paradise regained* (S. 3). *The garden [...] is a sort of "betweenity"-part heaven, part earth, in its suggestions; so, too, in its make-up is it part Nature, part man* (S. 6 f.). *[...] a garden-lawn is a vision of peace, and its tranquil grace is a born of unspeakable value to people doomed to pass their working-hours in the hustle of city-life* (S. 150).

Sedding will Garten und freie Natur streng auseinandergehalten wissen und kennt daher keinen „Park". *It matters not what the date, size, or style of the garden, it represents an idealisation of Nature. Real Nature exists outside the artist and apart from him. The ideal is that which the artist conceives to be an interpretation of the outside objects or that which he adds to the objects. The garden gives imaginative form to emotions the natural objects have awakened in man* (S. 29).

Sedding betont, daß der Garten nur domestizierte Pflanzen und Tiere enthalten kann, nicht aber unverfälschte Naturszenen. [...] *they are in chains, though the chains be aerial and not seen* (S. 191). *Now, it is not everything in Nature that can, or that may be, artificially expressed in a garden;* [...] *It were a palpable mistake, an artistic crime, so to speak, to follow the wild flights of Salvator Rosa and Gaspard Poussin, and with them to attempt a little amateur creation in the way of rent rocks, tumbled hillsides, and ruins that suggest a recent geological catastrophe, or antique monsters, or that imply by the scenery that we are living in the days of wattled abodes and savages with flint hatches* (S. 37).

Garten und freie Natur entsprechen ganz verschiedenen Bedürfnissen des Menschen. Der Garten ist ein Ort für Liebe, Poesie und Leidenschaft (S. 17), er bietet Erholung von den täglichen Sorgen (S. 187): *Here one may come to play the truant from petty worries, to find quiet harbourage in the chopping sea of life's casual ups and downs; but when real trouble comes, on occasions of spiritual tension, or mental conflict, or heavy depression, then the perfect beauty of the garden offends* [...]. In diesem Fall kann nur die freie Natur helfen. *While men are what they are, Art is not all. Man has Viking passions as well as Eden instincts. Man is of mixed blood, whose sympathies are not so much divided as double.* [...] *To the over-civilised man who is under a cloud, the old contentment with orthodox beauty must give place to the subtler, scarcer instinct* [...]. *Fair effects are only for fair times* (S. 200). *Let but the mist of melancholy descend upon you, let but the pessimistic distress to which we moderns are all prone penetrate your mind, let you be the prey of undermining sorrow, or lie under the shadow of bereavement, and it is not to the garden that will go for Nature's comfort* (S. 213). *Nature in a garden and Nature in the wild are at unity;* [...] *they have each their place in the economy of human life, and* [...] *each should have its share in man's affections. The true gardener is in touch with both* (S. 212).

Künstlichkeit scheint das wichtigste Gestaltungsmerkmal im Garten zu sein, das gar nicht übertrieben werden kann (S. 180): *Because Art stands, so to speak, sponsor for the grace of a garden, because all gardening is Art or nothing, we need not fear to overdo Art in a garden, nor need we fear to make avowal of the secret of this charm. I have no more scruple in using the scissors upon tree or shrub, where trimmness is desiderable, than I have in moving the turf of the lawn that once represented a a virgin wood.*

Die Natur stellt sich andererseits von selbst im Laufe der Jahre ein und liefert *poetic excitement, yearly accesses of beauty* (S. 95f.). Nur auf diese Weise kann die Vermählung der Gegensätze Natur und Kunst geschehen, von der Sedding an anderen Stellen (wörtlich S. 68) spricht. *Judged thus, a garden is, at one and the same time, the reponse which Nature makes to man's overtures, and man's answer to the standing challenge of open-air beauty everywhere* (S. 7).

The art of gardening may now be known of all men. Gardening is no longer a merely princely diversion requiring thirty wide acres for its display (S. 176).

Weiter drückt Seddings Garten Geschichte aus. Im Titel des Buches klingt bereits die besondere Berücksichtigung der Geschichte an. Breit wird geschildert, wie alte Gärten Erinnerungen an vergangene Ereignisse und Verstorbene wecken. *The old ground embodies bygone conceptions of ideal beauty; it has absorbed human thought and memories; it registers the bequests of old time. Dead men's traits are exemplified here* (S. 22). *And if human affections be, as the poets declare, immortal, we have the reason why an old garden, in the only sense in which it ever is old, by the almanack, has that whispers and waving of secrecy, that air of watchful intentness, that far-reaching, mythological, unearthly look, that effect of being a kind of twilighted space common to the two worlds of past and present* (S. 25). In der Nacht gipfelt das mystische Gartenerleben (S. 25f.): *A thrill comes over you, a mysterious sense warns yout that this is none other than the sanctuary of "the dead", as we call them.*

Die historischen Stile werden nur grob in den alten, geometrischen und den modernen, landschaftlichen unterschieden. Dabei wendet sich Sedding ausdrücklich gegen den modernen. *Here are two sorts of gardens – the traditional garden according to Bacon, the garden according to Brown. Both are Nature, but the first is Nature in an ideal dress, the second is Nature with no dress at all. The first is the garden for a civilised man. The second is a garden for a gipsy. The first is a picture painted from a cherished model, the second is a photograph of the same model undressed* (S. 57).

Außerdem sieht Sedding in den Gärten die Nation sich durch alle Zeiten hindurch verwirklichen. Er lehnt den holländischen und französischen Gartengeschmack ab. *But England–"This other Eden,*

Abb. 78 Gartenentwurf. Aus: Sedding 1891, S. 166.

demi-paradise"–suggests a garden of less-constrained order than either of these. Not that the English garden is uniformly of the same type, at the same periods. The variety of the type is to be accounted for in two ways: firstly, by the ingrained eclecticism of the British mind; secondly, by the changeful character of the country (S. 56). [. . .] an English garden is at once stately and homely–homely before all things. Like all works of Art it is conventionally treated, and its design conscious and deliberate (S. 64). The main difference in the character of the English and the foreign schools of gardening lies in this, that the design of he foreign leans ever in the direction of artificiality, that of England towards natural freedom (S. 68). [. . .] these old gardens should be masterpieces. [. . .] These gardens, then, are the handiwork of the makers of England, and should bear the marks of heroes (S. 93). Ungern gibt Sedding zu, daß die italienischen Gärten allen anderen überlegen seien (S. 65; 161).

Das für Sedding maßgeblichste Vorbild ist Bacons Essay. *Bacon writes not for his age alone but for all times; nay, his essay covers so much ground that the legion of after writers have only to pick up the crumbs that fall from this rich man's table, and to amplify the two hundred and sixty lines of condensed wisdom that it contains* (S. 80). Verurteilt werden Le Nostre, Addison, Brown, Walpole, Whately, Gilpin, Robinson und Milner. Price in einzelnen Zügen, Repton und Loudon werden gelobt als Seddings Vorgänger.

Because the old gardens are what they are—beautiful yesterday, beautiful to-day, and beautiful always—we do well to turn to them, not to copy their exact lines, nor to limit ourselves to the range of their ornament and effect, but to glean hints for our garden-enterprise to-day, to drink of their spirit, to gain impulsion from them (S. VIf.).

Bei aller Begeisterung für die nationale Vergangenheit erkennt Sedding auch (S. 92): *After all, any phase of Art does but express the mind of its day, and it cannot do duty for the mind of another time.* Die Gegenwart hat eigene Möglichkeiten (S. 127): *Gardening is, above all things, a progressive Art which has never had so fine a time to display its possibilities as now, if we were only wise enough to freely employ old experiences and modern opportunities.* So bleibt Sedding Eklektizist (S. 174): *[. . .] we must know and value the good in the garden-craft of all times, must sympathise with the point of view of each phase, and follow that which is good in each and all without scruple and doubtfulness.* Oder (S. 176): *"All is fine that is fit" is a good garden motto; and what an eclectic principle is this!*

Geschmacksregeln *(codes of taste)* lehnt Sedding ab. Bacon und seine Zeit seien noch frei davon gewesen (S. 79); mit *"Feeling is a better thing than taste,"* wird der Dichter Robert Southey zitiert (S. 91), und die Streitereien zwischen Price, Knight und Repton um ästhetische Fragen scheinen ihm einer kalten, trockenen Welt zu entstammen, dumme Gelehrsamkeit, schädlich der Vorstellungskraft und der Gartenleidenschaft (S. 118f.).: *But all this is desperately dull reading, hurtful to one's imagination, feal to garden-fervour. [. . .] "We murder to dissect."*

Die individuelle Erfahrung gilt mehr als Geschmacksregeln (S. 175f.). Dennoch glaubt Sedding an *unwritten laws of good taste,*

die die alten Gärten bestimmten (S. 180). Auch dem individuellen Geschmack will er Rechnung tragen (S. 178): *A garden is pre-eminently a place to indulge individual taste.*
Es sind daher nicht viele Regeln, die Sedding gibt.

Gestaltung: *As to the garden's size, it is erroneous to suppose that the enjoyments of a garden are only in proportion to its magnitude; the pleasureableness of a garden depends infinitely more upon the degree of its culture and the loving care is bestowed upon it. But if not large, the grounds should not have the appearance of being confined within a limited space; and Art is well spent in giving an effect of greater extent to the place than it really possesses by suitable composition of the walks, bushes, and trees. Then the lines should lead the eye to the distance, and if bounded by trees, the garden should be connected with the outer world by judicious openings.* Die Gesamtgröße soll 4–6 *acres* (1,6–2,4 ha) betragen, wobei die Hälfte auf den Küchengarten entfällt. Der geometrische Garten soll 60 × 120 Fuß (18 × 36 m) messen (S. 164–167).

Die Begrenzung des Gartens ist wesentlich (S. 97): *Certain is that along with the girdle of high hedge or wall has gone that air of mystery and homely reserve that our forfathers loved, and which is to me one of the pleasantest traits of an old English garden.* Bissig verurteilt Sedding das *Aha* (S. 104f.). *A garden should be well fenced, and there should always be facility for getting real seclusion, so much needed now-a-days* (S. 162f.).

Die Gegebenheiten des Grundstücks müssen sorgfältig studiert werden (S. 133). Alle Gebäude und Gartenteile müssen ein Ganzes bilden (S. 157f.), *so that to step from the house on to the terrace, or from the terrace to the various parts of the garden, should only seem like going from one room to another. [. . .] each section should have its own special attractiveness [. . .]* (S. 162).

Die Künstlichkeit soll vom Haus in die Landschaft abgestuft werden (S. 135), und ein Gartenteil kann als *wilderness* nach Bacon reserviert sein (S. 179). Wie eine *wilderness* aussehen soll, zeigt Sedding aber nicht. Er bevorzugt Terrassen mit Balustraden, jeweils drei Fuß hoch. Die geometrischen Beete sind mit Stein, Ziegeln oder Buchs einzufassen, die Wege mit Kies oder Rasen zu bedecken. Die Zufahrt soll nach altem Muster gerade sein und ohne Knick im Gefälle (S. 137f.).

Abb. 79 Von Blomfield als vorbildlich empfundene Gartenszene. Aus: Blomfield 1892, Abb. 43.

Elemente: Marmorstatuen auf Piedestalen, Sonnenuhren, Fontänen, Lauben und Pavillons sind zulässig, auch geschnittene Taxus in Form von Pyramiden, Pfauen oder Löwen (S. 159, 167, 180). Sedding lehnt Teppichbeete ab und benutzt einfache, ganzjährig blühende Blumenbeete. Ausländische Gehölze aber haben es ihm angetan (S. 80): *On one point the modern garden has the advantage and is bound to excel the old, namely in its employment of foreign trees and shrubs.* Im Gebüsch dürfen Vögel brüten (S. 163); und Pfauen, Fasanen, Enten, Schwäne, Perlhühner *assist the garden's magic, they support the illusion up on which the whole thing is based.* [. . .] *they verify your doubting vision, and make valid the reality of its ideality* (S. 191).

Würdigung: Sedding geht es als Arts-and-Crafts-Vertreter um die Überwindung des Historismus, als dessen Erscheinung er den Landschaftsgarten betrachtet. Er lehnt daher als erster Gartentheoretiker den Landschaftsgarten völlig ab. Statt dessen fordert er einen ursprünglichen, von Geschmacksregeln freien Garten, wie er ihn in den Vorbildern des 16. Jh. findet. Damit schließt er eine Entwicklung ab, die seit Jacobi und Price schrittweise den geometrischen Garten rehabilitierte. Ähnliche Gedanken, Seddings mystische Sichtweise ausgenommen, wurden bis ca. 1920 von Blomfield, Mawson, Schultze-Naumburg, Schneider und Sitwell in der Theorie, von den deutschen Sezessionskünstlern Muthesius, Olbrich, Bauer, Läuger auch in der Praxis vertreten.

Sekundärliteratur: Nachruf in der Einleitung seines Buches und Artikel im *Dictionary of National Biography*, Bd. 17, Oxford und London o. J.

ERNST RUDORFF (1840–1916)

Biographie: Komponist und Pianist, Prof. Dr. h. c., wohnte in Berlin-Lichterfelde, besaß Gut im hannoverschen Lauenstein, gründete 1904 den Bund Heimatschutz.

Veröffentlichungen mit gartentheoretischem Gehalt: Über das Verhältniß des modernen Lebens zur Natur. In: Preußische Jahrbücher 45. Berlin 1880, S. 261–276, auch als Sonderdruck und in: Korrespondenzblatt des Gesammtvereins der deutschen Geschichts- und Alterthumsvereine 36. Berlin 1888, S. 88–94.
Antrag auf Schutz der landschaftlichen Natur. In: Korrespondenzblatt [. . .], S. 86–88.
Heimatschutz. In: Die Grenzboten 56. Leipzig 1897 und als Sonderdruck; ^{2}Berlin 1901, 112 S.; ^{3}München und Leipzig 1904, 116 S. mit Anm. d. Verf.; ^{4}Berlin 1926 mit Korrekturen d. Verf., Anm. u. Lebenslauf von Paul Schultze-Naumburg.

Weitere Veröffentlichungen: Kompositionen.

Benutzte Ausgaben: *Verhältniß* 1880, *Antrag* 1888, *Heimatschutz* 1904.

Entwerfer: Die Bewahrung von Natur und Landschaft erhofft Rudorff vom Gesetzgeber und von Vereinen, den historischen und Verschönerungsvereinen und von dem zu gründenden Bund Heimatschutz (Antrag 1888).

Aufgaben: Rudorff kämpft gegen den *Tourismus*, den er als *Aufsuchen und Absuchen aller möglichen Schönheiten und Merkwürdigkeiten der Welt* versteht (1880, S. 263). Als abschreckendstes Beispiel nennnt er den Rigi im Kanton Schwyz, wo in 1800 m ein Hotel mit *Hummersalat und Champagner, Billardspiel und Conversation* erbaut wurde, das man mit der Eisenbahn erreichen kann (S. 265). Statt dieser *rein äußerlichen Vergnügungssucht* (S. 266), die man ebenso in der Stadt befriedigen könne, fordert er Bergbesteigung zu Fuß unter Mitnahme des nötigen *Mundvorraths* (1888, S. 87). Neben der Eisenbahn ist ihm auch das Fahrrad ein Greuel (1904, S. 68). Es soll auch vom Tourismus unberührte Gegenden geben (S. 51).
Vergnügungssucht und *Neugier* der Ausflügler verhindern die Empfänglichkeit für die Natureindrücke, indem sie sie *guter Küche, gutem Getränk und Tanzmusik* überlassen. *Eine andere Gattung wiederum schwätzt und thut entzückt über das Idyllische einfacher, ländlicher Verhältnisse, und ist doch so wenig fähig, sich der erfrischenden Gesundheit solcher Eindrücke in Wahrheit hinzugeben, daß sie, statt der eigenen Verwöhnung Zwang anzuthun, für sich selbst den Anspruch erhebt, von all dem Apparat umgeben zu bleiben, den die Befriedigung verfeinerter Lebensbedürfnisse fordert, bis sie es glücklich soweit gebracht hat, daß Dank der ganzen importierten Wirthschaft die ursprüngliche Einfalt entweder völlig vernichtet ist oder halb erheuchelt fortbesteht. [. . .] Auch für die Gesundheit ist der Ertrag der modernen Reisemethode meistens nicht allzu groß* (1880, S. 266f.). Die *rechte Art* der Naturempfindung hingegen wirkt auf das Gemüt, *moralisch, d. h. reinigend und erhebend* (S. 268f.). Rudorff preist das *Herzbewegende der deutschen Landschaft, die Poesie ihrer Waldgebirge, den Reichtum idyllischer und romantischer Stimmungen,* das *Gemütvolle* (1904, S. 6).
Der Tourismus führt zur *sittlichen Verkommenheit* der Landbewohner (1880, S. 267). Rudorff zitiert Schiller, die moralische Wirkung der Natur fordernd. Die Natur muß dazu *selbst unentweiht, unverfälschte Natur geblieben sein* (S. 269). *Das Erwachen*

Abb. 80 Das Hotel Kulm auf dem Rigi am Vierwaldstätter See. Holzstich 1875 (mit freundlicher Genehmigung der Hotel Rigi-Kulm AG).

einer ächten, lebendigen Pietät für die Natur, eine volle Würdigung alles dessen, was an erhaltenden, reinigenden Mächten in ihr beschlossen ist, könnte von einer so segensreichen Einwirkung auf die Entwickelung aller unserer Lebensverhältnisse sein, wie kaum ein Anderes (S. 272). In der Landschaft sieht Rudorff *unverletzliche Heiligtümer* (1904, S. 27). *Der Naturgenuß ist Versenkung in die Gleichniswelt der Schöpfung, in die unendliche Poesie göttlicher Offenbarungen.* (S. 52) *Wo das Gemüt spricht, schweigen die niederen Triebe; es liegt in der Naturfreude eine sittlich reinigende Macht* (S. 53).

Die Natur muß in erster Linie vor der Zerstörung geschützt werden. Der Schutz von Naturdenkmälern, einzelnen Arten und ganzen Landschaftsgebieten (1904, S. 99) geht auf Rudorffs Ideen zurück. In einer dem Text von 1897 1904 (S. 63 f.) hinzugefügten Anmerkung behandelt er das Verhältnis der Gartenkunst zur Natur: *Die Natur kann eben nicht verschönert werden, nur geschont, höchstens hier und da durch Pflege unterstützt, wie etwa der Förster im Walde schwache Stämme beseitigt, damit die starken desto schö-*

ner sich entwickeln und ausbreiten. [...] *Die Gartenkunst endlich in allen ihren Formen samt Alleen, Baumgruppen, Teichen und Springbrunnen ist niemals Verschönerung der Natur, sondern Benutzung von Gegenständen und Elementen, die ihr angehören, im Dienst einer künstlichen Schöpfung der Menschen.* [...] *Die Rasenplätze und Baumgruppen des sogenannten englischen Gartenstils sind liebevolle Nachahmung natürlicher Landschaftsbilder in künstlerischer Umgestaltung. So schön und erfreulich in ihrer Art sie auch sein mögen, so durchaus berechtigt an ihrem Platze, so wird doch kein Vernünftiger das Abbild dem Urbild, das Zurechtgemachte, Scheinbare dem Ursprünglichen vorziehen wollen.*

Die Ästhetik wird ausdrücklich genannt, etwa durch das Zitat aus Schillers Aufsatz *Über naive und sentimentalische Dichtung* (1880) oder als die *Wichtigkeit des ästhetischen Moments für das sittliche Gedeihen des Volkes* (1888, S. 86). Kunst und Natur sollen ausschließlich *das Schöne* zeigen, nicht *das Häßliche*. So lehnt Rudorff den Realismus in der Kunst (1904, S. 81), auch Menzels Fabrikgemälde ab (1880, S. 269).

Das geforderte *rechte Naturempfinden* soll auch gesellschaftliche Auswirkungen haben (1880, S. 272): *geradezu eine Menge socialen Giftstoffes würde nach und nach in der sich neu bildenden Atmosphäre resorbirt werden.* Rudorff lehnt die *Socialdemokratie* ab (S. 275) und beklagt, daß der Tourismus den Großstädtern aller Schichten den Naturgenuß in hellen Scharen ermöglicht. *Die Majorität aus allen Schichten der Gesellschaft ist und bleibt trivial* (S. 266). Die Touristen machen dem *Landmann das Eigene fremd* (S. 267). Rudorff hält es mit den *feiner Empfindenden,* die nur ein *Bruchtheil der Gesellschaft* ausmachen (S. 272). Der echte *Naturgenuß* kann nur in Einsamkeit erfolgen (1904, S. 52).

Besonders betont er das nationale Element: *In dem innigen und tiefen Gefühl für die Natur liegen recht eigentlich die Wurzeln des germanischen Wesens. Was unsere Urväter in Wodans heilige Eichenhaine bannte, was uns in den Sagen des Mittelalters, in den Geschichten der Melusine, des Dornröschens lebt, was in den Liedern Walters von der Vogelweide anklingt, um dann in neuer ungeahnter Fülle in Goethes oder Eichendorffs Lyrik, endlich in der eigenartigsten Offenbarung des deutschen Genius, in unserer herrlichen Musik wieder hervorzubrechen: immer ist es derselbe Grundton, derselbe tiefe Zug der Seele zu den wundervollen und unergründ-*

lichen Geheimnissen der Natur, der aus diesen Aeußerungen des Volksgemüths spricht (1880, S. 276). Später wendet sich Rudorff gegen die Bevorzugung der mittelmeerischen und die Geringschätzung der germanischen Kultur (1904, S. 5–11).

Die Geschichte ist es, deren langsames Walten zusammen mit der Natur das Malerische und Poetische der Landschaft entstehen ließ (1880, S. 262). Rudorff wünscht allgemein mehr geschichtlichen Sinn (1904, S. 20) und möchte die landschaftlichen Denkmale in den Denkmalschutz einbezogen sehen (S. 27).

Die Wirtschaft ist der ärgste Feind von Natur, Landschaft und Gemüt. Bauspekulation, Gewinnstreben, Industrie, das Geschäftemachen mit der Natur (1904, S. 54) werden überall angeprangert. Eingedenk der Notwendigkeit der Wirtschaft fragt Rudorff (1880, S. 271): warum kann nicht das wirthschaftlich Nöthige geschehen, ohne daß das landschaftlich Schöne achtlos geopfert wird? Die Lösung sieht er in der Einschränkung beim Bau von Fabriken, Eisenbahnen und anderen Wirtschaftsanlagen (1904, S. 45).

Es ist vorrangig die Landschaft, die Rudorff behandelt. Er hat dabei den idealen Mitbesitz aller im Auge (1880, S. 275), die Liebe zum heimathlichen Boden. Es ist einmal irgendwo gesagt worden: „Jeder Mensch sollte einen Fleck Erde besitzen, den er sein eigen nennt." Das ist viel verlangt, und im buchstäblichen Sinn weder durchführbar noch nothwendig. Aber das ist die Wahrheit in dem Satz: Jeder Mensch sollte lernen sich irgendwo zu Hause zu fühlen (S. 272). Die Bauern sollen sich auf dem Land, die Städter in der Stadt wohl fühlen. Zu diesem Zweck sind in der Stadt private Gärten und städtische Anlagen nötig (S. 275f.).

Die Gartenstile erklärt Rudorff mit den Volkscharakteren: Italiener und Franzosen bauen romanisch, Engländer und Deutsche germanisch. Den geometrischen Gärten kann er offenbar nichts abgewinnen (1904, Anm. S. 64).

Gestaltung: Ursprüngliche Einfalt (1880, S. 267) bedeutet Unregelmäßigkeit und Vielfalt. Verkoppelungen (Zusammenlegung der bäuerlichen Grundstücke zum Zweck bequemerer Bewirthschaftung) und Gemeinheitstheilungen dagegen bewirken, daß das bunte, anmuthige Land zu einem möglichst kahlen, glatt geschorenen, regelmäßig geviertheilten Landkartenschema umgearbeitet wird. Jede vorspringende Waldspitze wird dem Gedanken der *bequemen geraden Linie zu Liebe rasirt, jede Wiese, die sich in das Gehölz hineinzieht, vollgepflanzt, auch im Inneren der Forsten keine Lichtung, keine Waldwiese, auf die das Wild heraustreten könnte, mehr geduldet. Die Bäche, die die Unart haben, in gewundenem Lauf sich dahinzuschlängeln, müssen sich bequemen, in Gräben geradeaus zu fließen. Der Begriff des Feldpfades, der sich in ungekünstelter Linie bald zwischen wogenden Aehren, bald über ein Stück Wiese dahinzieht, wie ihn im Laufe der Jahrzehnte und Jahrhunderte das Bedürfniß hat werden lassen, hört für die Wirklichkeit auf zu existiren. [...] Bei der rechtwinkligen Eintheilung der Grundstücke fallen dann auch alle Hecken und einzelnen Bäume oder Büsche, die ehedem auf den Feldmarken standen, der Axt zum Opfer. Daß die Heerde und der Hirt verschwinden, ist die unmittelbare Folge der Gemeinheitstheilungen* (S. 262).

Statt dessen soll verordnet werden, *daß die malerischen Formen der Waldgränzen, ihr Auslaufen in einzelne Baumgruppen und Gebüsch, kurz alle Eigenthümlichkeiten des Uebergehens von Wald und Wiese und Feld zu schonen sind, daß man ferner von dem System der absoluten Geradlinigkeit und Rechtwinkligkeit in der Anlage der Wege abzusehen, und in erster Linie auch die Rücksicht auf möglichste Erhaltung des historisch Gewordenen in Betracht zu ziehen hat. Endlich müßte seitens der Regierung energische Anregung gegeben werden, die Hecken, wo sie in Folge der Neueintheilung haben weichen müssen, an anderer Stelle wieder anzulegen, Wiesen und Gärten regelmäßig damit einzufriedigen, auch einzelne Bäume und Büsche sei es zu erhalten, sei es neu anzupflanzen, und so nicht nur das Malerische der Landschaft zu fördern, sondern zugleich für die Erhaltung der Vögel Sorge zu tragen, denen ihre Brutstätten durch die Verkoppelung der Feldmarken nach heutiger Praxis fast vollständig genommen zu werden drohen* (S. 271f.).

Weiter spricht Rudorff gegen Hotels und *Restaurationslokale* in einsamen Landschaften und in oder neben Ruinen, kiesbestreute *Promenadenwege, massige Brücken anstatt der ehemaligen schwanken Stege* (1880, S. 264), gegen die *Stallfütterung*, die das Vieh aus der Landschaft vertreibe (S. 273f.), gegen Reklameschilder, Denkmäler wie im Kyffhäuser und an der Porta Westfalica, gegen das Entfernen absterbender Waldbäume, die Nistplätze bieten, das Abholzen von Alleebäumen, Straßenbegradigungen, Abtragen markanter Felsformationen zum Zweck der Steingewinnung, gegen

Eisenbahntrassen und -brücken in unberührten Tälern, gegen Talsperren zur Stromerzeugung wie die damals geplanten im Bodetal und bei Laufenburg am Rhein, gegen Ruhebänke, Pavillons, Aussichtstürme und künstliche Sichtschneisen in freier Landschaft (1904, passim).

Würdigung: Rudorff ist der Begründer des Landschaftsschutzgedankens, der nach seinem Tode Eingang in das Tätigkeitsfeld des Gartenarchitekten fand. Er steht in der Tradition der Romantik, deren letzte Vertreter noch seine Zeitgenossen waren. Sein direkter Einfluß reicht über Schultze-Naumburg und Wiepking bis 1945. Seine praktischen Grundsätze sind noch heute aktuell. Seine ästhetisch-moralische Begründung dagegen wich bald der Begründung aus der Existenzgefährdung heraus.

Sekundärliteratur: PAUL SCHULTZE-NAUMBURG in: Heimatschutz 6. Jg. 1910. – ELISABETH RUDORFF: *Aus den Tagen der Romantik. Bild einer deutschen Familie.* Leipzig 1938. – WALTHER SCHOENICHEN: *Naturschutz, Heimatschutz. Ihre Begründung durch Ernst Rudorff, Hugo Conwentz und ihre Vorläufer.* Stuttgart 1954. – *Musik in Geschichte und Gegenwart,* Bd. 11. Kassel 1963 (dort weitere Literatur).

WILLY LANGE (1864–1941)

Biographie: Gärtnerlehre, Lehrer an der Königlichen Gärtnerlehranstalt in Berlin-Dahlem, nebenbei als Gestalter von Privatgärten tätig. In seinem Buch von 1927 veabschiedet er sich vom Publikum und veröffentlicht seitdem nichts mehr. Nach 1933 als Vorkämpfer deutscher Gartengestaltung vereinnahmt.

Veröffentlichungen mit gartentheoretischem Gehalt: *Gartengestaltung der Neuzeit.* Leipzig 1907, XII, 398 S., 269 Abb., 8 Farbtafeln, 2 Pläne, Hauptwerk. Fünf weitere, meist veränderte Auflagen bis 1928, insgesamt 22 000 Ex. In der ersten Auflage behandelt er erst das Vorgehen bei der Planung, dann die verschiedenen Gartentypen, dann einzelne Elemente und, gleichsam als Anhänge, grundsätzliche Gestaltungsfragen, den Park, die Pflege, öffent-

liches Grün und zwei eigene Pläne. Spätere Auflagen sind anders gegliedert, aber nicht systematischer.
(Mit 16 Coautoren): *Land- und Gartensiedelungen.* Leipzig 1910, X, 254 S. m. 213 Abb., 12 Farbtafeln. Ländliches Bauen im Sinne des Heimatschutzes.
Der Garten und seine Bepflanzung. Stuttgart 1913, VIII, 208 S. Kurzfassung von *Gartengestaltung.*
Gartenbilder. Leipzig 1922, XII, 366 S. Ideenlehre des Gartens. Elemente. Fotos und Beschreibungen von Naturvorbildern und eigenen Arbeiten.
Gartenpläne. Leipzig 1927, IX, 454 S. 100 eigene Arbeiten in Grundrissen, Beschreibungen und Fotos, Porträtfoto.
Garten- und Parkanlagen. In: *Handwörterbuch der Kommunalwissenschaften,* Bd. 2. Jena 1922, S. 101–108 und Parkanlagen, ebd., Bd. 3. Jena 1924, S. 445–449.

Weitere Veröffentlichungen: *Blumenbinderei.* Leipzig 1903; *Blumen im Hause.* Leipzig 1926. Seine Theorie bereits ab 1900 in Zeitschriftenaufsätzen, besonders in: Gartenwelt.

Benutzte Ausgaben: *Gartengestaltung* 1907, *Land- und Gartensiedelungen, Handwörterbuch. Gartenbilder.*

Entwerfer: Als Entwerfer von Hausgärten nennt sich Lange *Gartengestalter.* Daneben erwähnt er eine *„ästhetische Polizei",* die auf dem Land beratend auf die Bevölkerung einwirken soll, damit *das Richtige* entsteht (1910, S. 26).

Aufgaben: *Die Gartengestaltung der Neuzeit hat die Aufgabe, die neuen Geistes-, Lebens- und Kunstwerte, welche unsere Zeit erfüllen,* [...] *zum Ausdruck zu bringen* (1907, S. V). Die üblichen Funktionen Vergnügen, Ausgleich nennt Lange kaum. Nutzgärten will er nicht verstecken (S. 350), wohl aber Tennis- und Kinderspielplätze (S. 352f.). *Das Seelische, der geistige Inhalt ist es, der heute viel lauter zu uns spricht als die Form, die Farbe, der Stoff.* In jedem Werk soll sich *ein Gedanke, ein Leitmotiv* aussprechen, *davon alles andere abhängig.* Lange beruft sich hier auf Goethe und zitiert dessen Wort: *In der Kunst kommt alles darauf an, daß die Objekte rein aufgefaßt und ihrer Natur gemäß behandelt werden*

(S. 372). Der Garten soll *das Aufgehen des kleinen Ich im großen Ganzen des Erden- und Weltendaseins* zeigen (S. 375).

Der Anteil der Kunst bei der Gartengestaltung wird von Lange zugunsten der Wissenschaft eingeschränkt. Die Wissenschaft ist *aus dem Mutterschoß der Natur selbst geboren, Ernährerin aller Künste, erneuernd die Sittlichkeit, Schöpferin eines neuen Lebens. [...] Sie stellte den Menschen nicht mehr unter, nicht über, nein, in die Natur [...]. Wenn die Pflanze im Garten das gleiche Recht hat wie wir selbst, dann stellt sie an uns die Forderung, daß wir ihr den Standort schaffen, den sie von Natur braucht [...].* Auf Grundlage der Ökologie ist daher im Garten das *genossenschaftliche Zusammenleben der Pflanzen nachzuschöpfen*. Dies allein ist aber nicht Kunst. Kunst *heißt „Steigerung der Natur"* und kommt im Garten nur dadurch zustande, daß ausländische Pflanzen von ähnlichen Standorten eingefügt werden (S. 10–14).

Die herkömmlichen Regeln der Ästhetik, Malerei, Bildwirkung, Komposition und Goldener Schnitt werden aufgegeben. Statt nach *ästhetischen Grundsätzen* soll man *physiognomisch* pflanzen. Dies ergibt *eine Schönheit*, die nicht formal ist, sondern *auf der Erkenntnis innerer Wechselbeziehungen, organischer Notwendigkeiten beruht* (S. 149f.). *Die Kunst der Gartengestaltung hat den Zusammenhang aller Dinge zum Schaffensgrundsatz anzunehmen. „Überraschungen", auf die ältere Zeiten im Garten großen Wert legten, sind in diesem Sinne heute ein überwundener Effekt* (S. 262). Der *Begriff des Malerischen* ist heute an den *inneren organischen Zusammenhang auf dem Grunde der Naturwahrheit* gebunden (S. 292). Die neue Art der Ästhetik auf ökologischer Grundlage nennt Lange *„biologische Ästhetik"* (1910, S. 20).

Der *wahrhaft moderne Garten* (1907, S. 14, 151) muß den Bedürfnissen des Materials, insbesondere der Pflanzen entsprechen (S. 7): *denn unsere Zeit nennt nur die Form künstlerisch, die dem Wesen eines Objektes entspricht; nur der Form gibt sie die Bezeichnung „Stil", die aus dem Inhalt des Gegenstandes hervorgeht. [...] jeder Stoff muß nach seinem Willen, d. h. der ihm eingeborenen Eigenart, gestaltet werden. Nur wo die Form der Ausdruck des Inhaltes ist, wird uns heute, nach einer wirklichen Renaissance des Kunstsinnes, die Gestaltung zum Stil.*

Die Wahrnehmung der Umwelt wirkt sich psychisch, aber auch physisch auf das Wohlbefinden aus (1910, S. 6f.). Deutlich erklärt

Lange im *Handwörterbuch* die Wirkungsweise des Gartens (1922, S. 101 f.): *Pflanzungen erzeugen Feuchtigkeit der Luft, geben den steinbedeckten Bodenflächen Ventile der Ausdünstung; halten die Feuchtigkeit der Niederschläge auf Blättern, Stämmen und Boden fest, um sie allmählich abzugeben und mit dem Winde zu verteilen; geben Kühlung der an Häusern und Straße übermäßig erhitzten Luft; schützen gegen Luftströmungen, hemmen und verteilen sie; geben Gelegenheit Erwachsenen zur Erholung, Kindern zum Spielen, Vögeln zum Nisten.*

[. . .] Die Umgebung unseres täglichen Lebens [. . .] wirkt nicht nur physisch auf uns, z. B. beim Vorhandensein von Pflanzen hygienisch, bei deren Fehlen unhygienisch, sondern auch psychisch.

Eine gute, frohe Seelenstimmung ruft aber auch körperliches Behagen, Ruhe der Nerven, Harmonie der Körperfunktionen hervor [. . .]. Durch äußere Wahrnehmungen angenehmer Art – also durch ästhetische Reize – kann die Gesundheit gefördert werden [. . .]!

Die ästhetischen Reize sind von größter Bedeutung für die Lebenden und Zukünftigen, auch in dem Sinne, daß schließlich ein Schönheitsbedürfnis herangezüchtet wird, welches wieder auf die Schönheit der Rasse zurückwirkt. [. . .]

Wenn der Satz als erwiesen gilt, daß psychisch-ästhetische Reize gute physisch materielle Wirkungen erzeugen, so ist der materielle Nutzen der ästhetischen Wirkung auch der Pflanzungen erwiesen.

Bei einer Wirkung, die Geld kostet, erscheint es wichtig, zu zeigen, daß sie Geld einbringt: Gesundung der Bewohner stärkt ihre Steuerkraft, ihren Nutzen für die Gesamtheit – selbst auf dem scheinbaren Umwege über ästhetische Reize; für den Kenner der physiologisch-psychologischen Wechselwirkungen liegt hier aber kein Umweg vor, sondern eine direkte, unmittelbare Wirkung.

Schrittweise nimmt Lange die Gedanken der Rassetheoretiker Houston Stewart Chamberlain (1855–1927), Hans F. K. Günther (1891–1968) und Willy Pastor (geb. 1867) in seine Theorie auf. Seit *Gartenbilder* sollen ihm die Gärten die Kultur der nordischen Rasse ausdrücken, wobei er den *Garten nach Naturmotiven* als nordisch und freiheitlich, den *Garten nach Baumotiven* als mediterran und imperialistisch betrachtet.

1907 sah Lange in nationalen Elementen zwar Vorbilder (S. 337), aber keine wesentlichen Inhalte, und nur am Rande sprach er vom *Heimgefühl*, das Hausgärten (S. 103), öffentliche Flächen und Siedlungen (S. 392) wecken sollten. 1910 spielen Bodenständigkeit und Heimat schon eine Hauptrolle. 1922 ist Lange dann zum Rassisten geworden (*Gartenbilder*, S. 21): *Aufgabe einer wahrhaft – nicht als Redensart –* deutschen *Bau- und Werkkunst in Haus und Garten ist es, das Nördlich-Germanische in seiner Eigenart weiterzubilden in stetem Bewußtsein, daß Südliches oder anderswoher auf „internationalem" Wege Eindringendes immer ein Heimatfremdes, ein Deutschfremdes ist. Das Deutschfremde kann nur durch Verarbeitung im* nördlich-alpinen *Sinne eingedeutscht werden und nur bei wirklichen Meistern von Stoff und Form eine glückliche Bereicherung neudeutscher Werke geben.*

1924 heißt es (*Handwörterbuch*, S. 446 f.): *Nordalpines Bauen und Gestalten entfaltete sich ursprünglich aus den Beziehungen zur nordischen Waldnatur, zum* Naturleben, *südalpines aus den Beziehungen zur Steinnatur, zum* toten Stoff. [. . .] *die nordalpin-germanischen Ideale sind noch lange nicht der Verwirklichung nahe, sie waren nur verschüttet durch antigermanische Zivilisation. Diese muß überwunden werden, in Selbstbesinnung auf die ursprüngliche germanische Kultur, durch eine Steigerung: die germanische Edelkultur.* [. . .]

Lange unterscheidet *Urgarten, Bauerngarten, geometrischen, architektonischen* und *Naturgarten*. Der *Park* ist auch ein Garten und ebenso zu behandeln (1907, S. 382 f.). In seinen Monographien behandelt Lange praktisch nur Hausgärten, was offenbar seinem Tätigkeitsfeld entspricht (Kurzhinweise auf Gartenstadt und Friedhof 1907, S. 375 f. und 394 f. sowie 1910, S. 86–92). Im *Handwörterbuch* dagegen behandelt er der Reihe nach *Vorgärten, Baumpflanzungen, Bepflanzte Plätze, Hausgärten, Parke, Vergnügungsgärten, Sport- und Spielplätze, Friedhöfe, Schmuckpflanzungen an Häusern (Balkons, Veranden, Berankung), Schrebergärten, Gemeindegärtnereien, Zoologische und botanische Gärten* (Bd. 2, S. 102–108).

Gestaltung: Der *Urgarten* diente nur der Pflanzenzucht und war ungestaltet (1907, S. 2). Geometrische Ordnung, Sauberkeit, Buntheit, kompakte Pflanzen kennzeichnen den *Bauerngarten* (S. 46). *In unsrer hochentwickelten Empfindungsweise erscheint uns jene einfache Lebenshaltung mit den Grundwerten einfacher Denkungsart als ein paradiesischer Zustand, aus dem wir in unserer Art*

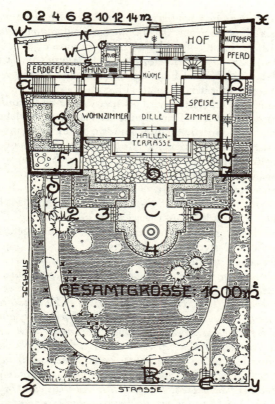

Abb. 81 Eckgrundstück an zwei Straßen *(y, z, w)*. Vorne *Naturgarten* mit vorgefundenen Birken, gemischt mit Juniperus hibernica und Tsuga canadensis, am Rande Stachel- und Johannisbeerbüsche. *1–7 Gartenterrasse*, bei *4 Staudenbeet*, *b* Platten mit bewachsenen Fugen, am Rand *Staudenbeete*, *c Standbrunnen*, *f* Rankrosen an Pergola, *g Rosengarten* mit Efeuunterpflanzung, *h Kinderspielplatz und -garten*. Aus: Lange, *Gartenpläne*, S. 155.

zu leben gleichsam ausgestoßen sind. Rechte Betrachtung dieser einfachen bäuerlichen Zustände lehrt uns aber gleichzeitig, daß hier die Wurzel unsrer Empfindungen bodenständig ist. Daher ist die Liebe des Städters für die ländliche Einfachheit heute kein schwächliches Sehnen nach einem Landmannsidyll und Hirtenleben wie zu jener

Zeit der sentimentalen Schäferspiele, sondern die Liebe zum Landleben ist ein Schöpfen neuer Kraft für unsere Empfindungen, für unser Denken [...]. (Unsere Hochkultur muß), *wenn sie gesund ist und bleiben soll, Geist vom Geiste des deutschen Bauern sein.* Echt nachempfunden, ist daher ein Bauerngarten an einem *einfachen Landhaus*, das ein Städter bezogen hat, zulässig (S. 44).

Der *geometrische* Garten wird als flach, der *architektonische* als terrassiert definiert. Die Darstellung des letzteren überläßt Lange in *Gartengestaltung* dem Architekten Otto Stahn. Erwähnt sei hiervon nur, daß beide Autoren eine Art künstliche *Patina* und Verwilderung befürworten. *Die Schling- und Kletterpflanzen,* so Lange, *sind wichtigste Mittel, im geometrisch-architektonischen Garten die Regelmäßigkeit ins Malerische aufzulösen, überall das Starre, streng Begrenzte, Strenge, Starke, mit Lieblichkeit zu mildern* (S. 96). Das Haus soll berankt werden (S. 98).

Der *Naturgarten* ist – so scheint es 1907 – der eigentlich von Lange gewollte Gartentyp.

Die Tatsachen werden uns also zwingen, auf die großzügige Landschaftsbildung früherer Zeiten im Park zu verzichten. Dafür werden wir lernen, im räumlich Begrenzten neue malerische Werte zu entdecken. Die Landschaftsmalerei unserer Zeit ist auch hierin Lehrmeisterin. Sie zeigt uns Bildwirkungen ohne Ferne, ohne Rahmen, ohne perspektivische Hinleitung zu einem Blickpunkt. Sie lehrt den Reiz der Farben, ihr Zusammenspiel in der Nahwirkung, die Stimmung, die Gesetzmäßigkeit von Formen auch in scheinbarer Regellosigkeit, sie zeigt die verborgene Gesetzmäßigkeit in der Freiheit der Natur. Sie stellt den geistigen Inhalt eines Bildes, das künstlerische Leitmotiv höher als die formale Darstellung, sie gibt Ausschnitte, wo früher Geschlossenheit, Abrundung Bedürfnis war (S. 364). Der Goldene Schnitt ist überholt, denn *(unter japanischem Einfluß!) empfinden wir heute Verhältnisse einer verborgenen Gesetzmäßigkeit als „schön", deren geometrische Proportionen noch nicht, wie die des Goldenen Schnittes, gefunden sind* (S. 367).

Nach diesen Grundsätzen gibt Lange Listen der *Pflanzengenossenschaften,* nach Standorten gegliedert. *Wenn wir den für eine von uns gewünschte Art passenden natürlichen Standort im Naturgarten nicht haben, so dürfen wir die Pflanzenart hier nicht verwenden, oder wir müssen den ihr nötigen Standort erst schaffen* (S. 152). *Jede Genossenschaft muß so ausgedehnt sein, daß man wirklich ihren*

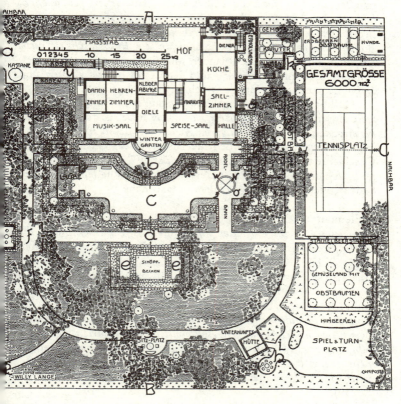

Abb. 82 1,5 m unter Straßenniveau gelegenes Grundstück. Die mit Rosen gerahmten *Terrassen b* und *c* bilden den *Sockel für das Haus und Sondergärten* innerhalb des mit vorgefundenen Kiefern bestandenen Grundstücks. *Dramatischer Höheneindruck* vom axialen *Sitzplatz* x, das *Schöpfbecken* an der tiefsten Stelle symbolisiert den *Brunnen, der für jede Herd- und Hausgründung einst Voraussetzung war*, die Flächen e sind mit Sedum bepflanzt, *a* Einfahrt und Eingang mit *Hausbaum, f* Ausguck auf die Straße, *i im dichten Gebüsch, A, B* Hainbuchenhecken. Aus: Lange, *Gartenpläne*, S. 164.

Stimmungsgehalt empfindet; wenigstens gilt dies für die Genossenschaften, die dem Ganzen des Gartens den „Charakter" geben sollen; klar ausgedrückte Einzelzüge (durch besondere Standortszustände begründet, z. B. durch Mauer, Hecke, Bachlauf, Baumschatten, Bodensenkung, Felsen) vermögen dann die Einheitlichkeit nicht schädlich aufzulösen. Die Pflanzen sollen nicht nur nebeneinander, sondern in Baum-, Strauch- und Krautschicht, als *Lianen* und *Epiphyten* auch übereinander wachsen (S. 164).

1922 korrigiert Lange den 1907 entstandenen Eindruck, er vertrete einseitig den *Naturgarten*. Er sagt, er habe als erster *Bau- und Naturgedanken* im Garten vereinigt und sei damit Begründer des gegenwärtigen Stils geworden, der als *deutscher Gartenstil* in die Geschichte eingehen werde (*Gartenbilder* S. 7, 27, 90). Die in *Gartenbilder* und *Gartenpläne* gezeigten Werke enthalten stets einen bedeutenden Anteil *Baugedanken* in Hausnähe.

Elemente: *Die farbigen* [buntlaubigen] *Gehölze sollten zu Farbenmassen vereinigt werden im Sinne des Eindrucks, den die Herbstfärbungen deutscher Wälder und Landschaften gewähren* (1907, S. 155). Gestochene Rasenkanten sollen durch natürliche Übergangspflanzungen zu den Gehölzen hin ersetzt werden (S. 160f.), auch unter den Gehölzen soll standortgemäß gepflanzt und nicht umgegraben werden (S. 240). Der *Rasen* ist nur eine der möglichen *Teppichvegetationen*. *Er ist als eine selbständige ökologisch begründete Pflanzengesellschaft im Naturgarten zu behandeln, und er darf daher nicht in Gesellschaften eindringen, in die er nicht gehört* (S. 166). Der Schnitt schließt Blumen im Rasen aus, daher soll man besondere *Blumenkolonien* bei der Mahd stehenlassen (S. 239).

Zur *Bodengestaltung* heißt es (S. 260): *Man vermeide jede Veränderung des Bodens, die dazu führen könnte, den organischen Zusammenhang mit dem umgebenden Gelände zu stören.* Und zum *Wasser* (S. 280): *Man soll aus dem Willen des Wassers und dem Charakter des Geländes heraus schaffen, was und wie es die Natur in jeder Einzelheit auch getan haben würde.* Zum Thema *Felsen* (S. 293): *Die künstlerische Darstellung von Felsen im Garten fordert die Kenntnis des Aufbaues unserer Erdrinde, soweit er bestimmend ist für die Landschaft, in der unser Garten liegt.* Anders als sein Kollege Camillo Schneider läßt Lange unsichtbare Betonbetten bei

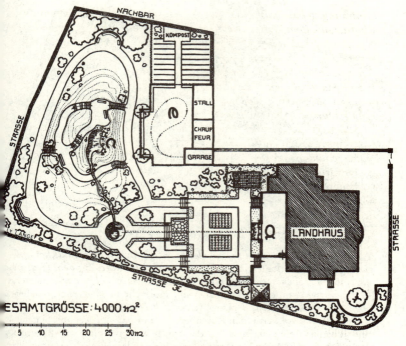

Abb. 83 *Bau- und Naturmotive auf bewegtem Gelände, Leitmotiv* Wasserlauf. *a* Wandbrunnen, von dort offene Rinne nach dem Becken *b*, von hier Bach zur vorgefundenen Mulde *c*, welcher den *Achsenknick* überwindet. Die *Schiefheit* der Straße *x* ist *unsichtbar gemacht*, *d* ist eine *Deckpflanzung gegen die Straße*, der Hof *e* durch eine Pergola *abgegliedert*. Aus: Lange, Gartenpläne, S. 296.

Quellen, Rinnsalen und Bächen zu (S. 282) wie auch künstliche Felsen, *wenn die Wirkung voller Naturwahrheit erreicht wird* (S. 300).

Wege werden unterschieden in *Hauptwege, Wege, Graswege* und (Trampel-)*Pfade. Die Logik der Wegeführung fordert, daß jeder sein Ziel erreiche* [...]. *Der „Wille der Wege" entscheidet über die Formen, die sich an Kreuzungen bilden; sind diese vernünftig begründet, so ist auch die Schönheit erreicht, die das Zweckmäßige erlangen kann* (S. 341). Ein gerader Weg steht *nicht im Widerspruch zu einer Gartengestaltung nach dem Vorbild der Natur* (S. 343).

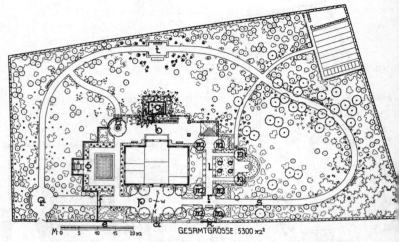

Abb. 84 *Ein Schulbeispiel für die gleichwertige Anwendung baulicher und naturgemäßer Motive zur Gestaltung eines Grundstückes auf dem Felde in etwa 500 m Höhenlage mit leichtem Geländefall nach Süden.* a Stützmauer, b *Hausgarten*, von einer Stützmauer mit Holzschranke begrenzt, c tiefergelegenes Wasserbecken, d Hängeweide, e, k *Pergolamauer*, f, h *Rosentor*, g *Pergolalaube* vor vertieftem Rosenbeet, h *Hausbaum*, l Weg mit Stachel- und Johannisbeeren, m, n, o Obstbäume, p Wagenvorplatz mit Rotdorn und Bänken, q Einfahrt mit Pyramideneichen, r Blumenschale als point de vue von q, t *Heckenstube* mit Bank und Blumenbeet in Hausachse. Aus: Lange, *Gartenpläne*, S. 324.

Auch für Wege aus polygonalen Natursteinplatten gibt Lange ein Beispiel (S. 344f.).

Menschenwerke im Garten sind entweder *natürlich*, d. h. aus unbearbeitetem Naturmaterial, *handwerksmäßig*, d. h. nach traditionellen Regeln aus einfach bearbeitetem Material, *künstlerisch*, d. h. mit höheren Ansprüchen, oder *künstlich*, d. h. ohne Rücksicht auf Stoff und Zweck, hergestellt (S. 311). Diese Klassen entsprechen Langes Gartentypen. Es ist klar, daß für den *Naturgarten natürliche Menschenwerke* gefordert werden. *In natürlichem Stil bauen heißt, den Baustoff mit den im Garten auftretenden wirklichen oder scheinbaren Naturschöpfungen in Einklang zu bringen und die Form so zu wählen, wie sie dem Landschaftscharakter, in dem der Garten liegt, oder den er darstellt, entspricht* (S. 313). *Ganz allgemein muß als Gestaltungsgesetz gelten: 1. Die Menschenwerke müssen aus echtem Stoff und diesem Stoff entsprechend richtig konstruiert sein (materialgerecht). – 2. Im übrigen geht die Konstruktion aus dem Zweck hervor und ergibt die echte Form (formgerecht). – 3. Je älter ein Werk erscheinen soll, um so fester muß der Baustoff sein, um so derber die Konstruktion, damit das Alter glaubhaft ist. – 4. Die Gestaltungen der Kleinbauten müssen sich an den Hausstil anschliessen* (S. 320).

In seinem Entwurf für einen Sanatoriumsgarten verwendet Lange Skulpturen, die das jeweilige Motiv ausdrücken sollen: *Betender Jüngling, Opferstein „Der webenden Kraft", Flötender Faun, Dornauszieher, Dornröschen, Ariadne* und *Die Gastfreundschaft*. Gartenkunst als *„Wirklichkeit gewordene Poesie"* soll hier den Kranken *Lebensstärkung im körperlichen und geistigen Sinn* gewähren (S. 375f.). In den späteren Auflagen hat Lange auf diese Idee verzichtet.

Würdigung: Lange entwickelt unabhängig von Robinson eine ähnliche Gartentheorie, die den Garten unter Vernachlässigung der Benutzbarkeit auf das Pflanzen- und besonders das Blumenmaterial beschränkt. Er ist hierin in Deutschland Pionier und findet Nachfolger in Karl Foerster und Rudolf Borchardt, deren Einfluß bis etwa 1970 reicht. In der Entwurfspraxis vereinigt Lange ähnlich Jekyll die natürliche mit der architektonischen Gestaltung. Ihm eigentümlich ist die Betonung auf dem Ausdruck der Wissenschaft, der Pflanzensoziologie und später der Rassentheorie, im Garten. Sein sehr unselbständiger Schüler Hans Hasler wiederholt im Dritten Reich seine Auffassungen und verbindet sie mit dem Nationalsozialismus.

PAUL SCHULTZE-NAUMBURG (1869–1949)

Biographie: Maler und Architekt, 1930 Direktor der Staatl. Kunsthochschule Weimar, baute besonders Herrenhäuser, darunter seit 1902 sein eigenes in Saaleck, Mitglied der Münchener und Berliner Sezession, 1. Vorsitzender des Bundes Heimatschutz, Nationalsozialist. Prof. Dr. Dr. h. c.

Veröffentlichungen mit gartentheoretischem Gehalt: *Kulturarbeiten* (Auszüge). In: Der Kunstwart 14.–15. München 1900–1902.
Kulturarbeiten Bd. 2: Gärten. München 1902, 252 S., 170 Fotos, ²1905, ³1909, Ergänzungsband 1904, 100 S. Fotos, 10 S. Text, ²1910. Keine Kapitel.
Die Entstellung unseres Landes. Halle 1905, 67 S., 71 Abb., ²Meiningen 1908, 78 S., 75 Abb., ³ebd. 1908, 80 S., 76 Abb. 6 Teile: Wege/Straßen, Pflanzen, Geologie, Wasser, Industrie, Siedlungen.
Kulturarbeiten Bd. 6: Das Schloß. München 1910, XV, 300 S., 262 Abb., behandelt auch Schloßgärten.
Kulturarbeiten Bd. 7–9: Die Gestaltung der Landschaft durch den Menschen. München 1915, 1916, 1917 insg. 1011 S., 718 Abb., ²1922, ³1928.
Vom Verstehen und Genießen der Landschaft. Eine Einführung. Rudolstadt 1924, 151 S., keine Abb.
Saaleck. Bilder aus meinem Hause und Garten in der Thüringer Landschaft. Berlin 1927, 72 S. m. Abb. Entwurfsprozeß und Zustandsbeschreibung.
Das Glück der Landschaft. Von ihrem Verstehen und Genießen. Berlin 1942, 104 S., keine Abb.

Weitere Veröffentlichungen: Über Bauen, Malen, Kunsttheorie, Photographie und Frauenkleidung.

Benutzte Ausgaben: *Gärten* 1902, *Entstellung* ²1908, *Gestaltung* 1915–17, *Saaleck, Schloß.*

Aufgaben: Von körperlichen Tätigkeiten im Garten spricht Schultze-Naumburg nicht. Er ist gewohnt, daß Angestellte die Arbeit verrichten *(Saaleck)* und setzt das gleiche bei anderen voraus. Der Landschaftsgenuß aber erfolgt beim Wandern oder im Kraftwagen (1942).
Das Hauptziel der Theorie ist *Schönheit.* Es gilt Schönheit zu wahren gegen die *Häßlichkeit,* die durch Anwendung schlechten Stils oder durch rücksichtsloses Wirtschaften nach dem Nützlichkeitsprinzip entsteht. Das *Gute* ist sowohl *brauchbar* als auch *schön (Kulturarbeiten Bd. I, Vorwort).* Zweckmäßigkeit und Schönheit müssen vereint werden. *Man kann annehmen, dass eine jede Form,*

die sich natürlich aus echten Bedürfnissen ergibt, auch ästhetisch ihre Berechtigung mitbringt (1915, S. 53). *Schönheit bedeutet für den Menschen unersetzlichen Lebensinhalt* (ebd., S. 13). Das moderne Leben betrachtet Schultze-Naumburg als eine verderbliche *Hetzjagd* (1902, S. 250), welcher der Garten mit dem Angebot zum *Träumen,* zum *behaglichen Lebensgenuss* (S. 21) entgegenzusetzen ist (S. 252): *zeitweise Rückkehr zum vegetativen Dasein bedeutet für unsern Körper und Geist Ruhe. Der Garten kann ein Heilmittel unserer Zeit sein.* Körper und Geist sind gleichermaßen angesprochen, zwischen Verstand und Gefühl wird nicht unterschieden. Die Wirkungsweise eines alten Gartens ist als *wohltuend* beschrieben, *Lustgefühle* entstehen durch die *Möglichkeit, die Gestaltung des Gartens leicht und rasch zu erkennen* (S. 200f.). Das *Genießen der Landschaft* (1916, S. 23) dagegen wird als mehr irrationaler, nicht ganz deutlicher Vorgang dargestellt: *Vor der Natur ist der Beschauer darauf angewiesen, sich ständig neu die Kompositionselemente herauszulesen, an der die Natur vermöge des ewigen Wechsels ihrer Erscheinung und des ungeheueren Reichtums ihres Rundblicks ohne Zahl ist. Vor ihr wird der Beschauer zum Künstler, der den ersten Teil des künstlerischen Zeugungsaktes durchlebt, wenn er auch nicht zum eigentlichen schöpferischen Teil vordringt.* Die *Seele* soll im *Rhythmus* der Landschaft *mitschwingen* (S. 28). *Es dämmert eine ehrfurchtsvolle Ahnung von dem Göttlichen in der Natur;* die Natur *erlöst* uns *aus kleinlichen Alltagsgedanken* und gibt *uns den Zusammenhang mit dem Ewigen wieder neu zu fühlen.* Die Landschaftsgestaltung muß mit *einem uns verborgenen allwaltenden Gotteswillen* harmonieren (1915, S. 12–15). Bei der Betrachtung von Ruinen bemerkt der Autor (1917, S. 235): *Wir sind hier in unserem Gefühlsleben kaum über das hinausgekommen, was uns jene Romantiker sehen lernten.* Da er aber immer die Harmonisierung mit dem Nützlichen im Auge hat, kann er im *Vorwort* von *Gärten* sagen: *Man bringt dem Künstler immer das Vorurteil entgegen, dass er unpraktischen und sentimentalen Idealen nachjage. In dem, was ich hier zu erörtern habe, wird sehr wenig von der Poesie des Gartens die Rede sein, vielmehr von der praktischen Benutzbarkeit, dem verständigen Sinn und der einfachen Befriedigung des vernünftigen Zweckes. Die Poesie ergiebt sich als Resultat, um das wir nicht viel Worte zu verlieren brauchen.*

Bei der Anlegung eines Gartens muß man *bekennen* (1902,

S. 182 f.): *ich mache jetzt einen Garten, d. h. ein Menschenwerk, und dabei nicht so tun, als ob man ein Flußgott wäre, der sich durch die Wiesen schlängelte.* Denn (S. 186): *Dass ein Imitieren des Waldpfades im Garten, dessen Bäume man erst anlegt, nicht den Sinn „Garten" ausdrücken kann, muss einleuchten. Gesetzt, es wäre möglich, das Wesen des Waldes mit all seinen reizenden Zufälligkeiten getreu zu kopieren, so liesse sich über den Wert einer solchen Kopie reden. Sie ist aber sehr viel schwieriger, als man sich ohne weiteres vorstellt, ja, sie ist unmöglich.* Die langen *Säle und Hallen* aus Pflanzen wirken im barocken Schloßgarten *nicht als etwas Künstliches, sondern als das durchaus Natürliche* [...], *sie sind etwas berauschend Grossartiges, so dass jeder mit Raumgefühl Begabte ihrem Zauber unterliegen muss* (1910, S. 205). *Auch die Frage, ob denn der freie Wald nicht viel schöner sei als diese beherrschte Natur, ist eigentlich sinnlos, da man damit etwas vollkommen Inkommensurables miteinander vergleicht* (S. 219). Dies schließt nicht aus, daß die Menschen *immer wieder zu der Natur da draussen zurückkehren müssen, dem rauschenden Bache, dem Flüstern des Waldes, zu dem gestirnten Himmel* [...] (1915, S. 13). Aber auch die Landschaft ist eine *Schöpfung des Menschen* (1917, S. 326), sie soll nicht *museal konserviert* und vor der Kultur geschützt werden, Ziel ist eine *allseitig harmonische Kultur, die Nutzbarmachung der Erde und Ehrfurcht vor ihr vereint* (S. 330).

Der Garten soll Heimatgefühl geben (1902, S. 18). *Ja, wir stehen vor der furchtbaren Gefahr, unsere Heimat zu verlieren und in ein trostloses internationales Allerweltsschema zu verwandeln, das an Öde gewissen kalten, nüchternen Abstraktionen eines Gleichheit-Zukunftstaates nicht nachsteht. Allen denen, die sich der Größe der Gefahr bewußt sind, muß es klar werden, daß sie sich nicht weiter beteiligen dürfen an der Vernichtung unseres größten Schatzes: unserer deutschen Heimat* (1908, S. 76). Eine schöne Landschaft läßt die *Liebe zum Vaterlande* wachsen (1915, S. 16). Zwischen den Zeilen sind abfällige Gedanken über andere Völker zu lesen (1917). Später benutzt Schultze-Naumburg auch die Rassetheorien von Darré und Günther (1942).

Die Geschichte wird so zusammengefaßt (1916, S. 277): *mit den 50er Jahren des 19. Jahrhunderts geht es abwärts, erreicht den tiefsten Stand in den 80er und 90er Jahren, und mit dem 20. Jahrhundert fängt die Kurve wieder an zu steigen. Die Gartenkunst aller-*

dings hat den Anschluß an die Aufwärtsentwicklung (1902) noch nicht gefunden (S. 152). Schultze-Naumburgs Vorbilder sind hauptsächlich aus dem 18. Jh. gewählt, einige gehören dem Biedermeier, wenige einer älteren Zeit an. Auch das Ideal der deutschen Landschaft entstammt dem 18. Jh. (1915, S. 19). „Modernen Stil" lehnt er ab (1908, S. 69), ebenso aber das Kopieren historischer Gartenvorbilder (1902, S. 230f.). Er möchte *neue Ziele und alte bewährte Methoden vereinigen* (1915, S. 23), alte Anlagen *auf ihren Sinn und Mittel untersuchen, um das eigene Schaffen frei und unabhängig zu machen* (1917, S. 84). Was die neuen Ziele sind, wird nicht recht klar, um so deutlicher aber macht Schultze-Naumburg, daß formal *das Wiederanknüpfen an die Traditionen der Heimat* gefunden werden muß. Seine Werke stehen ihren Vorbildern viel näher, als er glauben macht, wenn er schreibt (1908, S. 69): *Ein Bauen in einem historischen Stil wird uns aber immer unmöglich sein, da jeder Baustil natürlicher Ausdruck seiner Zeit ist; jeder historische Baustil Ausdruck jener alten vergangenen Zeit, aber nicht mehr unserer Zeit.*

In *Gestaltung der Landschaft* setzt sich Schultze-Naumburg mit den zerstörerischen Wirkungen der Wirtschaft auf die Landschaft auseinander, nämlich durch *1. Wege- und Strassenanlagen, 2. Forst- und landwirtschaftliche Nutzbarmachung der Pflanzenwelt, 3. Abbau der Mineralien, 4. Industrieanlagen und 5. Bauwerke.* Er erkennt (1916, S. 164): *wenn der Mensch alles gewonnen hätte, was sich mit seiner Technik gewinnen lässt, dann würde er zu der Erkenntnis kommen, dass das so masslos erleichterte und einfach gemachte Leben auf der entstellten Erde eigentlich nicht mehr lebenswert ist, dass wir zwar alles an uns gerissen, was unser Planet herzugeben hatte, dass wir aber bei dieser Wühlarbeit ihn und damit uns selbst zerstört haben.* –

Ein Zurückdrängen, ein Verschwinden der Industrie würde uns sicher die zu bebauenden Gelände in ihrer ursprünglichen landschaftlichen Verfassung erhalten, aber es hat wenig Zweck, sich über diese Möglichkeit zu unterhalten, da sie ja doch nicht gegeben ist. Statt zu klagen sollte man daher lieber alle Kräfte dafür einsetzen, dass alles Neue sich dem Bilde der Umgebung einfügt und anpasst, vor allem aber, dass die für die Natur und ihre Benutzung durch den Menschen nun einmal unentbehrlichen Requisiten, wie Busch, Baum, Wiese, klares Wasser, Fels und die uns lieb gewordenen Reste älterer Zeiten nicht unnötig geopfert werden, sondern dass sich auch die Industrie allmählich der Rücksicht und jener anständigen Haltung befleissigt, die gute Erziehung verleiht (1917, S. 47). Wirtschaft und Schönheit können *zu einem versöhnenden Zusammengehen gebracht werden* (S. 330).

Schultze-Naumburg behandelt den Hausgarten und die Landschaft, öffentliche Anlagen kommen nicht vor. Nutzgärten sollen nicht versteckt, sondern mit dem *geselligen Garten* vereinigt werden (1902, S. 138–141), Vorgärten sind sinnlos (S. 89), der Park wird vom Garten geschieden (S. 225).

Gestaltung: Bei der Gartengestaltung sind die Funktionen zugrunde zu legen (S. 186 f.): *Man besehe sich zunächst ein Terrain und mache sich klar, was man auf diesem Terrain haben möchte – hier eine Laube, dort ein Gartenhaus, dort einen Spielplatz. Und dann überlege man sich: wie gelangt man am einfachsten von der Hausthür zum Gartenhaus, wo ist eine Treppe notwendig, wo erleichtert eine Futtermauer die Gestaltung des Terrains und wo sind nun Verbindungen der einzelnen Organe des Gartens notwendig.*

Grundsätze sind *Einfachheit* und *Schmucklosigkeit* (S. 147). *(M)an spreche dabei die Sprache, die der Mensch spricht: geometrisch-architektonisch. Der Kreis, das Rechteck, das Quadrat etc. sind nicht die Formen der aussermenschlichen Natur, es sind aber durchaus nicht etwa nur dünne Abstraktionen, sondern es sind die Grundformen unseres Raumdenkens* (S. 196 f.).

Haus und Hof sollen so in die Landschaft gestellt werden, *daß sie aussehen, als ob sie immer darin gestanden hätten und nicht, als ob sie erst eines Tages darin abgesetzt und stehen geblieben wären* (1927, S. 10).

Der Garten aber soll durch eine nicht überschaubare Mauer begrenzt sein (1902, S. 156; 1910, S. 262; 1927, S. 25).

Elemente: Von den Bestandteilen des Gartens behandelt Schultze-Naumburg nur die architektonischen. Der geplante Band über die *botanischen* (1902, Vorwort) ist nicht erschienen.

Der Garten auf bewegtem Gelände ist stets terrassiert. Elemente sind steinerne Gartenhäuser, hölzerne (nicht eiserne) Lauben und Zäune, weiß lackierte Bänke, Tore und Geländer aus gehobeltem (nicht rohem) Holz, Alleen, *Laubgänge*, geschnittene Hecken, gerade Wege und geometrische Wasserbecken. Es handelt sich *bei der architektonischen Verwendung der Pflanze nicht um kindliche oder unwürdige Spielereien,* [...] *sondern um die Lösung sachlicher Aufgaben* (S. 206).

In der Landschaft müssen Wege unregelmäßige Kanten haben wie Trampelpfade, Kunststraßen sollen in großen Kurven, nicht in aneinandergesetzten Geraden geführt werden, wenn das Gelände nicht eben ist und daher durchgehende Geraden erfordert. Es sollen Alleen gepflanzt werden, auch aus Pappeln; für Nebenstraßen sind Obstbäume geeignet. Auch geschnittene Alleen werden gelobt. Die Wälder dürfen nicht nur aus Nadelholz bestehen, am Rande sind *vollzweigige* Laubbäume gewünscht, einzelne alte Bäume sollen im Forst stehenbleiben, auch an eine bodendeckende Flora muß gedacht werden. Einzelbäume in der Landschaft sind *kompositorisch* zu setzen, z. B. auf Berggipfel, an Kapellen und Kruzifixe oder als Dorflinden. Schultze-Naumburg wendet sich gegen das gedankenlose *„Tännchenpflanzen"* (1915, S. 195). Tannen gehören ins Gebirge, nicht in die Gärten und Felder. Bei der Separation sollen nicht alle Felder begradigt und geebnet werden. Hecken, Nist- und Brutstätten der Vögel sind zu erhalten. Ihre Zerstörung führt zur Insektenplage, künstliche Mittel werden eingesetzt, neue Schäden entstehen. Steinbrüche dürfen nicht in so großem Maßstab betrieben werden, daß Bergsilhouetten verändert und für die Landschaft wesentliche Felswände und -klippen abgetragen werden. Die Ausnutzung der Wasserkraft darf nicht zu trockenen Flußbetten führen, Stauseen dürfen keine wesentlichen landschaftlichen Schönheiten vernichten. Besonders drastisch schildert Schultze-Naumburg die Verunreinigung der Bäche und Flüsse zu *Kloaken der Städte und Fabriken* (1916, S. 196). Wildbachverbau und Flußregulierung haben in Harmonie mit der Natur in bodenständigem Material zu erfolgen. Naturstein und Uferbäume sollen Zementeinfassungen ersetzen. Brücken sollen in Holz oder Stein gebaut werden, Eisenbrücken sind nur im Flachland erträglich. Überlandmasten sollen *taktvoll* in die Landschaft gesetzt werden (1917, S. 39). *Bergbahnen, die die stille Erhabenheit der Alpenlandschaft „vermitteln" möchten, vernichten sie vorher* (S. 69). Da das Hochgebirge nur in Einsamkeit zu erleben ist, müssen Bergbahnen ganz abgelehnt werden. Bautätigkeit soll die Plastik der Landschaft steigern, statt sie zu verdecken oder zu zerstören, wie es durch das *ungeordnete Auswuchern* moderner Städte geschieht (S. 78, 163). *Hotelkästen* gehören nicht in die Alpenlandschaft, Ruinen sollen nicht in Restaurants verwandelt werden, Reklametafeln stören in der Landschaft, auch *„gärtnerische Anlagen"* können ihre Schönheit zerstören (1917, S. 329).

Das Ziel des *Heimatschutzes* ist daher *nicht die Schaffung von Anlagen, sondern die Erhaltung vorhandener natürlicher und kultureller Schönheiten* (ebd.).

Würdigung: Schultze-Naumburg führt die Forderung nach Zweckmäßigkeit und Einfachheit in die Gartenkunst ein. Seine formale Anlehnung an Vorbilder des ländlichen Rokokos ist der erste entscheidende Beitrag zur Überwindung des historistischen Landschaftsgartens in Deutschland, ähnlich dem Werk Seddings in England. Seine Theorie der Zweckmäßigkeit wird von Schneider und Migge weitergeführt und wirkt durch sie bis etwa 1970. Außerdem wendet Schultze-Naumburg erstmals durch Monographien die Aufmerksamkeit auf die Gestaltung der industriegeprägten Landschaft. Diese Erweiterung des Berufsfeldes gilt noch heute. Der eigenen Weiterentwicklung verschlossen, wird Schultze-Naumburg nach 1918 der ideale Partner des Nationalsozialismus. Schon 1929 muß Bartning vermerken (S. 3): *Er begann als Reformator, und heute ist sein Name der Inbegriff konservativer Tendenz geworden.*

Sekundärliteratur: *Bauten Schultze-Naumburgs.* Hrsg. Rudolf Pfister, Weimar 1940 (nur Architektur). – Ludwig Bartning: *Paul Schultze-Naumburg. Ein Pionier deutscher Kulturarbeit.* München 1929, 31 S. m. Porträt. – Julius Posener: Kulturarbeiten von Paul Schultze-Naumburg. In: Arch⁺ 15. 1983, S. 35–39.

Leberecht Migge (1881–1935)

Biographie: Arbeitete als Gartenarchitekt zunächst bei Jakob Ochs in Hamburg, dann selbständig in Worpswede, wo er eine Siedlerschule nach dem Selbsthilfeprinzip aufbaute. Zu seinem Kreis gehörten neben Heinrich Vogeler Camillo Schneider, Bruno Taut und Martin Wagner.

Veröffentlichungen mit gartentheoretischem Gehalt: *Der Hamburger Stadtpark und die Neuzeit.* Hamburg 1909. 31 S. m. 7 Tf.
Die Gartenkultur des 20. Jahrhunderts. Jena 1913, 160 S. m. Abb. In knapper Form wird das gesamte Aufgabengebiet des Berufsstandes abgehandelt. Migges Stil ist lebhaft und eindringlich, der systematischen Gliederung dagegen schenkt er wenig Aufmerksamkeit.

Weitere Veröffentlichungen: *Jedermann Selbstversorger.* Jena 1918; *Deutsche Binnenkolonisation.* Berlin 1926; *Die wachsende Siedlung nach biologischen Gesetzen.* Stuttgart 1932; zahlreiche Zeitschriftenaufsätze.

Benutzte Ausgaben: *Gartenkultur* 1913.

Entwerfer: Migge selbst nennt sich nicht *Gartenkünstler,* sondern *Gartenarchitekt.* Seine Aufgabe sieht er darin, *mit viel Sachkenntnis, Anpassung und Akkuratesse* die *Zwecke* des Auftraggebers zu erfüllen (S. 80). Die *sogenannte „Gartenkunst"* ist wie die Architektur eine *angewandte Kunst* (S. 142). Architekten aber sollen keine Gärten machen, da sie zuwenig von Pflanzen verstehen und Gartenraum und Pflanzung von einer Hand entworfen werden müssen (S. 85). Laien aber und besonders Frauen sind aufgefordert, am Garten und an der Geschmacksbildung rege mitzuwirken. *Fortschritt ohne Laienarbeit ist kaum mehr denkbar.* Gertrude Jekyll wird als Beispiel für Laienarbeit angeführt. Migge schreibt, *daß der wahre Garten unserer Zeit erst erscheinen wird, nachdem Laien an ihm praktisch mitgewirkt haben. Ja, man kann sagen: die Höhe und Intensität unserer künftigen Gartenkultur hängt ganz besonders davon ab, wie der Garten-Dilettantismus die ihm zufallenden Aufgaben erfüllen wird* (S. 87f.).

Aufgaben: *Kunst, d. h. eigene und damit erst wirkliche Kunst entsteht entweder im Zusammenhange mit den ethischen Erlebnissen der eigenen Zeit – oder gar nicht. Was wir heutzutage mit „hoher Kunst" zu umschreiben pflegen, ist eben nicht Ausdruck einer geschlossenen Weltanschauung, vor allem nicht unserer Weltanschauung* (S. 139f.). *Unsere Kunst ist tot oder sie ist noch nicht* *geboren* (S. 141). Insbesondere wirft Migge den Gartenkünstlern vor, veraltete Vorstellungen der Romantik zu reproduzieren.

Wissenschaft als Grundlage von Kunst und speziell Pflanzensoziologie als Grundlage der Gartenkunst lehnt Migge ab und wendet sich damit indirekt gegen Lange (S. 142f.).

Wenn der Begriff *Gartenkunst* überhaupt zulässig sei, so müsse er auf eine bedürfnisgerechte Planung beschränkt werden. Nachdem Migge sich für die Bildung von festen Gartentypen für bestimmte Bedürfnisse ausgesprochen hat, sagt er (S. 149): *Ist das Phantasielosigkeit? Nein, es ist nur Zügelung, ein Sichbesinnen und Beschränken auf das Wesentliche. Es heißt organisieren. Es ist aber doch auch – Kunst.*

Der Garten hat zunächst eine ausgleichende Wirkung: *Der heutige Einzelmensch kann das Gartenleben auf die Dauer kaum entbehren.* [...] *Und für unsere schrecklich zersetzende Zivilisation wird der Garten ein konservierendes Gegengewicht und ein unversiegbarer Born neuschöpferischer Kräfte von Nationen sein* (S. III). Migge glaubt, daß *Blumen, Grün* und *Gärten Großstadtelend und Laster heilen werden* (S. 56).

Zur Nutzung des öffentlichen Gartens lesen wir (S. 25): *Das Volk soll sich in ihm betätigen, am Alltag und am Ruhetag – wir brauchen keine Sonntagsgärten! Das Volk muß sich im Volkspark wirklich tummeln können, sonst hat er keinen Sinn. Das ist erst ein wahrer Volkspark, der seine Wiesen nur deshalb so sammetweich ergrünen ließ, damit das Volk geladen sei, sich darauf zu lagern, darauf zu spielen und zu tanzen, dessen Gewässer zum Baden, der Strand zum Waten geschaffen würde.*

Am Rande ist ein Drang zum Ausdruck nationaler Größe zu spüren. Die kommenden deutschen Volksparke mögen nicht nur *naiv* wie die englischen oder nur *rationell* wie die amerikanischen, sondern *monumental* werden (S. 28). Die neue deutsche Gartenkultur ist eine *nationale* Aufgabe, die *international* wirken soll (S. 156).

Die Geschichte der Gartenkunst betrachtet Migge nicht nach formalen, sondern nach sozialen und am Rande nach nationalen Gesichtspunkten. *Form ist ja immer das Ende. Für uns kommt es augenblicklich mehr darauf an, wie die Gärten der Alten entstanden und wer sie benutzte* (S. 1). Es waren *immer die Führenden der Völker, die Gärten besaßen* (S. 3). Die Ansätze einer bürgerlichen Gartenkultur waren gering, und von *Gärten, die das niedere Volk besaß, bietet die Geschichte gar nichts. Gartenkultur ist wesentlich ein Produkt der Gesellschaft* und war bisher *Klassenvorrecht*, sie war aristokratisch. Und: *Die Deutschen waren es niemals, die die Führung auf dem stets bedeutenden Gebiete des Gartenlebens innehatten* (S. 4).

Gestaltung – Elemente: Migge klassifiziert *A. Private Gärten: Kleingärten, Stadthausgärten (Vorgarten, Gartenhof, Dachgarten* und *Hintergarten), Landhausgärten* und *Nutzgärten; B. Öffentliche Gärten: Stadtplätze, Spielparks* und *Innenparks* (nach dem Vorbild Londoner Squares), *Promenaden, Außenparks* (Stadt- und Volksparks) und *Freiflächen* (künftige Baugrundstücke); *C. Gartenähnliche Bildungen: Konzertgärten, Ausstellungsgärten, Botanische* und *Schulgärten, Zoologische Gärten, Soldaten-* und *Eisenbahnergärten, Fabrikgärten, Krankenhausgärten* und *Friedhöfe* sowie *D. Gartenstädte.*

Neu in dieser Aufstellung sind vor allem die Kleingärten. Jede Stadt soll einen Gürtel von Kleingärten haben. Arme erhalten statt Barunterstützung sog. Armengärten, Arbeiter pachten im Rahmen der nach dem Leipziger Arzt Schreber genannten Schrebergartenbewegung Laubenparzellen usw. Die Kleingärten dürfen nicht zu weit von der Wohnung entfernt liegen und müssen auf viele Jahre hinaus vergeben werden. Davon verspricht sich Migge eine *tiefgreifende soziale* Wirkung (S. 7–12).

Neu sind auch die Gärten in den Höfen, im Blockinnern und auf den Dächern städtischer Miethäuser (S. 14–16).

Es versteht sich, daß Migge Nutzgärten nicht *häßlich* findet (S. 21).

Im Abschnitt *Öffentliche Gärten* führt Migge bezeichnenderweise ausführlich Statistiken an, die das Verhältnis Quadratmeter Grünfläche : Einwohner angeben und weist damit die Unterlegenheit deutscher im Vergleich mit amerikanischen und englischen Städten nach. In deutschen Parks sieht er *Monumental-Architektur, sauber geschorenen Rasen, gezirkelte Beete, romantische Haine, muffige Boskets,* lauter *geschwollenen Grünkram. So dienten und dienen unsere öffentlichen Gärten auch heute noch vorzugsweise einer falschverstandenen Repräsentanz der Städte* (S. 24). Die Elemente, die in den Volkspark gehören, sind *Festspiel- und Versamm-*

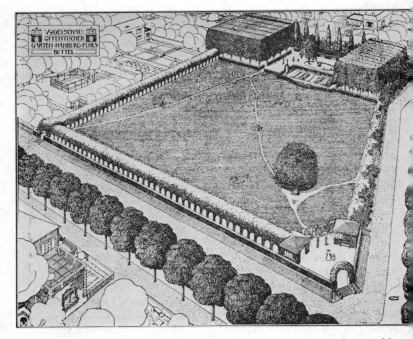

Abb. 85 Migge: Entwurf eines öffentlichen Gartens in Hamburg-Fuhlsbüttel. Aus: Migge, *Gartenkultur*, S. 75.

lungswiesen, Sprung- und Rodelbahnen, Golf-, Hockey- und Wettspielplätze, größere Wasserflächen mit Badestrand (Wannsee!) und Segel- und Ruderbahnen. [. . .] Daß darüber hinaus dem Bedürfnis nach mannigfaltigen schattigen und sonnigen Spaziergängen und demjenigen für das Schauen schöner erhebender Vegetationsbilder besonders Genüge getan werden muß, folgert mit Notwendigkeit aus dem Parkbegriff an sich. An Gebäuden sind nicht Bierhäuser, sondern *geringe Schutzhallen, Turnhallen, Umkleide- und Klubräume, kleinere Kaffee-, Selter- und Milchausschankstätten* erforderlich (S. 33f.). Über die Form des Volksparks sagt Migge gar nichts, wir sehen aber auf den beigefügten Entwürfen große, geometrisch von Alleen begrenzte Wiesen mit kleinen geschützten Zonen am Rande.

Der Privatgarten soll nicht sentimental, sondern einfach, naiv und wirtschaftlich sein, d. h., er ist notwendig geometrisch. Nicht aus ästhetischen Gründen wird Geometrie gefordert: *ich wünsche den architektonischen Garten aus volkswirtschaftlichen und sozialen, aus ethischen Gründen.* Die erste Frage an den Bauherrn heißt nicht: wie soll er aussehen, sondern: *wofür wünschen Sie Ihren Garten zu gebrauchen? Brauchen Sie etwa einen Ballspielrasen, einen Kinderspiel- oder Tennisplatz, etwa ein Luftbad, ein Badebassin oder eine gedeckte Laube? Lieben Sie Sonne oder mehr Schatten, zu promenieren oder mehr ruhig zu beobachten und empfangen Sie viel Gesellschaften? Soll Obst und Gemüsegarten den Bedarf des Haushalts decken und welche Sorten bevorzugen Sie?* Erst im Anschluß kommen einige Fragen über die Bepflanzung und Ausstattung (S. 63–68).

Die Pflanzen werden nach ihren Farben und Formen zusammengestellt; pflanzensoziologische Gesichtspunkte spielen keine Rolle. Der Ort der Blumen ist die Rabatte (S. 106); im Rahmen der ästhetischen Sortenwahl sind auch Farbgärten, d. h. Sondergärten mit nur einer Farbrichtung, erlaubt (S. 110). Hecken dürfen beschnitten oder frei sein; sie sind Zufluchtsort für Singvögel (S. 102).

Unter den Gartenbauten lösen halboffene Holzlauben geschlossene Gartenhäuser und halboffene Pergolen geschlossene Laubengänge ab (S. 129, 132). Gartenskulptur darf nicht mehr allegorisch sein. *Es fehlt meinem Empfinden nach dem heutigen Plastiker durchschnittlich die Fähigkeit, ja die Überzeugung für die Notwendigkeit: das Bildwerk auf seinen Standort hin, überhaupt für einen Raum zu sehen und zu schaffen.* Mit anderen Worten, die Gartenplastik ist tot, und da Migge keine neue Thematik vorschlägt, bereitet er der abstrakten Form den Weg (S. 137).

Für den Friedhof fordert Migge auch Typenbildung unter Verzicht auf uneinheitliche Einzelgrabgestaltung. *Typische Form der Grabstätte und des Monuments. Tausend Gräber einer Art. Hier mit hölzernen Kreuzen, dort mit Sandsteintafeln, hier wieder mit eisernen Gedenkformen immer in gleicher Größe und harmonischer Farbgebung gesetzt. Weiter ein Feld mit Platten, eine Allee mit verteilten Skulpturen, Erbbegräbnisse und Kapellen als Schlußpunkte. Urnen an Mauern in Arkaden und Hallen. [. . .] Die Felder werden in einer für das menschliche Auge zweckdienlichen Größe durch Rahmen aus Baum und Strauch zu grünen Räumen gefaßt, hier rund und niedriger, dort mittels steiler Pyramiden hart aus der Luft geschnitten. Jedweder dieser an sich schon schönen Räume erlebt nun noch seine besondere blumistische Dominante, die in die gegebene Form der Grabtype einklingt. Es wird ein Garten daraus. Da haben wir den Totengarten der roten und weißen Rosen [. . .], einen der weißen Lilien auf dunklem Epheu, den der blauen und gelben Iris und den des dunkelroten Schlafmohn. Und dort einen, ganz bunt von blauen Vergißmeinnicht, gehörnten Veilchen, Krokus und Immergrün – er gehört den lieben Kleinen. Und ja, Bürger, erschrick nur, ich tue es – ich wähle mir schon jetzt einen Platz des Friedens im Garten der orangenen Kressen und der Sonnenblumen – brutalgelber Sonnenblumen (S. 50)!*

Würdigung: Migge erklärt als erster Vertreter des Berufs den Tod der Gartenkunst. Ohne ästhetische Rücksichten wie noch bei Schneider habe sich die Funktion im Garten auszudrücken. Ein letzter Rest Seddingscher Vorstellungen ist in Migges Eintreten für die architektonische Form enthalten. Im weiteren Laufe des Jahrhunderts hat Migges funktionale Gartentheorie mit sozialem Anspruch sich durchgesetzt (Harry Maaß, Hugo Koch, Christopher Tunnard) und die Blumenästhetik Robinsons, Langes und Foersters auf einen Nebenplatz verdrängt.

Sekundärliteratur: Eine Analyse seines Werkes bietet das vom Fachbereich Stadt- und Landschaftsplanung der Gesamthochschule Kassel herausgegebene Buch *Leberecht Migge 1881–1935* (Worpswede 1981).

MARTIN WAGNER (1885–1957)

Biographie: Architekt. 1926 Stadtbaurat in Berlin, 1935 als Professor nach Istanbul, 1938 an die Harvard University.

Veröffentlichungen mit gartentheoretischem Gehalt: *Das sanitäre Grün der Städte* (Diss. Berlin 1915). Berlin 1915, 92 S. m. Abb.

Weitere Veröffentlichungen: Bauwirtschaft, Architektur, Städtebau.

Entwerfer: Die Lösung des Freiflächenproblems ist nur auf gesetzlichem Wege möglich (S. 73f.).

Aufgaben: Von Ertrag ist keine Rede. Es geht nur um den *sanitären* Wert der Freiflächen, welcher einerseits in ihrem *Daseinwert* als *Luftspeicher und Luftverbesserer,* andererseits in ihrem *Nutzwert* besteht. Beide müssen berücksichtigt werden. *Die Lösung des Freiflächenproblems* [...] *ist nur möglich auf der Grundlage der körperlichen Inbesitznahme der Freiflächen, in der Form von Sport- und Spielplätzen, Pachtgärten, Volksparkanlagen und dem Wanderbedürfnisse dienender Wälder und Wiesen.* Wagner führt medizinische Beweise für den *physiologischen Wert der Körperübungen* an (S. 1–4).

Spielplätze und *Parkanlagen* werden zu Fuß, *Sportplätze* und *Stadtwälder* mit *Straßenbahnen, elektrischen Bahnen* und *Kraftomnibussen* erreicht (S. 55, 65, 92).

Das *sanitäre* Grün wird dem *dekorativen* vorangestellt; das Freiflächenproblem soll *nach der praktisch-sanitären und nicht nach der künstlerischen Seite hin beleuchtet werden* (S. 1).

Die Nutzer teilt Wagner ohne soziale Unterscheidung nach dem Alter in sieben Gruppen ein. Dabei differenziert er hauptsächlich im Kindesalter und faßt in der letzten Gruppe alle über 30jährigen zusammen (S. 23). Außerdem unterscheidet er erwerbstätige und nichterwerbstätige Personen (S. 30). Er führt Beweise für die Abnahme der Kriminalität in der Einflußzone der Freiflächen an (S. 21) und verweist auf den *Zusammenhang von Militärtauglichkeit, Behausungsziffer und Größe der Freiflächen* (S. 8). Die Freiflächen sollen, indem sie die Kraft stärken, auf die *Wehrfähigkeit* und den *Aufstieg der Nation einwirken* (S. VIII).

Wagner weiß, daß die Aussparung von Freiflächen die Preise des Baulandes erhöht (S. 66). In den niedrigen *Bauklassen* hält er es ohne weiteres für vertretbar, 30–36% des *Bruttowohnbaulandes* kostenlos für Freiflächen abtreten zu lassen (S. 69f.). In den *hohen Bauklassen* (hohe Bevölkerungsdichte) fordert er 50–74% Freiflächen, obwohl dies das Bauland ganz erheblich verteuert (S. 72). Freiflächen bringen den Gemeinden keinen Gewinn, sie verursachen nur Ausgaben (S. 85). Wagner berechnet die Pflegekosten pro Kopf der Bevölkerung und stellt fest, daß sie die in der Praxis aufgewendeten Summen um das 3- bis 5fache übersteigen (S. 88). Die Unterhaltungskosten sind jedoch *um so niedriger* [...], *je größer das Freiflächenmaß auf den Kopf der Bevölkerung ist* (geringere Belastung der Freiflächen, S. 85). Den gesteigerten Ausgaben für das Grün stehen sinkende Krankenkosten gegenüber (S. 90). Wagner behandelt acht Freiflächenarten (S. 23): *Sandspielplätze, Bankplätze* (für die Aufsichtspersonen der Kleinkinder), *Schulspielplätze, Spielwiesen (Planschwiesen), Sportplätze, Promenaden, Parkanlagen* und *Wälder.* Die *Prachtgärten* scheidet er aus der Untersuchung aus, da sie den Nutzer etwas kosten (S. 33).

Gestaltung: *Der Kampf um Freiflächen ist ein Kampf um das Quadratmeter, um Maß, Lage und Form* (S. VII). Die Form, hier an letzter Stelle genannt, bleibt in der Untersuchung ausgeklammert. Wagner diskutiert nur Größe und Lage, um zu allgemeingültigen Zahlenangaben zu kommen. So berechnet er z. B., daß Kinder von 0–2 Jahren 0,7 m² Sandkuhle brauchen, *um bequem spielen zu können.* Jedes Kind spielt täglich zwei Stunden, verteilt auf die fünf Stunden von 9 bis 12 und von 14 bis 16 Uhr. Daraus ergibt sich, daß pro Kopf der 0–2jährigen Bevölkerung $\frac{0,7 \times 2}{5} = 0,28$ m² Sandspielplätze anzulegen sind (S. 27). Oder: Jedem Bürger steht das Recht zu, zweimal wöchentlich zwei Stunden in einem Park *Erholung zu finden. Der Park ist als überlastet zu betrachten, wenn auf 10 qm Wegefläche mehr als eine Person entfallen. Da die Wegefläche etwa den siebenten bis zehnten Teil des ganzen Parks ausmacht* [..], *so wird man für eine Person etwa 100 qm anzulegen haben. Nimmt man ferner an, daß der Park von der Bevölkerung täglich von 10 bis 13 und von 16 bis 21 Uhr, also 8 Stunden benutzt wird, dann sind für die erwerbstätigen 35 % der Gesamtbevölkerung* $\frac{100 \times 80,2}{480,7} = 4,8$ qm *Park auf den Kopf anzulegen* [...]. Dabei bekommt *der erwerbsuntätige Teil der Bevölkerung* nur die halben Freiflächen zugewiesen (S. 30). So kommt Wagner zu dem Ergebnis, daß pro Einwohner 2,4 m² Kinderspielplatz, 1,6 m² Sportplatz, 0,5 m² Promenade, 2 m² Parkanlage und 13 m² Stadtwald, insgesamt rund 20 m² anzulegen sind. Dieser Wert werde nirgends erreicht (S. 34, 92).

Die Lage der Freiflächen bestimmt sich nach *Einflußzonen,* welche je nach Altersklasse unterschiedlich groß sind (S. 54). Wagner berechnet, wie groß der Radius der Einflußzone für eine Freifläche bestimmter Größe bei gegebener *Bauklasse* sein muß (S. 59). Der

Fußweg von der Wohnung zum *Spielplatz* darf nicht mehr als 10–15 Minuten betragen, der zur *Parkanlage* nicht mehr als 20 Minuten und die Fahrt zum *Sportplatz* und zum *Stadtwald* nicht mehr als 30 Minuten (S. 92). Allein nach diesem Kriterium und nicht nach einem Radialkeil- oder Gürtelschema sind die Freiflächen in der Stadt zu verteilen.

Würdigung: Wagner lehrt, den Garten als physisch und ökonomisch erfaßbare Größe mit ausschließlich sanitärer Wirkung zu sehen. Seine Betrachtungsweise fand weite Verbreitung.

Sekundärliteratur: *Martin Wagner 1885–1957. Wohnungsbau und Stadtplanung. Die Rationalisierung des Glücks.* Berlin 1985.

Harry Maass (1880–1946)

Biographie: Lübecker Gartenarchitekt, 1912–22 Gartenamtsleiter ebd.

Veröffentlichungen mit gartentheoretischem Gehalt: *Zwischen Straßenraum und Baulinie. Vorgartenstudien.* Frankfurt a. d. O. 1910, VII, 100 S., 45 Abb.; ²1922, VIII, 133 S.
Der deutsche Volkspark der Zukunft. Laubenkolonie und Grünfläche. Frankfurt a. d. O. 1913, 72 S., 28 Zeichnungen. Kleingärten.
Heimstätten und ihre Gärten. Dresden 1919, 60 S. m. 61 Zeichnungen und Linolschnitten. Kleingärten.
Wie baue und pflanze ich meinen Garten. München 1919, 318 S. m. Abb.; ²1929, 256 S. m. Abb.
Die Pflanze im Landschaftsbilde. (Naturwissenschaftliche Bibliothek für Jugend und Volk.) Leipzig [1920], IV, 160 S., 21 Abb., 4 Tf.
Kleine und große Gärten. Frankfurt a. d. O. 1926, 259 S. m. Abb. Überblick über sein Schaffen.
Das Grün in Stadt und Land. Dresden 1927, 179 S. m. Abb. Ortsbild- und Landschaftsverbesserung.
Dein Garten – Dein Arzt. Fort mit den Gartensorgen. Frankfurt a. d. O. 1927, 50 S. m. Abb.; $^{6-8}$1931 und $^{9-10}$1936, 65 S. m. Abb.
Mit Ulrich Kayser: *Land und Sonne. Von dunklen Mauern und lichten kleinen Gärten.* Dresden 1928, 50 S. m. Abb.

Gartentechnik und Gartenkunst (3., völlig neu bearb. Aufl. des Buches von Franz Sales Meyer und Friedrich Ries). Nordhausen [1931], XI, 707 S. m. 573 Abb.; 24 Tf. Von Maaß die Beiträge *Rasentechnik* und *Gestaltung*. Monumentalwerk über alle Bereiche.
Wasserbecken für kleine und große Gärten. Frankfurt a. d. O. 1934, 81 S. m. Abb.; ²o. J. (1941?).
Die Bepflanzung von Grabstätten. Frankfurt a. d. O. 1934, 37 S., 8 Abb., 29 Zeichnungen; ²1939.
Große Sorge um grüne Landschaft. Wolfshagen–Scharbeutz 1936, 62 S. o. Abb. Heimatschutz, Nationalismus.

Weitere Veröffentlichungen: Blumenmärchen. Kakteenhaltung.

Benutzte Ausgaben: 1910, 1913, 1919a, 1919b, 1920, 1926, 1927ab, 1931, 1936.

Entwerfer: Der *Gartengestalter* oder *-architekt* muß rechtzeitig vor dem Bau des Hauses den Garten entwerfen (1919b, S. 5). *Landschaftsgärtner* (Ausführender) und Architekt sind ihm unliebsame Konkurrenten (ebd. S. 2; 14). Als Nutzer werden die Kinder besonders berücksichtigt (ebd. S. 221, 1927b, S. 6). Die Hausfrau *sollte eigentlich* eine erhebliche Rolle bei der Gestaltung spielen (ebd. S. 14), tut es dann aber wohl doch nicht. Allgemein ist *Laienarbeit, selber Hand anlegen* gefragt (1926, S. 216). Arbeiter und kleine Beamte sollen ihre *eigene Scholle* haben (1913, S. 1). Sie wirken hier selbst, jedoch muß der Gartengestalter vorher die Bäume pflanzen, damit nichts falsch gemacht wird (1910, S. 18; 1919a, S. 21).

Aufgaben: Maaß begrüßt es, daß der Krieg die Menschen zu eigener Gartenarbeit gezwungen habe (1919b, S. 1), sein Ziel aber ist der pflegeleichte Garten (1926, S. 15). Der *Garten ohne Sorge* soll heißen: ohne Arbeit. *Sorgenfreie Gärten wollen wir, Gärten ohne Not und Zwang, die nicht immer rufen und verlangen, – die uns dienen und bereit sind zu jeder Stunde des Tages* (1927b, S. 44). *Körperliche, nerven- und gemütstählende Tätigkeit* findet statt (1913, S. 30). Kleine Kinder spielen im Sand, die größeren ertüchtigen ihren Körper an Reck, Ringen, Schaukel und Sprunggrube. *Ein zweites Mittel zur körperlichen Ertüchtigung unserer Jugend ist das Luft- und Sonnenbad*. Es handelt sich dabei um den unbekleideten

Abb. 86 Maaß: Kinderspielplatz. Aus: Maaß 1931, S. 431.

Aufenthalt im Garten. Weiter wird im heißen Sand gebadet, was *auch dem Erwachsenen ungemein zuträglich ist*, geduscht, gebadet, Tennis gespielt und gekegelt (1919b, S. 215–222). *In diesen Gärten kann die Jugend übermütig und ausgelassen sein, und selbst im kleinsten unter ihnen ist Raum genug für die Entspannung deiner abgehetzten Nerven, sei es, daß du zwischen grünen Hecken ruhst, in Sonne oder Schatten – oder mit dem Spaten und der Hacke deine Muskeln kräftigst* (1927b, S. 3). *Deine Kinder wollen spielen und sich tummeln und ausgelassen sein auf grünem Rasen zwischen Busch und Baum, hinter grünen Hecken und vor blühenden Wänden. Deine Kinder wollen turnen und schaukeln und klettern und springen. Und baden sollen sie und planschen nach Herzenslust. Und du willst ungestört auch einmal deiner Kleidung ledig sein, um deinen nackten Körper der Sonne entgegenzustrecken. Du willst dich entspannen, willst einmal frei sein von den Lasten des Tages, willst in Licht und Luft deine Glieder strecken, um deine Nerven, deinen Geist zu stärken für neue Arbeit am kommenden Tag [...]; so sei dir auch der kleinste Garten in Zukunft eine Stätte des Lichts und der Gesundheit, ein Ersatz für Arzt und Apotheke, für Höhensonne und Nervenheilanstalt* (ebd. S. 6/9). Da der Mensch *viel mehr denn früher verbraucht* werde, müsse er *doppelt für einen Ausgleich – für seine Gesundheit – sorgen* (ebd. S. 49).

Als einer der ersten verwendet Maaß anstelle von *Hausgarten* den Begriff *Wohngarten* (1931, S. 483).

Der Garten soll *Ausdruck einer neuen Zeit* sein. *Einer Zeit, die das klare gesetzmäßige Organisieren, das sichere Beherrschen von Raum und Körper, das selbstverständliche Abwägen und unbedingte Bestimmen der Flächen zueinander und untereinander mit dem Zweck natürlicher vollkommener Harmonie als Ziel erkannt hat.* Diese Vernünftigkeit schließt ein, daß man im Garten das *Allgefühl des Zusammenhangs aller Wesen mit den Kräften der Natur* verspürt (1926, S. 17), ja das *wirklich lebendige Gartenleben* ist *an eigenen Wesensklängen reich und an mystischen Tiefen voll* (S. 15). Diese Seite des Gartenerlebens ist so irrational wie die andere rational ist (1919b, S. 3f.): *Unser Lebensbedürfnis* [fordert] *den Spielplatz, die Bleiche, den Gartenhof, klare Ausdrucksformen, Sachlichkeit, Organisation. Es fordert [...] aber auch den lebendigen Geist, der das ganze Zarte und Feine umfängt, das aus Grün und Farben und Düften der Blumen, aus Schollenduft und weichendem Tagesdämmern, aus nächtlichen Falterflügeln entweicht. Denn unsere bei aller Sachlichkeit und Nüchternheit dennoch für diese erdgebrannte Erdenferne nicht völlig erstarrte Seele, dies Göttliche im Menschen, sie ist es ja, die uns beim Anblick des aus nächtlichem Dämmern geheimnisvoll auflodernden Feuerschlundes einer liebesbrünstigen Lilie für eine Weile mit echter Frömmigkeit erfüllt.*

Später distanziert sich Maaß etwas von dieser Seite des Gartenerlebens: *die neue Gartenromantik – ein krankes Volk ist für Romantik immer besonders empfänglich – [...] ist immer ein Zeichen von Schwäche in der Gestaltungsfähigkeit, ein Beweis räumlichen Unvermögens* (1926, S. 19f.).

Der Natur sieht sich Maaß sehr nahe. Es war der Krieg, *er hat uns zurückgeführt in die Gefilde der geheimnisvollen, versöhnenden und so barmherzigen Natur* (1919b, S. 1). Von der Kunst spricht Maaß in herkömmlicher Art (ebd. S. 15).

Friedhöfe sollen *Stätten des Glaubens und des Kultes* sein (1934).

Im Garten soll eine *deutsche, bodenständige Kultur* entstehen. Die alten heimatlichen Vorbilder der Bürger- und Bauerngärten sind *weit segensreicher* als italienische, französische und englische Vorbilder (1910, S. VIII, 57, 59). 1913 (S. 7) fordert Maaß, die *deutsche Volksseele* bei der Anlegung von Laubengärten zu berücksichtigen statt amerikanischen Vorbildern des Spiel- und Sportparks zu folgen. 1920 ist er stolz auf die *schleswig-holsteinische Sonderheit* (S. 12); 1936 (S. 9) verlangt er, daß in der Landschaft nicht *Artfrem-*

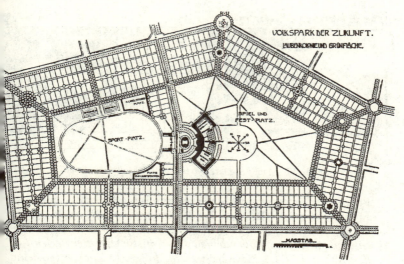

Abb. 87 Maaß: Idealplan des *Volksparks der Zukunft*, der Kleingärten und öffentliche Einrichtungen vereinigt. Die Alleen bestehen aus beschnittenen Obstbäumen. Aus: Maaß 1913, S. 2.

des, sondern *Heimatgebundenes* gefördert wird, d. h. bodenständige Pflanzung. Des Menschen *Stammverwandtschaft, seine Verwurzelung in Heimat und Boden verraten Art und Anzahl der Baum- und Strauchpflanzungen und die Art seiner Hingabe an sie* (S. 22f.).

Die Geschichte erscheint als *Wust überflüssiger Dinge* (1919b, S. 1); die Axt soll aufräumen mit dem Gestrüpp der 70er und 80er Jahre und Sonne in den Garten lassen (S. 27). Maaß verzichtet daher auch auf historische Darstellungen. *Räume auf mit Ueberlieferungen und Gepflogenheiten* (1927b, S. 9)*!*

Die Wissenschaft etwa der Pflanzensoziologie spielt bei Maaß ebenfalls keine Rolle.

Wirtschaftlichkeit und Schönheit sind gleichermaßen wichtig (1919a, S. 18). Erstere wird besonders betont. Maaß fordert *äußerste Wirtschaftlichkeit und Sparsamkeit* (1919b, S. 4) und erwartet hohen volkswirtschaftlichen Nutzen aus den Kleingärten (1919a, S. 43). Aber er haßt Gartenbaubetriebe, die dem Kunden zu viele

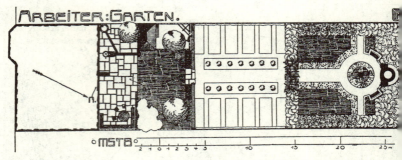

Abb. 88 Maaß: *Arbeitergarten*. Aus: Maaß 1913, S. 66.

Pflanzen, Bauwerke und Materialien aufdrängen und damit den Entwurf zerstören (1919b, S. 16–19). *Unser Garten ist ein zu wichtiges Kulturgut, als daß wir ihn durch irgendeinen Unterbietenden verschneiden, durch irgendeinen Geschäftstüchtigen entseelen ließen* (1927b, S. 13f.). Maaß haßt auch *erfolgreiche Züchter* (gemeint ist wohl Karl Foerster: 1926, S. 20) und erkennt gewisse Landwirtschaftsformen als naturzerstörend (1920, S. 9).

Repräsentation lehnt er schon 1910 ab (S. 55): *Vorgärten sind für die Bewohner bestimmt und nicht für die Vorübergehenden. Sie dienen zum Aufenthalt, zum Wohnen und nicht als Ausstattungsstück, das besehen werden soll und das man als Maßstab benutzt zur Beurteilung seines Besitzers in Hinsicht auf seine „Geldschwere".*

Behandelt werden alle Gebiete: Vorgarten, Hausgarten, Landschaft, Arbeiter- und Beamtengarten, Friedhof, Dorfgestaltung, Sportplatz und öffentliche Anlage. Das Aufgabengebiet des Berufes ist so weit gesteckt wie nie zuvor (1931).

Gestaltung: Grundsätze sind *schlichte Einfachheit und Zweckmäßigkeit* (1910, S. 59), *Wirtschaftlichkeit und Bescheidenheit* (1919a, Vorwort). *Man kann nicht einfach, nicht bescheiden genug sein, um reich zu sein und glücklich zu werden unter all den Blüten und Düften und sonnigen Gartenfreuden* (1927b, S. 44). Man soll *so viel Sonne als möglich fangen;* der Sonneneinfall bestimmt u. U. den Entwurf (1919b, S. 75; 24). Der Garten soll *voll Blüten* sein (1926, S. 14), Maaß warnt aber vor der *wahllosen Überfüllung unserer Gärten mit Blütenstauden ohne die grundsätzliche Vorbereitung*

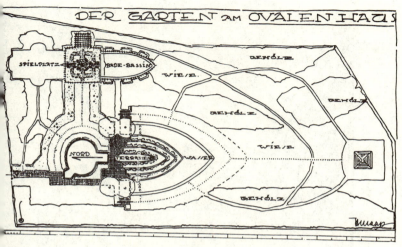

Abb. 89 Maaß: *Der Garten am Ovalen Haus*, 1925. *Freie, grüne, wohl auch hin und wieder mit Wildblumen durchsetzte Tummelwiesen öffnen sich nach Süden zu*. Östlich des Hauses liegt ein Rosengarten, zu dem ein Rasenweg zwischen Staudenpflanzungen führt. Das anschließende *Badebassin* ist von *lockeren, frei geordneten Nadelholzpflanzungen* umgeben. Die gestrichelten Linien bedeuten Trittsteine im Rasen. Aus: Maaß 1926, S. 118.

des Gartenraumes und der Modellierung seines Bodens – dessen Wesentlichen also [...]; wirkliche Gartenschönheit beginnt mit der Fläche und dem Raum, sie endet mit der winzigsten Blüte (S. 19 f.). Maaß bekämpft darin die Auswüchse der Robinson-Jekyll-Lange-Schule.

Der Weg zum Entwurf ist nicht näher analysiert. Maaß fordert rhythmische Raumgliederung (1913, S. 17) und spricht von den *das Raumgefühl, die farblichen, licht- und sinnfälligen Momente bestimmenden Werten, die in der feinen Abwägung der Verhältnisse einzelner Teile und ihrer Glieder unter sich und zueinander, sowie zum Gesamtorganismus verborgen liegen* (1919b, S. 19). *Rhythmisch* und *organisch* sind häufig verwendete Begriffe (1919a). Die *Großvegetation* soll einen *architektonischen* Raumaufbau von *fester Geschlossenheit* bilden (ebd. S. 14). Die Entwurfsbeispiele von Maaß sind zunächst wenig neuartig, doch zeigt er 1926 (S. 118 ff.)

Abb. 90 Maaß: Das *Ovale Haus* von Süden, 1925. Aus: Maaß 1926, S. 119.

auch einen Entwurf, der expressionistisch genannt werden darf. Diese Formen werden aber nicht theoretisch begründet.

Wie Schultze-Naumburg und Migge ist Maaß gegen landschaftliche Gestaltung im *romantischen Geist* (1919b, S. 2) und zieht geometrische Formen Naturmotiven vor.

Später erkennt er, daß der Streit zwischen landschaftlichem und geometrischem Stil der Vergangenheit angehöre. Jetzt komme es vielmehr darauf an, daß der Garten *den Forderungen, die aus einer gänzlich anders sich gestaltenden und sich entwickelnden Wirtschafts- und Lebensform herauswachsen,* entspreche (1931, S. 466). Damit stellt er die Funktion über die Form.

Abb. 91 Maaß: Beschnittenes Heckenwerk. Aus: Maaß 1926, S. 157.

Elemente: Maaß schätzt *Baumgänge*, geschnittene Hecken und regelmäßig bepflanzte Rabatten (1919b), ja er verwendet den Schnitt auch zur Erzeugung komplizierter Topiary-Formen (1926, S. 101; 157). In Kleingärten zieht er Obstbäume allen anderen vor (1919a, S. 19). Detaillierte Ausführungen zur Pflanzenverwendung gibt er in *Wie baue und pflanze ich* (1919b).

Für das Wasser sind geometrische Becken mit breiten Rändern vorgesehen. Bei Verwendung von Wasserpflanzen sollen zwei Drittel der Wasserfläche offenbleiben (1919b, S. 88). Das Badebecken

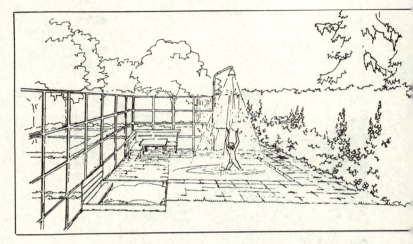

Abb. 92 *Hinter Glaswänden, neben Stauden und Hecken das Brausebad im Garten.* Aus: Maaß 1931, S. 489.

hat ebenfalls einen flachen Rand aus Platten, nicht aus Beton (1927b, S. 28f.).

Wege sollen nur wenige und schmale sein. Im engeren Gartenbereich bestehen sie aus Natursteinplatten, Kleinpflaster oder Klinkern mit wuchernden Kräutern und Gräsern in den Fugen. Für Parkwege gilt statt *harter, kalter, starrer Kurven* das Vorbild *lebendiger* Trampelpfade (1919b, S. 31–39).

Terrassen, Mauern und Treppen bestehen ebenfalls aus Natursteinen, und in den Fugen wachsen *polsterbildende Stauden aus den Familien der Alpenpflanzen,* Moose und Algen. Treppen dürfen auch aus Bahnschwellen bestehen, Beton aber wird abgelehnt (ebd. S. 42; 52f.).

Gewisse Unkräuter – Scharbockskraut, Gundermann, Taubnessel und Schöllkraut, Zaunwinde, Gräser, Moose, Mauerpfeffer, Gänseblümchen und Löwenzahn, Thymian und Lerchensporn – sollen im Garten als *Vermittler zwischen Kunst und Natur* geduldet werden (ebd. S. 189–192).

Mit weißen oder bunten Holzbänken, Lauben statt Gartenhäusern, Vasen, Schalen und guter Skulptur bewegt sich Maaß im Rahmen des üblichen. Neu sind Luft- und Sonnenbad, Brause,

Freibad, Kegelbahn, Sprunggrube, Tennisplatz, Bleiche und Kinder-Garten (1919b). Der Turnplatz enthält Reck, Schaukel, Barren, Pferd, Sprungständer, Kletterstangen, Trapez, Ringe, Wippe, Rutschbrett und Karussel auf einer Schlackendecke. Der Rasenspielplatz braucht eine strapazierfähige Narbe. Das Sonnenbad *zwischen dichten grünen Hecken oder dichtberankten Gittern ist der am meisten benutzte Platz des Gartens* und besteht aus Rasen, Bänken und Liegestühlen. Die Sandkiste hat ein Holzbord (1927b, S. 21–33).

Ein für Maaß geradezu typisches Element sind nach 1919 Wände aus strukturiertem Glas im Garten als Sicht- und Windschutz.

Tiere werden nur als im Zusammenhang mit *Kleinviehhaltung* erwähnt (1919b), Wildtiere kommen nicht vor.

Würdigung: An Migge anknüpfend, entwickelt Maaß den puritanisch-modernen, in erster Linie körperlicher Tätigkeit gewidmeten Garten weiter. Auch von anderen hervorragenden deutschen Gartenautoren wie Hugo Koch und Otto Valentien (1897–1987) vertreten, wirkt dieses Gartenideal bis in die 50er Jahre. Die expressionistischen Entwürfe von Maaß spielen eine Sonderrolle, die nicht allgemein wurde.

Garrett Eckbo (geb. 1910)

Biographie: Studium bei Gropius und Mies van der Rohe. Landschaftsarchitekt in Los Angeles und Professor in Berkeley, California.

Veröffentlichungen mit gartentheoretischem Gehalt: *Landscape for Living.* o. O. [New York] 1950, 268 S. m. 271 Abb. Vier Teile: Background, Theory, Praxis, What next. Im dritten Teil Entwürfe und Fotos eigener Werke seit 1937.
The Art of Home Landscaping. New York 1956, [5] 278 S. m. Abb. ²ebd. 1978 erw. u. d. T. *Home Landscape. The Art of Home Landscaping.* VII, 340 S.
Urban Landscape Design. New York (etc.) 1964, VII, 248 S. m. Abb. Drei Teile: Theorie, Praxis (eigene Beispiele wie 1950) und Unterhaltung (dieser Teil von Edward A. Williams).
The Landscape we see. New York 1969, XIV, 223 S. m. Abb.

Weitere Veröffentlichungen: Zeitschriftenartikel.

Benutzte Ausgaben: 1950, 1956, 1964.

Entwerfer: *Landscape designer* sind nach Eckbo Amateure (zu ihnen zählen Bauern, Förster, Pflanzenzüchter und Hausbesitzer), Geschäftsleute (Baumschulbesitzer, Landschaftsbauer und Gärtner) und die Minderheit der professionellen Landschaftsarchitekten, deren Zahl in den USA mit 1500 angegeben wird. Die Theorie ist Sache der Professionellen: *the professionals have a consciously developed and maintained theory of landscape design* [...]. *The work done by conscious amateurs and commercials is nearly always derived from professional theories of form in a diluted or distorted fashion* (1950, S. 8f.). Von den Amateuren wird verlangt, daß sie sich einen Teil des Wissens der Professionellen um Design und Rahmenbedingungen aneignen (1956, S. 71).

Aufgaben: Eckbo nennt sein Fach *landscape design* und definiert es (1950, S. 5f.) als *a conscious rearrangement of the elements of the landscape for use and pleasure* [...]. Landschaftsgestaltung ist *the continuous establishment of relations between man and the land.*

Im Vordergrund stehen zunächst funktionale Aufgaben (S. 59): *the physical organization of three-dimensional outdoor space, on the land, for the work, and relaxation of people.* Oder (S. 73): *Our work is done for people, to provide settings and surroundings for their life and activities. Therefore all its forms must relate definitely to the forms of people.* Beim Entwurf gehen Überlegung und Analyse vor Intuition (S. 52). *Designers must draw from, and express, the world they live in* [...]; *those who express only themselves have little to say* (S. 132). *Art forms must be examined as physical and social realities, in terms of what they accomplish in the real physical world with real materials for real people with real problems. Any other basis for judgement, no matter how fancy its language, is quite irrelevant* (1956, S. 63).

Aber zur Nützlichkeit soll die Schönheit treten (1956, S. 54): *first we want to produce garden spaces which are both useful and beautiful. By useful we mean comfortable, convenient, workable, or productive. By beautiful we mean that they give us pleasant, inspiring, or relaxing sensations.* Der Garten muß den Besitzer *amuse, stimulate, relax, provide with that revitalizing contact with the growth of plants. Every visit to it must be an adventure and an experience. [...] Every resource of imagination and ingenuity must be called upon to make them not only livable, functional, and spatial; but delightful, entertaining, and amusing* (1950, S. 135). So kann Eckbo andererseits den scheinbar dem vorher Geäußerten widersprechenden Wunsch äußern, traditionelle Elemente *in a stronger and freer way* zu verwenden *to achieve a new level of experience and expression* (S. 183).

Zum Maximum an Vergnügen soll ein Minimum an Pflegeaufwand treten (1950, S. 135). Die Tätigkeiten im Garten verteilen sich auf vier Funktionsbereiche (1956, S. 43f.): *work* (Küche, Haushalt), *public* (Eingang, Auto), *living* (Wohnen, Spielen, Essen, Lesen) und *private* (Schlafen, Baden, Sonnen).

Eckbo ist offensichtlich bemüht, keinen Aspekt im Entwerfen vorherrschen zu lassen, sondern alle gleichermaßen zu berücksichtigen, nämlich (1956, S. 17–42) *problems of land* (Klima, Topographie, Vegetation, Boden), *problems of structural development* (Grundstücksgröße und -form, umgebende Bebauung, Gebäudeart) und *problems of people* (Alter, Geschlecht, Rasse, Einkommen, Gewohnheiten.

Von transzendenten und moralischen Aspekten ist keine Rede.

Landschaftsgestaltung steht zwischen Kunst und Natur (1950, S. 6): *If the broadest definition of art covers all the best artifacts of the man-made world, as distinguished from the wilderness of nature, then landscape design is potentially the bridge between these two worlds.*

In den 50er Jahren wehrt sich Eckbo dagegen, die Natur vor dem Menschen zu schützen. Landschaftsgestaltung sei keine Kunst der Natur, sondern eine Kunst des Menschen in der Natur. Daher dürfe sie die Maschine ebensowenig ignorieren wie es Architektur, Malerei oder Skulptur dürften. *Our major objective is neither to protect the beauties of nature from the ravages of man (although that becomes at times a pressing tactic); nor to rebuild or reproduce nature to save man from himself (although that has been until recently a most convincing argument). Our major objective is the integration, the harmonization, the co-ordination of, and the establishment of good relations between, the physical forms of nature and the physical manifestions of man in the landscape* (1950, S. 38). Eckbo glaubt, daß der Mensch, obgleich er mehr natürliche Schönheiten zerstört als landschaftliche geschaffen habe, dennoch von selbst zur Einsicht kommen und ohne staatlichen Zwang zu einer harmonischen Umwelt finden werde (S. 44). *We must accept as an existing fact that man's activities must change and dominate landscape. But it does not follow that they should spoil it* (S. 45).

Art cannot be nature, reproduce nature, or successfully imitate nature. Art is conscious and controlled; nature is neither (S. 51).

Die Vereinigung vom Menschen und von der Natur erzeugter Formen aber kann *forms stronger and richer than either of the parents* hervorbringen (1950, S. 165). *We usually want a more balanced relation between trees, shrubs, and grass than nature is apt to produce for us on our lot. Furthermore, we tend to equalize climatic extremes and bring them toward a golden garden mean* (1956, S. 239). Der Garten soll unser Diener, nicht unser Herr sein (1956, S. 245).

Auch in den 60er Jahren, als er die fortschreitende Naturzerstörung erkennen muß, glaubt Eckbo weiter an eine Lösung durch Planung (1964, S. 3f.).

Alle gestaltenden Tätigkeiten will Eckbo nach gleichen Grundsätzen behandelt sehen, von Malerei und Skulptur über Architektur und Landschaftsgestaltung bis zur Stadt- und Flächennutzungsplanung. Er klassifiziert sie nach dem Maßstab, in dem sie sich artikulieren, und fordert mehr Zusammenarbeit zwischen allen Zweigen, insbesondere eine Disziplin des *site planning* oder *space design*, die Architektur und Landschaftsgestaltung vereint (1950, S. 231–237). Eckbo hat sich für den Begriff *landscape design* gegen andere wie *landscape planning* entschieden (S. 5), doch möchte er die scharfen Grenzen zwischen *design, art* und *planning* aufheben. *You cannot separate planning from design without sterilizing both* (S. 244). *Design is [...] at times an art-producing procedure. We might call art those solutions whose effects expand in time and space beyond the immediate scope of the problem. All artists are designers, but all designers are not artists* (1964, S. 4).

Die Ästhetik gewinnt ähnliches Gewicht wie andere Funktionen. *The city which is not beautiful is not functional* (1964, S. 15).

Die Landschaft ist *a kind of social barometer* (1950, S. 3). Es dürfen aber nicht einfach formale Muster mit einer autoritären, informale mit einer demokratischen Gesellschaft gleichgesetzt werden. Chinesische, japanische, italienische und englische Aristokraten, sozial ähnlich gestellt, hätten dennoch verschiedene Gartenstile entwickelt. Richtig sei deshalb vielmehr, *that authority has been expressed in an expansion in scale to the point of bleakness and inhumanity, an elaboration in detail to the point of frivolity and sterility, and/or a rapidly progressive rigidity in plan conception. Conversely democracy has been expressed in humanity of scale, simplicity and practicality in detail, and continuous flexibility in plan conception* (S. 19). Eckbo verwirft die historischen Stile ebenso wie den *modernism* des ersten Drittels des 20. Jh., der im *ivory tower* mit neuen Techniken, Materialien und Raumkonzepten experimentierte, fragt „*is art for art's sake – or for people?*" und verlangt *social responsibility and social realism* (S. 22). Die gegenwärtige demokratische Gesellschaft sei aber noch im Nachahmen feudaler Muster befangen und habe noch nicht zum vollen Ausdruck in einer ihr gemäßen Landschaft, wie der Autor ihn wünscht, gefunden (S. 3).

Ein nationales Element wird nicht betont, vielmehr sieht Eckbo die USA gegenüber dem Kontinent im Rückstand (S. 23).

Die Geschichte behandelt Eckbo nur oberflächlich und ablehnend. Jeder Stil, schreibt er, sei nur zu seiner Zeit in seinem Land angebracht. Jede Nachahmung müsse respektlos und unpassend ausfallen. Bewunderung für historische Werke dürfe nur als Anregung dienen *to produce things as great in quality, but expressing in their specific form our own time, place, people, and technology* (1950, S. 11). Besonders werden die Robinson-Jekyll-Schule, Olmsted und jede Art von Romantik und Ecole-des-Beaux-Art-Tradition verurteilt (S. 25f., 164 u. a.).

Aus der jüngsten Vergangenheit lobt Eckbo diejenigen Landschaftsarchitekten, die seit Mitte der 30er Jahre den *stony path of avowed social responsibility, social realism, and politics* gehen (1950, S. 22–24), und distanziert sich von der frühen Moderne, die jedes *enrichment* verdammte (1956, S. 185): *Today we have an American residential architecture which grows continuously warmer, more human, and more variable. This is afflecting the allied arts also, to the point where we are beginning to see reasonably priced modern furniture which is both comfortable and good-looking.*

Der Wert der Wissenschaft wird von Anfang an betont. Wissenschaft und Intuition seien keine Widersprüche, denn alles sei letztlich erforschbar, auch die Kunst. *Creativity increases with discipline, not the reverse* (1950, S. 1f.).

Die Wirtschaft ist als Feind der gestalteten Landschaft dargestellt. Die Versuchung, mit den geringsten Kosten ein Meistes zu verkaufen und den höchsten Gewinn zu machen, verderbe beim kommerziellen Gestalter die Entwurfsqualität (1950, S. 8). 1964 macht Eckbo dann auch die Zerstörung der Landschaft durch Wirtschaftsinteressen deutlich und bekennt, daß sensible Architekten und Landschaftsgestalter in der Minderheit sind und nicht dagegen ankommen (S. 30).

Die Aufgabengebiete des Landschaftsgestalters sind (1950, S. 6): *private gardens, public grounds, parks* und *collaboration with architects and engineers in site planning for land development*. Seine Beispiele gliedert Eckbo in Gärten, Parks, Anlagen an öffentlichen Gebäuden und *group housing* (Siedlungen bis zu 500 Häusern, 1950, S. 134–227). 1964 widmet er außerdem den Themen Hof, Spielplatz, Fußgängerzone und Kommunalplanung Kapitel mit umfassenden Beispielen (S. 37–227).

Gestaltung: Eckbo denkt stets in großen Zusammenhängen. *The landscape is everything seen from a given station point or series of such points, whether in the crowded city or the open desert or mountains. Therefore, landscape design must embody the effort to organize this total outlook rather than merely the design of isolated pictures, objects, groupings, or structural elements* (1950, S. 6). Die Landschaftsgestaltung muß auf Geologie, Geomorphologie, Physiographie, Pflanzen- und Tierökologie, Klimatologie und Meteorologie der betreffenden Gegend Rücksicht nehmen (S. 32). Es gilt, die Gegensätze zwischen Stadt und Land zu verbinden (S. 41). *Always our primary rule must be the development and extraction of the maximum specific quality latent in site and surroundings, before our parallel with the application of broader inspirations from our general background* (S. 132).

Gärten umfassen bis zu 1 *acres* (0,4 ha), Parks 1–200 *acres* (0,4–80 ha, 1950, S. 134 u. 164).

Eckbo will *modern design* (1950, S. 47). *Modern* darf aber ebensowenig zum Formprinzip werden wie *formal* oder *informal* (S. 50). *We cannot design by dogma or fixed rules* (S. 126). *There are no rules of form, only principles of approach* (S. 51). Jede Planung

Garrett Eckbo

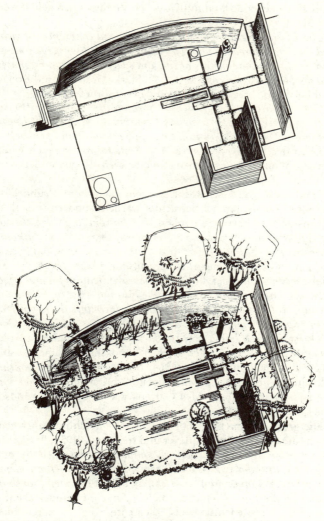

Abb. 93 Raumbildung und Bepflanzung. Aus: Eckbo 1956, S. 74.

muß entsprechend ihren individuellen Bedingungen gelöst werden (S. 131).

The Elysian Fields of strength, clarity, and coherence, of richness and vitality, are reached only by disciplined and sensitive concentration on the concrete factors of site and space and program, materials and people and social context (S. 47). Stärke, Klarheit und Kohärenz sind bei Eckbo stets wiederkehrende Grundforderungen.

Good landscape design is both formal and informal at once, in varying degrees, proportions, and combinations. Straight lines and free curves lose force by isolation; in juxtaposition each helps the other to stronger expression (S. 48). *Basic forms* sind rechtwinklige Muster, Winkel, Kreisformen, freie Kurven, Bogen und Tangente, Masse und Raum (1956, S. 66–70).

Landschaft und Garten dürfen nicht allein vom Grundriß oder von ihren Elementen her betrachtet werden, sondern sind als dreidimensionales Ganzes zu denken. *The bottom, the sides, the top (if any), of the outdoor volume are primary; thereafter any amount of enrichment is reasonable* [...]. *All our clever details, our cute steps and paving patterns, our slick screens and plastic pools, our handsome specimen plants and broad lawns, are meaningful and effective only in relation to one another; they do not exist or function in a vacuum. It is the overall space relations which link all the garden elements up into one coherent whole* [..] (1950, S. 65). Ein Grundstück ist als eine Folge von Innen- und Außenräumen zu planen (1956, S. 52). Ebenso sollen in einer Landschaft Räume, Ausblicke und Panoramen abwechseln (1964, S. 23). Eine *general continuity* soll durch *accenting landmarks* unterbrochen werden. Dieses Prinzip gilt im Maßstab des Gartens wie in dem der Landschaft (1964, S. 29).

Die großen rahmenden Formen sollen einfach und eher geometrisch, die der Details komplexer und freier sein (1950, S. 67): *In the proper proportionate relations – complexity controlled by overall simplicity, disorder within order, controlled fantasy – these elements can produce a maximum in richness of environment for human "vision in motion"*. Elemente, die die Augenhöhe überragen, sind von größerer Bedeutung als Elemente, die darunter bleiben (S. 65f.).

Seinen Anspruch, alle Formen theoretisch zu begründen, löst Eckbo nicht ein: Die Formensprache seiner beigegebenen Entwürfe ist zweifellos von zeitbedingten Stilvorstellungen der abstrakten Kunst geprägt, die er mit Formulierungen wie: *Thus we put together functions and patterns and materials in the garden according to rhythm, balance and emphasis* (1956, S. 74) nur unvollkommen umschreiben kann.

Die Farben sollen kräftiger sein und mutiger kombiniert werden, als es gewöhnlich der Fall ist. Dies betrifft Pflanzenfarben, Anstriche und gefärbte Materialien (1950, S. 103 u. 125f.). Der Duft wird nur kurz erwähnt (S. 104).

Der Faktor Zeit muß Eckbos eher statischen Betrachtungsweise im Wege stehen. Seinem Buch über Hausgärten stellt er eine Fabel voran, die zeigen soll, daß ein exakter Plan unbedingt erforderlich ist, damit nicht unnötig Zeit durch Versuch und Irrtum in der Durchführung vertan wird (1956, S. 1–15). *Our choice is really one of time; that is, of how long we want the planning process to take. A lovely home may well develop in 30 years without a master plan from the beginning.* [...] *The complete planning process builds on the accumulated experience of all designers (amateur or professional) who have produced lovely gardens. This make possible to concentrate this trial and error pattern on paper within a few weeks or months. This complete plan can still be flexible enough to allow for changes or adjustements as work goes on* (1956, S. 52).

Elemente: Das wichtigste Element sei, betont Eckbo immer wieder, der Mensch (1950, S. 64). In Abwehr Robinsonscher Ideen sagt er (1950, S. 117): *Gardens and parks are for people first and for plants second.*

An die Materialien werden folgende Ansprüche gestellt (1950, S. 76f.): *First, materials must express their own inborn characteristics and possibilities* [...]. *Second, materials have importance and character only in relation to other materials and specific situations* [...]. *Third, materials are used, not for their own sake, but primarily to organize space for people to use.* Der Landschaftsgestalter hat alle Materialien zur Verfügung. Sich auf seinen Kollegen Tunnard berufend, erlaubt Eckbo auch Glas, Beton und Metall im Garten (1950, S. 117). Er unterscheidet *gravity materials* (Erde, Felsen, Skulptur, Mauer, Wasser) und *antigravity-materials* (Pflanzen und *structural elements*, d. h. Bauten, 1950, S. 75–127). Die Pflanzen und struktu-

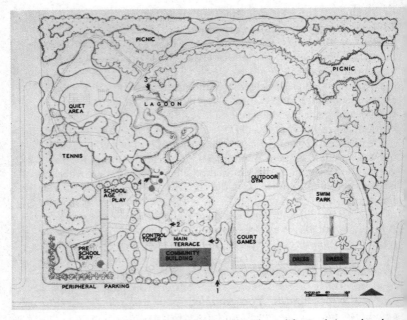

Abb. 94 Eckbo: *Municipal Park* in Buena Park, Calif., Funktionsplan des 18 a (7 ha) großen Geländes. Aus: Eckbo 1964, S. 112.

rellen Elemente müssen in den Rahmen des räumlichen Entwurfs integriert werden (S. 95).

Zu den Pflanzen schreibt Eckbo weiter (S. 95): *To speak of color first, texture second, and mass third, as does Robinson, is not only to reverse the scale of importance, to stand values on their head, but also to ignore the primary spatial essence of plants. Every plant [...] is nevertheless a construction and an enclosure of space.* Nicht die Pflanzensoziologie, sondern der Gestalter entscheidet über die Pflanzenwahl (1956, S. 227): *We select plants for our gardens to carry out certain desired arrangements which have been developed in plan, and to suit certain maintenance desires or possibilities which have been programmed.* Die Pflanzen können innerhalb des verfügbaren Raumes nach ihren Eigenschaften Größe, Form, Farbe und Struktur zusammengestellt werden, wobei sich unendliche Mög-

Abb. 95 Eckbo: *Municipal Park* in Buena Park, Calif., Baumanalyseplan. Je dunkler die Darstellung, desto höher sind die Gehölze. Aus: Eckbo 1964, S. 114.

lichkeiten anbieten. Bodenständige sind ebenso wie fremde und gezüchtete Pflanzen verwendbar (1950, S. 105; 1956, S. 225 u. 236f.) Aber auch der Garten ohne Pflanzen ist möglich (1956, S. 222): *If you are bored with plants and with gardening, it is better not to use them than to use them badly. (You can solve your outdoor problems with structural elements.)*

Zu den *structural elements* gehören *surfacing* (Sand, Kies, Asphalt, Stein, Ziegel, Holzpflaster, Rindenhäcksel, Terrazzo und Mosaik), *enclosure* (Zäune, Mauern, Kanäle, Palisaden), *shelter* (Pergolen, Lauben, Gartenhäuser), *changes in level* (Mulden und Hügel, flache, lange Stufen, Böschungen, Stützmauern) und *special elements* (Entwässerung, Möbel, Grill, Mülleimer, Wäscheständer, *swimming pool*, Spielgerät und Beleuchtung; 1950, S. 116–124).

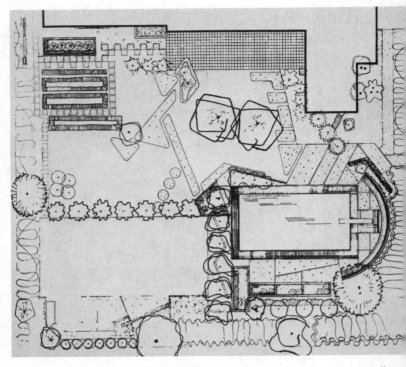

Abb. 96 Eckbo: Garten der Bildhauerin Marguerite Brunswig in Hollywood, Calif., 1949. Das Grundstück ist mit hohen Zedern, Kiefern und Palmen bestanden. Der Swimmingpool wird mit einer Mauer aus Redwood und Glasbausteinen abgeschirmt. Es gibt rechteckige, aus Ziegeln gemauerte Hochbeete. Aus: Eckbo 1950, Abb. 72.

Eckbo bekennt sich hier zum Konstruktivismus, den er definiert (S. 124): *Constructivism is that particular form of modern art which works between architecture, sculpture and industrial design, by using various combinations of refined structural members and parts in more or less abstract, functionless, structuro-sculptural arrangements. These are generally of an open character, enclosing considerable space within their patterns.*

Haus und Garten sollen eine Einheit bilden (1956, S. 54). Zum

Schluß erwähnt Eckbo kurz die Tiere. Es sind keinerlei Wildtiere, sondern nur Haustiere wie *the black Scottie, the red Irish setter, the spotted Dalmatian; Siamese and Persian Cats; the flash and sparkle of aviaries; fine saddle horses, muscled work horses, golden Palominos; the pheasant, the rooster, the guinea hen, the swan; goldfish and frogs and dragonflies* (1950, S. 115 und 1956, S. 202).

Würdigung: Eckbo formuliert die Gartentheorie der zweiten Phase der Moderne, die Funktionalität mit abstrakter Kunstform verbindet. Das Aufgabenfeld der Disziplin, jetzt Landschaftsgestaltung genannt, ist weiter gesteckt denn je. In der zweiten Hälfte der 30er Jahre gleichzeitig von Eckbo und Tunnard entwickelt, bleiben diese Ideen bis Anfang der 70er Jahre vorherrschend.

Sekundärliteratur: *Who's who in America* 1986/87.

Louis G. Le Roy (geb. 1924)

Biographie: Holländischer Maler, Kunsterzieher und selbsternannter Wanderprediger, legte auf seinem Grundstück in Mildam bei Heerenveen und auf verschiedenen öffentlichen Flächen Naturgärten an.

Veröffentlichungen mit gartentheoretischem Gehalt: *Natuur uitschakelen – natuur inschakelen.* Deventer 1973, 207 S. m. Fotos und Zeichnungen des Verf.; deutsch von Helga Steinmetz-Schünemann, Stuttgart 1978, ²1983: *Natur ausschalten – Natur einschalten.*

Weitere Veröffentlichungen: Aufsätze. Neues Buch im Druck.

Benutzte Ausgabe: 1978.

Entwerfer: Le Roy lehnt die Praxis der *Garten- und Landschaftsplaner* ab (S. 28). Alle sollen ihre Gärten selbst machen. *Einem viel größeren Teil der Bevölkerung muß die Gelegenheit gegeben werden, selbst aktiv am Aufbau des eigenen Wohn- und Lebensmilieus mitzuarbeiten* (S. 164). Zusätzlich sollen *kleinflächig angelegte Ackerbaukulturen* begründet werden durch *diejenigen,* *die in den Monokulturen überflüssig geworden sind; diejenigen, die ein Leben auf dem Lande lieben; und diejenigen, die in der Stadt keinen passenden Arbeitskreis oder keine Vollbeschäftigung finden können* (S. 148 f.).

Aufgaben: Körperliche Tätigkeit soll auf ein Minimum beschränkt werden, da sie, ökologisch gesehen, schädlich ist (S. 21). Das betrifft insbesondere das Umgraben (S. 63 f.) und das Hacken (S. 69). Nur drei Werkzeuge sind erforderlich: Spaten, Säge und Gartenschere. *Spaten, um Pflanzen und Bäume in die Erde zu setzen [...], Säge, um eventuell Pflanzenmaterial, das keine Funktion mehr hat, wieder umzusägen (und dann an Ort und Stelle liegenzulassen), und Schere schließlich, um hier und da Zweige, die im Wege hängen, zu entfernen (sofort zerkleinern und dann wieder auf dem Boden ausstreuen)* (S. 68). Gartenarbeit als *eine Form der Gymnastik in der frischen Luft* ist *Arbeit ohne Produktion* und sollte nicht akzeptiert werden (S. 135 f.). Nur bei durch Monokultur degradiertem Terrain muß anfänglich Arbeit dazu eingesetzt werden, *um den natürlichen Prozeß in Gang zu setzen* (S. 162).

Ertrag wird vom Garten nicht erwartet, er bleibt auf *Ackerbaukulturen* und *Schrebergärten* (S. 148 f.) beschränkt.

Der Garten ist in erster Linie Ort ökologischer Erkenntnis, wo *die unmittelbarsten Bedrohungen unseres Milieus erforscht und bekämpft werden können [...]. Alle anderen Betrachtungsweisen kommen erst an zweiter Stelle, auch wenn die Möglichkeit bestehenbleibt, daß man die ganze Anlage des Gartens noch ästhetisch erleben kann, daß Spielmöglichkeiten für Kinder darin verarbeitet werden, daß man Früchte und Blumen pflücken kann, daß fast paradiesische Situationen entstehen können [...]* (S. 20). *Wenn es einen Ort gibt, an dem wir Erfahrungen sammeln können in bezug auf das, was mit unserer Umgebung geschieht, wenn wir die Maschine nicht mehr als Credo der schöpferischen Arbeit des Menschen betrachten, dann ist das unser Garten* (S. 60). Unterschwellig spielt ästhetische Genugtuung mit (S. 94): *Natürliche Vegetationen können eine gute Kontrastwirkung zu dem Kulturprodukt des menschlichen Geistes ergeben.*

Ästhetische Überlegungen dürfen aber nicht *das natürliche System blockieren [...]. Im Garten muß die Natur der Meister sein, und der Besitzer ist der Lehrling. Der Lehrling ist beim Meister zu*

Abb. 97 Im Privatgarten Le Roys, Mildam bei Heerenveen. Foto Le Roy.

Besuch. Als Gast unterwirft man sich den Regeln des Hauses (S. 126). Die Anlage des Gartens soll *so weit wie möglich einem Vegetationsmuster nahekomm[en], das für dieses Stück Boden gelten würde, wenn die Natur ihren Lauf nehmen dürfte* (S. 21). Es ist falsch, *die Natur zähmen, ordnen und so weit wie möglich an unsere technischen Errungenschaften anpassen* zu wollen (S. 25). Le Roy sagt das vor dem Hintergrund, daß [u]*nsere Landschaft zu 100% durch Kultivierung bestimmt* [ist] *und das Wort Natur in seiner wörtlichen Bedeutung* [ ] *in unserem Land nicht mehr anwendbar* [ist] (S. 22). *Unsere heutige Gesellschaft befindet sich* [ ] *in einer ökonomischen Situation, die an der Monokultur orientiert ist und damit dem natürlichen System diametral entgegensteht.* [. . .] *Der Garten, in größerem Zusammenhang die städtischen Grünanlagen, sind noch eines der Gebiete, wo der Mensch als Individuum in Kontakt mit den natürlichen Elementen kommen kann, die ursprünglich seine Gebundenheit an die Natur bestimmt haben* (S. 18f.).

Abb. 98 Im Privatgarten Le Roys, Mildam bei Heerenveen. Foto Le Roy.

Historisch sieht Le Roy unsere Kultur an einem Punkt angelangt, da eine *rückläufige Bewegung* nicht mehr fern ist (S. 121). Er spricht von einer *Kulturwüste* (S. 123). Er sieht in seinen Forderungen eine Parallele zu Rousseaus „Zurück zur Natur" (S. 123) und betont, daß es in der Geschichte kein Stehenbleiben gebe, zur Zeit das „Vorwärts" nur „Abwärts" bedeuten könne (S. 131). Die kommende *Gegenkultur*, von der noch gegenwärtigen hervorgerufen, werde diese ablösen (S. 139).

Die Wissenschaft der Ökologie ist, obgleich Le Roy eine den einfachen Mann überfordernde Wissenschaftlichkeit ablehnt, doch die Grundlage seiner Theorie (S. 132).

Anwendungsgebiete sind der eigentliche (Haus-)*Garten*, der *Schrebergarten* (bes. S. 146), die *öffentliche Grünanlage* und das *Erholungsgebiet* (S. 60). Es soll keine isolierten *Naturreservate* geben (S. 150). *Diejenigen, die* [...] *sich dem, was in der Welt um uns hin geschieht, entziehen wollen, indem sie in die sichere Umgrenzung des Naturreservates flüchten, tragen damit nur positiv zu einer Verschlechterung des Zustandes bei.* Vielmehr müssen überall auf denaturierten Flächen natürliche Entwicklungsprozesse ausgelöst werden (S. 164). Geschaffene Ökosysteme sollen von den Naturgebieten ausgehend bis tief in die Städte hineindringen (S. 201, 206).

Le Roy lehnt ab, was herkömmlich unter dem Begriff „Erholungsgebiet" verstanden wird (S. 165 f.): *Die Entwicklung auf dem Gebiet der Erholungszentren ist insofern falsch zu nennen, als der Mensch hier nicht genug einbezogen (homo ludens) und die Anlage auf ökonomischer Basis nicht ganz abgeschafft* [...] *wird.* [...] *Genauso autoritär, wie wir die Natur zurückgedrängt haben, weil sie uns bei der Realisierung unserer „großartigen Pläne" oft störend im Wege war, haben wir die Gruppe von Mitmenschen behandelt, für die wir keine „sinnvolle Arbeit" mehr haben und die sich darum vor ein „Erholungsproblem" gestellt sieht.* [...] ***Wir können erst dann beruhigt sein, wenn wir alles gut unter Kontrolle halten können!*** *Eingezäunte Erholungsgebiete sind eine der Lösungen, um dieses Ziel zu erreichen.*

Gestaltung: Die Größe der einzelnen Anlage *tut kaum etwas zur Sache* (S. 19). *Die ebene Fläche, genauso wie die gerade Linie und die reine Kugel, sind extreme Formen, die in der Natur fast niemals vorkommen* (S. 25). Sie sind im Garten zu vermeiden. Geschwungene Formen im Garten geben eine geeignete Antwort auf solche Formen (S. 114). Bei der Gestaltung ist höchste Vielfalt das Ziel. Sie soll durch die Dynamik der Natur entstehen, wobei der Mensch unterstützend eingreift.

Das Gelände soll möglichst viele Höhenunterschiede aufweisen (S. 26). Darum bleiben Aushub und Bauschutt liegen. Nur bei ganz flachem Terrain muß künstlich für Höhenunterschiede gesorgt werden (S. 10).

Die *Lichtsituation* muß auch möglichst abwechslungsreich sein. Wenn Licht und Schatten häufig wechseln, können die verschiedenen Vegetationsschichten das Licht am besten aufnehmen (S. 26).

Bestimmte Farben und Farbkombinationen im Garten haben zu wollen wie Victoria Sackville-West (1892–1962, eine Vertreterin der Robinson-Jekyll-Schule), bezeichnet Le Roy als Traum. Statt dessen sollte *das natürliche Selektionssystem in bezug auf unsere oft unvernünftig hoch gestellten Ansprüche akzeptier*[t] *werden*. Vorlieben für bestimmte Blütenfarben, von denen auch Le Roy nicht frei zu sein zugibt, lassen sich trotzdem realisieren, jedoch müssen Umfang und Stelle des Vorkommens der betreffenden Pflanze sich je nach dem aktuellen Vegetationsstadium im Garten ändern (S. 124f.).

Nachdrücklich fordert Le Roy die Berücksichtigung der Zeit. *Natur einschalten* heißt die natürliche Dynamik akzeptieren, die ständig veränderte Zustände hervorbringt, bis ein Klimaxstadium erreicht ist. Einen gleichen allmählichen Wachstumsprozeß fordert Le Roy auch für die Stadtplanung (S. 138, 203).

Elemente: Unter den Pflanzen werden besonders die sog. Unkräuter hervorgehoben. Le Roy weist beispielhaft die Werte von Brennessel, Scharbockskraut und Holunder nach (S. 96–109). Die Artenvielfalt soll möglichst groß sein (S. 138), wobei alle Vegetationsschichten ausgefüllt sein sollen (S. 205). Die Zahl der Individuen einer Art darf aber nicht überhand nehmen, da sonst mit Insektenplagen zu rechnen ist (*Monokultur,* S. 193). Es sollen ständig Samenmischungen ausgestreut werden, die den Situationen im Garten angepaßt sind, selbst dann, wenn der Garten zugewachsen ist, als Nahrung von Vögeln und anderen Tieren (S. 144). Es dürfen aber auch Bäume gepflanzt werden (S. 166). Man muß sich nicht auf die Wildflora beschränken, sondern soll auch mit Kulturpflanzen experimentieren. Von *„botanischer Verfälschung"* kann nur die Rede sein, *wo die vorhandene Vegetation noch vollständig – oder wenigstens zur Hälfte – natürlich ist* (S. 184).

Das Regenwasser soll im Garten gehalten werden, statt unbenutzt abzufließen. Die Regenrinne kann deshalb *in ein kleines eingegrabenes Becken (Metall, Plastik)* geleitet werden. Den Rand kann man mit Pflanzen und Steinen gestalten. Auch zeitweilige Überflutungen nach heftigen Regengüssen sind erwünscht, um *verschiedene Vegetationsformen* zu ermöglichen (S. 67).

Wege entstehen von selbst beim Bau (S. 53), oder sie werden *nachlässig gestaltet* (S. 70). Sie sollen nicht für immer festgelegt werden, sondern entsprechend dem *Wachstumsprozeß* des Gartens ihre

Abb. 99 Das Atelier Le Roys in Oranjewoud bei Heerenveen. Foto Le Roy.

Form und Richtung ändern können. *Viel Material (Schutt, Kies, Sand, Asche, Schlacken), das im Garten nicht gebraucht wird, kann ständig unter die Steine des Pfades gelegt werden. Dadurch entstehen unter dem Pfad bessere Feuchtigkeitsregulierung und andere Temperaturverhältnisse. Mikroorganismen werden angezogen* [usw.] (S. 186).

Als Einfriedung sind Mauern besser als Hecken. Heckenpflanzen müssen in einer Reihe gepflanzt und geschnitten werden. Mauern schaffen ein konstanteres *Mikroklima,* sind weniger *arbeitsintensiv* in der Unterhaltung und *eignen sich hervorragend für Bewuchs* (S. 198). Dorngestrüpp oder Brennesseln sind ein besserer Schutz als Stacheldraht (S. 199).

Der Gartenboden soll immer mit totem Pflanzenmaterial (Laub, zerbrochene Zweige) bedeckt sein, damit die Bodenbildung gefördert wird. Darunter können Geophyten wachsen (S. 77). Ein besonderer Komposthaufen wird so überflüssig (S. 174).

Bauschutt verwendet Le Roy, um Terrassen und Wegebeläge herzustellen, die schnell von Pflanzen besiedelt werden (S. 53).

Eine Hauptrolle spielen die Tiere im Garten. Le Roy weist den Nutzen der verwünschten Tiere Kröte, Regenwurm und Schnecke nach (S. 78-96). Sie sollen gefördert werden, ebenso die Insekten und bodenbildenden Kleinstlebewesen wie Springschwänze (Collembola). *Die Zahl verschiedener Lebewesen, die unser Lebensklima mitbestimmt, muß so groß wie möglich werden (Partizipation). Dies ist nur möglich, wenn die Zahl kleiner Habitate so groß wie möglich wird. Im allgemeinen entgehen uns all die wichtigsten natürlichen Prozesse, die sich um uns herum abspielen, weil wir noch immer mit der Vorstellung herumlaufen, daß der Mensch als wichtigster Bewohner der Erde angesehen werden muß* (S. 169). Ausrotten von Tieren bedroht die Stellung des Menschen an der Spitze der Nahrungspyramide und stärkt die Kraft seiner Feinde, die sich plagenartig vermehren, sobald die Tiere, die sie bisher fraßen, fehlen (S. 171 f.).

Würdigung: Le Roy stellt als erster einen ökologischen und Schutt-Garten als Gegenbild der modernen Industriegesellschaft auf, deren Ende er nahen sieht. Seine Wirkung ist international (Schwarz 1980, *Grün in der Stadt* 1981, Baines 1985).

Sekundärliteratur: KLAUS SPITZER: Stadtgrün als offenes System – Die Gärten von Louis Le Roy. In: *Grün in der Stadt*. Reinbek bei Hamburg 1981, S. 247-254.

MICHAEL ANDRITZKY (GEB. 1940), KLAUS SPITZER (GEB. 1932) U. A.

Biographien: Andritzky ist Soziologe und Generalsekretär des Deutschen Werkbundes, Spitzer Kunsterzieher in Neuss.

Veröffentlichungen mit gartentheoretischem Gehalt: *Grün in der Stadt*. Eine Veröffentlichung des Deutschen Werkbundes. Reinbek bei Hamburg 1982, 478 S. m. Abb. Von Andritzky und Spitzer herausgegeben, enthält der Band Beiträge zahlreicher Autoren.

Entwerfer: Das Grün soll nicht von Behörden, sondern von den Nutzern hergestellt werden. Die Autoren rechnen mit einem großen Engagement der Stadtbewohner. *All dies läßt sich [. . .] von den Bewohnern selbst schaffen, wenn man sie ermutigt, mit geringen Mitteln ausstattet und fachlich berät* (Spitzer, S. 74). Der Fachmann ist demnach trotzdem erforderlich.

Aufgaben: Ertrag ist wünschenswert. *Und von den angepflanzten Obstbäumen und -sträuchern darf jeder ernten* (Spitzer, S. 78).

Nur-optischer Konsum und verstandesmäßiges Erkennen werden abgelehnt. Die Autoren bekräftigen die Rolle der Kreativität, Phantasie und aller Sinne im Garten. *Ohne die hygienischen Qualitäten des Aufenthalts im Freien in Frage stellen zu wollen, betrachten wir die Wirkung des Grüns aber auch darauf hin, was man so gemeinhin die Seele nennt [. . .]; das Bild der Natur wirkt [. . .] über Wahrnehmung und Bewußtsein und stimuliert von da unsere Kreativität, Spielfreude und Selbsttätigkeit* (Lucius Burckhardt, S. 7). Nicht der pflegeleichte (S. 13), sondern der aktivitätsfördernde Garten ist gefragt. *Der Garten ist ein Bauspielplatz für Kinder und Erwachsene* (Janne und Roland Günter, S. 91f.). Spontane nachbarliche Gartenfeste werden gelobt (S. 95). *Alle Sinne werden gleichzeitig und gleichwertig angesprochen* (Spitzer, S. 272). *Stadtbiotope [lassen] die Sinnesfähigkeiten – Fühlen, Sehen, Schmecken, Riechen – [. . .] besonders gut üben, man lernt wieder genau zu beobachten, wirklich wahr-zunehmen; sie sind aber auch wichtig für die Begegnung mit Wichteln und Feen, Riesen, Zwergen und Elementargeistern [. . .]* (Hermann Seiberth, S. 158). *Un-kräuter in ruinösen Situationen sind uns exotisch, ersetzen das Abenteuerliche, den Duft der großen, weiten Welt* (Karl Heinrich Hülbusch, S. 198f.). Der Verstand soll nicht *unsere Gefühle unterdrücken* (Eduard Neuenschwander, S. 221f.).

Herrschaft über die Natur soll nicht sichtbar sein, *Pflanzen sollen ungestört von menschlichen Eingriffen [. . .] wachsen können. [. . .] Daneben hat natürlich auch der künstlerisch gestaltete Garten weiterhin seinen Platz, aber warum sollte nicht auch er als gesundes ökologisches System im Laufe der Zeit wachsen und sich nach den*

Ansprüchen der Natur verändern können. Der Mensch soll *als Diener und Lernender* neben die Natur treten (Andritzky/Spitzer, S. 13–15). Im *Naturgarten* nach Urs Schwarz soll *die Natur als Vorbild* dienen. Kunst im Garten, wie sie üblicherweise verstanden werde, zerstöre Natur (S. 225 f.).

Spitzer entwickelt eine Theorie der *neuen Ästhetik* (S. 271 f.): *In einer Zeit, in der die wilde Natur, gegen die der Mensch einst die Zeichen seiner Ordnung setzte, auf kümmerliche Reservate reduziert wurde, in einer Situation, in der ökonomisches Denken und Leistungsorientierung den Boden zur Ware degradierte, seine Fruchtbarkeit vernichtete und viele Pflanzen- und Tierarten unwiderruflich zum Aussterben verurteilte, muß man die Frage stellen, ob nicht auch die alten Regeln ästhetischer Gestaltung überfällig wurden, die dieses System hervorbrachte.* [...] *In dem Maße* [...], *wie uns unsere Bedrohung bewußt wird, ändern sich auch unsere ästhetischen Maßstäbe.* [...] *Die neue Ästhetik könnte eine ökologische sein, in der sich der schöpferische Mensch als ein bescheidenes Glied einfügt in das große Ökosystem Erde* [...]. *Statt die prunkende Pracht überdüngter hochgezüchteter Modepflanzen und repräsentativer Exoten zu verherrlichen, entdecken wir die ästhetischen Qualitäten des bislang verachteten „Unkrauts" und ziehen die blühende Wiese dem monotonen Rasenteppich vor.*

Obwohl die Autoren *die ökologische Funktion des Stadtgrüns* (S. 127) behandeln, stehen sie der Wissenschaft skeptisch gegenüber und wenden sich gegen *Verschulung des Intellekts* und *Verwissenschaftlichung der sinnlichen Natur* (S. 294). Die vorgestellten Schulgärten sind dann auch mehr Orte schöpferischen Tuns als systematischer Lehre.

Im Vordergrund steht die *soziale und demokratische Funktion des Stadtgrüns* (S. 61). *Soziale Phantasie* und *nachbarliche Kommunikation* werden erwartet (S. 16). Abgrenzungen dürfen keine *Kommunikationsschranken* sein, Vorgärten müssen *Kontaktzonen*, Parkanlagen *kommunikativ* sein, Baumpflanzaktionen oder der Kampf um die Einrichtung einer Wohnstraße *schaffen Kontakte und Freundschaften und verändern das politische Bewußtsein* (Spitzer, S. 63–81). *Trampelpfade* werden als demokratische Symbole verstanden (S. 80), Unkräuter als *Symbole staatsbedrohender Anarchie* (Hülbusch, S. 198): *Das Un-Kraut ist offensichtlich etwas Politisches. Hinter der Technologie der Pflanzenverwendung und Vege-*

tationszerstörung steckt wohl eine politische Ideologie, die rational, sachlich, sauber und natur- wie menschenfeindlich gleichermaßen ist. Spitzer sieht Le Roys Gärten als *praktizierte Demokratie* (S. 251), Günter Arbeitergärten im Ruhrgebiet als *Widerstandsform* gegen schlechte Wohnbedingungen, Armut und Umweltverschmutzung (S. 85).

Repräsentation wird durchweg abgelehnt. Der unrepräsentative Arbeitergarten findet Lob, die repräsentative Arbeiterwohnung Tadel (Günter, S. 87).

Aus der Geschichte wird die Volksparkbewegung vor dem Ersten Weltkrieg positiv hervorgehoben, gegen die die Gegenwart abfalle (Inge Maas, S. 36). Heute sei *fürstliche Allmacht durch anonyme Institutionen ersetzt* (Spitzer, S. 78). Die herrschende, nur funktionalistisch und hygienisch verstandene Planung stehe in einer seit dem Ersten Weltkrieg entwickelten Tradition, die es zu überwinden gelte (Burckhardt, S. 115, Hülbusch, S. 321).

Wichtige Anwendungsgebiete sind Innenhöfe, innerstädtische Kleingärten, Arbeitergärten, Stadtbrachen, Hausbegrünung und Grasdächer. *In diesem Netzwerk von Biotopen innerstädtischer Lage sind Naturgärten nur eine besondere Gruppe von Biotoptypen. Es darf keine ausschließliche Betrachtungsweise mehr geben, andere Gartenformen haben weiter ihre Berechtigung* (Neuenschwander, S. 222).

Bundesgartenschauen aber werden als nicht mehr zeitgemäße Einrichtungen verdammt (Burckhardt, S. 103).

Die Wirtschaft wird als Natur- und Lebensraum zerstörende Macht angeprangert. Insbesondere diene die Gartenindustrie zur Naturzerstörung. Ihre Produkte sollen nicht verwendet werden (Andritzky, S. 125). Sebastian Knauer stellt dar, wie Profitgier ein altes Haus mit Garten vernichtete (S. 390–396).

Gestaltung: *Grün* ist *am notwendigsten im Kern der Städte* (S. 16). Grenzen und Einfriedungen sind unerwünscht (S. 59f., 65, 95). *Ordnung* in Gestalt *zurechtgestutzter Pflanzenformen, geometrisierender Grundrisse, gleicher Baumabstände, schnurgerader Wege, kurzgeschorenen Rasens* und *tischebener Flächen* wird abgelehnt (S. 13). Sie sei *lebensfeindlich* (Neuenschwander, S. 221). Gefragt sind dagegen *der kleinzellige Reichtum der Strukturen, die abwechslungsreiche Vielfalt des Reliefs, der Materialien, der Pflanzen*

Abb. 100 „Gärten – Orte der Kreativität." Foto Klaus Spitzer, aus: *Grün in der Stadt*, S. 291.

und Tiere als *in hohem Maße die Wahrnehmung stimulieren*[d] (Spitzer, S. 272).

Elemente: Bizarre, auffällige und exotische Pflanzen sind unerwünscht. Abschreckende Beispiele sind *Felsenmispel, Krummholzkiefer, Zwergblaufichte, japanischer Feuerahorn* und *Korkenzieher-Akazie* (Andritzky, S. 119). Dem gegenüber stehen die Wildkräuter, bei deren Auswahl nach Schwarz keinerlei Abweichung von den Standortbedingungen erlaubt ist (S. 226). Trampelpfade werden gelobt (S. 79), die Wege sollen *weich* (Sand, Kies, Lehm, Splitt) sein, nicht mit Asphalt oder Beton bedeckt (Dietrich Garbrecht, S. 240–246). Es soll für die Kinder Haustiere auch in der Innenstadt geben (Ziegen, Pferde, Esel, Schweine, Kaninchen, Hühner, Fasane und Singvögel: Spitzer, S. 76). Gartenzwerge, *Märchenszenen in Miniaturlandschaften, gebastelte Vogeltränken, Wassermühlen und Windfahnen, bizarre Vogelscheuchen, Plastiken aus Abfall und Autoreifen, selbstgezimmerte bunte Gartenhäuschen* als Subkulturprodukte geschätzt (Spitzer, S. 292).

Würdigung: *Grün in der Stadt* schließt sich an Le Roy an, arbeitet jedoch nicht so sehr den ökologischen als den gesellschaftlichen und ästhetischen Gesichtspunkt heraus.

II. ERGEBNISSE

Die Gartengeschichte verläuft auf vielen Ebenen. Sie kann nicht aus einem einzigen Gesichtspunkt erfaßt werden. Sosehr es sich anbietet und lehrreich ist, ihre theologische, ideengeschichtliche, psychologische, soziologische, ästhetische, wirtschaftliche, wissenschaftliche, praktische, formale, pflanzliche oder materielle Seite zu betrachten, verbietet sich eine Gesamtbeurteilung aus Einzelaspekten heraus. Der Garten war nachweislich zu bestimmten Zeiten göttliches Gleichnis, sittenverbessernd gedacht, repräsentativ, feudal, pittoresk, kapitalistisch, landschaftlich, ökologisch, geometrisch, nationalistisch oder sinnlich, er war aber nie ausschließlich dies oder jenes. Auf den einzelnen Gebieten der Gartengeschichte sind teils Wellenbewegungen zwischen zwei Polen, teils stetige Entwicklungen in eine Richtung zu beobachten. Zwingende, gleichbleibende Gesetzmäßigkeiten sind aber nicht festzustellen. Ich sehe daher keine Möglichkeit und Berechtigung, die Gartengeschichte unter festen Begriffen zu periodisieren. Die Untersuchung mit Rücksicht auf alle ihre Aspekte führt zwar auch zu keiner abschließenden Erkenntnis, sie ist aber die stärkste mögliche Annäherung an den wirklichen Verlauf der Gartengeschichte.

1. Autoren und Entwerfer

Wir fragen unsere Quellen: 1. Wer schreibt über Gärten? 2. Wer entwirft Gärten und legt sie an?

Zunächst zu den Autoren. Von der Antike bis in die Renaissance gibt es noch keine Gartenschriftsteller als solche. Über Gärten wird nur in größeren Zusammenhängen berichtet, so in Landwirtschaftslehrbüchern und Pflanzenbüchern. Auch die Autoren dieser sind noch keine Spezialisten, sondern Universalgelehrte: Varro, Albertus, de' Crescenzi, Alberti, Colonna.

Im 16. Jh. erst spezialisieren sich die Autoren, und es entsteht eine monographische Gartenliteratur. So nehmen sich Ärzte als

Pflanzenspezialisten des Gartenthemas an. Charles Estienne, Jean Liebault, Melchior Sebitz, Antoine Mizauld, Daniel Loris, Peter Lauremberg sind Ärzte. Architekten und Gärtner melden sich erst im 17. Jh. zu Wort. Ihr langes Schweigen mag in ihrem geringen gesellschaftlichen Ansehen begründet sein. Genannt seien als Architekten Scamozzi, Furttenbach, d'Aviler, Sturm und J.-F. Blondel, als Gärtner Royer, Rea, van der Groen, A. Mollet und de La Quintinie. Diese Fachleute haben aber noch keineswegs das Übergewicht vor den gebildeten Laien wie Hill, Palissy, Rapin, Peschel, de Serres, Bacon, Ferrari, Boyceau, Worlidge, Evelyn, Liger und Dézallier.

Im 18. Jh. werden Gartenfragen so allgemein diskutiert, daß Fachleute unter den Autoren geradezu selten sind. Zu nennen sind hier nur Switzer als Gärtner und Langley, Chambers und Morel als Architekten. Die meisten Autoren sind Dichter (Pope, Rousseau, Shenstone, W. Mason, Walpole, Delille, Knight), Philosophen (Addison, Kames, Hirschfeld, Alison) oder anderweitige Laien (Pluche, Spence, Whately, Watelet, Marquis Girardin, Gilpin, Conte Silva, Price). Besonders fällt auf, daß der Landschaftsgarten Thema der Philosophen ist. Neben den genannten, die umfangreiche Gartenbeiträge geschrieben haben, kommen auch Kant, Heydenreich, Schiller, F. H. Jacobi, Herder, A. W. Schlegel, Hegel, Schopenhauer, Fries, Schleiermacher, Vischer und Hartmann mehr oder weniger kurz auf den Garten zu sprechen.

Im 19. Jh. sind die meisten Gartenautoren beruflich ausschließlich mit Gärten beschäftigt. Zu ihnen zählen die bedeutenden Autoren Repton, Loudon, Sckell, Thouin, Downing, Kemp, Hughes, Petzold, Olmsted, Jäger, Meyer und Robinson. Es entsteht eine scharfe Konkurrenz der Architekten (Barry, Vergnaud). Vergnaud sagt 1839, nicht Gärtner oder Maler, sondern Architekten müßten den Entwurf machen. Sedding 1891, Blomfield 1892 und Schultze-Naumburg 1902 sind Architekten, die sich als Gartenschriftsteller einen Namen machen. Die Laien bleiben eher Ausnahme (Fürst Pückler, v. Reider, Hibberd und Schmidlin). Jane Loudon und Louisa Johnson sind die ersten weiblichen Gartenautoren.

Im 20. Jh. behaupten sich die Fachleute (Lange, Mawson, Schneider, Migge, Foerster, Maaß, Duchêne, Sudell, Tunnard, Wiepking, Allinger, Eckbo, Schiller, Crowe, Mattern). Selten betätigen sich Architekten als Gartenautoren (Koch, Harbers, Pfister). Laien, die zu dem Thema schreiben, werden als Außenseiter betrachtet (Lux, Rudorff, Lichtwark, Borchardt, Valentien). Nur in England, wo Gärtnern zum guten Ton gehört, erfreuen sich die Laienautoren großer Beliebtheit (Jekyll, Sitwell, Nichols, Sackville-West). Le Roy tritt ebenfalls als Außenseiter auf und ruft Biologen wie Schwarz und Soziologen wie Burckhardt und Andritzky auf den Plan, die zum *Naturgarten* viel zu sagen haben.

Nun: Wer gibt dem Garten Gestalt? Der Entwurf zur ersten Anlegung war ursprünglich, wie das Anlegen selbst und das spätere Unterhalten, Sache des *Gärtners,* eines nicht sehr angesehenen Bediensteten. (Wir sprechen hier nicht von den kleinen Gärten der Armen, die nicht Gegenstand der Theorie waren.) Erst als man im Entwurf eine künstlerische Aufgabe zu sehen begann, hob sich der leitende, u. a. künstlerisch ausgebildete Gärtner von den ausführenden Gartengesellen und -arbeitern ab. De Serres und Boyceau sind die ersten Theoretiker, die künstlerisch befähigte Gärtner verlangen. Die Ansprüche steigen: Neben Mathematik und Grammatik, so Switzer, muß der Gärtner auch Philosophie kennen. Nach Blondel (1737, S. 6) braucht er *Genie*. Daß er ein vortrefflicher Maler sein muß, sagt, mit Bezug auf den geometrischen Garten und den Broderieentwurf, Laugier (1753, S. 287). Auch Chambers und später Repton und Loudon stellen sehr hohe, wir würden sagen, interdisziplinäre Anforderungen an den Gärtner. Das Ansehen der Gärtner erreichte seinen Höhepunkt, als dankbare Könige ihre Gärtner adelten (Sckell) und ihnen Denkmäler setzten (Sckell posthum 1824, Lenné zu Lebzeiten 1847). Es gab jedoch kein entsprechendes Ausbildungssystem außer der herkömmlichen Gärtnerlehre. Eine Berufsbezeichnung, die den entwerfend tätigen Gärtner im Gegensatz zum ausführenden meint, bildet sich erst in dem Begriff *Landscape Gardener,* den Shenstone in die Literatur einführt. *Landscape Gardener* heißt auf deutsch *Gartenkünstler,* nicht Landschaftsgärtner, auf französisch (Morel) *Artiste Jardinier.* Loudon weist darauf hin, daß dieser Ausdruck nichts mit der Form des Gartens zu tun habe, denn geometrische Gärten würden ebenso wie landschaftliche von *Landscape Gardeners* gemacht.

Neben den Gärtnern nehmen sich, seit an das Gartenentwerfen künstlerische Forderungen gestellt werden, auch Gartenbesitzer, Architekten und andere des Entwerfens an. Pfarrer Peschel entwirft im 16. Jh. für sich und andere Gärten. Rea 1676 und Dézallier 1709 erwarten, daß die Eigentümer ihre Gärten selbst entwerfen. Als etablierter Fachmann wehrt sich Blondel (1737, S. 4f.) gegen diesen Dilettantismus. Doch lassen es sich Gartenbesitzer wie Pope, Shenstone, Southcote, Marquis Girardin und Fürst Pückler nicht nehmen, ihre Gärten selbst zu entwerfen. In seiner Theorie schreibt Girardin, der Maler, unterstützt vom Dichter, müsse die Landschaft entwerfen, nicht der Gärtner oder Architekt. Im Verlauf des 18. Jh. gewinnt das Gartenentwerfen so an Ansehen, daß immer höher gestellte Personen sich damit befassen.

Im 19. Jh. erlaubt die Gartentheorie erstmals auch den unteren Schichten, mit Hilfe der Bücher ihre kleinen Gärten selbst nach künstlerischen Gesichtspunkten zu entwerfen (v. Reider, Loudon, Ward, Schmidlin, Hibberd und Jäger). Loudon ist überzeugt, daß es jeder kann. Der Fachmann entwirft nur mehr große Gärten für Reiche oder, wie Olmsted, für die Öffentlichkeit.

Nach 1850, als der architektonische Garten wieder die Oberhand gewinnt, machen (wie im Barock) Architekten den *Landscape Gardeners* Konkurrenz. Die Gartenkünstler fordern zum Ausschluß der Architekten vom Gartenentwurf oder zur kollegialen Zusammenarbeit auf. Im 20. Jh. (Migge) wird dann die Berufsbezeichnung *Landscape Gardener* bzw. Gartenkünstler durch die Bezeichnung *Gartenarchitekt* (Migge) bzw. *Landschaftsarchitekt* (Geddes) oder *Garten- und Landschaftsarchitekt*, schließlich *Landschaftsgestalter* (Lange, Eckbo), *Landschaftsplaner*, ersetzt. Die Bezeichnung *Landschaftsgärtner* ist auf einen handwerklichen Lehrberuf übergegangen.

Gestaltung im großen Maßstab oder ihre gezielte Negation als Gegenstand von Landschaftsplanung, Stadtplanung und Naturschutz wird nicht mehr von natürlichen Personen, sondern von Institutionen und Gesetzen geregelt, wie es als erster Rudorff anregte.

Der laienhaft ohne Entwurf arbeitende Gartenbesitzer ist in der von Professionellen geschriebenen Theorie bis Eckbo nicht gern gesehen. Die Aufgabe der statischen Gartenbetrachtungsweise aber führt auch zur Aufgabe des prädestinierenden Entwerfens (Le Roy): Der Garten ist unter den Händen der Anlegenden, Unterhaltenden und Nutzer ständig am Entstehen. Damit wird *jeder* zum Gartenschaffenden; der Fachmann soll allenfalls beratend tätig werden (Spitzer).

2. Aufgaben

a) Ertrag

Bis zum Barock dient der Garten Nutzen und Vergnügen zugleich. Die Gewichtung schwankt. Während es im alten Rom schon *Lust*gärten gab (aus denen der Nutzen allerdings nicht deutlich ausgeschlossen war), scheint im frühen Mittelalter der Lustgarten vergessen worden zu sein (St. Galler Plan). Offenbar bleibt der Garten, solange der Mensch hauptsächlich damit beschäftigt ist, der Wildnis die Kulturlandschaft abzuringen und gegen sie zu behaupten, reine Ertragsfläche. Noch Hill 1563 und Lauremberg 1631 halten den Ertrag für die Hauptsache, das Vergnügen für die Nebensache. Doch diese Auffassung ist schon um 1600 recht altertümlich. Schon Albertus hebt einen Lustgarten *(viridarium)* heraus, bei dem der Ertrag keine Rolle spielt, wenn auch Nutzpflanzen vorhanden sind. Erasmus 1522, Palissy 1563 und Lipsius 1584 stellen Gärten vor, bei denen der Ertrag unwesentlich ist. Es sind aber gewissermaßen Sondergärten, die Nutzgärten existieren daneben, wie de Serres deutlich zeigt. Die Betrachtung fruchttragender Bäume ist für de Serres ein Vergnügen an sich. Estienne 1553, Palissy 1564, Peschel 1597, de Serres 1600 und Boyceau 1638 lassen zwar eine gewisse Vorliebe für den *beau jardin* erkennen, verbannen jedoch die nützlichen Elemente noch nicht daraus. Als erster verlangt Scamozzi 1615, diese aus dem Gesichtskreis zu entfernen, da sie häßlich seien und das wirtschaftliche Treiben die Ruhe des Hausherrn störe. So trennen auch Rea 1665, Le Nostre und Dézallier 1709 und noch Blondel 1737 den Nutzgarten streng vom Lustgarten ab. Im Rokoko wandeln sich die Präferenzen abermals: Abbé Pluche weist wieder auf die Schönheit des Küchengartens hin, wenngleich noch getrennt vom Lustgarten. Die Rokokodichtung ist voll des Lobes von Nutzgärten (Schnabel, Geßner, Rousseau, Hölty). In den gleichzeitig entstehenden frühen Landschaftsgärten bemüht man sich, Nutzen und Vergnügen zu vereinen. Addison, Switzer, Spence, Shenstone, Watelet, Girardin und William Mason sprechen sich für die optische oder tatsächliche Vereinigung von Feldern und Weiden mit dem Garten aus, Spence, Shenstone, Lord Bolingbroke, Southcote und Lyttleton führen sie auf ihren Gütern auch praktisch durch. Sie alle schätzen indessen die Nutzflächen wohl nur aus ästhetischen, nicht aus praktischen Gründen. Als erster Vertreter des Landschaftsgartens verurteilt Walpole 1771 den Nutzgarten.

Repton entspricht daher den wahren Bedürfnissen, wenn er die *ferme ornée* verurteilt und eine scharfe Grenze zwischen Flächen, die der Schönheit und Flächen, die dem Profit gewidmet sind, zieht. Nutzgärten werden wieder versteckt wie seinerzeit bei Scamozzi.

Als dann Loudon und seine Nachfolger den Armengarten propagieren, wird der Ertrag wieder angemessen gewürdigt. Doch soll es den Bedürfnissen jedes einzelnen überlassen bleiben, wieviel Lust- und Nutzfläche er anlegt.

Ende des 19. Jh. ruft Blomfield aus ästhetischen Gründen nach den guten alten Nutzpflanzen. Nachdrücklicher als Loudon fordert Migge kurz vor dem Ersten Weltkrieg und danach Armengärten, die reine Nutzgärten sind. Bei ihm ist Kunst radikal durch Nützlichkeit ersetzt. Sein Schlagwort „Jedermann Selbstversorger" verwirklichte sich aber nicht anhaltend. Maaß 1919 und Valentien 1949 machen aus der Nachkriegsnot Tugenden. Sonst aber ist der Ertrag unweigerlich Sache des Erwerbsgartenbaus und der Landwirtschaft geworden.

In den letzten Jahren wird der Bauerngarten als sentimentale Erinnerung an das vorindustrielle Leben wiederentdeckt und als historisches Zitat verwendet.

b) Wirkung auf Körper, Gefühl und Verstand

Der Garten hat selbstverständlich zu allen Zeiten Einfluß auf die Gesundheit des Menschen, seine Sinne, sein Gefühl und seinen Verstand gehabt. Die Gartentheorien verschiedener Zeiten lassen aber bestimmte Gewichtungen erkennen.

Bis zum Anfang des 19. Jh. ließen Gartenbesitzer, wenigstens sofern sie Theorien lasen, die Gartenarbeit von ihrem Personal verrichten. Was taten sie selbst?

Von Plinius hören wir, daß er Wandelgänge, Ruhegemächer und ein Stibadium zum Tafeln im Garten hatte. Das Essen und Trinken scheint eine spezifisch antike Gartenbeschäftigung zu sein. Auch Lucullus und Varro übten sie, Palissy ahmt sie nach.

Der mittelalterliche Garten war zum Spazieren wohl meist zu klein. Man setzte sich dort nieder zum gemeinsamen Singen, Spielen, Musizieren, Tanzen und Geschichtenerzählen, auch badete man im Brunnen (Rosenroman, Boccaccio, *Hypnerotomachia*). Albertus' Rasenbank und Lipsius' Kräuterbeet dienen zum Sitzen und Liegen.

Wenn im Naturgefühl Garten und Landschaft auch zum Teil austauschbar und fast gleichrangig erscheinen, schreibt Hennebo (1962, S. 68), *so ist der Garten schließlich doch, schon auf Grund seiner zumeist günstigeren Lage und des besseren Schutzes, den er bot, noch unmittelbarer mit dem gesellschaftlichen und privaten Leben verbunden. Fast alles spielt sich zur Sommerszeit in ihm ab, und er ist in einer geradezu modern anmutenden Weise eine unrepräsentative und unmittelbare Ergänzung der Behausung im Freien. Ja eigentlich ist er im Hochmittelalter und für die Burgbewohner mehr als das. Er vertritt in der warmen Jahreszeit, wenn man den Aussagen der Dichter glauben darf, die Wohnung in fast allen Funktionen. Der Garten war* d e r *bevorzugte Ort heiterer Geselligkeit, fröhlichen Spiels, geruhsamer Erholung und heimlicher Liebe.*

Als erster unterscheidet Albertus Nutzgärten, die auf die Gesundheit des Körpers wirken, und Lustgärten, die dem Vergnügen dienen. Crescenzi erläutert, daß der Lustgarten, indem er die Seele vergnügt, auch die Gesundheit des Körpers fördere. Nicht der Körper wirkt auf den Geist, sondern umgekehrt. Das auf diese Weise sich auswirkende Vergnügen entsteht aber allein aus lieblichen Sinnesreizen: Der Garten vergnügt durch Anblick, Duft und Geräusch, er bietet frische Luft und kühlenden Schatten. Diese primitive Gartenauffassung wirkt noch in die Renaissance (Alberti) und in Nordeuropa bis ins 17. Jh. hinein (Hill, Bacon, Lauremberg). Am deutlichsten wird die sinnliche Auffassung in der symbolischen Gleichsetzung von Gartenerleben und Erotik, die im Mittelalter verbreitet ist und noch in der *Hypnerotomachia* nachklingt.

In der Renaissance werden Gehen und Schauen allmählich die wichtigsten Gartenbeschäftigungen. Erasmus nennt Spazieren, Plaudern, Essen, Sich-sonnen und Blumenpflücken. Peschel verbindet das Irren im Labyrinth mit dem Tafeln in seiner Mitte; während des Gehens darf man die Früchte der Hecken essen, aber er sorgt dafür, daß die Kleider nicht beschmutzt werden. De Serres nennt unbeobachtetes Promenieren, Plaudern, Tafeln,

Lesen und Singen als Gartenbeschäftigungen. Es ist eine Tendenz von körperlichen zu geistigen Beschäftigungen erkennbar (Lipsius, vgl. auch unten, S. 419). Charakteristisch für das 16. Jh. scheint die Verbindung von Essen und erbaulicher Betrachtung zu sein (Palissy). Bei Scamozzi 1615 ist dann nur noch vom Spazierengehen die Rede.

Erst infolge des Humanismus wird im Garten bewußt auch der Verstand angesprochen. Grundsätzlich bleibt es hierbei bis zur Aufklärung. Allerdings ändern sich (s. S. 419 u. 422) Art und Ziel der Erkenntnis: Bei Erasmus und Palissy drücken Symbole im Garten Glaubenswahrheiten aus. Lipsius verurteilt ausdrücklich den sinnlichen Gartengenuß und fordert, daß im Garten der Geist tätig werde, wobei er schon nicht mehr die Betrachtung Gottes meint, sondern überhaupt Meditieren und Schreiben. Estienne macht als erster deutlich, daß das Vergnügen aus der Betrachtung des wohlersonnenen Entwurfs kommt. Er beschreibt damit die Wirkungsweise des Gartens im Rationalismus, die über Peschel, de Serres, Loris, Furttenbach, Boyceau, Rea, van der Groen und Browne bis Blondel zu verzeichnen ist. Die gefälligen Eigenschaften des Gartens heißen jetzt Ordnung *(order)*, Kunst, *disposition, ornement, convenance* oder *distribution*.

Browne 1658 beschreibt eindringlich, wie die geometrische Baumpflanzung, die vielleicht stellvertretend für die Gartenkunst der Zeit steht, Wohlgefallen dadurch auslöst, daß man ihre Beziehungen zu anderen Gebieten bedenkt. Er zieht Beispiele aus bildender Kunst, Kriegskunst, Botanik, Zoologie, Mystik usw. zum Vergleich heran und begründet (Kap. I): *the severall commodities, mysteries, parallelismes, and resamblances, both in Art and Nature, shall easily discern the elegancy of this order* [der Quincunxpflanzung], oder: *This order is agreeable to the eye, as consonant to the angles observable in the laws of optics and acoustics.*

Ausgangspunkt barocken Denkens ist die ratio. Ich verweise hier, wie im folgenden öfter, auf die hervorragende Arbeit von Knabe 1972. Er zitiert (S. 406) als charakteristischste Stelle ein Wort von Antoine Houdar de La Motte 1715: *C'est la raison seule, qui donne aux Ouvrages le caractere de perfection, c'est elle qu'il faut consulter,* und erläutert (S. 12 f.): *Die raison wird zum Ursprung der Erkenntnisse und zum kritischen Instrument alles Denkens wie auch des künstlerischen Schaffens, das wie die Wissenschaft Wahrheit aussa-*

gen soll, d. h. adaequatio rei et intellectus, Übereinstimmung mit der Natur. Die Natur wird zum Gegenstand wahrer Abbildung durch den Künstler; es gilt 'rien n'est beau que le vrai'. Der geniale Impetus wird nicht geleugnet, aber damit die imitatio naturae glücken kann, sieht der Künstler sich in einem Netz von règles éternelles eingefangen, die ihren Ursprung in der raison haben oder zumindest von ihr als raisonnable gerechtfertigt sind, ein Netz, dessen Maschen durch das Gebot der Einhaltung von bienséances, d. h. gesellschaftlichen Konventionen und Schicklichkeiten weiter verengt ist.

Der Barockgarten wird durch Gehen, Schauen, vor allem aber durch Denken erschlossen. Sein praktischer Nutzen besteht darin, daß er der Rahmen für Gesellschaftsspiele und organisierte Feste ist. Wir kennen verschiedene Kugelspiele, Schaukeln, Ringelstechen, Schießscheiben, Theater, Bälle, Jagden, Illuminationen und Feuerwerke im Barockgarten. Die Theoretiker gehen allerdings wenig darauf ein (nur Furttenbach, Blondel). Die größere Ausdehnung erlaubt nun auch, im Garten zu reiten oder zu Wagen und zu Schiff spazierenzufahren.

Von der Herrschaft des Rationalismus im Barock führt die Aufklärung hinweg. John Locke formuliert 1690 die These des Empirismus, daß nichts im Geist sei, was nicht durch Erfahrung hineingekommen ist. Während er die Vernunft noch als gleichrangig gelten läßt, begründen die Sensualisten Hume und Condillac um 1750 den höheren Wert der *sensations*.

Knabe schreibt (S. 15f.): *Eine empiristische Psychologie wird zum Instrument der Analyse der Erlebnisse, die beim seelischen Akt des Wirkens von Kunst wie beim Schöpfungsprozeß im Künstler ablaufen. Die Analyse führt auf letzte Elemente, die Sensationen, die im Bewußtsein zu Perzeptionen werden und sich durch den geistigen Mechanismus, das Assoziationsprinzip, zu einfachen oder komplexen Ideen verdichten, die in Relation gesetzt die Erkenntnisse ergeben. Da die Sensationen jeweils meine sind, so sind es auch die darauf fußenden Ideen. Ein allgemeingültiger Charakter gründet nicht mehr auf einer universellen Vernunft, sondern auf dem Ablauf von Erlebnissen verschiedener Subjekte, d. h. im Grunde auf dem Vergleich von Erfahrungen. Der Erkenntnis im kunsttheoretischen Urteil haftet nicht mehr der Charakter der Wahrheit, sondern der der weniger exakten Wahrscheinlichkeit an. In den kunsttheore-*

tischen *Reflexionen treten deshalb Begriffe auf, die eine individuelle Komponente von Wahrscheinlichkeitscharakter erhalten. Sentiments und goût werden zu Urteilskräften, die über Kunstwerke richten. Sie treten dem auf raison und bon sens gegründeten jugement entgegen.* Für Diderot sind die *sensations* primär, die Reflexionen mit Hilfe des Geistes sekundär (Knabe, S. 426).

Gesucht wird die äußere wie die innere Natur. Das Individuum entfaltet sich mit seinen Trieben, in Regence und Rokoko noch gemäßigt, heftiger bei Rousseau und den Empfindsamen, radikal im Sturm und Drang und der Romantik der 1790er Jahre. *Befriedige deine natürlichen Bedürfnisse, und genieße so viel Vergnügen als du kannst,* schreibt Wieland.

Im Rokoko wird daher das sinnliche Gartenerleben wieder das Entscheidende. Schatten, Kühle, Vogelgesang und Brunnenplätschern sucht man im Garten (Pluche, Blondel, vgl. auch die Lyrik der Zeit bei Anger 1957). Daß die Neugier immerfort herausgefordert werde, ist ein verbreiteter Gartengrundsatz (Pluche, Blondel, Chambers, Watelet).

Der in England geprägte Landschaftsgarten wendet sich dagegen weder an den Verstand noch an die Sinne, sondern an das Gefühl. Addison lobt die Wirkungen der Landschaft auf die Einbildungskraft *(imagination)* oder Phantasie, welche er oberhalb der Sinne und unterhalb des Verstandes einordnet, und nennt sie den Wirkungen des herkömmlichen Gartens überlegen. Der kommende Landschaftsgarten übernimmt diese Wirkungen der Landschaft. Die Einbildungskraft führt nach Addison weiter zu göttlicher Kontemplation, vor allem aber zu moralischen Begriffen (s. u.). *Seraphic thoughts, immense ideas* will Switzer im Garten haben. Chambers, Kames und Whately fordern im Grunde nichts anderes: Der Garten soll Herz und Gefühl ansprechen und dadurch die Sitten bessern helfen. Von Addison unterscheiden sich diese Autoren nur in der Wahl der Ausdrucksmittel im Garten: Chambers fordert Mittel, die das gemäßigte Gartenerleben, wie wir es von Switzer oder Pluche kennen, bis an die äußersten Grenzen intensivieren.

Im Landschaftsgarten wird gewöhnlich nicht gefeiert. Gehen, Reiten, Fahren und Sitzen sind die einzigen körperlichen Tätigkeiten. Ihnen entspricht das Reisen um des Pittoresken willen (Gilpin). Einem Geschäft im Garten nachzugehen, ist etwas Unedles, da seelische Vorgänge die Hauptsache sind (Morel).

Es klingt rebellisch, wenn Friedrich Schlegel in einem Brief an Lucinde 1799 dichtet: *Auch der grüne Rasenplatz muß bleiben wie er ist. Darauf soll das Kleine sein Wesen treiben, kriechen, spielen und sich wälzen.*

Mit Gilpin und Price bahnt sich eine Verdrängung des Gefühls aus dem Gartenleben an. Moralische Wirkungen und transzendente Bezüge spielen keine Rolle mehr, es geht nur noch um das ästhetische Vergnügen. Alison unterscheidet zwischen *Pleasure,* das durch *simple emotions* erzeugt wird, und *Delight,* das durch *emotions of taste* erzeugt wird. Damit ist bereits wieder die Ebene des Verstandes angesprochen. Das Vergnügen entsteht nunmehr wie im Barock wieder aus dem guten Entwurf. Repton geht konsequent weiter. Deutlich spricht er aus, daß nicht das Gefühl, sondern der Verstand im Garten gefordert ist. Der Verstand richtet über den Entwurf. Die Sinne werden dabei vernachlässigt. Von Reider betont, daß er nicht körperlichen Genuß im Garten sucht, daß weniger die Phantasie, sondern vielmehr der Geist tätig sein soll. Ähnlich sind auch für Loudon *mind, reason, judgment, exertion* und *interest* die wichtigsten im Gartengenuß angesprochenen Bereiche.

Das 19. Jh. entdeckt die persönliche Gartenarbeit des Besitzers, v. Reider aus Kostengründen, Loudon als Quelle von Freude und Gesundheit. Diese beiden sind die Pioniere des leidenschaftlichen Gärtnerns der Bürgerlichen, deren kleinere Grundstücke keine ausgiebigen Streifzüge mehr erlauben. Es ist vor allem die Arbeit mit Blumen, die an deren Stelle tritt.

Die Berücksichtigung der keine Gärten besitzenden Schichten führt eine Generation nach v. Reider und Loudon zur Entdeckung von Spiel und Sport, körperlichen Tätigkeiten also, die auch in Großstädten ohne Privatgärten möglich sind. Olmsted unterscheidet als erster Gartentheoretiker klar zwischen aktiver und passiver Erholung, lehnt aber Leichtathletik, Ballspiele, Scheibenschießen, Cricket und Schwimmen eher ab und bevorzugt Spazierengehen, Picknicken und Musizieren.

Naturentfremdung und -zerstörung führen zu einer Wiederbelebung des gefühlsmäßigen Gartenerlebens. Seit Ward und Eichendorff ist die Hauptaufgabe des Gartens Kompensation ungesunder Lebensbedingungen in der Industriegesellschaft. Ward wünscht, daß der Garten mit sauberer Luft auf die Gesundheit und durch die Illusion einer heilen Natur auf das Herz wirkt und dadurch auch wieder zu Gott führt. Das Gartenerleben wird in der zweiten Hälfte des 19. Jh. irrational. Schon bei dem sonst vernünftig argumentierenden v. Reider bemerken wir eine irrationale Beziehung zu seinen Blumen, mit denen er sich am liebsten unterhält, als seien sie Menschen. Ward 1842 und Olmsted 1870 wollen Gesundheit für Leib und Seele, ohne vom Verstand zu reden. Noch deutlicher legt Hibberd 1857 das Schwergewicht auf das seelische Erleben, und bei den Deutschen herrscht diese Auffassung noch lange: man vergleiche Sedding 1891 *(vision of peace),* Rudorff 1904 (die Landschaft ist *heilig, herzbewegend, gemütvoll),* Lichtwark 1909 *(Gefühl),* Schultze-Naumburg 1915 *(ehrfurchtsvolle Ahnung),* Foerster 1917 *(geheimnisvolle, ätherische Erlebnisse),* Borchardt 1925 *(Seelenwert der Blumen),* Maaß 1926 *(mystische Tiefen),* Seifert 1934 *(Seele, Glaube, Ehrfurcht)* und Allinger 1951 *(Erneuerung der Seelenkräfte).* Die deutsche Dichtung verzeichnet um 1900 eine starke Zunahme emotionaler Gartengedichte (Rilke: *Ich will ein Garten sein).* Anders als die Fachleute erkennen die Dichter aber schon um 1910 diese Illusion als trügerisch (vgl. Koebner 1978).

Der Funktionalismus beginnt ganz von vorn, indem er die irrationalen Aspekte verwirft und den Garten allein auf die Gesundheit des Körpers wirken lassen will: Schneider 1904 *(Erholung, Genuß, Nutzen),* Lichtwark 1909, Migge 1913, Wagner 1915 *(Sanitäres Grün),* Maaß 1927 *(der Garten – dein Arzt),* Valentien 1931. Es ist allerdings der Verstand, der diese Wirkung auf den Körper erkennt: Harbers 1933, Eckbo 1950 und Schiller 1952 betonen, daß der Verstand über das Gefühl herrschen muß. Lange 1922 weist nach, *daß psychisch-ästhetische Reize gute physisch-materielle Wirkungen erzeugen,* da diese als die wichtigsten gelten. Sudell 1933 spricht von *Rationalization.* Der vernünftig geplante, gänzlich unemotionale Garten bleibt noch lange, in den sozialistischen Ländern bis heute, bestimmend.

Zuerst werden sportliche Spiele für das Volk anerkannt. Im Volkspark soll es sich tummeln, lagern, spielen, tanzen, baden und waten (Migge 1913).

Nach dem Ersten Weltkrieg gehen Sport und Spiel auch in die bürgerlichen Privatgärten ein. *Es hängt von der Verfolgung solcher Ziele für eine körperliche Ertüchtigung im Garten ab,* erklärt Koch 1927 (S. 53), *ob der besitzende Mensch [...] auch in körperlicher Hinsicht seine kulturelle Sendung behaupten kann.* Turn- und Tennisplatz, Luft-, Sonnen-, Sand- und Schwimmbad werden nun feste

Bestandteile des Privatgartens, der *Gesellschaftsrasen* ist der Ort ungezwungener Begegnungen (Koch, Maaß, Eckbo). Das Wohnen wird nach draußen verlegt, es entstehen die Begriffe *Wohngarten* (Maaß, Harbers), *Wohnlandschaft* (Mattern) und *outdoor living* (Sudell 1933, Goldsmith 1941, Sudell 1950).

Man beachte, daß diese modernen körperlichen Tätigkeiten ausschließlich zu Spiel und Erholung zu rechnen sind. Wo äußere Umstände wie Krieg und Wirtschaftskrise eigenhändige Gartenarbeit notwendig machen, wird das als Zwang empfunden (Maaß 1919). Nur in selbstbestimmtem Maß ist Gartenarbeit als muskelstärkend zugelassen (Maaß 1927), im übrigen erwartet man den pflegeleichten Garten, der zu keiner Arbeit verpflichtet und auch Nichtstun erlaubt (Maaß und Koch 1927, Sudell und Harbers 1933, selbst Foerster 1934). Vergeblich wendet sich Borchardt 1925 gegen den pflegeleichten Garten.

Die Landschaft wird durch Autofahren oder Wandern erlebt (Foerster 1934, Schultze-Naumburg 1942). Sie tritt damit an die Stelle des vormaligen Parks.

In der zweiten Phase der Moderne erkennt der Verstand neben der körperlichen Seite den Wert seelischen und geistigen Gartenerlebens (Tunnard 1938, Eckbo 1950).

Le Roy 1973, der die Moderne überwinden will, verwirft in seinem Buch körperliche Gartenaktivität und beschränkt sich auf verstandesmäßiges Erfassen. In der Tat aber leitet er ein zutiefst emotionales, irrationales Gartenleben ein, bei dem auch primitive Gartenarbeit wieder eine große Rolle spielt (Andritzky/Spitzer 1981).

c) Transzendenz und Moral

In der Antike dienen Götter dem Garten, nicht umgekehrt. Darum werden Statuen von Schutzgöttern wie Priapus im Garten aufgestellt (Columella).

Der mittelalterliche Garten ist Symbol für die Kirche, die Muttergottes und das Paradies, ebenso aber erotisches Symbol (Rosenroman).

Während in der Renaissance die Bedeutungen „Frau" und „Kirche" verschwinden, bleibt der Garten Abbild des von Gott als höchstem Gärtner angelegten Paradieses und die Anlegung von

Gärten gottgefällig, da sie von Gott mit „machet euch die Erde untertan" befohlen worden sei (Palissy, Sebitz, Peschel, Bacon). Sowohl das Material als auch die Bearbeitung weisen auf Gott: Das natürliche Baumaterial läßt die Hand des Schöpfers erkennen (die Bäume – obwohl beschnitten – bei Palissy, die Muscheln in der Grotte bei Furttenbach), und die angewandte Kunst dient dem Lob Gottes (Inschriften, Wandgemälde und Christusfigur bei Erasmus, Tempel, Inschriften, Wasserkünste und Keramiktiere bei Palissy). Die Kontemplation im Garten führt zum Bitten um das ewige Leben im Paradies (Peschel) oder zum Philosophieren, was letztlich die Sitten bessert (Lipsius).

Im Barock spielen Gott und Moral im Garten keine Rolle.

Der frühe Landschaftsgarten dagegen ist ein durchaus moralischer Garten. Kunst und Natur können in der Aufklärung mit subjektiven Werten besetzt werden. So sagt der Moralphilosoph Shaftesbury 1711, moralische und politische Werte sollen der Naturanschauung entnommen und durch Kunst dargestellt werden. Der Garten wird Instrument der Tugendlehre. Rohe Felsen, bemooste Höhlen, Grotten und Haine, sagt er, drücken Natur und Großartigkeit aus, während die bisherigen fürstlichen Gärten Willkür und Sklaverei verkörpern. Er schlägt vor, Statuen der Tugend, Stärke, Mäßigkeit, Heldenbüsten und Philosophenköpfe mit entsprechenden Mottos und Inschriften aufzustellen. Addison entwirft im gleichen Jahr 1711 ein Labyrinth der Koketten, Tempel der Tugend, Ehre, Eitelkeit, der tugendhaften Liebe, der Habgier und des Lasters, Pfade der verborgenen Tugend, Heuchelei und des Vergnügens, Straßen der Lebensalter und Statuen von Gesetzgebern, Helden, Staatsmännern und Dichtern. Pope 1716, Switzer 1718 und Langley 1728 führen ähnliche Ideen aus. Kames steht derartiger Emblematik bereits skeptisch gegenüber, will aber durch den Garten auch zu Ordnungsliebe, Sauberkeit, Gehorsam und Freundlichkeit erziehen (vgl. auch Rousseau).

Seit Whately verschwindet mit den Emblemen auch die Moral aus dem Garten.

Gott wird von den Vertretern des frühen Landschaftsgartens nur selten genannt (Addison), öfter der *Genius of Place,* und wenn (wie bei Switzer), so als Lieferant der Feldfrüchte. Deutlicher noch macht Pluche Gott zum Diener des Menschen, der ihm mit Blumen die Wohnung schmücken hilft.

Gegen Ende des 18. Jh. neigt man zu einer immer stärkeren Hingabe an die Natur, die an Transzendenz grenzt. Der Garten kann dafür nur einen sehr begrenzten bzw. gar keinen Schauplatz abgeben. Entsprechend unscharf sind die Formulierungen der Gartentheoretiker: der Garten rege die Phantasie zu höchsten Aufschwüngen an (Whately), er soll die alte Tugend ausdrücken (W. Mason), oder Ruinen seien verehrungswürdige Heiligtümer (Gilpin). Klarer sagt Wackenroder 1797, Natur und Kunst schließen gleichermaßen das Göttliche auf, und nach Schleiermacher wiederholt der Künstler den Schöpfungsakt Gottes im kleinen. Im Garten scheint man daran nicht sehr gedacht zu haben. Gilpin bezweifelt, daß die Betrachtung malerischer Gegenden transzendente Gedanken wecke. Der pittoreske Landschaftsgarten mutet in der detailliert ästhetisierenden Gartentheorie (Gilpin, Alison, Price) eher diesseitig an.

Unmittelbar an Price anschließend folgt der gänzlich profanisierte Garten Reptons und Loudons. Tieck stellt in *Der Jahrmarkt* 1831 die vermeintliche moralische Wirkung des Gartens mit bitterer Ironie dar. Wir erinnern uns an dieser Stelle, daß zur gleichen Zeit Feuerbach und Marx Gott als Erfindung des menschlichen Geistes darstellen.

Ward 1842 und Hibberd 1857 sehen wieder das Paradies, den Schöpfer und eine sittenverbessernde Wirkung im Garten. Olmsted 1870 glaubt an die verbrüdernde Wirkung des Volksparks, Rudorff 1880 glaubt an die *moralische* Wirkung der Landschaft, Sedding 1891 hat mystische Erlebnisse im Garten, und Lange 1907 empfindet das *Aufgehen des Menschen im All*, wenn er im Garten ist. Schultze-Naumburg 1915 wird durch die Landschaft mit *dem Göttlichen* verbunden, Foerster 1925 sieht das *Jenseitige* in der Landschaft *verklärt*, Borchardt 1925 überkommen *Ahnungen des Ewigen* in dem ihm *heiligen* Garten. Diese Theoretiker sind gleichsam Historisten der Geistesgeschichte. Die Verweltlichung des Gartens im Industriezeitalter konnten sie nicht aufhalten: Der moderne Garten (Migge, Koch, Valentien, Eckbo, selbst Le Roy) entbehrt jeder Transzendenz. Der Kampf um den *Naturgarten* (Le Roy, *Grün in der Stadt*) kann allerdings als ein ausgesprochen moralischer betrachtet werden.

d) Kunst und Natur

Verstehen wir Kunst als Ausdruck menschlichen, Natur als Ausdruck außermenschlichen Wollens, so ist der Garten stets beides. Es können lediglich verschiedene Anteile von Kunst und Natur für den Garten bestimmt werden. Man kann ein Gleichgewicht beider, ein Überwiegen der Natur oder ein Überwiegen der Kunst wünschen.

Es hat lange gedauert, bis die Gartengestaltung als Kunst betrachtet wurde. Aus der Antike sind keine Anzeichen dafür bekannt. Auch im Mittelalter werden die Worte Kunst und Garten nur selten in Zusammenhang gebracht. Mit Kunst im Garten meint man die handwerkliche Geschicklichkeit, mit der Bequemlichkeiten (Crescenzi) oder nützliche Pflanzen (Hill) erzeugt werden.

Das christliche Mittelalter war sich gewiß, den höchsten, den absoluten Wert in Gott und der menschlichen Seele gefunden zu haben. Nicht nur Staat, Wissenschaft und Kunst, auch die Natur gewann ihren (relativen) Wert nur durch Beziehung auf den absoluten Wert (Ganzenmüller 1914, S. 291). Die Hierarchie ist eindeutig. An der Spitze steht der allmächtige Gott. Der Kaiser des Heiligen Römischen Reichs ist von Gottes Gnaden durch den Papst gekrönt. Es gibt keine Wissenschaft um des bloßen Erkenntnisdranges wegen. Nur Gott gilt es zu erkennen. Die Natur ist *Ausdrucksmittel der Gottheit, Sinnbild des Ewigen* (Ganzenmüller, S. 115f.). Sie dient Gott und wird nach ihrem Nutzwert betrachtet. Die Kunst stellt heilbringende Vorbilder dar. Gemalt werden nur Menschen als Idealgestalten, mit Kunst gebaut nur Kirchen. Die Natur darzustellen besteht kein Grund, da sie selbst Abbild ist.

Im Mittelalter stellt sich die Frage, ob Natur oder Kunst im Garten vorherrschen solle, nicht, da beide gleiche Aufgaben haben und keine Gegensätze bilden. Die Natur ist Ausdrucksmittel Gottes, die Kunst dient seiner Verherrlichung. Beide sind nicht selbständige Werte, sondern Statthalter eines gemeinsamen Höheren. Dabei steht Gottes Werk höher als Menschenwerk: Die Kunst kann die Natur, von der sie ihre Vorbilder erhält, niemals erreichen (Rosenroman).

Im Hochmittelalter allerdings, als die höfische Kultur die mönchische ablöst, tritt die Kunst mehr in weltlichen Dienst. Auf dem Land wird nicht nur Erbauung durch die Natur, sondern (Ganzenmüller, S. 229) auch Erholung und Genuß des eigenen Ichs gesucht.

In dieser Zeit setzen die uns überlieferten näheren Nachrichten über Lustgärten ein (Albertus).

Die Renaissance beginnt sich der selbständigen Werte der Kunst zu besinnen. In der *Hypnerotomachia* ist die unzivilisierte Gegend als furchterregend dargestellt. Der Idealgarten Kythera enthält alle bekannten Pflanzen, Tiere und Baumaterialien der Welt in übersichtlicher Ordnung. In den Gärten aus Glas und aus Seide ist das Material vertauscht. Ebenso in den topiarischen Gebilden, wo die Pflanze die Formen von Mensch und Architektur annimmt. (Mehr zu behaupten, wäre gewagt, denn Colonna bringt die Begriffe Kunst, Natur und Garten nicht in ausdrückliche Beziehung.) Erasmus schätzt neben der Güte Gottes im Garten die imitatorische Begabung des Malers und der Kunstmarmorhersteller. Palissy ahmt Tiere in Keramik nach, so daß sie von echten kaum zu unterscheiden sind, und baut Grotten, die wie natürlich gewachsen aussehen. Bacon kopiert im hinteren Teil seines Gartens eine Wildnis. Diese Autoren empfinden es offensichtlich als Herausforderung, der Natur nachahmend gleichzukommen.

Aber sie betonen, daß die Naturbeherrschung gottgewollt sei. Palissy erklärt darüber hinaus am Beispiel seiner Tempel aus beschnittenen Bäumen, daß sie besonders natürlich seien, da sie aus von Gott geschaffenem Material bestünden, d. h., im Garten wird hinter dem Menschenwerk (Kunst) noch immer Gottes Werk gesehen.

Bemerkenswert ist, daß keine Renaissancequelle vorliegt, die das Gartenentwerfen ausdrücklich als Kunst bezeichnet. Erst Peschel 1597 und de Serres 1600 legen diese Auffassung nahe, letzterer, indem er das Entwerfen eines Parterres mit der Tätigkeit eines Malers vergleicht.

Die manieristische Phase der Renaissance mag daran erkannt werden, daß man Elemente der Natur im Garten nachbildet, die bisher ausgegrenzt blieben: Palissys Grotten und Tiere, Bacons Wildnis.

Gegenüber dem Mittelalter besteht der Unterschied der Renaissance nur darin, daß die Kunstfertigkeit gestiegen ist. Ein Vergnügen an dieser wird noch nicht eingestanden. Wir finden auch keinerlei Anzeichen, daß man sich von der Natur unterscheiden oder sie übertreffen will, nimmt man sie doch zum Vorbild.

Dem Barock genügt das Gleichkommen nicht mehr, die Natur muß übertroffen werden. De Serres lobt die Orangenbäume, die *s'accordent à tout ce qu'on veut faire d'eux,* und den Buchsbaum, weil er *disposé à volonté* ist. Im Garten sieht man *Nature, corrected by Art* (Lawson), die Einteilung des Parterres durch Kunst bringt Ordnung in die natürliche *confusion* und dient *pour perfectionner la Nature* (Loris); die *Natur/die sich manchmal unschicklich erzeugt/ kann durch Kunst auffgerichtet/geleitet/und in Ordnung gebracht werden* (van der Groen).

Die vorgefundene Natur ist dem barocken Menschen zu ungeordnet, zu verwirrend vielfältig. Die Gartenkunst dient dazu, sie zu perfektionieren und zu ordnen. Der Garten wird als Haus aufgefaßt, in dem Pflanzen aufbewahrt werden und das architektonischen Regeln folgt.

Jedoch wird auch im Barock die Kunst im Garten nicht als etwas Naturwidriges betrachtet. Knabe 1972 definiert aufgrund kunsttheoretischen Originalschrifttums den Naturbegriff der französischen Klassik so: Aus der Natur wird alles *rude & desagréable* ausgeschieden; es bleibt eine durch den Geist geordnete Natur, eine *nature raisonnable.* Dies führt in der französischen Klassik zu der nach heutigem Sprachgebrauch paradox erscheinenden synonymen Verwendung der Begriffe *nature* und *raison* (Knabe, S. 385 f.): *Wenn Boileau schreibt: Jamais de la nature il ne faut s'écarter, so meint er dasselbe wie Aimez donc la raison.*

Boyceau und Browne weisen nach, daß die Natur selbst vielfach geometrisch ist. Geometrische Gestaltung gefällt deshalb, weil sie der Natur entlehnt ist. Dies gilt es, sich vor Augen zu halten, da wir seit der Aufklärung gewohnt sind, Geometrie im Garten mit Unnatur gleichzusetzen. Daß die Ansicht Brownes insofern irrig ist, als die Natur nur im kleinen Maßstab bis zu den Kristallen und Blüten geometrisch, im Maßstab der Baumgruppen und Steinformationen, der dem Gartenmaßstab entspricht, jedoch nie, ist ebenfalls eine spätere Erkenntnis (Kames 1762). Der Rationalismus versteht unter Natur weniger ihre wirklichen als ihre idealen Formen.

1665 – Le Nostre arbeitet in Versailles – feiert Rapin den Aufstieg der Gartenkunst:

Lang ist es her, da das Gartenwesen noch fernstand der Kunst, nicht sich abgab mit Feinheiten, nicht mit zierlichem Schmuck (V. 66 f.).

Der erste, der *Jardinage* als Kunst, gleichrangig neben Architektur, Malerei und Poesie, auftreten läßt, ist offenbar Jean de La Fontaine 1671. Er beabsichtigte auch, im Wettstreit der Personifikationen die Rangordnung dieser Künste festzulegen, hat aber diesen Plan nicht zu Ende geführt. Vielleicht hätte er einer Vereinigung der streitenden Parteien das Wort geredet. Denn nie entstanden so umfassende „Gesamtkunstwerke" aus Architektur und Gartenkunst, Stadt- und Landesplanung, Musik, Dichtung und Theater, Wasserkünsten und Feuerwerken wie im Barock. Die ganze Welt wird durch Kunst „verbessert". Den umfassendsten Rahmen bildet das höfische Fest.

Vom Mittelalter über die Renaissance zum Barock sind die Fähigkeiten der Gartenkunst weiter gestiegen, und man übertrifft die Natur inzwischen bewußt. Die Auffassung vom Wesen der Gartenkunst sonst aber ist unverändert geblieben: Es handelt sich um vernünftiges, zweckmäßiges Tun innerhalb der gottgegebenen Ordnung, das von der praktischen Gartenbauwissenschaft begrifflich nicht getrennt wird.

Die Aufklärung definiert Kunst und Natur neu und sieht sie als Gegensätze. Sie betrachtet die Natur, welche sich stets unregelmäßig und in Schlangenlinien ausdrücke, der Kunst, welche sich der Geometrie und gerader Linien bediene, überlegen (Hogarth). Die Kunst wird nur dann als solche anerkannt, wenn sie die Natur nachahmt und sich selbst vollständig verbirgt (mit Bezug auf den Garten bei Spence, Rousseau, Whately, Watelet, Girardin, Morel, Schiller und Repton 1795).

Der Künstler folgt nicht mehr der *raison*, sondern der *nature*, welche nun nicht mehr mit jener synonym sein kann.

Die Intensität der Naturnachahmung nimmt im Laufe des Jahrhunderts zu, der Garten nähert sich der Natur mehr und mehr:

Schon Dézallier gibt als Hauptregel des Gartenentwerfens an, man müsse sich mehr an die Natur als an die Kunst halten, indem man Gewässer an den tiefsten Stellen anlegt und Stein und Metall möglichst durch Pflanzen ersetzt. Addison geht weiter, wenn er fordert, man solle im Garten schlechthin Natur nachahmen, da ihre Werke denen der Kunst überlegen seien. *Submit Design to Nature, and not Nature to Design* (Switzer; ähnlich äußern sich auch Pope, Pluche, Spence, Laugier, Chambers, Kames, Whately, Price und Schiller).

Switzer, Kent und Brown verstehen unter Natur noch die (Kultur-)Landschaft. Sie kennen den Unterschied zwischen beiden noch nicht. Das Rokoko vermenschlicht die Natur noch, um sie begreiflich zu machen, etwa indem es sie weiterhin gern in mythologischen Personifizierungen erscheinen ließ (Langley). Daher sagt Schmarsow (1897, S. 392): *Aber doch war es kein ernsthafter auf das Innere der Natur gerichteter Sinn, sondern nur ein flüchtiges Kokettieren mit derselben. Es fehlte „die Entäußerung des eitlen Selbstgefühles vor der Allmutter Natur, die Hingabe an das allseitig bedingende Selbstgefühl".*

In der nächsten Phase werden die wilden Naturszenen entdeckt (Haller 1732) und treten als nachahmungswürdig an die Stelle der (Kultur-)Landschaft, wobei man erstmals den Unterschied erkennt (Chambers 1757, Rousseau 1762). Gerne wird die dramatische Flucht aus dem Kunstbereich des Gartens in die wilde Natur dargestellt (Rousseau 1762, Watelet 1774, Morel 1776). Mit dem gemiedenen Garten ist der Barockgarten gemeint. Er gilt als reine Unnatur. Das ganze neu entdeckte Spektrum zwischen Natur und Kunst wird ausgenutzt, wenn Gilpin, Whately und Price eine Abstufung von der Wildnis über die Kulturlandschaft, Park und Garten zum Haus empfehlen.

Wenn im Garten also Natur eindeutig vor Kunst geht, so bleibt der Garten doch auch im 18. Jh. ein Ding zwischen Natur und Kunst. *Der Landschaftsgarten ist nicht Natur, er stellt Natur dar.* [... In jener Zeit lag] *eine Verwechslung von Naturdarstellung und Natur noch nicht vor* (Lucius Burckhardt 1963, S. 45 u. 52). Der Künstler muß mit seiner Vorstellungskraft wählend und komponierend eingreifen, damit aus Naturstoff Garten werde. Der Garten ist ein Konzentrat schöner Natur (Switzer, Pluche, Chambers, Kames, Herder). Wie zuvor wird aus der gesamten Natur ein bestimmter Teil, *la belle nature,* zur Imitation ausgewählt. *La belle nature,* sagt der Chevalier de Jaucourt in der Encyclopédie (Lauterbach 1987, S. 235–241), *est la nature embellie, perfectionnée par les beaux arts pour l'usage & pour l'agrément.* Ganz ähnlich äußern sich Watelet (*embellir la nature,* S. 15) und Girardin (*Nature choisie,* S. 55).

Um diese Auswahl zu treffen, folgt der Künstler aber keinen *règles éternelles* mehr, sondern seinem *génie* und *goût.* Die schönen Künste, d. h. Poesie, Malerei, Skulptur und Musik, werden vom Abbé Charles Batteux 1746 *réduits à un même principe,* nämlich *l'imitation de la belle nature.* Ziel der Kunst ist *plaire, remuer* und *toucher,* wie es die Natur tut (Knabe, S. 325).

Da der Kunstrang der Gärtnerei einerseits betont wird, die Kunst aber verborgen sein soll, kann die Kunst nur in Mühe und Fleiß, Auswahl und Zusammensetzung, Verbesserung und Erhaltung bestehen (Whately).

Nie hat der Garten in der öffentlichen Diskussion eine so große Rolle gespielt wie im 18. Jh. Man behandelt jetzt auch erstmals die Frage nach dem künstlerischen Rang des Gartenentwerfens, und die praktische Seite wird als Gartenbauwissenschaft streng von der künstlerischen getrennt: Switzer stellt *Gardening* als Kunst neben Dichtung, Malerei, Plastik und Architektur, aber (wie La Fontaine) ohne den Rang festzulegen. Für Lord Kames ist *Gardening* wie Architektur eine sowohl nützliche als auch angenehme Kunst, was aber keine Minderwertigkeit gegenüber den rein angenehmen Künsten bedeutet. Whately wagt es als erster, *Gardening* als ausschließlich schöne Kunst zu bezeichnen. Ihm folgen Sulzer 1771, W. Mason, Gilpin, Alison, Price und Repton. Die nunmehrige Gartenkunst ist Gegenstand der Ästhetik und hat mit Ertrag und auch mit Moral nichts mehr zu tun. Whately geht sogar so weit, keine andere Kunst auf höherem Rang zuzulassen. Er sagt, die Gartenkunst übertreffe die Landschaftsmalerei, da sie mit Originalmaterial arbeite, und sie dürfe daher keine andere Kunst zum Muster nehmen. Insbesondere ähnle sie der Bühnenkunst, indem der Garten das Theater sei, das verschiedene Naturszenen zeigt. Watelet und Hirschfeld übernehmen Whatelys Einstufung. Die allgemeine Kunsttheorie hat sich dieser Ansicht nicht angeschlossen, sie hat aber die Gartenkunst als schöne Kunst anerkannt. Hirschfeld verlangt 1779, daß sie an den Akademien gelehrt werde.

In der Romantik, die die Aufklärung ablöst, tritt eine Wende ein. Die Annäherung an die Natur erreicht ihren Höhepunkt und kann nicht mehr intensiviert werden. Dabei ist der Garten gänzlich auf der Strecke geblieben (Matthison: Die Einsamkeit, Tieck: Der Runenberg, C. D. Friedrichs Bilderpaar Garten und Landschaft). Hier setzt F. H. Jacobi an, der als erster darauf hinweist, daß zwar das Sturm-und-Drang-Genie die freie Natur suche, daß aber im Garten Naturnachahmung Heuchelei und unverhohlene Kunstdarstellung angemessener sei. Ihm schließen sich später zu Racknitz, von Ramdohr, Price, Goethe und Tieck an. Ritter 1963 macht in diesem Zusammenhang auf Schillers Gedicht *Der Spaziergang* (1795) aufmerksam, in dem der Dichter erkennt, daß die Freiheiten und Fähigkeiten, die der Mensch gewonnen hat, notwendig seine Entfremdung von der Natur einschließen. In diesem Moment endet der stürmische Drang in die Natur. Man täuscht sich nicht mehr über eine illusionäre Wiedervereinigung mit der Natur.

Die Kunst wird nun nicht mehr unter, sondern neben der Natur eingeordnet. Zwar leihe die Natur dem Ideal, das in der Phantasie des Künstlers entsteht, ihre Züge, das Kunstwerk aber sei als primär vom Menschen geschaffen zu betrachten. Der Garten soll sich deshalb als Menschenwerk zu erkennen geben, nicht als Naturprodukt. Er behält selbstverständlich den definitionsgemäßen Naturanteil. Angesichts der Zerstörung der freien Natur durch die Industrialisierung ist es gerade harmonisches Gleichgewicht zwischen Kunst und Natur, das im Garten gesucht wird.

Schon Alison betrachtet die Gartenkunst nicht mehr in ihrem Verhältnis zur Natur, sondern in Beziehung auf den Menschen. Sie sei, sagt er 1790, hinsichtlich ihrer Eignung, *Emotions of Taste* zu erzeugen, der Natur überlegen, da sie wählend, säubernd und harmonisierend darstelle. Klar und deutlich fordert A. W. Schlegel 1801/1802, nicht mehr Natur nachzuahmen, sondern das Schöne auszudrücken. Die Schönheit der Natur sei nämlich keine wirkliche, sondern nur eine scheinbare, vom Menschen in sie hineingesehene. Dieselbe Ansicht vertreten Schelling 1807, Hegel 1818ff., Schleiermacher 1832/33, Thiersch 1846 und Vischer 1846, unter den Gartenautoren v. Reider 1824 und Loudon 1838. Dem wahren Künstler, so Hibberd 1871 (S. 224), sei Wirkung alles, Material nichts. Schelling erklärt, die Kunst müsse sich erst von der Natur entfernen und sich in das Reich der reinen Begriffe erheben, um dann in letzter Vollendung schaffend zu ihr zurückzukehren. Am radikalsten ist Hegel, der sagt, die Kunst sei im selben Maße schöner als die Natur, wie der Geist und seine Produktionen höher ständen als die Natur und ihre Erscheinungen.

So weit gehen die meisten nicht. Bei Schleiermacher heißt es, Kunst sei *freie Wiederholung dessen auf ideale Weise, was die Natur auf reale Weise vor unsere Augen thut*, Kunst sei deshalb *Ergänzung der Natur* (1832/33, S. 237).

Nach Schlegel 1801/02 sind Natur und Kunst sorgfältig zu trennen, und die Kunst ist offen zu zeigen. So verlangt v. Reider *mehr als die Natur gibt* im Garten, Loudon Künstlichkeit als oberstes Ziel, Hibberd *Nature robed, dressed, beautiffied* und *conform to our own ideas.* Dem können geometrische Gartenformen, wie sie Schlegel und Hegel fordern, ebenso entsprechen wie die von Schopenhauer, Schleiermacher und Vischer bevorzugten landschaftlichen.

Wie einst im Barock gelten geometrische Formen nicht mehr als naturwidrig: Nach Alison ist der ursprüngliche Garten geometrisch. Loudon erinnert 1838 daran, daß geometrische Gartenformen dadurch, daß sie die ursprünglichen sind, durchaus als „natürlich" gelten können. Diese Ansicht, die der Wirklichkeit näher kommt als die Begründung der geometrischen Formen als „natürlich" bei Boyceau und Browne, setzt einen Naturbegriff voraus, in den der Mensch eingeschlossen ist. Indem sowohl Mensch als auch Natur „natürliche" Formen erzeugen, verliert dieser Begriff alle Schärfe und verschwindet daher aus der Gartentheorie.

Die Gartenkunst vermag, seit sie im 19. Jh. sich nicht mehr der Natur, sondern den anderen Künsten stellen muß, den hohen Rang unter den Künsten, den sie im Jahrhundert davor gewonnen hatte, nicht zu behaupten. Ihre Abwertung beginnt bei Alison: Er ordnet sie unterhalb von Dichtung und Malerei ein, indem er denselben Maßstab verwendet, der ihn sie über die Natur stellen ließ, nämlich ihre Eignung, *Emotions of Taste* zu erzeugen. Auch bei Price und der Pittoresken Gartenschule rangiert die Gartenkunst unter der Malerei, indem diese ihr Vorbild ist. Nur Heydenreich 1793 weist noch auf einen Vorzug hin, daß nämlich die Gartenkunst, da sie mehrere Bilder in einem Werk reihen könne, der Malerei überlegen sei. Schleiermacher 1832/33 korrigiert, dieser Unterschied sei kein bedeutender, weil *jedes* Kunstwerk letztlich sukzessiv erfaßt werde. Schopenhauer nennt die Gartenkunst auch der Baukunst unterlegen, da sie ihr Material am wenigsten unter den Künsten beherrsche. Wenn Loudon auch Alisons Einordnung unterhalb der Malerei beipflichtet, so sind es doch vor allem die Philosophen, nicht die Gartenfachleute, die die Abwertung vollziehen.

Ganz aus den schönen Künsten ausgeschieden wird die Gartenkunst ausdrücklich zuerst von A. W. Schlegel 1801/02, dann von Schreiber 1809, Bachmann 1811 und Quatremère de Quincy 1823; Schleiermacher 1819 schließt sie auch aus, revidiert aber sein Urteil später. Carrière 1859 erwähnt sie nicht einmal.

Alle genannten Abwertungen betreffen die herrschende landschaftliche Gartenkunst. Schlegel und Hegel belassen es bei ihrer Forderung nach dem geometrischen Prinzip, ohne aber der Gartenkunst in diesem Gewand den besseren Platz, den sie als landschaftliche verspielt hatte, zurückzugeben. Da die bisherigen Gartenkünstler diesen Rang freilich behalten wollen, unterscheidet Loudon 1822, die landschaftliche Gartenkunst sei nachahmend, die geometrische aber erfindend. Der Grund für die mangelnde Anerkennung bei den Philosophen scheint darin zu liegen, daß sie sich wieder vorrangig Zwecken zuwendet. Heydenreich betont 1793, daß sie nur insofern, als sie keine physischen Bedürfnisse befriedige, zu den schönen Künsten gezählt werden könne (so auch Schleiermacher 1832/1833). Schiller sagt 1794, daß der Ursprung der Gartenkunst eben physisches Bedürfnis sei und sie stets durch Zwecke eingeschränkt werde, darum nicht als reine schöne Kunst gelten könne. Dasselbe meint wohl auch Hegel, wenn er von der *Gartenbaukunst* als einer nur unvollkommenen Kunst spricht. Loudon versucht, den Berufsstand auch gegen diesen Vorwurf zu sichern, wenn er, Kames folgend, die Gartenkunst eine gemischte, d. h. sowohl nützliche als auch schöne Kunst nennt. Bei Loudon, mehr noch bei Ward und Hibberd wird indessen deutlich, daß, obwohl am Kunstcharakter festgehalten wird, der Reproduktionszweck des Gartens an die erste Stelle tritt. Die Ästhetiker Hartmann und Volkelt sprechen es vor den Gartenfachleuten aus, daß *Recreation* und Benutzbarkeit im Garten der Ästhetik vorgehen. Robinson und Lange wollen weiterhin Gartenkünstler bleiben, aber sie geben zu, daß ihre Kunst nur noch im Zusammenstellen von Pflanzen verschiedener Länder zu Pflanzengesellschaften besteht; der Rest ist Wissenschaft. Als erster Gartenfachmann wagt Migge es 1913, lange nach Schlegel, seinem Fach den Kunstcharakter abzusprechen.

Die zunehmende Zerstörung der Natur durch Kräfte, die außerhalb des Einflußbereiches der Gartentheoretiker liegen, führt zur erneuten Aufwertung der Natur und Abwertung der Kunst. Ward, Hibberd und Olmsted lieben die Kunst noch zu sehr, um sie zu verurteilen. Aber sie gebrauchen sie nicht mehr frei, sondern als Mittel, die Natur dem Menschen näherzubringen. Auch Robinson behält den Kunstbegriff bei, doch bedeutet ihm die Natur viel mehr, und die Wissenschaft beginnt bei ihm die Kunst als Mittel der Naturdarstellung abzulösen.

Bezieht sich bei Robinson die Kunst-/Natur-Diskussion noch auf den Garten, so verlagert der fast gleichaltrige Rudorff sie in die Landschaft. Die Natur- und Heimatschützer suchen Zuflucht bei der Gesetzgebung als Mittel, die Natur für das Erleben zu bewahren (Rudorff, Conwentz, Schultze-Naumburg). Berücksichtigt man die Ausweitung des Aufgabenfeldes, so ist der Natur- und Heimatschutzgedanke eine Weiterentwicklung des Wardschen Kastens, und ihm schließen sich an Landschaftsgestaltung, Landespflege und Landschaftsplanung (Maaß, Eckbo). Diese Disziplinen übernehmen die Aufgaben der von Migge totgesagten Gartenkunst. Die Kunst wird in der Landschaft als dieser schädlich, als naturwidrig nicht geschätzt (Rudorff). Seifert 1934 fordert eine biologische Weltanschauung, die die naturfeindliche *mechanistische* ablöst, und wieder mehr *Ehrfurcht vor der Natur.*

Im Garten dagegen herrscht ohne weiteres die Kunst (Schultze-Naumburg 1902, Seifert 1939), jetzt als Gestaltung durch den Menschen im weiteren Sinne zu verstehen. Denn der Garten dient nicht mehr dazu, das Naturerlebnis zu vermitteln. Die dank der Technik gesteigerte Mobilität erlaubt es weiten Kreisen, die Natur selbst aufzusuchen, während man unmittelbar von städtischen Bequemlichkeiten umgeben bleibt. Nicht der Garten, sondern die Landschaft ist der Ort, wo Kunst und Natur sich treffen. Das Hotel in der Landschaft entspricht dem bisherigen Haus im Garten. Der Garten aber wird zum Bestandteil der Wohnung (Maaß: der *Wohngarten*, Eckbo: der Garten ohne Pflanzen).

Migge zum Trotz stellen einige an den Garten weiterhin künstlerische Anforderungen, allerdings ohne auf die Betitelung als Künstler zu pochen, denn der Künstler genießt gesellschaftlich nicht mehr Anerkennung als der Architekt, Planer oder Unternehmer. Die Einrichtung von Hochschulstudiengängen seit den 1920er Jahren ist ein Anzeichen für die Verwissenschaftlichung des Faches auf Kosten der Kunst. Die Berufsbezeichnung Gartenkünstler wandelt sich in Gartenarchitekt, Landschaftsgestalter und Landschaftsplaner. Der Entwerfer fühlt sich nicht mehr als Künstler im engeren Sinne, sondern strebt nach Vereinigung der Künste untereinander und mit den Handwerken und Wissenschaften (Lichtwark 1909, Sudell 1933, Tunnard 1938, Eckbo 1950).

Trotz unmißverständlicher Warnrufe wird die Natur im 20. Jh. weiter vernichtet. Die weitestgehend erschlossene Landschaft kann nicht mehr die Reize der Natur bieten. An dieser Stelle muß der Garten seine Wohnfunktion aufgeben und wieder zum Hort verlorener Natur werden, aus dem Kunst verbannt ist (Le Roy).

Jetzt gelten für Garten und Landschaft wieder die gleichen Forderungen.

Vor dem Hintergrund der schnell fortschreitenden Vernichtungsgefahr des Lebens überhaupt beginnt außerdem eine vielleicht letzte Besinnung auf die gewesene Gartenkunst (Gartendenkmalpflege und Postmoderne).

e) Ästhetik

Bis zum 18. Jh. sind die ästhetischen Kategorien sehr unscharf. Estienne sieht im Garten Schönes, Holdseliges, Liebliches; Browne sagt, die Quincunx sei angenehm fürs Auge. All diese positiven Begriffe werden mit der im Garten herrschenden Ordnung verknüpft. Die ungeordnete Wildheit der Wälder und Wüsten gilt als fürchterlich (Colonna, Peschel, Pluche), der Nutzgarten als häßlich (Scamozzi).

Erst im 18. Jh. etablieren sich feste ästhetische Begriffe: Addison klassifiziert 1711 die Vergnügungen der Einbildungskraft in Groß, Schön und Ungewöhnlich. Widerwärtigkeit entstehe, wenn eine dieser Eigenschaften ins Übermäßige wachse. Grundsätzlich sind diese drei Hauptkategorien im Garten möglich. Das Rohe, Wilde kann auch dem Vergnügen dienen, aber es gehört der Natur, nicht dem Garten an. Noch Laugier sagt 1753, in den Gärten solle man sich vornehmlich der *beautés riantes & naïves* bedienen (S. 275).

Hume stellt 1748 die Kategorie des Erhabenen *(sublime)* neben dem Schönen *(beautiful)* auf. Bei Burke 1757 nimmt das Erhabene, eigentlich das Schreckliche, einen positiven Wert an, den es in der Kunst bewußt einzusetzen gilt. So fordert dann Chambers den Einzug des Schrecklichen und Romantischen (Zauberhaften) im Garten. Leidenschaftliche Gefühle sollen abwechselnd erregt werden.

Eine weitere Kategorie, die des Malerischen *(picturesque)*, findet Gilpin 1768. Er versteht darunter zunächst allgemein das Malerische, später (1792) konkret das Rauhe und Unebene. Während er es für den Park und Garten als unangemessen empfindet und höchstens pittoreske Bauwerke zuläßt, fordern Girardin 1775 und Price 1794, das Pittoreske mit gartenkünstlerischen Mitteln darzustellen. Price setzt es sogar ausdrücklich an die Stelle des Schönen. Knight 1794 und Loudon 1806 übernehmen Prices Forderungen.

Daneben erscheint eine größere Zahl nicht weiter systematisierter ästhetischer Begriffe in der Sentimentalen Gartentheorie wie munter, melancholisch, still, prächtig, anmutig und würdig (Kames, Shenstone, Whately, Girardin und Morel). Kames 1762 legt fest, welche dieser Charaktere im Garten zusammen, welche nacheinander vorkommen dürfen. Alison erklärt 1790 die zahlreichen Unterbegriffe als *simple emotions,* die zusammentreten, um *emotions of sublimity* und *of beauty* zu erzeugen. Bei ihm ist die englische Geschmackslehre am weitesten verfeinert.

Das Erhabene, das Chambers und Whately noch im Garten einsetzen zu können glaubten, wird von Gilpin, Alison und Price als dem Garten unangemessen empfunden und bleibt der Natur überlassen.

Zur Vertiefung dieser Fragen seien Hussey 1927, Hipple 1957, Pevsner 1968 und Watkins 1982 empfohlen.

Die Franzosen stellen eine andere Systematik auf. Watelet unterscheidet die Charaktere *pittoresque, poëtique* und *romanesque.* Girardin folgt ihm, sagt aber *romantique* statt *romanesque.* Die pittoreske Schönheit ist für ihn nichts weiter als das Gegenteil von Regelmäßigkeit. Am feinsten ist Thouins Einteilung der Landschaftsgärten in *champêtres, sylvestres, pastoraux, romantiques, et les parcs ou carrières.*

Das 19. Jh. läßt diese extrem detaillierte Analyse des ästhetischen Gartenerlebnisses hinter sich. Schon Pluche erkannte 1735 Schönheit im Nutzgarten. Kames fügt sie als *relative beauty* seiner Ästhetik ein. Auch Alison erkennt sie an. Repton betont, daß aus Nützlichkeit, verstanden als Angemessenheit, ein ästhetisches Vergnügen entsteht, das wichtiger als die bislang diskutierten Kategorien Pittoresk usw. ist. An ihre Stelle tritt v. Reiders Ästhetik der Blumisterei bzw. der von Loudon entwickelte *Gardenesque Style:* Schönheit ist kein durch die Sinne erfahrenes zufälliges Ergebnis der Natur, sondern wird absichtsvoll herbeigeführt, einerseits durch gezielte Einfuhr und Zucht von Pflanzen, andererseits durch den Entwurf des Gartens. Der Verstand stellt hierzu feste Geschmacksregeln auf. *Schön* heißt geschmackvoll angelegt.

An der Wende zum 20. Jh. werden die herkömmlichen Geschmacksregeln verdammt. Sedding will sie durch emotionales, ja mystisches Erfassen ersetzen; Lange sagt, Schönheit entstehe automatisch durch Befolgung der pflanzensoziologischen Gesetze, die der Verstand erfasse.

Am meisten Bedeutung aber gewann der Weg der deutschen Funktionalisten: Hier sind unter den Gartentheoretikern Schultze-Naumburg, Schneider, Migge, Maaß, Koch und Valentien, für die Schönheit aus Brauchbarkeit entsteht. Sie verlangen nicht mehr das herkömmliche Schöne, sondern das *Schlichte, Einfache, Echte*. *Schönheit*, so faßt Seifert 1934 zusammen, *erwächst am Ende nicht als beabsichtigter Schmuck, sondern als äußeres Zeichen dafür, daß die Lösung in sich richtig ist und alle Forderungen erfüllt, die sachlich und ernsthaft gestellt werden können* (zit. nach Seifert 1943, S. 22).

In ihrer Entwurfspraxis indessen mag das herkömmliche Schöne mehr im Spiel gewesen sein, als sie zugeben (Maaß). So meint auch Posener 1964, die funktionalistischen Architekten wie Le Corbusier hätten nicht so funktional gebaut, wie sie in den Theorien behaupteten (S. 8 f.). Muthesius vertritt 1901/03 den reinen Funktionalismus, 1911/13 dagegen kommt er zur Selbständigkeit der Schönen Form (Posener 1964, S. 24 f.). Unter den Gartenarchitekten erkennen Tunnard 1938 und Eckbo 1950 einigermaßen klar den Wert der von der bloßen Zweckerfüllung unabhängigen Schönheit.

Die Postmoderne nun stellt gern die Schönheit über die Brauchbarkeit. Im Gegensatz dazu lehnt die Naturgartenbewegung (Le Roy) jede vom Menschen diktierte Ästhetik ab und sucht Schönheit in der unabhängigen Natur zu lesen.

f) Wissenschaft

Indem Wissenschaft und Kunst dem Menschen und nicht der Natur und dem Verstand und nicht dem Körper angehören, gilt für den Anteil der Wissenschaft im Garten Ähnliches wie von dem Anteil des Menschen bzw. des Verstandes gesagt wurde.

In der frühen Zeit wurden Wissenschaft und Kunst kaum unterschieden (Hill 1563, Peschel 1597). Palissy 1563 sagt, daß Wissenschaft *(philosophie)* der Kunst, als die er den Ackerbau bezeichnet, helfen müsse. Er versteht dabei unter *philosophie* etwa das, was wir Naturwissenschaft nennen würden. Ähnlich Sebitz 1577, der die Pflanzenkenntnis gottgefällig nennt. Auch Parkinson sagt 1629, das Wissen um die Pflanzen sei vergnüglich, nützlich und gottgefällig. Rea 1676 verbindet Gartenleidenschaft mit Gartenwissen: Wissen bringe Leidenschaft hervor, Leidenschaft vermehre das Wissen (S. 2). Die Renaissance, die in England bis in diese Zeit dauert, sieht einen großen wissenschaftlichen Nachholbedarf. Darum bezieht sich der überwiegende Teil der Gartenliteratur vor d'Aviler 1691 auf Gartenbau und Pflanzenkunde.

Ob man in der systematischen Ordnung der Weltbestandteile im Garten, wie sie von Colonna bis in die Hausvaterbücher üblich ist, ein wissenschaftliches Prinzip sehen will, sei dahingestellt.

In dem Maße, wie die Kunst sich als Fähigkeit zu entwerfen verselbständigt, hören wir von der Wissenschaft als Fähigkeit, Pflanzen zu ziehen, seltener. Die Theoretiker des Barockgartens nennen sie nicht, die des Landschaftsgartens lehnen sie ab (Morel 1776).

Erst im 19. Jh. gewinnt die Wissenschaft neue Bedeutung im Garten. So sagt Repton 1803, der Entwurf müsse nicht vom Gefühl, sondern vom Wissen um das, was gut und schlecht sei, bestimmt werden. Er meint damit allgemein den Verstand, nicht besonders die Naturwissenschaft. Bei v. Reider 1822 dann tritt die Blumenzucht als Wissenschaft deutlich an die Stelle der bisherigen Gartenkunst, und in Loudon begegnet uns der Gartenwissenschaftler par exellence. Er fordert 1838 naturwissenschaftliche Beobachtung im Garten für jedermann. Für ihn gibt es keine Kunst, die nicht erlernbar ist, d. h., er betrachtet die Gartenkunst geradezu als Wissenschaft (1822).

Ward, Hibberd, Hughes und Olmsted sprechen nicht von der Wissenschaft.

Robinson 1883 und in seinem Gefolge Lange und Borchardt preisen hingegen die Wissenschaft der Pflanzensoziologie als einzige Quelle der Gartenkunst.

Gegen diese Auffassung wenden sich Sedding 1892, Migge 1913, Schneider 1909, Koch 1927 und Tunnard 1938: Wissenschaft könne keine Grundlage für Kunst sein. Seit dieser Zeit gelten Wissenschaft (Pflanzensoziologie) und Kunst im Garten als Gegensätze, die dem Begriffspaar Natur und Kunst entsprechen.

Im 20. Jh. werden diese beiden Aspekte vereinigt (zuerst bei Lange und Schneider), und eine andere Wissenschaft beginnt ihre Herrschaft im Garten, die der bedürfnisgerechten Planung. Wissenschaft habe in der Gartengestaltung höhere Bedeutung als anderswo, schreibt Schiller 1952, aber nicht alleinige, denn das Wesentliche sei *der dem Gestalter innewohnende geistige Impuls* (S. 22). Zwischen

Geist und Wissenschaft entstehen keine Konflikte. Eckbo 1950 bemerkt, daß auch die Kunst wissenschaftlich erfaßbar sein könnte.

Le Roy 1973 nutzt die vorhandene wissenschaftliche Sehgewohnheit des Jahrhunderts in seinen Texten und wendet sie von der Betrachtung des Planungsprozesses auf die der Ökologie. Jedoch ist er nicht von einer ganz unwissenschaftlichen, emotionalen Sehweise des Gartens frei, die aus seinen Fotos spricht und sich mehr und mehr verbreitet.

g) Politik und Gesellschaft

Der Garten war immer Ausdruck gesellschaftlicher Verhältnisse. Die Theorien liefern uns dafür folgende Anhaltspunkte: Zum einen sprechen die Autoren bestimmte Leserkreise an bzw. stellen sich bestimmte Gartennutzer vor. Zum andern streben einige von ihnen ausdrücklich gesellschaftliche oder politische Darstellungen im Garten an.

In der frühen Zeit sind nur lesekundige, wohlhabende Nutzer angesprochen, die gleichzeitig Besitzer des Gartens sind. Innerhalb dieser Gruppe differenziert als erster de' Crescenzi kleine, mittlere und reiche Gartenbesitzer einschließlich Königen. Diese Teilung hat über Alberti, Furttenbach bis zu Blondel (1737, S. 2) Gültigkeit. Eine höfische Orientierung des Gartens kann aus den Widmungen der führenden Gartenbücher abgeleitet werden. Bereits de' Crescenzi widmet sein Werk einem König, der auch der Auftraggeber war. Estiennes Werk ist einem Duc gewidmet, wenngleich Hazlehurst meint, es wende sich an die *agrarian middle class*. Unzweifelhaft elitären Charakter haben die Bücher von de Serres, Boyceau und André Mollet, die Königen gewidmet sind. De Serres sagt, er schreibe für den *homme d'entendement, non aux ignorans et grossiers du vulgaire*. So auch Boyceau: Seine Gärten *ne seront convenante à gens de basse condition, ains seulement aux Princes, Seigneurs & Gentilshommes des moyens*. Und noch Dézallier schreibt für *eine reiche Privatperson*. Der Abbé Pluche stellt uns die typische Gartengesellschaft des Ancien régime im Rokoko vor: Chevalier, gräfliches Ehepaar und Prior. Dézalliers, Pluches und Blondels Leser müssen nicht mehr adlig sein.

Sicher ist es auch kein Zufall, daß die Theoretiker des französischen Gartens de Serres, Boyceau, La Quintinie, d'Aviler, Liger und

Dézallier selbst dem Adel angehören, während ihre Nachfolger (nach dem Tode Ludwigs XIV.) bürgerlich sind (Pluche, Blondel). Daß es auch bürgerliche, künstlerisch weniger anspruchsvolle Gärten gab, erfahren wir von Peschel und Furttenbach. Peschel beruft sich auf seinen eigenen Pfarrgarten und die Gärten, die er für kleinere Adlige und Bürgerliche angelegt hat. Furttenbach denkt als erster an öffentliche Gärten. Er entwirft schon im 17. Jahrhundert (eine große Ausnahme!) Schul-, Lazarett-, Spital-, Findelhaus- und allgemein öffentliche Gärten. Beispiele bürgerlicher Gelehrtengärten geben auch Erasmus und Lipsius.

Privatgärten sind meist Fremden verschlossen. Es muß jedoch betont werden, daß die großen fürstlichen Repräsentationsgärten hiervon ausgenommen waren. Die Villa Borghese und andere Gärten in Rom waren schon im 16.Jh. öffentlich zugänglich. Versailles wurde auf ausdrücklichen Wunsch Ludwigs XIV. geöffnet. Im Laufe des 17. Jh. wurden die königlichen Gärten in London und Paris freigegeben. Auch der Berliner Lustgarten stand im 17. Jh. offen. In Herrenhausen gibt es eine Besucherordnung aus der Zeit um 1720, in Charlottenburg eine 1741, in Brühl eine 1748 datierte. Sturm sagt (1718, S. 55): *Denn es pfleget gern/sonderlich mit grosser Herren Gärten/die hinter ihren Palästen stehen/also gehalten zu werden/ daß den gantzen Tag dieselbigen jedermann zum Spatzirengehen offen stehen/doch muß dasselbige also eingerichtet werden/daß dem Herrn deß Garten kein Verdruß dadurch könne erwecket werden. Darum siehet man vorerst gerne dahin/daß an dem Pallast nahe ein oder zwey kleine besondere Gärten seyn/darein die Herrschafft unmittelbar aus dem Hause kommen könne/daraus aber auch in dem daran unmittelbahr liegenden publiquen Garten/darnach auch dahin/daß in diesem in den Quartieren/sonderlich den mit Büsch Gewachsenen/[...] abgesonderte und verschlossene Plätze seyen.* Bestimmte Personengruppen waren oft ausgeschlossen, doch muß man bedenken, daß bei der damaligen Besiedlungsdichte ein lebensnotwendiger Bedarf an Erholung im Garten noch nicht bestand.

Erstmals einen, wenn man so will, politischen Charakter hat der Garten Palissys (1563) als Zufluchtsstätte verfolgter Hugenotten. Mit Recht wird man aber vor dem 18. Jh. kaum von politischen, sondern nur von theologischen und mythologischen Bezügen im Garten sprechen können.

Eindeutig politisch ist der frühe Landschaftsgarten. Seine Theoretiker Addison, Switzer, Pope und Shenstone, ebenso die ersten Besitzer, die sich eines Landschaftsgartens erfreuten, waren erklärte Whigs, d. h. antifeudale Bürger. Der Garten soll Gleichnis der Opposition sein. Dies schließt nicht aus, daß seine Advokaten sich vom ungebildeten *Haufen* distanzieren (Addison) und daß seine Besitzer recht wohlhabend sind (Burlington, Shenstone, Southcote). An Privatgärten für Arme denkt im 18. Jh. noch keiner, auch wenn die Aufklärer auf die reichen Gartenbesitzer schimpfen (Loën, Rousseau, Morel, Wieland). In Frankreich wird der neue Gartentyp ebenfalls Symbol einer gesellschaftlichen Opposition (Rousseau, Morel). Watelet läßt die Natur zu den Städtern sprechen (1774, S. 6): *Venez, venez respirer; venez recevoir les douces influences de bel astre qui vous rend tous vos droits à l'égalité, puisqu'il n'éclaire & n'échauffe pas plus l'homme puissant & l'homme riche, que le foible & le pauvre.* Doch ist man in Paris so daran gewöhnt, daß die königlichen Barockgärten öffentlich sind, daß man sich fürs Publikum eigens angelegte ebenso geometrisch denkt (Entwuf von Neufforge 1763 bei Lauterbach 1987, S. 164, Watelet, Morel). In Deutschland dagegen sind die neuen Volksgärten landschaftlich (Hirschfeld, Sckell) gestaltet. In England gibt es im 18. Jh. außer den eher privaten Squares und kommerziellen Vergnügungsparks keine fürs Volk angelegten Gärten.

Gleichzeitig mit dem gesellschaftlichen kommt der nationale Gedanke in den Garten: Addison setzt 1710 eine Schweizer Berglandschaft mit Freiheit, das französische Flachland mit Sklaverei gleich. Switzer überträgt dieses Gleichnis auf den englischen, d. h. landschaftlichen, und französischen, d. h. geometrischen, Garten. Er verlangt 1715 als erster ein nationales englisches Gartenmodell, das bewußt gegen das französische gestellt wird. Seitdem identifizieren die Engländer den Landschaftsgarten mit ihrer Nation.

Mit der nationalen Symbolik eng verknüpft ist die Freiheitssymbolik. Freie Luft und ungehinderter Ausblick bis zum Horizont geben im Garten das Gefühl der Freiheit (Addison). Nach G. Mason bietet ein lichter Hain im Gegensatz zum dichten Wald *an air of freedom* (1768, S. 71). Am bildlichsten wird der Freiheitsgedanke in der schon erwähnten Flucht aus dem alten Garten (Rousseau bis Tieck). Gartenmauern werden als Gefängnismauern empfunden (Girardin, S. 61).

Repton spricht nur noch von einem „Anschein von Freiheit":

Um 1800, als der Landschaftsgarten seinen Siegeszug beendet hat, verschwindet die Freiheitssymbolik. Die Identifizierung der Engländer mit dem Landschaftsgarten dagegen bleibt noch länger bestehen (erst Blomfield 1892 widerspricht).

Wenn wir trotzdem unter den englischen Befürwortern des Landschaftsgartens öfter solche finden, die die chinesische Gartenkunst, die französische Landschaftsmalerei, die antike Dichtung usw. als Vorbilder anrufen, dürfen wir nie übersehen, daß sie nicht wirklich von diesen abhängig sind, sondern nur für ihre Darstellung hilfreiche Illustrationen suchen, indem sie die eigene Ansicht dem fremden Beispiel unterschieben. Am konsequentesten ist William Mason, der sich 1772 nicht nur von chinesischen, türkischen usw., sondern auch von den noch bei Addison gepriesenen antiken Idealen abwendet und betont, der Garten solle nur Ideale der englischen Nation ausdrücken. Als Exil und Grab einer Waise aus dem amerikanischen Unabhängigkeitskrieg nimmt der Garten bei ihm 1781 globale politische Dimensionen an.

Bald aber wurden die neuen Gartenideen auch von den herrschenden Kreisen assimiliert. Schon der Tory Langley preist sie 1728 dem König und dem Adel an, Chambers und Whately sind ebenfalls Tories, und der Whig Sir Uvedale Price zeichnet sich durch bemerkenswerte Ferne von der sozialen Realität aus. Lord Kames verspricht sich 1762 einen reglementierenden Einfluß des Landschaftsgartens auf die Gesellschaft.

So beginnt schon vor der Restauration in der Politik eine Restauration der Gartenideen. Nach Whately 1770 und Jacobi 1779 soll der Garten deutliche Anzeichen für die gehobene soziale Stellung des Besitzers aufweisen, und noch offener sagt Repton 1795, Rang und Wohlstand zu zeigen, sei keine Schande. Nach Alison 1790 ist Geschmack den höheren Schichten vorbehalten; Repton und Fürst Pückler arbeiten ausschließlich für diese.

Als Antwort auf den englischen Nationalismus wollen Franzosen und Deutsche ebenfalls ihre Nation im Garten ausdrücken. Laugier sieht bei aller Kritik am Barockgarten in ihm die französische Großartigkeit, auf die er in keiner Weise verzichten möchte. Hirschfeld und seine Nachfolger bemühen sich im letzten Viertel des 18. Jh. recht kläglich um eine spezifisch deutsche Gartenkunst.

Das 19. Jh. erschließt als neue Gartennutzer die Minderbemittelten. Loudon legt 1822 seine bahnbrechende Analyse der Bezüge zwischen Garten und Gesellschaft vor: Der absolutistischen Gesellschaft entspreche ein Übergewicht luxuriöser Lustgärtnerei, der republikanischen ein Übergewicht kunstloser Nutzgärtnerei, und nur in einem Freistaat mit gemischter Eigentumsverteilung können sich alle Zweige der Gärtnerei angemessen entfalten. Mit der ausgestorbenen Gesellschaftsform des Ancien régime verknüpfen auch Immermann und Eichendorff einen bestimmten Gartentyp, den Rokokogarten. (Dies hindert aber die Praktiker nicht, Züge daraus für die neue Nutzerschicht zu entlehnen.) Vor allem v. Reider, Loudon, Boitard, Schmidlin und Jäger schreiben für Leser, die nur kleine, Winter- oder Zimmergärten besitzen, und allmählich kommen auch für die gänzlich gartenlose Bevölkerung mehr öffentliche Gärten auf (Lenné 1825, Olmsted seit 1858, Alphand 1867). Neben diesen neuen Gärten für die Armen gibt es selbstverständlich weiter solche für reichere, wie es Loudons Ideal entspricht. Auch Thouin legt Wert darauf, Gärten für alle Schichten anzubieten, und Olmsted möchte in seinen Parks alle sozialen und Altersklassen zusammenführen.

Der nationale Gedanke etabliert sich in den neuen kleinen Gärten auf eigentümliche Weise: Nicht an Großartigkeit, sondern gerade an Kleinheit wird er festgemacht. Loudon und v. Reider sind noch nüchtern genug, auf den Ausdruck der Nation im Garten des kleinen Mannes zu verzichten. Den Deutschen bleibe gar nichts anderes übrig, als andere nachzuahmen, stellt v. Reider 1832 fest. 1843 aber stellt Schmidlin dann die Frage (S. 5): *Warum haben wir Deutsche noch so wenig deutsche Gärten, Gärten, welche unserem Wesen entsprechen? Der Deutsche liebt das Solide, das Nützliche, vor allem die Gemächlichkeit verbunden mit möglichst großer Einfachheit, und so sollen auch unsere Gärten eingerichtet sein.* Und 1857 stellt Hibberd seinen Lesern allen Ernstes vor Augen, wie sehr ihr beschränktes Heim englische Größe verkörpere.

Der in den Garten getragene politische Zug verstärkt sich mit der Erneuerungsbewegung um die Jahrhundertwende. Daß die herrschenden gesellschaftlichen Gewohnheiten der Landschaft schädlich seien, erkennt Rudorff 1880. Schultze-Naumburg prangert sie 1902 auch im Garten an. Besinnung auf das vorindustrielle Vaterland ist nach diesen Autoren das Gegenmittel. Tuckermann nennt, sich auf Carrière berufend, den architektonischen Garten *arisch,* den landschaftlichen *semitisch* (1884, S. 7f.). Lange und Hasler haben keine Schwierigkeiten, das Gegenteil zu behaupten: In der landschaftlichen Gestaltung drücke sich die *nordische* Rasse aus, in der architektonischen die *südische*. Da ihr eigener Stil aber ein gemischter ist, so bezeichnen sie die von ihnen verwendeten geometrischen Elemente als *eingedeutscht*. Der Gedanke des deutschen Gartens, wird, unabhängig von der Form, weiter von Maaß 1919 und Allinger 1951 vertreten.

Die Betonung des nationalen Gedankens im Garten findet sich um 1900 ähnlich bei anderen Nationen. Sedding sagt 1891, das Heimliche der altenglischen Gärten drücke die Größe der Nation aus. Sedding und Blomfield stellen die Theorie des eigenständigen *Formal Garden* in England auf, der dem *French Formal Garden* überlegen sei. Daß vormals jede Formalität als französisch verurteilt und ihre Überwindung als englisch gefeiert wurde, haben sie vergessen. Auch in Amerika wünscht Tabor 1911 den nationalen Garten (S. 29).

Die Beispiele scheinen zu zeigen, daß die Verknüpfung gärtnerischer Gestaltungsweisen mit einer Nation, wo immer sie auftritt, willkürlich ist. Offensichtlich werden dem Garten politische Aussagen oktroyiert, die in ihm selbst keineswegs begründet liegen.

Migge fördert die Proletarisierung des Gartens weiter. 1913 klagt er, daß die Gartengeschichte keine Armengärten aufzuweisen hat und sehnt einen tiefgreifenden sozialen Wandel herbei. Nachdem dieser 1918 eingetreten ist, betonen Koch 1927 und Duchêne 1935, der Garten müsse den geänderten gesellschaftlichen Verhältnissen entsprechen. Darunter sind zu verstehen fehlende Hausangestellte und stärkere Berücksichtigung der Frau und der Jugend. *Vom Ich zum Wir*, formuliert Seifert 1934. Crowe 1958 bemerkt, daß die Vielfalt der Gesellschaft zu einer Vielfalt von Gärten führen müsse. Auch in Amerika werden die *social realities* als wichtigster Entwurfsfaktor bezeichnet (Eckbo). Dabei ist viel von Ungezwungenheit die Rede, und die Freiheitssymbolik kehrt wieder (Lichtwark 1909, Koch 1927).

Innerhalb der sozialen Klassen gibt es wiederum Gruppen von Gartennutzern, die in den Theorien herausgestellt werden. Klassischerweise vergnügt sich der Besitzer allein im Garten oder tafelt mit Gästen (Varro, Plinius). Im Mittelalter ist der Garten ausgesprochener Ort der Geselligkeit (Rosenroman, de' Crescenzi, Boccaccio, auch noch *Hypnerotomachia* und Estienne). Die Renaissance scheint eher zum individuellen Gartengenuß zu neigen (Erasmus, Lipsius, de Serres). Die Frau des Gartenbesitzers ist bei Erasmus auf den Küchengarten verwiesen. Lipsius schickt die Gärtner fort, wenn er philosophische Gartendialoge führt. Im Barock dagegen finden sich größere Festgesellschaften zu Spiel, Theater usw. im Garten zusammen (Furttenbach, Blondel). Die große bauliche Form des Barockgartens ruft nach Bevölkerung. Im Landschaftsgarten fehlen die großen Festgesellschaften. Er dient nach Switzer nur dem Eigentümer, seinen Verwandten und Freunden. Der Bürgergarten des 19. Jh. ist noch individueller. Für Loudon ist nicht an erster Stelle der Hausherr, sondern die Familie als ganzes der Nutzer. Er berücksichtigt Frauen, Kinder und Kranke. Ja, es entsteht der besondere Typ des Frauengartens (Louisa Johnson, Jane Loudon, Major, Jäger, Brinckmeier). Wenn Loudon ferner gemeinschaftliche Reihenhausgärten vorschlägt, leitet er die Kollektivierung der Gartennutzung ein, die von Olmsted und Migge voll durchgesetzt wird. Seitdem existieren der Hausgarten mit wenigen vertrauten Nutzern und der Volkspark mit Massennutzung nebeneinander.

h) Repräsentation und Kostenaufwand

Den ersten Nachweis für Repräsentation im Garten liefert Plinius d. J., wenn er den Buchs beschreibt, der die Namen des Besitzers und des Gärtners in Buchstaben darstellt. Im Mittelalter und auch in der Renaissance finden sich keine solche konkreten Beispiele, wollen wir nicht jeden Aufwand als repräsentativ interpretieren. Estienne und Lauremberg sprechen sich vielmehr gegen große Pracht und unnötige Unkosten aus.

Ganz anders sagt de Serres, Parterres sollen *manifique* sein, Wappen und Monogramme (in Anlehnung an Plinius) darstellen, und er bildet auch Parterreentwürfe mit dem Monogramm des Königs ab. Boyceau macht darauf aufmerksam, daß schöne Gärten viel kosten. Auch Bacons königlicher Garten ist kostspielig. Scamozzi spricht immer wieder von *grandezza, magnificenza* und *honoreuolezza*. Und noch Dézallier sagt, man lege auf dem Lande nur deshalb Gärten an, weil sie hier größer und prächtiger ausfallen können als in der engen Stadt. Mit seinem Eintreten gegen hohe Kosten aber spricht Dézallier schon für die kommende Zeit.

Addison tadelt die Gärtner, die ihre aufwendig gezogenen und geschnittenen Pflanzen teuer verkaufen. Der Barockgarten gilt seit dieser Zeit bis heute als zu teuer. Bescheidenheit, nicht Repräsentation ist bei den frühen Theoretikern des Landschaftsgartens gefragt. Großer Grundbesitz und weiter Ausblick waren für sie allerdings noch kein Luxus. Sie konnten daher durchaus einer *Grand Manier* folgen (Switzer, Langley, Laugier, Shenstone). Radikal ist Rousseau, der behauptet, die Herrlichkeiten eines Gartens seien ohne jede Kosten zu haben. Der Mann von Geschmack, so Morel 1776, wolle keine Pracht im Garten, das sei für reiche Beamte. Auch Watelet 1774 verurteilt Luxus und Großartigkeit im Garten aufs schärfste. Dagegen sagt der Tory-Parlamentarier Whately, der Landsitz müsse sich, sosehr man auch stellenweise Wildheit suche, doch in etwas vor den Feldern der Untertanen auszeichnen. Auch Blondel erinnert an die Klassenunterschiede. Jacobi empfiehlt 1779: *Verwendet Euern Reichthum nach bestem Gefallen* [. . .] *und hütet Euch vor Pralerei und Hoffart*. Nach Watelet 1774 ist es möglich, seinen Reichtum, ohne anzugeben, geschmackvoll einzusetzen.

Denkbar weit von Addison und Rousseau entfernt hat sich Repton 1795, wenn er dazu auffordert, den Glanz des Reichtums ungeniert zu zeigen. Scott sagt 1828, der englische Geschmack habe sich vom *meagre, formal, and poor* zu *a character of richness, variety, and solidity* gewandelt. Lenné möchte 1825 den Bürgern im Magdeburger Volksgarten ein kollektives Wohlstandsgefühl vermitteln, das dem des Grundherrn in seinem Park entspricht. Dazu stellt er *die Gegenstände, auf welchen der Wohlstand der Stadt beruht,* zu einem *eindringlichen Bild* zusammen. Es handelt sich um Felder, Dörfer, Häuser und vom Gemeinwesen finanzierte Gebäude und Kunstwerke.

Die Gemeindewirtschaft hat auch Olmsted im Auge, wenn er berechnet, wie die Grundstückspreise in der Nachbarschaft eines Parks steigen.

Die Gärten des 19. Jh. gelten der Nachwelt meist als prächtig und repräsentativ, besonders der italienische Stil und die Teppichgärtnerei. Jedoch wird dieser Aspekt in den Theorien selten hervorgehoben. Kemp sagt, der Garten diene dem Komfort, der Bequemlichkeit und dem Luxus und solle *civilisation, and care, and design, and refinement* ausdrücken. Thouin und Loudon sortieren zwar ihre Gartenentwürfe nach den unterschiedlichen finanziellen Möglichkeiten der Besitzer, doch scheint das praktische Gründe zu haben, und sie bestehen nicht auf der Darstellung des Reichtums. Die Preise zwingen, schreibt v. Reider 1830, dazu, sich das Gartenvergnügen möglichst billig zu verschaffen. Eichendorff schildert 1849, wie Geld die Poesie eines alten Gartens zerstört. Hibberd kritisiert 1871 eine *tendency to superficial glare and glitter* (S. 4).

Einen stärkeren Keil zwischen Wirtschaft und Natur treibt Rudorff, indem er 1880 erkennt, daß die Wirtschaft der ärgste Feind der Natur ist. Vergeblich versucht Schultze-Naumburg 1917, Wirtschaft und Landschaft zum Zusammengehen zu bringen, vergeblich fordert Wagner 1915 gesteigerte Ausgaben für sanitäres Grün.

Mit der Weltwirtschaftskrise nach 1918 taucht ein neues Sparsamkeitsideal auf, von dem schlecht zu sagen ist, ob es auch ohne diese entstanden wäre. *Der aus unserer Wirtschaftslage sich ergebende Zwang zur Sparsamkeit,* führt Valentien 1931 (S. 7) aus, *ist uns ein wertvoller Helfer geworden. Er hat es uns ermöglicht, schnell und mühelos die kostspielige Dekoration der Vorkriegszeit zu überwinden, und er zwingt uns weiter, unsere Aufgaben in ungekünstelter, klarer Form zu erfüllen.* Die Forderung, der Garten solle keinesfalls repräsentativ, sondern *schlicht und einfach* sein, findet sich schon vor 1914 und begleitet die frühe Moderne (Schultze-Naumburg 1902, Schneider 1904, Lichtwark 1909, Migge 1913, Maaß, Koch 1927, Valentien, Sudell 1933, Schiller 1952). Maaß klagt ähnlich Addison über die Unternehmer, die dem Gartenbesitzer aus Gewinnstreben unnötige Dinge verkaufen, die den Entwurf schädigen. Borchardt haßt alle Blumen, die den Blumenhandel bereichern. Hier wird wie bei Rudorff Kostenaufwand als etwas Naturfremdes, das von Garten und Landschaft fernzuhalten sei, aufgefaßt. Seifert erinnert daran, daß naturnah billig bedeute. Es ist gleichsam verboten, daß ein Garten teuer ist. Vor diesem Hintergrund kann man Lange verstehen, wenn er 1922 den Gemeindeverwaltungen nachweist, daß ein Park, der Geld kostet, die Gesundheit fördere, dadurch die Steuerkraft stärke und letztendlich wieder Geld einbringe.

In der späteren Moderne verliert sich diese Forderung, *enrichment* ist wieder gefragt (Tunnard 1938, Eckbo 1950). Die Postmoderne führt die Repräsentationsidee fort, während die Naturgartenbewegung (Le Roy 1973) gänzlich von ihr abkommt.

i) Geschichte

Bis zum Barock berufen sich die Autoren von Gartenbüchern in den Einleitungen stets auf eine kontinuierliche Tradition. Oft wird der Garten direkt aus dem Paradies abgeleitet, Gott gilt als erster, Adam als zweiter Gärtner (Sebitz, Peschel, Parkinson). In der Renaissance spielen außerdem die antiken Vorbilder eine besondere Rolle. Zuweilen werden unter Auslassung des Paradieses die Römer als die Erfinder des Lustgartens bezeichnet (van der Groen). Auch hält man sich eng an die römische Gartenliteratur (Colonna, Hill, Lauremberg). Im Entwurf versuchte man, den schriftlichen Angaben der antiken Autoren zu folgen, was freilich nur begrenzt möglich war (Colonna, Palissy).

Die Ausgangsposition der Gartenkunsttheorie an der Schwelle zur Neuzeit, als man zu den antiken Wurzeln zurückzukehren suchte, beschreibt MacDougall (1972, S. 40f.) so:

For the Renaissance patron or humanist faced with the development and design of a garden these requirements created a dilemma. Required to emulate antiquity, he had little concrete evidence to draw upon. Actual remains of ancient gardens were scarce and frequently misinterpreted. Not treatises on landscape architecture had survived. Indications in Vitruvius and the horticultural treatises were scanty. What remained were the fragments of information to be found in other ancient texts. Pliny the Younger's description of his two villas, the most complete factual information available, was studied minutely. Other texts, where references were more obblique, seem to have been culled systematically.

At that time, ergänzt Cowell (1978, S. 136), *not one European in a million had any knowledge of garden crafts.* Und noch 1530 *William Turner, a Cambridge student, complained that he could find no help in discovering the names of herbs* (Verey 1979, S. 117).

So war es zunächst nicht die künstlerische Seite des Gartenbaus allein, die einen Nachholbedarf hatte, als die Gelehrten der Renaissance begannen, die Grundlagen der Bildung zu erneuern. Es galt ebenso, durch Quellenstudium die Pflanzenkenntnisse und die praktische Seite des Gartenbaus zu fördern.

Als erster erkennt Estienne 1564, daß eigene Erfahrungen nötig sind, da Zeit und Land andere Voraussetzungen bieten als in der Antike. Trotzdem kann man bis Anfang des 18. Jh. nur von einer

Weiterentwicklung, nicht von einer Unterbrechung der Tradition sprechen. Das Verhältnis zur Gartengeschichte ändert sich kaum.

Erst wenn er abgeklungen und durch einen anderen ersetzt ist, wird ein Stil heftig verurteilt – bis die nächste Zeit kommt, da er erneut „entdeckt" und hoch gepriesen wird. So erging es zuletzt dem Historismus und dem Stil der 50er Jahre.

Der Landschaftsgarten des 18. Jh. ist noch ganz aus klassischem Geist heraus entwickelt. Pope lobt 1713 die Gärten des Alkinous, wie sie Homer beschrieben hat. William Mason will das Goldene Zeitalter im Garten darstellen. Wenn Lorrains und Poussins Bilder als Vorbilder für den Garten aufgestellt werden, so sieht man in ihnen die italienische Landschaft der Antike. Darum enthält der Landschaftsgarten auch Nachahmungen antiker Gebäude. Alison verweist 1790 auf diesen einleuchtenden Zusammenhang von Landschaftsgarten und antiken Emblemen, wie er bis dahin üblich gewesen ist.

Etwas anderes als die Einstellung zur antiken Landschaft ist die zu den antiken Gärten. George Mason 1768 und Walpole 1771 lehnen diese ab. Die Gartengeschichtsschreibung des 18. Jh. greift aus der Vergangenheit heraus, was gefällt. Sie verurteilt alle geometrischen Gärten, die es je gegeben hat einschließlich der Gärten des Alkinous, der Hängenden Gärten von Babylon und der Plinius-Villen und klaubt alle Zitate, die Unregelmäßigkeit im Garten beschreiben, ungeachtet ihres Kontextes zusammen. Auf diese Weise macht sie Wotton, Bacon, Milton und manchmal Temple (Walpole) zu angeblich weitsichtigen Vorkämpfern des Landschaftsgartens. Diese Ansicht, schon von Loudon 1822 (hinsichtlich der Interpretation Bacons) als falsch erkannt, war bis in unsere Zeit verbreitet. Die erste gartenhistorische Monographie erscheint 1767: *The Rise and progress of the present Taste in planting* [. . .]. Diese und die anderen frühen gartenhistorischen Schriften dienen stets nur dazu, die Gegenwart in gutes Licht zu setzen.

Selbst die Vertreter des Pittoresken halten noch am antiken Vorbild fest. Knight ist ein begeisterter Altertumsforscher, und Price sagt deutlich, er denke bei geometrischen Gärten eher an antike als an Renaissancegärten. 1809 veröffentlichen Percier und Fontaine ihr großes Kupferwerk über die Renaissancegärten in und bei Rom. Von ihrem Gegenstand ehrlich begeistert, preisen sie dennoch weniger die Renaissance als das dahinterstehende antike Vorbild.

Die überragende Bedeutung von Percier und Fontaine liegt darin, daß sie die Gärten in Grundrissen und Ansichten, ggf. rekonstruierend, darstellen, um wirkliche Objektivität bemüht. Die Darstellungen sollen zum Studium und zur Nachahmung anregen. *Notre but a été d'offrir des matériaux utiles aux progrès de l'art que nous professons* (S. 2).

Im Zuge der Rehabilitierung des geometrischen Gartens am Ende des 18. Jh. (Jacobi, Alison, zu Racknitz, Price) wird nicht mehr die Geschichte mit Ausnahme der „Vorkämpfer" pauschal verdammt, sondern nur noch ihre „Verirrungen" oder „Übertreibungen".

Seit Tieck, Arnim und Eichendorff wird auch der alte heimatliche Garten, der Garten des Ancien régime gesucht. Das ganze Jahrhundert hindurch ist er Gegenstand wehmutsvoller Dichtung (z. B. Paul Heyse, Trakl, George, Rilke). Am beliebtesten sind italienische, später auch französische Gärten.

Die ersten Fachbuchautoren, die Renaissancevorbilder als solche empfehlen, sind Loudon 1843, M'Intosh und Blomfield. Nesfield, Barry, Paxton, Hibberd und Hughes empfinden im Stil der italienischen Renaissance nach.

Für Neuanlagen kommen aber auch andere, ältere und jüngere Stile in Frage. Für bestimmte Zwecke angewendet, habe jeder Stil seine Berechtigung (Loudon, v. Reider). Schon vor der Rehabilitierung des geometrischen Gartens setzt die Diskussion um den römischen, griechischen und gotischen Stil für Gartengebäude ein, der eher in das Gebiet der Architektur gehört.

Seit dem 19. Jh. werden die gartengeschichtlichen Monographien immer zahlreicher. Nur wenige seien herausgehoben. Unerreicht blieb das große Kupferwerk von Percier und Fontaine. 1829 legt G. W. Johnson eine Gartengeschichte vor, die eine chronologische Bibliographie der Gartenliteratur ist und trotz der eingeflochtenen Wertungen eine Bemühung um hohe Objektivität erkennen läßt. Ein Jahr früher erscheint Feltons Nachschlagewerk über verstorbene britische Gartenautoren. Die Mehrheit der gartenhistorischen Bücher bis Anfang des 20. Jh. ist jedoch mit dem Ziel geschrieben, Anregungen für die Gegenwart zu geben (etwa Meyer 1859, Tuckermann 1884, Jäger 1888 und Blomfield 1892). Eine Ausnahme wie Johnson bildet der Gärtner Teichert, der mit rein historischem Interesse 1865, obwohl er ihn eigentlich ablehnt, eine erste umfassende Darstellung des geometrischen Gartens vorlegt, die in die Geschichte der Pflanzen, Gartenliteratur und einzelner Gärten gegliedert ist. Historische Abbildungen fehlen noch lange. Meyer gibt einige Nachzeichnungen historischer Pläne, Teichert 1865 und Hüttig 1879 verzichten ganz auf Abbildungen, Lefèvre 1867 und Mangin 1867 bringen moderne Darstellungen der historischen Gärten ohne Anspruch, dem ursprünglichen Zustand gerecht zu werden. Das erste gartenhistorische Buch mit Reproduktionen alter Abbildungen schreibt von Falke 1884.

Robinson versucht als erster, den Historismus im Garten zu überwinden. Seine Lösung ist die Abwendung von demjenigen Teil der Gartengeschichte des 19. Jh., die die Wiederaufnahme der geometrischen Elemente förderte, und die Erneuerung der Gartenkunst aus den Vorbildern der Natur. Ähnliche Stimmen werden in Deutschland (Lange 1906) und Amerika (King 1915) laut.

Den anderen Weg, den Historismus zu überwinden, beschreiten *Arts and Crafts* in England (Sedding 1891, Blomfield 1892, Mawson 1900, Sitwell 1909) und Sezession in Deutschland (Schultze-Naumburg 1902, Schneider 1904, Lux und Encke 1907). Auch in Amerika (Agar 1911) und Frankreich (Duchêne, Forestier 1920) hallt diese Bewegung wider. Die Genannten lehnen den Landschaftsgarten in all seinen historischen Phasen ab und stellen neue Vorbilder aus der englischen Renaissance (Sedding, Blomfield, Mawson), der italienischen Renaissance (Sitwell), dem französischen Barock (Duchêne) oder aus dem deutschen Rokoko und Biedermeier (Schultze-Naumburg) auf. Daß sie somit den Historismus durch einen anderen Historismus überwinden wollten, wurde ihnen von den nachfolgenden Funktionalisten vorgeworfen.

Schneider 1907, Migge 1913, Maaß 1919, Koch 1927 und Eckbo 1950 räumen vollständig mit der Geschichte auf. Formale und landschaftliche Tradition sind ihnen gleichermaßen überholt und durch das Leitbild der Moderne zu ersetzen.

Gewisse Rückbesinnungen auf den Urgarten (Lange 1906, Allinger 1951), Blut und Boden (Hasler 1939) bleiben verbal und haben kaum Folgen für den Entwurf.

Die Gartengeschichte, die nun nicht mehr Muster für die Praxis bzw. Gegenbeispiele liefern muß, wird im 20. Jh. Selbstzweck und erhebt sich langsam zur eigenen Disziplin, angesiedelt häufiger bei Kunst- oder Literaturgeschichte denn bei der Gartenfakultät. Das Interesse gilt zunächst dem alten geometrischen Garten (Nichols

1902, Triggs 1902, 1906 und 1913, Latham 1905, Grisebach 1910, Fouquier 1922 und 1914, Stein 1913, Gothein 1914, Dami 1924 und Shepherd/Jellicoe 1925 und 1927). Diese Autoren klammern den Landschaftsgarten, den sie nicht schätzen, weitgehend aus. Einige von ihnen publizieren hervorragendes historisches Bildmaterial (Grisebach, Fouquier und Stein).

Nachdem der Landschaftsgarten völlig überwunden und historisches Phänomen geworden ist, wird auch er Gegenstand des Interesses (Hallbaum 1927, Hussey 1927). War bisher der Garten auf internationaler oder nationaler Ebene der Gegenstand, so wendet sich die Forschung jetzt zunehmend auch Einzelthemen zu, einzelnen Regionen (Hugo Koch: Sächsische Gartenkunst, 1910), einzelnen Gärtnern (Gerhard Hinz: P. J. Lenné, 1937), einzelnen Gärten (E. M. Kronfeld: Schönbrunn, 1923), einzelnen Elementen (Rudolf Meyer: Hecken- und Gartentheater, 1934) usw. Auch werden Beziehungen zu Literatur, Ökologie, Wirtschaft und Politik neuerdings untersucht.

Der von mir verfolgte Weg, die Formengeschichte mit der Theoriegeschichte zu verbinden, wird besonders von Hennebo/Hoffmann und Hunt/Willis vorgezeichnet.

Seit dem Ende der Moderne ist allgemein und nicht nur unter Historikern ein stark gesteigertes Interesse an der Gartengeschichte zu verzeichnen, das gründlicher ist als je zuvor. Dabei wird auch das späte 19. Jh. wieder gewürdigt.

j) Stile

Der Stilbegriff wird oft mißbraucht. Er ist sehr späten Ursprungs. Solange die Entwicklung bruchlos verlief, lag es fern, von Stilen zu sprechen, da man nur eine einzige Gestaltungsweise kannte. Die frühesten Anzeichen für eine Stildiskussion im Garten finden wir im 18. Jh. Sie sind verknüpft mit dem Nationalismus im Garten: Switzer will ein *english model*, Chambers empfiehlt eine *chinese manner*. In der Architektur scheint sich das Stilbewußtsein zuerst angekündigt zu haben. Kames spricht 1762 von Ruinen *nach griechischer oder gothischer Baukunst*, Repton 1795 vom griechischen, gotischen und chinesischen Stil. Ein Bewußtsein für Gartenstile hat offenbar als erster Walpole, wenn er 1771 schreibt, Kent habe *the new style* (= *modern taste*) erfunden. Jedoch spielt im 18. Jh. der kunsthistorische Stilbegriff noch keine große Rolle. Wichtiger sind die nationalen und seit den 70er Jahren die ästhetischen Stilbegriffe. Watelet 1774 differenziert seinen Pastoralstil in *pittoresque, poëtique* und *romanesque*, wovon im Abschnitt über Ästhetik schon die Rede war. Im Französischen wird *style* hauptsächlich auf die Dichtung angewandt (*Encyclopédie*, 1765). Es kommt beim *style* auf die Wirkung mehr als auf die Form an. *Le style est un empreinte de l'ame, où l'on voit les diverses caracteres de ses passion* (Cartaud de la Vilatte 1736, zit. nach Knabe 1972). Girardin 1775 definiert (1979, S. 63): *On apelle STYLE, dans les arts, les différents caractères de composition; on dit style noble, style élégant, etc.*

Die enge Verknüpfung von Stil und Ästhetik läßt in dieser Zeit die Begriffe *Stil*, *Charakter* und *Geschmack* fast gleichbedeutend verwenden.

Im kunsthistorischen Sinne wird *Stil* zwar schon 1756 von Winckelmann gebraucht, in die Gartentheorie gehen kunsthistorische Stilbegriffe aber erst im 19. Jh. als feste Bestandteile ein: Loudon überschreibt 1806 ein Kapitel seines Buches *Styles*. Er unterscheidet hier chronologisch den geometrischen Stil von Loudon, Wise und Switzer, den modernen Browns, der Reptons nahestehe, und seinen eigenen *Natural Style*, der Prices Definition des Pittoresken folgt. Loudon lehnt damals alle älteren Stile noch entschieden ab, wie es der bisherigen Geschichtsauffassung entsprach. Der erste, der Gärten verschiedener Stile „sammelt", ist, wie Turner 1986 zu Recht bemerkt, Repton. In einem 1816 in den Fragments veröffentlichtem Text aus seinem *Red Book* für Asheridge schreibt Repton (1840, S. 536): *The novelty of this attempt to collect a number of gardens, differing from each other, may perhaps, excite the critic's censure; but I will hope there is no more absurdity in collecting gardens of different styles, dates, characters, and dimensions, in the same enclosure, than in placing the works of a Raphael and a Teniers in the same cabinet, or books sacred and profane in the same library*. Diesen Stilpluralismus vertreten weniger vorsichtig dann Thouin 1819, Loudon 1822, Noisette 1825, v. Reider 1832, M'Intosh 1844 und Hibberd 1857. Meyer 1859 z. B. unterscheidet den *regelmäßigen* und den *unregelmäßigen* Stil, innerhalb dieser nach Völkern: den arabischen, maurischen, römisch-italienischen, französischen und holländischen auf der einen und den chinesischen und englischen auf der anderen Seite. Der *neuere oder moderne* Stil bediene sich all dieser vorangegangenen, nicht nur vereinigend und mischend, sondern auf Grundlage allgemeingültiger ästhetischer Gesetze (Sp. 5f.). *Gartenstil ist,* so Jäger 1877 (S. 10), *die in allen Theilen eines Gartens wiederkehrende sichtbare Einheit und Aehnlichkeit der Grundformen, welche nach bestimmten, überall geltenden Gesetzen in Anwendung gebracht und daher zum* Kunstgeschmack *werden.*

Am häufigsten ist die Grobgliederung in *regelmäßigen* und *unregelmäßigen* Stil, zu denen ein dritter, unterschiedlich (von Loudon mit *gardenesque*) benannter tritt.

Die wechselnden Benennungen und Einteilungen der Stile im 19. Jh. tun nicht viel zur Sache. Wir denken daran, wie oft Loudon selbst seine Stilklassifikation änderte. Wesentlich bleibt, daß seit Loudon 1822 sämtliche Stile je nach Situation als anwendbar gelten. Die Stilbegriffe des 19. Jh. sind nicht wie die des vorangegangenen an die ästhetischen Wirkungen gebunden, sondern an die Formen. Zur Umschreibung dienen neben formalen historische und nach wie vor nationale Bezeichnungen.

Beständig seine Bedeutung wechselt das Wort *modern,* indem es mit den jeweils herrschenden Stilen verbunden wird. Für Walpole hieß modern landschaftlich, für Hibberd architektonisch, für Meyer gemischt.

Olmsted, Robinson und Sedding verwerfen als erste die bisherige Praxis, aus allen Stilen zu wählen. Die als vorbildlich dagegengestellten Stile sind bei den drei Autoren verschiedene:

Olmsted vertritt einen *pastoral style,* der seiner Meinung nach den aktuellen Erfordernissen am weitesten entgegenkommt. Dieser Stil ist, wie Olmsted zugibt, wiederum von historischen Vorbildern geprägt, seine Anwendung aber ist neu.

Robinson hält am modernen Stil im Sinne Walpoles, also dem landschaftlichen, fest und sieht in ihm die beste Möglichkeit, dem Pflanzenmaterial gerecht zu werden. Er folgt damit Loudons *gardenesque style* und, ohne es zu wissen, Prices Ideal des pittoresken.

Sedding lehnt dagegen den „modernen" Stil ab und meint, daß der *old fashioned garden* eher geeignet sei, Vorbilder für die Gegenwart zu liefern, deren Bedürfnisse er immerhin als von denen der Vergangenheit unterschieden erkennt. Er folgt hierin ebenfalls Loudonschen Prinzipien.

Auch Rudorff, Blomfield und Schultze-Naumburg vertreten ähnliche Meinungen.

Obwohl seinerzeit ein erbitterter Streit insbesondere zwischen Robinson und Blomfield entflammte, sind bedeutende Gemeinsamkeiten festzustellen: Von Olmsted bis Schultze-Naumburg lehnen unsere Autoren gemeinsam den Stilpluralismus ab und konzentrieren sich auf ein bestimmtes (wenngleich ebenfalls historisches) Stilvorbild, um so zu einer Erneuerung der Gartenkunst im Sinne aktueller Zwecke zu finden. Dabei wird im *Stil* bereits andeutungsweise ein formalistisches Prinzip gesehen, das den neuen Zielen hemmend im Wege steht.

Lange 1907 definiert *modern* als „den Bedürfnissen des Materials entsprechend". Für ihn als Theoretiker gilt, was die theoretisch schwache Jekyll zur Kontroverse Robinson/Blomfield erkennt: *Both are right, both are wrong:* Der Garten, da er aus pflanzlichen und baulichen Elementen besteht, muß sowohl *formal* als auch *informal* sein. Langes Behauptung 1922, er habe durch die Vereinigung dieser beiden Stile den *deutschen Gartenstil* geschaffen, ist freilich unzutreffend. Allgemein läßt das 20. Jh. die Bezeichnung *Stil* als formalistisches Gedankengut der Vergangenheit hinter sich, und wenn es einen *modernen* Gartenstil anerkennt, so versteht es darunter Funktionsgerechtigkeit (Migge 1913, Foerster 1917, Tunnard 1938, Eckbo 1950).

Die von Historikern bis heute (Turner 1986) immer wieder erfundenen Stilbegriffe sind grobe Verallgemeinerungen, die davon abhängen, welchen Gesichtspunkt der Gartengeschichte die Autoren persönlich für besonders wichtig halten, und sind für eine aufrichtige Geschichtsschreibung unbrauchbar.

k) Anwendungsgebiete

Cato und Varro kennen nur den *hortus*-Gemüsegarten. Der Lustgarten, so nimmt Olck an (1910, S. 827), kommt im zweiten vorchristlichen Jahrhundert auf. Außerdem gibt es den begrünten Hof des römischen Hauses *(xystus = viridarium)* und den Tiergarten (Varro: *leporarium*, Columella: *vivarium*). Beide sind aber im

lateinisch	italienisch	französisch	englisch	deutsch
viridarium *pomarium*	*bruollo* *bosco* *prato*	*verger*	*orchard*	Baumgarten Lustgarten
hortus *olitorium*	*orto*	*potager*	*kitchen garden* *garden of herbs*	Krautgarten Küchengarten
florilegium	*giardino*	*bouquetier* *jardin à fleurs* *parterre*	*flower garden* *garden of pleasure*	Wurzgarten Blumengarten
herbularius *herbarium* *phytiatricum*	*orto dei semplici*	*médicinal*	*physicke garden* *garden of simples*	Arzneigarten
vividarium	*parco*	*parc*	*park* *wilderness* *desert*	Tiergarten

Übersicht über die wichtigsten Bezeichnungen der Gartentypen in der Renaissance

damaligen Sinne keine Gärten. Auch Plinius d. J. benutzt in der Beschreibung seiner Villen, die umfangreiche Grünanlagen enthalten, nie den Begriff Garten.

Der St. Galler Klosterplan unterscheidet Gemüse- *(hortus)*, Kräuter- *(herbularius)* und Baumgarten. Der Baumgarten ist zugleich Friedhof. Bei Albertus wird erstmals ein Lustgarten genannt *(viridarium)*. Er entspricht dem *vergier* (Rosenroman) oder Baumgarten.

Aus dem mittelalterlichen Lustgarten lösen sich die Blumenbeete und verselbständigen sich in der Renaissance als Blumengarten. Dieser *(giardino)* ist nun der eigentliche Lustgarten. Damit sind die vier Standard-Gartentypen der Renaissance beisammen: Baumgarten *(verger, orchard)*, Kraut-, d. h. Gemüsegarten *(hortus, potager)*, Wurz-, d. h. Blumengarten *(giardino, bouquetier)* und Heilkräutergarten *(herbarium, médicinal, physick garden)*. Die ersten drei sind eiserne Bestandteile, die wir in allen Theorien zwischen 1500 und 1650 finden, der Heilkräutergarten kann wegfallen. Hinzu tritt manchmal noch ein Tiergarten *(vividarium, parc, wilderness)*. Scamozzi und Furttenbach erwähnen noch einen besonderen Pomeranzengarten.

Im Barock (zuerst bei Boyceau 1638) werden die getrennten Typen zu einem einzigen Lustgarten vereinigt, dessen Teile sie nun sind. Aus dem Blumengarten wird das Parterre, aus dem Baumgarten das Boskett, aus dem Tiergarten der Lustwald. Als Nutzgarten für sich bleibt der Gemüse-, manchmal auch der Obstgarten (Dezallier). In der Regel unterscheidet man jetzt nur noch Lust- und Nutzgarten.

Aus dem barocken Lustgarten wird der Landschaftsgarten. Zuerst ihn noch als Einheit betrachtend, unterscheidet man in der zweiten Phase Garten, Park, Gut *(ferme ornée)* und Landschaft als gärtnerisch zu gestaltende Zonen (Whately 1771, Morel 1776, Gilpin). Nur Watelet 1774 ist so radikal, auf die alten Begriffe Park und Garten zu verzichten und nur von *ferme ornée* und *lieu de plaisance* zu sprechen.

Als etwas ganz anderes werden meist die öffentlichen Gärten betrachtet (Furttenbach, Watelet, Morel, Hirschfeld, Sckell, Olmsted). Auch Privatgärten in der Stadt bilden für viele eine eigene Kategorie (Switzer, Kames, Whately, Morel). Nicht vor 1800 (Ausnahme: Furttenbach) ist der Friedhof ein Thema für die Gartenautoren (Voit, Sckell, Loudon). Friedhof und öffentlicher Garten bleiben aber mindestens bis Mitte des 19. Jh. noch Sonderthemen, die nicht im Mittelpunkt stehen.

Als typischen Garten des 19. Jh. möchte man den Hausgarten mit seinen Unterarten bezeichnen. Er entwickelt sich aus dem herkömmlichen Garten und aus dem *pleasureground,* den Gilpin und Repton dem Landschaftsgartenensemble hinzufügen. Park, Gut und Landschaft fallen für den Bürger weg, und es bleibt der Hausgarten (Hughes). Unmittelbarer Vorläufer ist der *Blumengarten* v. Reiders. Protagonisten des eigentlichen *Hausgartens* sind Ritter 1836, Loudon 1838, Kemp 1840, Jäger 1845 und Hibberd 1855. Gewächshaus und Vorgarten sind Teilgebiete des Hausgartens (Loudon). Als Abwandlungen finden wir den *Kindergarten* (Bertuch 1809, den *Frauengarten* (Louisa Johnson 1839, Jane Loudon 1840, Jühlke 1857, Major 1861, Jäger 1871, Brinckmeier 1883), den *Farngarten* (Hibberd 1869), den *Felsengarten* und den *Subtropical Garden* (Robinson 1871, Hibberd 1871).

Ein weiteres neues Feld der Gartenkunst ist die *Zimmergärtnerei*.

Die erste Monographie zu diesem Thema ist Carl Paul Bouchés Buch von 1808, das sich noch ausschließlich mit der Pflanzenkultur beschäftigt.* Von Reider 1832 beschreibt neben der Pflanzenkultur knapp und ohne Bilder Blumenmöbel, Blumenfenster und gibt Regeln für *geschmackvolles Aufstellen der Blumen*. Bei Ward 1842 und Hibberd 1857 wird der Zimmergarten dann endgültig Gegenstand der Gartenkunst. Spezialgebiete des Zimmergartens sind der Fenstergarten, das Aquarium, der Wardsche Kasten und das Vogelhaus. Nah verwandt ist der Dachgarten (Jäger 1867). Keimzelle des Zimmergartens ist das Gewächshaus oder der Wintergarten, wie er sich bei Repton und Loudon noch als Bestandteil des großen Landschaftsgartens entwickelt hat.

Weitere neue Aufgabengebiete, denen erstmals Monographien gewidmet werden, sind Friedhof (Voit 1825, Loudon 1840), Teppichgärtnerei (*carpet bedding* – Hayward 1853, Wörmann 1864, Levy 1875, Hampel 1896) und öffentlicher Garten (Olmsted 1870).

Der erweiterte Anwendungsbereich der Gartenkunst macht es von nun an einem Autor schwer, die gesamte Gartenkunst in einem Buch abzuhandeln. Loudons *Encyclopaedia of Gardening* ist der letzte überzeugende und auch der umfangreichste Versuch. Bisher konnte sich die Gartentheorie auf den Garten der führenden Schicht beschränken. Jetzt aber, in der Industriegesellschaft, gibt es keinen „Garten an sich" mehr. Bürgerlicher Hausgarten, Frauengarten, Gewächshaus, Zimmergarten, Blumengarten, öffentlicher Garten und Friedhof sind gleich wichtige Aufgabengebiete der Gartenkunst und Gegenstand von Monographien. Ein Bild der gesamten Gartenkunst kann nur noch durch Betrachtung der verschiedenen Teilgebiete gewonnen werden.

Loudon selbst macht den Anfang mit bedeutenden Monographien zu Teilgebieten der Gartenkunst.

Das 20. Jh. beginnt mit Schneiders mutigem Ausruf, der Hausgarten sei tot und habe seine Bedeutung an den öffentlichen Garten abgetreten. In der Tat dreht sich die Diskussion jetzt vermehrt um *Volksparks* (Lichtwark 1909, Migge 1913, Koch 1914), um *Gartenstädte* (Howard 1898, Kampffmeyer 1911), um *Heimatschutz* (Rudorff 1880, Schultze-Naumburg 1915), *Sportplätze* und *Fabrik-*

---

* Das zweite Buch über Zimmergärtnerei von Boitard (1823) war mir leider nicht zugänglich.

gärten (Sudell 1933) und *Autobahneingliederung* (Seifert 1934). Der Hausgarten erhält die Bezeichnung *Wohngarten*. *Dachgarten* und *Steingarten* (Farrer 1907, Foerster 1917) sind beliebte Sonderformen.

So sehen wir im Laufe der Zeit weniger eine Verschiebung als eine Erweiterung des Aufgabengebiets. Umfangreicher als bei Eckbo 1950 oder Schiller 1952 könnte es wohl nicht sein. Faktisch hat sich Mitte des 20. Jh. eine Spezialisierung der Fachleute auf selbständige Gebiete durchgesetzt, die bei der Aufgabenfülle nicht mehr zu vermeiden war.

3. Gestaltung

a) Lage und Begrenzung

Die Lage des Gartens wird in der frühen Literatur nicht von künstlerischen Gesichtspunkten abhängig gemacht. Er kann überall liegen, wo es praktisch ist. In diesem Sinne sind auch die allgemeinen Hinweise zu verstehen (Plinius d. Ä., Palladius), der Garten solle nahe am Haus liegen.

Allerdings besaß die Antike einen Sinn für landschaftliche Schönheit, wie besonders aus Plinius' d. J. Beschreibung seiner Villen hervorgeht. Alberti entdeckte die im Mittelalter nicht berücksichtigte antike Regel, daß die Villa des An- und Ausblicks wegen an einem Hang liegen solle, neu. Seitdem bleibt sie der Topos idealen Wohnens.

Der Garten ist davon nur mittelbar betroffen. Zwar stellt Colonna eine künstlerische Beziehung zwischen Haus (Amphitheater) und Garten (Kythera) her, die von Estienne, de Serres und Scamozzi aufgegriffen wird, die Beziehung zwischen Garten und landschaftlicher Umgebung ist dabei jedoch gleichgültig. Colonnas Kythera schwimmt irgendwo im Meer, und Erasmus, Lipsius, Palissy, Peschel, Bacon und noch z. T. Furttenbach ersinnen Gärten ohne zugehörige Häuser, die überall sein können. Der Garten wird noch nicht so mit Architektur gleichgesetzt, daß von ihm selbst Ausblicke denkbar sind. Für Ausblicke bedarf es eines Gebäudes, einer Galerie oder eines Belvederes. Die Pergola im florentinischen Garten Il Trebbio (1451), der päpstliche Palast in Pienza (um 1460), das Belvedere im Vatikan (1506ff.), der Palazzo del Té in Mantua

(1526 ff.) und die Villa Farnese in Rom (1550/55) sind realisierte Beispiele für Aussichtsarchitekturen, denen Gärten beigegeben sind. Furttenbach stellt solche Entwürfe in der Theorie vor.

Noch lange bleibt der Garten ummauert. Zuerst in der Villa Medici in Rom (1544 ff.) ist eine Querachse des Gartens jenseits desselben weitergeführt. Sie endet aber wiederum an einer Pforte. Palladio zieht um 1560 Alleen von der Villa über den Garten hinaus in die Landschaft (Emo in Fanzolo und Barbaro in Maser). Auch aus dem Garten der Villa Montalto in Rom (1581/85) weisen Sichtachsen auf Punkte außerhalb seiner Mauern, die zu diesem Zweck schmale Öffnungen erhalten. Bei Le Nostre ist dieses Prinzip am weitesten entwickelt: Der Garten ist so sehr Architektur geworden, daß von seinen Plätzen wie aus Zimmern Sichtachsen in die Ferne bis hin zum Horizont laufen. Sie haben die Aufgabe, die ganze Landschaft als Garten erscheinen zu lassen, da die sichtbaren Ausschnitte zu eng sind, um als selbständige Landschaft wirken zu können. In den Gartentheorien haben wir von diesen wichtigen Kunstgriffen nichts gelesen.

Bei Dézallier und Switzer aber hören wir, daß der Garten landschaftliche Ausblicke bieten müsse. Die Maueröffnungen sind jetzt breiter, damit die Landschaft mit ihren Details richtig erkennbar ist. Blondel öffnet seine Parterres in ganzer Breite des Schlosses zur Landschaft; Laugier fühlt sich in Versailles durch die Hecken *trop renfermé* (1753, S. 282). Anstelle von Gittern werden nur noch Gräben verwendet, die man vom Garten aus nicht sieht. Die Landschaft soll als Teil des Gartens erscheinen (Switzer), der seinerseits Züge von ihr annimmt. Die Grenzen zerfließen.

Von hier ist es nur ein kleiner Schritt zum Landschaftsgarten: Der Garten paßt sich der Landschaft an, Grenzen dürfen nicht zu sehen sein (Spence, Morel). Sowohl vom Gebäude als auch vom Garten aus betrachtet man die Umgebung, und das Wohnhaus steht am besten wie bei Plinius am Hang.

Die Entgrenzung des Gartens ist, wie wir sehen, keine erst dem Landschaftsgarten eigene Erscheinung, sondern letzte Stufe einer in der Renaissance begonnenen Entwicklung. In logischer Folge verschwindet der entgrenzte Garten schließlich ganz. So verzichtet etwa C. D. Friedrich ganz auf Gärten und Vordergründe und konfrontiert in seinen Bildern unmittelbar mit der Landschaft.

Einer Tendenz zur erneuten Abschließung des Gartens begegnen wir bereits im 18. Jh., bevor der Landschaftsgarten sich überall durchgesetzt hat: Schon Pluche verweist 1735 neben den Sichtachsen auf den Wert des abgeschlossenen Gartenraums. Man vergleiche die Rokokolyrik, etwa Geßners Idyllen. Ganz bewußt will Rousseau den bürgerlich bescheidenen Garten ohne Bezüge nach draußen. Price kehrt 1798 von seinen Ausflügen in die pittoreske Wilde ebenfalls zum ummauerten Garten am Haus zurück. Gartenmauern ohne Fernblicke wollen alle Neuerer des 19. Jh.: Scott 1828, v. Reider 1832, Hibberd 1857, Sedding 1891 und Blomfield 1892. Die Grenzen sollen sichtbar sein. Ein neuer Grund dafür ist angesichts der kleinen Grundstücke, daß Nachbarhäuser und Fabriken dem Blick verborgen werden sollen.

Im 20. Jh. geht ein Bedürfnis nach bergender Wohnlichkeit, das starke Abgrenzungen voraussetzt, einher mit dem aus dem Ganzheitsdenken geborenen Wunsch, die Landschaft optisch ans Haus zu binden, dem die realen Möglichkeiten aber nur noch selten entsprechen (Schultze-Naumburg, Schneider, Valentien, Harbers, Tunnard).

Andritzky/Spitzer lehnen Gartengrenzen ab, weil sie die erwünschte soziale Kommunikation hemmen. Ein räumliches Ausgreifen aus ästhetischen Gründen spielt dagegen für sie keine Rolle mehr.

b) Größe

Was die Größe der Gärten betrifft, so beobachten wir eine mit den Möglichkeiten steigende Tendenz:

Die Gärten im St. Galler Plan sind zwischen 100 und 1000 m^2 groß. Crescenzi geht mit seinem königlichen Garten schon auf 50 000, Bacon auf 120 000 m^2. Nach Scamozzi kann der Garten gar nicht groß genug sein. Colonnas Kythera mit 1,7 Mio. m^2 ist zu seiner Zeit eine reine Fiktion. Der Park von Versailles hingegen umfaßt annähernd 8 Mio. m^2. Während Furttenbachs kleinster Garten 400 m^2 groß ist, fängt Dézallier erst bei 10 000 m^2 an.

Das Rokoko (Pluche) kommt als erstes auf kleine Gärten zurück. Auf allen Gebieten wird die kleine Form begünstigt. *Es ist bezeichnend*, schreibt Ingrid Dennerlein (1981, S. 151), *daß sich der Gartenkunststil des Rokoko [. . .] am reinsten nur in kleinen, geschlossenen Einzel- und Gesamtanlagen zeigte, während man bei größeren, repräsentativen Gärten – zumindest in ihrer allgemeinen Grundriß-konzeption – an klassische Traditionen anknüpfte.*

Es gibt seitdem sowohl große als auch kleine Gärten. Die Extreme werden im 19. Jh. erreicht: Während Loudon sich 1838 mit Kleinstgärten bis zu 100 m^2 befaßt, kommt es zu Großprojekten wie Thouins Plan, den Park von Versailles um etwa das Dreifache zu erweitern und Fürst Pücklers Muskauer Park, den er 1834 mit 14 Mio. m^2 vorstellt. Der Central Park in New York umfaßt 3,14 Mio. m^2.

Im 20. Jh. sind Privatgärten meist klein (*Kleingärten* nach Maaß 200–600 m^2), bei 4000 m^2 beginnt nach Eckbo der Park, und auch öffentliche Anlagen erreichen nicht mehr die Ausdehnung früherer Privatanlagen. So bewegen sich die deutschen Bundesgartenschauen auf 400 000 bis 1 Mio. m^2 (Bonn). Nur die übergeordnete Disziplin der Landschaftsplanung befaßt sich mit nahezu unbegrenzt großen Flächen.

c) Form

In der Antike finden wir Symmetrie in den einzelnen Gartenteilen, aber nicht im Gesamtkomplex. Plinius d. J. preist die *varietas* der Landschaft. Gebäude und Gärten sind bei ihm zu untrennbaren Einheiten verschmolzen. Gestaltungsregeln jedoch hat die Antike nicht hinterlassen.

Auch das Mittelalter fixiert uns nur selten die Gartengestalt. Im St. Galler Plan finden wir die praktische Rechteckform, Jean de Meung erwähnt das Quadrat und nennt den Kreis als dem Paradies vorbehalten. Regeln, wie ein Lustgarten anzulegen sei, gibt zuerst Albertus: Es handelt sich um eine Kräuterwiese ohne Wege inmitten von Bäumen, ein Brunnen steht in der Mitte. Symmetrie ist nicht ausdrücklich gefordert. Mehr Regelmäßigkeit verlangt Crescenzi, wenn er die antike Quincunxpflanzung wieder anwendet. Bei ihm finden wir auch erstmals deutlich eine Übertragung von architektonischen Gestaltungsweisen in den Garten.

Colonnas Kythera verschmilzt die im Mittelalter nach Funktionen getrennten Gartenteile in einer Weise, die bis zu Dézallier und Switzer verbindlich bleibt: Auf das Haus folgen terrassenartig abgestuft Beet-, Wiesen- und Waldzone, deren Rangordnung damit festgelegt ist. Außerdem übernimmt Colonna die Kreisform für den irdischen Garten und begründet die Tradition der sternförmigen

Teilung des Gartens durch Wege, an deren Kreuzungspunkten Gebäude stehen können. Die Gärten von Palissy, Estienne, Peschel und Bacon bauen in ähnlicher Weise auf Kreis oder Quadrat auf. Das dreidimensionale Denken ist in der Renaissancegarten-Theorie noch kaum ausgeprägt (nur Scamozzi spricht von Terrassen), und die Verbindung mit dem Wohnhaus ist noch nicht zwingend. Die Quincunx ist ein wichtiges Thema, zu dem immer kunstvollere Variationen entwickelt werden (Peschel, Scamozzi, Browne).

De Serres an der Schwelle zum Barock weicht vom Quadrat ab und empfiehlt eine Gartenproportion von 3:5. Dieser Tiefenzug verstärkt sich bis Dézallier, welcher für das Parterre die zwei- bis dreifache Länge der Breite fordert. Außerdem berücksichtigt de Serres erstmals ausdrücklich die Perspektive im Garten. In der Praxis war dies wesentlich früher der Fall. Bei Boyceau finden wir erste deutliche Hinweise auf das dreidimensionale Gestalten, welches ebenfalls schon früher üblich war und seine Vollendung in den Gärten der Jahrhundertmitte (etwa Isola Bella oder Vaux-le-Vicomte) findet, in denen es nicht mehr auf die meßbare Form wie in der Renaissance, sondern auf die bildliche Wirkung ankommt. Die Regeln werden vermehrt. Boyceau nennt die Anforderungen *diversité, convenance* und *symmétrie* und gibt detaillierte Proportionsregeln für Alleen. Von hier zu Dézallier und Blondel werden die Gestaltungsgesetze nicht mehr grundlegend geändert.

Die Forderung nach *variété*, schon in Boyceaus *diversité* enthalten, betonen am Ende der Barockperiode Dézallier und Pluche besonders, und über Langley und Attiret gelangt sie hinüber in den Landschaftsgarten (Chambers, Rousseau, Whately, Mason, Morel). Die geometrischen Formen des Barockgartens werden als Vergewaltigung empfunden und aufgelöst, an ihre Stelle tritt die Unregelmäßigkeit mit der wellenförmigen Schönheitslinie (Addison). Anfangs wird die Wellenlinie noch geometrisch konstruiert (Switzer), später wird sie wie zufällig gebildet (Mason). Die wahre räumliche Gestalt interessiert dabei weniger als die Bildwirkung (Spence, Shenstone, Girardin, Whately, Repton). Grundrisse werden nicht oder selten gegeben. Täuschungen sind darum zulässig oder wünschenswert (Mason, Gilpin, Repton), wie ja auch das Kunstverbergen (s. o. S. 424) eine Täuschung ist.

Nach Shenstone sind *variety, smoothness* und *easy transitions,* die *beauty* ausmachen, ebenso erstrebenswert wie *simplicity* und *abrupt transitions*, die *grandeur* oder *sublimity* ausmachen. Für Chambers und die Pittoreske Schule hingegen ist *variety* nicht mehr ausreichend, sie wünschen allein heftige Gegensätze, Rauheit und plötzliche Übergänge. Price findet als erster Gartentheoretiker Gefallen an verwilderten Gärten (unter den Malern geht ihm Watteau voran).

Es darf nicht wundern, daß die gleichzeitige Architektur regelmäßig und symmetrisch ist. Whately und Watelet weisen ausdrücklich darauf hin, daß für Garten- und Baukunst andere Formgesetze gelten. Hinter beiden können wir durchaus gleiche Prinzipien sehen: Als natürlich und ursprünglich gelten antike Architektur ebenso wie der der antiken Landschaft nachgebildete Landschaftsgarten und die aus Baumstämmen gebildete Urhütte Laugiers. Nicht zufällig fallen die größte Vereinfachung der Architektur auf schmucklose Elementarkörper (Boullée, Ledoux) und die stärkste Annäherung des Gartens an die pittoreske Natur zeitlich zusammen.

Whately überwindet die unzusammenhängenden Teile und Bilder, indem er Einheitlichkeit und dreidimensionales Denken verlangt. Die Forderung nach Einheitlichkeit wird von nun an lange erhoben. Einheitlichkeit entstehe durch geschickte Kombination von Einförmigkeit und Vielfalt, sagt Alison. Ähnlich machen für Loudon *regularity, symmetrie, variety, intricacy* und *harmonie*, Forderungen also, die bislang selbständig erhoben wurden, zusammen die anzustrebende Einheit aus (vgl. auch Girardin, Price, v. Reider und Fürst Pückler).

In der Geschichte des Landschaftsgartens ist Thouin der erste, der so deutlichen Wert auf den Grundriß legte, daß er ihn in den Mittelpunkt seiner Veröffentlichung stellte. Er öffnete den Weg für Generationen von Landschaftsarchitekten, die den Erfolg auf die graphische Wirkung ihrer Grundrisse bauten.

Durch seinen Schüler Peter Joseph Lenné wurde Thouins Stil nach Deutschland übertragen. Lennés Schüler Gustav Meyer und weiter dessen Schüler hielten an dieser Richtung, die ohne Kenntnis Thouins *Lenné-Meyersche Schule* genannt wurde, bis gegen 1900 fest.

Die Regelmäßigkeit und Geometrie wurde von den Advokaten des Landschaftsgartens nur in Haus- und öffentlichen Gärten der Stadt geduldet (Kames, Watelet, Morel). Seit Jacobi wird sie, wie schon mehrfach bemerkt, ausdrücklich rehabilitiert. Price sagt, daß Landschaftsgartenformen genauso *formal* sein können wie geometrische und diskreditiert sie damit. Neue Forderungen werden gestellt: *Ordnung, Reinlichkeit und Eleganz* (v. Reider), *artificialness* und *agreeableness* (Loudon). Mehr und mehr werden Kreis, Oval und Achteck wieder verwendet (Loudon), und für M'Intosh ist der geometrische Stil dem landschaftlichen überlegen. An dieser Ansicht halten viele bis ins 20. Jh. fest (Sedding, Blomfield, Schultze-Naumburg, Encke, Lichtwark).

Nach dem erneuten Sieg der Geometrie verteidigen Robinson im Garten und Rudorff in der Landschaft wieder die Unregelmäßigkeit, und aus dem Streit beider Richtungen entsteht eine neue, die sich beider Prinzipien bedient (Jekyll, Lange, Maaß, Foerster, Sudell). Diese Gestalter denken durchaus dreidimensional. Ihre Grundsätze umschreiben sie mit *organisch-rhythmisch* (Maaß, Valentin), *Ausbalancieren der Massen, organhafte Gestaltung* (Koch), *proportion, balance* (Sudell; vgl. auch Eckbo und Crowe). Die räumlichen Formen sind abstrakt, l'art pour l'art. Es gibt keine festgelegten Regeln mehr hinter ihnen wie den Goldenen Schnitt (Lange), und aus dem theoretischen Überbau sozialer, politischer u. a. Forderungen lassen sie sich nicht wie bisher schlüssig ableiten. Abstrakt ist hier im wörtlichen Sinne als „verselbständigt" zu verstehen.

Le Roy verwirft wieder alle geometrischen und geraden Formen ähnlich wie Robinson und setzt Wellenformen und höchste Vielfalt an ihre Stelle. *Kleinzelliger Reichtum* ist auch Spitzers Grundsatz. Damit wird übergeordneten ökologischen und sozialen Forderungen entsprochen.

d) Zeit, Licht, Farbe

Das Gartenleben ist selbstverständlich immer auf die warme Jahreszeit und die helle Tageszeit konzentriert. Es gibt jedoch eine „Entdeckungsgeschichte" des Winters und der Nacht, die zu ihrer Einbeziehung in das Gartenleben führt. Sie fällt in das verstärkt die Natur beobachtende 18. Jh., genauer gesagt, in dessen zweite Hälfte. Bacons Ratschläge für einen ganzjährig blühenden Garten und Addisons Idee eines Winter-Gartens mit immergrünen und beerentragenden Gehölzen dürften Ausnahmen sein. Gewöhnlich herrscht bis dahin der unrealisierbare Wunschtraum vom ewigen Frühling. Die Rabatten des Barockgartens werden nur von März bis Oktober bepflanzt. Auch de Serres Hinweis auf die Schönheit der entlaubten Bäume scheint uns ungewöhnlich. Als Entdecker der positiven Werte der Nacht und des Winters gelten in der deutschen Dichtung Geßner und Matthison. Unter den Gartentheoretikern regen Spence, Chambers, Whately, Girardin, Morel und Repton die Berücksichtigung der Jahres- und Tageszeiten mit ihren unterschiedlichen Lichtverhältnissen und Farben an. Die liebevolle Beobachtung kommt einer Anerkennung der natürlichen Wandlungen gleich.

Das 19. Jh. hingegen versucht, den Einfluß der Zeit im Garten unwirksam zu machen. Loudons Wintergarten gleicht nicht mehr dem Addisons und Girardins: Es ist das den Winter ausschließende Gewächshaus. Loudon empfiehlt auch, Topfpflanzen in Beete zu setzen, damit durch ihr Austauschen die Illusion ständigen Blühens entstehen kann. Zu diesem Zweck liefert er Tabellen mit den Blütezeiten der Blumen. Ward und Hibberd vervollkommen seine Methoden. Der Wardsche Kasten ermöglicht ganzjährig *luxuriant verdure*, Hibberd 1871 erfindet den *Perpetual Flower Garden*, in dem die Beete ganzjährig, im Winter mit Immergrünen bestückt werden. Nichts anderes als einen *permanent garden* bezweckt Robinsons Förderung der ausdauernden Blütenpflanzen.

Im 20. Jh. werden die Errungenschaften der Vergangenheit mehr oder weniger übernommen. Eine allgemeine Ungeduld erlaubt kein Warten. Deshalb muß auch der Garten von Anfang an wie fertig aussehen, auch wenn er es nicht ist (Schneider 1907, S. 151), und eine vorausschauende Planung muß verhindern, daß unnötig Zeit bei Versuchen geopfert wird (Eckbo).

Im Gegensatz hierzu wollen Le Roy, Spitzer u. a. neues Verständnis für Prozesse wecken. Damit sind sowohl die von der Natur gelenkten als auch die durch den Menschen bei Gartenarbeit und -nutzung spontan entwickelten Prozesse gemeint.

Über die Farbe machen sich die frühen Theoretiker wenig Gedanken. Sie nehmen nur die „unzähligen verschiedenen Farben" der Blumen wahr (Lipsius, selbst noch Addison). Peschel sagt, man könne die Laubengänge in verschiedenen Farben streichen. Vielfarbig schillerndes Email kommt auch in Palissys Grotten und an Bacons Gartenfiguren vor. Die barocke Rabattenbepflanzung verwendet gemischt reine Farben wie Blau, Weiß, Rot und Gelb, um ein bunt gesprenkeltes Teppich- oder Emailbild zu erzeugen (Dézallier, Liger). In den Parterreflächen, deren Zeichnung erkennbar sein soll, pflanzt man flächenweise in einer Farbe und streut farbigen Kies (de Serres, Boyceau). Später bildet sich die Regel heraus, daß der Grund der Broderieornamente weiß, die Zeichnung selbst schwarz ist (d'Aviler, Dézallier), manchmal auch rot (Blondel) und nur noch aus buchsgerändertem Kies besteht.

In der zweiten Hälfte des 18. Jh. kommt ein Sinn für Farbschattierungen auf. Laugier 1753 erfindet ein Rasenparterre mit verschiedenen Grüntönen, Chambers 1757 möchte in der Ferne hell gestrichene Gebäude und hellaubige Gehölze anbringen und vorne dunkle, um die Luftperspektive zu verstärken (so auch Thouin u. a.). Whately 1771 beobachtet die Laubfärbung im Laufe des Jahres.

Repton führt 1803 die wissenschaftliche Betrachtung der Farbharmonien nach Newton in die Gartenkunst ein. Obwohl teils auf Goethe, teils auf Chevreul sich berufend, setzen die sich mit Pflanzenverwendung befassenden Autoren des 19. Jh. diese Tradition fort (M'Intosh, Hibberd, Petzold, Jäger, Robinson) bis hin zu Jekyll, Foerster, Borchardt und Sackville-West, denen die Farbe fast das wichtigste in der Gartengestaltung zu sein scheint. Petzold 1853 und Jekyll 1908 treten mit Monographien zur Farbe im Garten hervor.

Die folgende Zeit rückt von der ins äußerste verfeinerten Jekyllschen Farbkunde ab und kommt zu groben, großflächigen Farbkontrasten zurück (Olbrich, Schneider, Maaß, Koch, Tunnard, Eckbo). Kräftige, volle Farben sind gefragt.

Le Roy lehnt es ab, bestimmte Farbvorgaben zu machen und fordert zur Berücksichtigung der durch den ökologischen Standort gegebenen Farbmöglichkeiten auf.

Über **Geruch** und **Geräusch** noch ausführlich zu handeln, erübrigt sich. Sie gehören zu der sinnlichen Wirkungsweise des Gartens, die ihm im Mittelalter und teilweise noch in der Renaissance zugebilligt wird (Albertus, Estienne, Palissy, Bacon), die im Barock zurückgedrängt und unter dem Einfluß des Sensualismus erneuert wird (Blondel, Chambers), wieder verschwindet, auftaucht (Foerster), verschwindet und auftaucht (Andritzky/Spitzer).

4. Elemente

a) Pflanzen

Im mittelalterlichen Garten sind Bäume offenbar die Hauptsache. Der Rosenroman zählt sie zuerst auf und nennt als letztes die Blumen. Albertus betont die freie Rasenfläche als zentrales Element des Lustgartens neben Bäumen und Blumen. Crescenzi dann berichtet als erster von der Verwendung lebender Gehölze zur Herstellung von Architekturen als Aufenthaltsort von Menschen. Das volle Spektrum der Pflanzenverwendung, wie es bis zum Ende der geometrischen Tradition bestand, entfaltet zuerst Colonna: Zu Baum, Rasen und grüner Architektur treten bei ihm die Elemente Allee, figürliches Beet, Labyrinth und Baumskulptur (wir müssen Umschreibungen verwenden, da damals noch keine Terminologie feststand).

Wir können deutlich verfolgen, wie aus den nach Pflege-Gesichtspunkten angelegten Blumenbeetstreifen der antiken Ackerbauschriftsteller und des St. Galler Plans allmählich Zierbeete von immer komplizierterer Form (Colonna, Estienne, Peschel, Lawson, Loris) und schließlich Parterres werden. De Serres empfiehlt, die Erde zwischen den Blumen zur Betonung der Ornamentik mit farbigen Kiesen zu bestreuen. Seit Boyceau sind die Beete reine Ornamente, die statt mit Blumen nur noch mit Kies gefüllt sind. Diese Beetform heißt bei Boyceaus Nachfolgern Broderie, in Deutschland Laubwerk. Jeder Teil der Broderieornamentik erhält seinen Namen (d'Aviler, Liger, Dézallier, *Encyclopédie*). Die einzelnen, zusammenhängende Figuren bildenden Beetfelder *(quarreaux, tableaux)* werden bei de Serres und Boyceau von Bordüren aus einer einzigen hohen Pflanzenart, bei Le Nostre, d'Aviler, Dézallier, Pluche und Blondel dann von Rabatten gerahmt, die aus Buchshecken, Blumen, Einzelsträuchern und Vasen bestehen. Die einzelnen Beete sind ursprünglich mit Planken eingefaßt und gegenüber den Wegen erhöht. In der Renaissance verwendet man zunehmend Kräuter für die Einfassung, im Barock nur noch Buchs, und die Erhöhung fällt weg.

Ähnlich wie das Parterre aus dem Blumengarten entwickelt sich das Boskett aus dem Baumgarten. Der Baumgarten besteht aus regelmäßig geordneten Bäumen, deren Stämme man sieht. Das Boskett, die Sonderformen ausgenommen, besteht aus Wegen, die mit übermannshohen Hecken eingefaßt sind, hinter denen sich dunkles Dickicht ausbreitet.

Von Colonna bis Mitte des 18. Jh. spielt die Einzelpflanze keine Rolle, sondern ihre Eignung, formbares Material abzugeben. Nur in kleinen Sondergärten wie privaten Blumengärten oder Orangerien geht es neben der Kunstform auch um die Ausstellung bestimmter Pflanzenarten. Switzer nennt überhaupt keine Blumen.

Am Ende des Barocks erlangt der Rasen auch außerhalb Englands, wo das Klima ihn stets begünstigte, große Beliebtheit und ersetzt in Form von Böschungen *(talus)*, Stufen usw. steinerne Stützmauern und Treppen; außerdem tritt er bei der Parterreornamentik an die Stelle von Broderie und Blumen (d'Aviler, Dézallier, Laugier).

Über Switzer pflanzt sich die Tradition, Pflanzen als raumbildende Elemente zu betrachten, in den Landschaftsgarten fort. Browns *clumps* schaffen Räume wie zuvor die Boskettwände, nur haben sie andere Gestalt. Auch Whately versteht die Gehölze wie das Bodenrelief als Mittel der Raumbildung. Gilpin und Price verfeinern Browns *clumping*-Methode, indem sie mehr auf den malerischen Ausdruck der Laub- und Geäststrukturen achten. Auch für sie sind die Gehölze die wichtigsten Elemente.

Parallel zu dieser Entwicklung des blumenlosen Parks müssen wir die Entwicklung des Gartens betrachten. Das Rokoko und Rousseau wenden sich liebevoll den kleinen Elementen Blume, Girlande, Blumenvase und Blütenstrauch zu, die sie über die machtvollen Züge des Parks stellen. William Mason und Gilpin erlauben diese Elemente ausdrücklich im Garten, während sie sie für mit dem Park unvereinbar halten. Ebenso ordnet Gilpin den geschorenen Rasen dem Garten, die (Vieh-)Weide dem Park zu. Der Sentimentale Garten nach Chambers verbindet gewissermaßen beide Betrachtungsweisen, wenn in ihm die Raumbildung unwichtig und die Gehölzart (z. B. Trauerweide) als Stimmungsträger wichtig wird. Man wird also nicht sagen können, die Periode des frühen Landschaftsgartens oder das 18. Jh. verdränge die Blume. Im Park des 18. Jh. hat sie in der Tat keinen Platz, im Garten aber durchaus.

Eine zunehmende Wertschätzung des Gartens auf Kosten des Parks haben wir seit Jacobi verfolgt. In der Folge widmet man Blumenbeeten, fremdländischen Gehölzen, Kübelpflanzen und Rasen mehr Aufmerksamkeit. Die Gestaltung des Blumenbeetes wird ein Thema für sich, seit Repton Abbildungen von Beeten veröffentlicht. Von Reiders Garten besteht nur noch aus Blumen und einigen Obstbäumen. Im 19. Jh. werden immer neue Klassen vornehmlich kleiner Pflanzen für den Garten entdeckt: Farne und Moose (Ward), Efeu (Hibberd), Rosen, Ericaceen, *subtropical*, d. h. Pflanzen mit auffallenden Blattformen (Fintelmann, Alphand, Hibberd, Robinson), Alpenstauden, Zwergkoniferen, Gräser usw. Auch Robinson hat an dieser Entwicklung Anteil, wenn er die winterharten Blütenstauden und die Frühjahrsgeophyten fördert. Er versucht, der Zersplitterungstendenz entgegenzuwirken, die jeder Pflanzenklasse ihren Sondergarten zugesteht (Repton, Loudon, Hibberd). Am kennzeichnendsten für die Pflanzenverwendung im 19. Jh. scheint Loudons *gardenesque style,* der es auf die Ausstellung der individuellen Pflanze anlegt statt auf ihre Verwendung als raumbildendes Element. Die Beschränkung der Gartengrundstücke führt außerdem dazu, daß *die kleine Blütenpflanze* (Schneider) wichtiger als das Gehölz wird (so noch bei Foerster und Borchardt).

Hingegen sagt schon Hibberd (1871, S. 4f.): *Before flowers are thought of, a garden should be provided for the sustenance of a suitable extent of shrubbery, grass-turf, and other permanent features [...]; flowers alone do not constitute a garden.* Sedding und Blomfield propagieren die Beschränkung des Pflanzenmaterials auf den Stand des 16. und 17. Jh. und rehabilitieren zugleich die Verwendung von Gehölzen als formbares Material *(topiary art)* vollständig. Für Schultze-Naumburg scheint die Blume ganz ihre Bedeutung angesichts der raumbildenden Elemente Baum, Stein und Rasen verloren zu haben. Maaß, Koch, Valentien und Tunnard kämpfen gegen die Anthomanie der Robinsonschule. Für sie ist der nutzbare Rasen das wichtigste Gartenelement. Blumen und Gehölze sind nur an seinem Rande zugelassen. Expressive Gehölze und Großstauden werden als freiplastische Elemente geschätzt, die man gegen die Architektur ausspielen kann (Valentien, Tunnard, Eckbo).

Le Roy kehrt den bisherigen Klassifizierungen Rasen/Blume/Strauch/Baum oder Zierpflanze/Nutzpflanze/Unkraut den Rücken und kennt nur noch Pflanzengesellschaften, die entsprechend ihrem Standort alle Arten aufnehmen. Durch die Einbeziehung auch der Unkräuter und abgestorbenen Materials geht er damit weiter als Robinson.

Elemente 467

b) Wasser

Die Antike kennt Fischbassins, Schalenbrunnen, Bäche und Gefäße zum Kühlen der Getränke im Garten. Im Mittelalter ist der Brunnen ein zentrales Element. Er besteht aus einem Becken, in dem man baden kann, und einem verzierten Aufbau. Seine Lage in der Mitte geht auf seine ursprüngliche Aufgabe, den Garten zu bewässern, zurück. An derselben Stelle können wir den Brunnen bis ins Barock weiterverfolgen, wobei die Aufbauten wie Schalen und Figuren allmählich verschwinden und zum Schluß nur ein ebenerdiges Becken mit einem *jet d'eau* bleibt. Kanäle finden wir zuerst bei Colonna und von dort bis Le Nostre und Switzer, die sie gern ans Ende ihrer großen Achsen legen. Fischbassins gibt es bei Furttenbach und in Marly, dem Privatgarten Ludwigs XIV. In den hochbarocken Repräsentationsanlagen ist dagegen eher das große Spiegelbecken *(pièce d'eau)* ohne Fische üblich. Komplizierte Wasserspiele, Wasserscherze und Kaskaden entwickeln sich im Manierismus, oft verbunden mit Grotten (Palissy, Villa d'Este, Hellbrunn, Furttenbach). Mit Ausnahme der Wasserscherze werden diese Elemente im Barockgarten weiterverwendet und mit einer detaillierten Terminologie versehen (Boeckler, Dézallier, Switzer). Mit ihrer Größe steigt bis zum Barock der Aufwand für die Wasserspiele, grundsätzlich aber bleiben sie geometrisch, und es wird das ruhende ebenso wie das bewegte Wasser geschätzt.

In den kleinen Anlagen des Rokoko schrumpft das Wasser auf kleine Wasserspiele (Bayreuther Eremitage), Teiche und Bäche zusammen (Rousseau), oder es wird gar nicht erwähnt (Pluche). Browne dagegen verwendet in seinen Landschaftsgärten große, ruhige Seen, die den barocken *pièces d'eau* nahestehen, wenn sie auch anders geformt sind. Whately weist auf die Notwendigkeit vieler Buchten hin, damit ein See größer erscheine, als er ist. Als erster erwähnt er das Meer, das er sich aber nur mit seitlicher Rahmung vorstellen möchte. Ohne Rahmen sehen es erst Gartenverächter wie C. D. Friedrich. Gilpin und W. Mason haben Vorbehalte gegen künstliche Gewässer, aber nur, weil sie fürchten, sie könnten nicht naturwahr genug ausgeführt werden. Price gibt genaue Regeln, wie die Ufer zu gestalten sind, damit sie natürlich und pittoresk wirken. Das ruhende Wasser allein ist seit Chambers nicht mehr interessant genug; Wasserfälle und Felshindernisse in Flüssen bringen Bewegung hinzu. Gemeinsam ist all diesen Wasseranlagen, daß sie sich von natürlichen ableiten, was es vor dem 18. Jh. kaum gab, von Einzelfällen wie den *Bosquets des Sources* Le Nostres in Versailles und Trianon abgesehen.

Price rehabilitiert als erster die alte steingefaßte Fontäne. Sie ist ein fester Bestandteil des romantischen Gartens (Eichendorff, Schloß Charlottenhof in Potsdam) und wird im Laufe des 19. Jh. immer größer und prächtiger (Loudon, M'Intosh, Olmsted/Vaux). Daneben bleibt in Parks der See mit Buchten, Inseln und Wasserfällen ein traditionelles Element (Fürst Pückler, Meyer). Loudon zeigt 1822, wie man Becken abstuft, um sie mit verschiedene Tiefen verlangenden Wasserpflanzen zu bestücken.

Die typische Wasseranlage des 20. Jh. ist das als *swimming-pool* genutzte oder mit Wasserpflanzen besetzte Gartenbecken mit flachem Plattenrand. Wasserspiele kommen nur in repräsentativen Anlagen vor, die aber selten sind. Das Wasser wird eher statisch aufgefaßt (*gravity material:* Eckbo). In letzter Zeit gilt der kleinste, mit Folie oder einer Tonne hergestellte Tümpel als *Feuchtbiotop*, auf den man ungern im Garten verzichtet.

c) Wege

Die römische Antike unterscheidet *gestatio* (breiter Weg), *ambulatio* (einseitig offener Wandelgang) und Pflegeweg (zwischen Beeten). Im Mittelalter wird nicht von Wegen im Lustgarten gesprochen; man bewegt sich auf dem Rasen. Renaissance und Barock greifen die antike Unterscheidung auf: Es gibt offene und bedeckte Gänge *(allées découvertes & couvertes)* und Pflegegänge *(sentiers)*. Der bedeckte Gang ist in Italien eine Pergola, sonst ein Laubengang aus berankbarem Lattenwerk oder aus geleiteten Bäumen *(berceau artificiel & naturel)*. Da man Schatten sucht, ist der bedeckte Gang oder die Baumallee der Hauptaufenthaltsort im Garten. Die Wege sind gerade, kreisförmig oder oval. Die gewöhnliche Bedeckung ist Kies oder Sand, in besonderen Fällen Pflaster oder Kieselmosaik.

Geschlängelte Wege werden erstmals 1698 im *Bosquet de Louveciennes* in Marly angelegt, und Switzer empfiehlt sie erstmals ausdrücklich. Anfangs noch als geometrische Kurven konstruiert (Langley), werden sie später frei entworfen (W. Mason). Gegen das zunächst unreflektierte Schlängeln an sich wendet sich Whately, wenn er verlangt, die Wegeführung durch Hindernisse zu begründen (auch Gilpin, Repton). Im Garten werden die Wege mit Kies bestreut, im Park sind es sandige Fahrwege.

Im Landschaftsgarten des 19. Jh. verfestigen sich Regeln für Wegekreuzungen und -abzweigungen (Repton). Thouin und Lenné setzen die ornamentale Wirkung der Wege im Grundriß mit ein. Zur gleichen Zeit werden für den Garten die geometrischen Wegefiguren wiederentdeckt.

Die Reformer der Wende zum 20. Jh. verurteilen schön geschwungene Wege und möchten überhaupt die Wege soweit wie möglich reduzieren. Der Verlauf soll nur praktischen Notwendigkeiten folgen (Robinson, Schultze-Naumburg, Lange, Harbers). Als pflegeleicht werden Wege aus polygonalen Natursteinplatten bevorzugt, in deren breiten Fugen Gräser und Kräuter wachsen (Jekyll, Lange, Harbers, Sudell, Maaß, Foerster), später auch Wege aus Betonplatten und gar aus Asphalt. Da man Sonne sucht, gelten Pergola und Laubengang jetzt nicht mehr als Wege, sondern als besondere Bauwerke.

Der Trampelpfad, den schon Migge in Abwehr des Landschaftsgarten-Weges favorisierte, spielt eine große Rolle im ökologischen Garten *(Grün in der Stadt).* Vermieden wird in jedem Fall die Versiegelung der Oberfläche, Le Roy baut Wege aus trocken verlegtem Schutt und anderem Abfall. Verpönt sind auch Kantensteine.

d) Bauwerke, Skulptur

Von den Wandelgängen abgesehen, die im vorigen Abschnitt behandelt wurden, gab es in der Antike schon Obsthäuser (Varro), die Vorläufer der Orangerien (de Serres, Scamozzi), Vogelhäuser (Varro, s. u.) und verschiedene kleine Gebäude zum Aufenthalt wie Stibadien und Lauben (Plinius d. J.). Gebäude aus lebenden Bäumen kennen wir seit Crescenzi. Sie mögen in Verbindung stehen mit der Tradition geleiteter Dorflinden, die unter den Gartenautoren Scamozzi und Dézallier erwähnen, und deren Ursprünge in mystischem Dunkel liegen (vgl. Graefe). Alberti erwähnt Grotten, die im Manierismus (Palissy, Furttenbach) sehr wichtig werden. Gartenhäuser *(Palazzotti)* nennt Furttenbach. Figuren, Vasen, Balustraden und Reliefs sind ebenfalls schon aus antiken Gärten bekannt und werden in Renaissance und Barock übernommen (Furttenbach, d'Aviler, Blondel). Man unterscheidet u. a. Statuen, Hermen und Büsten, denen jeweils bestimmte Postamente zugeordnet sind. Zur Ikonologie ist wenig bekannt. Allgemein wird man sagen können, daß Naturkräfte (Elemente, Tages- und Jahreszeiten, Faune, Nymphen), Gottheiten, Tugenden, historische Personen (Kaiser- und Dichterbüsten), lokale Personifizierungen (Erdteile, Flüsse), Eigentümer und groteske Figuren (Gnome) dargestellt und oft auch in Beziehung gesetzt werden. An Figuren, Gebäuden angebrachte oder selbständige Beschriftungen geben dem Geist weitere Nahrung (Colonna, Bomarzo, Valsanzibio, Erasmus, Palissy). Die Figuren sind bevorzugt aus Marmor und Bronze (Versailles), ersatzweise aus Blei, Eisen, Sandstein oder Holz, das als Marmor (oder auch polychrom?) bemalt ist. Eine beliebte Skulptur ist auch seit Colonna der Obelisk im Garten (bei van der Groen aus Lattenwerk).

Im frühen Landschaftsgarten halten sich Figuren mit emblematischer Bedeutung (Switzer, Langley), und Gebäude übernehmen emblematische Aufgaben (Addison, Stowe). Hier kommt es mehr auf die Aussage als auf den Kunstwert an. Als Kunstprodukt werden alle Steinerzeugnisse schon von Dézallier, dann von Pluche und Rousseau aus dem Garten ferngehalten. Kames hat Vorbehalte auch gegen Emblematik in Wort und Bild, Whately lehnt sie ganz ab. Bestimmte Charaktere sollen zwar weiterhin ausgedrückt werden, jedoch allein durch Naturmaterial, wobei Bauwerke nur unterstreichend hinzutreten dürfen. Auf diese Weise rechtfertigen sich Ruinen (zuerst bei Langley), griechische, gotische, chinesische usw. Gebäude, rustikale Hütten und Lauben (zu denen auch Laugiers Urhütte gehört), Felsen (Chambers) und Brücken (Whately). Treppen, Mauern und Statuen fehlen im reifen Landschaftspark des 18. Jh. Als am Jahrhundertende das Streben nach Naturwahrheit zunimmt, werden Gebäude in landesfremdem Stil verworfen (W. Mason), ebenso Tempel im Park (Gilpin) und Gebäude, die keinen Nutzwert haben (Price, Repton). Auch bemüht man sich, die Häufung von Gebäuden, wie sie in Hohenheim ihren Höhepunkt erreicht, einzudämmen: Whately läßt noch drei Gebäude pro Szene, Gilpin nur noch eins zu.

Im rehabilitierten Garten sind jedoch Bauwerke, Skulpturen und

Inschriften erlaubt (W. Mason, Gilpin, Price). Das 19. Jh. übernimmt sie alle in ihr Repertoire, das bei Loudon unübertrefflich breit wird. Gartenbauwerke des 18. Jh., wie die aus Felsen und Knüppelholz, finden wir im 19. Jh. oft gesteigert wieder. Auch können wir die Ruine von Langley über Gilpin und Price bis Ward verfolgen usw. Neu sind lediglich die industriellen Erzeugnisse Glashaus (Repton, Scott, Loudon), gußeiserne Blumenständer, Beeteinfassungen, Brücken und Möbel (Loudon, M'Intosh, Hibberd) und in gewisser Weise die von Sir Charles Edmund Isham (1819–1903) aufgebrachten Gartenzwerge, die allerdings von der ernsthaften Gartentheorie des 19. Jh. ignoriert werden.

Das nunmehr erneute Vorherrschen der Bauelemente bekämpfen Robinson, Rudorff und Lange. Gleichzeitig versuchen die Architekten Blomfield und Schultze-Naumburg die Bauwerke im Garten stilistisch zu reinigen. Statt eisernen und Krummholzmöbeln sind weißlackierte Holzmöbel, statt eisernen und Forsthausstil-Lauben schlichte Lattenlauben und Pergolen, statt Gartenzwergen gute Plastiken gefragt. Materialgerechtigkeit wird angestrebt (Migge, Schneider, Lange, Seifert). Neu kommen im 20. Jh. Turngeräte, Buddelkisten und leichte, nicht mehr unbedingt wetterfeste Möbel wie Liegestühle hinzu, außerdem Bade- und Brauseanlagen, Wäschetrockner, Kegel- und Tennisplätze. *Die funktionellen Ausstattungen des Gartens, Mittel und Vorrichtungen zum Gartenleben bestimmen seine Form und ergeben sein Zeitgepräge* (Valentien 1931, S. 6). Als neue Materialien werden Glas und Stahl (Maaß) und Beton (Tunnard) anerkannt.

Keinerlei Bauwerke sieht Le Roy vor. Spitzer schätzt die primitivsten Ausprägungen des Bauens im Garten wie Bretterbuden, Muschelburgen und Autoreifenskulpturen. So zeichnet sich abermals ein scharfer Bruch mit der Bautradition im Garten, vergleichbar dem Rousseaus und Robinsons, ab.

e) Tiere

Varros Vogelhaus und Columellas Tiergärten bezeugen die Einbeziehung von Tieren in den Garten der Antike. Der Rosenroman zählt Hirsche, Rehe, Eichhörnchen und Kaninchen im Garten auf. Crescenzi sieht Tiergärten und Vogelhäuser vor. Colonna faßt die

Tierwelt übersichtlich in genau begrenzten Gartenteilen im äußeren Ring Kytheras zusammen, einige Ziervögel und Wassertiere dringen auch weiter vor. In den inneren Gartenteilen sind nur kleine, harmlose Tiere zugelassen. Palissy will manieristisch irritieren, wenn er echte Reptilien und Fische zum Vergleich mit seinen keramischen in den Garten einläßt. Vögel hegt er um ihrer selbst willen und ohne Käfige. Im übrigen dürfen Pflanzen offenbar näher ans Haus vordringen als Tiere, da sie weniger fremd erscheinen. Bacon will gar keine Tiere im Garten. In Estiennes Blumengarten gibt es nur Bienen. Boyceau, Furttenbach und Ludwigs XIV. Marly kennen noch Fischteiche, im barocken Repräsentationsgarten aber haben Tiere nichts zu suchen, Hündchen, Reit- und Kutschpferde vielleicht ausgenommen. Die Tiergärten sind an die Peripherie verwiesen. Dort werden die Tiere weniger beobachtet als geschossen (Furttenbach).

Das Rokoko beschäftigt sich gern mit kleinen Tieren, Lämmern und dergleichen. Rousseau will in Julies Garten mit freien Vögeln und Barschen zusammenleben. Im Landschaftspark sind dagegen Rinder, Schafe und Damhirsche nur als ferne Staffage erwünscht, mit der man nicht persönlich in Berührung kommen möchte (Gilpin, Repton).

Im 19. Jh. sind kleine Tiere als Boten der verlorenen Natur Gegenstand umfassenderer Aufmerksamkeit. Von Reider schätzt Vögel und Schmetterlinge, Loudon beobachtet Insekten, Hibberd hält Papageien, Bienen, Schnecken, Frösche, Fische, Korallen, Krebse und Seesterne. Es sind zivilisierbare, unschädliche Tiere, und so bleibt es auch im 20. Jh.: Ziervögel (Sedding), Singvögel (Migge), Kleinvieh (Maaß), Insekten, Vögel, Fische (Foerster), Singvögel (Seifert). Auf die extrem gezüchteten Ziertiere (Eckbo) antworten Le Roy dann mit Schädlingen wie Schnecken und Käfern und Spitzer mit altertümlichen Haustieren wie Ziegen und Schweinen.

WEITERE ZITIERTE LITERATUR

Die Werke der im Text ausführlich behandelten Gartentheoretiker und die unmittelbar dazugehörige Sekundärliteratur sind in Teil I aufgeführt. Hier folgen nur die übrigen erwähnten Schriften. Es sind die jeweils frühesten Ausgaben angegeben. Mehrere Werke eines Verfassers sind chronologisch geordnet.

ALLINGER, GUSTAV: Der Deutsche Garten. München 1950.
ALPHAND, ADOLPHE: Les Promenades de Paris. 3 Bde. Paris 1867–72.
ANGER, ALFRED: Der Landschaftsstil des Rokoko. In: Euphorion 51. (1957), S. 151–191.
ARNIM, ACHIM V.: Armut, Reichtum, Schuld und Buße der Gräfin Dolores. 1810.
BACHMANN, KARL FRIEDRICH: Die Kunstwissenschaft in ihrem allgemeinen Umrisse dargestellt. Jena 1811.
BERTUCH, FRIEDRICH JUSTIN: Ein Garten für Kinder. In: Allgemeines Teutsches Gartenmagazin 6. (1809), H. 1, S. 3f.
BLOMFIELD, SIR REGINALD: The Formal Garden in England. London 1892.
BLONDEL, JACQUES-FRANÇOIS: De la Distribution des Maisons de Plaisance, et de la Decoration des Edifices en general. Paris 1737/38.
BOCCACCIO, GIOVANNI: Il Decamerone. 1470.
BOECKLER, GEORG ANDREAS: Architectura curiosa nova, Bd. 2/3. Nürnberg 1664.
BOITARD, PIERRE: Le Jardinier des Fenêtres, des Appartements et des Petits Jardins. Paris 1823.
BORCHARDT, RUDOLF: Der leidenschaftliche Gärtner. Zürich und München 1951 (Anthologie).
BOUCHÉ, CARL PAUL: Der Zimmer- und Fenstergarten. Berlin 1808.
BRINCKMEIER, EDUARD: Flora: Gartenbuch für Damen. Leipzig 1883.
BROWNE, SIR THOMAS: The Garden of Cyrus; or, The Quincunciall Lozenge: or, Net-work Plantations of the Ancients; Artificially, Naturally and Mystically considered. o. O. 1658.
BURCKHARDT, LUCIUS: Natur und Garten im Klassizismus. In: Der Monat, 15. (Juni 1963), S. 43–47, 50–52.
CARRIÈRE, MORITZ: Aesthetik [. . .]. Leipzig 1859.
COLUMELLA, LUCIUS JUNIUS MODERATUS: De re rustica, Buch 10.

CONWENTZ, HERMANN: Die Gefährdung der Naturdenkmäler und Vorschläge zu ihrer Erhaltung. Berlin 1904.

COWELL, FRANK RICHARD: The Garden as a Fine Art. London 1978.

CROWE, SYLVIA: Garden Design. London 1958.

DAMI, LUIGI: Il Giardino Italiano. Mailand 1924.

DELILLE, JACQUES: Les Jardins, ou l'Art d'embellir des Paysages. Paris 1782.

DOWNING, ANDREW JACKSON: A Treatise on the Theory and Practice of Landscape Gardening, adapted to North America. New York und London 1841.

DREWEN, UWE: Quellen zur deutschen Gartenkunst des 19. Jahrhunderts. In: Das Gartenamt 34. (1985), S. 83–91.

DUCHÊNE, ACHILLE: Les Jardins de l'avenir. Hier. Aujourd'hui. Demain. Paris 1935.

EICHENDORFF, JOSEPH FREIHERR V.: Das Schloß Dürande. In: Urania (1837).

EICHENDORFF, JOSEPH FREIHERR V.: Libertas und ihre Freier [1849]. Leipzig 1864.

EICHENDORFF, JOSEPH FREIHERR V.: Erlebtes [1857]. Paderborn 1866.

ENCKE, FRITZ: Der Hausgarten. Jena 1907.

Encyclopédie ou Dictionnaire raisonnée des sciences, des arts et des métiers. Paris 1751–80.

EVELYN, JOHN: Sylva, or a Discourse on Forest-Trees [. . .]. London 1664.

FALKE, JAKOB V.: Der Garten: Seine Kunst und Kunstgeschichte. Berlin und Stuttgart 1884.

FARRER, REGINALD: My Rock Garden. London 1907.

FELTON, SAMUEL: On the Portraits of English Authors on Gardening. London 1828.

FERRARI, GIOVANNI BATTISTA: De Florum Cultura Libri quatuor. Rom 1633.

Fifty Years of Landscape Design 1934–1984. London 1985.

FINTELMANN, GUSTAV ADOLPH: Über Anwendung und Behandlung von Blattzierpflanzen und deren Verbindung mit Rankgewächsen für Schmuckgruppen. In: Verhandlungen des Vereins zur Beförderung des Gartenbaus in den Königlich Preußischen Staaten 10. (1834). S. 359 bis 371.

FOERSTER, KARL: Vom Blütengarten der Zukunft. Berlin 1917.

FOERSTER, KARL: Unendliche Heimat. Berlin 1925.

FOERSTER, KARL: Garten als Zauberschlüssel. Berlin 1934.

FORESTIER, JEAN C. N.: Jardins; carnet de plans et dessins. Paris 1920.

FOUQUIER, MARCEL: De l'Art des Jardins du XVe au XXe Siècle. Paris 1911.

FOUQUIER, MARCEL, und ACHILLE DUCHÊNE: Des divers Styles de Jardins. Paris 1914.

Fries, Jakob Friedrich: Handbuch der Religionsphilosophie und Ästhetik (Handbuch der praktischen Philosophie oder der philosophischen Zwecklehre 2. T.). Heidelberg 1832.

Fritsch, Theodor: Die Stadt der Zukunft. Leipzig 1896.

Ganzenmüller, Wilhelm: Das Naturgefühl im Mittelalter. Leipzig und Berlin 1914.

Geddes, Patrick: City Development: A Study of Parks, Gardens, and Culture-Institutes. Edinburgh 1904.

Gessner, Salomon: Der Wunsch. In dessen: Idyllen. Zürich 1756.

Girardin, René-Louis Marquis de: De la composition des paysages [. . .]. Paris und Genf 1777 (zit. n. d. Ausg. Paris 1979).

Goethe, Johann Wolfgang v.: Über den Dilettantismus [1799]. In dessen: Werke [1. Abt.], Bd. 47. Weimar 1896, S. 310–326.

Goldsmith, Margaret Olthof: Designs for Outdoor Living. New York 1941.

Gorer, Richard: The Flower Garden in England. London und Sydney 1975.

Gothein, Marie-Luise: Geschichte der Gartenkunst. Jena 1914, 2 Bde.

Graefe, Rainer: Geleitete Linden. In: Daidalos 23. (1987), S. 17–29.

Grisebach, August: Der Garten: Eine Geschichte seiner künstlerischen Gestaltung. Leipzig 1910.

Groen, Jan van der: Den Nederlandtsen Hovenier (Het Vermakelyck Landt-Leven I. [II.] Deel). Amsterdam 1669.

Hallbaum, Franz: Der Landschaftsgarten: Sein Entstehen und seine Einführung in Deutschland durch Friedrich Ludwig v. Sckell. München 1927.

Haller, Albrecht v.: Die Alpen. In dessen: Versuch schweizerischer Gedichten. 1732.

Hampel, Wilhelm: Die moderne Teppichgärtnerei. Berlin 1880.

Harbers, Guido: Der Wohngarten. München 1933.

Hartmann, Eduard v.: Zweiter systematischer Theil der Ästhetik (Ausgewählte Werke Bd. IV). Leipzig 1887.

Hasler, Hans: Deutsche Gartenkunst. Stuttgart 1939.

Hayward, Charles Francis: Geometrical Flower Beds, for Every Body's Garden. London 1853.

Hegel, Georg Wilhelm Friedrich: Vorlesungen über die Ästhetik [1818–29]. Berlin 1835, 3 Bde.

Hennebo, Dieter, Gärten des Mittelalters (Geschichte der Deutschen Gartenkunst Bd. I). Hamburg 1962.

Hennebo, Dieter, und Alfred Hoffmann: Geschichte der Deutschen Gartenkunst. 3 Bde. Hamburg 1962–65.

Herder, Johann Gottfried: Kalligone. Vom Angenehmen und Schönen. Leipzig 1800, 2. T., Abt. 1.

HEYDENREICH, CARL HEINRICH: Originalideen über die kritische Philosophie. Leipzig 1793, S. 195–230.

HILL, THOMAS: A most briefe and pleasant treatyse, teachynge howe to dress, sowe, and set a Garden [. . .]. London 1563.

HINZ, GERHARD: Peter Josef Lenné und seine bedeutendsten Schöpfungen in Berlin und Potsdam. Berlin 1937.

HIPPEL, WALTER JOHN: The Beautiful, the Sublime, and the Picturesque in Eighteenth-Century British Aesthetic Theory. Carbondale 1957.

HIRSCHFELD, CHRISTIAN CAJUS LAURENZ: Theorie der Gartenkunst. Leipzig 1779–85, 5 Bde.

HÖLTY, LUDWIG CHRISTOPH HEINRICH: Sämmtliche hinterlassene Gedichte. Halle 1782/83.

HOWARD, EBENEZER: To-Morrow, a Peaceful Path to Real Reform. London 1898.

HÜTTIG, O. [BERNHARD OSWIN]: Geschichte des Gartenbaus. Berlin 1879.

HUGHES, JOHN ARTHUR: Garden Architecture and Landscape Gardening. London 1866.

HUNT, JOHN DIXON, und PETER WILLIS (Hrsg.): The Genius of Place: The English Landscape Garden 1620–1820. London 1975.

HUSSEY, CHRISTOPHER: The Picturesque. London und Totowa, N.J. 1927.

IMMERMANN, KARL LEBERECHT: Münchhausen: Eine Geschichte in Arabesken. 1. Buch. Düsseldorf 1838 (Schriften Bd. 8).

JÄGER, HERMANN: Frauengarten: Illustrirtes Gartenbuch für Damen jeden Standes. Stuttgart und Leipzig 1871.

JÄGER, HERMANN: Gartenkunst und Gärten sonst und jetzt [. . .]. Berlin 1888.

JÄGER, HERMANN: Ideenmagazin zur zweckmässigsten Anlegung und Ausstattung geschmackvoller Hausgärten [. . .]. Weimar 1845.

JÄGER, HERMANN: Katechismus der Ziergärtnerei. Leipzig 1853.

JÄGER, HERMANN: Der Hausgarten. Weimar 1867.

JÄGER, HERMANN: Lehrbuch der Gartenkunst. Berlin und Leipzig 1877.

JEKYLL, GERTRUDE: Wood and Garden [. . .]. London 1899.

JEKYLL, GERTRUDE: Home and Garden [. . .]. London 1900.

JEKYLL, GERTRUDE: Colour in the Flower Garden. London 1908.

JOHNSOHN, GEORGE WILLIAM: A History of English Gardening from the Invasion of the Romans to the Present Time. London 1829.

JOHNSON, LOUISA: Every Lady Her Own Flower Gardener. London 1839.

JÜHLKE, FERDINAND: Garten-Buch für Damen [. . .]. Berlin 1857.

KAMES, HENRY HOME LORD: Elements of Criticism. Edinburgh 1762, Kap. 24.

KANT, IMMANUEL: Kritik der Urteilskraft. Berlin 1790, § 51.

KEMP, EDWARD: How to lay out a small Garden [. . .]. London 1850. (zit. n. d. Ausg. 1864).

King, Louisa Yeomans: The well-considered Garden. New York 1915.
Knabe, Peter-Eckhard: Schlüsselbegriffe des kunsttheoretischen Denkens in Frankreich von der Spätklassik bis zum Ende der Aufklärung. Diss. Bochum 1970, Düsseldorf 1972.
Knight, Richard Payne: The Landscape; a didactic poem. London 1794.
Koch, Hugo: Sächsische Gartenkunst. Berlin 1910.
Koch, Hugo: Gartenkunst im Städtebau. Berlin 1914.
Koch, Hugo: Der Garten: Wege zu seiner Gestaltung. Berlin 1927.
Koebner, Thomas: Der Garten als literarisches Motiv: Ausblick auf die Jahrhundertwende [19./20. Jh.]. In: Park und Garten im 18. Jahrhundert. Heidelberg 1978, S. 141–192.
Kronfeld, E. M.: Park und Garten von Schönbrunn. Zürich, Leipzig und Wien 1923.
La Fontaine, Jean de: Le Songe du Vaux, 2. Fragment. In dessen: Fables, Nouvelles et autres Poësies. Paris 1671.
Langley, Batty: New Principles of Gardening [. . .]. London 1728.
La Quintinie, Jean de la: Instruction pour les jardins fruitiers et potagers, avec un Traité des orangers, suivy de quelques Réflexions sur l'agriculture. Paris 1690.
Latham, Charles: The Gardens of Italy. London 1905.
[Laugier, Marc-Antoine]: Essai sur l'Architecture. Paris 1753.
Lauremberg, Peter: Horticvltvra [. . .]. Frankfurt a. M. 1631.
Lauterbach, Iris: Der französische Garten am Ende des Ancien Régime. Worms 1987.
Lawson, William: A New Orchard and Garden [. . .]. London 1618; 2. Tl. u. d. T. The Country Housewife's Garden. London 1617.
Lefèvre, André: Les Parcs et les Jardins. Paris 1867.
Lenné, Peter Joseph: Ueber die Anlage eines Volksgartens bei der Stadt Magdeburg. In: Verhandlungen des Vereins zur Beförderung des Gartenbaus in den Königlich Preußischen Staaten 2. (1825/26), S. 147–162.
Levy, Ernst: Neue Entwürfe zu Teppich-Gärten, deren Anlage und Bepflanzung. Berlin 1875.
Lichtwark, Alfred: Park- und Gartenstudien. Berlin 1909.
Liger d'Auxerre, Louis: Le jardinier fleuriste et historiographe [. . .]. Paris 1704.
Loën, Johann Michael v.: Von den Lustgärten. In dessen: Gesammlete Kleine Schriften, Bd. IV. Frankfurt und Leipzig 1752, S. 152–158.
Loris, Daniel: Le Thrésor des Parterres de l'Univers [. . .]. Genf 1629.
Loudon, Jane: Instructions in Gardening for Ladies. London 1840.
Lux, Joseph August: Schöne Gartenkunst (Führer zur Kunst Bd. 8). Esslingen 1907.
MacDougall, Elisabeth: Ars Hortulorum: Sixteenth Century Garden Iconography and Literary Theory in Italy. In: The Italian Garden (Dum-

barton Oaks Colloquium on the History of Landscape Architecture 1). Washington, D.C. 1972, S. 37–59.

MacIntosh, Charles: The Flower Garden. London 1838 (zit. n. der Ausg. 1844).

MacIntosh, Charles: The Book of the Garden. Edinburgh und London 1853, Bd. I.

Major, Joshua, und H. Major: The Ladie's Assistent in the Formations of their Flower Gardens. London 1861.

Mangin, Arthur: Les Jardins: Histoire et Description. Tours 1867.

[Mason, George]: An Essay on Design in Gardening. London 1768.

Mason, William: The English Garden; a Poem. London 1772–81, 4 Bde.

Matthison, Friedrich: Die Einsamkeit. In dessen: Gedichte. ^{5}Zürich 1802, S. 111–113.

Mawson, Thomas H[ayton]: The Art and Craft of Garden Making. London 1900.

Meyer, G[ustav]: Lehrbuch der Schönen Gartenkunst. Berlin 1859/60.

Meyer, Rudolf: Hecken- und Gartentheater in Deutschland im 17. und 18. Jahrhundert. Emsdetten 1934.

Milchert, Jürgen: Vom Teppichbeet zum Ruderalgarten: 100 Jahre DGGL im Spiegel der Fachdiskussion. In: Garten und Landschaft 97. (1987), S. 17–40.

Mizauld, Antoine: Historia hortensium quatuor opusculis methodicis contexta [. . .]. Köln 1576.

Mollet, André: Le Jardin de Plaisir [. . .]. Stockholm 1651.

[Morel, Jean-Marie]: Théorie des Jardins, ou l'art des jardins de la nature. Paris 1776.

Nichols, [John] Beverley: Down the Garden Path. London 1932.

Nichols, Rose Standish: English Pleasure Gardens. New York und London 1902.

Noisette, Louis Claude: Manuel complet du Jardinier, Maraicher, Pépiniériste, Botaniste, Fleuriste et Paysagiste. Paris 1825.

Olck, Franz: Gartenbau. In: Paulys Realencyclopädie der classischen Altertumswissenschaft. Neu hrsg. von Georg Wissowa und Karl Kroll. 1. Reihe, 13. Halbbd. Stuttgart 1910, Sp. 767–842.

Parkinson, John: Paradisi in Sole Paradisus Terrestris, or A Garden of all Sorts of Pleasant Flowers [. . .]. London 1625 (zit. n. d. Ausg. 1629).

Percier, Charles, und P[ierre-] F[rançois-] L[éonard] Fontaine: Choix des plus célébres maisons de plaisance de Rome et de ses environs. Paris 1809.

Petzold, Eduard: Beiträge zur Landschafts-Gärtnerei. Weimar 1849.

Petzold, Eduard: Zur Farbenlehre der Landschaft (Beiträge zur Landschaftsgärtnerei, Bd. 2). Jena 1853.

Petzold, Eduard: Die Landschaftsgärtnerei [. . .]. Leipzig 1862.

Pevsner, Sir Nikolaus: The Genesis of the Picturesque; a Note on Sharawagdi. In dessen: Studies in Art, Architecture and Design. London 1968.

Pfister, Rudolf: Zwischen Haus und Garten. München 1958.

Pope, Alexander: Ohne Titel. In: The Guardian No. 173 (1713).

Pope, Alexander: Moral Essay No. IV. An Epistle to the Right Honourable Richard 3rd earl of Burlington [1731]. In dessen: Works. London 1737.

Posener, Julius: Anfänge des Funktionalismus: Von Arts and Crafts zum Deutschen Werkbund. Berlin [. . . 1964].

Pückler-Muskau, Hermann Fürst v.: Andeutungen über Landschaftsgärtnerei. Stuttgart 1834.

Quatremère de Quincy, Antoine-Chrysostôme: Essai sur la Nature, le But et les Moyens de l'Imitation dans les Beaux-Arts. Paris 1823.

Racknitz, Joseph Friedrich Freiherr zu: Gedanken über die ehemals gewöhnlichen französischen Gärten, und die itzigen sogenannten englischen Gärten. In dessen: Briefe an eine Freundin. Dresden 1792.

Ramdohr, Basilius v.: Theorie der Gartenkunst. In: Taschenbuch für Gartenfreunde [4.] (1792), S. 1–52.

Rapin, René: De Hortorum Libri quatuor: Cum disputatione de cultura hortensi. Paris 1665.

Rea, John: Flora; seu de Florum Cultura, Or a complete Florilege [. . .]. London 1665.

Rilke, Rainer Maria: Mir zur Feier: Gedichte. Berlin 1900.

Ritter, Carl: Schlüssel zur praktischen Gartenkunst, oder gemeinfaßliche Lehre von der Anlegung und Umgestaltung kleiner Hausgärten nach bestehenden Originalen. Stuttgart 1836.

Ritter, Joachim: Landschaft: Zur Funktion des Ästhetischen in der modernen Gesellschaft. Münster 1963.

Royer, Johann: Ein nothwendiger Unterricht/wie ein feiner Lust-Obst- und Küchen-Garten anzulegen [. . .]. In dessen: Beschreibung des ganzen Fürstl: Braunschw. Gartens zu Hessem [. . .]. Braunschweig 1651.

Sackville-West, Victoria: In Your Garden. London 1951.

Scamozzi, Vincenzo: Dell'Idea della Architettvra vniversale. Venedig 1615, Kap. XXIIf.

Schelling, Friedrich Wilhelm Joseph: Über das Verhältniß der bildenden Künste zur Natur. Landshut 1807.

Schiller, Friedrich: Über den Gartenkalender auf das Jahr 1795. In: Allgemeine Literaturzeitung (1794).

Schiller, Hans: Gartengestaltung. Berlin und Hamburg 1952.

Schlegel, August Wilhelm: Vorlesungen über Schöne Literatur und Kunst, Teil I [1801–02]. In dessen: Kritische Schriften und Briefe, Bd. II. Stuttgart 1963.

Schlegel, Friedrich: Lucinde: Ein Roman. Berlin 1799.

SCHLEIERMACHER, FRIEDRICH: Ästhetik [1819/25]: Über den Begriff der Kunst [1831/32]. Hamburg 1984.

SCHLEIERMACHER, FRIEDRICH: Vorlesungen über die Aesthetik [1832/33]. In dessen: Sämmtliche Werke, 3. Abt. 7. Bd. Berlin 1842.

SCHMARSOW, AUGUST: Barock und Rokoko. Leipzig 1897.

SCHMIDLIN, EDUARD: Die bürgerliche Gartenkunst [. . .]. Stuttgart 1843.

SCHNABEL, JOHANN GOTTFRIED: Wunderliche Fata einiger See-Fahrer, absonderlich Alberti Julii, eines geborenen Sachsens, auf der Insel Felsenburg. Nordhausen 1731–43, 4 Bde.

SCHNEIDER, CAMILLO KARL: Deutsche Gartengestaltung und Kunst. Leipzig 1904.

SCHNEIDER, CAMILLO KARL: Landschaftliche Gartenkunst. Leipzig 1907.

SCHNEIDER, CAMILLO KARL: Über die landschaftliche Gartengestaltung von heute. In: Die Gartenkunst 11. (1909), S. 102 ff.

SCHOPENHAUER, ARTHUR: Die Welt als Wille und Vorstellung. Leipzig 1819.

SCHREIBER, ALOYS WILHELM: Lehrbuch der Ästhetik. Heidelberg 1809.

SCHWARZ, URS: Der Naturgarten. Frankfurt a. M. 1980.

SCKELL, FRIEDRICH LUDWIG V.: Beiträge zur Bildenden Gartenkunst [. . .]. München 1818.

SCOTT, SIR WALTER: On Ornamental Plantations and Landscape Gardening. In: The Quarterly Review 37. (1828), S. 303–344.

SEBITZ, MELCHIOR: Widmung [1577]. In: Charles Estienne: XV. Bücher Von dem Feldbaw [. . .]. Straßburg 1598.

SEIFERT, ALWIN: Im Zeitalter des Lebendigen: Natur: Heimat: Technik. ³Planegg vor München 1943 (Anthologie).

SHAFTESBURY, ANTHONY ASHLEY COOPER 3rd EARL OF: Characteristics of Men, Manners, Opinios, Times. London 1711, Bd. 3, Sect. 2.

SHENSTONE, WILLIAM: Unconnected Thoughts on Landscape Gardening. In dessen: The Works in Verse and Prose. London 1764, Bd. 2, S. 125 bis 147.

SHEPHERD, JOHN CHIENE, und GEOFFREY ALAN JELLICOE: Italian Gardens of the Renaissance. London 1925.

SHEPHERD, JOHN CHIENE, und GEOFFREY ALAN JELLICOE: Gardens and Design. London und New York 1927.

SILVA, ERCOLE CONTE DI BIANDRATE: Dell'Arte de' Giardini Inglesi. Mailand anno IX [1799].

SITWELL, SIR GEORGE R[ERESBY]: An Essay on the Making of Gardens; being a Study of the Old Italian Gardens, of the Nature of Beauty, and the Principles involved in Garden Design. London 1909.

SPENCE, JOSEPH: Letter to the Reverend Mr. Wheeler (1751). In dessen: Observations, Anecdotes, and Characters of Books and Men collected from Conversation. Oxford 1966, Bd. 2, S. 645–652.

Weitere zitierte Literatur 481

Stein, Henri: Jardins de France des origines à la fin du 18ᵉ siècle. Paris 1913.

Sturm, Leonhard Christoph: Vollständige Anweisung großer Herren Palläste [. . .] schön und prächtig anzugeben [. . .] wobey zugleich [. . .] von fürstlichen Lust-Gärten ausführlich Anweisung geschiehet (Der auserlesenste und [. . .] verneuerte Goldmann [. . .], Bd. P). Augsburg 1718.

Sudell, Richard: Landscape Gardening. Planning–Construction–Planting. London und Melbourne 1933.

Sulzer, Johann Georg: Gartenkunst. In dessen: Allgemeine Theorie der Schönen Künste. 1. T. Leipzig 1771.

Tabor, Grace: The Landscape Gardening Book. New York 1911.

Teichert, Oscar: Geschichte der Ziergärten und der Ziergärtnerei in Deutschland während der Herrschaft des regelmäßigen Gartenstyls. Berlin 1865.

Temple, Sir William: Upon the Gardens of Epicurus, or, of Gardening in the Year 1685. London 1908.

Thiersch, Friedrich Wilhelm: Allgemeine Ästhetik in akademischen Lehrvorträgen. Berlin 1846.

Thouin, Gabriel: Plans raisonés de toutes les Espèces de Jardins. Paris 1819/20.

Tieck, Ludwig: Der Runenberg [1802]. In: Taschenbuch für Kunst und Laune (1804).

Tieck, Ludwig: Der Jahrmarkt [1831]. In dessen: Schriften Bd. 10. Berlin 1846.

Triggs, Henry Inigo: Formal Gardens in England and Scotland [. . .]. London 1902.

Triggs, Henry Inigo: The Art of Garden Design in Italy [. . .]. London und New York 1906.

Triggs, Henry Inigo: Garden Craft in Europe. London [1913].

Tuckermann, W[ilhelm] P[etrus]: Die Gartenkunst der italienischen Renaissance-Zeit. Berlin 1884.

Tunnard, Christopher: Gardens in the Modern Landscape. London 1938.

Turner, Tom: English Garden Design. History and Styles since 1650. Woodbridge 1986.

Valentien, Otto: Neue Gärten. Ravensburg 1949.

Valentien, Otto: Zeitgemäße Wohngärten. München 1932 [1931].

Verey, Rosemary: English gardening books. In: The Garden: A Celebration of One Thousand Years of British Gardening. London 1979, S. 117 bis 122.

Vergnaud, N.: L'Art de créer les Jardins [. . .]. Paris 1834 (^{3}1839).

Vischer, Friedrich Theodor: Aesthetik oder Wissenschaft des Schönen, III. Teil, 3. Heft, Stuttgart 1854, § 745.

VOIT, JOHANN MICHAEL: Über die Anlegung und Umwandlung der Gottesäcker in heitere Ruhegärten der Abgeschiedenen. Augsburg 1825.
VOLKELT, JOHANNES: System der Ästhetik. 3. Bd. München 1914.
WACKENRODER, WILHELM HEINRICH: Herzensergießungen eines kunstliebenden Klosterbruders. Berlin 1797.
WALPOLE, HORACE: Essay on Modern Gardening. In dessen: Anecdotes of Painting in England, Bd. 4. Strawberry Hill 1771.
WATELET, CLAUDE-HENRI: Essai sur les Jardins. Paris 1774.
WATKINS, DAVID: The English Vision. The Picturesque in Architecture, Landscape and Garden Design. London 1982.
WIELAND, CHRISTOPH MARTIN: Der Goldene Spiegel oder die Könige von Scheschian. Leipzig 1772.
WIEPKING-JÜRGENSMANN, HEINRICH FRIEDRICH: Garten und Haus, I.: Das Haus in der Landschaft. Berlin 1927.
WIEPKING-JÜRGENSMANN, HEINRICH FRIEDRICH: Die Landschaftsfibel. Berlin 1942.
WÖRMANN, R. W. A.: Die Teppichgärtnerei, deren Entwurf und Anlage: Eine Sammlung der neuesten und geschmackvollsten Muster zu Teppichen. Berlin 1864.
WORLIDGE, JOHN: Systema horti-culturae; or, The art of gardening, in three books. London 1677.
WOTTON, SIR HENRY: The Elements of Architecture. London 1624.

SACHREGISTER

Abwechslung, s. Vielfalt
Adel 69. 78. 94. 107. 230. 333. 435f. 438
Ästhetik 116f. 171. 178. 184. 191ff. 210ff. 218ff. 258. 341. 346f. 402. 431ff.
Aha 124. 158. 336
Allee 36. 52. 80. 91f. 108f. 117f. 340f. 361
Antike 33. 35. 59. 157. 297. 438. 445
Aquarium 295. 300
Arbeitergarten 261. 376
Arboretum 319
Arts and Crafts 330ff. 447
Arzneigarten 12ff. 59f. 79. 452
Autobahn 455

Bank 36. 59. 164. 307. 380, vgl. Rasenbank
Bassin 90. 100. 120. 168
Baumgarten 10ff. 16. 22. 38. 49f. 59f. 76. 84f. 123. 165. 452f. 464
Bauerngarten 348. 374
berceau 119f. 129ff. 135. 138, vgl. Laubengang
Blumen 18. 21. 59. 66. 137. 242. 244f. 277. 321ff. 376f. 465
Blumenbeet 44. 48. 59. 62f. 65. 69ff. 82. 95. 197. 205. 242. 250f. 277. 299. 337. 462. 464ff., vgl. Parterre, Teppichbeet, Knotenbeet
Blumenfenster 248. 274. 301
Blumengarten 61ff. 80ff. 95. 107. 234. 248. 270. 304f. 315ff. 452f.

Blumenständer 280. 471
Blumensymbolik 19
Blumist 137. 243f.
Boskett 14. 111. 118. 129. 134. 464
boulingrin 118. 124. 129f. 135. 161
Broderie 113f. 128. 464
Brücke 35. 41. 178. 196. 469. 471
Brunnen 6ff. 18. 22. 35f. 39. 46. 48. 61. 90. 101. 252. 280. 467f.
Buchsbaum 6f. 9. 32f. 40ff. 82

China 150. 166. 181ff. 438
clump 177. 188. 224. 465

Dachgarten 365. 455

Einfriedung 1. 16. 26. 28. 49. 53. 64. 79f. 137. 167. 221. 250. 305. 336. 456f., vgl. Aha, Hecke
Einheit 173. 213f.
Empirismus 153. 414f.
Entwurf 82. 106f.

Farbe 82. 109. 176. 234f., 277. 325ff. 389. 398. 462f.
Farn 55. 306. 327f. 466
Felsen 305f. 453. 469f.
Fensterbank, s. Blumenfenster
ferme ornée 229. 453, vgl. Landgut
Fontäne, s. Brunnen
Frau 255. 363. 440f. 453f.
Friedhof 10ff. 94. 256f. 284ff. 348. 367f. 453f.

gardenesque style 263ff. 324. 450. 466

Gartenarbeit 256. 394. 416. 418
Gartenarchitekt 363. 372. 409
Gartengebäude 27f. 96. 178f. 197.
  226. 235f. 282f. 469ff., vgl.
  Grotten, Lauben, Ruinen
Gartengestalter 345. 372
Gartenzwerg 471
Gemüsegarten 10ff. 38. 59f. 79.
  451f.
Geräusch 463
Geruch 463
Geschichte 94. 157. 212. 333. 358f.
  375. 385. 444ff.
Gesellschaft 94. 208f. 230. 259ff.
  321. 341. 364f. 384f. 402f. 435ff.
Gewächshaus 52. 234f. 271ff.
  277ff. 289. 328. 454. 462
Grab 10ff. 28, vgl. Friedhof
Grotte 32. 52ff. 94. 96. 105. 132.
  306. 469

Hausgarten 270ff. 348. 360. 373.
  453
Hecke 38. 88f., 379, vgl. Einfriedung
Heilkräuter 12ff. 22. 79. 107, vgl.
  Küchengarten, Kräutergarten
Heimat 348. 358. 374f.
Heimatschutz 338ff. 362
Himmelsrichtung 1. 31. 51. 60. 79.
  95
Hof 13. 132. 365

Italienische Gärten 221. 335. 445f.

Jahreszeiten 153. 175f. 325. 461f.

Kanal 18. 41. 102f. 109
Kinder 256. 295. 345. 370. 372f.
  416. 441
Kleingarten 348. 365. 375
Knotenbeet 42. 69. 88
Kranke 227. 261. 295

Kräutergarten 12ff. 38. 59f. 83f.
  452, vgl. Küchengarten, Heilkräuter
Küchengarten 59ff. 79f. 95. 107.
  123. 132. 140. 152. 294. 452, vgl.
  Kräutergarten, Heilkräuter
Kunst 78. 148. 166. 171. 174. 246.
  257. 274. 296. 331ff. 363f. 383f.
  421ff.

Labyrinth 36. 63. 74. 143. 464
Landgut 1. 6. 30f. 174. 205. 229
Landschaft 6. 35. 50. 123f. 144.
  156. 193. 205. 212f. 342. 358.
  418
Landschaftsarchitekt 382. 409
Landschaftsgärtner 255. 372. 408f.
Landschaftsgarten 163. 174. 194.
  308. 415. 445
Landschaftsmalerei, s. Malerei
Landschaftsgestaltung 382
Landschaftsschutz 343f. 359. 384
Laube 9. 26. 67. 98. 367. 380. 469.
  471
Laubengang 61. 72ff. 80. 88. 95.
  98f., vgl. berceau

Malerei 79. 82. 172. 193. 216. 218.
  222. 228. 323. 346. 384. 426
Meer 9. 35. 177. 467
modern 297. 346. 359. 386. 418.
  450f.
Mystik 331. 333. 413. 417

Nation 155. 157. 297. 333ff. 341.
  347f. 364. 369. 374. 437ff. 448
Nationalsozialismus 355
Natur 19f. 36. 48. 51. 78. 125. 137.
  140. 148. 158. 166. 171. 183. 213.
  220. 231. 246. 257. 296. 323f.
  331ff. 339ff. 383f. 395. 401f.
  415. 421ff.
Naturgarten 350. 393ff.

Obelisk 37. 101. 106
Obstbäume 8. 10. 16f. 26. 39. 57. 85. 92. 249. 252, vgl. Baumgarten
Obsthaus 1. 469
öffentlicher Garten 94. 269. 309ff. 321f. 364ff. 369ff. 436f. 453f., vgl. Volkspark, Stadtgrün
Ökologie 323. 346. 394ff. 402. 448
Orangen 39. 41. 63. 85f. 95f. 117. 132. 248
Orangenhaus 86. 120. 132. 469

parc 19. 79. 113. 452, vgl. Tiergarten
Park 174. 194. 233. 309ff. 331. 348. 386
Parterre 14. 62. 70ff. 79ff. 100. 109. 113ff. 126ff. 161. 206. 226. 464
patte d'oie 119. 124. 129. 139
Pavillon 39. 98, vgl. Gartengebäude
Pergola 26. 33. 41. 44f. 353. 367. 455. 471
Pflanzensymbolik 14. 19
Piedestal 121
Pittoresker Stil 190ff. 217ff. 263. 431. 449. 460
Plastik, s. Skulptur
pleasure-ground 197. 223. 234f. 238
point de vue 118. 137. 167

Quelle 18. 32, vgl. Brunnen
Quincunx 33. 69. 77

Rabatte 114ff. 128. 250f. 277. 324f. 367. 379
Rasen 18. 21. 38. 352. 403. 465, vgl. Wiese
Rasenbank 21. 23f. 63
Rasse 347f. 358. 439f.
Ruine 179f. 200ff. 236. 471

Schlinger 36. 80. 327
Schrebergarten, s. Kleingarten
Schulgarten 94
Sentimentaler Garten 189. 415. 432. 465
Skulptur 33. 37. 57. 92. 98. 101. 121. 157. 164. 226. 337. 355. 367. 384. 469ff.
Spalierobst 72. 76. 85. 98f. 221
Spiel und Sport 94. 98ff. 309. 315. 348. 366. 370ff. 374. 381. 401. 416. 418. 471
Stadtgrün 288. 309ff.
Statistik 365. 369ff.
Statue, s. Skulptur
Stauden 327. 380
Steingarten 455
Stibadium 8. 469
Stil 247. 262ff. 276. 312. 324. 333. 342. 446. 448ff.
subtropical garden 327. 453
Symbolik 20. 43ff. 48ff. 143ff.
Symmetrie 108. 126. 174. 220. 234. 276. 458. 460

Tageszeiten 185
Teppichbeet 304. 322. 324. 330. 337. 454, vgl. Blumenbeet
Terrasse 132f. 138. 159. 303. 307. 328. 336. 351
Tiere 19. 22. 27. 39. 41. 49. 54. 59. 152. 166. 252. 337. 381. 393. 400. 405. 471f.
Tiergarten 2. 27. 95. 99. 104. 452f., vgl. parc
topiary 40ff. 82. 90. 150. 157. 207. 337. 379. 466
Tourismus 339ff.
Transzendenz 47. 68. 94. 191. 291. 294. 357. 418ff. 421

Umweltverschmutzung 290f. 294ff. 321. 331. 359. 416

Unkraut 26. 72. 161. 327. 380. 398. 401. 466

Vase 33f. 57. 63. 96. 159. 469
Vernunft 19. 258f. 401. 413f. 416
Verwilderung 223f. 394ff. 460
Vielfalt 108. 126. 139. 184. 225. 249. 276. 342. 459
Villa 1. 6. 30f. 64
Vogelhaus 2ff. 92. 100. 110. 132. 303. 469
Volkspark 364ff. 375. 417. 441., vgl. Stadtgrün

Wardscher Kasten 290ff. 300ff. 462
Wasser 177. 186. 196f. 225. 238. 328. 379. 467ff., vgl. Brunnen

Wasserfall 178. 186f.
Wasserscherze 57. 467
Wasserspiele 9. 96. 109. 120f. 467
Wegebelag 61. 72. 161. 251f. 276f. 336. 380. 404. 468f.
Wegeführung 239f. 353. 469
Wein 7. 22. 25. 33. 61. 74
Wiese 26. 38. 51. 61. 144. 329
Wirtschaft 342. 347. 375. 386. 403. 442f. 448
Wissenschaft 51. 258. 346. 364. 375. 385. 402. 433ff.
Wohngarten 373. 455

Zahlensymbolik 12
Zimmergarten 295. 302. 453f.
Zypresse 7. 17. 22. 32. 36. 42. 45. 101. 105. 170